AF612925

www.ingramcontent.com/pod-product-compliance
Ingram Content Group UK Ltd.
Pitfield, Milton Keynes, MK11 3LW, UK
UKHW041900190726
13854UKWH00002B/998

9 789776 743199

حكايات من
دفتر الوطن

صلاح عيسى

حكايات من دفتر الوطن

لمزيد من المعلومات عن الكرمة للنشر: facebook.com/alkarmabooks

طبعة دار الكرمة الأولى: ٢٠٢٠

عيسى، صلاح.
حكايات من دفتر الوطن / صلاح عيسى - القاهرة: الكرمة للنشر، ٢٠٢٠.
٥٥٢ ص؛ ٢٢ سم.
تدمك: 9789776743199
١- مصر - تاريخ.
أ - العنوان.
رقم الإيداع بدار الكتب المصرية: ٢٥٩٤٢ / ٢٠١٩

٢ ٤ ٦ ٨ ١٠ ٩ ٧ ٥ ٣ ١

تصميم الغلاف: كريم آدم

جِئتُ يا مِصرُ

وجاء مَعي تَعَبٌ

إنَّ الهَوى تَعَبُ

وسُهادٌ مُوجِعٌ

خِلتُه هَاربًا مِنِّي

ولا هَربُ

صِرتُ نَجمَ الحُبِّ

أُحصَى إذا أُحصِيتْ

في الظُّلمةِ الشُّهبُ

قَسمًا بالمُبدِعِ سَببًا

يا حَبيبي

إنَّكَ السَّببُ

الأخوين رحباني - فيروز

إلى مصر

قضائي الذي أعانقه،

وقدري الذي أحتضنه،

وأين يهرب المُريد وشوقه قضاؤه.. وقلبه قدره.

صلاح عيسى

المحتويات

يقول الراوي يا سادة يا كرام..
إن الهوى تعبُ

صدرت الطبعة الأولى من بعض فصول هذا الكتاب بعنوان «حكايات من مصر»، عن دار الوطن العربي ببيروت عام ١٩٧٣، ورغم نفاد تلك الطبعة منذ سنوات طويلة، وإلحاح بعض الكرام من القارئين والناشرين على إعادة طبعها، ورغبتي في ذلك، فقد ظللت مترددًا في الاستجابة إلى طلبهم، وفي ظني أنني سأجد وقتًا براحًا، يمكِّنني من إعادة النظر في فصوله، التي تحكَّمتْ فيها ـ وخاصة من حيث المساحة ـ ضرورات النشر الصحفي، فأضيف إليها ما أكون قد قرأته أو حققته من معلومات تتعلق بحكاياتها من ناحية، وأساسًا، لكي أكتب بقية الحكايات التي لم أكن قد كتبتها حين صدرت طبعته الأولى، ليُتاح لي أن أضيفها إلى فصول هذه الطبعة، وأرتبها جميعًا في سياق تاريخي واحد، ليكون الكتاب ـ كما حلمت ـ أقرب ما يكون إلى صورة للوطن، تغري المحبين، بالقراءة في تاريخه، وبالتطرف في عشقه، كما أغرتني.

وأكذب لو قلت إنني أضعت كل تلك السنوات دون أن أسعى إلى حلمي، لكن الدروب تفرَّعت أمام قدمَي المتعبتين، فاندفعت إليها دون تروٍّ، شأن المريدين الذين تقودهم قلوبهم، وبدلًا من أن أركِّز على إنهاء مشروع تلك الحكايات، أغرتني طقوس أخرى للصلاة في معبد المحبوب، فظللت بين يونيو ١٩٧٢ ومارس ١٩٧٥، أكتب يوميًّا على صفحات جريدة

«الجمهورية» القاهرية، زاوية بعنوان «هوامش»، كانت تنويعة أخرى على مشروع هذه الحكايات، إذ كانت تلتقط ومضات تاريخية قصيرة ومركزة ومكثفة، تبرق بسرعة، ولكنها لا تنطفئ قبل أن تضيء عقل من يقرأها ـ بوعي ـ بكل دلالات عصرها، وقد جذبني إليها، أنها كانت تصل يوميًّا، إلى قارئ الصحيفة اليومية، واسع المدى كألوان الطيف، في حقبة السبعينيات التي كانت محاولات مسح الذاكرة الوطنية تجري خلالها بصورة مكثفة.

وذات صباح من مارس عام ١٩٧٥ ـ وبعد ثلاثة أعوام من العناء ـ توقَّفت «هوامش المقريزي»، لأسباب رويتها بالتفصيل في مقدمة الكتاب الذي يحمل اسمها.

وفيما بعد جمعت القسم الأول منها، في كتاب صدر بعنوان «هوامش المقريزي» ـ وهو الاسم المستعار الذي كنت أوقِّعها به ـ يضم ١٨٠ أقصوصة تتوزَّع على مساحة زمنية تبدأ بالعصر الأموي، وتنتهي بثورة ١٩١٩، واعتبرته جزءًا ثانيًا من «حكايات من مصر»، وآمل أن أستطيع جمع ما نشرته من «هوامش» أخرى تتناول تاريخ ما بين الثورتين (١٩١٩-١٩٥٢)، ليضمها جزء آخر من «هوامش المقريزي».

وذات صباح آخر من عام ١٩٧٧، فُصلت من عملي في جريدة «الجمهورية»، وهو الفصل الذي استمر عشر سنوات كاملة، وأغراني قرار الفصل من العمل، والتحرر من قيود النشر في الصحف والمجلات، على التجديد ـ والتمديد ـ في طقوس صلواتي، فبعد الصلاة الخاطفة التي كانت «الهوامش» نموذجًا لها، والصلاة القصيرة التي كانت «حكايات من مصر» مثالًا من أمثلتها، بدأت أكتب حكايات طويلة، فانتقلت إلى صلوات الرهبان والنسَّاك والزاهدين، باعتبارها المتاحة للمفصولين من العمل، والممنوعين من الكتابة.

وكنت قد بدأت تجربة هذا اللون في عام ١٩٧٤، فكتبت «مغامرات إسرائيلية في قلب القاهرة»، وهي تتناول قصة «فضيحة لافون» الشهيرة

في تاريخ العلاقات المصرية الأمريكية الإسرائيلية، ونشرتها مسلسلة على صفحات «الجمهورية».

وفي عام ١٩٧٥، كتبت «أفيون وبنادق»، وهي تتناول ظاهرة العنف الجنائي والسياسي، الذي ساد في مصر خلال الأربعينيات، وقد نشرتها خلال عام ١٩٧٩ على صفحات مجلة «٢٣ يوليو» التي كانت تصدر ـ أيامها ـ في لندن.

وفي عام ١٩٧٧، وإبَّان الشهور التي كنت هاربًا خلالها من مطاردة الشرطة، بسبب اتهامي بالمشاركة في التحريض على انتفاضة ١٨ و١٩ يناير ١٩٧٧، كتبت «البرنسيسة والأفندي»، وهي حكاية تروي قصة الغرام الفاجع الذي جمع بين البرنسيسة فتحية، أصغر شقيقات الملك فاروق الأول، آخر ملوك مصر، ورياض أفندي غالي السكرتير الثاني بالسفارة المصرية بمارسيليا آنذاك.

وفي عام ١٩٧٩، وافقت «دار الفتى العربي» ـ وهي دار نشر فلسطينية تحوز فضل الريادة في تجديد أدب الكتابة للأطفال والفتيان ـ على مشروع كنت قد قدمته لها ـ بناءً على طلبها ـ لاستكمال وإصدار مشروع هذه الحكايات، فدعتني إلى الانضمام إلى أسرة تحريرها لكي أشرف على تنفيذه، فظللت عامين أكتب وأخطط وأحاول استثارة حماس الأدباء والمؤرخين، لتجربة كتابة التاريخ، بهذا الشكل غير الشائع في أنواع الكتابة الأدبية والتاريخية. ومع أنني وجدت صعوبة في إغراء غيري من الكُتَّاب بالمغامرة في تجريب هذا الشكل للكتابة، ووجدت عقبات في استمرار عملي بالدار، لأسباب تتعلَّق بتدهور العلاقات المصرية الفلسطينية آنذاك، فإنني أنجزت خلال العامين اللذين قضيتهما في دار «الفتى العربي» كتابي «الخائن يخونه الله»، الذي يروي قصة الخونة الثلاثة الذين سلموا الوطن العربي للسلطان العثماني سليم الأول، وقد طُبع في عام ١٩٨٣، وصدر بعنوان «رجال مرج دابق». كما اشتركت مع صديقي الروائي جميل عطية، في تأليف كتاب «أربعة وجوه

لوعد باطل»، وهو يروي قصة صدور وعد «بلفور»، وقد نُشر مُسلسلًا على صفحات جريدة «الوطن» الكويتية في ذكرى مرور سبعين عامًا على صدور الوعد في نوفمبر ١٩٨٧.

وفي مايو عام ١٩٨٨، وبعد ست سنوات من العمل بين أسرة تحرير جريدة «الأهالي»، قررت أن أستقيل، وأن أتفرغ نهائيًّا لأحلامي، وأن أعود لكتبي ومكتبتي وأبحاثي ودراساتي، وقبلت أن أشرف على تحرير هذه السلسلة ـ كتاب الأهالي[١] ـ لأتخفَّف من عبء العمل اليومي، وأوجِّه ما بقي من طاقاتي إلى مخاطبة الغد، والمشاركة في تأسيس المستقبل بما أستطيعه من جهد.

لكن هذه الحكايات، ظلت كالحُب الأول، لا يستطيع المرء أن ينسى ذكرياته، أو يمنع نفسه من العودة إليه، إذ لم تُغنني الصلاة الخاطفة أو صلاة النساك، عن العودة إلى تلك الحكايات، بين حين وآخر، فكتبت ونشرت خمسة فصول جديدة، هي: «الموت على تل العقارب»، و«رفعت العلم يا عبد الحكم»، و«مصرع مأمور البداري»، و«جامعة بحديقة وزهور ودستور يا أفندينا»[٢]، و«العجوز والثورة».

وبدأت في صيف ١٩٨٨، بإعداد هذه الطبعة من «حكايات من مصر»، فإذا بي أغرق فيها شهورًا، وأعيد كتابة بعض فصولها من الأساس، وأضيف إلى بعضها الآخر، ما كشفت عنه الدراسات التي صدرت بعد صدور الطبعة

---

(١) سلسلة كُتب شهرية رأس تحريرها المؤلف، وبدأ صدورها عام ١٩٨٧. (الناشر).

(٢) كان البحث عن هذا الفصل، أحد أسباب تأخير صدور الكتاب إذ نُشر في مجلة «الشباب» التي كانت تصدرها منظمة الشباب الاشتراكي، في عدد ٧ فبراير ١٩٧٣، ولم أجدها بقسم الدوريات بدار الكتب، كما لم أجد نسخة لدى أحد ممن كانوا يعملون أو ينشرون بها. وكان الفصل قد نُشر دون توقيعي، إذ كنت بين الذين فصلهم الاتحاد الاشتراكي من عضويته في حملة ٤ فبراير ١٩٧٣ الشهيرة، فاستباحه عدد من الزملاء، وأعادوا نشره بعد ذلك بأسمائهم، فنُشر مرَّة في «روز اليوسف» ومرَّة أخرى في جريدة «الأنباء» الكويتية، وآمل ممن يعثر على النص المنشور أن يتكرم بإرساله إليَّ.

الأولى، وأعمِّق بعض ما وجدته هشًّا من أفكاري، وأصلح ما وجدته ـ بعد تقدم العمر ـ ركاكة في أسلوبي، وأضيف ما وجدته مما نشرته من حكايات لم تدركها الطبعة الأولى. وعندما انتهيت وجدت بين يديَّ كتابًا جديدًا ليس هو الطبعة الأولى، وليس مُنبت الصلة بها، فقرَّرت تغيير عنوانه إلى «حكايات من دفتر الوطن»، لأستعيد حريتي، وأحقِّق حلمي، في أن أروي عن الوطن في مفهومه الأكبر والأوسع مدَى، وأحكي عن مصر وعن غيرها من أقطار الأمة العربية، التي كانت ـ ولا تزال ـ «في الدم والقربى ذوي رحم، وفي التاريخ والأحزان إخوان».

ولما كان الأمل في نشر هذه الحكايات من خلال سلسلة كتب شعبية أحد أسباب حماسي لكتابتها، فقد رشحته للنشر بين إصدارات هذه السلسلة، وقد أسعدني أن مجلس تحريرها قد وافق على الترشيح. ومع أن الزمن الوغد كان قد غيَّر كثيرًا من الأشياء، ومن بينها أن سلاسل الكتب الشهرية التي كنت أحلم بنشر هذا الكتاب بين إصداراتها كانت تُباع على زمن الحلم بقروش، فأصبحت الآن ـ بسبب التضخم ـ تُباع بالجنيهات، إلا إن ذلك لم يحرمني من بعض السعادة لأن جانبًا من الحلم تحقق.

وكان من ملامح هذا الأمل كذلك، أن تنقل هذه الحكايات، قارئها، إلى الزمن الذي جرت فيه أحداثها، بكل ملامحه، وشخوصه، ومبانيه، وحوادثه، وصحفه، وفنونه، وهو أمل لم تستطع أن تحققه الطبعة الأولى منه، التي طُبعت بعيدًا عن إشرافي. أما هذه الطبعة، فقد حشدتُ لها كل ما أستطيع من مفردات الماضي الجميل والجليل، وأسعدني أنها حققت جانبًا من محاولتي لتخليق الماضي، ليحيا من جديد بين عيون القارئ ـ وخاصة الشباب ـ فيعشقه، لأنه ماضي الوطن الذي لا نملك إلا أن نُحبه، حاضرًا وماضيًا ومستقبلًا.

* * *

وليس لديَّ ما أضيفه، إلى ما قلته في مقدمة الطبعة الأولى، سوى أن

أؤكد فقط، أن هذه الحكايات ليس فيها سطر واحد من الخيال، أو عبارة واحدة لا تستند إلى مرجع أو مصدر سواء كان وثيقة أو صحيفة أو مذكرات أو دراسات وأبحاثًا، فهو تاريخ يخضع لكل شروط حرفة التأريخ، حتى إنني كنت أبحث أيامًا عن حالة الجو في يوم وقوع حادثة، أو عن وصف ملامح أحد أبطالي. أما الجديد فيه، فهو إعادة تخليق الحادثة، اعتمادًا على الدراما الطبيعية في وقائع التاريخ، وذلك هو جانب الأدب فيه، وهو جانب لا يلغي علميته كتاريخ، وبالطبع فإنني مسؤول وحدي عن تفسيراتي لوقائع هذا التاريخ، وإذا كنت أدين باعتذار لأحد، فهو لمؤلفي عشرات الدراسات والأبحاث والمذكرات والتقارير والتحقيقات الصحفية الذين استفدت من جهدهم، ووجدت أن إسناد أقوالهم إليهم يُعطي الكتاب طابع الأبحاث الأكاديمية، وهي الصفة التي وإن كانت تتوفر فيه، إلا إنني، من باب اجتذاب القارئ العام وخاصة الشباب إلى قراءته، رأيت أن أتخفَّف من ذكرها.

* * *

فإذا ما سُئلت: «لماذا جِئتَ؟»، فسوف أنشد:

قَسمًا بالمُبدِعِ سَببًا
يا حَبيبي
إنَّكَ السَّببُ

وإذا ما سُئلت: «هل لديك أقوال أخرى؟!»، فسوف أرفع نسخة من هذا الكتاب، إلى المقام ذاته الذي رفعت إليه مشروعه الأول قبل عشرين عامًا، وأقول: «اكتهل القلب، لكن الحب لم يكتهل. والمجد للوطن الذي منحنا أفضل ما فينا حين علَّمنا أن نُحبه».

صلاح عيسى

مدينة الصحفيين ـ ٢٠ مايو ١٩٩٠

قال الراوي يا سادة يا كرام

لهذه الحكايات حكاية:

كنت أصغر في العمر خمسة عشر عامًا، وأقصر في الطول نصف متر، وكان قلبي أخضر لم يزل، أما ملامحي فكانت أقل جهامة.

أيامها كنت أكره «ترومان» و«تشرشل»، وأحتقر مدرس الجغرافيا و«بيفن»، وأقرأ «أرسين لوبين» وطه حسين والمنفلوطي، وأحب أمي وحصص الإنشاء وبنت الجيران. أما كتب التاريخ فإن كراهيتي لها دفعتني لقص صورها وتعليقها على جدران غرفتي الناحلة.

كان كل شيء مُبهمًا تمامًا، ولعلي كنت أبحث عن شيء أهبه كل مشاعري وأحقق من خلال التوحُّد فيه، عالم النشوات العليا. وكانت أشواقي قد تكوَّنت عبر طفولة أقل سعادة من المعتاد، بقي منها آنذاك ذكريات باهتة عن كُتب تروي عذاب المجاهدين الأوائل، ومصارع الشهداء، وصبر الصحابة والأنبياء، وحكاية محمد بن أبي بكر الصديق الذي قتله معاوية بن حُديج ومنع عنه الماء، وجرَّه من قدميه، وأدخل جثته في جوف حمار ميت وأحرقه حتى صار فحمًا، وأخذ خادمه بقاياه فدفنها في قرية مجاورة لقريتنا وترك إلى جانبها شاهدًا. وكُشف عنها صدفة وأنا صبي.

أيامها سمعت قصة حياته الأسطورية، وقرأتها في كتاب رديء الطباعة زخرفي الأسلوب، وسمعتني أمي الأمية التي اتخذتني قارئًا، فبكى قلبها

الطيب العظيم، وبكيت، وكرهت حتى الموت لحظات الحصار، وامتهان الإنسان لأنه يؤمن بشيء، أو يناصر ما يعتقد أنه الصواب، وكرهت كل محاولة لإجباره بالجوع أو القهر على أن يكون غير ما يريده لنفسه.

وعلى مشارف الصبا عشت شهور المد الديمقراطي العظيمة ـ بين ٣ يناير ١٩٥٠ و٢٦ يناير ١٩٥٢ ـ فتفتح وعيي مبكرًا. كان أبي وطنيًّا ليبراليًّا بالفطرة، «وفدي» الهوى برغم عضويته في «الحزب السعدي». تعلمت من ليبراليته التلقائية أن أكره التعصب والتزمت والجمود. أما عمِّي فكان ينتمي لجيل الساخطين من يعاقبة البرجوازية الصغيرة، لذلك كان عضوًا بـ«مصر الفتاة». وفي بيت أعيش معهما فيه، كان طبيعيًّا أن أقرأ صحف المعارضة، وأن تترسب في أعماقي كراهية مركزة ـ وإلى حد الاشمئزاز ـ لكل من يحاول أن يحرم الإنسان حقه الطبيعي في أن يكون حرًّا، يعتقد ما يشاء، ويختار مصيره كما يريد، ويعبر عن نفسه تعبيرًا حرًّا منطلقًا، لا يحده قيد، ولا يقف أمامه حد.

في يوم من تلك الأيام، عثرت على كتاب صغير للأستاذ أحمد بهاء الدين اسمه «أيام لها تاريخ»، تردَّدت أمامه قليلًا، ثم غالبت حرصي واشتريته، ولعلي شعرت للوهلة الأولى أني تورطت في ذلك. لكني ما كدت أقرأ صفحاته الأولى حتى غرقت فيه تمامًا، كانت ليلة شاتية باردة، وكنت وحيدًا تمامًا، تدثرت بأغطيتي، والتهمت الكتاب في نَفس واحد، ولم أتركه حتى أتممته.

كان التاريخ في هذا الكتاب شيئًا آخر تمامًا، غير ذلك الذي كان يستفزني لقص الصور من كتبه وتعليقها على جدران حجرتي الناحلة كنوع من العقوبة لمؤلفيها، كان تاريخًا حيًّا ونابضًا ودافئًا، أحببت رجالًا لم أعرفهم قَطُّ، وبكيت على مصير بعضهم، ولهثت خوفًا وقلقًا وإشفاقًا وأنا أتابع الآخرين وهم يواجهون الخطر ويتحدونه، ويصدون مطارق الزمن، ويعانون التشريد في المنافي والسجون، وعذاب الوحدة في الزنازين الضيقة.

وربما هي الصدفة المحضة التي قادتني إلى كتاب أحمد بهاء الدين، لكنه قادني بدوره إلى عالم التاريخ المصري الرحيب، وأظن أنه من الصعوبة أن أصف ذلك العالم، قد يستطيع غيري أن يفعل، لكني أعجز من أن أصف عالمًا متكاملًا من الأفراح والأحزان والضحكات والخفقات، أو أصف الصبر والعذاب والدموع التي تشرق بالضحك والقهقهة التي تتفجر بالحزن الجليل.

بين ذراعي ذلك العالم وجدت قوتي عندما أضعف، وعزائي عندما يعز العزاء، وصادقت معظم رجاله المعروفين وغير المعروفين. حدثت بعضهم في الليالي الموحشة، شكوت لهم كثيرًا ما عانيت من حصار الزمن، ومن النفس الأمَّارة بالسوء. وغالبت معهم، وبهم، لحظات الضعف والابتلاء، ومشاعر الخوف والاكتئاب.

كانوا، وما زالوا، شجاعتي وصبري وقوتي وثقتي بالنفس، وكانوا أيضًا كبريائي.

* * *

عندما جاء صيف عام ١٩٦٧، جاءني قضائي فلم أستطِع منه مهربًا.

كان ما حدث في منتصف ذلك العام مرعبًا لي، وأظن أنه كان كذلك بالنسبة لجيلنا كله.

كان جيلنا قد وُلد في دوامة الحرب العالمية الثانية، جاء المخاض أمهاتنا في ظلام الغارات الجوية، ووُلد بعضنا في المخابئ، واقترض آباء معظمنا ثمن الدجاج الذي تحتاجه الوالدة، وتكاليف إقامة احتفال متواضع بتشريفنا الحياة.

في طفولتنا أُصبنا بالبلهارسيا والإنكلستوما، وهدَّدنا القراع والبلاجرا، وأكملنا تعليمنا لأن طه حسين قال إن العلم كالماء والهواء. في مطلع المراهقة عرفنا مصر وأحببناها وعشقناها.

والذي حدث أن شوارب الكثيرين منا قد اخضرت في المعتقلات والسجون.

عرفنا النوم الطويل فوق الصخر البارد، وفي ديمومة الظلام. عرفنا الوحدة المعذبة والغربة الموحشة، ونُفينا في جلودنا، وعرفنا حتى الجنون.

وأتانا قضاؤنا ونحن نلعق كل هذه الجراح.

شهدنا المذبحة بعيوننا، هوينا من حالق شأن الذين يضاجعون الحلم، اغتيل آلاف من الأبناء والإخوة والأزواج في وضح النهار، شربت الرمال دماءهم، بينما الفريسيون يملأون الأرض فسادًا. المذهل والغادر حقًّا أننا فقدنا ما فقدناه مقابل شهوات دنيا، هابطة وقذرة، وتافهة أيضًا.

مات أعز الأصدقاء ثمنًا للحظات شبق لا معنى لها، وضاعت مودَّات وذكريات وعرق مشترك في رمال الصحراء، تبدد الصراخ في التيه، ويومًا ضحكت بطريقة هستيرية عندما طلب مني ـ رسميًّا ـ أن أتفاءل وأن أضحك وأطرح الماضي ظهرًا. قلت إن الغدر قديم ومبيت، يريدونني أن أنسى لكي يغتالوني مرَّة أخرى.

وعندما كانت «النكسة» طفلًا مشوَّهًا في شهره الخامس، سَكِرت. كانت ليلة ديسمبرية باردة، وكان «جيفارا» قد قتلنا معه قبل أسابيع. وأذكر أني وقفت خطيبًا وقلت: «يا أولاد الكلب لا تذكروا «جيفارا».. لا تبحثوا عن الكائن المتفرد، فنحن في ضوء الستار الختامي لملحمته كاذبون وفريسيون وأولاد أفاعٍ.. بلدكم محتل.. والحذاء يصلح إذا لم تكفِ سكاكين المطابخ، ولكنكم ترددون في صلواتكم أن الخمر مفتاح الفرج.. وهي كذلك للمساكين وفاقدي الحيلة ومكسوري الجناح...».

صمتوا كأن على رؤوسهم الطير، وفي الصباح اعتذرت عما قلت، ولبست رداء الأكذوبة، ابتسمت في وجه قاهرتي وسرت في الشوارع!

* * *

وكان لا بد من خلاص.

عدت إلى أحضان التاريخ المصري العظيم أبحث عن قوتي وعزائي وكبريائي.

ولعل الهروب إلى الماضي ـ كأحلام المستقبل ـ نوع من النفي الاختياري كان لا بد منه لكل جيلنا، ذلك أن العبث في طَرِيِّ الجراح كان مؤلمًا، وكان علينا أن نحمي أنفسنا من الانتحار ونحن نواجه نتيجة ما جنته أيدينا من آثام، فنحن ـ وليس غيرنا ـ مسؤولون عن وقوع مصر تحت أقدام الكلاب.

لشهور طويلة غصت في أوراق الصحف القديمة بقصر مملوكي فوق رابية تطل منها القلعة على القاهرة، أعيش مع القرن الماضي وأوائل القرن الحالي، أتنسم عطر الزمن الذي ولى، زمن المشربيات والطرابيش والبراقع، تضحك مني صفحات «المقطم» الصفراء، تفح حروفها في وجهي رائحة كالجيفة، وتبهجني صفحات «اللواء» و«المؤيد»، وصحف «الوفد» العظيم على امتداد العشرينيات والثلاثينيات وهو يناضل من أجل حرية مصر وكرامة أهلها، ويرد عن الدستور والديمقراطية وحرية الفكر والعقيدة مؤامرات الكلاب!

كنت أحلم أيامها بأن أكتب كتابًا عن «عذاب مصر»؛ عن الوجه الذي يضحك وهو ينزف، والقامة التي لا تنحني برغم مطارق الزمن ووحشية الغزاة، وجبروت الطغاة، عن المجاعات والطواعين وأكل الكلاب والقطط في «الشدة المستنصرية»، عن «الكُبة» و«الهواء الأصفر» و«الكوليرا»، عن ثورات العربان والعوام والحرافيش وصعاليك المدن، عن الخيانة وجنون السلاطين، وتحريم أكل الملوخية، عن سجون العصور الوسطى المرعبة؛ «المقشرة» و«الحجرة» و«خزانة شمايل»، عن نشر الناس كالأخشاب وسلخ جلودهم كالشياه لأنهم قالوا ما يعتقدون أنه الصواب، عن أهل مصر الذين قال عنهم ابن إياس إنهم لا يُطاقون من ألسنتهم إذا أطلقوها في حق الناس، عن المرأة التي وقفت يومًا أمام باب قصر الزمرد، وصاحت بصوت بين الغضب والبكاء والانهيار: «يا أهل القاهرة، ادعوا بالنصر لأمير المؤمنين المستنصر بالله الذي أكلنا الرغيف في أيامه بألف دينار!».

أردت لـ«عذاب مصر» أن يكون رسالة من جيلنا لجيل يأتي بعدنا، يؤلمني ويستفزني أن معظمه يجهل آباءه، تفتح في عالم ينكر الماضي ويستدبره، ويشوِّه كل رجاله. وأردته أن يكون أول كتاب تقرأه ابنتي عندما تستشرف عيناها الجميلتان عالم الكلمة، فتجد فيه مرفأ أشواقها العليا، وطريقها إلى عالم النشوات الراقية!

وكنت قد توصلت إلى فرضية ليست خاطئة تمامًا: أن «عذاب مصر» الحقيقي قد بدأ منذ حُصر العقل المصري في إطار المسلَّمات النهائية، التي لا تقبل المناقشة، وكان هدف الغزاة والطغاة باستمرار أن يُفقِدوا هذا العقل قدرته على التفكير والحركة، لذلك ركزوا كل جهدهم على تحطيم حيويته، وتبديد قدرته الخارقة على الابتكار والملاحة في البحار الصعبة. وكان أخطر ما فعلوه أن حولوا هذا العقل إلى عقل يعرف جيدًا علامات «التنصيص»، ويجهل علامات «الاستفهام» و«التعجب»، عقل يفتقد تدريجيًّا إلى «الحاسة النقدية» التي تمكنه من تحطيم المحرمات التي تحول بينه وبين الثورة على واقعه وانتزاع مقدراته من أيدي الطغاة والغزاة.

ومن الحق أن أقول إن العقل المصري كان يملك حيوية خارقة مكَّنته باستمرار من تفويت الفرص على أعدائه، بل إنه كبَّدهم هزائم متعددة، برغم ما أصابه هو نفسه من طعنات وندوب.

وبينما أجمع مادة «عذاب مصر» وأقيدها، عثرت على هذه الحكايات!

أيامها، تذكرت كتاب أحمد بهاء الدين، الذي وعد بأن يكتب جزأه الثاني، ولم ينفِّذ هذا الوعد قَطُّ، وحلمت بأن أكتب هذا الجزء الثاني، والأجزاء الأخرى، أكتبها وفي ذهني ذلك الجيل الذي ينكر آباءه، محاولًا أن أخلق رابطة من الحب بينهم وبين طريق الأرض والناس، لكي يضيفوا إلى هذا التاريخ ويعمقوا نضال الإنسان المصري ويستنقذوا عقولهم من الضغط والحصار.

ولسبب ما، غادرت مدينتي ذات صباح من مارس ١٩٦٨، كان الربيع يقبل، وكان عليَّ أن أرحل، ولم أعد مرَّة أخرى إلا بعد سنوات ثلاث،

عشت خلالها تجربة الحصار بكل أبعادها. عزلت عن مدينتي تمامًا، غابت عن حواسي أفراحها؛ بسمات الجدران، وغمزات عيون الشوارع، وعرق الحواري ولهاث الأزقة. كانت مدينتي على مرمى البصر مني، كنت في إحدى ضواحيها، ولم يكن الوضع شديد التعاسة ـ أي شيء بعد يونيو يمكن أن يكون تعاسة ـ لكنه لم يكن سعيدًا على أي حال.

هناك فكرت كثيرًا في هذه الحكايات، ووضعت مشروعًا متكاملًا لها، وجمعت بعض المادة، ولم يكن من اليسير أن أعمل. وعندما عدت إلى مدينتي ذات صباح من فبراير ١٩٧١، تركت المشروع في درج مكتبي، وأخذت ألهث وراء أشياء أخرى، محاولًا أن أحفظ توازني لكي لا يختل، في وقت كان جيلنا كله يتعرض لمظاهر فقدان الاتزان.

***

ولعله كان مقدرًا لهذه الحكايات أن تظل مشروعًا على الورق لولا حادث بسيط!

في أحد أيام مايو ١٩٧١ جاءني رسول من الأستاذ رجاء النقاش، وكان يرأس آنذاك تحرير مجلة «الإذاعة والتلفزيون»، يسألني عما أستطيع أن أساهم به في تحرير المجلة. فكرت قليلًا، ثم تذكرت مشروعي القديم ذاك، سحبت ورقة وكتبته وأرسلته إليه.

في مساء اليوم نفسه وجدت رسالة في منزلي تقول: «رجاء النقاش يريدك لأمر مهم». في مكتبه بالمجلة صافحته لأول مرَّة ـ ولم نكن قد التقينا قبل ذلك. وفي دقائق كان قد حسم الموضوع. طلب مني أن أكتب كل الحكايات، وأن أحدد له موعدًا يتسلَّم فيه أولاها. وقبل أن أتكلم كان قد حدَّد الموعد بأسبوع. تعللت بالإجهاد، وطلبت مهلة أخرى. تفاوضنا قليلًا. أخجلني إصراره وثقته بأنني أستطيع أن أفعل لو أردت. وافقته من باب التورط، وكتبتها بالفعل في أسبوع. وبعد خمسة أيام وجدتها منشورة، ووجدت رجاء النقاش يكلمني طالبًا فصلًا آخر.

وفيما تلا ذلك تحولت المسألة إلى أحد الهموم الملحة لرجاء النقاش.

كنت مجهدًا، وكان ذلك يدفعني للكسل. وكنت كلما تكاسلت عن الكتابة، طاردني بمكالماته، وأرسل إليَّ الرسل، وألح إلى الدرجة التي جعلتني أقول له يومًا: «إنني أكتب هذه الفصول من أجلك قبل أي شيء آخر...».

وعندما قضت ظروف بأن يترك المجلة، ظل مهتمًّا بمشروعي، يلح عليَّ أن أستكمله، ويحاول أن يجد له منبرًا آخر ينشره، ويتحدث عنه بطريقة أخجلتني دائمًا.

وإني لأشعر، وقد دفعت هذه الفصول للمطبعة مرَّة أخرى، أن ما أداه رجاء النقاش لهذا الكتاب لا يقل عما أديته له.

* * *

وبعد..

إن هذه الفصول من مصر، ولكنها ليست لها وحدها، إنها أيضًا وبالدرجة الأولى لذلك العالم العربي الواسع، الذي كانت مصر دائمًا فصيلته المتقدمة في النضال من أجل الديمقراطية والتحرر الوطني. وليس غريبًا أن هذه الفصول، تعكس صورًا من هذا النضال، تكاد تكون قريبة جدًّا، من مثيلات لها عاشت في أقطار أخرى من العالم العربي، وأن ما تصوغه من حقائق لا يختلف كثيرًا عما صاغته حركة القوى الوطنية والديمقراطية العربية.

لقد حاولت باستمرار وأنا أكتبها، أن أرصد ملامح الأزمة الضارية التي عاناها العقل المصري، وهو ينتقل من أسوار التخلف الإقطاعي والعقلية الزراعية، إلى آفاق التقدم الصناعي والعقلية العلمية، وهي أزمة تمثلت في تلك الثنائية التي بدا معها أنه عاجز عن الموازنة بين الانتماء الفكري والمواقف العملية، وجعلت معظم رواد الفكرة الليبرالية في صف المحافظين سياسيًّا بينما كان المتقدمون في السياسة أقرب إلى المحافظة في مسائل الفكر الاجتماعي.

كما تمثلت في ذلك الخيار الشرير الذي فرض عليه أن يختار بين حكم دكتاتوري متشدد في الوطنية، أو حكم ديمقراطي يتساهل في حقوق الوطن، بينما استبعد دائمًا، الاختيار الصحيح: أن يكون الحاكم وطنيًّا وديمقراطيًّا في آنٍ واحد.

ومعظم فصول هذه المجموعة يحاول أن يقدم تفسيرات متعددة لأزمة الضمير المصري تلك، من خلال رصد لعدد من أوجه قضية الحرية، وعلى رأسها قضية التحرر الوطني نفسها، وامتداداتها المختلفة في الاجتماع والسياسة والاقتصاد.

وما أظن أن اهتمامي بقضية الحرية هو إغراق في قضايا فرعية لا تتعلق بالموقف الراهن، فقد اعتقدت دائمًا أنها حلقة رئيسية في كل ما يواجه بلادنا من مهام، وخاصة الآن.

من هنا كانت هذه الفصول من مصر، وكانت أيضًا لها.

وإني لأرجو أن تكون هذه المجموعة الأولى من «حكايات من مصر» صلاة صوفية في معبد الأم الشجاعة التي تعلمنا على يديها الحب والصبر والكبرياء.

صلاح عيسى
١٩٧٣

السلطان وقضاة الشرع

هي قصة حب ككل قصص الحب: امرأة فاتنة ورجل رهيف القلب، لهفة وأشواق وجنون، عواطف ساخنة تلتهب حينًا لتتوهج كالجمر المشتعل، وتخبو أحيانًا فتنتهي إلى رماد منطفئ. وكبعض قصص الحب، فإن عطرها كان يخفي عفونة كامنة، كما تتوالد الديدان في قلب الزهور، بين القبلات وفي دوامة الاحتضان يتفجر شيء كالبخر، يعكِّر كل شيء.

ملايين من هذه القصص تحدث كل يوم. فلا يذكرها التاريخ، ولا يهتم بها. ذلك أن الحب هو أقدم ألعاب الإنسان، ولو تفرغ التاريخ لذكره، ما اهتم بشيء سواه. والتاريخ بعد هذا «وقور» و«جاد» يهتم بالسياسة والإمارة والملك. تفتنه طلقات المدافع؛ ولا تغريه أصوات القُبل، يرصد أقوال الملوك والفلاسفة وصانعي الثورات، أما همس المحبين، فذلك ما لا يناسب وقاره!

بيد أن مشكلة الحب الحقيقية هي «السياسة»، فعندما تشتبك خيوطه بخيوطها، تُهتك الأسرار ويُفتضح كل شيء، تُبتذل عواطف جهد أصحابها في إخفائها، وتُنشر على الملأ أسرار اللحظات التي يحرص كل منا على ألا يعرفها سواه. إذ ذاك تنتشر العفونة، ويتفجر البخر، ويفقد الحب بعض قداسته. أما التاريخ فيتخلى عن وقاره وجديته، فيروي ويتحدث، ويقول هو الآخر.

ولولا أن الحظ العاثر قد أوقع نور الدين المشالي وحبيبته فاطمة في لعبة

السياسة، ما ذكرهما ذاكر، ولا نعاهما ناعٍ، ولما كان لقصة صلبهما الحزينة ذلك الصدى المرعب الذي يأتينا عبر العصور، بيد أن قدرهما كاد أن يُفجِّر في المجتمع المصري، عددًا من القضايا الغريبة، بعضها في الأخلاق، وبعضها في الدين والشرع، وكلها في نظام الحكم والسياسة.

* * *

والقصة تنتمي إلى العصر المملوكي، وبالتحديد فإنها تنتمي إلى السنوات الأربع الأخيرة منه، قبل أن تدهس سنابك خيول السلطان سليم شاه الرامحة في معركة «مرج دابق»، جثة السلطان قانصوه الغوري، آخر سلاطين هذه الدولة الغريبة، دولة سلاطين المماليك. ويسدل الستار على مصر لتعاني مهانة الاحتلال العثماني أربعة قرون كاملة.

ذلك عصر لا حد لغرابته: عصر البطولة والاستشهاد والدفاع عن الإسلام الذي لم يؤمنوا به، ولم يطبقوا حرفًا من تعاليمه، لكنهم صدوا عنه غارات المغول والتتار والصليبيين. زمن السفه والإسراف وعدم الانتماء إلا إلى كرسي السلطنة، الملابس المزركشة بالقصب والديباج، النساء الشهيات المتفجرات أنوثة، المنغمسات في مؤامرات القصور. عصر «ملاقشة» النساء في مجامع الأسواق، وخطفهن والزنى بهن في صحون المساجد. عصر الفِرَد والضرائب والغرامات والعقوبات الجماعية، وتمردات العربان والفلاحين، وانتفاضات الزعر والجعيدية وأوباش الناس. روائح البخور والمسك والعنبر، والتكايا والأسبلة والخانات، المشربيات والمساجد العظيمة والمآذن.

شمس ذلك العصر كانت تغرب:

ثلاثة قرون من الظلم؛ تحكم مصر خلالها، طبقة غريبة عن المصريين لا تعرف من لغتهم إلا القليل. لا تتزوج منهم ولا تصاهرهم. تحتقرهم وتسومهم العذاب. تسرق عرقهم وتحرمهم من حمل السلاح لتحترف هي الحرب، وتضمن ألا يواجهها أحد. دولة بدأت بلعبة تولت خلالها الستر

العالي، عصمة الدنيا والدين، الملكة شجرة الدر أم خليل المستعصمية صاحبة الملك الصالح عرش السلطنة المصرية، في الوقت الذي كانت جيوش الصليبيين بقيادة ملك فرنسا «لويس التاسع» قد اقتحمت حدود مصر لتستمر مصر والشام وجزيرة العرب سلطنة مماليكية يتداول الخصيان عرشها حتى يجلس عليه، قانصوه الغوري، آخر سلاطينهم. ماتت أول سلطانة لهم بأعجب طريقة للاغتيال السياسي، أمرت ضرتها جواريها بأن يضربنها بقباقيبهن، حتى لفظت آخر أنفاسها، وآنذاك ألقيت من سور القلعة إلى الخندق، وليس عليها سوى سروال وقميص، فبقيت فيه أيامًا حتى فاحت رائحتها وسرق اللصوص تِكَّة لباسها المزينة بالجواهر الثمينة. آنذاك حملوا رِمتها في قفة ودفنوها بتربتها القائمة إلى الآن قرب مشهد السيدة نفيسة. أما آخرهم، السلطان قانصوه الغوري، فسوف يصيبه «خَلْطُ فالج» فيبطل حنكه، حين يخونه أمراؤه، ويخامرون عليه مع عدوه السلطان سليم الأول بعد أربع سنوات من هذا التاريخ، فيقع من فوق حصانه، ويموت تحت سنابك الخيل في «مرج دابق»، فما أشبه البداية بالنهاية.

في تلك السنة، تفجرت قضية الحب بين المشالي وفاطمة، لتكون بعض نذير النهاية، التي كانت تسعى في طريق الزمن، لكن أحدًا لم يسمع دبيب التاريخ الآتي، لأن الطغاة لا ينتبهون ـ إلا بعد فوات الأوان ـ إلى صوت التاريخ.

وما قدر كان.

* * *

ولأن القصة، قصة حب، فإن فيها بالضرورة «عاشقًا»، و«معشوقة».

العاشق اسمه نور الدين المشالي. لعله كان آنذاك في أواسط الحلقة الثالثة من عمره، وظيفته الرسمية «نائب من نواب الحنفية». وبلغة عصرنا، فقد كان قاضيًا ممن يحكمون بمذهب الإمام أبو حنيفة النعمان رضي الله عنه، أحد أئمة الفقه الإسلامي الأربعة المعتمدين لدى أهل السُّنة من المسلمين.

وكان النظام القضائي في السلطنة العربية المملوكية ـ وهي تضم آنذاك مصر وسوريا ولبنان وفلسطين والحجاز، وتمتد من حدود ليبيا إلى الفرات، ومن شمالي حلب وشرقيها إلى جنوبي الجزيرة العربية ـ يقوم على أساس الاحتكام إلى قواعد الشريعة الإسلامية، ويعتمد مذاهب أهل السنة. فمنذ سقوط الدولة الفاطمية واستيلاء الأيوبيين على الحكم، أُبطل الاحتكام إلى المذهب الشيعي كمذهب وحيد، وأخذت المحاكم تطبق فقه الشافعية كمذهب رسمي. إلى أن جاء السلطان المملوكي الظاهر بيبرس، فغيَّر ـ في أكتوبر ١٢٦٥م ـ نظام القضاء، وبدلًا من تطبيق مذهب واحد، أخذ بفكرة تطبيق المذاهب الأربعة، وعيَّن لكل مذهب قاضيًا للقضاة، على أن يُعين كل واحد من قضاة القضاة هؤلاء نوابًا يقيمون في أحياء المدينة المختلفة، يعقدون مجالس القضاء في المساجد، في بداية كل نهار أو في نهايته، ليتجه إليهم المتقاضون، ويعرضوا عليهم شكاواهم، فيسمع النائب أقوال أطراف الخصومة، وشهادة الشهود، ثم يطبق أحكام الشريعة ـ حسب مذهبه ـ ويصدر حكمه. وميَّز هذا النظام القاضي الشافعي، بأن أصبح له وحده حق تعيين نواب له في الوجهين القبلي والبحري. وكان قضاة القضاة هم وحدهم الذين يعينون بأمر سلطاني، أما النواب فيصدر قرار تعيينهم عن قاضي قضاة المذهب الذي يتبعونه، ويحكمون في القضايا طبقًا له، وكان عددهم في القاهرة والفسطاط يصل إلى ٣٠٠ نائب.

ولم يكن عمل قاضي القضاة في ذلك الوقت مقصورًا على النظر في قضايا الأحوال الشخصية، بل كان يتناول أيضًا النظر في جميع القضايا المدنية والجنائية، وإمامة المسلمين في الصلاة، والإشراف على دار ضرب النقود وعلى نوابه في الأقاليم. وما لبث اختصاص قاضي القضاة وقضاة الأقاليم أن زاد واتسع نفوذهم، فتناول النظر في دعاوى إثبات الحقوق، والأموال التي ليس لها وارث، كما تناول النظر في أوصياء اليتامى، وأموال المحجور عليهم من المجانين والمفلسين وأهل السفه، وفي وصايا المسلمين، وتزويج

الأيامى عند فقد أوليائهن، والتنظر على الأوقاف، وتسلم أموال المواريث المتنازع عليها، وأموال من يموتون من الغرباء.

وهكذا أصبح القضاء مهنة يسعى إليها الناس، لما تُغله على صاحبها من أرزاق واسعة، ومكانة مهيبة. ولأن العصر كان يحفل بتقاليد غريبة، فقد كان عرفًا رسميًّا ألا يتولى أحد منصبًا من مناصب الدولة إلا إذا دفع رشوة للسلطان، كانت تُعرف بـ«المعلوم»، فالمناصب تخضع للمزاد العلني، ومن يدفع «المعلوم» الأكثر يتولاها، وكان منطقيًّا وتقليديًّا أن يسعى كل واحد من القضاة الأربعة لأن يسترد ما دفعه من «معلوم» بالربح المركب من النواب الذين يعينهم، ويسترد هؤلاء ما دفعوه من «معلوم»، وبالربح المركب أيضًا، من المتقاضين من أبناء الشعب المسكين.

كان نور الدين المشالي إذن، أحد نواب قضاة الحنفية!

وبرغم منصبه القضائي، فإن حالته لم تكن ميسورة تمامًا، فما يأخذه من المتقاضين قليل، خاصة وأن هذه السنة (٩١٩هـ/ ١٥١٣م) كانت سنة عذاب وبلاء، فقد وقع فيها طاعون أهلك الكثيرين، وارتفعت الأسعار، واختفت السلع، وأصاب الناس غم ونكد ـ على حدِّ تعبير ابن إياس مؤرخ العصر ـ وكادت تحدث فتنة بين المماليك والسلطان بسبب خلو الخزائن، مما يمكن أن يدفعه لهم. في سنة الكساد تلك، ركدت سوق القضايا، وقل ما يدفعه المتقاضون من «معلوم». صحيح أنه كان بين الحين والآخر يصدر حكمًا في قضية إرث، أو يعقد زواجًا أو يوقع طلاقًا، لكن ذلك لم يكن يحدث كثيرًا في تلك الأيام السوداء، وحتى حين كان الحظ الحسن يرزقه بقضية كبيرة، سرعان ما يسرقها قاضي القضاة الشافعي كمال الدين الطويل لنفسه، ولا يدفع له شيئًا من «معلومها»!

ومن حسن الحظ، أن المشالي كان قد احتاط لسنوات القحط، وادخر من «معلوم» سنوات الرخاء، ما مكنه من أن يواجه الكساد، وفي الأيام التي كان ينظر فيها القضايا، كان ـ كغيره من النواب ـ ينظرها في أحد المساجد

في بداية النهار، أو في آخره. أما في أغلب الأيام، فكان يمضي وقته في دكان أحد الشهود ينتظر أي قضية، ويدعو الله أن يكون أصحابها من ميسوري الحال، وأن يبعد عنه السوقة والزعر وأوباش الناس، الذين يصدعون رأسه بمشاكلهم، ويعتذرون في النهاية بضيق ذات اليد عن دفع الأتعاب. دكان كعشرات الدكاكين، يديره رجل وظيفته أن يورد الشهود إلى القاضي. شهود مستعدون للشهادة بأي شيء وفي أي قضية. ليس مهمًّا أن تكون شهادته صادقة أو كاذبة، المهم أنه في النهاية يأخذ «معلومًا» من المتقاضين نظير شهادته بما يطلبونه منه، فيورد من هذا «المعلوم» نصيبًا للنائب ولقاضي القضاة، ويتحمل وحده أمام الله عز وجل تبعة الشهادة الزور.

وفي عصر كل يوم يعود المشالي إلى بيته، يقضي بعض الوقت مع زوجته. يسأل عن أحوال ابنه الصبي الذي ألحقه بقرَّاء القرآن الذين يقرأون في الحوش السلطاني بالدهيشة. ويراجع الصبي، إذا تصادف ووجده في المنزل، فيما حفظه من آيات القرآن الكريم وما جوَّده منه، وقبل أن يذهب في نوم القيلولة يعابثه طيف فاطمة الجميل، فيحلم بعينيها السوداوين الجميلتين، ويشتهي جسدها الفوار، وربما عابثته لحظة ندم إذا ما سمع صوت زوجته في صحن الدار، أو إذا ما طاف به شبح غرس الدين، زوج معشوقته، لكن النوم وطيف فاطمة الجميل كانا يذهبان بها.

* * *

بعد القيلولة يخرج المشالي إلى المسجد، فيصلي المغرب، وينتقل إلى مقهى قريب، حيث يجلس مع صديقه غرس الدين خليل. وكان خليل في عُمر المشالي تقريبًا، وهو يعمل في مهنته نفسها، ويتولى القضاء كأحد نواب الشافعية، لا تختلف حاله عن حال المشالي، وجاورا زمنًا في الأزهر معًا، وعاشا سنوات صديقين، ثم استطاع كلٌّ منهما أن يشتري منصب القضاء. ورغم تغير خاطر السلطان على قاضي القضاة الشافعي، وقاضي القضاة الحنفي، واستبداله لهما أكثر من مرَّة، فإن كلًّا منهما قد احتفظ بمنصبه، وإن

كان ذلك قد كلفه «معلومًا» إضافيًّا. فكلما تغير قاضي قضاة أحد المذاهب، ودفع «معلومًا» جديدًا للسلطان، كان على نوابه أن يدفعوا له هذا «المعلوم»، لكي يثبت كلًّا منهم في منصبه.

في مسامراتهما تلك، كان المشالي وخليل يتبادلان أنباء العلاقة بين السلطان والقضاة، ويدعوان الله ألا يحدث ما يعكر صفوها، فيعزل السلطان أحد قضاة القضاة الأربعة، فيكون عليهما أن يدفعا «معلومًا» جديدًا. وكان المشالي أكثر ثقة باستقرار الأوضاع، إذ كان قاضي القضاة الحنفي عبد البر بن الشحنة من أخِصاء السلطان، المقربين إليه، حتى إنه كان يبيت في القلعة أكثر من نصف الأسبوع، بل صار بيده الحل والعقد في أمور السلطنة. لكن الأمر لم يكن كذلك بالنسبة إلى خليل، إذ كان الصراع على منصب قاضي القضاة الشافعي شديدًا، بين كمال الدين بن الطويل ومحيي الدين بن النقيب. ومنذ شهور قليلة فقط انتزع ابن الطويل المنصب من ابن النقيب، فعاد إليه للمرَّة الثالثة، وفقده ابن النقيب للمرَّة الخامسة، ولم تزِد المدة التي قضاها ابن النقيب في المنصب، خلال هذه المرَّات الخمس، عن سنة وتسعة أشهر. أما منافسه ابن الطويل فقد دفع في ولاياته الثلاث «معلومًا» وصل إلى أكثر من عشرة آلاف دينار.

ومن حسن الحظ أن شبح منافسة شرف الدين بن روق على منصب قاضي القضاة الشافعي، كان قد انتهى منذ وقعت واقعة المدرسة الصالحية قبل شهور قليلة. وكان ابن روق أحد أعيان الشافعية، وكان من أهل العلم والفضل، بارعًا في أصول الدين، محبوبًا من العوام، ولكنه كان «أرشلَ» قليل البخت، ولهذا لم يفُز في سعيه لتولي منصب قاضي قضاة الشافعية، وكان آخر عهده بالمناصب أن اشترى منصب «ناظر الخزائن الشريفة»، بمبلغ خمسة آلاف دينار، وتعهد بجمع المبالغ التي نقصت في الخزائن، وضمن صهره ـ الذي كان كاتبًا سابقًا في الخزانة، واعتقل بتهمة تواطئه مع بعض كبار معاوني السلطان على الاستيلاء على ٤٠٠ ألف دينار من أموال

الخزينة - في دفع مبلغ ٥٠ ألف دينار، كان السلطان قد قررها عليه، ولكن ابن روق لم يمكث في منصبه سوى شهر واحد، ثم عزل عنه، واعتقله السلطان وشكه في الحديد، وطالبه بأن يدفع النقود التي ضمن فيها صهره، ورفض ابن روق وقال إن صهره قد مات وهو رهن الاعتقال فسقطت ديونه بموته، وسقطت بالتالي ضمانته له، وعندما بدأوا في تعذيبه ثار، ووقع لسانه بكلمات فاحشة في حق قضاة العصر وغيرهم من الناس، وقال: «إنني لا أرى في هذا البلد أحدًا يستحق أن أصلي خلفه!».

* * *

أسرَّها السلطان في نفسه، فالعبارة يمكن تأويلها فيحاكم ابن روق بسبب إلحاده، ففي البلد خليفة وسلطان وقضاة شرع، فما معنى أن يرفض ابن روق الصلاة؟! إنه إذن لمشرك وملحد ويستحق القتل، وعليه فقد أمر السلطان بعقد مجلس بالمدرسة الصالحية لمحاكمة شرف الدين بن روق حضره قاضي القضاة الشافعي كمال الدين الطويل، وقاضي القضاة الحنفي عبد البر بن الشحنة، وقاضي القضاة المالكي محيي الدين يحيى بن الدميري.

وانتهز ابن روق فرصة محاكمته لفضح نظام الحكم، فأخذ يناور ويناقش القاضي الحنفي عبد البر بن الشحنة في معنى ما قاله من كلام، ويسرد مبررات رفضه للصلاة خلف القضاة، وقال ابن روق صائحًا: «أنت يا عبد البر تبيع الأوقاف وتسرق مال المسلمين».

كان عبد البر هو قاضي القضاة الحنفي، وكان صديقًا للسلطان ونديمًا له، وقد وضح للجميع من سلوكه أثناء المحاكمة أنه ينفذ خطة السلطان لإصدار حكم بتكفير ابن روق تمهيدًا لإعدامه. لذلك سارع القاضي الشافعي كمال الدين الطويل فقام بمناورة بارعة. كان في أعماقه يعطف على ابن روق ويحترمه، ويدرك أبعاد المؤامرة التي تستهدف حياته. ثم إنه كان أحد أعيان الشافعية وهو قاضي قضاتهم. لذلك سارع فأمر بطرح ابن روق أرضًا في فناء المدرسة الصالحية بسبب إهانته للقاضي عبد البر، وعندما بدأوا يضربونه

ثار الواقفون في فناء المدرسة من العوام، وتعصبوا لابن روق. وكان هذا ما يريده القاضي الشافعي، فقد سارع السلطان وأمر بفض المجلس لكيلا تُسمعه العوام ما يكره من ألفاظ، بيد أن السلطان أدرك مناورة ابن الطويل وأسرَّها له، وتوعده بالويل والثبور.

لم يتمكن السلطان من تنفيذ وعيده ضد القاضي الشافعي، إذ شهد العام بعد ذلك حوادث جسامًا.

جاء الطاعون في أواخر الشهر نفسه، وفشا في مصر المحروسة، وفتك في العبيد والجواري والفقراء من الناس. يزيد في بعض الأيام وينقص في بعضها، حتى مات به، في المتوسط، ثلاثة آلاف فرد يوميًّا، وحصل للناس أيامها غاية الرعب. وهرَّب قاضي القضاة عبد البر بن الشحنة أولاده من الطاعون، فأخرجهم إلى جبل الطور، وكانت تلك عادته كلما وفد إلى مصر طاعون. بل إنه صعد للسلطان وحسَّن له أن يرسل ولده إلى هناك، ولكنه لم يوافق. وجاءت الخماسين - في أبريل من عام ١٥١٣م - فتزايد أمر الطاعون، وفتك بالناس فتكًا ذريعًا. واتبع عدد عظيم من الأمراء مشورة القاضي عبد البر فهرَّبوا أولادهم إلى الطور.

ولم يكن غريبًا أن يجتمع على مصر في تلك السنة الغلاء والوباء، إذ كان تلازمهما طبيعيًّا في تلك القرون، وهكذا قل الخبز وغلا الدقيق. ورغم ظهور القمح الجديد، فقد تزايدت أسعار الخبز، وأشيع بين الناس أن السلطان يشتري القمح ويرسله إلى الشام لأن بها غلاء عظيمًا، وأنه يتاجر بأقوات المصريين ويستفيد من فرق الأسعار، ولما شقَّ السلطان من القاهرة «تسييت» عليه العوام، وأسمعوه «الكلام المنكى»، وصاحوا فيه: «الله يهلك من يقصد الغلاء إلى المسلمين».

سمع السلطان ذلك بأذنيه، فتنكد في ذلك اليوم، وطلع إلى القلعة بين الدروب، ولم يشق من باب زويلة.

* * *

ويستمر المشالي في مسامرته مع صديقه خليل، فيقول خليل إن أحواله المالية قد تحسنت، بعد أن تمكن هو الآخر من إلحاق ابنه الصغير بالصبيان الذين يقرأون القرآن في الحوش السلطاني بـالدهيشة، وبذلك فسوف يحصل على بعض العطايا بين حين وآخر، ومن المحتمل أن يوفر ذلك للابن مستقبلًا باهرًا، بالإضافة إلى أن زوجته قد ورثت ـ أخيرًا ـ بعض المال.

عندما كانت الزوجة تُذكر، كانت بسمة خافتة ترف على شفتي المشالي، فكان يسارع بإخفائها بمبسم الشيشة، محاذرًا أن يراها صديقه خليل، ذلك أن قصة حب وخيانة كانت قد نسجت خيوطها بين المشالي وفاطمة. ولم يرَ المشالي إذن داعيًا لأن يتوقر خليل عند ذكر زوجته، ولا لأن يسميها «الجماعة»، والمشالي كان يعرف ـ ليس اسمها فقط ـ وإنما كل تضاريس جسدها الشهي.

كيف حدث هذا؟

لا أحد يعرف بالضبط، بيد أن العصر كان يموج بالمتناقضات الغريبة حقًّا، كان عصرًا وقورًا جدًّا من حيث المظهر، وتحت السطح كانت أخلاقياته تكشف عن روائح كريهة. كان الزنى منتشرًا بصورة كبيرة، حتى لقد أصبح البغاء، رسميًّا، تعترف به الدولة، فتفرض على البغايا ضرائب مقررة، وتجمع من هذه الضرائب أموالًا ضخمة، وتجعل للبغايا «ضامنة» تذهب إليها مُحترفة البغاء فتسجل اسمها عندها. وكانت البغايا يخرجن إلى الشارع، وقد استكملن زينتهن، فيسرن أمام الناس في صورة لافتة للنظر، ويحرِّضن علنًا على الفجور. وقد أدى هذا إلى انتشار الأمراض السرية كالزهري والسيلان وكانا يسميان بمرض «الحب الإفرنجي»، وقد فشوا في بعض السنوات بصورة وبائية.

وانتشر الشذوذ الجنسي والأخلاقي، إلى الدرجة التي أصبح معها المؤرخون يستثنون سلطانًا من كل عشرة سلاطين. فيذكرون ـ كأبي المحاسن

صاحب كتاب «النجوم الزاهرة» ـ إنه «لم يكن له ميل للشباب كعادة الملوك من قبله»، وخُلع أحد السلاطين عن العرش بسبب حبه لغلام أمرد!

لم يكن غريبًا إذن أن تلتقي فاطمة والمشالي في علاقة آثمة. إن الرجل صديق زوجها، وهو يدخل المنزل، ويقضي به أوقات سمره، ويتردد عليه بانتظام. وصحيح أن التقاليد لم تكن تسمح بأن يرى الغريب حريم صاحب المنزل، ولكن ظروف الانحلال الاجتماعي العام لم تدع تقليدًا على حاله.

وبينما خليل يتحدث عن أخلاق زوجته، وجمالها، وما تدخره من مال، والمشالي يخفي بسماته بمبسم الشيشة، كان شميس قد وصل!

وشميس شاب مفتون، من الملتحقين بمجالس القضاة، إذ كان خاله أحد النواب، وكان يستعين به في بعض شؤونه، فتعرف على مجتمع القضاة، وتعود أن يجلس معهم، ويسمر في سهراتهم، ويشارك في مناقشة بعض المسائل الفقهية. وبينما استقبله خليل بترحاب، فإن المشالي كعادته استقبله بفتور لم يحرص على إخفاء علاماته!

لعل هذا لم يغِب عن خليل. بيد أنه كان يفسره على أنه مجرد عدم استلطاف متبادل بين المشالي وشميس. ولم يكن يدري أن المسألة أبعد مدى من ذلك وأعمق. فقد كان شميس يهوى فاطمة، وكانت بينهما نظرات وعلامات وبشائر اتفاق. وقبل أن تتطور تلك النظرات إلى ما كان شميس يطمح إليه، ظهر المشالي في أفق فاطمة. آنذاك قلبت المرأة الهوائية للعاشق القديم ظهر المِجَنِّ، ورفضت أن تتقدم في علاقتها به خطوة جديدة، ولما حاول أن يطور الهجوم من جانبه صدته بقسوة!

وككل عاشق خائب، فقد ترصدها شميس، وأخذ يتحسس أخبارها ليعرف سبب انقلابها عليه، وإيقافها للمناورات التي كانت تدور بينهما، حتى عرف أنها انتقلت إلى غيره، وعرف اسم غريمه، وأصبحت المسألة مكشوفة للأطراف الثلاثة. يتحدث عنها شميس مع المشالي أحاديث مقنَّعة، ويشير إليها من طرف خفي، وخليل بينهما يدهشه أنهما لا يكفان عن المشاحنة،

ولا يقبل أحدهما للآخر كلامًا، فإذا شرَّق هذا غرَّب ذاك، كأنهما ديكان في حلبة صراع.

وكان لا بد أن يمر شهر رمضان ذاك، وتمر أيام عيد الفطر، ليعرف خليل أخيرًا سبب كل هذا.

* * *

السبت ١١ ديسمبر ١٥١٣م

كانت زحمة العمل التي تعقب الركود الذي يأتي به شهر رمضان قد خفت. ففي أيام العيد الثلاثة عقد خليل عددًا ضخمًا من الزيجات، وكان يعود إلى بيته كل يوم محملًا بالهدايا التي حصل عليها من العروسين وأسرتيهما. وهو ما حدث أيضًا للمشالي. وبانتهاء أيام العيد، آن لخليل أن يقضي ليلة في رحاب الإمام الليث رضي الله عنه، مع بعض أصدقائه من الصوفيين، يتعبدون وينشدون الأذكار لله، ويشكرونه على ما أفاء به من نعيم أعقب شهور الطاعون والكساد.

وعندما خرج خليل من بيته قبل صلاة المغرب، كان شميس يجلس على مصطبة أمام منزله المجاور، فألقى عليه التحية، وأخبره بأنه سيقضي الليلة خارج منزله، وعرض عليه أن يصاحبه، ولكن شميس رفض.

وبمجرد أن مضى خليل في اتجاه الإمام الليث، كان شميس قد قرر أمرًا: ظل جالسًا في مكانه وعيناه مثبتتان على بيت خليل أمامه، تنتقلان أحيانًا إلى المشربية منتظرًا أن يلمح خلفها شبح فاطمة كما كان يحدث في الزمان الماضي. وفُتح الباب أخيرًا لتخرج جارية كان شميس يعرفها تمامًا: إنها كاتمة أسرار فاطمة وموضع ثقتها، وكانت يومًا رسول غرام بينها وبينه. فإلى أين تتجه الآن؟ حيره السؤال، وعذبته الغيرة، فتبعها إلى أن لمحها وهي تتحدث مع أحد أتباع المشالي في ركن مظلم في أحد الشوارع، فأدرك كل شيء: أن فاطمة قد أرسلت تستدعي عشيقها، وهذا ما تأكد له بعد قليل عندما طرق باب فاطمة أحد أتباع المشالي وهو يحمل

بعض اللفافات، لم يشك شميس في أنها هدية إلى المعشوقة الفاتنة من عشيقها الوغد.

لم تكد الظلمة تشتد، وتنقطع أفواج السابلة، حتى لمح شميس من مخبئه، غريمه وهو يتسلل إلى بيت فاطمة، وكانت موجات الغيرة التي عصفت به قد ارتفعت إلى ذروتها، فلم يتمالك نفسه، وقرر أن ينفذ خطة كانت تعصف برأسه طوال ساعات مراقبته لمنزل المعشوقة الخائنة، لقد آن أوان الانتقام.

مضى مسرعًا إلى الإمام الليث، وهناك وجد خليل مندمجًا في الذكر بكل مشاعره، وما كاد هذا يلمحه حتى دعاه للمشاركة في الذكر، ولكن شميس جذبه من كمه وأخطره هامسًا بكل شيء.

وركب كلٌّ منهما حماره وعادا مسرعين إلى القاهرة.

همَّ خليل أن يطرق الباب، ولكنه خشي أن يخفي المجرمان آثار جريمتهما، فتسلق سور المنزل، وتوجه على الفور إلى حجرة النوم، «فوجد المشالي مع زوجته في الناموسية، وهما تحت اللحاف متعانقان، فقبض عليهما باليد، وضربهما ضربًا مبرحًا».

حدثت ضجة، واستيقظ الجيران، وفُتحت النوافذ، وأطل الجميع يستفسرون. ووقف عدد قليل من سابلة ما بعد منتصف الليل يتسمعون ويحاولون أن يعرفوا ما يجري.

فقد المشالي أعصابه، بعد أن انتُزع من فراش غرامه وهو عارٍ وسكران، لكنه استطاع أن يتمالك ما بقي من أعصابه، ليطلب من خليل أن يهدأ، ويتوسل إليه ألا يفضحه، ويعده بأن يكتب له صكًّا بألف دينار. وقالت فاطمة إنها مستعدة للتنازل عن جميع أمتعة البيت، على أن يتستر خليل على الأمر. رفض الزوج، وأصر على الرفض رغم كل التوسلات، واستفزه ما عرضه المجرمان فانهال عليهما ضربًا. وفي النهاية أغلق عليهما باب الحجرة، ووضع عليهما حراسة من بعض خدم المنزل، وتوجه من فوره إلى دار حاجب الحجاب.

وبمجرد أن سمع حاجب الحجاب تفاصيل القصة، أرسل فقبض على العاشقين، وعندما وصلا إلى داره بدأ التحقيق معهما.

وكان المشالي مرتبكًا، ويود أن يتخلص من الموقف بأي شكل، فاعترف بكل شيء. سمع حاجب الحجاب التفاصيل باهتمام، وتأمَّل جمال المرأة بعينين غير بريئتين، ثم أرسل فأحضر أحد زملاء المتهم، وهو القاضي شمس الدين بن وحيش ـ وكان شافعيًّا هو الآخر ـ فأعاد التحقيق أمامه، ثم أحضروا دواة وقلمًا، فكتب المشالي اعترافه بخط يده، ووقَّع القاضي ابن وحيش على المحضر بما يفيد أن الاعتراف تم في حضوره، ودون ضغط أو تعذيب للمتهم.

وبعد أن انتهى التحقيق أمر حاجب الحجاب بضرب المشالي، فضُرب ضربًا مبرحًا حتى كاد يهلك. ثم رُفعت المرأة على أكتاف الجنود وضُربت هي الأخرى حتى أغمي عليها، وأمر حاجب الحجاب «بإشهارهما» و«تجريسهما» في القاهرة.

في صباح اليوم التالي، بدأت عملية «التجريس». أُركب نور الدين المشالي وفاطمة كلٌّ على حمار، وأُجبر المشالي على لبس عمامته ـ وهي الشارة التي تدل على أنه من القضاة ـ وكان وجه كلٍّ منهما إلى مؤخرة الحمار. وطافوا بهما الشوارع المحيطة، والجنود حولهما يدقون الأجراس، وينادون على الناس ليجتمعوا حولهما ويسمعوا قصتهما. والمغاني في الخلف يزفونهما بالطارات. وقد وُضع في عنق المشالي «ماشة» و«هون». وطافوا بهما في أحياء الصليبة وقناطر السباع ـ السيدة زينب الآن ـ ثم عادوا بهما إلى دار حاجب الحجاب حيث ضربوهما بالسياط أمام الناس عقابًا لهما.

إلى هنا كان الموضوع قد انتهى. إذ لم تكن هناك عقوبة يمكن أن توقَّع بعد ذلك على العاشقين، لقد ضُربا وعُذبا و«جُرِّسا» في كل أنحاء القاهرة،

وغاية ما هناك أن المرأة كانت ستُطلق، أما المشالي فكان المنطقي هو أن يُفصل من وظيفته.

ولأن العصر غريب، فإن ما فجَّر الموقف وصعَّده وجعل له نهاية أخرى غير تلك النهاية الفكاهية، كان آخر ما يمكن أن يخطر على البال.

قبل أن يأمر حاجب الحجاب بالإفراج عن المشالي وفاطمة، فكر في أن يكسب من الجهد الذي بذله في تحقيق القضية، فاستدعى الحاجب الرجل والمرأة، وطالب كلًّا منهما بمائة دينار لكي يفرج عنهما. وأبدى المشالي استعداده لدفع المبلغ، أما المرأة فاعتذرت عن الدفع وقالت: «لقد وضع زوجي يده على جميع ما أملك من مال، وأنا لا أحتكم على دينار واحد الآن».

على الفور أرسل حاجب الحجاب فاستدعى خليل، وطالبه بأن يحضر من مال زوجته مائة دينار بصفة رشوة. ولكن خليل الذي كان مذهولًا مما حدث، رفض أن يدفع درهمًا واحدًا، وثار في وجه حاجب الحجاب ثورة الزوج المصدوم الذي لجأ إلى الحاجب ليقتص له من زوجته الزانية، فإذا به يطلب منه مائة دينار لكي يفرج عنها، لكن هذه الثورة استفزت حاجب الحجاب، فأمر جنوده بالقبض على خليل وتعذيبه حتى يذكر مكان مال زوجته، ويحضر منه المائة دينار.

دفع المشالي الرشوة، وأفرج عنه وأفرج عن المرأة، وهكذا فلت الزناة، واعتقل الضحية، وهو الزوج المسكين، وبُدئ في تعذيبه. وبعد يومين تذكر ابن خليل الصغير أنه يستطيع أن يخدم أباه المعتقل. كان يقرأ القرآن في الدهيشة ـ أحد الأحواش السلطانية في القلعة ـ عندما مر السلطان بالقرب من الحوش، ورغم رهبة الموقف على الصبي الصغير، فإن المأساة كانت قد أفقدته القدرة على الخوف. اتجه فورًا إلى السلطان، وقبل أن يتمكن الحراس من منعه كان قد وصل إليه، وفي كلمات متلعثمة قص الابن القصة

الغريبة التي انتهت بالإفراج عن الزاني والزانية واعتقال الزوج المجني عليه والمطعون في شرفه والمسلوب العرض.

يقول المؤرخ ابن إياس الذي روى القصة إنه عند ذاك: «اتسع الخرق على الراقع، وفشا الكلام بالمواقع».

* * *

الأربعاء ١٥ ديسمبر ١٥١٣م

القصر الكبير بقلعة الجبل

السلطان قانصوه الغوري يتمشى قلقًا، ويهمهم بين الحين والآخر بكلمات سُباب. لا أحد من الأمراء الواقفين حوله يجسر على الكلام معه. بعد فترة أخطر السلطان بأن القضاة قد وصلوا. أمر بإدخالهم. دخلوا وقبلوا الأرض أمامه. أشار إليهم بالجلوس. لم يجسروا على ذلك حتى جلس السلطان.

ظل السلطان يتفرس فيهم لحظات، كانت عيناه مُرعبتين، ففي العام نفسه كان قد أصيب بارتخاء في جفنيه، بحيث لم يعد يستطيع أن يرفعهما إلا بعد أن قصهما له الأطباء. أنهى السلطان الصمت متفجرًا: «والله افتخرتم يا قضاة الشرع، نوابكم شيء يشرب الخمر، وشيء يزني، وشيء يبيع الأوقاف!».

كان الكلام الأخير يتضمن ـ بتعبير ابن إياس ـ «تسميعة» لقاضي القضاة الحنفي عبد البر بن الشحنة، إذ كان هو المقصود بذلك الكلام عن بيع الأوقاف.

كان عبد البر، ككل القضاة، يتنظر على أوقاف متعددة، موقوفة على المؤسسات الدينية، وكان يؤجرها بأسعار زهيدة جدًّا، مقابل رشاوى ضخمة.

صمت القضاة ولم يردوا، سأل السلطان عن القاضي ابن وحيش الذي حضر اعتراف المشالي بالزنى. وعندما وقف، تفرس فيه السلطان قليلًا، ثم طلب منه أن يشهد في المجلس بما صدر عن الزاني من اعتراف.

روى ابن وحيش كل شيء.

وفي النهاية سأل السلطان القاضي عن رأيه، قال ابن وحيش:

ـ أنا ثبت عندي رجمهما، لا بد من تطبيق الحد.

قال السلطان على الفور:

ـ إذن أصدر حكمك برجمهما.

أثار ابن وحيش نقطة شكلية، قال إنه لا يستطيع أن يصدر حكمًا في القضية لأنه مجرد نائب، إلا إذا حصل على إذن بالحكم فيها من قاضي قضاة مذهبه، وهو القاضي الشافعي كمال الدين الطويل، فأذن له القاضي الشافعي بذلك!

انفض المجلس بعد أن أصدر قضاة الشرع حكمًا برجم المشالي وفاطمة، وأمر السلطان بإعادة القبض عليهما، وباختيار مكان تحفر فيه حفرة لكل من الزاني والزانية، عمقها بطول قامة كل منهما بحيث لا يظهر منهما سوى الرأس فقط، لتكون هدفًا سهلًا للطوب الذي يلقيه الناس عليهما حتى يموتا، وتطبيقًا لهذا الحكم قبض الوالي على المشالي وفاطمة، وأودع الأول سجن «المقشرة»، أما المرأة فقد ذهبوا بها إلى سجن النساء وكان يُعرف بـ«الحجرة». وأفرج عن الزوج المسكين!

الشيء المذهل في هذا كله، أن سلوك حاجب الحجاب لم يثِر أي مناقشة. انتشرت الواقعة، وتهامس الناس بأن السلطان قانصوه الغوري سوف يطبق حدود الشرع، وأنه سيبدأ بتطبيق حد الزنى، ذلك الحد الذي لم يطبق منذ عهد الخلفاء الراشدين. وأثار ذلك موجة من المناقشات في القاهرة، وخشي كثيرون من الفُساق على رقابهم. وانتظر أرباب الفجور نتيجة الموقف بقلق شديد.

في اليوم التالي كان السلطان مشغولًا في أمر الحج، وخروج المحمل، وكان هناك ضيوف غرباء من أمراء العراق، سافروا مع الحجاج، وودعهم السلطان وداعًا يليق بمقامهم، وحضر القضاة الأربعة موكب خروج المحمل، ونُسي إلى حين أمر فاطمة والمشالي.

وبينما السلطان مشغول في أمر الحج، كان هناك أمر آخر يدبر خفية، شخص يقال له شمس الدين الزنكلوني من قضاة الشافعية، كان زميلًا وصديقًا للمشالي، وجد حلًّا شرعيًّا ينقذ صديقه من الرجم، وتمكن من

أن يهرِّب له رسالة في سجن «المقشرة» وأخرى إلى المرأة في سجن «الحجرة»، تنبههما إلى ضرورة أن يطلب كلٌّ منهما قاضيًا وينكر أمامه اعترافه بالزنى.

وبينما ذلك يتم كان الزنكلوني قد كتب فتوى على شكل سؤال مجرد، ودار بها على القضاة ومشايخ الإسلام، وكان نص السؤال هو:

رجل زنى واعترف بالزنى، ثم رجع عن ذلك الاعتراف.
فهل يسقط عنه الحد أم لا؟

بدأ الزنكلوني جولته بشيخ جليل هو الشيخ برهان الدين بن أبي شريف، وكان قاضيًا سابقًا لقضاة الشافعية ثم عزل من منصبه، وتولى نظارة إحدى مدارس العلم، وكان معروفًا بتفقهه في الدين، موفور الحرمة والكرامة يحترمه الجميع.

قدم له الزنكلوني السؤال مكتوبًا، فكتب يجيب عليه:

إذا رجع الزاني عن الإقرار باعترافه بالزنى،
سقط عنه حد الرجم، وغيرُ ذلك من الحدود.

تجول الزنكلوني بين كبار المشايخ، يعرض عليهم السؤال وتحته إجابة الشيخ الجليل ابن أبي شريف، فكانوا جميعًا يقرون إجابته، ويكتبون بذلك أوراقًا. وكان القضاة الأربعة من بين الموقعين.

وعندما انتهى السلطان من مشاغله، وأرسل يسأل عما اتُّخذ من إجراءات لرجم الزاني والزانية، فوجئ بأن المتهمين قد عدلا عن اعترافهما، وفوجئ بأن فتوى قد صدرت من قضاة الشرع بألَّا وجه لتطبيق حد الرجم أو غيره ـ كالجلد ـ لعدول الزانيين عن الاعتراف!

استشاط السلطان غضبًا، وصاح: «يا مسلمون، رجل يطلع إلى بيت آخر، ويفسق في زوجته ويُقبض عليه تحت اللحاف معها، ويعترف بذلك، ويكتبه بخط يده، وبعد ذلك تقولون له حق الرجوع؟!».

أرسل السلطان فاستدعى قاضي قضاة الحنفية عبد البر بن الشحنة،

وكان صديقًا له ومقربًا عنده حتى إنه كان يبيت معه في القلعة ثلاث ليالٍ في الجمعة، وصار بيده الحل والعقد في أمور السلطنة، وسأله عن أمر الفتوى، فأنكرها وهاجمها بشدة، وقال إن الذين أصدروها لا يفهمون في الدين، وإن الحد لا بد أن يطبق، ولا بد أن يكون هذا في دولة السلطان قانصوه الغوري، مجدد دين الإسلام وأول من سيطبق حد الزنى بعد الرسول صلوات الله عليه وسلامه، وكحلٍّ للمشكلة اقترح عبد البر عقد مجلس شرعي عالٍ لمناقشة الفتوى وتجريحها علميًّا.

* * *

الخميس ٢٣ ديسمبر ١٥١٣م

القصر الكبير بقلعة الجبل

عقد السلطان أكبر مجلس شرعي قضائي في تاريخ مصر العصر، ذلك أن الذين حضروه لم يكونوا قضاة المذاهب الأربعة فحسب، ولكن حضره أيضًا كل شيوخ القضاة الذين تركوا مناصبهم، ونظار المدارس والمعاهد الدينية، وكبار مشايخ الأزهر والقضاة، ومن بينهم الشيخ برهان الدين بن أبي شريف الذي أصدر الفتوى.

ولما تكامل المجلس أعاد السلطان عرض المسألة مُصِرًّا على أخذ الزاني باعترافه معارضًا في حق الرجوع، وتولى القاضي ابن أبي شريف الرد باعتباره مُصدر الفتوى، فذكر أقوال الفقهاء في هذا الصدد وختم كلامه بقوله: «هذا هو شرع الله».

تشعب الحديث حول شروط وأحوال تطبيق حدِّ الزنى، ولخص بعض الحنابلة من الحاضرين آراء الفقهاء في المسألة ناقلين عن ابن تيمية قوله إن «حد الزنى لا يُقام حتى يشهد على الزاني أربعة شهود، أو يشهد على نفسه أربع شهادات عند كثير من العلماء أو أكثرهم، ومنهم من يكتفي بشهادته على نفسه مرَّة واحدة، ولو أقر على نفسه ثم رجع فمن الفقهاء من يقول يسقط عنه الحد، ومنهم من يقول لا يسقط».

وتمسك السلطان بقول الأخيرين، وأصر على عدم إسقاط الحد، وتمسك الفقهاء والقضاة بالقول بسقوط الحد، ذاكرين أن الرسول صلى الله عليه وسلم كان يقول: «ادرأوا الحدود بالشبهات».

وتشعب الحديث مرَّة أخرى. ولم يكن هناك خلاف بين الحاضرين على أن المشالي وفاطمة قد ارتكبا جريمة الزنى، ولا في استحقاقهما للرجم، وهي العقوبة التي نص عليها القرآن الكريم، حين يكون الزانيان محصنين أي متزوجين، ولكن الخلاف كان: هل يحق لهما أن يرجعا عن الاعتراف وينكرا، وخاصة أن الاعتراف كان هو الدليل الوحيد الثابت على الجريمة، إذ إن الذين رأوهما لم يكونوا أربعة شهود ولم يروا «المِرْوَد في المكحلة» كما ينص على ذلك الحديث النبوي الشريف؟

طالت المناقشة، فتوترت أعصاب السلطان، فقال للشيخ ابن أبي شريف:

- يا شيخ برهان الدين، أنا ولي الأمر، ولي الحق في اتخاذ ما أراه.

رد الشيخ:

- نعم يا مولانا، ولكن بموافقة الشرع الشريف، فإن قتلتهما دون أمر الله تلزمك ديتان عنهما.

حنق السلطان على الشيخ، ولكنه كظم غيظه، ونظر إلى شيخ آخر من قضاة الشافعية هو الشيخ زكريا، وسأله عن رأيه، فأيد رأي زميله. فقال السلطان:

- هذا يبقى في ذمتك؟

قال الشيخ:

- إيش أكون أنا، يبقى في ذمة الإمام الشافعي صاحب المذهب.

قال السلطان:

- أنت دَهْولت، ما بقي لك عقل.

تدخل الشيخ نور الدين المحلي، قال:

- يا مولانا، إن الذي صدر عن القضاة ومشايخ الإسلام بصحة سقوط

الحد عند الرجوع عن الاعتراف هو الحق، وهو نص ما نقله الإمام الشافعي وغيره، رضي الله عنهم أجمعين، فلا عبرة باعتراف الزاني إذا رجع عن اعترافه.

كان السلطان قد فقد السيطرة على أعصابه تمامًا، صاح فيه:

- إن شاء الله يا شيخ محلي تطلع إلى بيتك فتجد من يفعل في زوجتك الفاحشة كما فعل المشالي في زوجة خليل.

قال المحلي:

- عافانا الله من ذلك يا مولانا!

نظر السلطان إلى صديقه القاضي عبد البر منتظرًا أن يؤيده في رأيه، ففوجئ به يؤيد زملاءه القضاة. آنذاك انفجر يشتمه ويسبه صائحًا:

- أنت تقرر معي شيئًا وترجع عن ذلك، كنت قلت هذا من الأول حتى أعرف أمر الرجوع.

ونظر السلطان إلى القضاة الأربعة، فوبخهم بالكلام القبيح وقد بلغ به الحنق مداه، ثم ختم توبيخه بأن صاح فيهم:

- أنتم الأربعة.. قوموا.. لا تروني وجوهكم أبدًا.. أنتم مفصولون من القضاء.

* * *

في اليوم التالي أصدر السلطان قرارًا بعزل الشيخ برهان الدين بن أبي شريف من منصبه كناظر لمدرسة السلطان، وأشيع أنه سيُنفى إلى القدس. وأصدر أمرًا بعزل قضاة المذاهب الأربعة. ثم نزل إلى ميدان القلعة، وأرسل فأمر بالقبض على شمس الدين الزنكلوني القاضي الذي دار على العلماء بالفتوى. فلما مثل بين يديه قال له:

- يا زنكلوني، حكمك أنت يمشي وحكمي أنا يبطل؟!

ثم بطحه على الأرض، وضربه نحوًا من ألف عصا. وضرب أولاده الاثنين كل واحد نحوًا من ٦٠٠ عصا، وأمر بنفيه هو وأولاده إلى الواحات،

فأركبوهم حميرًا والدم يسيل من أكعابهم. وأشيع بين الناس أن الزنكلوني مات، وأن أولاده في حالة العدم!

كان ذلك اليوم هو التاسع والعشرون من شوال ٩١٩هـ (٢٨ ديسمبر ١٥١٣م)، وظنَّ السلطان أن أول ذي القعدة سيكون اليوم التالي. وكان من بين تقاليد السلطنة أن يصعد القضاة في أول كل شهر عربي لتهنئة السلطان به، ولشدة غضبه عليهم غادر القلعة لكيلا يلتقي بهم. وعندما جاءت غرة الشهر في يوم الخميس التالي صعدوا القلعة للتهنئة، وانتظروا بجامعها لكي يهل عليهم السلطان، ولكنه تركهم ولم يجتمع بهم فنزلوا بخفي حنين.

وظلت مصر خمسة أيام كاملة بلا قضاة.

خلال تلك الأيام لم يعقد زواج، ولم يتم طلاق، ولم يصدر أي حكم شرعي، وأغلق الشهود دكاكينهم، وتعطلت قضايا التجار، واضطربت الأحوال، والناس يتساءلون عما سيفعل السلطان بعد ذلك.

وتزايد غضب السلطان على المشايخ أجمعين، فأصدر أمره للوالي بأن كل من يجده من الفقهاء وهو سكران فليقبض عليه على الفور وله خلعة ثمينة.

وأمر ألا يدخل عليه أحد من الناس وهو يرتدي عمامة أيًا كان، حتى إن موظفي القصور السلطانية من المعممين استبدلوا بعمامتهم غطاء رأس مملوكيًّا.

وأخذ الأمراء يتشفعون للقضاة لكي يبقيهم السلطان في مناصبهم. فلما نزل السلطان إلى الميدان قام عدد من الأمراء بتقبيل الأرض بين يديه، وأعادوا شفاعتهم للقضاة الأربعة، ولما سمع السلطان ذلك حنق على الأمراء، «وحلف بحياة رأسه أنه ما يعيد أحدًا من القضاة إلى وظيفته»، وصمم على ذلك.

يقول ابن إياس: «ولم يتفق قَطُّ أن القضاة الأربعة يعزلون كلهم في يوم واحد إلا في هذه الواقعة التي جرت فعُدَّت من النوادر الغريبة».

وبلغ من توتر أعصاب السلطان في تلك الأيام أن عُرض أمامه مملوك

ارتكب مخالفة، فأراد أن يُضرب بين يديه، فتعترس قدام السلطان فحنق عليه وأمر بتوسيطه، وبالفعل جاء المشاعلي بسيفه وضربه في بطنه فشقه نصفين.

***

في يوم الأربعاء ١٠ يناير ١٥١٤م، استبدل السلطان بحكم الرجم الذي صدر بحق الزانيين قرارًا بشنق نور الدين المشالي وفاطمة.

واختار لتنفيذ الحكم وسيلة غريبة: أمر بأن تنصب المشنقة على باب الشيخ برهان الدين بن أبي شريف، الذي أصدر الفتوى في صالح حقهما في الرجوع عن الاعتراف. وتوجه داودار الوالي لكي ينصب المشنقة في حارة «أولاد الجيعان» حيث كان يسكن الشيخ، وظن أهله أنه هو الذي سيشنق فصرخوا ولطموا وبكوا، وأخيرًا اتضحت الحقيقة، حين بدأ تنفيذ حكم السلطان.

جاءوا بنور الدين المشالي من سجن «المقشرة». كان قد عانى ذل الحبس شهرًا طويلًا في زنازين سجن «المقشرة» الرهيب، وجاءوا بفاطمة من سجن «الحجرة». ونفذ الشنق على الصورة التي تخيلها السلطان: شنقوهما في حبل واحد، وقد جعلوا وجه الرجل في وجه المرأة، وكانت فاطمة تلبس إزارها وعليها أثوابها مسبولة. وظلت جثتاهما معلقتين ثلاثة أيام، ووجهاهما وجسداهما ملتصقين، والناس يأتون من كل فج عميق لكي يشاهدوا النهاية الفاجعة لقصة حب.

وتهز الحادثة قلب شاعر ركيك هو محمد بن الصايغ، فيقول:

أيا لَهُمـــا مِن عاشِـــقَين عَليهِما   قَضى مَن قَضى بالمَوتِ حَتمًا وأَشنَقا
فَقلباهُمـــا عِنـــدَ الحيـــاةِ تَآلَفا   وجِسـماهُما عِنـدَ المَمـاتِ تَعانَقـا

في مساء اليوم نفسه عيَّن السلطان أربعة قضاة بديلًا عن القضاة المفصولين، وتجمع نوابهم حول القلعة ينتظرون موكبهم، فكان عددهم يزيد على ٣٠٠ نائب.

لكن السلطان كان قد أمر بتغيير نظام القضاء بحيث لا يزيد عدد النواب على ١٠٠ نائب للقضاة الأربعة، وبدلًا من أن يكون لقاضي كل مذهب حق تعيين نوابه، فإن السلطان أمر بألا يعين أحد من النواب إلا بعد عرض اسمه عليه. وبالفعل أعيد عرض الأسماء كلها عليه، ففصل أكثر من مائة قاضٍ، واستبقى مائة فقط.

الشيء الذي يثير الدهشة في هذا كله، هو السبب الذي من أجله أصر السلطان على تطبيق الحد. فمن المؤكد أن القضاة كانوا على حق في موقفهم من الناحية الشرعية والخلقية والاجتماعية أساسًا. وحد الزنى بالذات قد أحيط بمجموعة من القيود لا تسمح بتطبيقه إلا في أضيق الحدود، نظرًا لخطورته ولسهولة الظن فيه، ولقسوة العقوبة المقررة عليه.

ومن الناحية الاجتماعية، فإن دولة تعترف بالبغاء رسميًّا، وتتقاضى ضرائب من البغايا، لا يمكن الظن بأنها سوف تطبق هذا الحد، فانتشار البغاء في أي حضارة، هو مقياس لاإنسانيتها، فليست هناك مهانة أكثر من مهانة تحويل الجسم البشري إلى سلعة تُباع وتُشترى.

فما الذي دفع السلطان إلى هذا الغضب الأعمى، وإلى تفجير المسألة وتحويلها إلى أزمة؟

أغلب الظن أنها كانت واحدة من ألعاب السلطة التي لا تنتهي، والتي برع فيها العصر المملوكي عمومًا، فقد شهدت مصر في السنة نفسها التي وقعت فيها هذه الحادثة غلاء مرعبًا في سعر القمح، وطاعونًا استمر عدة أشهر، ومحاولة للاستيلاء على السلطة قام بها أمراء المماليك عندما مرض السلطان بارتخاء في جفنيه، وظنوا أنه فقد البصر ولم يعد يصلح للسلطنة.

فضلًا عن العديد من المظالم، وخصوصًا التلاعب في سعر العملة الذي كان السلطان الغوري بارعًا فيه، إذ كان يغير أشكالها وقيمتها، ويستفيد من فروق أسعارها، كما كان يرفع الأسعار ويكبد الفقراء، وحتى الأغنياء، مشاق لا حصر لها.

كان السلطان يحاول أن يغطي على مظالمه بتطبيق الحد، وإعلان الغضب على القضاة لأنهم لم يوافقوا على ذلك. وقد ضحى في هذه اللعبة تضحية جسيمة، فلم يأخذ من القضاة الجدد الذين عينوا «المعلوم»، ففاته ـ كما يقول ابن إياس ـ «نحو اثني عشر ألف دينار» وقد «عُد ذلك من النوادر الغريبة ولا سيما من الأشرف الغوري».

بيد أن المملوك لا يمكن إلا أن يكون مملوكًا.

لم يمر أقل من عام حتى عاد ثلاثة من القضاة المفصولين إلى وظائفهم، دفع أولهم ألفي دينار، ودفع كل واحد من الاثنين الآخرين ثلاثة آلاف دينار، ولم يعد الرابع وهو نديم السلطان وصديقه القاضي عبد البر بن الشحنة، لأنه كان قد مات من شدَّة قهره!

الموت على تل العقارب

كان يوم السبت ١٤ يونيو سنة ١٨٠٠م، أطول أيام الجنرال «كليبر» في مصر.

حين بدأ اليوم، لم ينبئ بشيء جديد عما تعوده الجنرال منذ تولى القيادة العامة لجيش الشرق قبل عشرة أشهر، فشمس يونيو الساطعة توحي بيوم صيفي حار، مكتظ بالعمل ومبلل بالعرق، وفي جدول أعماله، مهام لا تخلو من مشقة، ولكنها لا تفتقر إلى الترفيه، أما الذي لم يكن يعلمه الجنرال، حين فتح عينيه في الصباح بمسكنه المؤقت في معسكر الجيزة، فهو أن هذا اليوم سيكون آخر أيامه في هذه الدنيا الفانية.

كان عليه أن يعبر النيل إلى الروضة، ليستعرض الجنود اليونانيين، الذين تتكون منهم «كتيبة الأروام»، ويلتقي بقائدهم القبطان «نيقولا بابا زوغلو» لعله يسمع منه ما يطمئنه على كفاءة فرقته، وقدرتها على دعم الجيش الفرنسي، إذا ما اضطر للدخول في مواجهة جديدة مع العثمانيين أو الإنجليز أو المصريين.

ومع أن أحوال الكتيبة كانت تدعو للتفاؤل، إلا إن «كليبر» لم يهضم بسهولة الواقع الذي قضى بأن يحتاج جيش الشرق لمن يدعم قدرته على المواجهة والصمود. أين الأحلام الجامحة التي قاد بها «نابليون بونابرت» هذا الجيش نفسه، قبل ثلاثة أعوام، ليبني إمبراطورية فرنسية شرقية، تضرب إنجلترا في الصميم، وتقطع طريق تجارتها إلى الهند؟ أين صيحة «نابليون»

أمام الأهرام مخاطبًا جنود جيش الشرق: «أيها الجنود، إن أربعين قرنًا تنظر إليكم من قمة هذه الأهرام»؟ وأين قاموسه الذي كان يفخر بأنه قد خلا من كلمة «مستحيل»؟

ضاعت جميعها بين الصحراء والبحر، كما ضاع نصف جيش الشرق في الطواعين والثورات وأمام أسوار عكا. تبدد الجيش والحلم. هرب قائده «المظفر» «نابليون بونابرت» تحت جنح الليل، مخلفًا أربعة خطابات مليئة بالنصائح، وتركة مثقلة بالديون ورثها «كليبر»: خزانة مفلسة بها عجز يصل إلى عشرة ملايين من الفرنكات، وجيش فقد نصف قواته، وتدهورت معنوياته، وبلغت متأخرات رواتبه أربعة ملايين فرنك، يرتدي جنوده وضباطه ملابس بالية، لا يستطيع أن يجددها لهم، لأنه إذا وجد النقود اللازمة لذلك، فلن يجد السبيل لاستيراد الأجواخ، وهو محاصر بين البحر والصحراء.

فهل تصلح «كتيبة الأروام» التي يقودها القبطان «نيقولا بابا زوغلو» ما أفسده الدهر؟ هل تمكن جيش الشرق المحاصر من الخروج من المحنة حيًّا، فتنقذه من براثن الأعداء الكثيرين الذين يتربصون به: الإنجليز في البحر، والأتراك في الصحراء، وهؤلاء المصريون الذين لم تمضِ سوى أسابيع قليلة على إخماد ثورتهم اللاهبة؟

كانت آثار الثورة لا تزال واضحة على مبنى القيادة العامة للجيش الفرنسي، حين وصل إليه الجنرال «كليبر» قادمًا من الروضة، ليتفقد أعمال الترميم الذي أمر بإجرائه به. طالت قنابل الثوار غرف القصر والممرات التي تنتشر بين حدائقه ونافوراته، وثكنات الجنود المحيطة به. حطمت الثورة جمال القصر، فهل هو قصر أم لعنة؟ لم يتمتع أحد بالإقامة في هذا الترف الجنوني، حتى صاحبه الأمير المملوكي، محمد بك الألفي، الذي بناه وزخرفه، واستورد له نافورات من إيطاليا، وأنواعًا من الرخام والأعمدة، وخرط له مشربيات وشبابيك يزينها زجاج ملون، وفرشه بالوسائد والمساند والستائر، وأضاءه

بالقناديل والشموع والمشكاوات، لم يمكث به سوى ستة عشر يومًا، ثم جاء جيش الشرق، فهرب الأمير المملوكي فيمن هرب، أما البيت فسكنه ساري عسكر «بونابرته الكبير»، قائد الجيوش الفرنسية، الذي جاء ليلتقي بأربعين قرنًا من التاريخ، فحوصر، ودمر الإنجليز أسطوله في «أبي قير»، ولم يجد متعة تخرجه من الحصار والإحباط وتضفي بهجة على القصر الفخم الذي سكنه، إلا أن يدفن إحباطه في أحضان المواطنة «بولين فوربيه».

صعد الجنرال «كليبر» سلالم القصر المصنوعة من الرخام والمرمر والجرانيت المصقول المجلوب من أسوان، يتفقد العمال الذين انهمكوا يصلحون ما طال الجدران من قذائف، وينزعون النوافذ المحترقة، ويستبدلون الزجاج المحطم، تأمل النافورة الضخمة في قاعة الاستقبال التي شهدت احتفال الألفي الأول والأخير بقصره الذي لم يسكنه بعد ذلك، وسمعت أكاذيب «نابليون» على شيوخ الأزهر يوم أعلن أمامهم إسلامه، وأكاذيبه على جنوده يوم وعدهم بأن يحصل كل جندي منهم عند عودته إلى فرنسا على ما يكفي لشراء ستة أفدنة من الأرض، فمات معظمهم دون أن يجدوا قبرًا يدفنون فيه. أما في غرفة النوم، فقد كانت وعوده الباطلة لـ«مدام فوربيه» بالزواج منها منقوشة على الجدران، كأثر تذكاري للكذب والجبن، فقد دبر رحيله من مصر في سرية تامة، وتركها دون أن يصحبها أو يكتب لها حرفًا واحدًا.

* * *

لم يكن المهندس «جان بروتان» هو الذي تنبه لذلك الشاب رث الملابس الذي يرتدي عمامة خضراء، وقفطانًا رديئًا، ويمشي في إثر الجنرال «كليبر» من غرفة لغرفة خلال تفقده للإصلاحات التي تُجرى في القصر، إذ كان «بروتان» مشغولًا بتقديم إيضاحات حول عملية الترميم للجنرال، ولكن الملازم «فورتينيه» ـ ياور «كليبر» ـ كان هو الذي تنبه لذلك الفتى الذي أخذ وجهه يظهر أمامه في كل غرفة أو قاعة استقبال يدخلها الجنرال ومرافقوه.

ولم تكن ملامحه تشي بشيء، ولعل آخرين قد تنبهوا أيضًا له، لكن أحدًا لم يفسر الأمر بأكثر من مظاهره، فالقصر مليء برجال مثله يصلحون ما أصابه من دمار، فلعله واحد من العمال الذين يصلحون الزجاج أو يخرطون الخشب، فجميعهم يرتدون ملابس رثة، وحتى لو لم يكن، فليس هناك أدنى احتمال لأن يقوم أي إنسان في مصر الآن بعمل طائش، وأطلال حي الأزبكية المحيطة بالقصر شاهدة على أن الطيش سيئ العاقبة، فقد احترقت عن بكرة أبيها، لأن حفنة من المهيجين ظنت أن رحيل «بونابرت» يمكن أن يضعف موقف الفرنسيين في مصر.

وحين اقترب موعد الغداء ذكَّر المهندس «بروتان» الجنرال بدعوة للغداء، كان قد وجهها إليه الجنرال «داماس» رئيس أركان حرب الجيش، فغادر الاثنان القصر إلى الحديقة، وبصحبتهما الحاشية، واخترقاها عبر الأرض المصنوعة من الفسيفساء الملون، إلى ممشى يقود إلى حديقة بيت «داماس» المجاور للقيادة العامة. ولاحظ «فورتينيه» أن الشاب ذا العمامة الخضراء ما زال ضمن صفوف حاشية الجنرال، ولما كان ذلك في رأيه تطاولًا، فقد أمر أحد الخدم بطرده قبل أن يدلف إلى دار رئيس الأركان، وحين ألقى نظرة أخيرة، وهو على سلم منزل «داماس»، لم يرَ وجه الرجل، فتنهد براحة.

في قاعة الطعام بمنزل «داماس» تخفف «كليبر» من سترته العسكرية بسبب حرارة الجو، وسرعان ما شمل المدعوين جو من الألفة، وزاد «كليبر» الجو مرحًا بسخريته اللاذعة من «البطل القوي القادر» «بونابرت»، الذي هرب تحت جنح الظلام، وترك له خلافة لم يكن يريدها، وخطابًا مليئًا بالأكاذيب عن فرنسا التي هرول لنجدتها، ولو كان صادقًا لقال: «عن السلطة التي لا بد أن آخذ لنفسي نصيبًا منها قبل أن تتوزع وأنا محاصر هنا في مصر...».

وإذ تطرق الحديث إلى الأحوال في مصر بدا «كليبر» مطمئنًا، صحيح أن مشروعه للجلاء عنها بشكل مشرِّف قد فشل، ولكنه انتصر على الأتراك

في معركة «عين شمس»، وأخمد الثورة التي قام بها المصريون ضده خمسة أسابيع متصلة، وهو واثق أن سياسته ستثمر، فالشيء الوحيد الذي يحترمه المصريون هو القوة. ومصر ـ في نظره ـ إقليم تحت الاحتلال العسكري، وينبغي أن تخضع له، وسوف يخضعها شاءت أم أبت، فأي محاولة لكسب مودة الأهالي عن طريق التظاهر بالأخوة مقضي عليها بالفشل، فهي خدعة لا تنطلي على هؤلاء القوم الماكرين، الذين يخطئون فهم التسامح ويظنونه ضعفًا.

* * *

في الساعة الثانية بعد الظهر غادر «كليبر» المأدبة قبل أن تنفض ليواصل تفقد أعمال الترميم، وليستعرض مع كبير المهندسين «بروتان» تصميمًا أعده لمبنى جديد يُلحق بقصر الألفي. عبر حديقة قصر الجنرال «داماس» ـ بقامته المديدة التي تقرب من ست أقدام ـ دون أن ينتظر ياوره الملازم «فورتينيه» الذي لم يكن قد أنهى طعامه بعد، ولحق به «بروتان»، وانهمكا في حديث حول المبنى الجديد الذي يريد «كليبر» إضافته لمقر القيادة العامة، لكي يتوقى في المستقبل أي محاولة يقوم بها الغوغاء المصريون، للهجوم على القيادة، كما حدث منذ أسابيع. وحين مر الاثنان أمام بئر أقيمت عليها ساقية، لم ينتبها لذلك الشاب ذي القفطان والعمامة الخضراء، الذي كان يكمن متسترًا بدواليب الساقية.

دلف الرجلان إلى رواق طويل، يفصل بين الحديقتين، وتظلله تكعيبة من العنب وهما يواصلان الحديث، وفي حين التفت المهندس «بروتان» إلى الخلف يتفحص بعض التدمير الذي لقيه في طريقه، واصل «كليبر» سيره فتقدمه بخطوات. آنذاك، ظهر ذو العمامة الخضراء من خلف الساقية، وتقدم نحو الجنرال، الذي ظنه متسولًا جاء يطلب عطاءه، أو صاحب حاجة جاء يعرضها، فقال بعجرفة: «مفيش...».

واصل الشاب تقدمه بلا تردد. مادًّا يده اليسرى إلى أمامه. ظن الجنرال

أنه يريد تقبيل يده. ما إن اقترب منه حتى مد الجنرال إليه يده مبسوطة كي يقبلها. في ثوانٍ قليلة كان الشاب قد أخرج يده اليمنى من صدره، وفيها خنجر حاد، طعن به «كليبر» في صدره. في اللحظة نفسها كان «بروتان» يتلفت وراء كتفه، رأى القاتل يسحب مديته من صدر الجنرال، وبينما كان «كليبر» يترنح، أغمدها في بطنه، ثم في ذراعه اليسرى وخده الأيمن. أذهلت المفاجأة «بروتان» للوهلة الأولى، فألقى بنفسه أرضًا، وحين سمع «كليبر» ينادي حراسه بصوت ضعيف، استرد شجاعته فقام مسرعًا ليلحق بالقاتل، ورفع عصا كان يحملها وانهال بها ضربًا على رأسه. التفت إليه الشاب. تماسكا في شبه شجار. حسمه الشاب بمديته فطعن «بروتان» ست طعنات حتى سقط فاقد الوعي.

انقضت ست دقائق قبل أن يتنبه أحد لما جرى. أما الشاب ذو العمامة الخضراء فقد اختفى. وحين اكتشف الحراس ما جرى، كان «كليبر» قد لفظ أنفاسه الأخيرة. وعلى أثرها انطلق من ميدان الأزبكية دوي طبل ينذر بالخطر، فجاوبته على الفور كل الطبول الفرنسية في القاهرة، تدعو الجنود إلى مراكزهم. واحتاطوا ـ كما يقول الجبرتي المؤرخ ـ بالبلد، عمروا المدافع، وحرروا القنابر، وأرسلوا العساكر إلى الحصون والقلاع، وقالوا لا بد من قتل أهل مصر عن آخرهم. واندفع الجنود الفرنسيون كالمجانين في الشوارع يضربون كلَّ من يقف في طريقهم، وقد اشتد غضبهم وبدا أن جنونًا وبائيًّا قد أصاب الجميع. قتل الفرنسيون بسيوفهم وخناجرهم جميع من صادفهم من الرجال والأطفال، في تلك الساعات السوداء من ذلك النهار الذي لم يكن كذلك.

لم يترك القاتل وراءه أثرًا يدل عليه سوى جزء من شال عمامته الأخضر الذي تمزق خلال المعركة القصيرة التي وقعت بينه وبين «بروتان». وانتشر الجنود يفتشون المنطقة التي جرى بها الحادث وما حولها من بيوت، وبعد ساعة عثر عليه الجنديان «بيران» و«روبير» في حديقة مجاورة لبيت

الجنرال «داماس». كان منهكًا، تتساقط الدماء من رأسه الذي أصابته عصا المهندس "بروتان" إصابات مؤثرة، فتلطّخ ثيابه، وتلوّن الجدران القصيرة نصف المتهدمة التي استند إليها. وكان عاري الرأس إلا من غلالة من قماش أخضر. وكان يصلي.

قال الجندي «جوزيف بيران»، في التحقيق الذي أُجري في وقت لاحق من اليوم نفسه: «لقد اضطررنا أن نضربه بالسيف عدة ضربات لكي نحمله على المشي...».

تحولت مائدة الغداء في بيت الجنرال «داماس» إلى مكتب للتحقيقات، وأشرف الجنرال «مينو» ـ أقدم جنرالات الجيش وقائد القاهرة ـ على التحقيق. قال «المتهم» إن اسمه «سليمان»، وعمره ٢٤ عامًا، وصناعته كاتب عربي، وسكنه حلب. أنكر أنه قتل الجنرال «كليبر»، وبرر العثور عليه في الحديقة بأنه كان جالسًا هناك لأن الخيالة كانوا يحاصرون جميع الطرق، فلم يستطع أن يغادرها إلى أي مكان. وحين وُوجِه بالخنجر، الذي عثر عليه «بيران» و«روبير» مدفونًا في التراب في المكان نفسه الذي قُبض عليه فيه، أنكر أنه يخصه. وسُئل عن غلالة القماش الأخضر التي وُجدت بجانب جثة الجنرال، وتبدو مكمِّلة لغلالة أخرى مماثلة لها توجد في ملابسه، فأجاب بأنها ليست له. وقال إن الجروح التي برأسه أحدثها من قبضوا عليه.

تقول الترجمة العربية لنصوص التحقيقات:

> فلما أن كان المتهوم لم يصدق في جواباته، أمر ساري عسكر أنهم يضربونه، حكم عوائد البلاد. فحالًا انضرب لحد أنه طلب العفو، ووعد أنه يقر بالصحيح، فارتفع عنه الضرب، وانفكت له سواعده، وصار يحكي من أول وجديد...

* * *

مات الجنرال «جان باتيست كليبر»، قبل أن يحتفل بعيد ميلاده السابع والأربعين، وحين وُلد في مدينة ستراسبورج عاصمة مقاطعة الإلزاس

عام ١٧٥٣م، لم يكن أحد يظن أنه سيلقى حتفه في ركن من حديقة بيت مملوكي بميدان الأزبكية بمصر المحروسة ـ تشغله الآن محطة بنزين على ناصية شارعي الألفي والجمهورية بمدينة القاهرة ـ على يد رجل لم يُولد ـ في مدينة حلب السورية ـ إلا بعد ذلك التاريخ بثلاثة وعشرين عامًا كاملة.

فروق كثيرة فصلت بين الرجلين، أهونها شأنًا العمر والمقام، فنحن نقرأ أكثر من اللازم عن «كليبر» «بطل معركتي مايستريك وعين شمس» وصاحب «المواقف العسكرية البطولية على ضفاف أنهار الراين والنيل والأردن»، وهذا طبيعي، فالقائد الإلزاسي ترك مذكرات ووثائق وسكرتيرين ومصورين وشعراء، كتبوا عنه وأشادوا به، وأبّنوه قبل أن يُدفن في حديقة «قصر العيني» بالقاهرة. أما سليمان الحلبي، فإن أحدًا لم يُعنَ بأن يكتب تاريخه، وهو لم يكتب مذكرات، ولم يترك صورًا جرافيكية أو زيتية، ولا شك أن شاعرًا مجهولًا قد أبّنه، ولكن المؤرخين الذين يعنيهم هذا النوع من الشعر، كانوا نادرين في ذلك الزمان. وهكذا لم يبقَ لنا من سليمان الحلبي إلا معلومات قليلة، وأقوال بسيطة غير مزوقة، بل وأحيانًا ركيكة، أدلى بها أمام هيئة من الجنرالات المتزمتين الذين تنوشهم مشاعر الثأر والانتقام، بعد أن «انضرب لحدٍّ أنه طلب العفو»، وأوصاف تافهة منحها له الجبرتي مؤرخ القاهرة، الذي قال عنه إنه: «رجل أفّاقي أهوج»، وأهم تلك الكلمات البسيطة الآسرة، قالها سليمان الحلبي، بعد أن ارتفع عنه الضرب وانفكت له سواعده، سألوه: «لماذا جئت من غزة إلى مصر؟». قال: «كان مرادي أن أغازي في سبيل الله!».

* * *

رأس سليمان الحلبي الذي قطعوه بعد ذلك، كان خاليًا من ذلك الذي يسمونه «أحلام المجد». وكان هدفه عاريًا عن أي تزويق أو تهويل أو أوهام بشرية. لذلك جاءت كلماته بسيطة، فهو لم يكن يملك خبرة «كليبر» الواسعة في وضع هالات العظمة حول ما يفعل، ومن المؤكد أنه كان خاليًا تمامًا من

أي إحساس مريض بالذات، أو حرص على إبراز مظاهر العنجهية وسمات العظمة، كما كان غريمه القائد الإلزاسي يفعل عادة. كان شابًّا تطهريًّا، يرى المسائل في مباشرتها ونقائها، ففعل ما فعل، لأن «مراده أن يغازي (أي يجاهد) في سبيل الله» لا لشيء أكثر من ذلك.

والمواجهة الدموية التي حدثت في «رواق العنب» ـ الذي أصبح الآن شارعًا تدوسه السابلة ـ بين سليمان الحلبي وبين «جان باتيست كليبر» تُصور على لسان مؤرخين كثيرين باعتبارها مواجهة بين رجل متعصب مصاب بهستيريا أو هلاوس دينية، وبين قائد عظيم من أبناء حضارة الحرية والإخاء والمساواة، جاء لينشر العلم والعمران والتقدم في الوطن العربي الجاهل والمتخلف، ولينقله من القرون الوسطى إلى العصر الحديث.

تلك بعض أكاذيب المؤرخين، وهي ليست قليلة، فلا أحد يعرف على وجه التحديد أين تكمن الحضارة في تاريخ حياة الجنرال «جان باتيست كليبر»، ولا أحد يستطيع أن يضبط ذلك الانتماء إلى مقولات الثورة الفرنسية فيما فعله ـ هو وسيده «بونابرت» ـ بأهل القاهرة وأهل يافا وأهل رشيد. وكل الذي نضبطه، هو المدافع والبنادق والبارود والمذابح والقسوة التي لا حد لها، وحفنة من الشعارات عن الحرية والإخاء والمساواة، اعترف «بونابرت» بعد ذلك في مذكراته التي كتبها في منفاه بسانت هيلانة، بأنها كانت دجلًا من أعلى طراز!

وفي السنة التي رُزق فيها الحاج محمد أمين تاجر الزبد بمدينة حلب السورية، بابنه سليمان (١٧٧٦م)، كان «جان باتيست كليبر» قد أنهى دراسته للعمارة وللهندسة الحربية، والتحق بجيش مملكة بافاريا، حيث خدم ثماني سنوات، وحين أنشئ الحرس الوطني في بداية الثورة الفرنسية انضم إليه، وهكذا أصبح الضابط السابق المتفوق في خدمة الإمبراطورة «ماريا تريزا»، و«الملك لويس السادس عشر» جمهوريًّا متحمسًا، وهو أمر يصعب فهمه على الذين يأخذون الحياة ببساطة، ولكننا نجد له أشباهًا

ونظائر في حياة كل جنرالات الثورة الفرنسية، الساعين إلى مجد السيف وعظمة السلطة، دون أن يشغلوا أنفسهم بالبحث المزعج عن أهداف عليا أو غايات سامية، فهم يقاتلون ويقتلون، وليس في مرادهم أن يغازوا في سبيل الله أو سبيل الوطن.

وهكذا شارك «كليبر» بكفاءة عسكرية في قمع الاضطرابات التي قام بها فلاحو الأقاليم الغربية الفرنسية ضد الثورة في «الفندية» و«اللوار» و«سيفر» و«بريتاني»، وشارك في حروب الثورة ضد التدخل الأوروبي، فدافع عن «ماينز» التي حاصرتها القوات البروسية شهرين، وانضم إلى جيش الجنرال «بونابرت» الذي فتح إيطاليا، ولمع اسمه في معارك «شامبانيا» و«شارلِروا» و«مايستريك». وحين قرر «بونابرت» أن ينشئ إمبراطورية فرنسية شرقية، صحبه معه إلى مصر، حيث كان مقدرًا له أن يموت في مواجهة دموية بعد عامين من وصوله إلى الشرق.

ولا أحد يعرف أين كان سليمان الحلبي حين وصل «كليبر» إلى الإسكندرية في ٢ يوليو ١٧٩٨م، لعله كان في القاهرة، أو في مكة، أو في الإسكندرية ذاتها. فالذي نعرفه من تاريخه، أنه شاب قلق، كثير التجوال، فهو ابن لتاجر في زمن كان التجار فيه موضع عسف مَن يحكمون، تتوالى عليهم الضرائب والغرامات والمصادرات، وينتقلون بسرعة من الحياة الرخية السهلة إلى حياة تصل إلى حد الفاقة. وهو لم يأخذ عن أبيه إلا إنه كثير التجوال، فقد عاش ثلاث سنوات في مكة والمدينة مجاورًا للبيت العتيق ولقبر الرسول، وعاش ثلاث سنوات أخرى في القاهرة مجاورًا للأزهر الشريف، يدرس القرآن ويحفظه على يد شيخ تركي عجوز اسمه «مصطفى أفندي». وهو قد زار القدس ونابلس، وكان على صلة وثيقة بأهل غزة، حتى إن الشيوخ الثلاثة الذين عرفوا مشروعه لقتل الجنرال كانوا جميعًا من غزة!

وكان أول ما فعله «كليبر» حين نزل إلى البر على شاطئ العجمي بالإسكندرية، أن ارتوى من ماء بئر قريبة، واستغرق في نوم طويل أيقظه

منه البرد، وفي الصباح التالي بدأ هجوم المتحضرين من جنرالات الحرية والإخاء والمساواة، على «المتوحشين، الهمج، العرب، المسلمين، المصريين» من أهل الإسكندرية. وفي الهجوم تلقى «كليبر» طلقة إنذار أصابته في جبهته، أطلقها جندي من قوات الدفاع عن المدينة المحاصرة كان يقف على سور المدينة، ولم يفهم «كليبر» مغزى الإنذار الذي أصابه في جبهته، فقد شغل بعد ذلك بعلاج إصابته، وبالضيق من قائده «بونابرت»، الذي تركه في الإسكندرية قومندانًا وحاكمًا، واصطحب الفرقة التي كان يقودها في زحفه لفتح القاهرة، وحرمه من رؤية القرون الأربعين التي أطلت على الغزاة من فوق قمة الأهرام.

وفي الفترة التي حكم فيها «كليبر» الإسكندرية أثبت أنه مخلص حقًّا لمبادئ «الفرنسوية المبنية على الحرية والتسوية» ـ كما جاء في الترجمة العربية للمنشور الذي وزعه «نابليون» على المصريين ـ وآية ذلك الإخلاص أن سكان الإسكندرية احتموا، بعد أن اقتحم الغزاة مدينتهم، بالمساجد فذبحهم الغزاة: الرجال والنساء، الكبار والصغار، وحتى الأطفال، ذبحوهم عن بكرة أبيهم، وبعد أربع ساعات هدأت سَوْرة جنود الحضارة، رافعي أعلام «الحرية والتسوية»!

وتلك واقعة لم يروِها الدفاع عن سليمان الحلبي، في المحاكمة الهزلية التي أُجريت له عقب مقتل «كليبر»، ذلك أنه لم يكن هناك دفاع، أما هو نفسه ـ سليمان ـ فقد ظل صامتًا هادئًا كرجل فعل ما يريد ولا يعنيه ما يجري أمامه. ولو أنه تكلم لنقلت جثة «كليبر» التي كانت حتى ذلك الوقت في منزل الجنرال «داماس» المجاور لمقر المحكمة، لتوضع في قفص الاتهام. ولكف ممثل الاتهام، القومسير «سارتلون» مدير مهمات جيش الاحتلال، عن الاندفاع في مرافعته الشائنة. ولعرف حقًّا من هو صاحب «اليد الأثيمة والروح الخائنة المتعصبة» الذي جاء ليقتل «القائد العظيم المجلل الرأس بغار المجد، الذي تراجعت عنه في المعامع أخطار الحروب».

«أكاليل الغار» التي تزين رأس «كليبر» أكثر من أن تحصى، لكن سليمان الحلبي آثر الصمت. أما مؤرخو الحضارة فقد تحدثوا أحيانًا. فقبل ثلاث سنوات، وبعد عشرة أيام من تعيينه قومندانًا على الإسكندرية أمر الجنرال «كليبر» بالتحفظ على عدد من كبار أعيان المدينة ووجوهها واتخذهم رهائن. والسبب أن جثة لأحد جنود مدفعية الأسطول الفرنسي وجدت في أحد الشوارع، ولفظ البحر في اليوم نفسه جثة لخادم فرنسي لأحد الضباط الفرنسيين، فغضب الجنرال، وطلب تسليمه الجناة، وهدد بشنق من تقع عليه القرعة من الرهائن إذا لم يسلموا له. مؤكدًا بذلك فهمه للمساواة، فلا أحد في شعب مغلوب ومقهور أيًّا كان مقامه، يساوي جنديًّا قُتل غالبًا لأنه تسلل إلى بيت يريد أن يدب على نسائه، فنال جزاء عدوانه على حرية الآخرين، ولا أحد فينا نحن المتخلفين الجهلة، يساوي خادمًا طوَّح به السكر إلى مياه البحر. أما أخذ الأبرياء رهائن والتهديد بقتلهم على جريمة ارتكبها غيرهم، فهو أفضل تطبيق لقاعدة «شخصية العقوبة»، وهذا هو فهم الغزاة لما قاله «روسو» و«مونتسكيو» و«فولتير».

* * *

وكما أثبت «بونابرت» حين حكم مصر، أنه مجرد عاهل مستبد، فضلًا عن أنه غازٍ، فقد أثبت «كليبر» الشيء نفسه، الفرق بين الرجلين، أن الأول كان بشوشًا، ربما لأنه كان أكثر قدرة على الاحتيال، أما «كليبر» فكان جهمًا. يقول الجبرتي المؤرخ إن أكابر البلد من المشايخ والأعيان، حين قابلوه «لم يروا منه بشاشة ولا طلاقة وجه مثل «بونابرته»، فإنه كان بشوشًا يباسط الجلساء ويضحك معهم». وكان «بونابرت» ينطلق في تعامله مع المصريين من قاعدة ثابتة، هي أن يقطع ستَّة رؤوس كل يوم، ويحتفظ مع ذلك ببشاشته، أما «كليبر»، فكان يقطع الرؤوس بنسبة أقل، ويعوض الفرق بجهامة تفرض هيبته، وبفرض غرامات جماعية تستنزف المال بلا رحمة. واجتمع المنهجان ليطيحا برأس السيد محمد كريم محافظ الإسكندرية،

إذ أصدر الجنرال «كليبر» في ٢٠ يوليو ١٧٩٨ قرارًا بالقبض عليه بتهمة إثارة العصيان ضد الحملة، وبعث به إلى «نابليون» في القاهرة، فأصدر القائد العام أمره بإعدامه، وخيَّره بين الموت بالرصاص، وبين افتداء نفسه بدفع غرامة ثلاثين ألف ريال، فلم يقبل، وقالوا له:

ـ أنت رجل غني، فماذا يضيرك أن تفتدي نفسك بهذا المبلغ؟

ـ إذا كان مُقدرًا لي أن أموت، فلا يعصمني من الموت مال مهما كثر، وإذا كان مقدرًا لي أن أعيش، فلماذا أشتري قدري!

ولم يكن سليمان الحلبي، «الأفاقي الأهوج»، بتعبير الجبرتي، يملك ثلاثين ألف ريال ليفتدي نفسه، وحتى لو كانت معه فإن أحدًا لم يكن ليقبل فيه فدية، وقد قتل كبير الفرنسيين وقائد جيشهم ويعسوبهم. وكل الذي كان معه، حين قدم إلى القاهرة من القدس ليقتل «كليبر» أربعون قرشًا قيمة كل منها أربعون بارة، ولم يكن رأسه محملًا بأكاليل الغار وأوهام المجد، إذ كان يسعى مختارًا للفداء، لمعانقة قدره، للمغازاة في سبيل الله.

وهو قد وُلد في حلب، وجاء من القدس عبر الجليل ويافا وغزة، أي جاء من الشام؛ الأرض التي كانت بعض حلم «نابليون» و«كليبر» ببناء إمبراطورية فرنسية شرقية ليقطع الطريق على إنجلترا ويضربها في الصميم، يضربها فينا، يدميها برؤوسنا المقطوعة، بجوعنا وقهرنا وذبحنا ونحن نصلي، مُلوِّحًا أمامنا بـ«الجوكارد» شارة الثورة الفرنسية مثلثة الألوان، وبزخارف الحرية والإخاء والمساواة التي لم نشهد شيئًا منها.

«كليبر» أيضًا كان قد ذهب إلى غزة ويافا. حدث هذا قبل مقتله بعام واحد. فلم يكن أمام «بونابرت» بعد أن حطم الأدميرال «نلسون» قائد الأسطول البريطاني، الأسطول الفرنسي، قبل أن يمر شهر على رسوه بشواطئ مصر، وبعد أن ثارت عليه المدن المصرية جميعًا، إلا أن يحاول خرق الحصار، وأن يؤكد لنفسه، ولجيشه، وللشعب المصري الذي يرفض «جوكارده»، ولأعدائه في أوروبا، أنه ما زال منتصرًا وقويًّا وفي ذروة المجد،

فكان قراره بغزو الشام. وفكر في أن يولي «كليبر» قيادة الحملة، لكنه عدل عن ذلك وآثر نفسه بالمجد المتوقع، فتولى القيادة بنفسه، وحرم القائد الإلزاسي المتكبر، الذي كان يعتبر نفسه أقدم من «بونابرت» وأكفأ منه عسكريًّا، من مجد الشام!

وفي الشام لم يكن هنا مجد لـ«بونابرت» أو «كليبر»، وفيما بعد قال أولهما بأسى فاجع: «لو استطعت الاستيلاء على عكا، للبست عمامة، ولجعلت جنودي يرتدون السراويل الفضفاضة، ولجعلتهم فيلقًا مقدسًا، ولنصبت نفسي إمبراطورًا على الشرق، ولعدت إلى باريس بطريق القسطنطينية، ولكن هذه الأحلام قد دفنت تحت أسوار عكا»!

المجد الذي تحقق في حملة الشام، حققته عكا التي صمدت للحصار ٦٢ يومًا كاملة رغم ضرب الأسوار والأبراج بالمدافع، وما فتحته المدفعية الفرنسية في أسوارها من ثغرات، وموجات الهجوم عليها، موجة بعد موجة، لكنها لم تفتح أبوابها للغازي الذي يحلم بعمامة وسروال فضفاض. أما أكاليل الغار التي عاد بها «كليبر» وعاد بها «بونابرت»، فهي تملأ كتب التاريخ؛ مذابح وقسوة وولوغ في الدم تخجل منه الوحوش ذوات الظفر والناب التي لم تقرأ «فولتير»، ولم تتأثر بـ«روسو»، ولم تسمع عن فلاسفة التنوير!

في الطريق إلى عكا سقطت العريش وغزة والرملة ويافا. ونال «كليبر» بعض «مجد» هذا الفتح، فقد كانت فرقته طليعة الجيش. أما التفاصيل فهي كثيرة: فقد تسللت كتيبة من فرقته إلى معسكر العريش، فقتلت بالسلاح الأبيض خمسمائة من الجند والأهالي، كانوا نائمين فيما بين إفطار يوم رمضاني وسحوره، ولم يستيقظ الباقون إلا حين شم كلب المعسكر رائحة الدم بعد أن تشبعت بها الرمال، فنبح، حينئذ أخذوا أسرى، ولولا ذلك لواصلت الكتيبة الفرنسية مهمتها في محو الفارق بين المحاربين وسفاكي الدماء. معلقًا على ما جرى في معسكر العريش قال

«نابليون»: «والحقيقة، إن هذا الهجوم يعتبر من أجمل العمليات الحربية التي يتصورها العقل».

والشيء المؤكد أن سليمان الحلبي ـ قذر الثياب وزري الهيئة والذي كان كثير التجوال في فلسطين وسوريا ومصر والحجاز ـ كان يفهم معنى مختلفًا للجمال عن مفهوم الجنرال «بونابرت».

ثم يأتي ما جرى في يافا ليكون تنويعًا آخر على تلك المفاهيم الفرنسية للجمال التي طبقت في عملية العريش الجميلة، فمع أن المدينة قد سقطت بعد ساعات من الهجوم، إلا إن الفاتحين بدل أن يناقشوا مع الحامية شروط التسليم، اندفعوا يقتلون كالمجانين كل من يصادفهم من أهلها، فعلوا ذلك طوال ليلة ونهار، ذبح خلالهما كل من له وجه إنسان: الشيوخ والفتيات، الأطفال الرضع والصبيان الذين لم يبلغوا الحلم، المسلمون والمسيحيون. أصبحت السيوف والمُدى سيدة الموقف وقائدة البشر. جنون مجنون يعربد في شوارع يافا ظامئ للدم. يتضاعف هياج الفاتحين حين يسمعون صرخات الاسترحام، ينزون شهوة، ينتعظون رغبة، حين يرون فتيات يتشبثن بأحضان أمهاتهن المائتات فيغتصبونهن، وحين يتعبون يكفون.

يتذكر قادتهم أن حامية المدينة لا تزال في قلعتها، يفاوضونها في التسليم. يطلب جنود الحامية بألا يعاملوا كما عومل المدنيون من أهل يافا. يبذل لهم الوعد سخيًّا بأن يعاملوا كأسرى حرب. يُسلم ثلاثة آلاف جندي سلاحهم؛ فيهم مغاربة وسوريون وفلسطينيون ومصريون وأتراك. يعقد «بونابرت» مجلسًا عسكريًّا يضم قادة حملته على الشام، فيهم «كليبر»، يناقش المجلس مشكلة الأسرى:

كيف يطعمهم الجيش الفرنسي وهو بعيد عن خطوط تموينه؟

من يحرسهم والحملة في حاجة إلى كل جندي من جنودها؟

كيف يطلق سراحهم وقد ينضمون إلى عكا ـ المحطة التالية للغزاة ـ فيحاربون الفرنسيين مرَّة أخرى؟

لم يقل أحد من الذين ثبتوا أكاليل الغار على جبين «كليبر» إنه تحدث في هذا الاجتماع عن كلمة الشرف التي استسلم جنود الحامية تصديقًا لها. ولم نسمع أنه تحدث عن قوانين معاملة أسرى الحرب الذين سلموا سلاحهم، وكفوا عن القتال. تلك القوانين «الحضارية» التي لا نستحقها نحن «الهمج المتوحشون»، تقضي بالحفاظ على حياة الأسير الذي ألقى سلاحه، ولأن «كليبر» ـ أو غيره ـ لم يثِر هذا الدفع البسيط، فقد صدر القرار بإعدام حامية يافا عن بكرة أبيها (٣٠٠٠ عربي ومسلم من مصر والشام والمغرب وتركيا).

وصف التنفيذ كتبه المواطن الفرنسي «بيروس» في خطابه لأمه، قال فيه:

> في صباح اليوم التالي أُخِذ المغاربة جميعهم إلى شاطئ البحر، وبدأت كتيبتان في رميهم بالرصاص، وكان أملهم الوحيد في النجاة هو أن يلقوا بأنفسهم في البحر، فلم يترددوا، وحاولوا كلهم الهرب سباحة فضربوا بالرصاص على مهل، ولم تمضِ لحظة حتى اصطبغ ماء البحر بدمائهم، وانتشرت جثثهم على سطحه، وأسعد الحظ نفرًا قليلًا فوصلوا إلى بعض الصخور. ولكن الأوامر صدرت للجنود باقتفاء أثرهم في قوارب، والإجهاز عليهم، وصدرت التعليمات للجنود بألا يسرفوا في الذخيرة، فبلغت بهم الوحشية أن أعملوا فيهم الطعن بالسونكي. وقد وجدنا بين الضحايا أطفالًا كثيرين تشبثوا وهم يموتون بآبائهم.

على شاطئ البحر، كان الأحياء من أسرى حامية يافا، يخوضون بحر الدم دفاعًا عن حياتهم، ويصنعون من جثث رفاقهم الذين ماتوا بالرصاص متاريس تحميهم من طعنات السونكي.

بعد خمسة أسابيع من ذلك التاريخ تكرر المشهد بمعظم تفاصيله أسفل جبل طابور جنوبي بحيرة طبرية. وكان البطل هذه المرَّة «كليبر» نفسه، إذ طوقه جيش والي دمشق أسفل الجبل، واستمر يحاصره عشر ساعات،

حتى كادت ذخيرته أن تنفد، واستبد العطش بالجنود الفرنسيين وأمامهم على مسافة قريبة بحيرة عجزوا عن الوصول إليها، وأنقذ «نابليون» الموقف، وقاد بنفسه فرقة من الجيش بدأت في إطلاق المدافع من مرتفع جنوبي ساحة القتال، وحين بدأ جيش والي دمشق ينسحب توقيًّا للمدفعية التي أصبح هدفًا سهلًا لها، أمر «كليبر» رجاله المجهدين عطشًا بمطاردة الجيش الدمشقي المنسحب. خاضوا في البحيرة، لا ليشربوا، ولكن ليقتلوا، كتب أحدهم في مذكراته يقول:

> كنا نموت ظمأ، ولكن ظمأنا للانتقام أطفأ ظمأنا للماء، وألهب ظمأنا للدماء، رحنا نخوض إلى خصورنا مياه هذه البحيرة التي كنا نشتهي أن نشرب منها قدحًا من الماء قبل لحظات، غير أننا لم نعد نفكر في الشراب، بل في القتل، وفي صبغ البحيرة بدماء هؤلاء الهمج، حتى امتلأت بجثثهم.

في تلك الأيام كان «نابليون» قد طبع منشورًا لأهل فلسطين قال فيه:

> ... وسيكون الدين على الأخص موضع الحماية والاحترام، لأن جميع الطيبات من عند الله، والنصر من عند الله.

جثث أهل يافا المتعفنة في شوارعها. متاريس جثث الحامية التي ظلت على الشاطئ. الدم الذي روى عطش جيش «كليبر» أسفل جبل طابور. كل هذا أثمر طاعونًا ما لبث أن هزم الجيش الغازي تحت أسوار عكا. يقول «هيرولد»: «في اليوم الثاني من مذبحة يافا، أرسل الله، الذي من عنده تأتي جميع الطيبات، الطاعون على الجيش الفرنسي».

ومع أن أحدًا من المؤرخين لم يذكر شيئًا عن سليمان الحلبي آنذاك، فمن المؤكد أنه كان يومها في مسجد ما من مساجد حلب، أو دمشق، أو القاهرة، يقرأ بخشوع: ﴿وَأَرْسَلَ عَلَيْهِمْ طَيْرًا أَبَابِيلَ ۝٣ تَرْمِيهِم بِحِجَارَةٍ مِّن سِجِّيلٍ ۝٤ فَجَعَلَهُمْ كَعَصْفٍ مَّأْكُولٍ﴾.

* * *

قضى سليمان الحلبي الشهور الخمسة الأولى من عام ١٨٠٠م في فلسطين. وصلها في الشتاء ليصلي في المسجد الأقصى ويجاوره زمنًا. ولا بد أنه سمع هناك بما فعله الفرنسيون بأهل يافا وبحامية دمشق ومعسكر العريش. كان مكدودًا وضائقًا، ذلك أن والي حلب العثماني إبراهيم باشا، فرض على أبيه غرامة ضخمة وألزمه بدفعها، فرحل الشاب القلق بحثًا عن عمل يقتات منه، وعن باب يشكو إليه ما يفعل الوالي الظالم.

وكانت فلسطين أيامها قد أصبحت مركز تجميع الجيوش العثمانية التي تستعد للهجوم على الفرنسيين لتجليهم عن مصر. أما «كليبر»، الذي تولى قيادة الجيش في مقتبل الخريف بعد أن هرب نابليون تحت جنح الظلام، وترك مصر إلى فرنسا، فقد كان يقرأ ساخرًا رسائل نابليون إليه:

> ولا تنسَ يا مواطني الجنرال أن «قمبيز» و«أجزرسيس» و«الإسكندر الأكبر» و«عمرو بن العاص» و«سليم الأول»، كلهم دخلوا مصر من فلسطين.

فماذا تفيد تلك البديهيات التاريخية قائدًا استُخلف على جيش هبطت قوته المقاتلة إلى النصف، وهده الطاعون، والحصار يخنقه من البر والبحر. ويكتب «كليبر» إلى حكومة «الديركتوار» الفرنسية قائلًا:

> إني أعترف بأهمية احتلالنا مصر، وقد كنت أقول في أوروبا إن مصر بالنسبة إلى فرنسا كنقطة الارتكاز التي نستطيع بها أن نقبض على ناصية التجارة، ونتولى زمامها في سائر أنحاء العالم، ولكن يجب أن يكون لفرنسا محرك قوي. وهذا المحرك هو البحرية، ولقد كانت لنا بحرية ثم ضاعت فتغير كل شيء، وتغيرت المسألة من كل وجه، ولم يعد لنا فيما يظهر لي سوى عقد صلح مع تركيا لنمهد لأنفسنا طريقًا شريفًا نتخلص به من حملة لا يمكن أن تحقق أغراضها التي دعت إليها!

ولأن أحدًا في فرنسا ـ حتى «بونابرت» ذاته ـ لم يرد عليه، فقد دخل

مفاوضات الصلح مع العثمانيين، ووقع معهم في ٢٤ يناير ١٨٠٠م «معاهدة العريش». وتطبيقًا لها بدأ جيش الشرق في الرحيل. لكن اللعبة الدولية أبت عليه هذا «الطريق الشريف»، فالإنجليز الذين كانوا طرفًا في المفاوضات، لم يرضِهم أن يرحل جيش الشرق بأسلحته لينضم إلى جبهات القتال ضدهم في أوروبا، فقطعوا طريق البحر على الجيش الفرنسي المنسحب، وأسروا كل من خرج منهم. ولم يجد العثمانيون بُدًّا من الهجوم على الجيش الفرنسي لإجلائه بالقوة. فكانت معركة «عين شمس».

لم يتطلب الجيش العثماني سوى يوم واحد ليُهزم في معركة «عين شمس»، لكن القاهرة تمردت خمسة أسابيع كاملة، فما كاد «كليبر» ينتصر على العثمانيين، حتى تحولت شوارع المدينة إلى متاريس، امتد الغضب من بولاق إلى كل أنحاء المدينة، خرجت السيوف والبنادق والرماح والعصي بل والمدافع المدفونة في أحواش المنازل، وسرعان ما استولى الثوار على المدينة، أقاموا متاريس قوية في مداخل الشوارع، هاجمت فصائل منهم مقر القيادة العامة لجيش الاحتلال، حيث يسكن «كليبر»، في قصر الألفي بميدان الأزبكية. أنشأ الثوار معملًا لصنع القنابل وصب المدافع، جمعوا له الحديد من المساجد والحوانيت، وتطوع الصناع للعمل فيه. استعانوا بكرات الحديد التي تستخدم في الموازين «كقذائف». أخذوا يجمعون القنابل التي تتساقط من المدافع الفرنسية في الشوارع فيحيلونها إلى قذائف جديدة. تشكلت لجان للإعاشة، وللتجنيد، ولمراقبة المتاريس ورسم الخطط.

* * *

وحين دخل «كليبر» المدينة كانت في أيدي الثوار، فلم يبقَ أمامه سوى النار، بدأت مدافع الفرنسيين تطلق قذائفها على المنازل، واحتلت فرق من جيش الاحتلال الآكام المشرفة على المدينة، فأحاطت بها شمالًا وشرقًا، وحُوصرت بحيث لا يصلها طعام ولا ماء. تقدم جيش الشرق يشعل النار

في المتاريس والمنازل، فإذا ما أطفأتها الأمطار الغزيرة التي هبطت على القاهرة، أعادوا إشعالها من جديد. خمسة أسابيع كاملة والقاهرة تقاوم، والنار ترعى في مساكنها، ولا أحد يقبل التسليم.

وأخيرًا، اقتحم الفرنسيون بولاق، ففعلوا بأهلها ـ كما يقول الجبرتي المؤرخ ـ ما تشيب من هوله النواصي: «صارت القتلى في الطرقات والأزقة، واحترقت الدور والقصور». أما الأزبكية وما جاورها من الأحياء التي دار فيها القتال، فقد صارت كلها «تلالًا وخرائب، كأنها لم تكن مغنى صبابات، ولا مواطن أنس ونزهات. جنت عليها أيدي الزمان، وطوارق الحدثان، حتى تبدلت محاسنها، وأقفرت مساكنها. تسكب عند مشاهدتها العبرات».

بكى الجبرتي المؤرخ. أما الجنرال «كليبر»، فقد أضاف إلى أكاليل غاره، إكليلًا جديدًا، وبات من الدقة العلمية أن نسميه «بطل معارك مايستريك وشارلِروا وفانديه وجبل طابور وعين شمس وبولاق».

في القدس كان سليمان الحلبي، القادم من قلب القهر، قد قرر أن يغازي في سبيل الله.

لا أحد يدري كيف نبتت فكرة مشروع اغتيال «كليبر»، ومن الذي أوحى بها. ذلك أن سليمان الحلبي، لم يكن من هؤلاء الذين يدونون خواطرهم، كما أنه لم يُعنَ كثيرًا بإطلاع الآخرين على ما دار في رأسه. وحين قبضوا عليه، وعذبوه «حُكم عوائد البلاد» لم يفِض كثيرًا في الحديث. ومع أن جوهر روايته لما جرى، صحيح، إلا إن بعضًا مما قاله، وقاله الآخرون، يحتمل الشك وربما الإهمال.

وطبقًا لروايته، فقد نبت المشروع في حوار بينه وبين أحمد أغا محافظ القدس. وكان المحافظ قد تسلم منصبه في نهاية مارس ١٨٠٠م، وذهب إليه سليمان يشكو ما يلاقي أبوه، الحاج محمد أمين تاجر المسلي بحلب، من اضطهاد، إذ تعود إبراهيم باشا، محافظ حلب، أن يفرض عليه وعلى غيره

من التجار غرامات فادحة ينوءون بها. وأسفر اللقاء بين سليمان ومحافظ القدس عن مواعيد أخرى متعددة، جرت في الأيام التالية، وتراجعت خلالها المشكلة بين تاجر المسلي ومحافظ حلب، ليطرح مشروع اغتيال «كليبر» نفسه على لقاءات الرجلين.

* * *

وأسفرت هذه اللقاءات عن اتفاق بأن يتوجه سليمان إلى القاهرة لتنفيذ المهمة، وطلب منه أحمد أغا أن يسافر أولًا من القدس إلى غزة، ليلتقي هناك بشخص اسمه «ياسين أغا»، سيقدم له المساعدات الضرورية لتنفيذ مهمته، ولم يزوده بأي خطابات تَقْدِمة أو رسائل تعريف، إذ فضَّل أن يرسل ذلك عن طريقه وبوسائله الرسمية، حتى لا تتعرض الرسائل للوقوع في يد غريبة، أو تطلع عليها عين متطفلة.

ولم تستغرق تلك المباحثات جميعها سوى ثلاثة أيام. في اليوم الرابع غادر سليمان القدس إلى الخليل، حيث ظل عشرين يومًا في انتظار قافلة يرافقها إلى غزة، ليكون في مأمن من قطاع الطرق. وحين وصل إلى غزة في نهاية أبريل ١٨٠٠، التقى بياسين أغا، الذي قال له إن لديه علمًا بالمهمة التي قدم من أجلها، ورتب له إقامة مؤقتة بجامع غزة الكبير، وتردد عليه هناك عدة مرَّات، تباحثا خلالها في المشروع، وكان ياسين أغا حريصًا على أن يكون اللقاء خفية عن الأعين، لذلك تمت معظم اللقاءات ليلًا.

وحين تمت الصفقة، وعده ياسين برفع الاضطهاد عن أبيه، وأن يشمله بحمايته في جميع المناسبات، وأعطاه أربعين قرشًا تركيًّا، قيمة كل منها أربعون بارة، لمصاريف سفره، وأوصاه أن يكون حذرًا، وألا ينفذ المشروع إلا بعد أن يضمن نجاحه، وألا يحدث أحدًا بشأنه.

وخلال الأيام العشرة التي أمضاها بغزة في انتظار قافلة تقوده إلى القاهرة، اشترى سليمان الخنجر الذي أغمده فيما بعد في صدر «كليبر»، ولم يبذل مجهودًا كبيرًا في الانتقاء، إذ اشترى أول خنجر صادفه، والتحق بأول قافلة

مسافرة، وكانت محملة بالصابون والدخان، قطعت المسافة بين غزة والقاهرة في ستة أيام، قضاها سليمان على ظهر هجين.

ولأن القاهرة كانت ـ حين وصل إليها سليمان في منتصف مايو ١٨٠٠م ـ لا تزال تلعق جراح الثورة؛ أبوابها مخفورة، وآثار الحريق في كل شوارعها، والبحث لا يهدأ ليل نهار عن الجنود العثمانيين الذين تسربوا إليها وشاركوا في الثورة، والمتمردين الذين قادوا المقاومة، فقد آثرت القافلة ألا تدخل المدينة، وحطت رحالها في قرية صغيرة بجوار الجيزة اسمها «العياط». ومن هناك استأجر سليمان الحلبي حمارًا، دخل به المدينة في ١٤ مايو ١٨٠٠م.

أمضى سليمان الحلبي شهرًا كاملًا في القاهرة. كانت الثورة قد خمدت، أما أعمال الثأر فكانت في قمتها. وكان «كليبر» يطبق قاعدته الديمقراطية: «رؤوس أقل تُذبح، وأموال كثيرة تُنهب، ولا بشاشة هناك». لذلك صمَّم ـ كما قال ـ أن يعصر مصر كما يعصر الشربتلي الليمونة. وتطبيقًا لسياسة «الإرهاب المالي» تلك، فرض على المدينة العاصية، غرامة قدرها ١٢ مليون فرنك، واعتقل خمسة عشر رجلًا من أعيان المصريين حتى تجمع الغرامة التي وزعت، كما يقول الجبرتي على...

> الملتزمين وأصحاب الحرف، حتى الحواة والقرداتية والتجار وأهل الغورية وخان الخليلي والصاغة والنحاسين والدلالين والقبانية وقضاة المحاكم وغيرهم، كل طائفة عليها مبلغ معلوم، وكذلك بياعو الدخان والتُنباك والصابون والخردجية والعطارون والزياتون والشواءون والجزارون والمزينون وجميع أهل الصنائع والحرف، وجعلوا على الأملاك والدور أجرة سنة كاملة.

وعند التنفيذ، كان البلاء عظيمًا، يقول الجبرتي:

> مضى عيد النحر ولم يلتفت إليه أحد، بل ولم يشعروا به، ونزل بهم من البلاء والذل ما لا يوصف. وفرغت الدراهم من عند

الناس، واحتاج كل إلى القرض فلم يجد الدائن من يدينه لشغل كل فرد بشأنه ومصيبته، فلزمهم بيع المتاع فلم يوجد من يشتري، إذا أعطوهم ذلك لا يقبلونه، فضاق خناق الناس، وتمنوا الموت فلم يجدوه. ثم وقع الترجي في قبول المصوغات والفضيات، فأحضر الناس ما عندهم، فيقَوَّم بأبخس الأثمان، وأما أثاثات البيوت من فرش ونحاس وملبوس فلا يوجد من يأخذها، وحين يشتد الطلب، وينبث المعينون والعسكر في طلب الناس ومهاجمة الدور، وجرجرة الناس حتى النساء من أكابر وأصاغر وبهدلتهم وحبسهم وضربهم، والذي لم يجدوه لكونه فر وهرب يقبضون على قريبه أو حريمه أو ينهبون داره...

وهكذا دخل سليمان الحلبي، ليجد القاهرة ـ بتلخيص الجبرتي ـ في شر حال:

الطرق مجفرة، والأسواق مقفرة، والحوانيت مقفولة، والعقول مخبولة، والحانات والوكائل مغلوقة، والنفوس مطبوقة، والغرامات نازلة والأرزاق عاطلة، والمطالب عظيمة، والمصائب عميمة، والعكوسات مقصودة والشفاعات مردودة... وبالجملة فالأمر عظيم، والخطب جسيم، ولا حول ولا قوة إلا بالله العلي العظيم.

* * *

أمضى سليمان أول ليلة له بالقاهرة بمنزل أستاذه مصطفى أفندي، واستضافه الشيخ العجوز الذي جاوز الثمانين من عمره، إذ كان هو الذي علمه الخط وحفظ عليه القرآن حين كان بالقاهرة قبل ذلك بثلاث سنوات. وفي الصباح، اعتذر له مصطفى أفندي فهو شيخ عجوز فقير، لا قبل له بضيافته. وقبل سليمان عذر الرجل، واستأذنه أن يمر عليه بين الحين والآخر لزيارته، فأذن له، فظل يتردد عليه طوال الشهر التالي كل أسبوع مرَّتين في يومي الاثنين والخميس.

ونقل سليمان إقامته إلى الجامع الأزهر، حيث التقى بأربعة من أصدقائه،

جميعهم من غزة، ويقيمون كغيرهم من طلاب فلسطين وسوريا، في رواق الشوام، وكان أكبرهم عبد الله الغزي في الثلاثين من عمره، أمضى منها عشر سنوات في الأزهر، وهي المدة التي قضاها ثانيهم أحمد الوالي الذي كان يناهزه عمرًا، أما أحدثهم إقامة في القاهرة وفي الأزهر، فكان الشيخ محمد الغزي، إذ لم تمضِ على إقامته في الجامع الكبير سوى خمس سنوات. وهرب الرابع الشيخ عبد القادر الغزي بعد مقتل «كليبر»، فلم يترك أي معلومات تخصه.

سهَّل المشايخ الأربعة لسليمان الحلبي الالتحاق بالجامع الأزهر والإقامة فيه، من دون إخطار السلطات الفرنسية، التي كانت قد أصدرت أمرًا بالإخطار عن كل عثماني يصل القاهرة. ومنذ البداية ـ وعلى عكس ما نصحه به ياسين أغا محافظ القدس ـ أخطرهم بمشروعه، فنصحوا له بعدم الإقدام عليه، وأشاروا إلى الصعوبات التي تحول دون تنفيذه، ونبهوه إلى أنه سيُقتل، لكن سليمان لم يقتنع بما قالوه، وواصل الحديث عن مشروعه خلال الأيام التالية.

وطوال الوقت كان سليمان مشغولًا بالبحث عن «كليبر»، ودراسة أنسب مكان لتنفيذ مشروعه. وكان القائد العام قد نقل إقامته إلى «معسكر الجيزة»، حتى تنتهي الإصلاحات التي كانت تجرى في بيت الألفي، مقر القيادة العامة، الذي كان يقيم به قبل أن تصيبه قنابل الثوار بأضرار، أصبح معها غير صالح لإقامته به قبل ترميمه، كما أنه كان كثير التجول في المدينة، يراجع متطلبات الدفاع عنها، ويطمئن إلى سلامة قلاعها وحصونها، ويشرف على إجراءات تحصيل الغرامة التي فرضها على أهلها، فلم يكن له خط سير ثابت يسهل معه اقتناصه.

ولظنه أن الفرصة المتاحة لتنفيذ مشروعه، قد تتأخر بعض الوقت، فقد أخذ سليمان يبحث عن عمل يقتات منه، ككاتب عربي، ومع أن الفرصة لم تسنح، إلا إنه وجد أعمالًا متفرقة. وكان يقضي معظم أوقاته بالأزهر،

ويكتب أحيانًا أوراقًا تتضمن أدعية وآيات من القرآن، يوزعها على الطلاب المصلين في الجامع الكبير.

ويلتقي بأصدقائه الغزاوية، فيسامرهم أحيانًا، ويشارك أحمد الوالي قلقه على ابن خالته عبد الملك بن شهيب الذي اختفى فجأة في الخريف الماضي، وترك أخته زينب في منزلهما بـ«تل العقارب»، ولعله قد صاحب أحمد الوالي، إلى المنزل الذي كان يقع في نواحي الناصرية، بالقرب من بيت قاسم بك الذي كان مقرًّا للمجمع العلمي الفرنسي. وكانت البيوت تحيط بالتل المرتفع، المطل من أحد جوانبه على البركة الناصرية، بينما كان الفرنسيون قد احتلوا سطح التل وحولوه إلى طابية نصبوا عليها المدافع، لتأمين المدينة، بعد ثورة القاهرة الأولى، ولعل سليمان قد أدهشه شك أحمد الوالي في أن يكون عبد الملك قد قتل، وريبته في أن بنت خالته زينب تعلم بسر اختفاء شقيقها عبد الملك!

وما إن عرف سليمان الحلبي أخيرًا مقر إقامة الجنرال بالجيزة، حتى انطلق إلى هناك، وراقب موكبه، وسأل النوتية الذين ينقلونه عبر النيل من الجيزة إلى القاهرة عن السبيل للقياه، وحين استفهموا منه عن سبب سؤاله، قال لهم إنه يود أن يقدم إليه شكوى، فأخطره أحدهم أن الجنرال يذهب عصر كل يوم إلى حديقة الأزبكية ليتفقد أعمال الترميم في مبنى القيادة العامة.

لحظتها كان قدر «كليبر» قد أدركه.

* * *

انتهى التحقيق في اليوم نفسه ـ السبت ١٤ يونيو ١٨٠٠م ـ وتحدد اليوم التالي لبدء المحاكمة، وأصدر الجنرال «مينو» الذي خلف «كليبر» في القيادة العامة، أمرًا بتشكيل المحكمة من تسعة من قادة الجيش. وفي جلستها الأولى، ندبت المحكمة رئيسها، وممثل الاتهام فيها، لإجراء التحقيق، وجمع أدلة الاتهام. فأسفر تحقيقهم عن اتهام سليمان الحلبي، والأزهريين الأربعة الذين أفضى إليهم بعزمه، وهم: محمد الغزي، وأحمد

الوالي، وعبد الله الغزي، وعبد القادر الغزي، وأستاذه مصطفى أفندي الذي بات في منزله عند حضوره إلى مصر، فكان عدد المتهمين ستة. ولما كان رابع المتهمين عبد القادر الغزي قد فر قبل المحاكمة، فقد حُوكم غيابيًّا.

وحين انعقدت المحكمة في اليوم التالي - الاثنين ١٦ يونيو ١٨٠٠ م - وقف ممثل الاتهام القومسير «سارتلون»، يترافع ضد المتهمين، فتحدث عما يكتنف الجيش الفرنسي في مصر «من حداد عام، وحزن عميق، فيهما الدليل على عظم المصاب، ففي مجال المجد والنصر، اختطف من بيننا قائدنا قتيلًا». وتساءل: «ماذا عساني أن أضيف إلى التعبير عن الألم المبرح الذي نشعر به من أجله؟ هل أذكر دموع جنوده الذين كان لهم بمثابة الوالد، أم أذكر ما يملأ قلوب قواده الذين حضروا أفعاله وزاملوه في مواطن المجد من أسى».

وفي ختام مرافعته طلب المدعي العمومي من المحكمة إدانة سليمان الحلبي والحكم بحرق يده اليمنى، ثم يوضع على الخازوق حتى يموت وتنهش الطيور الجارحة جسمه، وأن تقضي بإدانة الشيوخ الثلاثة محمد وعبد الله الغزي وأحمد الوالي في تهمة الاشتراك بالجريمة، لعدم إبلاغهم عنها رغم علمهم السابق بها، والحكم بقطع رؤوسهم، وأن يحكم على رابعهم عبد القادر الغزي الذي هرب ولم يتمكن الفرنسيون من القبض عليه بالحكم نفسه، على أن تنفذ الأحكام إثر تشييع جنازة الجنرال «كليبر» بحضور الجيش وأهالي البلاد. وطالب المدعي العام ببراءة ساحة مصطفى أفندي والإفراج عنه، إذ لم يثبت أن سليمان الحلبي قد أنبأه بمشروعه، وأن يطبع من الحكم وأوراق الدعوى خمسمائة نسخة وتنشر مع ترجمتها إلى اللغتين التركية والعربية في مختلف أنحاء مصر بالمواقع المعتادة والمخصصة لذلك.

وفي مجال المقارنة بين «عظمة» «كليبر» وجيشه، وبين «وحشية» سليمان الحلبي ورفاقه، تحدث «سارتلون» عن «بحبوحة التسامح والكرم التي يرتع

فيها المصريون من قاهريهم...». أما العثمانيون والمصريون والعرب، فقد وصفهم «سارتلون» بأنهم «متوحشون، جبناء، لا تحمر وجوههم خجلًا من إقدامهم على الانتقام لهزيمتهم بالاغتيال، لذلك لن يكسبوا أمام العالم سوى العار».

وأرجع المدعي العمومي جريمة سليمان الحلبي، إلى التعصب والهلاوس الدينية، فهذا «الشاب المتوحش الموصوم بوصمة الإجرام، أثرت روح التعصب الديني أبلغ الأثر في رأسه المضطرب بخاطئ الأقاويل عن مقتضيات الإسلام الصحيح، حتى بات يعتقد أن أقوى دعائم الدين، وأعز وسائله، هي الجهاد في سبيل الله وموت المشركين».

وبعد أن انتهى المدعي العمومي من مرافعته، أعادت المحكمة استجواب المتهمين، فاعترفوا بالوقائع كما وردت في أقوالهم النهائية، وسألتهم هل يريدون توكيل محامٍ للدفاع عنهم، فلم يردوا، فانتدبت المحكمة المترجم «لوكاهاما» للدفاع، لكنه وقف ليترافع فقال أن لا شيء لديه ليقوله.

واختلت المحكمة للمداولة في الحكم، وسأل الرئيس أعضاءها ابتداء من أصغر الأعضاء رتبة، عن كل متهم على حدة، فكان قرارهم أنهم جميعًا مذنبون، ما عدا مصطفى أفندي الخطاط، واستفتاهم رئيس المحكمة جميعًا عن نوع العقوبة التي توقع على كل متهم، فوافقوا على ما اقترحه المدعي العمومي في مرافعته.

وهكذا قضت عدالة الحرية والإخاء والمساواة والحضارة على سليمان الحلبي بالإعدام بوسيلة متحضرة تمامًا، نقلها مترجمو الحملة عن الفرنسية إلى لغة عربية ركيكة، كالخيال الركيك الذي قضى بها واعتبرها عدلًا، وهكذا نص الحكم على «حرق يده اليمين، وبعد ذلك يتخوزق، ويبقى على الخازوق لحين تأكل رمته الطيور، وكل ما تحكم يده عليه، يكون حلالًا للجمهور الفرنساوي». أما محمد الغزي، وعبد الله الغزي، وأحمد الوالي، فقد حكمت العدالة الفرنسية بأن «تقطع رؤوسهم، وتوضع على

نبابيت... أما أجسامهم فتحرق بالنار... ويكون ذلك قدام سليمان الحلبي قبل أن يجرى فيه شيء».

في تلك الأيام ذاتها، أو قبلها بقليل، انعقدت محكمة فرنسية أخرى في ميناء طولون الفرنسي، لتحاكم شابًّا آخر من غزة، هو عبد الملك شهيب، فتحكم أيضًا بإعدامه.

ظهر عبد الملك في آخر مكان كان يتصوره ابن خالته أحمد الوالي؛ على سطح السفينة الحربية «لامويرون»، التي هرب عليها «نابليون بونابرت» من مصر. ولم يكتشف أحد من حراس «نابليون» وجوده، إلا حين فوجئوا به ذات صباح، يثب على الجندي «فورتين» - أحد حراس «نابليون» - ليطعنه بخنجره أربع طعنات في صدره وكتفه فيسقط صريعًا، وأمام «نابليون» روى عبد الملك الواقعة، كان «فورتين» يعسكر فوق «تل العقارب» ضمن قوة طابية المعهد العلمي، وذات غروب، تسلل إلى بيت عبد الملك ليغتصب زينب، وظل يواصل اغتصابه لها بين الحين والآخر، حتى اكتشف عبد الملك المأساة، فظل يرحل خلف «فورتين» من بلد إلى بلد، حتى استطاع أخيرًا أن يتسلل خلفه، إلى السفينة «لامويرون»، فقتله!

وفي الوقت نفسه الذي كانت الاستعدادات فيه قد تمت لإقامة مراسم العدالة الفرنسية فوق «تل العقارب»، لم تكن زينب التي خرجت مع أهل البلد لتتفرج على مراسم دفن «كليبر» وإعدام سليمان الحلبي ورفاقه - ومن بينهم ابن خالتها أحمد الوالي - تعلم أن حكم الإعدام رميًا بالرصاص، ينفذ في اللحظة ذاتها في شقيقها عبد الملك!

* * *

القاهرة المحروسة

الثلاثاء ١٧ يونيو ١٨٠٠م

حين بدأت جنازة الجنرال «كليبر» تحركها من مبنى القيادة العامة، انطلقت طلقات مدفع القلعة تتتالى مرَّة كل ثلاث دقائق. وتقدمت كتائب

الجيش من الفرسان والمدفعية ثم حرس القائد العام فموسيقى الجيش موكبَ الجنازة، حمل الجنود بنادقهم منكَّسة، ووضعوا أشرطة سوداء على أكمامهم، أما الطبول التي كانت تدق دقًّا جنائزيًّا خافتًا، فكانت هي الأخرى مجلَّلة بالكريب الأسود. كذلك كان النعش الذي حُمل على مركبة تجرها الجياد، وفوقه سيف «كليبر» وقبعته وشاراته والسكين الذي قُتل به. وكان دمه لا يزال متجلِّطًا عليه. خلف النعش وفد من فرسان المماليك، ثم الجنرال «مينو» ـ خليفة «كليبر» ـ وقواد الجيش وأعضاء المجمع الفرنسي، ثم أعيان القاهرة من التجار والعلماء والقساوسة، ومندوبي طوائف الصناع، وسارت الجنازة من الأزبكية إلى درب الجماميز إلى الناصرية، حتى تل العقارب، وهناك توقفت الجنازة، وما احتشد فيها، ليشهد جثمان «كليبر» المسجى في نعشه قبل الدفن آخر مشاهد المجد، ويتزود بنظرة من عدالة الظالمين!

أنزل نعش «كليبر» من فوق عربته، ووضع على «تل العقارب»، حيث كانت مراسم تنفيذ الحكم في سليمان الحلبي وشركائه في انتظار وصول النعش. وما إن انطلقت المدافع، حتى بدأ الشطر الثاني من الاحتفال. تقدم «بارتليمي» ـ محافظ القاهرة اليوناني ـ فأطاح بسيفه برؤوس طلاب الأزهر الثلاثة، وتسلم بعض معاونيه الرؤوس التي تخضبها الدماء، فرفعوها فوق عصي طويلة، وغرسوها في أرض التل، بينما وضعت جثثهم فوق كومة ضخمة من الحطب والأخشاب، أشعلوا فيها النيران. وكان الفحم آنذاك، يُحمى في مجمرة. وحين انتهى المحافظ من مهمة إعدام المشايخ، تقدم إلى سليمان، ووضع كفه في المجمرة، لم يشكُ سليمان، ولم يتكلم والنار تأكل لحمه الحي، غير أنه اعترض حين تعمد «بارتليمي» أن يعدل من وضع يده، لتطول النار مرفقه، منبهًا إياه إلى أن الحكم لم يذكر المرفق بل اليد فقط، وتشاجر سليمان مع «بارتليمي» ونعته بالكلب، وأصر على حقوقه، ولم يكف عن الاحتجاج إلا حين أزيحت عن مرفقه الجمرة.

وبعد أن احترقت يد سليمان، بدأ تنفيذ القسم الثاني من الحكم الصادر بحقه. وقام «بارتليمي» بعملية الخوزقة بمهارة: أحضر قضيبًا مدببًا من الحديد، ثم بدأ في إدخاله في شرج سليمان الحلبي، بالدق بمطرقة خفيفة، حتى لا يحدث نزيفًا يؤدي إلى موته قبل أن يتعذب بما يكفي، وبعد أن انتهى ذلك الإجراء التمهيدي، رفع الخازوق قائمًا، وعليه سليمان، ثم غرس في الأرض.

طلب سليمان من جندي فرنسي كان يقف على مقربة منه، أن يعطيه شربة ماء. كان الجندي على وشك أن يعطيه زمزميته، منعه «بارتليمي»، إذ سوف تؤدي أي نقطة ماء إلى موته فورًا، فتنقذه من عذابه، وهذا مخالف لمنطوق الحكم ولتقاليد الحضارة!

على «تل العقارب»، فارق جثمان «كليبر» سليمان الحلبي، مضوا به، تتقدمهم الفرسان والموسيقى، وحين وصلوا إلى فناء قصر العيني، حيث أعدوا في حديقته قبرًا للجنرال، على درج عالٍ زرعوا حوله أعواد السرو. وبعد انتهاء مراسم الدفن، ألقى المواطن «فوربيه» ـ سكرتير المعهد العلمي الفرنسي ـ كلمة طويلة، تحدث فيها عن الجنرال «كليبر» بطل معارك «فانديه» و«شارلِروا» و«فلوربس» و«مايستريك» و«الفكريش» و«فريدبرج»، ومقتحم الإسكندرية، وبطل معركة جبل طابور وعين شمس، من أخمد ثورة القاهرة، وجاء مع جيشه لينشر أعلام الحضارة والعدل على ضفاف النيل.

* * *

وفي تلك اللحظة، كان سليمان الحلبي جالسًا على خازوقه فوق «تل العقارب» يصلي!

مقتلة الأحد الدامي

هو يوم مصري ككل الأيام المصرية!

يوم «أحد».

مئات الألوف من الآحاد مرت قبله، وأخرى جاءت بعده، لكنه ظل يتميز من بينها جميعًا بما جرى فيه، بثوانيه المكثفة، وأحداثه اللاهثة، بمصائر مئات الرجال التي تحددت فيه، وبما ترتب عليه من نتائج.

وهو بعد هذا كله واحد من أطول أيام التاريخ المصري.

انفجرت خلاله تراكمات متعددة ظلت تعمل تحت السطح على امتداد الأسابيع والشهور لتتجمع في النهاية، وتحيل يومًا محدود الساعات، إلى دهر كامل، مشحون بالأحداث والانفعالات، دموي القسمات، غاضب كبحر هادر، وقاسٍ كعاصفة عاتية.

ورصد تفاصيل يوم مثل هذا عملية صعبة، بيد أنها ضرورية على أي حال، فعندما توضع تلك التفاصيل تحت المجهر، تعطينا الفرصة، لنكشف في صورتها المكبرة، كيف تحرك أعم الحوادث أبعد الناس صلة بها، وكيف تؤثر السياسات التي ترسم في القصور، وتصاغ بالعبارات الجزلة، في مصائر رجال بسطاء، ونساء لا يفرقن بين الألف والإصبع.

يوم «أحد» سكندري الطابع، ككل أيام الآحاد المصرية!

شرارة بسيطة أحرقت السهل كله. تحركت الثواني لاهثة، واندفعت

الحوادث دامية، ثم انحسر كل هذا ـ عندما هبط الغروب ـ في الظلام والسكون، ولم يعد أحد يسمع في عمق الصمت سوى هدير أمواج البحر، وأضواء الفنار تخدش وحدها بكارة الظلام، لكنه في ذلك الليل المظلم الساكن كان قدر مصر ينتظرها. ستأتي سنوات الاحتلال وشيكًا، وستسقط مصر كإحدى نتائج هذا اليوم تحت سنابك الغزو، ولمدة ٧٤ عامًا متواصلة!

ولأنه يوم غريب كأمثاله من الأيام، فإنه بعدما خمدت نيرانه، ضاعت معظم تفاصيله.

وفي الرماد المتخلف عن الحرائق، المتلبِّد بدماء القتلى والجرحى، صعبت كل محاولة للحصول على أنصع وجوه الحقيقة. ضاعت المسؤولية، وتبادل الجميع الاتهام، اختفت الوثائق، وتحولت الإشاعة إلى خبر يقيني، وإلى شهادة يقسم صاحبها على صحتها بأغلظ قسم. وفرض المنتصر وهو الجاني في الوقت نفسه، تصوره على كل شيء، فاندفع يلفق أدلة الاتهام ضد الضحايا وشهادات الدفاع المزورة لصالح الجناة. ذلك مرض سياسي قديم وحديث، ولا برء منه.

* * *

كان موقع اليوم أحد منحنيات الزمن:

أيامها كانت مصر تعيش مرحلة جديدة من مراحل الثورة الوطنية التحررية، كان حق ملكية الأرض قد أقر جزئيًّا، فتحولت لسلعة تخضع لقانون السوق. وبدأ المنتجون يتجهون للزراعة الكثيفة للتسويق الخارجي وخاصة القطن والحبوب، وعرفت مصر وابور المياه والآلات الزراعية الأخرى وتزايدت الدعوة إلى تحرير الفلاحين من السخرة، فضلًا عن انتشار التجارة.

وأدى كل هذا إلى نشأة «جنين برجوازي مصري»، بدأ يجاهد لكيلا تقع السوق المصرية في يد الاحتكارات الأوروبية الشرهة، فكانت الثورة العرابية.

غير أن قيادة الثورة ولدت منقسمة منذ البداية.

كانت مصر في تلك الحقبة العجيبة من تاريخها تزدحم بعناصر غريبة عن المصريين من الأتراك والجراكسة، بقايا العصر المماليكي الذين حكموا مصر قرابة خمسة قرون، وكانت الشرائح العليا من هؤلاء تنتمي إلى الطبقة الصاعدة التي يهمها تحرير الاقتصاد من السيطرة الأجنبية، لكنها تناقضت بسرعة مع الجناح المصري من الطبقة نفسها، نتيجة لغربتها الجنسية عن المصريين.

كان الجراكسة والأتراك يحتقرون كل ما هو مصري، ولا يصاهرون المصريين. وكانوا بالإضافة إلى هذا كله يحوزون مناصب الإدارة، وهو ما سهل لهم باستمرار تسخير الفلاحين، وجعلهم يعارضون في مطلب حيوي من مطالب الحركة الوطنية، وهو تحرير قوة العمل بإلغاء السخرة.

وألقى هذا الجناح من البرجوازيين غير المصريين، بكل ثقله، وراء محمد شريف باشا، الذي ساند الثورة العرابية في أولى مراحلها، ثم تولى رئاسة الوزارة بطلب من الثوار، وحاول باستمرار أن يخرج الجيش من حلبة العمل الثوري، وظلت الخلافات تتصاعد بينه وبين الجناح الآخر في الثورة وكان يمثله أحمد عرابي، إلى أن استقال بعد أن رفض مجلس النواب الموافقة على بعض المواد في مشروع الدستور الذي قدمه لأنها مواد تسلب المجلس حق اعتماد الميزانية، ولا تكفل له من الحقوق بشأنها إلا مجرد العلم بها.

وكان الجناح الآخر في قيادة الحركة الوطنية أكثر تحررًا وتطرفًا، وهو ما جعل حركته أكثر انسجامًا مع حركة عناصر التجار والحرفيين والمثقفين الليبراليين والثوريين، فالتفوا جميعًا حول قيادة أحمد عرابي، وتولى محمود سامي البارودي الوزارة عقب استقالة شريف، واستفزت رئاسة البارودي للوزارة قوى المقاومة على الجبهة الأخرى، التي كانت تدبر لإجهاض الثورة واستدراجها إلى دروب المساومات، ورأت أن التمكين للعناصر المتطرفة،

بتولي البارودي لرئاسة الوزارة، معناه أن تنجح تلك العناصر، في جمع الناس حولها، فتتحول بذلك إلى قوة يصعب التغلب عليها.

ومنذ ألقت الاحتكارات الأوروبية شباكها حول السوق المصرية، وهي تدرك دائمًا أن اللعب على التناقض بين «اليعاقبة» الذين يشددون في عدائهم للاستعمار، و«الجيروند» الساعين للحلول الوسط، والمطالبين بالتساهل والتعقل، هو الأسلوب الرئيسي الذي يمكنها من إجهاض أي حركة ثورية. حدث هذا أثناء الغزو الفرنسي، وحدث في الثورة العرابية، وسيحدث بعد ذلك في أوائل القرن، ثم في ثورة ١٩١٩.

وكانت السياسة الاستعمارية ترسم خطتها على أساس أن «اليعاقبة» و«الجيروند» هم جميعًا أبناء طبقة واحدة، وأن المتشددين يفعلون هذا لأن الجماهير الشعبية تدخل الحلبة، وتعطي من دعمها وثقتها لهؤلاء «اليعاقبة» ما يدفعهم للتشدد ولاتخاذ مواقف تتجاوز طاقتهم الثورية، وأن المطلوب دائمًا استدراجهم بعيدًا عن هذه الجماهير، آنذاك يستطيع الاستعمار أن يدفعهم للمناقشة والاتفاق معه بمنتهى الهدوء والتعقل. وفي تلك الأيام كانت الدوائر الاستعمارية تدبر لإجهاض الثورة العرابية، وكانت الدوائر الرجعية في الداخل، وعلى رأسها قصر الخديوية وعناصر الأتراك والجراكسة، تعمل معها في حركة متناسقة.

وقدر لهذا كله أن يصنع بعض ملامح الأحد الدامي ١١ يونيو ١٨٨٢.

* * *

وكالعادة، فإن البداية غير واضحة تمامًا.

وربما كانت أقرب النقط إلى حوادث اليوم، نقطة تبعد ستين يومًا فقط.

ففي الحادي عشر من أبريل ١٨٨٢، استقبل أحمد عرابي في مكتبه بوزارة الحربية اللواء طلبة عصمت قائد اللواء الأول، بناء على طلب الأخير.

كان طلبة صديقًا لعرابي، وأحد قادة الحركة الوطنية. بيد أنه لم يُضِع

الوقت في أحاديث الأصدقاء وسمرهم، فبمجرد أن جلس، وقبل أن يحتسي القهوة بدأ يخطر عرابي بما جاء من أجله.

قال إنه علم من مصدر سري، أن هناك مؤامرة تدبر لاغتيال عرابي ومعه كبار الضباط الوطنيين والوزراء الثوريين في حكومة محمود سامي البارودي. وأكد أن المعلومات التي وصلته تقول إن حركة الترقيات التي تمت أخيرًا، والتي صعَّدت عددًا من الضباط المصريين إلى القيادة العليا للجيش، وأقصت عددًا من الضباط الجراكسة، قد أغضبت الجنرالات غير المصريين، لدرجة أن المنقولين منهم إلى السودان قد عارضوا أولًا في النقل، ثم رفضوا السفر نهائيًّا وعطلوا تنفيذ حركة التنقلات، وإنهم منذ ذلك الوقت يدبرون للمؤامرة.

وأضاف طلبة عصمت قائلًا: «من المحتمل كذلك أن تكون للخديو السابق إسماعيل يد في المؤامرة، فقد أوفد إلى مصر في الآونة الأخيرة سكرتيره الخاص راتب باشا، وهناك احتمال بأن يكون راتب قد دبر للمؤامرة في أثناء وجوده في مصر، بهدف إعادة إسماعيل إلى العرش».

سأل عرابي عن مصادر هذه المعلومات، أنبأه طلبة عصمت أن الذي زوده بها هو ضابط جركسي شاب اسمه راشد أفندي أنور، وأنه اعترف له بعضويته في جمعية سرية من الضباط الجراكسة تهدف إلى اغتيال قادة الثورة جميعًا.

أمر عرابي على الفور باتخاذ الإجراءات اللازمة للتحقيق في المسألة ومحاكمة من تثبت إدانته.

وبعد ثلاثة أسابيع من هذا التاريخ، انعقد المجلس العسكري الذي حاكم المتآمرين. كان المجلس برئاسة جنرال جركسي هو الفريق راشد باشا حسني. استعرض المجلس ظروف الدعوى التي ثبتت باعتراف المتهمين أنفسهم، ومنهم الأميرالاي يوسف بك نجاتي الذي اعترف بأن راتب باشا هو مدبر المؤامرة، وبأنه أغرى الضباط الجراكسة بحضور عثمان رفقي - وزير الحربية الأسبق - بقتل عرابي، وأيدت بقية الاعترافات أقوال يوسف نجاتي.

وأعلن رئيس المجلس الحكم على المتهمين الأربعين، وهو يقضي بنفيهم جميعًا إلى أقاصي السودان مع تجريدهم من الرتب العسكرية والامتيازات والنياشين، وأن يكونوا متفرقين في الجهات التي ينفون إليها، وألا تكون هذه الجهات في مركز الحكمدارية ـ أي مدينة الخرطوم ـ ولا عواصم المديريات أو الجهات الساحلية. وتضمن الحكم كذلك اعتبار راتب باشا محركًا للمؤامرة، وتجريده من رتبه ونياشينه، وحرمانه من العودة إلى مصر. وأعلن المجلس العسكري أن الخديو السابق إسماعيل كان وراء المؤامرة كلها، وأنه يستعين بالمرتبات التي تدفعها له الحكومة المصرية في تدبير المؤامرات، وأوصى المجلس أن ينظر الخديو ومجلس الوزراء في أمر قطع مرتباته.

في اليوم التالي لصدور الحكم، توجه محمود سامي البارودي رئيس الوزراء إلى سراي الإسماعيلية وعرض الحكم على الخديو توفيق لكي يصدق عليه، كما تقضي بذلك القوانين. أبدى الخديو ملاحظة بأن الحكم شديد القسوة. لفت البارودي نظره إلى تعداد المؤامرات التي يقوم بها الجراكسة للقضاء على الثورة، وأكد أن حكومته مصرة على تدعيم الحكم الوطني، وأنها ستضرب بيد من حديد كل من يتآمر على مصلحة البلاد أو استمرار الثورة.

* * *

في تلك الأيام كان صبر الخديو توفيق قد نفد.

كان قد حاول احتواء الضباط في أوائل أيام الحركة، وفي ظنه أنه يستطيع استخدامهم كفزاعة يخيف بها قناصل الدول الأوروبية الذين سلبوا كل سلطته المطلقة، ولم يتركوا له نفوذًا في إدارة شؤون البلاد، ثم اكتشف فيما بعد أنه استجار من الرمضاء بالنار، وأن هؤلاء الضباط يعملون ـ هم أيضًا ـ للقضاء على سلطته، ويريدون دستورًا، وبرلمانًا يجعل الأمة مصدر السلطات، لكن الأوان كان قد فات لاستدراك خطئه، فمكن الضباط لأنفسهم، وها هي كل

محاولاته لإقصائهم منذ فرضوا أنفسهم - يوم ٩ سبتمبر ١٨٨١ - تبوء بالفشل، وكل مؤامراته تفضح، وها هو البارودي يطلب منه أن يوقع بيده هذا الحكم القاسي على أعوانه، وهو إجراء سيؤدي إلى خوف الجميع منه، فيرفضون بعد ذلك التآمر لحسابه، وصحيح أن المجلس اتهم والده الخديو السابق بتدبير المؤامرة ولكنها طريقة يفهمها، إنهم يقولون له بوضوح: «إياك أعني والكلام لكِ يا جارة!».

صمت الخديو لحظة، ثم طلب من البارودي إمهاله يومين للنظر في الحكم. وافق رئيس الوزراء وانحنى له وخرج!

في أول هذين اليومين استدعى الخديو قنصلَي فرنسا وإنجلترا، وكانت الدولتان فرسَي رهان وسباق في الاستيلاء على مصر، بينهما تنافس حاد وصداقة لدودة، وبحث القنصلان الأمر مع الخديو طويلًا.

قال توفيق: «إن من بين المحكوم عليهم عددًا من أصدقائي المخلصين، ولا أشك في إخلاصهم لي». وأردف بالفرنسية: «إن عرابي والبارودي يضغطان بشدة لكي أصدق على الحكم، ولو فعلت لانفض من حولي المخلصون، وهذا هو ما يهدف إليه الضباط، إنهم يريدونني بلا أصدقاء لكي يسهل عليهم افتراسي».

تكلم «ماليت» القنصل البريطاني العام، فأشار على الخديو بعدم التصديق على الحكم، وقال له إن وزارة الخارجية البريطانية على استعداد لتأييده في موقفه. وتدخل المسيو «سنكفكس» القنصل الفرنسي العام في الحديث، وأيد مشورة زميله الإنجليزي، وقدم الوعد نفسه على لسان حكومته، واقترح الاثنان عليه أن يتعلل بضرورة رفع الحكم إلى السلطان العثماني للتصديق عليه.

في ثاني اليومين استدعى الخديو قناصل بقية الدول الأوروبية، وعرض عليهم المسألة، وطلب منهم معونة دولهم في تثبيت سلطته كحاكم شرعي لمصر، تردد أكثرهم وقالوا إن الأمر يحتاج إلى مكاتبة وزارات خارجيتهم.

ووعدوا بالتوصية لدى وزراء الخارجية في دولهم لكي يستجيبوا لمطالب الخديو بتأييده، ولم يكن توفيق يطلب أكثر من هذا.

* * *

في اليوم الثالث استدعى الخديو البارودي لمقابلته.

كانت مقابلة عاصفة، بدأها الخديو بأن أخطر البارودي بأنه لن يصدق على الحكم، ولكنه سيرفعه إلى الآستانة ليوقعه السلطان العثماني، باعتبار أن مصر ولاية عثمانية، وأن صاحب الجلالة الشاهانية السلطان التركي، قد منح أحد المتهمين ـ وهو عثمان رفقي ـ رتبة الفريق، ولا يمكن تجريده منها إلا بتصديق من السلطان.

ثار البارودي ثورة عنيفة في وجه الخديو، ولفت نظره إلى أنه ارتكب عدة أخطاء فادحة: «إنك يا مولاي باستشارتك القناصل في مسألة داخلية، تحرض الدول الأوروبية على التدخل في شؤوننا. وفضلًا عن هذا فإن عرض هذه المسألة الداخلية على السلطان التركي هو تنازل عن الاستقلال الذاتي الذي تمتعت به مصر بمقتضى الفرمانات، وأود أن أذكر عظمتكم بأن هناك دستورًا في البلاد، وهذا الدستور لا يخولكم إجراء أي اتصالات بالدول الأجنبية إلا عن طريق وزير الخارجية أو رئيس الوزراء».

عاد الخديو يحتج بمسألة عثمان رفقي ورتبة الفريق التي يحملها، فَنَّد البارودي حجة الخديو، وقال محتدًّا: «لقد أرسلت يا مولاي سكرتيرك الخاص ثابت باشا إلى الآستانة في مهمة مجهولة منذ عدة شهور، ولديَّ معلومات تفيد أن هذا الباشا قد حاول الدس بين الوزارة وبين السلطان، فقد أفهم من التقى بهم من المسؤولين العثمانيين بأن الوزارة والضباط، يهدفون إلى إقامة «خلافة عربية» تضم الدول العربية وتنفصل عن الآستانة، ومثل هذه الدسائس ليست في مصلحة الوطن».

في نهاية المناقشة العاصفة قال البارودي إن الوزارة لا مانع لديها من تعديل الحكم بأن يستبدل به النفي خارج القطر على أن يختار المحكوم

عليهم الجهة التي يفضلون النفي إليها، وأكد للخديو بأن الوزارة تعرض هذا لأنها حريصة على ألا يتدخل أحد سواء كان أوروبيًّا أو عثمانيًّا في مسألة تتعلق بسيادة مصر على أرضها ومواطنيها.

رفض الخديو الطلب بحجة أنه قد عرض الأمر بالفعل على السلطان العثماني. غضب البارودي وخرج من حضرة الخديو مهتاجًا.

في الأيام التالية أحدثت أنباء الأزمة ضجة شديدة في القاهرة، وبالذات في تجمعات الضباط والمثقفين والعناصر المتعاطفة مع الثورة عمومًا، وتزايد السخط على الخديو، وأكد كثيرون خلال المناقشات أن الخديو يمهد للخيانة، ويدعو الأجانب علنًا للتدخل في شؤون البلاد، وارتفعت أصوات تدعو لاتخاذ موقف حاسم. وتزايدت الضجة بالذات في الأزهر، وانتشرت الشائعات بكثرة، ووضح أن الشارع المصري كله مع عرابي والبارودي وضد الخديو.

وبدأت العناصر المتآمرة تبرر موقفها، وتحيط الأزمة بالشائعات الكاذبة، فأرسل «ماليت» ـ القنصل البريطاني ـ رسالة إلى وزارة الخارجية امتدح فيها أخلاق الخديو، وعدَّه جديرًا بثقة حكومة جلالة الملكة، وفي الوقت نفسه أرسل مراسل «التايمز» السكندري، رسالة إلى جريدته تتضمن خبرًا مكذوبًا بأن عرابي ذهب إلى السجن وعذب المتهمين بنفسه، وأنهم اعترفوا كذبًا بالمؤامرة تحت وطأة التعذيب. وأيد «ماليت» الرواية المكذوبة في رسالة سرية لوزارة الخارجية، ذكر فيها أن هذه القصة من الإشاعات الجارية على الألسن، وأنه شخصيًّا سمع صراخًا من السجن في الليل.

وأدى التصاعد المستمر في الأزمة إلى نجاح المحاولات المبذولة لحلها، خاصة أن الخديو كان يلعب بورقة السلطان دون رغبة حقيقية في دعوته للتدخل. وفي مساء الثلاثاء ٩ مايو ١٨٨٢، وقع الخديو قرار تعديل الحكم على أن يُنفى المتهمون مؤبدًا من القطر المصري، ومع الترخيص لهم بالتوجه حيث شاءوا خارج القطر، ومع عدم حرمانهم من رتبهم ونياشينهم.

وقد تم التوقيع في سراي الإسماعيلية وفي حضور «ماليت» و«سنكفكس» اللذين أوصيا الخديو بالتوقيع.

وبعد التوقيع جاء البارودي إلى السراي، وعنف الخديو في لهجة شديدة لنزوله على إرادة قناصل الدول، واتهمه بالضعف والجبن، وطلب منه إضافة عقوبة التجريد من الرتب العسكرية إلى أمر التعديل. رفض الخديو. وبمجرد خروج البارودي استدعى الخديو القنصلين مرَّة أخرى فظاهراه على إصراره على عدم إضافة شيء للقرار الذي أصدره بتعديل الحكم، فأبلغ ذلك للبارودي.

* * *

القاهرة المحروسة

الأربعاء ١٠ مايو ١٨٨٢

عقد مجلس الوزراء جلسة عاصفة في الصباح لدراسة الأزمة، استمر الاجتماع عشر ساعات متواصلة. كانت وجهة النظر السائدة في المجلس أن المسألة برمتها خرجت عن حدود أزمة حول التصديق على حكم قضائي لتطرح قضية الاستقلال الوطني وقضية الديمقراطية، أي أنها أصبحت مسألة الأهداف الرئيسية للثورة.

وتحددت في الاجتماع أوجه الخلاف مع الخديو في عدة مسائل، منها: رفضه التصديق على الحكم في قضية المؤامرة، واستشارته للقناصل وللسلطان في مسائل من صميم السيادة، وهاتان مسألتان تنطويان على تنازل عن الاستقلال الوطني ودعوة للعبث به، بالإضافة إلى ممارسة الخديو لسلطته منفردًا في هذه المسائل دون الرجوع لمجلس الوزراء تطبيقًا لنص الدستور الذي يقضي بأن الخديو يمارس سلطته بواسطة مجلس الوزراء.

كان عرابي ثائرًا جدًّا في أثناء الجلسة، تحدث عن الخديو بعبارات حادة، وشرح ما حدث من جرائم في عصر إسماعيل، وأبدى عجبه من أن

جرائم الاغتيالات المتعددة التي حدثت خلال حكمه، وتعذيب المتهمين لم تُثِر ضمير قصر الخديوية، ولا قصر «يلدز» حيث يقيم السلطان العثماني، ولم توجع قلب وزارات الخارجية الأوروبية، بينما يتكتل هؤلاء جميعًا اليوم للدفاع عن مجموعة من المتآمرين الخونة، اعترفوا بجريمتهم وحُوكموا محاكمة عادلة بواسطة محكمة يرأسها جنرال جركسي مثلهم هو الفريق راشد حسني!

وفي أثناء انعقاد الجلسة، دخل أحمد رفعت سكرتير عام مجلس الوزراء، فأخطر المجتمعين بأن عددًا من قناصل الدول الأوروبية في مكتبه يطلبون مقابلة عاجلة مع وزير الخارجية. رفعت الجلسة، وخرج إليهم مصطفى فهمي باشا وزير الخارجية، وقد أبدى القناصل في حوارهم معه تخوفهم من توتر الجو، وسألوا عما إذا كان هناك خطر يتهدد حياة الرعايا الأوروبيين، أخبرهم وزير الخارجية بأن المجلس ما زال يبحث الأمر، وأنه لا شيء يتهدد حياة الأجانب، وأن المجلس يدرس اقتراحًا لحل الأزمة.

كان الاقتراح الذي أشار إليه مصطفى فهمي يتضمن دعوة مجلس النواب للاجتماع لعرض الخلاف بين الخديو والوزارة عليه، وعندما عاد وزير الخارجية إلى قاعة الاجتماع، كان الوزراء يناقشون هذه المسألة. أثار بعضهم نقطة دستورية، قالوا إن المجلس النيابي الآن في إجازة ما بين دوري الانعقاد، وبحسب نص الدستور فإنه لا يمكن دعوة المجلس في إجازته إلا بأمر من الخديو. ومن البديهي أن الخديو لن يوافق على دعوة المجلس لأمر مثل هذا على وجه التحديد، كما أن الوزارة لا تستطيع دعوة المجلس للانعقاد لأن هذا لو حدث سيبطل قرارات المجلس، لدعوته بطريقة مخالفة للدستور.

تدخل البارودي في المناقشة، قال: «إن البديل الوحيد لإصرار الخديو على موقفه، هو استقالة الوزارة، وهو أمر لا يمكن حدوثه والحركة الوطنية تواجه بهذه التحديات كلها». وعلق على النقطة الدستورية قائلًا: «أما بالنسبة

للنص الدستوري، فمع احترامنا للدستور فإن الضرورات تبيح المحظورات، وخاصة في الظروف غير الطبيعية».

وبعد مناقشات طويلة وافق الوزراء على أن يُدعى مجلس النواب للاجتماع، فإذا رفض الخديو دعوته، تقوم الوزارة بتوجيه الدعوة، سجل ثلاثة من الوزراء اعتراضهم على القرار وهم: عبد الله فكري، وعلي صادق، ومصطفى فهمي.

خرج البارودي من الاجتماع، فاستدعى إليه حسين الدرمللي باشا وكيل وزارة الخارجية، وطلب منه التوجه لمقابلة الخديو وإحاطته علمًا بقرار مجلس الوزراء بدعوة مجلس النواب إلى الاجتماع، ليصدر المرسوم بالدعوة. وكان البارودي متأكدًا من أن الخديو سيرفض، لذلك استدعى إليه أحمد رفعت وأمره أن يعد منشورًا للمديرين والمحافظين لكي يخطروا أعضاء مجلس النواب في الأقاليم بالحضور إلى القاهرة لاجتماع طارئ للمجلس. وأمر بأن يرسل المنشور تلغرافيًّا فور عودة الدرمللي باشا من السراي حاملًا رفض الخديو المتوقع.

كانت ملامح الفشل واضحة على وجه الدرمللي عندما عاد من السراي. أشار البارودي لأحمد رفعت فتوجه لتنفيذ تعليمات رئيس الوزراء.

وفي تلك الليلة قال البارودي لأحد محدثيه ملخصًا الموقف: «الخديو لازم يأخذ شنطته ويتوجه للوكاندة «شبرد»، خلاص اتعزل!».

وكان القنصل الفرنسي «سنكفكس» يتابع إرسال البرقيات كل ساعة إلى باريس، وفي هذه اللحظة نفسها كان يملي جزءًا من برقية أرسلها لوزارة الخارجية الفرنسية، تضمنت البرقية خبرًا يقول:

> وعندما تكلم بعضهم مع عرابي عن الأمير حليم باشا ليحل محل توفيق، صاح غاضبًا بأنه من الواجب التخلص من أسرة محمد علي بأكملها.

* * *

في الأيام التالية تجمع النواب في القاهرة، جاءوا من جميع أنحاء مصر، بدأوا يناقشون الأمر في جلسات غير رسمية. وفي يوم الجمعة التالي اجتمعوا بدار البارودي بغيط العدة بباب الخلق. كان الصيف قد جاء مبكرًا في ذلك العام، وكانت بدايات مايو قائظة. حضر الاجتماع الوزراء جميعًا، وحضره سلطان باشا رئيس مجلس النواب.

ناقش المجتمعون المسألة من كل زواياها.

كان واضحًا أن مجلس النواب لن يستطيع حسم المسألة، وتأكد عرابي بذلك أن موقفه في بداية الثورة كان سليمًا.

كان قد اعترض عقب ثورة ٩ سبتمبر ١٨٨١ مباشرة، على الطريقة التي اقترحها شريف باشا وأصر عليها لانتخاب مجلس النواب. فقد أصر شريف على أن ينتخب النواب بموجب دستور ١٨٦٦ الذي أصدره إسماعيل، وكان هذا الدستور يقصر حق الترشيح، بل وحق الانتخاب أيضًا، على العمد وعلى المشايخ والأعيان. واعترض عرابي أيامها، وطالب بإصدار قانون جديد للانتخاب تتوسع بمقتضاه دائرة الديمقراطية لإتاحة الفرصة لمثقفي المدن والتجار والحرفيين لدخول المجلس بمنحهم حق الترشيح والانتخاب.

وأيامها عارض شريف في هذا، وانتُخب المجلس بمقتضى دستور إسماعيل، وها هي النتيجة!

إن روح المحافظة تغلب على مجلس النواب، فيرفض اتخاذ أي موقف حاسم في المسألة، ويتقنع بالخوف من التدخل الأجنبي، على الرغم من أن سلوك الخديو هو تمهيد للخيانة السافرة، والواجب الوطني يفرض سد الطريق أمام الخونة بحسم، وكان طبيعيًّا أن ينتهي الاجتماع بتشكيل لجنة للوساطة، وشكلت بالفعل من محمد سلطان باشا رئيس مجلس النواب وخمسة من أعضائه، وكلفت اللجنة السداسية بمقابلة الخديو ومناقشته في الموقف.

كان الخديو مصرًّا على استقالة الوزارة.

وكانت الوزارة مصرة على تعديل الحكم.

وعرضت اللجنة على الخديو أن يستقيل البارودي وحده مع بقاء الوزراء في مناصبهم وتعيين أحدهم ـ وهو مصطفى فهمي باشا ـ رئيسًا لهم، على أن يضيف الخديو إلى الحكم الذي صدق عليه عقوبة التجريد من الرتب العسكرية. وعد الخديو بالتفكير في الأمر. لكن مصطفى فهمي اعتذر عن الجلوس على كرسي رئاسة الوزارة فوق كل هذه الألغام. وبعد مفاوضات مجهدة انتهى الأمر بالتوصل إلى صيغة توفق بين المختلفين، هي أن تبقى الوزارة بكامل هيئتها على أن ينفذ الحكم كما صدق عليه الخديو!

ورأى الثوار أن مجلس النواب قد خذلهم، فاكتفوا بأنهم قد لقنوا الخديو درسًا سيجعله يتردد ألف مرَّة قبل أن يكررها، فقبلوا الحل.

وانتهت الأزمة بصدور بيان رسمي مقتضب نشرته «الوقائع المصرية»، قال البيان:

> الحمد لله قد زال الخلاف، وانحسمت أسبابه بحسن توجيهات الحضرة الخديوية. وتمثل حضرات النظار ورئيس مجلسهم عطوفتلو محمود سامي باشا، بين يدي الجناب الخديو، ونالوا من جنابه السامي حسن الالتفات. فلله الحمد أولًا وأخيرًا، وعلى أرباب الجرائد العربية التي تطبع في القطر المصري ألا تخوض في تفاصيل المسألة خوفًا من الوقوع فيما يخالف الحقيقة...

في اليوم التالي صدر قرار بتعطيل جريدة «الطائف» لمدة شهر. وكان السبب في ذلك أن رئيس تحريرها عبد الله النديم كتب عدة مقالات حادة ضد الخديو وأسرته في أثناء الأزمة، وفي تلك المقالات لقبت «الطائف» الخديو بـ«الخائن المخدوع». وهاجم النديم في سلسلة من المقالات الأسرة الخديوية ابتداء من محمد علي إلى إبراهيم ثم إسماعيل وتوفيق.

اتهم إسماعيل بسلب الأملاك وتسخير الأبدان، وجرده هو وأسرته من صفات الآدمية، ونسبه إلى عالم المتوحشين، ثم هاجم توفيق لضعفه ولؤمه وارتمائه في أحضان الدول الأجنبية وعدائه لأهل البلاد، واتهمه بخيانة الوطن والدين.

وعُطلت كذلك جريدة «المفيد» وأُنذرت جريدة «القسطاس».

الشيء الغريب في هذا الموقف أن هذه الصحف عُطلت بمقتضى قانون المطبوعات الذي صدر في نوفمبر ١٨٨١ - على عهد تولي شريف لرئاسة الوزارة - وبعد نشوب الثورة بشهرين كاملين، وهو القانون الذي ظل يُضرب به المثل في الرجعية حتى اليوم!

كان ذلك كله يجري، بينما كان هناك نشاط لاهث يدور في أروقة وزارة الخارجية البريطانية ووزارة الخارجية الفرنسية.

فمنذ تولي البارودي رئاسة الوزارة و«ماليت» - القنصل البريطاني - يكرر النصح على حكومته بقلب هذه الحكومة فورًا. كان بحكم قربه من الميدان يدرك المخاطر التي ستحيق بالمصالح الإنجليزية إذا استمرت في الحكم. بل إنه قد كتب إلى «جرانفيل» وزير الخارجية، يقول: «إن الوزارة البارودية مصممة على تقويض أركان الحماية الإنجليزية والفرنسية»، وأكد اعتقاده بـ«إننا لن نستعيد ما كان لنا من التفوق ما لم تتحطم هذه السيادة العسكرية التي ضربت رواقها على البلاد»، ثم قال: «وفي اعتقادي أنه لا بد من حدوث مشكلة يعسر حلها قبل الوصول إلى تسوية المسألة المصرية تسوية مرضية، ولذلك فإن من الأصوب التعجيل بها بدلًا من العمل على إرجائها».

وعندما نصح «ماليت» الخديو برفع الحكم في قضية المؤامرة الجركسية إلى السلطان التركي، عارض «جرانفيل» في ذلك، على أساس أن هذا سيؤدي إلى تدخل تركيا في المسألة المصرية، وكانت إنجلترا تحاول «التهام» مصر منفردة مع إبعاد كل الأطراف.

وكانت قد توصلت إلى تحليل يرى أن إجهاض الثورة لم يعد ممكنًا

بمجرد احتضان «الجيروند» ودعمهم ليكسبوا السلطة من «اليعاقبة». فقد أثبتت التجربة أن المتساهلين غير قادرين على الانتصار، كما أن المتشددين كانوا يزدادون تشددًا نتيجة لما يحرزونه من انتصارات، لازدياد الالتفاف الجماهيري حولهم.

وقررت الدولتان التدخل عسكريًّا ضد الثورة العرابية.

وكانت الحجة الظاهرة للتدخل هي أن هناك احتمالات لاضطراب الأمن العام، وخطرًا على حياة الرعايا الأوروبيين! ولاحت بشائر التدخل في يوم الجمعة ١٩ مايو، عندما وصلت فجأة إلى ميناء الإسكندرية مدرعة إنجليزية، وخلال الأسبوع التالي وصلت بعض قطع بحرية فرنسية.

* * *

القاهرة المحروسة

الخميس ٢٥ مايو ١٨٨٢

مبنى مجلس الوزراء

وصل «ماليت» و«سنكفكس» إلى مجلس الوزراء، قابلا البارودي وقدما له المذكرة التالية:

> إن قنصلي فرنسا وبريطانيا العظمى الموقعين على هذا يحيطان علم عطوفتكم بأنه من حيث إن عاطفة الوطنية حملت سعادة محمد سلطان باشا رئيس مجلس النواب، كما حملته أيضًا رغبته في تأييد سلم مصر ورفاهيتها، على عرض الشروط التالية على عطوفتلو محمود سامي باشا البارودي رئيس مجلس النظار، إذ رأى أنها الواسطة لوضع حد لحالة الاضطراب في مصر، وهذه الشروط هي:
>
> * إبعاد سعادة عرابي باشا مؤقتًا عن مصر مع بقاء رتبه ومرتباته.
> * إرسال كل من علي باشا فهمي وعبد العال حلمي باشا إلى داخل القطر المصري مع إبقاء رتبهما ومرتباتهما.
> * استقالة الوزارة الحالية.

ويرى القنصلان أن هذه الشروط لما فيها من روح الاعتدال تمنع المصائب التي تستهدف لها مصر، فهما باسم حكومتيهما وبتفويض منهما، ينصحان حضرة رئيس مجلس النظار وزملاءه بقبولها، وعند الاقتضاء يشترطان تنفيذها.

ليس لحكومتي فرنسا وإنجلترا غاية من التدخل في شؤون مصر، سوى حفظ الحالة المقررة. وبما أن توسط الدولتين ليس مبنيًّا على حب الانتقام والتشفي، فسيبذلان الجهد في صدور عفو عمومي من الحضرة الخديوية، وسيسهران على تنفيذ هذا العفو.

«سنكفكس» ـ «ماليت»

قرأ البارودي المذكرة بإمعان، وقال للقنصلين:

ـ إن سلطان باشا لم يخاطبني في هذا الموضوع إطلاقًا، ولم يقدم إليَّ مثل هذه المقترحات!

قال «ماليت»:

ـ لقد تناقشت معه، وهو موافق على هذه الشروط!

رأى البارودي أن الوضع أخطر من أن يبت فيه وحده. كان قد قابل الخديو توفيق خلال الأسبوع المنصرم وأخطره بورود الأساطيل الأوروبية، واتفقا على إخطار الباب العالي في الآستانة وانتظار تعليماته.

وسارع البارودي باستدعاء مجلس الوزراء. وحضر سلطان باشا رئيس مجلس النواب الاجتماع. وبعد مناقشة قصيرة رفض المجلس مذكرة القنصلين، وصاغ قرار الرفض في خطاب وجهه إليهما، وبناه على أن سلطان باشا أنكر أنه قدم هذه المقترحات أصلًا، كما أن المطالب الواردة في المذكرة تتعلق بأمور إدارية داخلية هي من حق الحكومة المصرية وحدها، وتدخل الدولتين فيها تعدٍّ على الفرمانات السلطانية التي حددت مقام مصر الخصوصي، كما أنه نقض للدستور.

وتحركت القوى الوطنية بسرعة، ففي اليوم التالي عقدت عدة اجتماعات في الجيش، ووزع في الشوارع منشور يحذر من التدخل الأوروبي، ويقول

إنه سينتهي باحتلال مصر وحل الجيش المصري ونفي ضباطه والقضاء على الحكم الدستوري، ويحذر من الخيانة!

وتوجه البارودي في المساء إلى سراي الإسماعيلية، وقابل الخديو وقدم له خطاب مجلس الوزراء برفض مذكرة ٢٥ مايو. فوجئ بالخديو يقول له إنه قبل الإنذار الفرنسي الإنجليزي، وإن على الوزارة أن تستقيل، وعلى عرابي أن يغادر البلاد، أما علي فهمي وعبد العال حلمي فعليهما التوجه إلى الريف.

ثار البارودي، وذكَّر الخديو بما سبق له الاتفاق عليه معه عندما وردت الأساطيل، أصر الخديو على موقفه.

عاد البارودي إلى مجلس الوزراء، تشاور مع زملائه قليلًا، ثم سحب ورقة وكتب استقالة الوزارة. كانت الاستقالة مسببة، احتجاجًا على قبول الخديو لمذكرة ٢٥ مايو التي تمس استقلال البلاد.

أحدثت الاستقالة ضجة كبيرة في كل أنحاء مصر. وعندما علم بها قناصل الدول الأوروبية الآخرون توجهوا إلى دار عرابي بباب اللوق. طلبوا منه تأمين حياة وممتلكات رعاياهم، فأجابهم بأنه استقال ولا صفة له تخوله تحمل هذه المسؤولية العظيمة، قالوا: «إن الجيش لا يخالف إرادتك، فأنت زعيم الحركة الوطنية، ولن نستطيع أن نأمن على رعايانا ولا أنفسنا إلا إذا أعطيتنا كلمة شرف».

وافق عرابي، وأرسل تلغرافًا إلى جميع وحدات الجيش المصري، طلب منهم فيه أن يلازموا الهدوء والسكينة، وأن يحافظوا على الأمن العام.

في الوقت نفسه كان الخديو يرأس مؤتمرًا على مستوى عالٍ، حضره عدد كبير من الأعيان وكبار الساسة ورؤساء الوزارات السابقين. عرض الخديو على محمد شريف باشا أن يتولى رئاسة الوزارة. رفض شريف بحجة أنه لا يمكن قيام أي حكومة، ما بقي الزعماء العسكريون في القاهرة. ثم علق قبوله الوزارة على موافقة عمر لطفي باشا محافظ الإسكندرية على قبول منصب وزير الحربية. تردد عمر لطفي، وانفض الاجتماع دون نتيجة!

عاود الخديو المحاولة، فدعا عددًا من كبار الضباط والعلماء والأعيان للاجتماع به، وأخطرهم بأن الظروف قضت باستقالة الوزارة وقبول مذكرة ٢٥ مايو، وأنه سيشكل وزارة برئاسته يتقلد فيها نظارة الحربية، وهدد بعقاب من يخالف ذلك. هاج الضباط، قال طلبة عصمت إن الجيش كله يرفض المذكرة، وإن الجنود والضباط لا يرضون بغير عرابي وزيرًا وقائدًا. قال علي فهمي إن قادة الجيش في الإسكندرية وقادة البوليس أيضًا قد أرسلوا برقية يهددون فيها بأنهم لن يكونوا مسؤولين عما يحدث إذا لم يعد عرابي إلى منصبه في ظرف ١٢ ساعة. أيد الشيخ حسن العدوي والشيخ عليش مطالب الضباط. أصر الخديو على موقفه. خرج طلبة عصمت وعلي فهمي من الاجتماع احتجاجًا، وانصرف وراءهما الضباط دون استئذان.

ووصل الضباط المنسحبون إلى قشلاق عابدين، كان هناك أحمد عرابي والبارودي وعبد العال حلمي وجميع حكمداري الآلايات، وكان عرابي يؤكد للجميع أنه وإن ترك منصب وزير الحربية فإنه ما زال رئيس الحزب الوطني. حضر الشيخ البكري وبعض العلماء والذوات، تناقشوا في الموقف واقترحوا عقد اجتماع لاتخاذ قرار حاسم، اقترح البعض التوجه لدار سلطان باشا رئيس مجلس النواب.

وعندما وصل الجميع إلى الدار، وجدوا أعضاء مجلس النواب هناك. وقف عرابي يتناقش معهم في أمر الإنذار، ثم ألقى خطبة طويلة هاجم فيها الخديو وعائلته، وطالب بخلعه عن العرش. تحدث أكثر من واحد من الضباط وأكدوا رأيهم بأن قبول الإنذار ونفي عرابي وقادة الثورة هو بمثابة تسليم البلاد للاستعمار والاستبداد. علق عرابي على أقوال الضباط، وقال في نهاية خطبته:

- إن هذا الخديو الظالم لا يصح أن يكون خديويًّا ويجب خلعه، فمن يوافق على خلعه منكم فليقُم.

تردد معظم النواب في القيام، قام عدد منهم، ووقف كل الضباط، شهر الصاغ محمد عبيد سيفه، صاح:

- إن الخائن هو من يؤيد الخونة.

حدث هرج ومرج، وخرج عرابي ثائرًا، وأرسل يستدعي الآلاي خليل كامل لمحاصرة سراي الإسماعيلية وإجبار الخديو على التنازل عن العرش، واحتج سلطان باشا وطلب التروي.

قال أحد الضباط:

- إن حزب الأحرار البريطاني يؤيدنا!

ورد عليه سلطان باشا:

- إنكم بما تفعلون تسلمون مصر إلى الإنجليز.

قال ضابط آخر:

- نحن لا نخشى شيئًا، فلا ناقة لنا فيها ولا جمل.

أجابه أحمد عبد الغفار عضو مجلس النواب:

- إذن فاتركوا مصر لأصحاب النياق والجمال!

تزايدت الضجة، اقترح سلطان باشا أن يتوسط لدى الخديو لإبقاء عرابي وزيرًا للحربية، قبل الضباط على أساس أن هذا يعد رفضًا جزئيًّا لمذكرة ٢٥ مايو، وانفض الاجتماع.

* * *

توجه سلطان باشا إلى السراي، كانت الشوارع مزدحمة بمواكب ضخمة تضم جموعًا حاشدة من طلبة الأزهر وعلمائه وعددًا من أعضاء مجلس النواب والأعيان وطلبة المدارس والمعاهد والتجار وأصحاب الحرف، وهم يحملون المشاعل في ظلام الليل ويهتفون بسقوط المذكرة، ويطالبون بعودة عرابي. وعندما وصل سلطان باشا إلى السراي، كان الخديو مجتمعًا بوفد من رجال الدين يضم عددًا من مشايخ الأزهر، وكان معهم البابا كيرلس الخامس بطريرك الأقباط، والرباعي حاخام اليهود، وهم

جميعًا يطالبون الخديو بإبقاء عرابي وزملائه، ورفض التدخل الأجنبي في شؤون البلاد.

وعرض سلطان باشا اقتراحه، قال:

- لقد صدر قرار من السلطان بتعيين مصطفى درويش باشا معتمدًا ساميًا للحضور إلى مصر، وذلك لدراسة الحالة فيها، وأرى يا مولاي أن تسندوا منصب وزير الحربية إلى عرابي باشا مؤقتًا، لكي نضمن الأمن العام، وعندما يصل وفد السلطان، فسوف تحل المسألة نهائيًّا على ضوء التحقيق الذي سيجريه فيها.

كان الخديو يفكر في الأمر، عندما أخطروه بأن قناصل الدول الأوروبية جميعها - عدا قنصلي بريطانيا وفرنسا - قد جاءوا يطالبون بإبقاء عرابي لأنه الوحيد الذي يستطيع أن يتحكم في الشارع المصري، ولو ذهب فإن إشارة واحدة كفيلة بقتل جميع الأوروبيين في مصر.

فكر الخديو لحظة أخرى، ثم التفت إلى سلطان باشا وقال:

- إنني أوافق على إبقاء عرابي.

وبعد لحظات كان الخديو يوقع على مرسوم بتعيين عرابي ناظرًا للجهادية والبحرية، في وزارة ليس لها رئيس وليس بها وزراء سواه، وجاء في المرسوم الذي صدر على شكل خطاب إلى عرابي أنه مراعاة لحفظ الأمن والراحة استصوبنا بقاءكم في نظارة الجهادية والبحرية!

وأصدر عرابي في الليلة نفسها منشورًا إلى قناصل الدول، تعهد فيه بحفظ الأمن، وضمان الراحة لكل سكان القطر المصري، وطنيين وأجانب، مسلمين وغير مسلمين.

وجاء يونيو بقيظه، والجميع في انتظار وصول بعثة درويش باشا، التي كلفها السلطان بالتحقيق في أسباب الخلاف بين الخديو وعرابي ومعرفة من منهما تجاوز حدوده.

بيد أن الانتظار لم يكن ساكنًا.

كان المتآمرون قد وصلوا إلى تحليل يرى ألا خروج من المأزق، إلا بتصعيد الأزمة وتفجير الموقف في مصر، واختاروا مسألة الأمن العام لتكون الشرارة التي تحرق السهل كله، والتي تدفع الأساطيل الأجنبية للتدخل فتنهي كل شيء: الثورة، والدستور، ومجلس النواب، والتحرر من السيطرة الأجنبية.

ولأكثر من سبب فإن القوى المتآمرة اختارت الإسكندرية لكي تفجر فيها القنبلة، فقد كانت القاهرة مقر قيادة الثورة، بحيث يمكن في أي وقت السيطرة عليها، ومن ناحية أخرى فإن الإسكندرية كانت «ميناء»، وهو ما جعلها أكثر مدن مصر ازدحامًا بالأجانب من كل جنس وملة، ومن السهل باستمرار افتعال أي حادث، ليكون بداية الانفجار.

وبدأ الخديو يخطط لحركته.

كان يريد أن يضمن ولاء عمر لطفي محافظ الإسكندرية، وجرت الرسائل بينهما، وأرسل إليه الخديو برقية بالشفرة يقول له فيها:

> ضمن عرابي الأمن العام، وأعلن عن ذلك بالصحف، وجعل نفسه مسؤولًا أمام القناصل، فإذا نجح في حفظ الأمن فلا بد أن تضع فيه الدول ثقتها، وعندها يضيع ما لنا من اعتبار. أضف إلى ذلك أن أساطيل الدول في مياه الإسكندرية والخواطر متهيجة، وعليك الآن أن تختار لنفسك، إما أن تخدم عرابي في ضمانته للأمن، وإما أن تخدمنا.

وفي الوقت نفسه اتجه الخديو للتحالف مع البدو.

ففي أوائل يونيو، نشرت صحيفة «البال مال جازيت» الإنجليزية ـ وكانت ذات صلة معروفة بالدوائر الإنجليزية ـ خبرًا قالت فيه:

> قضى الخديو أمس في قصر الإسماعيلية بالقاهرة يحيط به اثنا عشر ألف بدوي من المخلصين لسموه. ووجود أطفال الصحراء هؤلاء في عاصمة مصر، سيكون حائلًا دون ظهور عرابي وانتصاره، ولا شك أن وقوع قتال بين البدو والجيش

> المصري سيكون من الأشياء المخيفة المزعجة. ولكن حدوث هذا القتال سيحل الأزمة حلًّا سليمًا، فإن مركز عرابي لم يعد كما كان من قبل. فإنه لا ينفرد وحده الآن بقوة السيف، لأنه إذا كان الخديو لا يستطيع إخضاع عرابي بمعونة البدو، وظهره إلى البوارج الإنجليزية والفرنسية، ومعه مجلس النواب، فإن الحالة يجب أن تكون عندئذ أكثر مما قدرها الناس إلى الآن.

وفي تلك الأيام أيضًا وصل إلى القاهرة إبراهيم توفيق مدير البحيرة، وقابل الخديو في قصر الإسماعيلية، وكان برفقته عدد من مشايخ البدو ورؤساء القبائل. وقد قابلهم الخديو بترحاب شديد، ووعدهم بالخير، وطلب منهم أن يجمعوا ثلاثة آلاف رجل من الأعراب، وأن يحضروهم إلى العاصمة عن طريق الجيزة، وأن يسعوا لإحداث الاضطراب فيها. وأمر بصرف عشرين ألف جنيه لهم. وفيما بعد غيرت الخطة، وبدأ عربان «ولد علي» بالبحيرة يتسللون إلى الإسكندرية التي كانت متاخمة لمضاربهم، والتي كانت لظروفها الخاصة أكثر ملاءمة لحدوث الانفجار. وقد انتشروا في شوارع الإسكندرية، ولفتت كثرتهم الأنظار، وتحدث أكثر من واحد مع عمر لطفي محافظ الإسكندرية في الأمر، ونبهه إلى أن العربان معروفون بتهورهم، وأنهم يحترفون السلب والنهب، فلم يهتم عمر لطفي بالأمر.

* * *

وفي ذلك الوقت كان الأجانب يتحركون بطريقة مريبة.

كان «ماليت» قد سافر إلى لندن لقضاء إجازة صغيرة، وترك المستر «كارترايت» للقيام بأعمال القنصل العام. وفي أوائل يونيو وصل المستر «كوكسن» القنصل البريطاني بالإسكندرية إلى القاهرة، وقابل «كارترايت». عرض عليه مجموعة من المشاورات والاتصالات التي قام بها. ذكر له أن اجتماعًا ضم قناصل الدول في الإسكندرية عقد برئاسته، وأن القناصل

تشاوروا خلال هذا الاجتماع في تأليف قوة دفاع أوروبية في الإسكندرية لأن الرعايا الأوروبيين المقيمين فيها معرضون للخطر، وأضاف أنه عرض المشروع على قائدي الأسطولين الفرنسي والإنجليزي المرابطين أمام الإسكندرية فوافقا عليه، وأنهم في حاجة إلى أسلحة لتدريب الأجانب على السلاح، كما أنهم في حاجة إلى الذخيرة. ناقش «كارترايت» الموضوع بإفاضة شديدة، ورفضه في النهاية، وإن كان قد نصح بأن يكون كل أوروبي مستعدًّا للدفاع عن نفسه.

وفي اليوم نفسه، وقع في الإسكندرية حادث مريب، فقد استدعى مدير شركة «الإيسترن تلجراف»، وهي شركة إنجليزية، موظفي شركته إلى اجتماع عام، قال لهم: «سبق أن قدمتم عريضة تطلبون فيها التسلح لمواجهة أي طارئ، وقد أرسلتها في حينها إلى لندن، ويهمني أن أخطركم أن إدارة الشركة قد وافقت على طلبكم، وورد لي ثمانية وثلاثون مسدسًا سأوزعها عليكم الآن».

وتصاعدت المحاولات التي تبذل «لتوتير الجو» و«تلغيمه». لدرجة أن جريدة «المحروسة» ـ وهي صحيفة سكندرية كانت وثيقة الصلة بعمر لطفي ـ نشرت خبرًا يقول إن الأوروبيين يقومون باستعدادات حربية، وأحصت عدد الذين يسلحون أنفسهم. وتوجه أحد الأعيان إلى مبنى الجريدة وقابل محررها وسأله عن مصدر الخبر، فقال إنه أمر بنشره، ولكنه ليس في حل من إباحة اسم الشخص الذي أرسله إليه. قيل له إن الواجب يقضي أن تدقق «المحروسة» في نشر هذه الأخبار لأنها تثير ثائرة البلاد، فوعد بذلك.

وفي يوم ٧ يونيو حدثت مؤامرة صغيرة:

وصلت إلى الإسكندرية برقية من القاهرة تقول إن الخديو قد ذُبح. ثارت المدينة وامتلأت بالإشاعات. وعندما علم بها يعقوب سامي وكيل وزارة الحربية الذي كان بالإسكندرية، سارع بإرسال برقية إلى القاهرة يستعلم فيها

عما حدث، وكان غريبًا أن يجيئه الرد بأن الخبر حقيقي، وأن العاصمة في هياج، والمذابح قائمة ضد الأوروبيين. أرسل يعقوب برقية ثانية وهو في حالة شديدة من اليأس والذهول إلى مكتب تلغراف قصر النيل، فاستلم ردًّا مناقضًا للأخبار التي سبق له سماعها وتأكد أن الخبر مكذوب، وأن مجهولًا أرسله من مكتب بريد الأزبكية بالقاهرة، وقصد منه أن يثير الخواطر في الإسكندرية، وأن يدفع الأهالي للاصطدام بالأجانب. أمر يعقوب سامي باتخاذ تدابير أمنية مشددة.

وكان عمر لطفي يتصرف بطريقة غريبة، فقد لاحظ أحمد أفندي نبيه رئيس نقطة شرطة ميدان القناصل، أن هناك تحركات غير عادية بين الأوروبيين في الحي المجاور للميدان الأكبر، وقدَّم طاهر أفندي الكردلي من ضباط البوليس تقريرًا بمعلوماته عن هذه الحركة، ولكن عمر لطفي لم يهتم.

وكان «ماليت» قبل أن يسافر قد أرسل برقية إلى وزارة الخارجية البريطانية يقول فيها:

> إن الاصطدام بين المسلمين والمسيحيين قد يقع في أي لحظة.

ولم تقف القوى الوطنية مكتوفة الأيدي أمام هذه التحركات المريبة.

كانت في حاجة إلى حشد الجماهير استعدادًا لزيارة درويش باشا ومباحثاته، وكانت تدرك ضرورة ضبط النفس وتفويت الفرصة على المتآمرين. وهكذا أوفد عبد الله النديم إلى الإسكندرية. وفي ٥ يونيو ١٨٨٢ ألقى النديم خطابًا مهمًّا في مبنى جمعية المقاصد الخيرية للشبان، نبَّه فيه إلى أن الأجانب والخديو يسعون لإحداث فتنة ليسوغوا للأساطيل أن تخرج عساكرها إلى البر بدعوى أنها خرجت لتقمع الشر. نبَّه النديم في خطبته الجماهير إلى ضرورة «لزوم السكون إذا كثرت الظنون، والبعد عن مجالس الأجانب، حتى تنتهي تلك المصائب: فعليكم بلزوم الهدوء، وعدم التداخل مع العدو، فعرابي أخذ عهدة الأمن على نفسه، والخديو يسعى في عكسه». وشدد النديم في خطبته على المواطنين بضرورة الامتناع

عن الاشتراك في أي مشاجرة، حتى لو أسيئت معاملتهم أو ضربوا بواسطة أوباش الأوروبيين.

وما كاد النديم ينتهي من خطابه حتى وجد مندوبًا من محافظة الإسكندرية يطلب منه مقابلة عمر لطفي. وصل النديم إلى مبنى المحافظة مع الرسول. هدد المحافظ النديم وتوعده. ولكن النديم هاجمه بشدة، وقال له: «إنني لا أدبر الفتنة كما يفعل غيري، وأنا أنبهك إلى أن الضبطية والمحافظة لا تلقيان بالًا إلى تسلح الأجانب واضطرار بعض الأهالي للتسلح، إن هناك تآمرًا يحدث على مستقبل البلاد، ويجب أن يكون الجميع على مستوى المسؤولية».

أراد المحافظ أن يضع النديم في الحجز، ولكن الجماهير الغفيرة التي تبعت النديم إلى دار المحافظة هددت باقتحام السجن وإخراجه، فأفرج عنه صاغرًا.

لم يثنِ ما حدث النديم عن الاستمرار في مهمته، كان عليه أن يمهد الجو جماهيريًّا لمقابلة البعثة التركية. وهكذا بدأ في تلقين جماهير الإسكندرية الشعارات التي سيقابلون بها المندوب العثماني درويش باشا. شرح لهم وجهة نظر قيادة الثورة، وهي ضرورة التمسك برفض مذكرة ٢٥ مايو وكل المطالب التي تتضمنها وقال: «المذكرة أو اللايحة تتعارض مع استقلال البلاد، ومن المهم أن نطالب بسحبها، وسحب الأساطيل الأوروبية من مياه الإسكندرية».

* * *

ووسط هذا القلق الشديد وصلت البعثة التركية يوم ٧ يونيو، واستقبلها في ميناء الإسكندرية ذو الفقار باشا مندوبًا عن الخديو توفيق، ويعقوب سامي مندوبًا عن عرابي، وعمر لطفي محافظ الإسكندرية. وحيا الباشا المستقبلين واتجه إلى سراي «رأس التين».

كانت البعثة مُشكَّلة بطريقة «عثمانلية» معروفة، إذ كانت تضم ـ غير

رئيسها ـ عضوًا آخر هو الشيخ أحمد أسعد، وكان من مشايخ الطرق الصوفية بالمدينة المنورة، يقيم باستمرار بالآستانة ويستخدمه السلطان في المهمات السرية الخاصة بالجزء العربي من الإمبراطورية العثمانية، والمهمات المتعلقة بالجامعة الإسلامية، وكان معروفًا بموالاته لعرابي، وبهذا كانت البعثة مكونة من شخص يمكن أن ينحاز إلى الخديو وهو درويش باشا، وآخر يؤيد عرابي وهو أحمد أسعد.

وكان درويش معروفًا بقسوته الشديدة، فعندما كان قائدًا للأسطول البحري التركي في حرب البلقان، لم يتردد في تدمير مدن بأكملها على السكان، وهو ما جعل «البال مال جازيت» التي كانت وثيقة الصلة بالدوائر الحاكمة في إنجلترا، تقول: «لقد وصلت الأزمة المصرية أقصى حدودها، ولكن يظهر أن في الطريق إلى القاهرة الآن رجلًا يستطيع أن يملك ناصية الأحوال، فإن في وجاهة درويش هادئة البال الرصينة شيئًا من التأثير. فهو بلا شك رجل الساعة، فإنه مما يريح أن يجد الثوار المصريون رجلًا يستطيع أن يخضعهم لإرادته، فليس هناك شيء أكبر أثرًا من إثباته لسلطته بإشارة عرضية منه إلى مذبحة المماليك. إن درويش رجل من حديد. ويحق لعرابي أن يرتجف أمامه، فما إن ينطق بكلمة خرقاء حتى يرى رأسه يتدحرج أمامه على السجاد».

ها هو التركي القاسي المتعجرف يمر في شوارع الإسكندرية!

على طول الطريق من الميناء إلى قصر رأس التين، وقفت الجماهير تردد الشعارات التي لقنها إياها النديم.

كان الأولاد يصيحون:

اللايحة.. اللايحة

فترد النساء قائلات:

مرفوضة.. مرفوضة

ثم يشتركون جميعًا في هتاف:

ردُّوا الأسطول.. ردُّوا الأسطول

وكانت مذكرة ٢٥ مايو معروفة شعبيًّا باسم «اللايحة» أو «النوتة»!

وبمجرد أن استراح درويش باشا فوجئ بأن هناك من يطلب لقاءه.

ودخل وفد من الأعيان والعلماء، وقدموا له عريضة باسم الشعب المصري، يشكون فيها من الخديو، ويظهرون استياءهم من وجود الأساطيل، ورغبة الأمة في الاستقلال. حادثهم درويش طويلًا، ووعدهم أن الأسطول سيغادر المياه المصرية بعد زمن قصير. ولاحظ الزائرون أن درويش لم يحتفِ بهم كما ينبغي، فلم يقدم لهم القهوة، أو الدخان، كما يقضي البروتوكول!

وانتهت المقابلة بسرعة لأن وفدًا من القناصل كان قد جاء لمقابلة درويش. كان الوفد يضم جميع القناصل، وكان المستر «كوكسن» القنصل الإنجليزي في الإسكندرية، والمسيو «ميكوفيسكي» القنصل الفرنسي بها، في ملابسهما العادية، برفقتهما الأدميرال الفرنسي والأدميرال الإنجليزي وكل منهما في ملابسه الرسمية. قال المستر «كوكسن» إن الأدميرال «سيمور» ودرويش باشا سبق أن تقابلا في حرب القرم، وأن الأدميرال هو نفسه قائد الأسطول البحري التركي في «دلسينيو». لم يجب درويش بأكثر من الابتسام، إنهم يذكرونه بأنهم أصدقاء قدماء.

في اليوم التالي وصل درويش إلى محطة القاهرة، ولم يقابله أحد من الوزراء. كان حماس الجماهير فاترًا. سار درويش مباشرة إلى سراي عابدين. لم يستقبل أحدًا في ذلك اليوم غير الخديو وعائلته. وفي المساء توجه إلى قصر النزهة حيث قضى ليلته. وصل معه إلى القاهرة في القطار نفسه عبد الله النديم.

وفي الصباح بدأ درويش نشاطه، استقبل وفدًا من علماء الأزهر. عاتبه أعضاء الوفد لأنه قابل بجفاء العريضة التي قدمها له أحدهم بعد صلاة الجمعة. عامل درويش العلماء بخشونة. قال: «لقد جئت لتسمعوني، وليس لتتكلموا أنتم!».

طلبوا منه أن يرفض لائحة ٢٥ مايو، وبخاصة تلك الفقرة التي تشترط نفي عرابي. غضب درويش. أمرهم مرَّة أخرى بالصمت. كان الوفد مكونًا من ٢٢ عضوًا ويرأسه الشيخ محمد خضير؛ الذي قدم لدرويش عريضة موقعًا عليها من عشرة آلاف مواطن يطلبون خلع الخديو ورفض طلبات الدول. تحول الجزء الأخير من الاجتماع إلى مناظرة دينية، ألزم المشايخ خلالها درويش الحجة، وعرضوا الأحاديث النبوية التي توجب خلع الحاكم الذي ينضم لأعداء البلاد والدين، واحتدت المناقشة بينه وبينهم، وخرجوا غاضبين.

كان ذلك يوم الجمعة ٩ يونيو!

في اليوم نفسه حدث مزيد من التحركات المريبة، فقد وصل عمر لطفي محافظ الإسكندرية، إلى القاهرة، في قطار خاص. توجه إلى سراي الإسماعيلية. تحدث معه الخديو عقب وصوله مباشرة. لم يعرف أحد ما دار في الاجتماع.

وكان الجو في القاهرة ليلتها شديد التوتر، وحدثت تحركات كثيرة في المدينة، وانتشرت الإشاعات، وعلم الجميع بنتيجة مقابلة درويش للعلماء. واختارت قيادة الثورة عددًا من الرسل وكلفتهم بالتوجه إلى جميع جهات القطر وإخطار الناس أن درويش لا يمكن الوثوق به.

أما في الإسكندرية فإن الجو كان مشحونًا.

في محل «سوماريفا» كان المسيو «جون نينيه» الطبيب وعميد الجالية السويسرية، يتناول عشاءه. التفت إلى المائدة المجاورة له، فوجد سيد قنديل مدير الأمن العام وحكمدار الإسكندرية، حيَّاه برأسه ودعاه إلى المائدة، وتحدثا قليلًا، قال قنديل:

ـ أشعر أنني مريض!

أمسك «نينيه» بمعصمه، قاس النبض، قال:

ـ إن نبضك عادي، ولكن حرارتك مرتفعة، ويستحسن أن تلزم الفراش.

استأذن قنديل ومضى، قال «جون نينيه» لنفسه: «كيف يمرض مدير الأمن العام في مدينة توشك على الانفجار؟!».

في تلك اللحظة كان المستر «فليوليس» ـ وهو مواطن يوناني ـ جالسًا في مقهى مجاور. اقترب من أحد أصدقائه من بدو البحيرة. قال «فليوليس»:

ـ لا أفهم ما يحدث الآن، لقد شاهدت كثيرًا من «ولد علي» في السوق أمس، وهم يحملون البنادق، ويبدو أنكم تخزنون السلاح في جهة ما، فما هي الحكاية؟

قال الصديق البدوي:

ـ الأفضل أن تأخذ حذرك!

* * *

السبت ١٠ يونيو ١٨٨٢

قصر النزهة ـ القاهرة المحروسة

وصل عرابي ومحمود سامي البارودي إلى قصر النزهة، قابلهما درويش باحترام، وتكلم معهما عن الحالة.

قال درويش:

ـ نحن هنا إخوة، وأبناء السلطان، ولحيتي البيضاء هذه تسمح لي أن أكون أباك يا عرابي. وغرضنا واحد، هو أن نصل إلى إجلاء الأساطيل عن الإسكندرية، لأن وجودها مسبة للسلطان وتهديد لمصر، فلتتفقوا جميعًا على العمل لهذه الغاية، وعلى الخصوص عرابي والبارودي ومجلس النظار، لتظهروا ولاءكم للسيد السلطان. ولا يكون ذلك إلا بأن تتخلوا عن مناصبكم، وبالذات أنت يا عرابي، ولكي تدخل السرور على السلطان، فلتتوجه إلى القسطنطينية، ولو لمدة وجيزة فقط.

قال عرابي:

ـ كان بودي أن أتنحى، ولكن الموقف دقيق، لقد أخذت على عاتقي مسؤولية حفظ الأمن، ولا أستطيع أن أترك هذه المسؤولية معلقة في

عنقي دون أن أؤديها. فإذا ما تنحيت يجب أن يكون تنحيًا تامًّا واستقالة نهائية. ولا يمكن أن أترك مكاني إلا بإعفاء كتابي من ضمانتي للأمن. إنني لا أستطيع أن أتحمل تبعة أمور لا يكون لي دخل فيها. أما التوجه إلى القسطنطينية فإني مستعد له، ولكن في وقت مقبل بعدما تستقر الأمور.

قال درويش:

- فلنعتبر أن الأمور قد استقرت، وما عليك حينئذ إلا أن ترسل برقية إلى محافظ الإسكندرية وقائد الحامية تقول فيها إنك تنحيت عن مركزك وإنك ستعمل كوكيل لي. وسيعقد يوم الاثنين اجتماع في عابدين من الخديو والقناصل، وفي هذا الاجتماع نخليك من ضمانتك للأمن.

رفض عرابي قائلًا:

- إنني سأبقى في مركزي متحملًا مسؤولية ضمانتي إلى أن أتسلم وثيقة مكتوبة تخليني من الضمان.

قام البارودي وعرابي. لاحظا وهما خارجان أن درويش لم يقدم لهما لا قهوة ولا سجائر.

كان واضحًا في ضوء المقابلة أن هناك تآمرًا، وأن الباب العالي يوشك أن يتخلى عن الثورة.

في مساء اليوم نفسه عقد اجتماع كبير في الأزهر. حضره أربعة آلاف نفس. خطب النديم فهاجم درويش وبعثته، واحتج العلماء والمشايخ على الإهانة التي لحقت مشايخهم الكبار.

كانت اللحظات الأخيرة من يوم ١٠ يونيو تنتهي.

وكانت المؤامرة قد تمت فصولًا.

* * *

الإسكندرية

الأحد ١١ يونيو ١٨٨٢

يوم أحد سكندري الطابع، يوم الإجازة الأسبوعية. يتجمع الأجانب العاملون والمقيمون في المدينة، يخرجون للنزهة، أعداد من اليونانيين والإيطاليين والمالطيين والفرنسيين والإنجليز والروس. في منطقة شارع السبع بنات بجوار قسم اللبان تجمعت أعداد من الأوروبيين والأعراب، وخدم المنازل وماسحي الأحذية والنوتية.

كان عبد الله النديم يومها في الإسكندرية، بيد أنه في الصباح استقل القطار عائدًا إلى القاهرة بعد أن أحاط المسؤولين في الإسكندرية بخطط درويش باشا واتجاهاته. وفي الوقت نفسه كان حسن موسى العقاد، كبير تجار القاهرة وأحد كبار أنصار عرابي، يتوجه إلى الإسكندرية لأمر يتعلق بشؤون تجارته.

في التاسعة صباحًا، وصل إلى مبنى القنصلية الإنجليزية أحد الرعايا المالطيين لزيارة أخيه الذي كان يعمل في خدمة المستر «كوكسن» القنصل البريطاني بالإسكندرية. كان القنصل يهم بدخول مكتبه حين رآه. تقدم من المستر «كوكسن». قبّل يده. أعطاه «كوكسن» جنيهًا بقشيشًا. دخل المالطي إلى حيث يعمل أخوه وجلس معه قليلًا ثم خرج ليتنزه.

الحرارة ترتفع تدريجيًّا. قبل الضحى خرج المالطي من باب القنصلية. مرت عربة حنطور. استوقفها. صعد متثاقلًا. قال للسائق: «إلى شارع السبع بنات».

مضى الحنطور متهاديًا. كان السيد العجان سائق الحنطور مرهقًا. فكر في أن الخواجا قد يمنحه أجرًا طيبًا. بعد لحظات طلب منه الخواجا أن يتوقف قليلًا. نزل من الحنطور، وتوجه إلى إحدى الخمارات، وطلب كأسًا تجرعها بسرعة، ثم أردفها بأخرى، وثالثة.

بعد لحظة فتر حماسه للمكان. قام. مضى. تحرك الحنطور مرَّة أخرى!

تكرر المشهد مرَّات ومرَّات بين كل خمارة وأخرى لينزل المالطي يطلب كأسًا يحتسيها في شربة واحدة، يردفها بأخرى، ثم يواصل الرحلة بالحنطور. الحرارة تشتد. الخواجا قد سكر تمامًا. أخذ يثرثر مع السيد العجان، رد عليه بتثاقل، مضى نصف النهار الأول في «توصيلة» واحدة، لكن الزبون يبدو ثريًّا ولا بد أنه سوف يعطيه الكثير.

دار السيد العجان بالمالطي على جميع خمارات الحي الأوروبي. سكر تمامًا. خرج من آخر تلك الخمارات، وركب العربة مرَّة ثانية. قلق «العربجي» لأن الخواجا قد سكر وسيكون التفاهم معه صعبًا. لفت نظره إلى أن الساعة قد قاربت الواحدة. كانت العربة قد وصلت إلى شارع السبع بنات.

وقفت عربة السيد العجان أمام قهوة القزاز. توجه المالطي إلى حانة صغيرة بجوارها. كان صاحب الحانة يقف خلف المنصة. طلب المالطي كأسًا. على المنضدة قالب من الجبن الرومي يُقدَّم كجزء من المزات للرواد ويُقطع بسكين حاد، يتصل بخيط ثبت طرفه الآخر في الطاولة.

دخل السيد العجان خلف المالطي. طلب منه أجره. قال المالطي إنه سيستعمل الحنطور مرَّة أخرى وعلى العجان أن ينتظره. رفض العجان. كان منظر المالطي يوحي بأنه أوشك على الإفلاس. استثار إصراره غضب الخواجا. أخرج قرشًا واحدًا من جيبه وألقاه في إهمال للعجان. ثار الأخير وطالب بحقه. تصاعد الغضب. تشاتم الرجلان. لم يلتفت أحد لتشاجرهما لأنه شيء عادي يحدث كل يوم.

فجأة تناول الخواجا السكين وطعن بها العجان في بطنه.

سقط العجان يتلوى على الأرض.

أمسك مواطن آخر بالخواجا المالطي. نزع السكين من يده. هم بأن يطبق على خناقه. فوجئ بطعنة مطواة تصيبه في ظهره. سقط قتيلًا بجوار العجان. اتسع نطاق المشاجرة حتى ضمت جميع من كان بالحانة. تجمع رواد قهوة القزاز. استخدمت المناضد والمقاعد. كان شقيق العجان موجودًا. جرى إلى

جاويش إيطالي كان يعمل ببوليس المدينة. طلب منه القبض على المعتدي. ضربه الجاويش الإيطالي ورفض التحرك. نزل خباز يوناني من مسكنه الملاصق للقهوة ليشترك في المعركة. قتل. فر المالطي إلى دار يسكنها أوروبيون في شارع صغير متفرع من شارع السبع بنات. تجمهر المواطنون حول المنزل. حاصروه. خرجت من النوافذ بنادق ومسدسات. أطلقت على المواطنين. سقط عدد من القتلى.

وصل بعض المواطنين إلى قسم الشرطة. أخطروا معاون البوليس بما حدث. مضى وقت طويل قبل أن يفهم المعاون شيئًا لأنه كان إيطاليًّا لا يتقن العربية. تحرك بعد ذلك إلى مكان المذبحة بجوار القسم مباشرة. حاول التدخل ففشل.

جرح أحد رجال البوليس. تدخل بعضهم لنصرة الوطنيين، وانضم الآخرون إلى الأوروبيين.

في تلك اللحظة أخذ عدد من الناس يجرون في شوارع الإسكندرية صائحين: «جاي يا مسلمين.. جاي.. بيقتلوا إخواننا».

وامتد الهياج إلى الشارع الإبراهيمي وإلى شارع الهماميل وشارع المحمودية وإلى منطقة الجمرك والمنشية وشارع الضبطية وغيرها من الشوارع التي يقطنها الأوروبيون أو يمرون فيها. وشوهد أحد خدم المستر «كوكسن» يطوف في شوارع الإسكندرية ويطالب الأوروبيين بحمل سلاحهم وقتال المواطنين.

في تلك اللحظة كان عمر لطفي محافظ المدينة يتولى رئاسة قومسيون تحقيق الجمرك بدار المحافظة. أبلغه إلياس أفندي ملحم ـ أحد معاوني البوليس ـ بنبأ الشجار الذي وقع بين السيد العجان والمالطي. أمر المحافظ بإخطار السيد بك قنديل مدير الأمن العام. فقيل له إنه مريض بمنزله. أمر بأن يتوجه حسن بك فهمي وكيل المحافظة إلى مكان الواقعة لفض الشجار.

كان المالطي ما زال متحصنًا بالمنزل، يطلق الرصاص على الحشود المزدحمة أمام باحته تطلب القبض عليه. وأرسل قسم اللبان إلى المستر «كوكسن» قنصل إنجلترا في الثغر لإيفاد أحد موظفي القنصلية لكي يخرج المعتدي من المنزل، ويوقف هجوم الأجانب على الأهالي.

كان المسيو «جون نينيه» عميد الجالية السويسرية في منزله، أرسل خادمه السوداني ليحضر له عربة، حتى يذهب إلى موعد مهم كان مرتبطًا به. تأخر الخادم، وعاد أخيرًا ليقول لسيده إنه لم يستطع أن يجد العربة، لأن هناك مشاجرة ضخمة عند قهوة القزاز في شارع السبع بنات، وأن اثنين من الوطنيين قد قُتِلا.

خرج «جون نينيه» على قدميه ليتوجه لمقابلة قائد قوات الجيش في الإسكندرية الفريق إسماعيل باشا كامل بناء على موعد سابق بينهما. لم يخترق الميدان. سلك من شارع خلفي. كان شارع السبع بنات مملوءًا بالمخلوقات من إفرنج ومصريين، ولكنه لم يرَ اقتتالًا بالقرب منه. على بُعد مائتي ياردة شاهد كتلًا من البشر تموج كالبحر. ورأى طلقات نارية تطلق من النوافذ. لم تلبث المعركة أن تقدمت ناحيته. تراجع «جون نينيه» حتى وصل إلى مدرسة الرهبان. في مقدمة قهوة مواجهة للمدرسة شاهد اثني عشر يونانيًّا مدججين بالبنادق. كانوا يطلقون النار على الجماهير من دون حساب.

بالقرب من «بيت جبارا»، لمح المسيو «جون نينيه» نحو خمسة وعشرين من عربان «أولاد علي»، وكانوا يفتحون مخزنًا للأسلحة فيوزعونها على أنفسهم ثم ينطلقون مسرعين. وبجوار مبنى الضبطية فتح مخزن آخر وزعت منه أعداد ضخمة من النبابيت والشوم على البدو والصعاليك.

كانت الساعة قد بلغت الثالثة عندما وصل عمر لطفي إلى منطقة الشجار. وجد تزاحمًا شديدًا. تجمع الأهالي وبأيديهم العصي. شرع في تفريقهم بواسطة من كان هناك من البوليس والمستحفظين. أخطر المحافظ أن هناك عيارات نارية تطلق من بعض الشبابيك.

عاد المحافظ إلى قراقول قسم شرطة اللبان، وأرسل يستدعي القنصل الإنجليزي.

استقل المستر «كوكسن» عربة مفتوحة، ومعه إبراهيم أغا ساعي بريد القنصلية، في طريقه لمقابلة المحافظ بقسم شرطة اللبان. دارت السيارة من المنشية. دخلت في شارع السبع بنات. كانت واجهة المتاجر محطمة. عندما وصل إلى ميدان القناصل قُذفت سيارته بالحجارة وهوت عليها العصي. أصابت الضربات ساقه وفخذه. ظن المستر «كوكسن» أنه إذا أظهر نفسه فقد يؤثر بهيبته في المهاجمين. وقف داخل العربة. نظر حوله بثبات. تقدم منه نوبي طويل وضربه بنبوت ضخم على رأسه. أغمي على القنصل. قلبت العربة. طُرِح القنصل وساعي البريد أرضًا. منع اليوزباشي علي صالح المتجمهرين من الاعتداء على القنصل. وتدخل الحاج بلتاجي وهو أحد تجار الكُهنة لكف العدوان عنه. قاده اليوزباشي إلى مبنى قسم اللبان حيث كان المحافظ في انتظاره.

وتوجه المحافظ مع المستر «كوكسن» إلى البيت الذي تحصن فيه المالطيون وأطلقوا منه النار. طلب القنصل منهم الكف عن إطلاق النار. هرب المتحصنون من فوق أسطح المنازل. دخل القنصل والمحافظ. لم يجدا سوى عدد من النساء والأطفال ومعهم شخص مالطي. عثروا أيضًا على مسدس في أحد أدراج منضدةٍ.

* * *

بين الثانية والخامسة كانت حوادث مثل هذه تحدث بغزارة في أماكن مختلفة من المدينة.

بدا وكأن شيطان الفتنة تلبَّس كل الناس، لم يتوقف أحد ليسأل نفسه أو غيره عما يحدث، بل اندفع الجميع يحملون الشوم والنبابيت والعصي والسكاكين والسنج والبنادق ويشتركون في المقتلة!

في أثناء عودة أحمد خلف - عربجي حنطور - إلى الإسطبل الذي يعمل به

بعد أن اشترى عرضحال دمغة، وبينما هو يمر بشارع الهماميل، وجد زحامًا. وقف قليلًا. سمع الناس تتحدث عن الأجانب الذين يطلقون الرصاص من نوافذ البيوت. فجأة غرس أحد الأجانب سكينًا في ظهره.

وبينما كان أحمد أبو السعود ـ سايس ـ في طريقه إلى الإسطبل الذي يعمل به، مرورًا بشارع السبع بنات، أصابته رصاصة من إحدى النوافذ التي تحصن بها الأجانب.

وأصيب أيضًا محمد هنداوي، وكان في طريقه إلى منزله بعشش الميري. أصابته رصاصة من نافذة أحد المنازل.

وكان السيد العجان (وهو غير ضحية الحادثة) يسير بجهة قهوة القزاز، وجد مشادة بين أحد المصريين وبعض الأجانب، كان سببها الاختلاف حول سعر السمك الذي باعه الأجنبي للمصري، قال السيد العجان للخواجا: «معلش، إذا كانت سمكة زيادة أو سمكة ناقصة». سب الخواجا دين العجان. جرى خلفه. ضربه بسكين في إليته اليسرى. وقع على الأرض.

وفي شارع السبع بنات، كان علي محمد جرانلي ـ بائع سمك ـ يمر في شارع السبع بنات. رأى شخصًا يسمى الحاج عمر مصابًا في رأسه بحجر، وبطلق ناري في ظهره، وملقى في أحد الأزقة المتفرعة من شارع السبع بنات. اقترب منه. أراد أن يحمله. أطلق عليه أحد الأجانب نيران بندقيته من النافذة. أصيب في وجهه ويده وظهره.

وسمع السيد مصباح، وهو خادم بمحل الخواجا «باربا نقولا»، الضجة، فأغلق المحل. همَّ بالجري إلى منزله. قابله الخواجا طناش صاحب القهوة المجاورة للدكان الذي يعمل به. قال له: «إنت لسه ما متش يا بصاص؟». أطلق عليه النار. سقط على الأرض. فتشه. أخذ منه كيس الدراهم. كان فيه تسعة وأربعون فرنكًا والختم.

جاءت البنت صابحة بنت أبو العينين الشيال إلى جهة المعركة للتفرج. أصيبت بحجر قذفه الأجانب من فوق أحد المنازل. أصابها في وجهها.

وخرج أحمد النمسكي ـ الكاتب بدائرة طوسون باشا ـ من زاوية البزاز بالشارع الإبراهيمي، بعد أن صلى الظهر. وجد ابن أخته محمود قمحة واقفًا أمام دكان المزين الذي يعمل عنده. سأله عن سبب الزحام. قال له: «روح على البيت». على رأس الحارة التي يقطن بها وجد اثنين من اليونانيين يحمل أحدهما سكينًا والآخر نبوتًا. توجه الأول نحوه قاصدًا ضربه. صفق على كفيه، وقال له: «أنا لا معي عصا ولا سكين.. رايح تؤذيني ليه وأنا رايح على بيتي؟». تقدم الخواجا منه وتمتم بكلام لم يفهمه النمسكي، ثم ضربه بالسكين في صدره.

كان معظم من أصيبوا في المذبحة من صعاليك المدينة، فقد أصيب بطلقات البنادق: مرجان عبد الرحيم (جلاد)، وأحمد حسنين (فرام دخان)، والسيد مندور (طباخ من كوم الدكة)، وعلي عوض البربري (عاطل)، وسمير خليل (فحام)، وخير الله محمد (عربجي)، ومصطفى محمد (مساح أحذية)، وخليل إبراهيم (قهوجي). وأطلق بقال يوناني الرصاص على محمد شلبي العربجي من نافذة منزله. وأصيب الشيخ شحاتة نصار (فقي) في فخذه اليسرى من رصاصة أطلقت من نافذة. وكذلك أصيب كل من سعيد السوداني (قهوجي بالطرطوشي)، وداود محمد البربري (طباخ)، وأحمد محمد الصعيدي (خدام عاطل)، ومحمود الشريف (مراكبي بالمحمودية)، ومحمد حسن (صبي قهوجي بالطرطوشي)، إلخ.

* * *

في الساعة الرابعة ظهرًا، كان المسيو «كلورنجابين» القنصل اليوناني العام في منزله، يقيم حفل غداء لأدميرال الأسطول الفرنسي الموجود بمياه الإسكندرية. سمع ضجة في الشارع. أرسل يستفهم عما هو حادث. عاد الرسول فأخطره بنبأ المشاجرة. فكر في التوجه إلى مكانها. وصل «جان ميكيلبس» الكاتب بالقنصلية، فأخطره بأن المحافظ أرسل رسولًا يطلب حضوره إلى مكان المذبحة.

استأذن القنصل من الأدميرال الفرنسي. اعتذر عن عدم الذهاب معه لشرب الشاي، واقترح عليه أن يعود للأسطول. أخذ معه كاتب القنصلية والمحضر العامل بها «اسبيريدون». ركبا سيارة وتوجها إلى مكان الشغب. ما كادت السيارة تصل إلى القراقول الصغير حتى توقفت أمام الزحام الشديد في مكان الحادثة. أشار عليه بعض رعايا اليونان بعدم التقدم. نصحهم بألا يزيدوا من دموية المعركة. وصل في هذه اللحظة قنصل النمسا وقنصل ألمانيا. اتفقوا على التوجه إلى المحافظة لصعوبة السير وسط الزحام.

مروا من ميدان المنشية. دخلوا حارة الإفرنج. كانت هناك معركة بين اثنين من الإنجليز وبعض المواطنين. لجأ أحدهما إلى سيارة القناصل. أمر المسيو «رنجابين» قائد العربة بأن يدور ويهرب. هجم المواطنون على السيارة وبدأوا في ضرب ركابها، وأصيب العربجي وسقط على الأرض. أصيب أيضًا «جان ميكيلبس» كاتب القنصلية. أما المسيو «رنجابين» فقد أصيب بثلاثة جروح في رأسه. نزل القناصل الثلاثة ومن معهم من السيارة. هربوا جريًا إلى أن عادوا إلى حارة الإفرنج. لجأوا إلى منزل أسرة يونانية فآوتهم.

وعندما وصل المسيو «ميكاديللي» قنصل إيطاليا إلى شارع العزازية، هجم عليه المتجمهرون، وضربوه بالعصا. أخرج مسدسًا كان معه، وأطلق الرصاص عليهم. تقدم أحد عساكر البوليس منه. ضربه على يده وأخذ منه المسدس. عاود المتجمهرون الهجوم عليه. نزل القنصل من سيارته. لجأ إلى دكان حلاق. منع ثلاثة أو أربعة من الجنود الجماهير من اللحاق به. أغلق صاحب الدكان الباب عليهم. كان الباب مصنوعًا من خشب رقيق. تزايد الضغط عليه من الخارج. منع العساكر الجماهير من الاستمرار في الضغط ثم أخرجوهم وقادوهم إلى قسم اللبان حيث كان المحافظ في انتظارهم.

تقابل «جون نينيه» مع عمر لطفي محافظ الإسكندرية، كان المحافظ

يتمشى في ملابس عادية مع نفر من البوليس. سأله «جون نينيه» عن السبب الذي منعه من إيقاف الاضطراب.

قال عمر لطفي:

- لقد كنت مع المستر «كوكسن» القنصل الإنجليزي الذي ضربه الأهالي.

قال «نينيه»:

- لماذا لا تذهب في ملابسك الرسمية ومعك خمسون رجلًا من البوليس السواري وتوقف المذبحة؟

قال عمر لطفي:

- إن الحكمدار مريض ومتعب، وهذه مسألة مضرة.

قال «نينيه»:

- أعلم أن سيد قنديل مريض، وقد قابلته في «سوماريفا» مساء أمس، ونصحته بالراحة، ولكن لماذا لا يتدخل الجيش المصري؟ هل طلبت منه التدخل؟

ذكر له عمر لطفي أن قادة فرق الجيش الموجودة بالإسكندرية يعقدون اجتماعًا الآن.

تساءل «نينيه»:

- هل أرسلت تلغرافًا بالحادث لمندوب السلطان؟

أجابه المحافظ في غلظة:

- وما شأنك بهذا؟

توجه عمر لطفي إلى مكتب التلغراف، وأرسل برقية مشفرة إلى السراي الخديوية. قال فيها:

> نفَّذت نصيحتكم بأن أطلب جنودًا من الأسطول الإنجليزي لقمع الفتنة، وألا أطلب جنودًا مصريين، ولكن أميرال الأسطول رفض، خشية أن يحدث شيء آخر من الجنود في المدينة، مما يكون من الصعب تلافيه، سأطلب جنودًا من الجيش المصري لقمع الفتنة.

وعلى الفور أرسل عمر لطفي أحد معاونيه إلى الأميرالاي مصطفى عبد الرحيم قائد فرق الجيش المعسكرة بجوار الحادث، طلب منه إنزال الجيش إلى المدينة لإيقاف المذبحة.

تشاور مصطفى عبد الرحيم مع زملائه، ثم أخبر رسول المحافظ أنه لا مانع لديه من ذلك، ولكن لا بد من طلب مكتوب بطريقة رسمية. سأل الرسول عن السبب في هذا الطلب. قال الأميرالاي: «إن البلاد ليست تحت الأحكام العرفية حتى أتدخل، وقائد قوات الأمن هو المحافظ، وقد مضت على المذبحة خمس ساعات، فلماذا لم يخطرني من البداية؟ لا بد من طلب كتابي حتى لا يتهم الجيش بأنه وراء المذبحة».

* * *

في تلك اللحظة كان القتال ما زال دائرًا في المدينة.

ففي الساعة الرابعة كان عدد من الأجانب يعودون من الميناء بعد أن زاروا البوارج الإنجليزية والفرنسية، كعادتهم في أيام الإجازات. وقبل أن يصلوا إلى مبنى المحافظة هجم عليهم عدد من العربان بالعصي وقطع الجريد، وأصيب بعضهم.

وشاهد «جون نينيه» أيضًا عددًا من الصبيان يجرون بأمتعة نهبوها من المحال التجارية، ورآهم رجال البوليس. حاول «أنجلو كتاكزانوس» ـ وهو بقال يوناني بمينا البصل ـ الدفاع عن نفسه وعن محله، فرفع مقعدًا، وأخذ يرد به الهجوم، ولكنهم تمكنوا من التغلب عليه ونهبوا البضاعة الموجودة بالدكان.

ولم يكن في الإسكندرية من الذين لهم علاقة بقوى الثورة يومها سوى حسن موسى العقاد. كانت هناك بالطبع وحدات الجيش المعسكرة بثكنات مصطفى باشا. وفيما بعد حاولت القوى التي دبرت المذبحة أن تتهم عبد الله النديم بتدبيرها، لكنه ثبت أنه غادر الإسكندرية في الصباح الباكر من يوم ١١ يونيو.

وكان حسن موسى العقاد قد وصل إلى الإسكندرية عند الظهر تقريبًا، وتوجه بمجرد وصوله إلى منزل الشيخ إبراهيم باشا، أحد كبار تجار الإسكندرية. شرب القهوة. توضأ وصلى. ولما كان الشيخ إبراهيم نائمًا فقد استقبل الضيف ـ نيابة عنه ـ شقيقه الشيخ أحمد باشا، وسأله عن أسباب حضوره إلى الإسكندرية. فقال العقاد: «إن لي دعوى منظورة أمام محكمة الاستئناف المختلطة، وأريد أن أتصل بأحد أعضاء المحكمة للتفاهم بشأنها، وهو حماد بك المستشار، فهل تعرف منزله؟».

ونظرًا لأن أحمد باشا لم يكن يعرفه، فقد أمهل حسن موسى حتى استيقظ شقيقه الشيخ إبراهيم في الثانية ظهرًا، الذي أعطى العقاد عنوان حماد بك، ووضع تحت إمرته عربته الخاصة، فاستقلها العقاد وتوجه لمقابلة المستشار، وعاد بعد ساعة إلى منزل مضيفه، لأنه لم يجد حماد بك، ولم يغادر المنزل مرَّة أخرى طوال اليوم.

في الساعة السادسة نزلت قوات الجيش إلى المدينة. فرقت المتجمهرين، ولزم الناس بيوتهم. خلت الطرقات من المارة، وكان الجميع في انتظار المجهول.

* * *

لم تعلم القاهرة ما حدث إلا في وقت متأخر من وقوع الحوادث!

ففي الثالثة ظهرًا، توجه عرابي والبارودي وجميع الوزراء إلى قصر النزهة للاجتماع بالمبعوث العثماني درويش باشا. كان درويش قد علم بالهجوم العنيف الذي شنه المشايخ ضده في المساجد، فأدرك أنه تطرف في التعامل مع الثوار، وقرر أن يكون أكثر رقة معهم، وهكذا استقبلهم ببشاشة، وأعلن لهم أنه سيستعمل نفوذه لكي ترحل الأساطيل.

وعندما انتهى اجتماعه بالوزراء، توجه درويش باشا إلى سراي الإسماعيلية ليقابل الخديو ويخطره بنتيجة اجتماعه مع عرابي والبارودي. وعلى باب السراي قابله طلعت باشا سكرتير الخديو الخاص. أخبره بأن هناك هياجًا

في الإسكندرية، وأنه لا يزال مستمرًّا منذ ثلاث ساعات، وأن الأوروبيين والمسيحيين يذبحون في كل مكان.

وعجب درويش لأن طلعت باشا كان يسوق الأنباء وملامحه تشي بسروره العميق. والتفت درويش إلى أركان حربه الذي كان معه في العربة، وطلب منه أن ينقل هذه الأنباء إلى عرابي. وكان أحمد رفعت سكرتير عام مجلس الوزراء خارجًا من السراي ويهم بركوب سيارته. أفسح مكانًا بجواره لأركان حرب درويش باشا. أمر السائق بالتوجه إلى سراي البارودي بغيط العدة، حيث كان عرابي هناك.

وانتشرت الإشاعات بسرعة في القاهرة. فزع الناس. شعر عرابي بأن الطعنة مقصودة، وموجهة إليه. كانت سراي الخديوية في أفراح. ومنها تناثرت الإشاعات. قال البعض إن عرابي أصدر أوامره بالمذبحة. قال آخرون بلهجة الرجل الأكثر اطلاعًا إن الحركة قد دبرت بواسطة البارودي. كان الوطنيون في غاية الحزن. قال عرابي: «هذه كارثة».

أمر على الفور بإرسال تعزيز للقوات المسلحة الموجودة بالإسكندرية. كان الجيش المصري في الإسكندرية مكونًا من الآلاي الخامس، وكان مرابطًا برأس التين، ويقوده الأميرالاي مصطفى عبد الرحيم. والآلاي السادس، وكان مرابطًا بباب شرقي، ويقوده القائمقام سليمان سامي داود. وكان يقود الجيش كله إسماعيل باشا كامل قومندان الإسكندرية. وأمر عرابي بإرسال الآلاي البيادة الثاني بقيادة خليل كامل، والآلاي الرابع بقيادة عيد محمد، وبطاريتين طوبجية «مدفعية» بقيادة أحمد عبد الغفار. وعيَّن اللواء طلبة باشا عصمت قائدًا عامًّا للجيش المصري بالإسكندرية.

واستدعى إليه يعقوب باشا سامي وكيل وزارة الحربية، وأمره بالسفر على الفور إلى الإسكندرية وتفقد الحالة، وإرسال تقرير عاجل بما حدث وتحديد أولي للمسؤولية.

وكانت هناك محاولات أخرى تبذل لاستصدار أوامر من وزارات

الخارجية الأوروبية إلى أساطيلها الراسية بميناء الإسكندرية لتدخل المدينة!

ففي منتصف الليل قابل لويس صابونجي - وهو قس لبناني كان يعمل سكرتيرًا للمستشرق الأيرلندي «ألفرد بلنت» صديق العرابيين - عرابي. وسأله عن حقيقة المسألة. وذكر له عرابي أنه أبرق إلى الإسكندرية أربع مرَّات ولكن لم يأتِ له أي جواب من الإسكندرية. بعد فترة جاء الحاج رازي وهو أحد كبار التجار، موفدًا من قائد الجيش بالإسكندرية وأخطر عرابي بالتفاصيل.

ومع أن صابونجي كان متأكدًا أن الحاج رازي كان صادقًا حين قال إن إصابة القنصل البريطاني هي إصابة طفيفة، فقد فوجئ صابونجي بعد هذا الزمن بساعة بمراسل «الديلي تلجراف» في القاهرة يطلب مقابلته، ليقول له:

- لقد استدعاني السير «مالت»، وأبلغني أنباء المذبحة، وذكر لي أن القنصل البريطاني بالإسكندرية المستر «كوكسن» قد جرح في المذبحة جرحًا مميتًا، وأنه قد يسلم الروح قبل شروق الشمس، وقد رجاني أن أبرق بالخبر الآن إلى لندن، وأنت تعلم أنني جديد هنا، وأريد أن أتأكد من الخبر، إذ الواقع أن حماس السير «مالت» لإرسال الخبر قد شككني في صدقه!

أكد له صابونجي ما سمعه من أن إصابة القنصل طفيفة، ولفت نظره إلى أن نشر خبر كاذب مثل هذا يساهم في تعقيد الموقف، إذ قد يدفع وزارة الخارجية البريطانية للتدخل بسرعة، وقال:

- لو كان الخبر صحيحًا لأرسله «مالت» بنفسه إلى وزارة الخارجية، وليس من مصلحتك أن تبدأ نشاطك الصحفي بخبر مكذوب.

* * *

وكانت الإسكندرية لحظتها تمر بمرحلة استيعاب ما حدث. أقفرت الشوارع تمامًا. بينما جلس المسؤولون يتدبرون الأمر.

وبدأت الحقائق تتكشف تدريجيًّا، فعندما فرَّق جنود الجيش الجماهير المحتشدة، وجدوا عند باب القنصلية عربة فيها أربع وعشرون بندقية ومسدسان وصندوقان مملوءان بالبارود، وكان القنصل نفسه قد أعدها جميعًا ليستخدمها المالطيون، وأرسلت القوة تخطر المسؤولين. آنذاك كان عمر لطفي وقومندان الجيش ووكيل الضبطية يجلسون في مبنى المحكمة المختلطة، وعندما أخطروا بقصة العربة لم يهتم عمر لطفي، وقام الأميرالاي مصطفى عبد الرحيم والقائمقام سليمان سامي لبحث الأمر. وهما في الطريق قال سليمان سامي:

ـ إن ظواهر الحال تدل على أن عمر لطفي شارك في المذبحة.

أخذ قائد باب شرقي يشرح ما وصل إلى علمه. قال إن لديه معلومات بأن عمر لطفي كان ينتقل من مكان إلى آخر في أثناء المذبحة، وإنه رأى أحد الأوروبيين يطل من النافذة وبيده مسدس، وسأله أحد البدو: «هل أُطلق النار على هذا الخواجا يا باشا؟». وافق المحافظ، وأطلق البدوي النار على الخواجا فقتله!

وقال سليمان سامي:

ـ لقد علمت أن عمر لطفي كان يشجع المعتدين في أثناء المذبحة، وأنه كان يعمل إشارات لرجال البوليس مغزاها ألا يهتموا بشيء، وكان يقول لهم: «سيبوهم يموتوا ولاد الكلب».

وأنهى سليمان سامي حديثه بأن طلب من مصطفى عبد الرحيم القبض على عمر لطفي فورًا قبل أن يخفي آثار خيانته أو يخيف الذين قد يشهدون على ما اقترفه. اعترض مصطفى عبد الرحيم بأن القطر ليس تحت الأحكام العرفية، واقترح الانتظار حتى يصل يعقوب سامي وكيل الحربية لعرض الأمر عليه.

وحدثت أزمة أخرى: بعد أن وصلت أنباء للأميرالاي مصطفى عبد الرحيم بأن هناك زوارق بريطانية محملة بالجنود تسرع إلى الشاطئ، وأن هناك

احتمالًا لاحتلال المدينة، أخطر المحافظ في الحال. استبعد المحافظ ذلك، وتوجه إلى القنصل الفرنسي الذي رافقه مع فريق من الضباط وبعض الجنود إلى شاطئ البحر. وهناك تأكدوا من صحة الخبر، وتوجهوا على الفور إلى القنصل الإنجليزي الذي أصدر بعد شيء من الجدل الأوامر للزوارق بالرجوع ثانية بمن فيها.

وعلى إثر ذلك، عقد اجتماع في دار المحافظة، حضره المحافظ وكبار رجال الجيش والقناصل وحضره الكابتن «مولينو» أحد ضباط المدرعة الإنجليزية «انفنسيل»، وكان الأدميرال «سيمور» قائد الأسطول قد عهد إليه أن ينوب عن المستر «كوكسن» في إدارة القنصلية عقب إصابة القنصل. وتداول المجتمعون فيما يجب اتخاذه لإعادة النظام وتهدئة الخواطر، فصرح كبار ضباط الجيش بالإسكندرية أنهم متكفلون بحفظ الأمن والنظام على ألا يتدخل الأسطولان في الأمر لكي لا يثير أي تدخل أجنبي ثائرة الجماهير ويعرض أرواح الجميع للخطر. وبرغم موافقة القناصل على ذلك فإن الأدميرال «سيمور» أصدر أوامره في الليلة نفسها بأن تخرج الباخرة «سوبرب» من الميناء الغربي وترسو خارج الميناء الشرقي، وأن ترسل بعض الزوارق إلى البر لنقل النساء والأطفال الأجانب إلى الباخرة.

وفي الصباح الباكر من اليوم التالي عقد اجتماع آخر، حضره ـ مع المحافظ والقناصل ـ يعقوب سامي وبطرس غالي وياور درويش باشا الذين وصلوا إلى الإسكندرية في الفجر. ولخص عمر لطفي نتائج الاجتماع الذي عقد في مساء اليوم السابق، وما اتخذه من تدابير لحفظ الأمن العام. وذكر أن الكابتن «مولينو» قد وعده أن يأمر بعدم اقتراب زوارق البوارج من البر، ولكن بعض هذه الزوارق جاء إلى الشاطئ في الخامسة صباحًا خلافًا لوعده. تعلل الكابتن بأنه لم يتمكن من إخطار الأدميرال «سيمور» باتفاقه مع المحافظ.

وتشاور المجتمعون في الأمر مرَّة ثانية.

وانتهى الاجتماع بأن وقع القناصل جميعًا بيانًا أعلنوا فيه ثقتهم في الجيش المصري، ونصحوا فيه رعاياهم بالتزام الهدوء والسكينة. وقد دار الحديث حول البحث عن الطريقة الفعالة لإلقاء القبض على كل أوروبي يطلق النار على الجنود أو الأهالي، فتقرر أن يختار كل قنصل مندوبًا يعهد إليه مرافقة رجال البوليس المصريين إلى منزل كل أجنبي يطلق النار على الأهالي للقبض عليه، ويعين المحافظ لكل مندوب المركز الذي يلزمه ليكون تحت تصرف المحافظة حين استدعائه. واتفقوا على أن يعهد القناصل بهذه المهمة لحجاب القنصليات. وقد تقرر في الاجتماع أيضًا أن يزاد عدد الخفراء ليلًا، وأن يُناط بالجنود معاونة رجال البوليس في المحافظة على الأمن. وطلب القناصل من الضباط منع الأهالي من الاحتشاد جماعات في الشوارع الآهلة بالأجانب.

في القاهرة، توجه عرابي ليقابل الخديو في سراي الإسماعيلية. احتج على أن السراي لم تخطره بما حدث في حينه وقال: «لقد تعهدت بحفظ الأمن، ولا أفهم كيف يخطر المحافظ السراي ولا يخطرني بما حدث!».

وأصر عرابي على إجراء تحقيق في أسباب الشغب وتعيين مندوبين مصريين وأجانب للكشف عن الحقيقة، وقد استجاب الخديو للطلب وأصدر أمرًا في اليوم نفسه بتشكيل اللجنة.

وأرسل عرابي خطابًا إلى يعقوب سامي في الإسكندرية، طلب منه فيه أن يبذل كل جهده لإزالة الاضطراب وتوطيد الأمن العام والهدوء في المدينة وخارجها، وأن يكون متبصرًا حين يبدأ التحقيق، وأن يحذر الوقوع في فخاخ الخادعين، وأن يدافع عن شرف الجيش والحكومة والشعب، وأن يعقد نيته على معرفة الحقيقة وكشف المجرم الفعلي.

وحضر عرابي بعد ذلك اجتماعًا عقده الخديو في سراي عابدين، وحضره أيضًا شريف باشا ودرويش باشا والقناصل العامون لفرنسا وإنجلترا والنمسا وألمانيا وإيطاليا والروسيا الذين جاءوا يطلبون تأمين رعاياهم على أرواحهم

وأموالهم. وجرت المباحثة في هذا الاجتماع فيما يجب اتخاذه حيال حوادث الإسكندرية. استقر الرأي على إعطاء وكلاء الدول السياسيين الضمانات الوثيقة التي تكفل إعادة الأمن إلى نصابه وصيانة أرواح الأجانب وأموالهم. ومن أهم هذه الضمانات امتثال عرابي باشا لأوامر الخديو.

وعد عرابي بذلك، وقال إنه سوف يمنع كل ما من شأنه أن يثير الخواطر كالاجتماعات العامة، وانعقاد الجمعيات وإلقاء الخطب ونشر المقالات المهيجة. وتعهد الخديو بالتعاون مع عرابي، وقال درويش باشا: «إنني آخذ على عاتقي تنفيذ الأوامر الخديوية بالاشتراك مع عرابي باشا ومشاركته المسؤولية في هذا الصدد».

في الأسبوع التالي لهذا بدأ رحيل الأوروبيين عن البلاد.

كثرت جموعهم النازحة، ونزل المهاجرون منهم إلى السفن التي كانت راسية في الميناء ينتظرون أن تقلع بهم، وبلغ عدد الراحلين منهم يوم ١٢ يونيو أكثر من عشرة آلاف مهاجر، نزلوا إلى البحر متفرقين في البواخر والسفن الشراعية، ولم تعارض إدارة جوازات السفر ولا الجمارك أحدًا منهم في النزول إلى البحر، وكثرت جموع المهاجرين يحملون أموالهم وأمتعتهم. وامتلأ الميناء بالسفن المقلة لهم، وظلت الهجرة مستمرة في الأيام التالية حتى بلغ عدد الراحلين في ١٨ يونيو نحو ٣٢٠٠٠ مهاجر.

وكانت المؤامرات مستمرة على الرغم من ذلك، فقد قبضت الضبطية يوم الثلاثاء ١٣ يونيو على شخص يلبس ملابس الإفرنج وهو يصيح ويهيج الأوروبيين ويحثهم على الرحيل ويحذرهم من القتل واحدًا بعد الآخر. وبالتحقيق معه تبين أنه مصري، وأن اسمه محمود، وهو أحد مماليك عباس باشا خديو مصر الأسبق!

وتمخض اليوم عن: ٤٩ قتيلًا، ٣٨ منهم أجانب، و١١ من المصريين. وعن ٧١ جريحًا، منهم ٣٦ من الأجانب، و٣٣ من المصريين، واثنين من الأتراك!

بيد أن المهم هو ما تمخض عنه من أحداث جسام:

في ١٣ يونيو - أي بعد المقتلة بيومين - انتقل الخديو فجأة إلى الإسكندرية بحجة تفقد الحالة هناك، وكان هدفه أن يكون في حماية الأساطيل بعد أن أيقن أن التدخل حادث لا محالة!

وبعد أيام طلب عمر لطفي من الخديو السماح له بتغيير الهواء في سوريا لكي يهرب من التحقيق ويبعد عن المسؤولية!

وفي ١١ يوليو ١٨٨٢ بدأ الأسطول البريطاني في ضرب الإسكندرية.

وفي ١٣ سبتمبر ١٨٨٢ هزم الجيش الإنجليزي، جيشَ عرابي في معركة «التل الكبير»، وأعلنت القاهرة مدينة مفتوحة، وبدأ الاحتلال البريطاني لمصر الذي استمر ٧٤ عامًا، وكان من بين أهم أسبابه حماية الأجانب والأقليات الدينية.

وفي أثناء الحرب لحق عمر لطفي بالخديو عن طريق بورسعيد. وبعد الهزيمة عينه وزيرًا للحربية خلفًا لعرابي.

واللافت للنظر أن الأوراق الرسمية لذلك العهد قد سمت اليوم «مقتلة ١١ يونيو».

أجل «مقتلة»!

ولكن ما قُتل فيها هو أهداف الشعب المصري في مزيد من الحرية والعدل والتقدم!

مغامرات عبد اللّه أفندي بَالمر

الاثنين ٧ أغسطس ١٨٨٢

الساعة الثانية ظهرًا

قارب بخاري صغير يعبر قناة السويس، على سطحه ثمانية رجال، لا تتميز على البُعد ملامحهم، بيد أن الناظر من قريب، يستطيع أن يميز ثلاثة منهم: زرق العيون، بشرتهم بيضاء مشربةٌ بحمرة خفيفة، بعضها من أثر الشمس، يختلفون عن الخمسة الآخرين الذين كانوا بدوًا سمر الوجوه، متغضني الملامح، شديدي الاسمرار، عيونهم سود واسعة، تعودت النظر عبر المسافات الطويلة.

واحد من الرجال الثلاثة ذوي العيون الزرق كان يرتدي زي تاجر سوري، ويتحدث لهجة بادية الشام بإتقان. إنه عبد الله أفندي تاجر الجمال والإبل، يعرفه العربان هنا جيدًا، فقد مر كثيرًا بالصحراء، وأقام بها شهورًا. إن أصدقاءه في الصحراء أكثر من أن يعدوا، وهو دائمًا يحمل هدايا غريبة يقدمها لهم، يحفظ شعر المتنبي، ويتلوه في الليالي القمرية بصوته الأجش العريض، فيصمت الجميع حتى لا تفوتهم طريقة إلقائه الجميلة.

كان الرجل الثاني هو فضيلة الشيخ محمد، وهو مشغول الآن بلم شمل جبته الفضفاضة، وحبك عمامته فتظهر للعين منابت شعره الأشقر، وبين الحين والآخر، كان ينظر خلفه، ثم تعود عيناه القلقتان مسرعتين لتستقرا

على صندوق حديدي صغير وضعه بجواره وسط الأمتعة. فإذا ما انتهى من هذا كله، أمسك مسبحته بعصبية، وابتسم بهدوء مفتعل.

كان ثالثهم صامتًا تمامًا، وبينما كان عبد الله أفندي والشيخ محمد يتبادلان بين الحين والآخر الحديث مع العربان الخمسة، فإنه لم يكن يشارك في الحديث، مشغولًا بالنظر إلى بعض جنود الأسطول الإنجليزي، وقد نزلوا من بوارجهم ليستحموا في مياه القناة ويخففوا عن أنفسهم حر ذلك اليوم القائظ من أغسطس.

العربان الخمسة يستنيمون لحركة اللنش السريعة، ويجتذب أبصارهم منظر حقيبة جلدية سوداء ضخمة كان عبد الله أفندي يحملها في يده ويحرص على ألا يتخفف من الضغط عليها!

عندما وصلوا إلى الشاطئ الآخر، دار قائد اللنش باحثًا عن خليج صغير يتمكن من أن يرسو به. قفز أحد العربان إلى الشاطئ، خاض في المياه القليلة، وتمكن من اكتشاف مكان يصلح للرسو. نزل عبد الله أفندي وزميلاه، جلسوا على البعد يتابعون العربان الأربعة وهم ينقلون الأمتعة، ذهب خامسهم يبحث عن الجِمال التي ستقودهم عبر الصحراء.

تناثرت كلمات قليلة من عبد الله أفندي، أن الشيخ محمد غير راضٍ عن الرحلة، عارض فيها قبل أن تبدأ، ودافع عن رأيه طويلًا، لكن أحدًا لم يسمع كلامه، وهو يشرح رأيه تذكر شيئًا، نظر إلى الرجل الصامت، صاح:

ـ أين صندوق الديناميت يا كابتن «تشارنجتون»؟!

تحرك الكابتن بقلق شديد في اتجاه اللنش، قال عبد الله أفندي:

ـ لعل البدو لم يسقطوه في الماء وإلا فسد.

جاءت الجِمال أخيرًا، وحُملت بالأمتعة، وبدأ الرجال الثلاثة الرحلة، ومعهم مرافقوهم من العربان!

لم يكن عبد الله أفندي سوى الدكتور «إدوارد بَالمر» أستاذ ورئيس قسم اللغات الشرقية بجامعة «كامبردج»، واحدة من أقدم وأكبر الجامعات البريطانية!

ولم يكن فضيلة الشيخ محمد سوى الكابتن «جِل» أحد ضباط إدارة المخابرات البريطانية!

أما الرجل الصامت، الذي لم يكن يعرف كلمة واحدة من العربية، فكان الملازم «تشارنجتون»، ياور الأدميرال «سيمور»، قائد الأسطول البريطاني الذي أتى لغزو مصر!

ما الذي جاء بهؤلاء الرجال إلى هذا المكان؟

وماذا ينتظرهم على بُعد قليل من مفاجآت؟

* * *

للحكاية.. ككل حكاية.. بداية.

في بداية ١٨٨١، كان المستشرق الأيرلندي «ألفرد بلنت»، يقوم بجولة في صحراء سيناء، وكان يهدف منها إلى دراسة أحوال المنطقة العربية عمومًا. فقبل ذلك التاريخ بعدة أعوام، كان «بلنت» قد ترك العمل بالسلك الدبلوماسي البريطاني، وفكر في أن يشارك في العمل السياسي لبلاده. ولما كانت زوجته اللادي «آن بلنت» هي حفيدة الشاعر الإنجليزي الكبير اللورد «بايرون»، فقد طمح الزوجان بأن يقوما بدور مشابه لما قام به اللورد «بايرون» الذي ناضل مع الثوار اليونانيين ضد الاحتلال العثماني. وخضوعًا لهذا الإغراء، بدآ يسيحان في المنطقة العربية، لعل دورًا ما يتاح لهما للمشاركة مع الشعوب العربية في نضالها ضد الاستعمار.

كانت صحراء سيناء وصحراء النقب تمتلئان بالقبائل العربية المتناثرة في تلك المنطقة، ومع أن المنطقة كانت خاضعة من الناحية الاسمية لسلطان تركيا، إلا إن هذه القبائل كانت قد استقلت بها معتمدة على قوتها، وعلى شريعة الصحراء مترامية الأطراف التي يصعب إخضاعها لحكومة مركزية مهما كانت قوية، فما بالك إذا كانت متدهورة القوى كما كانت الإمبراطورية العثمانية آنذاك. وكأي مجتمع بدوي متخلف، فإن القبائل التي تسكن الصحراء كان بينها تشاحن وصراع وثارات دم

لا تنتهي، وهو الأمر الذي أزعج الحكومة التركية وأقلقها، خاصة عندما هددت هذه المعارك المدن المأهولة مثل غزة ويافا وغيرها من المدن الفلسطينية.

ولمواجهة تلك القلاقل لجأت الحكومة التركية إلى أسلوب «عثمانلي» معروف.

أرسلت دعوة رسمية أنيقة إلى اثنين من زعماء أقوى قبيلتين من تلك القبائل هما زعيما قبيلتي «ترابين» و«تباها». واستجاب الاثنان للدعوة، وذهبا معززين مكرمين لمقابلة محافظ غزة، فإذا بهما في السجن، وبعد أيام نقلا إلى سجن «القدس»، وأعلنت الحكومة أنهما رهينتان لديها لحفظ السلام والأمن!

عدة شهور كانت قد مرت عليهما في السجن، عندما وصل «بلنت» إلى مضارب القبيلتين ليسأل عن الشيخين اللذين كان قد عرفهما من جولاته السابقة في المنطقة، فوجئ بأنهما رهن الاعتقال. وكان من المفهوم أن لإنجلترا في تلك الفترة كلمة مسموعة في الآستانة، وهو ما دفع كبار رجال القبيلتين إلى رجاء «بلنت» أن يتدخل لدى الحكومة التركية للإفراج عن الزعيمين المعتقلين. وقبل الرجل الرجاء، واستصحب معه علي بن عطية القائم بزعامة قبيلة «تباها»، وكذلك الابن الأصغر لشيخ قبيلة «ترابين»، فذهبا معه إلى القدس، حيث تمكن من الحصول لهما على تصريح لزيارة المعتقلين في سجنهما. وكانا في حالة يرثى لها، مسجونين في طبقة سفلية تحت الأرض بالقرب من جامع عمرو، وبرغم أنهما وقعا تعهدًا بعدم التشاحن، فإن والي القدس رفض الإفراج عنهما، وهو ما فعله رئيسه والي دمشق الذي قال إن المسألة الآن أصبحت في يد الآستانة.

وكتب «بلنت» إلى صديقه «جوشن» سفير إنجلترا في الآستانة، طالبًا تدخله لدى الباب العالي من أجل الإفراج عن الشيخين، ولكي يزيد اهتمامه بالأمر أخبره أن «الحكومة الإنجليزية قد تحتاج يومًا من الأيام إلى حماية

ضفة قناة السويس من المهاجمة إذا نشبت الحرب بين إنجلترا وبين إحدى الدول الأخرى».

اهتم «جوشن» بالمسألة، وكتب إلى وزارة الحربية البريطانية، وأخذ يتابع الموضوع إلى أن نُقل من منصبه، وخلفه سفير آخر هو اللورد «دوفرين» فأوصاه بالاهتمام به، وظل الأمر مطروحًا للمفاوضة، حتى أفرج بالفعل عن الشيخين بعد بضعة أسابيع. ولم يبقَ من ذيول هذه الوساطة، سوى ذلك الاقتراح الذي ذكره «بلنت» في رسالته «لجوشن»، الاقتراح الذي يقول: «إن إنجلترا قد تحتاج يومًا إلى قبائل البدو، لحماية ضفة قناة السويس، إذا نشبت الحرب بينها وبين دولة أخرى».

حدثت هذه الحادثة في أوائل عام ١٨٨١.

وفي الشهور التالية وقعت في مصر حوادث غريبة:

ففي ١٥ يناير من تلك السنة، قدَّم ثلاثة من أمراء الآلايات الجيش هم: أحمد عرابي، وعبد العال حلمي، وعلي فهمي، مذكرة إلى الخديو يطالبون فيها بعزل وزير الحربية عثمان رفقي لتحيزه للجراكسة وظلمه للضباط المصريين في الترقيات، وانتهت المذكرة باعتقال الضباط الثلاثة بالطريقة «العثمانلية» نفسها، حيث دعوا لاجتماع لمناقشة ترتيبات حفل زفاف الأميرة جميلة شقيقة الخديو، فوجدوا أنفسهم سجناء في ثكنات قصر النيل!

بيد أن الغدر انقلب على أصحابه، فقد هاجم الضباط الثكنات وأفرجوا عن أمراء الآلايات الثلاثة، وفرضوا مطالبهم، فنُحي عثمان رفقي عن وزارة الحربية، وعُين البارودي خلفًا له. وعلى امتداد شهور الشتاء والربيع بدأ البارودي بإصلاح الجيش، وتكتلت كل القوى الراغبة في التغيير خلف عرابي تتشاور حول المطالبة بالدستور والحريات العامة، بينما حدث استقطاب رجعي حول السراي في مؤامرات متتالية لاغتيال زعماء «الحزب العسكري». وانتهت هذه المؤامرات بعزل البارودي، وصدور قرارات بتشتيت الزعماء الثلاثة بعيدًا عن القاهرة. وفي حركة انقضاض سريعة، قاد عرابي الجيش

إلى ميدان عابدين، وحاصر الخديو في سرايه، طارحًا كل شعارات الثورة الديمقراطية المعادية للاستعمار. وقال الخديو:

ـ لا حق لكم في هذه الطلبات، وأنا خديو البلد وأعمل زي ما أنا عاوز!

قال عرابي:

ـ ونحن لن نُستعبَد بعد اليوم!

وفاز الفلاح ابن «هِرِّية رزنة»، وأسقطت وزارة رياض العميلة للاستعمار، ودُعي شريف لتشكيل الوزارة، فظلت وزارته تحكم خمسة أشهر، أجرت خلالها انتخابات مجلس النواب، ثم اختلفت مع المجلس حول بعض مواد الدستور، فاستقالت في فبراير ١٨٨٢، وخلفتها وزارة ثورية برئاسة البارودي، كان عرابي وزير الحربية فيها. وأصدرت الوزارة الجديدة الدستور بالاتفاق مع مجلس النواب.

بعد ثلاثة أشهر من تولي البارودي للوزارة حدثت أزمة خطيرة، تُعرف بـ«أزمة المؤامرة الجركسية»، فقد اكتُشفت مؤامرة دبَّرها عدد من الجنرالات الجراكسة تهدف إلى اغتيال زعماء الثورة، فقدموا إلى المحاكمة وصدرت أحكام بنفيهم خارج البلاد. ولما رُفع الحكم للخديو لتصديقه رفض، فنشبت بينه وبين الوزارة أزمة ضارية، أدت إلى رفع شعارات بعزله، وكانت تلك هي الفرصة التي انتهزتها الدول الاستعمارية للتدخل. في ٢٥ مايو ١٨٨٢ قدمت فرنسا وإنجلترا مذكرة تطالبان فيها بنفي الزعماء الثلاثة عرابي وعبد العال وعلي فهمي إلى قراهم، وإقالة البارودي ووزارته. وقبل الخديو المذكرة، بينما رفضها الشعب كله، ودبرت القوى العميلة في الداخل مذبحة طائفية في ١١ يونيو ١٨٨٢ بالإسكندرية.

كان من الواضح من تطور الحوادث أن القوى الاستعمارية قد قررت التدخل عسكريًا ضد الثورة العرابية.

وفي أثناء تدبير الغزو، تذكرت وزارة البحرية البريطانية فكرة «بلنت» القديمة!

كانت هناك جبهتان للقتال: إحداهما شمالية، من الإسكندرية، والأخرى شرقية، من قناة السويس. وقد بدأت المعارك الأولى على الجبهة الشمالية، وكان التدبير البريطاني يعتبرها مجرد مناوشة لصرف النظر عن الجبهة الأساسية للغزو، جبهة قناة السويس!

* * *

السبت ٢٤ يونيو ١٨٨٢

مبنى وزارة البحرية البريطانية

وقف الدكتور «إدوارد بَالمر» أستاذ اللغات الشرقية بجامعة «كامبردج»، أمام باب الوزارة لحظات. تقدم إلى الحارس الواقف أمام الباب، وطلب مقابلة اللورد «نورثبروك» وزير البحرية البريطانية. في مكتب الوزير قدم «بَالمر» لسكرتيره خطابًا جاءه من إدارة المخابرات البريطانية، يتضمن دعوته لمقابلة الوزير، وتناول طعام الإفطار معه، والمناقشة في بعض الأمور.

في تلك السنة كان الدكتور «بَالمر» يعاني مشاكل مالية معقدة، كان قد تزوج حديثًا وتورط في عدد من الالتزامات المالية، ناء مرتبه المحدود بها. ولم تكن لديه فكرة محددة عما يريده منه وزير البحرية، بيد أنه أدرك أن هناك عملًا ما، قد يوفر له بعض النقود.

استدعاه الوزير أخيرًا، وفي قاعة ملحقة بمكتبه جلس الرجلان يتناولان الإفطار، ويناقشان بعض الأمور، وفجأة سأله الوزير عما إذا كان يتابع ما يجري في مصر، فقال «بَالمر» إنه يفعل ذلك، وخاصة أنه يكتب بعض المقالات عن المسألة الشرقية عمومًا في بعض الصحف، ومنها «ذي ستاندارد»، ولكنه لا يستطيع مع ذلك أن يزعم أن إحاطته بالأمر كاملة.

ابتسم اللورد «نورثبروك» ابتسامة ذات مغزى، وسأله عما إذا كان ما ينشره من مقالات في الصحف يعود عليه بفائدة توازي ما يبذله فيها من مجهود، ثم أردف بلهجة خاصة:

ـ لعل أحوالك المالية لا تكون سيئة.

شم الدكتور «بَالمر» في الجو رائحة مساومة، قال على الفور:

ـ لا يتجاوز دخلي ٣٠٠ جنيه في العام.

عاد الوزير يتحدث عما يجري في مصر، قال:

ـ إن الأمور تتدهور هناك بسرعة، والأسطول الإنجليزي بقيادة الأدميرال «سيمور» موجود الآن بالمياه المصرية، والاحتمال الأكبر أننا سنضطر للتدخل عسكريًّا. إن الوضع معقد للغاية، ولا يمكن أن نترك عرابي ورفاقه ينهون الوجود الإنجليزي في مصر ونقف نحن لنتفرج، وأنت تعرف طبعًا أن هناك مذبحة دموية قد حدثت ضد الأوروبيين منذ أسبوعين، ولو تركنا عرابي يمكن لنفسه لخرجت مصر من مجال نفوذنا على الإطلاق.

وافق الدكتور بهزة من رأسه، كان اهتمامه بالأمور الشرقية قديمًا، وكان مقتنعًا بأن بريطانيا تلعب دورًا عظيمًا في تلك البلاد الجاهلة المتعصبة، وقد أفاض في شرح ذلك، وانتقل مع اللورد إلى مكتبه بعد انتهاء الإفطار. حيث قال له الوزير:

ـ نحن متفقان في كل شيء، ولهذا أرسلت في طلبك. لقد قمت برحلة استكشافية في صحراء سيناء والنقب، قبل عدة أعوام، وأنت تعرف العربية جيدًا كأهلها، وأنا أحتاج إلى معونتك.

نشر اللورد خريطة على المكتب أمامه، وقال:

ـ هذه هي خريطة صحراء سيناء، وفي هذه المنطقة التي تبدو كالمثلث المقلوب بين إصبعي البحر الأحمر، يكمن خطر شديد علينا وعلى آمالنا في مصر. إننا نفكر بالهجوم على مصر من جبهتين: أولاهما شمالية، وسوف يقوم بها الأدميرال «سيمور»، الذي سيبدأ الهجوم على الإسكندرية خلال أسابيع قليلة. وثانيتهما شرقية، وسوف يحمل الأسطول جنودنا من البحر الأبيض إلى السويس عبر القنال. هناك بالطبع أخطار متعددة، إن عرابي لن يكف عن المقاومة، وهناك احتمال

أن يلقى معونة من السلطان العثماني، أو أن تتقدم فرق عربية من سوريا أو نجد أو غيرها من البلاد العربية لمشاركته في الحرب ضدنا، وخطتنا كلها تقوم على تشتيت الجيش المصري في جبهتين، وما يهمنا الآن هو أن نؤمن ظهرنا. إن المكان الوحيد الذي يمكن أن تصل منه جيوش تركية برية هو صحراء سيناء، وذلك عن طريق سوريا، ومن ناحية أخرى فإن احتمالات تطوع عناصر من سوريا لمشاركة عرابي في الدفاع احتمال قوي. ومعنى هذا أن جيوشنا سوف تكون بين كماشة، أحد طرفيها جيوش عرابي في غرب القناة، وطرفها الآخر جيوش حلفائه في شرقها. فما العمل؟

ضحك الدكتور «بَالمر» قائلًا:

ـ إنها مشكلة معقدة كما ترى يا سيدي اللورد، وأنا لا أفهم جيدًا في المسائل العسكرية!

قال اللورد:

ـ إنها مفهومة على أي حال، لا حل أمامنا سوى ضمان ولاء قبائل البدو المقيمة في تلك المنطقة، ولهذا أرسلت لك. إنك تعرف هذه القبائل جيدًا، منذ رحلتك الاستكشافية في الصحراء، وأنت تتقن العربية كأهلها، وسوف أمنحك كل ما تريد، وعليك أن تستعد للسفر خلال أيام. ما رأيك في خمسمائة جنيه دفعة أولى تستعين بها على السفر؟

وقع الوزير على ورقة صغيرة، تبيح للدكتور «بَالمر» أن يصرف خمسمائة جنيه فورًا. والدكتور فاغر فاه كأنه لا يصدق.

قال له وهو يناولها إياه:

ـ عليك أن تسعى إلى السير «ألفرد بلنت»، ولكن حذارِ أن يفهم شيئًا من مهمتك، إنه صديق للعرابيين كما تعلم، وقد أثار ضجة شديدة لتدخلنا، وهو يتهمنا بتدبير ما حدث في الإسكندرية في الحادي عشر من هذا الشهر، لنبرر تدخلنا. وسوف يعلم بعد فترة أنه صاحب هذه

الفكرة الطريفة التي سوف تنفذها أنت، ولا شك أن هذا سيكون مضحكًا جدًّا!

وبينما الدكتور «بَالمر» يخرج إلى المكتب السري، ليستكمل مهمته، دخل ضابط متوسط العمر، استقبله اللورد «نورثبروك» وقدمه إلى «بَالمر» باسم الكابتن «جل». تفرس كلٌّ من الرجلين في الآخر، وقال اللورد:

ـ عليكما أن تتعارفا جيدًا، فسوف تلتقيان بالتأكيد قريبًا.. في الصحراء!

في اليومين التاليين كان «بَالمر» قد أنهى كل شيء. في يوم الاثنين التالي قابل «بلنت»، وقال له إنه مسافر إلى الإسكندرية لكي يكون مكاتبًا لصحيفة «ذي ستاندارد»، وطلب منه أن يكتب خطابات يقدمه بها لأصدقائه الثوار المصريين، لكي يسهل عليه التعرف بهم، والحصول على ثقتهم. وأكد له أنه يعطف على قضيتهم، وأنه سوف ينصرهم في الرسائل التي سوف يكتبها من القاهرة لصحيفته.

استمر الحديث بين الرجلين فترة، ولكن سؤالًا عابرًا جعل السير «بلنت» يتحفظ في الحديث، فقد سأله «بَالمر» عما إذا كان البدو يؤيدون عرابي، وماذا يدفعه للثقة فيهم. رد السير «بلنت» ردًّا غير محدد، واكتفى بكتابة خطاب تعريف به وبمهمته، لصديقيه محمد عبده وعبد الله النديم، وخطاب آخر لسكرتيره لويس صابونجي يقدم لهم فيه «بَالمر» باعتباره صحفيًّا، وألح الدكتور في الحصول على كتاب تقدمة لعرابي نفسه. فقال «بلنت»:

ـ إن صابونجي هو سكرتيري الخاص، وهو يقيم هناك ليكون صلة بيني وبين العرابيين، وسوف يقدمك لمن تشاء. لكن عرابي فيما أعلم مشغول جدًّا، وقد لا تستطيع مقابلته.

اكتفى «بَالمر» بذلك ولم يلح في طلبه حتى لا يثير ريبة «بلنت». وبدأ يستعد للسفر.

وفي أوائل يوليو ١٨٨٢، وصل «بَالمر» إلى الإسكندرية.

وعلى الفور، وحسب التعليمات التي لديه، توجه إلى القنصلية البريطانية.

وبعد ساعة واحدة حمله قارب إلى يخت الأدميرال «سيمور» قائد الأسطول البريطاني. استمرت المفاوضة بعض الوقت. كان البرنامج الذي وضعته المخابرات البريطانية، يتضمن أن يذهب «بَالمر» من الإسكندرية إلى يافا، فيغير ملابسه بأخرى عربية، ثم يذهب منها إلى الصحراء الواقعة إلى الجنوب الغربي من غزة، ليتعرف بقبيلتي «تباها» و«الترابين».

أخطره الأدميرال بالخطة، وأعطاه مسدسًا وبندقية وعدة خرطوشات، وتناقشا قليلًا في احتمالات الحرب، فقال له «سيمور» إن الحرب ستقع في أقرب فرصة، وقد تقع غدًا!

وأردف الأدميرال معبرًا عن سروره لأنه سيتعاون مع الدكتور «بَالمر»، وقال إنه يهنئ الوطن بأنه اهتدى إلى رجل قادر مثله لكي يقوم بهذه المهمة الشاقة. فعبر «بَالمر» عن بهجته لأنه سيكون أحد عوامل الانتصار لبلاده، ثم استأذن ليقابل السير «أوكلند كلفن» الوكيل السياسي لبريطانيا في مصر.

بعد يوم واحد، كان الدكتور «بَالمر» يقف مزهوًّا على إحدى سفن الأسطول، يخفق فوق رأسه العلم البريطاني، ومعه بحاران لكي يحملا له البندقية والمسدس. ووصل إلى يافا، فاستقبله القنصل البريطاني «شابيرا»، وأرسل معه ابنه إلى غزة، لكي يهيئ له رحلته في الصحراء. وفي غزة اشترى ملابس عربية، وأعد معدات رحلته الطويلة عبر الصحراء، وعلى الرغم من الحر الشديد، فقد انهمك في الإعداد بجهد شديد. وبين الحين والآخر كان يفكر في المكافأة الضخمة التي سوف يحصل عليها في المستقبل. وعندما وجد بدويًّا يرافقه في الرحلة، ترك الحديث بالإنجليزية نهائيًّا، وتحدث بالعربية.

إنه الآن عبد الله أفندي التاجر السوري المعروف.

بدأ عبد الله أفندي مغامرته المثيرة!

* * *

كان للبدو في مصر آنذاك وضع خاص.

كانت علاقتهم - في مضاربهم بالصحراء - ببقية المصريين الذين يقطنون على ضفتي وادي النيل علاقة عدائية في الغالب، لأنهم لا يرتبطون بأرض محددة، ولا تجمعهم بأهله علاقات اجتماعية أو إنتاجية من أي نوع كانت. كانوا عناصر خارجة تمارس السلب والنهب، وتغير على القرى والمدن، وعلى الرغم من أن اشتراك بعض فصائلهم في صد الغزو الفرنسي قد خلق لدى هذه الفصائل إحساسًا بالمواطنة أدى إلى استقرارهم داخل الوادي، فإن أغلبيتهم العظمى لم تفقد طابعها. وقد نجح محمد علي في القضاء على خطرهم بالرشوة والهدايا والدسائس، ثم بإقطاعهم أرضًا يزرعونها، وسلب خيولهم التي لا يستطيعون من دونها أن يكونوا قوة محاربة، خاصة في مواجهة الأسلحة الحديثة التي لم يكونوا يحوزونها. ثم عادت لهم بعض قوتهم في حكم سعيد، فقاموا بتمرد كبير في منطقة الفيوم، وأعلنوا الاستقلال بها بقيادة زعيمهم عمر المصري، ولكن هذا التمرد، قُضي عليه بسرعة.

وعلى ضفتي النيل الشرقية والغربية، كان العربان يتوزعون. فعلى الضفة الشرقية كانت هناك ٢٠ قبيلة تتوزع بين العريش والطور وبين محافظة الشرقية وأعالي أسيوط. وكانت بعض هذه القبائل، وخاصة في الصعيد، قد اشتركت في الحرب ضد محمد علي ثم صفيت قوتها وتوطنت بعض بطونها. وبلغ مجموع عربان الضفة الشرقية أيامها ٥٠ ألفًا من القادرين على حمل السلاح.

أما الضفة الغربية، فكانت تضم ٩ قبائل، بعضها يمتد من سهول أسيوط إلى سقارة تضم خمسة آلاف مقاتل و٤٠٠ فرس، وبعضها يمتد من بلبيس إلى الدلتا وكان يضم ٧٢٠٠ مقاتل و٦٠٠ جمل.

وكان للعربان أيامها امتيازات معينة، منها إعفاؤهم من التجنيد ومن دفع الضرائب، ومع أن هذه الامتيازات لم تُمس خلال الثورة، فقد كانوا

محط أنظار كل القوى المعادية للعرابيين. بدأ الخديو توفيق ينظر إليهم كحلفاء، ويحاول أن يُكوِّن منهم جيشًا يواجه به الجيش الذي ثار عليه وأوشك أن يخلعه. أما الإنجليز فكانوا يطمعون في أن يوفر عليهم البدو جزءًا من جهدهم الحربي، سواء بالاشتراك معهم في الحرب ضد عرابي وأي قوة مسلحة قد تتحالف معه سواء كانت عربية أو تركية، أو على الأقل بالوقوف موقف الحياد من الصراع، وبذلك يخسر عرابي حليفًا قويًّا ربما يخطط للاعتماد عليه.

وكان البدو الذين يقيمون في صحراء سيناء ـ والذين أرسل «بَالمر» مبعوثًا لهم ـ هم المقيمون بصحراء «وادي التيه»، تلك البرية شاسعة الأرجاء التي تاه فيها بنو إسرائيل أربعين عامًا كاملة، وكانت أقدم قبائل تلك المنطقة وأشهرها هي قبيلة «تباها»، وتليها في الأهمية والعراقة «الترابين»، وكان بين الطرفين عداء قديم وثارات ودم متبادل، كما يحدث غالبًا بين أي قبيلتين قويتين، ثم تأتي بعد هاتين القبيلتين «الحويطات»، التي كانت أقل أهمية منهما.

كانت مهمة «بَالمر» تنحصر في إرشاء زعماء هذه القبائل، وتوزيع الهدايا والأموال عليهم وكسب ودهم، وذلك لضمان حيادهم في الحرب بين عرابي وبين الإنجليز على الأقل، أو ضمهم نهائيًّا إلى الجيش البريطاني. وكانت لمعظم قبائل «وادي التيه»، فروع في الصحاري المحيطة بالوادي، فـ«الترابين» مثلًا كان لهم فرع يقيم في الجيزة، و«الحويطات» لهم فرع في القليوبية، وهكذا فإن ضمان ولائهم يخلق قوة موالية لقوات الغزو، لا يستهان بعددها، ولا بانتشارها.

* * *

قبل أن يغادر عبد الله أفندي يافا إلى الصحراء الواقعة جنوبي غزة، ليبدأ اتصاله بالقبائل، علم من القنصل الإنجليزي «شابيرا»، أن الأدميرال «سيمور» قد بدأ الغزو بالفعل، وأن عرابي لم يخضع لإنذاره بالكف عن

تحصين طوابي الإسكندرية، ولذلك بدأ الأسطول يقصف هذه الحصون بمدافعه. وأدرك عبد الله أن عليه أن يسرع بأداء مهمته، وتوقع لخبرته بالمكان أن ينتهي منها في وقت لا يتعدى أسبوعين، فترك رسالة للأدميرال ـ كلف «شابيرا» بإرسالها إليه ـ يطلب تدبير نقطة اتصال به في السويس، ورحل على الفور.

بعد أيام كان قد وصل إلى مضارب قبيلة «الترابين» والتقى ببعض أفرادها، فأظهروا فضولًا شديدًا، وسألوه عن كل ما يتعلق به، فقال لهم البدوي الذي معه، إنه ضابط سوري مسافر إلى مصر عبر الصحراء. واستطاع عبد الله أفندي أن يعرف عنهم أكثر مما عرفوا عنه. وخلال أيام كان قد عقد اتفاقًا مع زعماء «الترابين»، وانتقل إلى مضارب «تباها» أكثر البدو شجاعة وأقواهم، وبعد مفاوضات سريعة، قدَّر عددَ من سوف ينضمون إليه منهم بنحو أربعين ألفًا من الرجال الأشداء.

ذهل عبد الله أفندي من نجاحه السريع، وأصبح في شوق شديد للوصول إلى السويس ليخطر الأدميرال بما حققه من نجاح، وينتظر تعليماته بمهام جديدة. وبلغ من بهجته أن كتب لزوجته رسالة يقول:

أظن أننا قد أصبنا الحظ ونلنا الثروة.

بيد أن ما كان يشغله إلى حد القلق، هو ما يحدث في الإسكندرية. وكان بدو الصحراء قد أكدوا أن عرابي ما زال مسلحًا، وأنه لن يستسلم بسهولة، ولم يكن يعرف ما إذا كانت الجيوش الإنجليزية قد نزلت إلى البر أم لا. وفي ٢٠ يوليو التقى بشفيق سليمان حامي الحجاج، وكان يتقاضى من الحكومة المصرية مرتبًا مقابل حمايته لركب الحج كل عام من اعتداء البدو عليه، وقد أدرك عبد الله أفندي على الفور الأهمية البالغة لمثل هذا الرجل، وقد ساومه مساومة مرهقة، انتهت بأن أقسم له قسمًا عربيًّا رهيبًا ومغلظًا، بأنه يستطيع أن يضمن سلامة القناة ضد عرابي والسكان، بيد أنه طلب من عبد الله أفندي أن يخلص ثلاثة من المشايخ كانوا مسجونين كرهائن أيضًا

في الآستانة، وذكر له أن ذلك سوف يسهل مهمة ضم البدو إليه، وقد وعده عبد الله أفندي بأن يبذل جهده في هذا الصدد.

كانت الليالي تمضي واحدة بعد أخرى، وعبد الله أفندي ينتقل من مضارب قبيلة إلى مضارب أخرى، ينشد شعر المتنبي في ضوء القمر، ويوزع الهدايا التي حملها معه، ويناقش بصبر ودأب المشايخَ في قيمة الرشوة التي يطلبها كل منهم. فإذا ما اتفق مع قبيلة أكل معها «عيش وملح» على أن يحمي كل منهما الآخر، ولا يفض ما بينهما من تحالف!

وكان يرسم خططه بحيث يتفق مع الرجال البارزين الذين يستطيعون التأثير في الآخرين، ففضلًا عن شفيق سليمان اتفق أيضًا مع زميله الذي يمد ركب الحجاج بالجِمال. وكان يتفق اتفاقات مبدئية، على أن يعطي النقود للقبائل بعد أن يعرض الأمر على الأدميرال، وقد وعد كبار المشايخ بما يوازي خمسمائة جنيه لكل منهم. وأحيانًا يعود بعض العربان من مصر، فينقلون إليه أخبارها. ففي ٢٢ يوليو ١٨٨٢، أخطره أحدهم بأن عرابي قد أحضر إلى القناة، نحو ألفين من بدو النيل، ووعده كبير المشايخ بأن يرسل لهم من يجعلهم يعودون من حيث أتوا، فإذا أصروا على ولائهم لعرابي، فمن الممكن أن يرسل إليهم عشرة آلاف من «تباها» و«الترابين» لكي يطردوهم. وقبل نهاية يوليو كان قد اتفق مع مشايخ «الحويطات»، وبذلك انتهت أشق المراحل في مهمته، ولم يبقَ أمامه سوى العودة للسويس، ليعتمد الأدميرال اتفاقاته ويسلمه المال، فيعود به ليوزعه على القبائل، وبذلك لا يبقى من مهمته سوى أسبوعين أو ثلاثة.

وبمقتضى الاتفاقات الأولية التي وقعها معهم، كان قد ضمن «تحييد البدو» على الأقل، حتى يتسلموا منه ما وعدهم به من نقود.

وفي أغسطس وصل عبد الله أفندي إلى السويس بعد مغامرة صغيرة، كان في إمكانه أن ينتظر حتى يدبر له الأدميرال قاربًا ينقله إلى إحدى سفن الأسطول، الذي كان قد وصل بالفعل إلى قناة السويس، ولكنه دفع عشرة

جنيهات مكنته من الحصول على وسيلة نقل، وجد نفسه بواسطتها على سطح سفينة القيادة، والأدميرال «سيمور» يهنئه بسلامة الوصول ويخطره بأنه كان قلقًا عليه ولذلك خصص ثلاث سفن لمراقبة شاطئ القناة من أجله.

وقضى الدكتور ليلته يتنقل بين بوارج الأسطول، حيث كان ربان كل بارجة يرحب به، ويستقبله محتفيًا به، ويلح عليه في أن يشرب مع ضباطها الشمبانيا المثلجة، ولم ينَم ليلتها إلا في الفجر.

بعد طول عناء وجد الدكتور «بَالمر» نفسه في مكان مريح، فاستحم وهذب لحيته التي كانت قد طالت دون عناية، ثم جلس يتناول العشاء مع الأدميرال وأركان حربه، ويروي لهم ما حقق من نجاح، وقد أبدى «سيمور» بهجته الشديدة بما حققه عبد الله أفندي من إنجازات رائعة، وقام على الفور فكتب تقريرًا بما حدث، أرسله إلى اللورد «نورثبروك» وزير البحرية البريطانية في لندن.

وبعد وصوله بيومين، أمره الأدميرال أن يرافق ضباط القوة التي كلفت بالاستيلاء على السويس، فكان في أول زورق وصل إلى شاطئ القناة، وعندما هزمت الجنود المصرية، توجه مع قادة الغزو إلى المحافظة، وطلبوا من المحافظ ـ وكان من المعادين للعرابيين ـ أن يسلمهم المدينة، وجردوا خزينة المحافظة، فوجدوا بها ٥٠ ألفًا من الجنيهات فاستولوا عليها.

وعندما استقر في أحد فنادق السويس، علم من الأدميرال أن اللورد «نورثبروك» قد أرسل يهنئه بنجاح مهمته، وسلامة وصوله، وأنه أصدر أمرًا بتعيينه رئيسًا للتراجمة في جيوش جلالة الملك في مصر. وأنه ترتيبًا على ذلك قد أصبح عضوًا في هيئة أركان الحرب التي يرأسها أمير البحر.

في تلك الفترة كان الدكتور «بَالمر» يعيش أسعد أيام حياته، فرغم مكانته العلمية الممتازة، كان يسعد كطفل أمام كلمة مدح من الأدميرال، أو إشارة رضا من وزير البحرية. وتكشف المذكرات التي كان «بَالمر» يكتبها عن

مهمته، والرسائل التي كان يرسلها لزوجته من بوارج الأسطول، عن أن عالمًا كبيرًا مثله، كان يمتلئ بمشاعر إحباط غلَّابة، وكان متخمًا بأحاسيس نقص في الثقة بالنفس، وشعور غامر بالاضطهاد، وبأن جهده العلمي ـ على الرغم من أهميته، ومن امتيازه فيه، وما يتكبده في سبيله من مشاق ـ لا يكفل له أي مكانة اجتماعية ذات قيمة، بل إن الحال قد وصل به إلى التدهور المالي والاقتراض، وقد أذهله احترام الأدميرال له، وأذهلته أكثر العيشة الفخمة التي عاشها في السويس بعد عودته من مهمته، وأثار زهوه أنه لا يتناول الطعام إلا مع أمير البحر. وعندما كُلف بالسفر في مهمة إلى الإسماعيلية، وقال له الأدميرال: «لا تدعهم هناك يحجزونك، لأنك مقيد بين رجال بارجتي».

استثار ذلك رضاه العميق، وخاصة عندما أسرَّ إليه «سيمور»، بأنه يعتقد أنه سوف يُمنح وسام الشجاعة ونجمة الهند. وأصبحت أي مهمة يُكلف بها ترضيه كطفل صغير، جائع للإحساس بالأهمية.

وكانت أحلامه غريبة كشخصيته، حتى إنه كتب في مذكراته وهو في الصحراء:

> لقد نجحت نجاحًا يبرر لي أن أطلب من الحكومة مبلغًا آخر، وسأقول إني صرفت ما معي في الهدايا، وبضع مئات من الجنيهات ليست شيئًا يذكر في نظر الحكومة، ولكنها ذات قيمة كبيرة لمثلي، وسأرسل إلى زوجتي نحو ١٠٠ جنيه عند أول وصولي للسويس. وهذا أفضل من العمل في الصحافة!

وتدور كل أحلامه بعد ذلك حول المال:

> لقد قال لي لورد «نورثبروك» أنه سيعطيني ٥٠٠ جنيه عند السفر، وأما عن المفاوضات، فسيتفقون معي اتفاقًا آخر، وسأقتصد هذا الشهر على الأقل ٢٨٠ جنيهًا، وهو ربح لا بأس به من عمل شهر واحد، ولا أظنهم يعطونني أقل من ألفين أو ثلاثة آلاف للقيام بالمهمة كلها!

وبعد تعيينه ضابطًا في هيئة أركان الحرب، قال له الأدميرال إنه يستطيع أن يسحب ما يريد من الأموال لنفقاته الشخصية على حساب مرتبه الذي لم يكن تحدَّد بعدُ رسميًّا، وقد حرص «بَالمر» على عدم التلهف على طلب المال حتى لا يبدو عليه العسر، فيدفعهم هذا إلى تعيينه بمرتب قليل!

بيد أن «بَالمر» كان في غمار كل هذا يتحدث كثيرًا عن مجد بريطانيا العظمى، وعن خدمة الوطن، وعن اعتقاده بأنه يرفع علم بلاده عاليًا ويؤدي دورًا عظيمًا يستهدف نشر الحضارة بين هؤلاء الهمج المتوحشين المسمين بـ«المصريين»، ويخدم تقدم العالم، ومسيرة التاريخ. وكأنه وهو العالم والمثقف، كان يحاول أن يجد لدوره الخسيس غطاء فكريًّا، يحميه على الأقل من الاحتقار المدمر للذات، فاختار غطاء من معدن مهمته نفسه، ينتمي إلى أفكار الحضارة الأوروبية الرأسمالية التي كانت تدخل مرحلة التوحش والافتراس ساعية إلى احتلال أوطان الآخرين، مغطية وجهها القبيح بأنها تسعى إلى تمدينهم ونقلهم من البداوة والتوحش إلى عصر الحضارة والتمدن.

* * *

وفي ذلك الوقت كان «بالمر» قد أرسل إلى الأدميرال يقول إنه يستطيع شراء خمسين ألف بدوي بخمسة وعشرين ألف جنيه، بواقع نصف جنيه للواحد، مما جعل «جِل» يوصي بتدبير المبلغ، لأن السعر الذي وصل إليه «بالمر» كان سعرًا مناسبًا، وأقل كثيرًا من المتوقع.

في الوقت الذي كان «عبد الله أفندي بالمر»، يقوم فيه بمهمته، كان فضيلة الشيخ «محمد جِل» يقوم بمهمة مشابهة في محافظة الشرقية، والمنطقة الواقعة غرب القناة. وكان قد وصل إلى الإسكندرية بعد «بالمر» بأيام، فوجدها قد سقطت في أيدي الأسطول الإنجليزي، ومكنته القنصلية البريطانية من لقاء الخديو توفيق. وفي هذا اللقاء سأل «جِل»، سمو الخديو عن موقف العربان في غرب القناة، فأعطاه معلومات مفصلة، ثم سلمه قائمة بأسماء مشايخ

العربان بين القناة، والأرض المزروعة، وركز على اثنين: مسعود الطحاوي في الصالحية، ومحمد البقلي في «وادي طوميلات»، وشهد الخديو للشيخ «محمد جِل» بأنهما أهل للثقة ويمكنه الاعتماد عليهما.

وعندما وصل «جِل» إلى بورسعيد قابل محافظها ـ وكان عرابي قد عزله لممالأته للخديو توفيق ـ وذكر المحافظ له أنه يستطيع أن يشتري البدوي الواحد بجنيهين أو ثلاثة على الأكثر.

ولم يكن «جِل» يعمل وحده، ذلك أن الخديو توفيق، وأنصاره من عناصر الأرستقراطية الزراعية التي كانت قد خانت الثورة بشكل سافر، كانت تعمل لهزيمة الجيش المصري. والتقى اهتمام وزارة البحرية البريطانية بقبائل البدو، باهتمام الخديو بهم. وكان الخديو هو صاحب التأثير الأكبر فيهم، وقد نجح الشيخ محمد ـ أو الكابتن «جِل» ـ بالاشتراك مع سلطان باشا وأحمد عبد الغفار والسيد الفقي من أعضاء مجلس النواب، في إغراء مسعود الطحاوي بخيانة عرابي، وكان هو الوحيد ـ كما يقول «بلنت» ـ الذي ثبت على خيانته أو نجح فيها. وقد تناول مسعود ثمنًا لخيانته يصل إلى خمسة آلاف كرون نمسوي، كما أنه كان دائبًا على الخيانة منذ انتقال الجيش من كفر الدوار إلى التل الكبير. ويذكر «بلنت» الذي قابل مسعود فيما بعد، أن لديه ما يشبه الاعتراف من الطحاوي بأنه كان جاسوسًا للإنجليز في جيش عرابي، وقد أثرت خيانته تأثيرًا بالغ السوء، في هزيمة الجيش المصري في معركة «التل الكبير»، لأن عرابي كان قد كلفه بالقيام بعمليات الاستطلاع لحساب الجيش المصري، مما أعطى رجاله ميزة الوجود في معسكراته، ومكنتهم من نقل أدق المعلومات عنه إلى القيادة الإنجليزية.

* * *

وبنجاح الشيخ محمد في مهمته، انتقل إلى السويس في أغسطس ومعه عشرون ألفًا من الجنيهات ليسلمها إلى «بالمر» ليدفعها هذا إلى عربان الصحراء الذين تعاقد معهم شفهيًّا. وفي الإسماعيلية يُكلف بمهمة

أخرى. إن هناك ضرورة لتدمير أعمدة التلغراف في صحراء سيناء كلها، لمنع المراسلات البرقية بين جيش عرابي وبين تركيا وسوريا، وكانت هناك ثلاث وسائل لذلك: أن تُدمر من العريش، وهي مهمة محفوفة بالمخاطر. أو أن تُدمر من القنطرة، وهو ما قد تعترض عليه شركة قناة السويس بدعوى أنه يخالف حياد القناة. أو تُقطع من السويس، وهو ما كان يفضله الكابتن «جِل».

وصل «جِل» إلى السويس، فلم يجد الدكتور «بالمر»، وعلم أنه عبر إلى الشاطئ الآخر ليشتري بعض الخيول والجِمال. وفي المساء عاد «بالمر» ومعه اثنا عشر فرسًا وثلاثون جملًا اشتراها بأربعمائة جنيه. وتخلص «جِل» من العشرين ألف جنيه التي كانت معه، بتسليمها إلى «بالمر».

وفي مساء ٦ أغسطس كان الأدميرال يجتمع مع محافظ السويس، وحضر «بالمر» المقابلة ليترجم الحديث بينهما، ثم حضر بعد ذلك مأدبة العشاء التي أقامها «سيمور» تكريمًا للمحافظ. وكان سعيدًا لأن قائد الأسطول أكد له مرَّة أخرى بأنه يستحق وسام نجمة الهند على خدماته لجيوش صاحب الجلالة. وبعد العشاء، عُقد اجتماع خاص حضره «جِل» و«بالمر» والأدميرال، واتفق في هذا الاجتماع على أن يسافر الاثنان في صباح الغد إلى الصحراء، لتسليم النقود إلى البدو، وتدمير وإحراق أعمدة التلغراف، ثم شراء أكبر عدد من الخيول والجِمال، واتفق أيضًا على أن يصاحبهما الملازم «تشارنجتون» ياور الأدميرال.

* * *

الاثنين ٧ أغسطس ١٨٨٢

الساعة الرابعة ظهرًا

كانت القافلة الصغيرة تمضي، والرجال الثلاثة في مقدمتها. عبد الله أفندي على الرغم من حرارة الجو، يلقي أبياتًا من قصائد المتنبي، شاعره المفضل، والشيخ محمد يسأله عن معنى بعض الكلمات، فيضحك ويقول:

ـ لقد أخطأت يا فضيلة الشيخ بارتداء هذا الزي، إن لغتك العربية أقرب إلى العامية، في حين أنك رجل دين كما تزعم، الأفضل أن تكون تاجرًا وأكون أنا أزهريًّا.

ويتبادلان الابتسامات، ثم يتذكر الشيخ محمد شيئًا فيقول:

ـ لا أدري لماذا لم يوافق الأدميرال على أن نأخذ المبلغ كله معنا، يجب أن ننتهي من المهمة مرَّة واحدة.

رد عبد الله أفندي:

ـ أعتقد أنه كان على حق، ليس من الحصافة أن نسلمهم المال كله مرَّة واحدة، وإلا ما ضمنا ولاءهم، إنك لست تاجرًا ماهرًا، على أي حال.

كانوا قد اقتربوا من وادي سدر. حطوا الرحال هناك، ونصب البدو خيمة استراح فيها الرجال الثلاثة وانصرفوا هم لإعداد الطعام، وبعد الغداء استراحوا في ظل أشجار النخيل التي تملأ الوادي.

بعد القيلولة، قام أحد البدو لبعض شأنه، وبينما هو عائد، لمح شيئًا غريبًا يجري داخل الخيمة. عبد الله أفندي يجلس على الأرض، والحقيبة السوداء التي كان يحملها مفتوحة، تطل منها رزم متعددة من الأوراق المالية، والأفندي يعدها، ويقسمها إلى أكوام، ويتمتم بأسماء أفراد من قبيلة «تباها».

تسلل البدوي عائدًا إلى زملائه بالنبأ المثير!

* * *

قبيل الغروب

استعدت القافلة للرحيل، كانت الحقيبة السوداء قد أغلقت كما كانت، وصندوق الديناميت قد رفع إلى ظهر أحد الجِمال، والشيخ محمد يسأل عبد الله أفندي عن معنى كلمة صعبة في بيت شعر قاله، والملازم الصامت يتأمل غروب الشمس عند انطباق حافة الأفق على رمال الصحراء.

فجأة، انطلقت ثلاث رصاصات، قضت على الرجال الثلاثة!

في رمال الصحراء دفنت أحلام «عبد الله أفندي بالمر» إلى الأبد!

على أن هذا لم يُنهِ فصول القصة!

كانت حلقات الخيانة تُستحكم حول عرابي. لقد فشلت مهمة «بالمر»، لأنه لم يسلم النقود إلى القبائل التي اتفق معها، ويُضاف إلى هذا أن المهمة نفسها لم يعد لها ما يبررها، ذلك أن الدول الأوروبية كانت قد نجحت بالفعل في الضغط على السلطان العثماني فأصدر منشور عصيان عرابي المشهور، وبهذا لم يعد هناك خوف من أن ترسل تركيا جيوشًا لنصرة عرابي، وأصبح الاحتمال الوحيد للخطر أن تتسلل فرق من المتطوعين من سوريا لتحارب المحتلين، في صف الجيش المصري، وهذه يمكن مواجهتها.

وحتى الآن فإن أحدًا لا يعرف بالتحديد سبب قتل «بالمر» ورفيقيه، صحيح أن العربان الخمسة قد استولوا على المال الذي كان يحمله معه، وهو مبلغ يصل إلى خمسة آلاف جنيه، ولكن هذا لم يكن مبررًا كافيًا، خصوصًا في ضوء ما كان ينتظر قبائلهم من خير على يد الرجل. والاحتمال الأرجح كما يقول «بلنت» أن العربان الخمسة كانوا متواطئين مع حاكم «نِخِل» - بكسر النون والخاء - الذي أراد أن يدمر مهمة «بالمر» كلها مساعدة لعرابي، فاستدرج الثلاثة إلى الصحراء ووعدهم بالمساعدة في مهمة تدمير أعمدة التلغراف في الصحراء وأمر بقتلهم.

بيد أن فشل «بالمر»، لم يلحق بمهمة «جِل» الذي كان قد استطاع بمعونة الخديو توفيق أن يضمن ولاء مسعود الطحاوي ومن يتبعه من البدو، وعندما بدأ الجيش الإنجليزي زحفه من الإسماعيلية كان سلطان باشا رئيس مجلس النواب يرافقه - نائبًا عن الخديو - واضعًا في خدمة الجيش الزاحف كل إمكانياته، وأهمها اتصاله بمشايخ العربان، فاتخذ الإنجليز منهم مرشدين وأدلاء للزحف في تلك المناطق الصحراوية التي لا يسهل على الجيش المغير أن يتعرف مسالكها ومتاهاتها دون الاستعانة بأمثال هؤلاء الأدلاء.

وظلت جبهات الخيانة تعمل بلا كلل حتى نجحت في حصار الجيش المصري في التل الكبير وإلحاق الهزيمة به.

* * *

كان الفصل بعد الأخير من مغامرة عبد الله أفندي طريفًا!

فبعد الاحتلال، أرسل الجيش الفاتح الجنرال «وراين» على رأس قوة عسكرية ضخمة إلى الصحراء، وأمد الخديو توفيق القوة ببعض البدو، وكُلفت الحملة بالقبض على المسؤولين عن قتل «بالمر» وزميليه. وبمعونة البدو، بدأ الجنرال عملية البحث والتفتيش، فأخذ يقبض على البدو بالجملة، رجالًا وأطفالًا ونساء، وعاد إلى السويس ومعه أعداد كبيرة من المعتقلين أودعهم السجن.

وكان قد صدر عفو شامل عمن لم يشملهم التحقيق في حوادث الثورة، وعلى الرغم من أن القضية كانت واضحة فالجريمة سياسية، لأن المجني عليهم جواسيس، فإن العدالة البريطانية لم تعترف بذلك. وبدأت التحقيق بأسلوب ديمقراطية الغزاة المنتصرين، فاختارت خمسة ممن اعتقلتهم بطريقة عشوائية، وأجبرتهم على الاعتراف بجريمة لم يرتكبوها. وطويت أوراق التحقيق بسرعة، وأُرسلت إلى محكمة مصرية شكلية عقدت في الزقازيق، وأصدرت حكمها عليهم بالإعدام وتم شنقهم بالفعل.

وبقي الآخرون يعانون ذل الاعتقال، رجالًا ونساء وأطفالًا، أكثر من ستة أشهر، حتى تعثر بهم «بلنت» صدفة فتدخل للإفراج عنهم.

والغريب أنه بعد «استشهاد» «جل» و«بالمر» في سبيل الحضارة الأوروبية رفضت الحكومة الإنجليزية الاعتراف بخدماتهما، أو دفع تعويض لعائلتيهما، فقد أنكرت تمامًا أنها أرسلتهما لرشوة البدو. وقد تحمس «بلنت» للمسألة، وكلف صهره اللورد «ونتورث» عضو مجلس العموم أن يثيرها في المجلس، ولشدة دهشة الجميع فإن السير «هنري بانرمان» وكيل وزارة البحرية البريطانية وقف لينكر بكل صفاقة أن الحكومة كانت تستخدم الرشوة

في حربها ضد عرابي. وقال إن «بالمر» و«جِل» كانا قد ذهبا لشراء الجِمال فقط، وهو ما أيده فيه لورد «جرانفيل» وزير الخارجية، ولورد «نورثبروك» وزير البحرية، والرجل الذي استثار أحلام «بالمر» يومًا ووعده بوسام نجمة الهند مقابل خدماته للحضارة!

وهكذا ذهب دم «بالمر» هدرًا.

وحتى اليوم، فإن الرجال في قرانا يرددون مثلًا يقول: «الولس كسر عرابي».
و«الولس»، في العامية المصرية هو «الخيانة»!

وكم هزمت الخيانة من أبطال!

البطريرك في المنفى

في التاريخ، كما في الحياة، قصص غريبة، وشخصيات الماضي لا تقل إثارة عن شخصيات الحاضر!

وعندما يكون بطل أي قصة من قصص التاريخ حبرًا جليلًا من رجال الدين، فإن القصة تتعقد بعض الشيء، فإذا ما كان بطلًا لقصة مثيرة تبدو كالمؤامرة، وتفجر قضية خطيرة، فإن روايتها تصبح كالمشي على الشوك!

وبطل القصة شخصية من أهم شخصيات التاريخ المصري الحديث، على الرغم من أنها غير معروفة لكثيرين.

إنه البابا كيرلس الخامس، البطريرك الذي ظل يترأس الكنيسة المصرية ثلاثة وخمسين عامًا متتالية، ومات وقد زاد عمره على القرن الكامل. وشهد ـ وهو بطريرك ـ ثورتين من أعظم ثورات التحرر الوطني المصرية، هما: الثورة العرابية، وثورة ١٩١٩. وساهم في صياغة الموقف الوطني الذي اتخذته الكنيسة المصرية خلال هاتين الثورتين ضد الاستعمار، وهو موقف كانت له أهميته الخاصة، إذ كانت الاحتكارات الأوروبية التي جاءت لاحتلال مصر، أو سعت لإبقائها بين مستعمراتها، لا تزال ترفع ـ خلال هاتين الثورتين ـ أعلام الصليب، التي رفعها ملوك أوروبا في عصر الحروب الصليبية، وتدعي أن احتلالها لمصر ضروري لحماية الأقباط، وليس للاستيلاء على الأسواق!

كان رجلًا طاهرًا نقيًّا، شفافًا كالندى المؤتلق، وفي الوقت نفسه كان قويًّا كأقوى ما يكون الرجال، عنيدًا، صلب الشكيمة، يملك قدرًا بالغًا من التحدي دفعه لأن يصر على موقفه، فيعارض جماهير الأقباط في مصر، ويعارض الحكومة، ويتحمل نتائج كل هذا، وكانت نتائج مذهلة: لقد نُفي الحبر الجليل، بابا الأقباط والبطريرك العام على كرسي مصر والحبشة والنوبة وليبيا والمدن الخمس الغربية وأفريقيا، وسائر أقطار الكرازة المرقسية، نُفي الجالس على كرسي خلافة مارمرقس الذي يخضع له كل أقباط مصر من الإكليروس والشعب على اختلاف درجاتهم، نُفي إلى دير البراموس.

كانت السنوات التي حدثت فيها هذه الحكاية، سنوات حزن عظيم، فجرح الاحتلال كان طريًّا لم يزل، وأظافر الغزاة لا تكف عن النبش فيه، وعلى الرغم من هذا، فإن المصريين على اختلاف مواقعهم الطبقية، وأعمارهم، وأديانهم، قد تابعوا فصولها باهتمام وقلق ولهفة، وفجرت في الكنيسة المصرية عريقة التاريخ، وفي المجتمع المصري، قضايا غريبة، متآلفة ومتناقضة.

* * *

اسمه الديني هو «البابا كيرلس الخامس»، أما اسمه الحقيقي فهو «يوحنا الناسخ». وُلد في عام ١٨٢٤ في عهد محمد علي، ومات في عام ١٩٢٧ في عهد الملك فؤاد.

وهو في الخامسة ترك قريته مع والديه، واتجه من بني سويف في الجنوب إلى كفر سليمان ـ إحدى قرى محافظة الشرقية ـ وهناك أمضى طفولته، إلى أن رُسم شماسًا في الثانية عشرة، ثم اختار أن يكون راهبًا، فشد رحاله إلى دير البراموس بمديرية البحيرة.

في الدير أنيط به أن ينسخ الكتب الدينية والقوانين الكنائسية، فأمضى أوقاته في نسخ هذه الكتب، وأتاح هذا له أن يجدد ثقافته الدينية، وأن يترقى إلى قسيس للدير، فقام بواجبه الجديد بما عرف عنه من جدية، واستمر

مهتمًّا بالقراءة والاطلاع، واستفاضت أنباؤه إلى أن وصلت إلى مسامع الأنبا ديمتريوس الذي كان بطريركًا في ذلك الوقت، فاستدعاه إليه وناقشه، وأعجب به فقلده رئاسة دير البراموس، وهو المنصب الذي ظل يتولاه حتى وفاة سلفه البطريرك ديمتريوس.

وعندما توفي البطريرك ديمتريوس، تولى وكيل البطريركية الأنبا مرقس مطران البحيرة، إدارة شؤون الطائفة، وبمجرد توليه مسؤوليته الجديدة شعر بالحرج، إذ كان كل زملائه مطارنة في مستواه الديني والكهنوتي، وقد لا يرحبون بتنفيذ أوامره، وكان عليه أن يجد حلًّا للمشكلة!

تلفت الأنبا مرقس حوله فوجد جمعية اسمها «الجمعية الإصلاحية»، وكانت هذه الجمعية تضم عددًا من الأقباط المصريين غير المنتمين للسلك الكهنوتي، يسعون إلى ترقية شؤون الطائفة، وذلك بنشر التعليم في أوساطها، وفتح الملاجئ والمدارس، وطبع الكتب، وتقديم المعونات الاجتماعية للفقراء والمعوزين، وإنشاء الصحف والمستشفيات والخدمات كافة.

وكان من رأي هؤلاء أن تقدم طائفتهم لا يكون إلا بتشكيل مجلس منتخب يضم العناصر الصالحة من أبناء الطائفة، ليقوم بالتخطيط للدور الذي تلعبه الكنيسة وخاصة في المسائل التي تتعلق بالحياة الدنيا.

واختار مطران البحيرة حلًّا وسطًا: أمر أن يجتمع حوله عدد من أعضاء الجمعية الإصلاحية، كان يستشيرهم بشكل عرفي.

وطال الوقت الذي خلا فيه الكرسي البطريركي ممن يشغله حتى وصل إلى أربع سنوات!

وخلال تلك المدة الطويلة تحول المجلس الذي كان عرفيًّا إلى مجلس رسمي، ففي يناير ١٨٧٤ اجتمع عدد كبير من الأقباط في منزل أحدهم، وتناقشوا في أحوال الطائفة، وأسفر هذا الاجتماع عن مطالبة الحكومة بإصدار تشريع بإنشاء «مجلس ملِّي للأقباط» أو «جمعية عمومية» لهم. وكان

من عادة الطائفة القبطية ـ كما يقول قليني فهمي في مذكراته ـ أن تخضع لمن يكون من أبنائها متقلدًا منصبًا حكوميًّا رفيعًا، وكان بطرس باشا غالي في ذلك الوقت هو أبرز أبناء طائفته، إذ كان وكيلًا لإحدى الوزارات، وعلى صلة طيبة بالخديو إسماعيل ورجال الحاشية الخديوية. والذي حدث أن بطرس غالي قد تبنى فكرة «المجلس الملي»، واستصدر بالفعل أمرًا عاليًا من الخديو إسماعيل بتشكيل أول مجلس ملي للأقباط، وكان ذلك في فبراير عام ١٨٧٤، وأنيط بالمجلس الجديد أن يحدد اختصاصاته، وأن يضع لنفسه لائحة داخلية.

وفي نوفمبر من العام نفسه، انتخب الراهب يوحنا الناسخ رئيس دير البراموس، بطريركًا باسم «الأنبا كيرلس الخامس»، واشترك المجلس الملي الذي كان قائمًا في ذلك الوقت في انتخابه، وبعد إجراء التنصيب الديني قدم أعضاء المجلس منشورًا إلى البابا الجديد باختصاصات المجلس، وناقشهم فيه ووقعه، وحضر البابا اجتماعات المجلس أكثر من مرَّة.

وتدريجيًّا، بدأ البطريرك الجديد يضيق بالمجلس، ويشعر أنه ينازعه سلطاته، وهكذا بدأ يخطط ليتخلص من هذا القيد، فلم يدعه إلى الانعقاد، وأهمله تمامًا حتى ذبل.

وظل الحال هكذا لمدة سبع سنوات.

وعندما بدأت بشائر الثورة العرابية، تحركت فكرة «المجلس الملي» مرَّة أخرى. كان عبد الله النديم قد أنشأ «الجمعية الخيرية الإسلامية»، لرعاية فقراء المسلمين، وإنشاء المدارس ونشر التعليم بين الفقراء، ودعا الأقباط إلى تأليف جمعية مشابهة، وبالفعل تشكلت «الجمعية الخيرية القبطية» برئاسة بطرس غالي، وكان وزيرًا آنذاك. وتبنت الجمعية الجديدة فكرة بعث «المجلس الملي»، وصدر أمر جديد بتشكيله، وبدأ يمارس اختصاصاته.

وخوفًا من أن يتجمد المجلس مرَّة أخرى، فإن الداعين إليه، استصدروا

قانونًا يحدد العلاقة بين البطريرك والمجلس، بحيث لا تكون اللائحة مجرد قرار صادر من المجلس نفسه، ولكنها تصبح قانونًا له قوة النفاذ، وتطبيقًا لهذا كله، صدر قانون يحدد العلاقة بين الكنيسة و«المجلس العمومي للأقباط الأرثوذكس» وهو الاسم الرسمي لـ«المجلس الملي».

والقانون الذي صدر في مايو ١٨٨٢ ـ وفي أخطر أيام الثورة العرابية ـ هو محور المشكلة كلها، إنه هو الذي فجر الخلاف بعد ذلك، واستثار مقاومة الحبر الجليل كيرلس الخامس ودفعه للمقاومة، حتى نُفي بقوة البوليس إلى دير البراموس.

حدد هذا القانون عدد أعضاء «المجلس الملي» بأربعة وعشرين عضوًا، ينتخبهم الأقباط الأرثوذكس في مصر، عن طريق اجتماع عام يدعون إليه، ولا يقل من يحضره منهم عن مائة وخمسين شخصًا. ويشترط فيمن ينتخب عضوًا بهذا المجلس أن يكون عمره على الأقل ثلاثين عامًا، على ألا يكون من العاملين في القوات المسلحة، أو ممن هم في القوات الاحتياطية للخدمة العسكرية. ونص القانون على أن يتشكل المجلس من اثني عشر عضوًا أصليًّا واثني عشر احتياطيًّا. ويستمر كل مجلس يمارس وظيفته لمدة خمس سنوات. ينتخب في بدايتها وكيلًا له من بين أعضائه، ويتولى البابا رئاسته بحكم منصبه الديني.

والمجلس يختص بكل النواحي غير الدينية في حياة الكنيسة. إنه ينظر في كل ما يتعلق بالأوقاف الخيرية وبالمدارس والكنائس والمطابع القبطية والمعونات للفقراء والمعوزين، وينظم حياة الكنيسة، وحياة الرهبان في الأديرة، وسجلات الزواج والتعميد والوفاة، ومن اختصاصاته أيضًا نظر الدعاوى المتعلقة بالأحوال الشخصية كالزواج والانفصال الجسدي والطلاق، وكذلك الوصايا والمواريث.

واستثنى القانون المسائل المتعلقة بالإكليروس ـ الكهنة والقسس ـ من اختصاصات المجلس الملي، وحصر مهمته في حالة ارتكاب أحد هؤلاء

لمخالفة، في أن يحيله لمجلس روحي، يتشكل من أربعة من الإكليروس يرأسهم البطريرك أيضًا، ولكن الذي يختارهم ويعينهم هو المجلس الملي!

وأجازت اللائحة أيضًا تشكيل مجالس ملية فرعية، ويتولى رئاسة كل مجلس الأسقف أو الرئيس الروحاني في الجهة المعينة، وينتخب الأعضاء بالطريقة نفسها التي ينتخب بها المجلس العام!

* * *

باختصار، كانت اللائحة تجعل من المجلس الملي برلمانًا خاصًّا للأقباط في مصر يبحث في شؤونهم وينظر ميزانية الطائفة ويعمل على إصلاح أحوالها. وكانت مشكلته من البداية أنه برلمان «علماني»، أي مكون من رجال ليسوا من الإكليروس أو رجال الدين، بل من رجال هذا «العالم»، إنهم من الشعب القبطي العادي، الذي مهما كان متدينًا فإنه لا يفهم المسيحية كما يجب، أو هكذا ينظر إليه رجال الدين!

اجتمع المجلس بمقتضى اللائحة الجديدة عدة اجتماعات، اصطدم بعدها مع البطريرك مرَّة أخرى.

كانت المادة التاسعة من لائحة المجلس، تجعل من اختصاصه أن يحصر جميع الأوقاف الخيرية الموقوفة على الكنائس والأديرة والمدارس، وأن يطلب بيانات رسمية بقيمة المدخرات والموجودات والنقود التابعة لتلك الأوقاف، والاستحصال على حسابات عن الإيرادات والمصروفات للنظر فيها، وحفظ ما يكون زائدًا من الإيرادات بخزينة البطريركية، وأن يديرها بما يؤول منه تحسين حالتها، كذلك فإن المجلس كان قد جعل من اختصاصه أن يشرف على الأديرة ويحصر أمتعتها، ويشرف بدقة على من يقبل فيها من الرهبان.

وعند المناقشة في هذه الموضوعات، قدم أعضاء المجلس انتقادات حادة لحالة الأديرة، وخاصة فيما يتعلق بسلوك رؤساء الأديرة، والطريقة التي يتصرفون بها في ريع الأوقاف الضخمة الموقوفة على تلك الأديرة والتي لاحظ المجلس أنه لا يستغل أحسن استغلال.

وأوقاف الأديرة التي فجرت كل المشاكل فيما بعد، هي عدد كبير من العقارات المبنية في القاهرة وضواحيها، وأراضٍ واسعة خصبة في مديريات الوجهين القبلي والبحري، وأغلبها في مديرية أسيوط وكانت قيمتها آنذاك مجهولة، وقد ظلت هذه الأوقاف سرًّا لا يعرف أحد مساحتها، حتى اكتشفها جرجس بك حنين، عندما كان مديرًا لمصلحة الأموال المقررة ـ التي يدخل في اختصاصها تسجيل الملكية الزراعية والعقارية ـ فاستعان بوظيفته على البحث عن هذه الأملاك وتفصيلاتها، وقد قدر قيمتها في سنة ١٩٠٦ بمليون ونصف مليون من جنيهات ذلك الزمان!

وكانت هذه الأملاك كلها تحت تصرف رؤساء الأديرة، الذين لم يكن عددهم يزيد على أصابع اليدين، وقد أساءوا استغلالها وتصرفوا في إيراداتها بلا رقيب، وأخذوا يبعثرون المال كما يريدون، فيشترون به العقارات ويسجلونها بأسمائهم وأسماء أقاربهم، وأصبحوا وهم رهبان يعيشون في بذخ وترف، وقيل إنهم كانوا يعيشون حياة أقرب إلى حياة ألف ليلة وليلة!

وفي مقابل هذا البذخ فإن أحدًا منهم لم يكن يوافق على صرف قرش واحد على تعليم الرهبان وتثقيفهم أو إنشاء مدرسة أو كنيسة أو غير ذلك من الحاجات الضرورية!

كان الرهبان في الأديرة يعيشون حياة عجيبة بكل معنى الكلمة، وقد وصف أحد الرهبان الذين تركوا الرهبنة بعد ذلك، الحياة في الأديرة في ذلك الزمان، فقال إنهم لم يكونوا يعتزلون العالم حقًّا، وإنما كانوا يخرجون من الأديرة للاتصال بالعالم الخارجي بما فيه من مؤثرات مادية وعاطفية، من دون أن تحاسبهم رئاسات الأديرة على هذه الفوضى الخلقية، لأن تلك الرئاسات كانت ـ ببساطة ـ من نوعهم؛ تفعل ما يفعلون، وتمارس ما يمارسون، وربما على نطاق أوسع حرية وأكثر انطلاقًا.

ومما كان يزيد الطين بلة، أن بعض رؤساء الأديرة، سمحوا للنساء بدخول

الأديرة المخصصة للمترهبنين، فتغلغلن بين الرهبان حتى في صوامعهم، وصارت مخازن أولئك النساء تلك الصوامع، تخزن كل واحدة حاجاتها القليلة في صومعة الراهب الصديق، فتدخل الصومعة وتخرج منها كيف تشاء وحين تشاء من دون مبالاة، عيانًا بيانًا، لأن الجميع كانوا آنذاك في الفوضى الخلقية سواء.

وعلى الرغم من هذه الفوضى المرعبة، فإن البطريرك دافع عن الأديرة، بل إنه رفض ـ وتحت ضغط رؤساء الأديرة فيما يبدو ـ مبدأ المناقشة من الأساس، وهكذا انتهى الخلاف حول هذا الأمر، بتجميد «المجلس الملي» مرَّة أخرى.

وبين الحين والآخر، كانت فكرة المجلس تطل من جديد!

في منتصف عام ١٨٩١، توجه عدد من وجهاء الأقباط إلى البطريرك، وطلبوا منه إعادة تشكيل المجلس مرَّة أخرى، فرفض، وذكر لهم أن هذا المجلس قد شُكِّل أكثر من مرَّة ولم تنجم عن تشكيله أي فائدة تُذكر فتُشكر. وأضاف البابا أن اللائحة التي تحدد اختصاصات المجلس مخالفة لشرائع وقوانين الكنيسة، واقترح أن تعرض على جمعية من المطارنة والأساقفة لبيان مدى اتفاقها مع الشريعة. ورفض الوجهاء اقتراح البطريرك، ويبدو أنهم تبادلوا بعض الكلمات القارصة مع غبطة البابا، وأن نتيجة الحوار قد أغضبتهم، وقطعت سبل التفاهم بينهم وبين الحبر الجليل!

خرج هؤلاء من لدى البابا، فوجهوا دعوات إلى الشعب القبطي لكي يجتمع فينتخب جمعيته العمومية، وحددوا مكان الاجتماع بالدار البطريركية. وببساطة، أخطر البابا كيرلس الخامس المسؤولين في الشرطة، فأحاطوا بالدار البطريركية ومنعوا المتجمهرين من الاجتماع داخلها.

وهكذا تفجر الصراع هذه المرَّة ليصبح علنيًّا.

أمر البطريرك على الفور بتشكيل مجمع إكليريكي مقدس، مؤلف من عموم البطاركة والأساقفة ورؤساء الأديرة ورؤساء الشريعة، واجتمعوا بالفعل

في الكنيسة المرقسية بالقاهرة للنظر في أمر انسجام تشكيل المجلس الملي مع الإنجيل، وطلب منهم البطريرك «إعطاء القرار النهائي في الموضوع، وذلك بتطبيق نصوص الكتب المقدسة، والقوانين الرسولية الدائمة المعمول بها في الدين المسيحي والكنائس الأرثوذكسية من عهد سيدنا يسوع المسيح إلى الآن».

وظل المجمع المقدس مجتمعًا عدة أيام، أرسل خلالها لدعاة تشكيل المجلس الملي والمقتنعين بفكرته، يدعوهم للحضور للمناقشة معهم فيما يدعون إليه، ولكن هؤلاء رفضوا الحضور نهائيًّا. واكتفى الآباء الأساقفة بأن كرروا دعوتهم مرَّة ومرَّتين، ثم ناقشوا الأمر وأصدروا قرارهم بأن فكرة إنشاء مجلس ملي هي فكرة مخالفة للإنجيل والقوانين الكنسية. فهذه القوانين كما رأى الآباء الأساقفة تعطي الأب البطريرك «تفويضًا كاملًا في كل الأمور العامة بما فيها تنفيذ الأحكام وقطع المنازعات وتقدير العطاء للمستحقين». وقال المجمع في قراره إن «تداخل أحد من الشعب في تدبير أمور الكنيسة ومتعلقاتها في شكل مجالس أو بأي شكل، هو مخالف للأوامر الإلهية والنصوص الرسولية»، ذلك أن إنشاء هذا المجلس هو «سلب لحقوق الكنيسة وشرف رؤسائها المأمور بها من الإله وتسليم شعبها لقيادة من لم تكن لهم السلطة».

وصرح الأب البطريرك في المجمع المقدس أنه يرى استدعاء بعض أولاده الكهنة للنظر في الأمور المذكورة، وأنه قد يستدعي بعض وجهاء الطائفة ـ من العلمانيين ـ لذلك، ولكن هذا كله رهين بما يراه وفي الوقت الذي يختاره.

طُبع قرار المجمع المقدس، ووُزع على جميع كنائس مصر، ورُفع إلى الخديو. وسافر البطريرك بنفسه إلى الإسكندرية حيث كان الخديو توفيق يصطاف، فقابله وعرض عليه الأمر، وأشيع أنه أسر له أسرارًا حول أهداف الذين يطلبون المجلس، وأنه ـ الخديو ـ طيب خاطره.

وفي اليوم التالي سافر أصحاب الدعوة إلى الإسكندرية، وقابلهم الخديو توفيق أيضًا، واستمع إليهم طويلًا. لكنه شعر أن المسألة تتضمن مشكلة، فقال لهم إنه لا مانع لديه من تشكيل المجلس، ولكن ذلك ينبغي أن يكون بموافقة البطريرك وبرضاه.

* * *

لم ييأس طلاب المجلس الملي، وقرروا أن يدخلوا المعركة ضد البابا!

تجمعوا على الفور، وشكلوا جمعية سموها «جمعية التوفيق القبطية». وأخذت الجمعية الجديدة موقفًا نقديًّا يميل إلى الحدة من إدارة الكنيسة. وبدأوا في إصدار مجلة لهم، وامتلأت صفحاتها تدريجيًّا بالهجوم على البطريركية. هاجموا المدارس القبطية وحالتها المتدهورة، وهاجموا حالة الأديرة، ونددوا بإدارة الأوقاف والتصرف في عائداتها، وأخذوا ينتقدون الرهبان والإكليروس، وألحوا على ضرورة تشكيل المجلس مرَّة أخرى!

وتكتل المعارضون للفكرة والقائلون بضرورة إبقاء الكنيسة تحت سيطرة رجال الدين. تكتلوا في جمعية أخرى هي الجمعية الأرثوذكسية التي شُكِّلت للرد على جمعية التوفيق، واستمرت حرب المقالات بين المجلات التابعة للجمعيتين ساخنة عدة شهور.

واتسعت الحركة لتتحول من مجرد معركة صحفية إلى معركة سياسية منظمة.

بدأ أعضاء جمعية التوفيق يشكلون لهم فروعًا في البلاد، فأسسوا فروعًا لجمعيتهم في الإسكندرية والمنيا وأسيوط. ليس هذا فقط، بل إنهم استطاعوا أن يضموا إلى صفوفهم أعدادًا من رجال الإكليروس أنفسهم، كان على رأسهم الإيغومانس فيلوثاؤس عوض رئيس الكنيسة المرقسية أكبر كنائس مصر في ذلك الوقت، وطوروا أساليب هجومهم، فإذا بسيل من العرائض والتلغرافات تنهال على الحكومة وعلى الخديو تطالب بإلحاح بتشكيل المجلس الملي مرَّة أخرى.

وتوجه بطرس غالي إلى الإسكندرية في صيف ١٨٩٢ فقابل الخديو الجديد عباس حلمي الثاني، وعرض عليه رغبة أبناء الطائفة القبطية بتشكيل المجلس الملي من جديد. واستجاب الخديو لطلبه، وأمر باتخاذ الإجراءات اللازمة لإعادة تشكيل المجلس.

وعاد بطرس باشا إلى القاهرة، فوجه الدعوة باسمه إلى أبناء الطائفة للاجتماع في الدار البطريركية لانتخاب أعضاء المجلس. وتحدد آخر يونيو موعدًا لهذا الاجتماع، وفي الموعد المحدد أوفدت وزارة الداخلية مندوبًا عنها لحضور الانتخاب لمراقبة العملية وضمان حيادها.

وأوفدت المحافظة عددًا من رجال الشرطة لكيلا يشتبك المختلفون في صراع بالأيدي. وأسفر الانتخاب عن اختيار ٢٤ عضوًا للمجلس، كان من بينهم أبرز وجوه الطائفة القبطية في ذلك الوقت. وقد تولى اثنان منهم رئاسة الوزارة بعد ذلك، وهما بطرس غالي ويوسف وهبة. وتولى ثالث الوزارة، وهو مرقس سميكة. وكان من بين المنتخبين أربعة من أعضاء مجلس إدارة جمعية التوفيق، وكان معظم أعضائه من ألمع رجال القانون والقضاء والمال والإدارة والتاريخ والفكر لا في الطائفة القبطية فحسب، ولكن في مصر كلها.

لم يحضر البابا هذا الاجتماع، ولم يترأسه كما تقضي بذلك اللائحة!

واكتفى بأن أرسل قبل يوم الاجتماع منشورًا إلى جميع الكنائس، يتضمن رسالة منه أرفقها بالقرار الذي كان المجمع المقدس قد أصدره قبل ذلك. والذي يعتبر تشكيل مجلس علماني لإدارة شؤون الطائفة، خروجًا عن تعاليم المسيحية وافتئاتًا على قوانين الكنيسة. وقال البابا كيرلس الخامس في رسالته إن قرار المجمع المقدس يعتبر قانونًا كباقي قوانين الآباء، ومن المحتم والضروري اتباعه والعمل بمقتضاه على مر الدهور والأزمان. وطالبهم بقراءته بجميع الكنائس مرَّات على الكهنة والشعب «ومن يخالف نصوصه أو يعارض فيها فيكون خالف الله تعالى».

وتزعم البطريرك حركة دعائية واسعة ضد إعادة انتخاب المجلس.

وانهالت العرائض على الخديو عباس تطالب بإيقاف عملية الانتخاب، وتزعمت الجمعية الأرثوذكسية المطالبة بذلك. ولما تمت الانتخابات على الرغم من كل هذا، رفض البابا حضور الجلسة التي جرت فيها، وبادر بالسفر إلى الإسكندرية حيث التقى بوكيل البطريركية ـ وهو مطران الإسكندرية، الأنبا يؤانَّس ـ وتشاورا في الأمر.

وتصادف أن حل عيد الأضحى المبارك في تلك الأيام، فتوجه البطريرك ومعه مطران الإسكندرية إلى سراي رأس التين، لكي يهنئا الخديو بالعيد كالعادة، وفوجئا بمن ينبه عليهما بعدم حضور التشريفة لأن الخديو يرفض استقبالهما. كان موقفًا له دلالته، أعلن الخديو به أنه غير راضٍ عن الحبر الجليل لرفضه لقرار إحياء المجلس الملي، وتحريضه الأقباط ضد القرار وما ترتب عليه من إجراءات.

وعلى الرغم من كل هذا لم يتوقف البابا عن المقاومة، بل بادر بتحرير رسالة حادة أرسلها إلى جميع الكنائس لتُقرأ على المصلين، بدأها بآية حزينة من الكتاب المقدس، تذكر «أبو الرأفة، وإله كل تعزية، الذي يعزينا في كل ضيقنا، حتى نستطيع أن نعزي الذين هم في كل ضيقة بالتعزية التي نتعزى بها نحن من الله»، وهاجم البابا في هذا المنشور جمعية التوفيق هجومًا حادًّا، وحذر الشعب من الانصياع إلى أفكارها المدمرة التي «تحدث الشقاق والشكوك خلافًا للتعاليم» ودعاهم إلى «الثبات وعدم الجزع أو الفزع».

وضع البطريرك ثقله الديني كله ضد عودة المجلس الملي للنشاط!

ووصل به الأمر إلى كتابة رسائل إلى الصحف، والحوار علنًا مع دعاة المجلس، فكتب في جريدة «الوطن» مقالًا يذكر فيه أن الذين يوقعون في الأقاليم بطلب المجلس يوقعون بالتهديد، وأن من بينهم عددًا كبيرًا من الأقباط الذين نبذوا الديانة الأرثوذكسية، ولم يعد لهم بها علاقة. ونفى

البابا في مقالته أن القسس أو رجال الدين قد وقعوا على طلب المجلس، وذكر أن الموقعين منهم قد خُدعوا وأفهموا خطأ أن البطريرك وافق على ذلك.

وأخطر ما ورد في هذا المقال أن البابا اتهم دعاة فكرة المجلس بأنهم أصحاب غايات خبيثة، ولهذا قلب البابا المائدة عليهم. فأكد أنهم يهدفون إلى «سلب أموال الكنائس والأديرة، وتفريق أبناء الملة، وهو أمر مستتر بينهم»، كما أكد أيضًا أن زعم دعاة المجلس بأن الحكومة تستطيع فرضه على الكنيسة رغم أنف البطريرك، هو زعم مستحيل «لأن مسائل البطريكخانة ليست سياسية، بل هي دينية كنائسية شرعية جارية بمقتضى قوانين وشرائع، وأن الحكومة ليس لها صالح في ذلك، عدا الأمور التي يحتاج الحال أن نعرض عنها لانتظام الهيئة وراحة العموم».

تزايدت لهجة البابا حدة، خاصة أن المجلس الملي كان قد بدأ حركة لتأليف مجالس ملية فرعية في الأقاليم، فبدأت جمعية التوفيق في عقد اجتماعات بالكنائس لانتخاب المجالس الفرعية، وتابعت الصحف نشر أنباء هذه الاجتماعات. ورصد البطريرك ما ينشر عنها، وبدأ في إصدار بيانات تكذيب يوجهها للشعب القبطي، ذكرت «الأهرام» أن مجلس ملي المنيا قد انتخب بحضور نحو أربعمائة شخص. وقد كذب البابا ذلك وقال إنهم أربعون فقط. وعندما ذكرت «الأهرام» أن مجلس ملي أسيوط قد انتخب في جمعية عمومية حضرها ألفان، رد البابا ساخرًا، فقال إن الكنيسة تَسَع خمسمائة فرد بالكاد!

تناثرت الاتهامات من الجانبين، وتابع رجل الشارع مذهولًا ما يجري، قال البطريرك في منشوراته إن أعضاء جمعية التوفيق يهاجمون القسس ورجال الإكليروس ويهددونهم بالعزل من مناصبهم، فازدادت لهجة أنصار المجلس حدة وتحدثوا عن أوقاف الأديرة التي أصبحت نهبًا لرجال الإكليروس ذوي النفوذ! وعاد البابا يتحدث عن دعاة الشغب الذين يقاطعون الصلاة

في الكنائس وقت تلاوة منشورات البابا، وقرار المجلس المقدس ليحتجوا عليه، ويفندوه غير مراعين الاحترام الواجب لدور العبادة.

وأطلق البابا السهم الأخير في جعبته، فقال إن دعاة المجلس مرتبطون مع «المتمذهبين بمذاهب مخالفة لقواعد الكنيسة»، وركز في هجومه المضاد على اتهام أنصار المجلس بإثارة العداء ضد رجال الدين. وقال إن لديه نص رسالة أرسلها أحد أعضاء المجلس الملي لبعض أصدقائه، وإن في هذه الرسالة فقرة يفهم منها أن جمعية التوفيق أصبحت لسان حال الملة من شعب وقسس وأساقفة، وقال إن الرسالة تتضمن تحريضًا على معاداة الإكليروس ودعوة إلى طردهم عن آخرهم، وإن في الحركة عددًا كبيرًا من الذين تحولوا من الأرثوذكسية إلى البروتستانتية.

ومضى البابا في سخرية حادة يقول إن دعاة المجلس لا يريدون كما يزعمون الإصلاح «لأنه لو كان الغرض هو عمل الخير والإصلاح، فكان يمكن لهؤلاء أن يجمعوا من بعضهم أموالًا دون انتظار أموال الأديرة والكنائس».

* * *

في ٢٧ يوليو ١٨٩٢، اجتمع مجلس النظار برئاسة الخديو عباس حلمي، وقرر إعفاء غبطة البطريرك من تولي الأشغال الإدارية التي تتعلق بأعمال الأوقاف وغيرها من الأمور المدنية، وأن يكون له وكيل يتولى إدارة هذه الأعمال بالتعاون مع المجلس الملي، وأن يتولى هذا الوكيل رئاسة المجلس المذكور بدلًا من البطريرك.

وقد رفض مجلس الوزراء في اجتماعه ذاك قرار المجمع المقدس، الذي ينص على أن المجالس الملية مخالفة لقوانين الكنيسة، وذلك على أساس الحجج المضادة التي قدمها الطرف الآخر، ومنها أن هذا المجلس كان قائمًا وقت انتخاب البطريرك، بل هو الذي انتخبه، كما أن لائحته قد وضعت بموافقته، وأن غبطته نوقش فيها بندًا بندًا، فضلًا عن أن الخطاب

الذي قُدم للحكومة يطلب اعتماد هذه اللائحة بتوقيعه، ثم إن غبطته أبلغ اللائحة للمطارنة والأساقفة والقسس للعمل بموجبها.

كان قرار مجلس الوزراء تطورًا خطيرًا في المسألة. وكان من نتيجته أن تصاعد مد الغضب البطريركي، وأصر البابا كيرلس الخامس على موقفه، وتدخل القنصل الروسي بين بطرس غالي الذي كان يقود الداعين إلى المجلس، وبين البطريرك، واتفق الجانبان على تلافي الأزمة، على أن يحدث تعديل في لائحة المجلس، فتظل الأديرة تحت إشراف البطريرك، وأن تكون المسائل المتعلقة بالأحوال الشخصية على قسمين: ما هو شرعي ينظره المجلس الروحي، أما ما هو متعلق بالمسائل الحسبية فينظر بالمجلس الملي. ونص التعديل المقترح أن يدير البطريرك ديوان البطريكخانة، وأخذ التعديل بوجهة نظر البابا الذي اتهم بعض أعضاء المجلس الملي الحاليين بأنهم ليسوا من الأرثوذكس، بل أميل إلى البروتستانتية، فاتفق على أن يحل محلهم عدد من الإكليروس لتكون نسبة الإكليروس إلى العلمانيين الثلث إلى الثلثين.

وبلغ من عدم ثقة الطرفين ببعضهما أنهما اختارا وسيطًا أودعا لديه نص الاتفاق، ووقع كلٌّ من البطريرك وبطرس باشا على تعهد بذلك، لكن المجلس الملي رفض التعديلات على اختصاصاته التي قبل بها بطرس غالي، إذ لاحظ أنها تنزع عنه كمجلس كل صفة، ووافق على بعضها فحسب، وفسر الباقي تفسيرًا يحتفظ له بالسلطة في بعض الأمور، وأرسل بذلك رسالة إلى البطريرك اشترط فيها أن «لا يقوم البطريرك بالانفراد بعمل مما يكون في دائرة اختصاص المجلس، ولا يأخذ شيئًا من جميع الإيرادات سواء كانت من الأوقاف أو من مرتبات الأساقفة أو من تركاتهم أو رسوم البطريكخانة أو غير ذلك، ولا يأخذ سوى الهدايا التي تقدم له شخصيًّا، وأن يكتفي بمرتب شهري يساوي ثلاثين بنتوًا».

رفض البطريرك بالطبع كل هذا، ونشر بيانًا في الصحف هاجم فيه قرار

المجلس الملي، وقال إن المجلس أوَّل الاتفاق تأويلًا لا يقبله العقل السليم، وأضاف إضافات هي من باب التحكم، شأن القوي مع الضعيف. وقال إن أعضاء المجلس لا يريدون الصلح وإنما يهدفون للتحكم في الإكليروس وفي البابا، «وما قصدهم بهذا إلا قلب الأحوال وجعل الإكليروس تحت أمر الشعب، لا الشعب تحت أمر الإكليروس كما تقضي بذلك القواعد الدينية»، وختم البابا منشوره برفع الأمر إلى الخديو طالبًا تدخله لحفظ وحدة الطائفة.

وبينما حرب المنشورات دائرة، كانت محاولة تُجرى لعزل البطريرك، واختيار أحد الأساقفة ليكون رئيسًا للمجلس الملي، ويتولى في الوقت نفسه وكالة البطريركية. وتردد معظم الأساقفة في قبول هذا العرض إلى أن سافر مقار بك عبد الشهيد ـ أحد أعضاء المجلس الملي ـ إلى الوجه القبلي واتفق مع أسقف صنبو على تولي المنصب.

وبلغ الأمر البابا، فبادر بإرسال رسالة إلى الأسقف يذكره فيها بأنه كان أحد الأعضاء الموقعين على محضر المجمع المقدس الذي رفض فكرة المجلس نهائيًّا، وتردد الأسقف قليلًا في قبوله المهمة، ولكنه عندما صدر قرار المجلس الملي بتعيينه، وصدق مجلس الوزراء والخديو على هذا القرار، وأرسلت إليه وزارة الداخلية تخطره به، تحرك من مقر أسقفيته إلى القاهرة!

* * *

كان البابا كيرلس رجلًا عنيدًا لا تنطفئ شعلة ذكائه، وهكذا أسرع، بمجرد أن علم بتحرك القائم الجديد بعمله إلى القاهرة، فأمر على الفور بعقد مجمع روحي مقدس، مؤلف من ثلاثة أساقفة كانوا بالصدفة بالإسكندرية على رأسهم الأنبا يوأنس الصديق المخلص للبابا ووكيله، فضلًا عن عشرين قسيسًا تقريبًا. وتلا الجميع صلاة المجامع الروحية، ثم عرض موقف أسقف صنبو عليهم، وبعد المداولة القانونية الشرعية تقرر باتحاد الآراء «حرْم الأسقف

وقطعه من الرتب الكهنوتية وعدم اعتباره بين الكنيسة والعموم»، لأنه «تجرأ على ارتكاب إثم لا تزيله كرور الأيام، واقترف ذنبًا لا يُمحى من تاريخ الكنيسة مدى الحدثان». وأرسل القرار على الفور إلى أسقف بني سويف تلغرافيًّا، وكلف بانتظار أسقف صنبو بمحطة السكة الحديد وإبلاغه بقرار طرده من الكنيسة، لأنه «تعدى حدود وظيفته، وقبل إدارة شؤون الطائفة بدلًا عنا، حالة وجودنا، وبغير إرادتنا، ونبذ طاعتنا».

وفي الوقت نفسه أبلغ القرار إلى الصحف!

وعندما وصل الأسقف إثناسيوس إلى محطة بني سويف قادمًا من صنبو، فوجئ بزميله أسقف بني سويف يخطره بالقرار، في مظاهرة تضم عددًا كبيرًا من الكهنة وأعيان الطائفة وأفرادها ومستخدمي الحكومة. وعلى الرغم من هذا واصل الأسقف السفر إلى القاهرة وبرفقته عدد من الرهبان. انتقلوا من محطة القاهرة إلى دار أحد أصدقاء الأسقف للمبيت فيها، أما الرهبان فتوجهوا إلى الدار البطريركية لينزلوا فيها، فوجدوا الباب مقفلًا وجمهرة من الناس حوله تهتف وهي تشير إليهم:

يا محرومين.. يا محرومين!

كان من الواضح أن البابا كيرلس قرر المقاومة إلى النهاية، واختار أن يدير المعركة من الإسكندرية، حيث أقام بكنيستها الكبرى مع صديقه الأنبا يوأنس، وترك تعليمات مفصلة لمن هم بالدار البطريركية بالقاهرة عن كيفية التعامل مع العصاة!

وهكذا، عندما توجه أعضاء المجلس الملي في اليوم التالي إلى الدار وجدوا بابها مغلقًا، فتحركوا وعادوا ومعهم معاون قسم الأزبكية ومندوب عن وزارة الداخلية وعدد من رجال الشرطة، وأعادوا طرق الباب مرَّة ومرَّتين، وأخيرًا أطل عليهم أحد الرهبان، فطلب منه المعاون أن يفتح الباب باسم الخديو، ولكن الراهب رفض وأخطر الجميع أن باب البطريركية لن يفتح مهما كانت الأحوال إلا بأمر البابا كيرلس الخامس شخصيًّا.

وحاول المعاون أن يرهبه، فسأله بلهجة بوليسية عن اسمه، فقال: «بولس البراموسي»!

انصرف المعاون، وتكررت المسألة مع محافظ القاهرة، فقد رفض من بالدار البطريركية السماح لرئيس المجلس الملي والوكيل القائم بعمل البطريرك والمعين بقرار من مجلس النظار، رفضوا السماح له بدخول الدار. وانصرف المحافظ بعد أن أصدر أمره بحصار البطريركية، وعدم السماح لأحد ممن بداخلها بالخروج منها.

في ذلك اليوم اجتمع المجلس الملي وأحدث تغييرًا في تركيبه، بحيث أصبح مشكلًا من ١٦ عضوًا من الشعب، و٨ أعضاء من الإكليروس، ثم ناقش موقف البابا، وأصدر قرارًا أبلغه للحكومة بخطاب، واتهم البابا فيه بأنه شكا كتابة لبعض معتمدي الدول الأجنبية، وأنه ينشر الهياج في الكنيسة، وأشار إلى أن قرار الحرمان الذي صدر ضد الأنبا إثناسيوس قرار غير شرعي، فضلًا عن رفضه تنفيذ الأمر الخديوي القاضي بتعيين الأنبا إثناسيوس في وظيفته ورفضه فتح أبواب الدار البطريركية، وفي النهاية طلب المجلس إصدار قرار بإبعاد جناب البطريرك إلى دير البراموس في مديرية البحيرة، على أن يبعد أيضًا وكيله المطران يوأنس، الذي ظاهره في كل تصرفاته، ولكن إلى دير الأنبا بولا في بني سويف، ووقَّع على هذا القرار ١٦ من أعضاء المجلس من العلمانيين، وثمانية من القسس.

وبعد التوقيع على العريضة، قابلوا رئيس النظار بالنيابة ـ وكان عبد الرحمن رشدي باشا ـ وفازوا بموافقته على رفع عريضتهم إلى الخديو، وفعلًا قُدمت العريضة لأفندينا، وبُذلت مجهودات عظيمة لإقناع سموه بإجابة طلب نواب الطائفة ما داموا يرون في ذلك إصلاح شؤونهم، فوافق الخديو على إصدار الأمر بعد تردد طويل.

* * *

الإسكندرية

الجمعة ٩ سبتمبر ١٨٩٢

حضر محافظ الإسكندرية وبرفقته مندوبان عن الحكومة، وكان البطريرك والمطران مستعدين للرحيل، فركب غبطته عربة مع أحدهما، وركب نيافة المطران عربة مع المندوب الآخر. وقبل أن يغادرا فناء الكنيسة المرقسية، قال البطريرك للمحافظ إنه يوجد بحجرته بالكنيسة كيس به ١٢٠٠ جنيه. وسأله المحافظ بأدب عما إذا كان يريد أن يحضره، فأجاب غبطته بأنه لا يرغب في شيء، وأمر بإرسال المبلغ إلى المجلس الملي، والتفت البطريرك إلى المطران قائلًا: «إننا قد كرسنا حياتنا لمثل هذه الساعة، فمهما اضطُهدنا فما علينا سوى الامتثال لحكمه تعالى مع الاعتصام بالصبر». ثم رفع يده الكريمة قائلًا: «يا رب اغفر لهم لأنهم لا يعلمون ماذا يفعلون!».

يقول صحفي ببلاغة أواخر القرن: «أي عين لا تدمع، وأي قلب لا يتقطع عندما يرى هذين المحترمين مقادين بهذه الحالة المحزنة كمن أتى شيئًا فريًّا، وأي كبد لا يتفتت وجوارح لا تتحسر لما تشعر بما لحق بهذين الحبرين الجليلين»، فعلى الرغم مما لاقيا فقد تمسكا بقوله تعالى «طوباكم إذا عايروكم وطردوكم، وقالوا عليكم كل كلمة شريرة من أجلي كاذبين، افرحوا وتهللوا لأن أجركم عظيم في ملكوت السموات».

وفي محطة مصر بالإسكندرية، تجمع الناس حزانى، وهم يرون حبرين جليلين تقيين يساقان إلى المنفى في حراسة الشرطة، ووجفت قلوبهم حزنًا، وكل منهما يفارق الآخر ويمضي إلى عربة خاصة في القطار، والزحام الشديد يكاد يبكي، زحام يضم خليطًا من المسلمين والأقباط، كانوا جميعًا يعلمون أن الحبر الجليل رجل تقي، طيب القلب، نقي السريرة.

وفي محطة دمنهور نزل البطريرك ليستقل قطارًا آخر إلى كفر الدوار، وهناك قابلته جماهير المسلمين والأقباط بالهتاف والتحية وتقدم منه حمزة

بك شيخ مشايخ عربان البحيرة، ووضع نفسه في خدمته، وقبَّل الجميع يده وهم يبكون.

تقول بلاغة أواخر القرن: «وكان غبطة البطريرك يقابل الجميع بما جُبل عليه من الوداعة، معزيًا إياهم بدرر ألفاظه القدسية، فكان الكل يسكبون الدمع السخين من قلب منفطر وخاطر منكسر». ووضع حمزة بك حصانه الخاص تحت إمرة البطريرك، وسار هو وقبائل العربان بأسلحتهم وراءه كحرس شرف للحبر الجليل، حتى أوصلوه إلى الدير.

في اليوم التالي دخل أسقف صنبو الدار البطريركية وبدأ يباشر عمله.

لكنه صُدم بقرار الحرمان الذي أصدره البابا كيرلس، فبمقتضى قوانين الكنيسة فإن المحروم يعتبر مجدفًا على المسيح، أي أنه كافر وليس مسيحيًّا على الإطلاق، فلا يؤاكله أو يشاربه أحد من المؤمنين، ولا يُدخله بيته، ومن أدخله دخل معه في ذنبه وشاركه فيه، «يسقط الجميع من الكهنوت ومن الجماعة».

كان البابا كيرلس الخامس، بذكاء ومهارة شديدين، قد لغم الأرض أمام أسقف صنبو.

إن الدار البطريركية الآن قد أصبحت محرمة على المسيحي الأرثوذكسي الذي يؤمن بتعاليم الكنيسة، ولن يغامر مسيحي تقي بدخول مكان يترأسه محروم وكافر مجدف، فما بالك أن يصلي وراءه.

هجر الأقباط دار البطريركية، وواجه أسقف صنبو الأنبا إثناسيوس مجموعة من الظروف المحرجة: فعندما أراد أن يزور أحد وجهاء الطائفة في بيته، حدثت مشكلة بين الوجيه المذكور وزوجته وأبنائه وأشقائه، إنهم جميعًا يقيمون في دار واحدة، وهم أرثوذكسيون مؤمنون، ولا يمكن أن يسمحوا بأن يدخل دارهم رجل محروم بقرار من مجمع مقدس، إنهم لا يقبلون مخالطته ولا مؤاكلته ولا الحديث معه، بل ويرفضون حتى مجرد أن يلج عتبة باب دارهم.

وكان موقفًا مؤلمًا، ومحرجًا لأسقف صنبو، بيد أنه تكرر كثيرًا.

في تلك الأيام هجر الأقباط في مصر كنائسهم، فالكنيسة المرقسية الكبرى كانت تحت إشراف الأغامانس فيلتاؤس عوض، وكان من دعاة المجلس ومؤيديه، بل، ويا للكارثة، كان أحد القسس الذين وقعوا على قرار نفي البابا كيرلس الخامس. وبحث الأقباط في القاهرة عن كنيسة أرثوذكسية يصلون فيها، فلم يجدوا سوى كنيسة الروم الأرثوذكس بالحمزاوي، فتوجهوا إليها في أيام الآحاد التالية لذلك.

ولأن الكنيسة في الأصل مخصَّصة لجالية محدودة العدد، فإن الأعداد الهائلة من الأقباط الذين ذهبوا للصلاة فيها، قد أدوا إلى ازدحامها بالمصلين، وغيَّر القسس لغة الصلاة من اليونانية إلى العربية، وتعطلت أكاليل الزواج في القاهرة، واضطر أبناء الطائفة للذهاب إلى الجيزة لعقد الزواج.

وكلما تُوفِّي أحد لم يدخلوه قَطُّ إلى الكنيسة المرقسية الكبرى التي كانت تحت الحرْم، وعندما تُوفِّي جرجس بك شلبي وكان من وجهاء الأقباط، وذهب القمص فيلتاؤس عوض لدار المتوفَّى للصلاة عليه، رفض أهله ذلك، لأن القمص عضو بالمجلس الملي، ومخالط للأسقف المحروم، فهو إذن محروم مثله، ولذلك طردوه من دارهم، ولم يصلوا على الميت في الكنيسة الكبرى، ولكن في كنيسة صغيرة.

حاول المجلس الملي أن يواجه الموقف، وقرر إحضار بعض الأساقفة لحل الحرمان الذي أوقعه البابا كيرلس الخامس على أسقف صنبو، وبالفعل حرر بطرس غالي عددًا من الخطابات إلى الأساقفة، فامتنع أكثرهم عن تلبية الاستدعاء، ولباه ثلاثة منهم فقط، هم أساقفة أسيوط والمنيا وجرجا، فجاءوا إلى القاهرة، لكنهم أخذوا بالأحوط، فرفضوا الإقامة في دار البطريركية لوجود الأسقف المحروم فيها، ونزلوا في عزبة تابعة لدير الأنبا بولا على مشارف القاهرة، وتوجه أعضاء المجلس الملي إليهم، وسألوهم في حل مسألة التحريم، فقالوا إنه تحريم صحيح وقانوني وينطبق على قواعد

المذهب، ولا يمكن أن يحله إلا الذي أصدره بحسب القواعد المذهبية المقررة والمتبعة منذ أقدم العصور.

* * *

وسألتهم الجماهير عما إذا كانوا قد جاءوا لاستشارتهم في حل التحريم الصادر ضد الأسقف، فنفوا ذلك بشدة، وأكدوا تمسكهم بنص الإنجيل القائل بأن «الفم الذي ربط هو وحده الذي يحل».

وعاد الأساقفة إلى مقر أعمالهم بعد أن رفضوا دعوة المجلس الملي لهم للاجتماع به.

وهجر الأساقفة مقر أبرشياتهم وعادوا كلٌّ إلى ديره.

ترك أسقف بني سويف مقر منصبه وعاد إلى دير الأنبا بولا، ولما بلغ وزارة الداخلية ذلك أرسلت إلى مدير المديرية بأن يعيده قبل أن يدخل الدير، وأرسل المحافظ خلفه معاون البوليس فلم يدركه، والمسألة نفسها فعلها أسقف منفلوط وأسقف إسنا اللذان عادا إلى دير البراموس ليقيما مع البطريرك المنفي.

* * *

الظاهرة الفكرية الغريبة في هذه الحكاية تتعلق بالبابا كيرلس الخامس نفسه.

فمن المعروف أن البابا كيرلس، كان أحد البطاركة الذين شاركوا بمجهود وافر في صياغة الموقف الوطني المعادي للاستعمار الذي اتخذته الكنيسة المصرية في العصر الحديث، وكان هذا الموقف ينطلق من شعور بأن مصر هي دار المصريين من مختلف الأديان، وأن الأقباط هم مصريون مسيحيون في الأساس، يهمهم ازدهار وتقدم وتحرر وطنهم.

وكيرلس الخامس هو البطريرك الذي كان على رأس الكنيسة المصرية في أثناء ثورتي ١٨٨٢ و١٩١٩. فهو بهذا قد بلور دور الكنيسة المصرية والأقباط المصريين في أثناء حلقتين متتاليتين من حلقات الثورة الوطنية

الديمقراطية، وهو دور واضح ومحدد، مضمونه الالتزام بالهدف القومي العام، والإسهام في الدفاع عن حرية الوطن وتأييد الشعارات الوطنية الثورية.

ففي أثناء الثورة العرابية، كانت العلاقة بين الأقباط والمسلمين طيبة جدًّا. ويذكر «بلنت» في كتابه «التاريخ السري لاحتلال إنجلترا لمصر» أن «العلاقة بين مسلمي مصر وأقباطها كانت ودية للغاية. وكان الأقباط على العموم إلى جانب وزارة الثورة. كذلك فإن العلاقة بين البطريرك والوزارة كانت ودية جدًّا».

وخلال حوادث الثورة فإن البابا كان في مقدمة الذين كانوا يؤيدون عرابي والاتجاهات الثورية عمومًا. فعندما سقطت الإسكندرية، وقرر عرابي المقاومة، عزله الخديو، فجمع عرابي جمعية وطنية ضخمة ضمت أعيان البلاد ووجهاءها. وكان من بين المدعوين إلى هذه الجمعية البابا كيرلس، وقد وقع مع الحاضرين على القرار الشهير الذي صدر عن اجتماعها والذي ينص على الاستمرار في الحرب ضد الغزو الإنجليزي، وعدم سماع أوامر الخديو ومجلس وزرائه لانضمامهم إلى الغزاة، وإبقاء عرابي في منصبه ليتولى شؤون الدفاع عن البلاد ضد جيوش الغزاة.

وأخطر ما صدر عن البابا كيرلس في هذه الفترة، فتواه الشهيرة التي أعلن فيها أن الإنجليز بعدوانهم ومحاولتهم احتلال مصر، قد خرجوا عن تعاليم المسيحية الحقة التي تدعو إلى السلام وعدم الاعتداء، ومن ثَمَّ اعتبرهم كفرة خارجين على دينهم تجب حربهم. ليس هذا فقط، بل إن رجال الدين المسيحيين ـ كما يروي «برودلي» ـ قد هرعوا إلى الكنائس يصلون لله ويدعونه أن ينصر جيش الوطن.

والدور الذي لعبته الكنيسة المصرية في ثورة ١٩١٩ معروف. وعلى الرغم من أن البابا كيرلس أيامها كان قد بلغ الشيخوخة، فإن ما جرى كان بالتأكيد في ظل الفهم العام لاتجاهاته وآرائه.

وقد يبدو هذا التناقض غريبًا!

كيف يكون الحبر الجليل بهذا التقدم وتلك الاستنارة، ومع ذلك يقف هذا الموقف المتشدد ـ بل والرجعي ـ من فكرة كفكرة المجلس الملي، يهدف أصحابها إلى أن تصبح الكنيسة أكثر تحررًا وديمقراطية؟

تلك ظاهرة غريبة من ظواهر العقل المصري!

سوف نجد هذه الثنائية بين الحين والآخر في العديد من الشخصيات والكثير من المواقف.

بيد أن لكل موقف سببه الخاص، وهي جميعًا أسباب تُشكِّل ملامح من قصة الصراع الضاري الذي خاضه العقل المصري خلال ظروف معقدة ومتشابكة، في مرحلة المخاض التي انتقل فيها من التخلف إلى التقدم، ومن السلفية إلى المعاصرة.

والحقيقة أن القضية الرئيسية، لم تكن قضية البابا والمجلس الملي، بقدر ما كانت قضية استقلال الكنيسة المصرية، والحرص على طابعها القومي الخاص، كجزء من الدفاع المصري ضد محاولات التذويب في كيانات قومية أخرى. ومن المعروف للذين يتابعون التاريخ المصري أن النضال القومي المصري قد اتخذ لفترة طويلة، طابع الدفاع عن قومية الكنيسة والحفاظ على تقاليدها، ومنع التيارات المذهبية الأخرى من التسلل إليها.

وفي العصر الحديث فإن محاولات التبشير التي قامت بها بعثات أمريكية أو إنجليزية قد أثارت مقاومة الكنيسة المصرية، وكان للبطاركة دور مهم في مواجهة هذه المحاولات، وكان وراء هذه المواجهة ـ كما يقول الأستاذ طارق البشري ـ «روح نافرة من السيطرة الأجنبية، لأن نشاط هذه الإرساليات قد ارتبط في آسيا وأفريقيا عامة بسعي الدول الرأسمالية الكبيرة إلى غزو هذه البلاد اقتصاديًّا وسياسيًّا، وإلى أن تخلق فيها أقليات ترتبط بها وتكون مرفأ الوصول لجيوشها وساستها ولإنتاجها الاقتصادي».

ومن المعروف أن للكنيسة الأرثوذكسية في مصر، تراثها الديمقراطي الخاص بها، وبمقتضى هذا التراث ـ كما يرصد الدكتور وليم سليمان ـ فإن «المبدأ العام المستقر منذ بدأ النظام الكنسي هو أن إقامة جميع رجال الكهنوت بكل درجاتهم تتم بالانتخاب الشعبي الذي يقوم به جميع أعضاء الكنيسة ـ جمهور المسيحيين ـ فهؤلاء أعضاء في كيان عضوي ـ حشد ـ واحد، لا يمكن تجاهل وجودهم دون انهيار الجامعة نفسها».

وحركة المجالس الملية، كما صاغتها لائحة ١٨٨٣، تثير الكثير من المخاوف لدى المسيحيين الحريصين على استقلال كنيستهم. وقد أشار البابا بالفعل إلى ذلك في مجموعة المنشورات التي أصدرها في أثناء الأزمة. ويبدو أن الاحتلال البريطاني كان يسعى إلى التسلل إلى الكنيسة المصرية وتحويلها تدريجيًّا عن نظامها، لخلق نوع من الولاء الديني بين الكنيستين الإنجليزية والمصرية، ومن هنا نلاحظ أن البابا كيرلس في منشوراته قد ركز كثيرًا على أن الحركة تهدف إلى طرد الإكليروس عن آخرهم وبأن يسيطر «الشعب» على الكنيسة. وهي فكرة قريبة من البروتستانتية، ومن المعروف أن الكنيسة الإنجليزية هي كنيسة «إنجليكانية» تجمع بين الكاثوليكية والبروتستانتية.

وإلى هذا الخطر أشار الزعيم محمد فريد، الذي حرص على أن يشير إلى الواقعة في مذكراته، وأن يسرد حادث الإفراج عن البابا كيرلس الخامس، في يوم ٣١ يناير ١٨٩٣، قائلًا:

> وفي هذا اليوم صدر العفو عن بطرك الأقباط ومطران الإسكندرية، وبذلك لم تنجح إنجلترا في مساعيها وهي جعل الكنيسة القبطية بروتستانتية المذهب، ويكون جميع الأقباط تحت حماية إنجلترا.

إن هذا يفسر لنا لماذا وقف البطريرك الوطني هذا الموقف الغريب من دعوة ظاهرها الإصلاح وهي دعوة المجلس الملي. والغريب أن العديد

ممن تزعموا هذه الحركة من الأقباط في ذلك الوقت كانوا من المعروفين بصلتهم بدار المعتمد البريطاني، ومن الذين لا يمكن الاطمئنان إلى اتجاهاتهم تمامًا.

ولهذا السبب فإن الصحف الوطنية المصرية، وخاصة إسلامية الاتجاه، قد اتخذت موقفًا حياديًّا في أثناء الأزمة، واكتفت بالتغطية الإخبارية لها، ذلك أن الأمر كان محرجًا من جميع الوجوه، خاصة أن الكنيسة بالفعل كانت في حاجة إلى مزيد من العناية لإصلاح شؤونها، بيد أن «المؤيد» قد خصصت افتتاحيتها للتنبيه إلى جراح الوطن التي كان الاحتلال ينبش فيها بأظافره بين الحين والآخر. وقال الشيخ علي يوسف محرر «المؤيد» في هذه الافتتاحية إن «أملنا أن يستقيم ظهر أثقلته الحوادث حتى انحنى»، وأكد أن المسألة تهم المسلمين، لأنها تخص فئة «تشاركنا في روابط الجامعات الجنسية والوطنية والمدنية الكلية والجزئية، بل هي منا؛ لها ما لنا وعليها ما علينا». وأشارت «المؤيد» إلى أن الأزمة قد تتخذ ذريعة للتدخل الأجنبي، فـ«كثيرًا ما تذرعت الدول الأجنبية بالوهم من مثل هذا، لتتداخل في شؤون تلك الممالك». وطالبت الحكومة ببذل المزيد من الجهد للتقريب بين وجهات نظر الفريقين، «كي نلقى بيننا الشعب القبطي الذي يؤلمنا ما يلم به، وهو يعيش في راحة بال ورغد عيش وسلام».

وأفردت الصحف كلها صفحاتها لمن يريد أن يدلي برأي في المسألة، فذكَّر كاتب وقَّع بالحرفين الأولين من اسمه (ب. س.) على صفحات «المحروسة» بالبراءات الشاهانية «التي أصدرها السلطان العثماني لأحد بطاركة الروم الأرثوذكس، والتي تطبق على كافة الطوائف، وبمقتضى هذه البراءات الشاهانية فإن البطريرك هو المتصرف الأول في شؤون رجال الدين من مطارنة وأساقفة وقسس، لا يجوز لأحد أن يجبره على ما لا يريد، وحق «تحريم» أي منهم خاص به وحده، لا يجوز التداخل معه فيه».

وزاد الإحساس بالخطر، أن ملامح التدخل الأوروبي بدأت تظهر. فقد

نقلت وكالة «هافاس» من لندن، خبرًا يقول إن قيصر الروسيا، سوف يتدخل ليطلب من الخديو إعادة البطريرك. وكانت روسيا هي الدولة الأوروبية الأرثوذكسية الوحيدة. وكان التناقض بين الدول الأوروبية وإنجلترا في هذا الوقت على أشده، بعد أن انفردت إنجلترا باحتلال مصر. ومن هنا أقنع رجال الدين الروسيون المسيو «ششكين» وزير الخارجية الروسي بأن يطالب القيصر بالتدخل.

وفي الوقت نفسه فإن فرنسا التي كانت تنتهز أي فرصة لمعاكسة إنجلترا في مصر، قد شجعت القيصر الروسي على ذلك، وأرسل القيصر «نيقولا الثاني» بالفعل رسالة إلى الخديو في هذا الصدد.

وقد غضب الباب العالي لنفي البطريرك. وكتب مراسل جريدة «الفلاح» بالآستانة رسالة قال فيها: «إن بعض أرباب المراكز العالية الرسمية قد استدعاني ليعلم مني تفاصيل الموقف»، وقال إنه «لا يستبعد أن تتدخل الدولة العلية إن لم يحصل تدارك هذه المسألة وصرفها بالحسنى».

وطوال الشهور التي استغرقتها الأزمة، ظل البطريرك كيرلس الخامس مصرًّا على موقفه، ثابتًا عليه!

فعندما أرسل المجلس الملي وفدًا منه ليقابله في الدير، ويفاوضه قال لهم: «إني قد استبعدت من مركزي بأمر الخديو، وأمرت من لدنه ألا أتكلم ولا كلمة ولا أبدي أدنى عمل، ولن أعود إلى مركزي إلا بأمر منه». وعندما سألوه في مسألة الحرمان الذي وقعه على الأسقف قال: «إن الأسقف إثناسيوس مقطوع ومفروز من شركة الكنيسة، هو ومن يتبعه ومن يسلم عليه ومن يساعده». وعندما اقترحوا عليه في المساء أن يستبدلوا بالأسقف غيره قال: «كل من يقبل هذا المركز يكون محرومًا مثله».

وكان آخر ما قاله البابا للوفد: «إن الأسقف محروم، وجميع من يتبعه من الشعب، ونسلهم إلى الأبد».

* * *

مضت شهور الخريف ثقيلة ممضة، وأقبل الشتاء والأزمة ما زالت قائمة والبابا والمطران منفيان كل إلى ديره.

وفي تلك الشهور تزايدت هجرة الأقباط من كنائسهم. وعندما جاء عيد الصليب، لم يحضر في كنيسة الملاك البحري سوى ستة أشخاص، مع أن العادة كانت قد جرت بأن هذا العيد مهرجان ضخم تمتلئ فيه هذه الكنيسة بالآلاف من الناس. وفي هذا العيد أيضًا لم يذهب الناس كعادتهم إلى دير العريان بالمعصرة لذبح الذبائح، وأقفلت الكنائس تمامًا ككنيسة الزقازيق، ونضبت إيرادات البطريركية، فلم يرد إليها شيء من البلاد، وبمضي الوقت كان عدد الممتنعين عن الذهاب للكنائس يزداد.

ولم يكل المطالبون بعودة البطريرك عن نشاطهم، وكان قرار إبعاده قد صدر ورئيس الوزراء الأصلي مصطفى فهمي باشا في مصيفه. وعندما عاد قابله وفد من ثلاثين شخصًا من أعيان الأقباط وطلبوا إعادة البطريرك. ثم قابل وفد آخر الخديو عباس في نهاية نوفمبر وأعاد الالتماس.

وظل الأمر يتصاعد حتى أصبح يشكل صداعًا للحكومة. وفي تلك الأثناء حدثت أزمة سياسية ذهبت بوزارة مصطفى فهمي وتولى الوزارة رياض باشا. وكان من أوائل ما فعله أن استدعى رؤساء الطائفة القبطية وناقشهم في الأمر، ثم توجه لمناقشة الخديو فيه. ووصلت المناقشة إلى درجة من الحدة، حتى قال رئيس الوزراء للخديو: «أنت يا أفندينا لا تملك حق نفي فرد بسيط من الأفراد إلا بحكم يصدر من المحكمة، فكيف تأمر بنفي رئيس ديني جليل المقام يماثل بابا روما؟ وكيف يكون موقف سموكم لو التجأ للمحاكم؟».

وألقى الخديو بالتبعة كلها على مستشاريه من الأقباط وخاصة بطرس غالي باشا، وطلب من رياض باشا أن يعمل على حل الأزمة.

وبعد مناقشات مرهقة، توصل رياض باشا إلى حل قدَّمه له قليني فهمي باشا، وكان هذا الحل يقضي بأن يتقدم المجلس الملي بالتماس إلى رئيس

الوزراء، يرجو فيه الحكومة إعادة البابا إلى منصبه. فهذه طريقة تحفظ كرامة المجلس من ناحية، ثم إنها ترضي غبطته من الناحية الأخرى. واقترح قليني فهمي أن يُعَد استقبال طيب للبطريرك، وأن يمنحه الخديو «الوشاح المجيدي» ـ أكبر وسام آنذاك. وعلى الرغم من معارضة بطرس باشا لهذا الحل، فإن إجراءات تنفيذه قد اتخذت على الفور.

وفي نهاية يناير صدر أمر الخديو بناء على التماس من المجلس الملي بالعفو عن البطريرك كيرلس الخامس، وعن الأنبا يوأنس مطران الإسكندرية.

وعند وصوله إلى محطة العاصمة، كان في استقباله كبار رجال الحكومة، وفرقة عسكرية أدت التحية للحبر الجليل. وقابله الخديو عباس في المساء، ومنحه «الوشاح المجيدي الأكبر».

وقام البطريرك من ناحيته بزيارة أبنائه الذين كان غير راضٍ عنهم، وصفح عما حدث، وزار كل أعضاء المجلس الملي وعفا عنهم.

وتوصل الجميع إلى حل وسط للمشكلة.

اتفقوا على أن يُلغى المجلس الملي الذي كان سببًا في إبعاد البطريرك، على أن تقوم مقامه لجنة ملية مؤقتة تتألف من أربعة أشخاص لتحل محل المجلس في جميع اختصاصاته. وتألفت اللجنة بالفعل، وقامت بعمل طيب طوال عشر سنوات، وتمكنت من الحصول على إذن من البطريرك بتأليف مجالس فرعية ملية بجميع الجهات التي بها مطارنة أو أساقفة، وتشكلت المجالس. لكن ذلك لم يمنع طالبي المجالس الملية من انتظار الوقت الملائم لجولة أخرى من الهجوم، وظل الأمر هكذا، يفور، ثم يهدأ، ثم يعود إلى الفوران مرَّة أخرى.

والحياة تمضي...

زمن الجواري

المكان: عزبة نصار، بجوار أهرامات الجيزة

الزمان: يوم حار في أوائل أغسطس ١٨٩٤

على مشارف الصحراء المجاورة للعزبة، حطت قافلة صغيرة، تنتظر هبوط الغروب، قائد القافلة بدوي اسمه محمد شغلوب، لا أحد يعرف من أين انحدر، لكنه ومنذ سنوات يتخذ من قرية كرداسة إحدى النقط التي يستريح فيها، يرحل منها بالشهور، ويعود محملًا بالتمر والبلح والدوم وكل ما تنتجه الصحراء، له في كرداسة زوجة وأولاد، لكنه لا يهتم غالبًا بهم، فهم بالنسبة إليه مجرد محطة من المحطات التي تستريح فيها القوافل.

هذه المرَّة لم يكن وحده، كان معه أربعة من العربان وست من النساء الحبشيات.

عندما هبط الليل، توجهوا جميعًا إلى منزل عبد الرحمن نصار ـ أحد أفراد أسرة ثرية بالعزبة ـ وبعد مباحثات قصيرة، شرحوا له الأمر الخطير: «معنا ست جوارٍ حبشيات نريد بيعهن، فهل لديك مشترٍ؟». كان عبد الرحمن يعرف شغلوب منذ سنوات طويلة، وسبق أن ساعده في عمليات مشابهة. لكن الأمر كان الآن قد أصبح مشكلة. فتجارة الرقيق ممنوعة قانونًا. ومن يضبط متلبسًا بالبيع أو الشراء أو التعامل في مثل هذه السلع، يعاقب بالسجن خمس سنوات. ولأن منطقة الأهرام مجاورة للصحراء، فإن بها نقطة بوليس

تتبع «مصلحة إلغاء الرقيق» خصصت لمطاردة النخاسين. بيد أن العملية فيها ربح. بعد تفكير، قال عبد الرحمن: «أنا مستعد لإخفائهن، وعليكم تدبير المشتري».

في حجرة بأعلى منزل عبد الرحمن نصار أخفوا الجواري الست، وتكتموا الأمر، حتى لا يعرف أحد بالأمر، ويبلغ مصلحة إلغاء الرقيق.

لم يكن النخاسون فريقًا واحدًا، بل كانوا مجرد رفقة طريق، وكان مع كل واحد منهم بضاعته الخاصة، لكنهم كانوا يعرفون شغلوب الذي كان يسافر كثيرًا إلى الصحراء الغربية وليبيا، وكان لبعضهم علاقات بمصر، يحضر كثيرًا ويقيم كثيرًا، لكن شغلوب كان معروفًا أكثر، لتردده وإقامته الطويلة نسبيًّا وزواجه من مصرية، لذلك كان دوره في تصريف البضاعة أظهر وأبرز.

* * *

كانوا خمسة نخاسين:

محمد شغلوب، وكانت معه جاريتان هما حليمة وفاطمة.

محمد درحان، وكانت معه جارية واحدة هي مراسيلة.

عبد الله سعيد، وكانت معه جارية واحدة أيضًا هي زنوبة.

علي مبروك، ومعه جارية واحدة هي سعيدة.

شخص يُدعى حمدان، أحضر معه جارية تسمى مريم.

القاهرة المحروسة

الخميس ٩ أغسطس ١٨٩٤

كانت عدة أيام قد مضت على وصول القافلة ولم يظهر في الأفق مشترٍ. تذكر النخاس علي مبروك أن له صديقًا يهوديًّا يُدعى إبراهيم منير، ترك «عزبة نصار» وتوجه على حمار إلى حيث التقى به.

إبراهيم منير يهودي مصري، كان صاحب ورشة لإصلاح العربات ثم أفلست فعمل بالسمسرة أحيانًا، وفي أغلب الأحيان ظل بلا عمل. حدثه علي مبروك بالسر، وقال له إنه يريد منه خدمتين: الأولى أن يبحث له عن مشترٍ،

والثانية أن يدبر له حنطورًا أو عربة كارو، لنقل الجواري إلى من يشتريهن ضمانًا لسرية العملية. صحبه إبراهيم منير إلى اليسرجي صاحب عربخانة بدرب المناصرة، وعلى مصطبة بجوار باب العربخانة تناقش الجميع في الأمر. الشيخ اليسرجي بحكم عمله يلتقي أحيانًا ببعض الذوات الفخام، الذين يأتون لإصلاح ما لديهم من عربات في ورشته، وكان يعرف معرفة وثيقة أحد خدم علي باشا شريف رئيس مجلس شورى النواب، ومع أن هذا الخادم كان مجرد بستاني بقصر الباشا، لكنه كان مقربًا لديه، وذا دالة عليه. وهكذا توجه اليسرجي إلى سراي الباشا، غاب قليلًا وعاد فأخبرهم بأنه حدث جنيناتي الباشا بالموضوع، فاستمهله إلى أن يستيقظ سعادته من نوم القيلولة ليعرض عليه الأمر.

ذهب الجميع إلى قهوة أبو فراخ بالفوالة، وانتظروا.

قبيل الغروب بقليل جاء الجنيناتي، أخطرهم أن الباشا قد وافق، ولكنه يشترط أن يعاين البضاعة أولًا. ابتسم الجميع، البضاعة جيدة والحمد لله.

وبينما كانت المناقشة تدور في قهوة أبو فراخ، كان شيء آخر يدور في عزبة نصار.

في إحدى العزب المجاورة لعزبة نصار، شخص يدعى محمد بطران، مهنته الأصلية مزارع، لكن له مهنة أخرى، هي التنقيب وراء الناس وإبلاغ العمدة بما يفعلون، بلغة العصر فإن الرجل كان «مرشدًا للشرطة». وكان قد كسب من وراء هذه العملية بعض النقود. وبحكم مهنته استراب بطران في الرجال الذين جاءوا مع شغلوب هذه المرَّة، فتابع تنقلاتهم بين العزب والكفور والقرى المجاورة للهرم، وشم بأنفه البوليسي رائحة رقيق وراءهم، كان يعلم أن أمثال هؤلاء الناس لا بد وأن يكونوا نخاسين. فبدأ يبحث وينقب ويفتش عن البضاعة، ويتابع تحركاتهم!

في مساء ٩ أغسطس ذهب بطران ومعه بعض أعوانه إلى منزل عبد الرحمن نصار، دق الباب، حاول عبد الرحمن أن يمنعه من الدخول، لكنه اتهمه علنًا

بأن لديه رقيقًا. سمح له عبد الرحمن بالدخول وحده آملًا ألا يكتشف الغرفة العلوية التي تقيم فيها الجواري، لكن بطران وصل أخيرًا إلى أعلى المنزل، ودفع باب الغرفة حيث واجهته في الظلام عيون براقة لست جوارٍ حبشيات اختفين في الظلام. رجاه عبد الرحمن ألا يفشي سره، وأعطاه جنيهين وبعض المصوغات الفضية. أطل بطران من فوق سطح المنزل على معاونيه وقال لهم إنه لم يجد شيئًا.

شك أعوانه في الأمر، وخاصة أن رائحة النقود ـ فيما تلا ذلك من أيام ـ قد فاحت من ملابس بطران.

في تلك الليلة، عاد النخاس علي مبروك إلى العزبة حاملًا البشرى بأنه وجد مشتريًا عظيمًا، ففوجئ بما حدث. طلب أن يعجلوا ببيع الجواري قبل أن يتعقد الموقف، وبالفعل تستر الجميع بالليل، وأحضر السمسار اليهودي «فيتونًا»، حمل الجواري الست ومعهن زوجة السمسار، وأحد خدم سراي الباشا ليدلهم على الطريق، وقاد السمسار العربة بنفسه، ووصلت القافلة إلى سراي علي باشا شريف، انتظر الجميع في الحرملك، حضر الباشا ليتفقد «البضاعة».

شابات كاعبات سوداوات، فيهن حيوية دافقة، وبعض الإرهاق لعله من وعثاء السفر وقلة الطعام. اختار الباشا ثلاثًا منهن، ثم استراب في صحة إحداهن، أمرها أن تجري أمامه، رسبت في الكشف الطبي. قال: «دي ما تنفعشي»، وأخذ غيرها. أمر بإرسالهن إلى الحرملك.

ساوم الباشا النخاسين في الثمن مساومة مرهقة، في النهاية دفع ستين جنيهًا ثمنًا للجواري الثلاث، وسبعة جنيهات للسماسرة، رجاه النخاسون أن يبقي الثلاث الأخريات في سرايه حتى يدبروا لهن مشتريًا أو أكثر، وافق الباشا.

في الأيام الثلاثة كان الشيخ اليسرجي قد توصل إلى مشترٍ جديد، وهكذا ذهب الجميع إلى سراي الدكتور عبد الحميد الشافعي بك.

الدكتور الشافعي طبيب معروف، تعلم في أوروبا، وتزوج من طبيبة أوروبية، سمح لها أن تمارس الطب في مصر فترة طويلة، فعملت طبيبة لحريم الأسر الكبيرة في مصر، استعرضت حرم الدكتور الجواري الثلاث الباقيات، واستبقت منهن واحدة، وطلبت إبقاء الاثنتين الأخريين لأنها تود أن تعرضهما على بعض صديقاتها. وبالفعل توجهت بهما إلى منزل حسين باشا واصف مدير أسيوط سابقًا، وعضو مجلس شورى النواب، فقد كانت حرم الدكتور الشافعي طبيبة خاصة لحرم واصف باشا، وبينهما صداقة متينة، وقد أعجبت حرم الباشا بإحدى الجواري فاشترتها، ثم أرسلت الجارية السادسة والأخيرة إلى منزل محمد الشواربي باشا عضو مجلس شورى النواب، وسافرت الجارية إلى قليوب حيث تقع عزبة الباشا!

انتهى كل شيء على ما يرام.

بيعت «البضاعة»، واستقرت كل جارية في منزل سيدها الجديد.

قبض النخاسون النقود، وقبض السماسرة، ونال بطران من الطيب نصيبًا، بل أنصبة.

لكن ذلك كله كان حلمًا لم يدُم طويلًا!

* * *

تدخلت السياسة في الأمر فأفسدته، وما أكثر ما تفسد السياسة من أمور!

كان الموضوع أصلًا موضوع نخاسين وجوارٍ حبشيات وصعاليك من أمثال السمسار اليهودي إبراهيم منير ومرشد الشرطة بطران واليسرجي صاحب العربخانة، لكنه تحول إلى موضوع سياسي اهتمت به القصور والقنصليات وصحف العالم، عندما تدخل فيه الباشوات الثلاثة، فدخلته معهم السياسة.

في تلك السنة كان قد مر اثنا عشر عامًا بالتمام والكمال على الاحتلال البريطاني لمصر.

كل شيء كان قد انهار في السنوات الأولى للاحتلال: عرابي في المنفى

يعاني ذل الغربة والأسر بين أيدي أعدائه. الحناجر التي هتفت بحماس أيام الثورة: «ينصرك الله يا عرابي يا معمر الطوابي» قد بُحَّت. الشعارات المضيئة التي ارتفعت تنادي بالحرية والإخاء والمساواة قد انتكست. المصريون يلعقون جراحهم بعد ما حدث. الانحلال الخلقي يسود، وسط الرماد المتخلف عن محترق الآمال. ساد الكذب والنفاق. تراجع الحماس وتراجعت الصلابة والشجاعة. والمخلصون قتلى، أما الخونة فهم فرسان الحلبة.

برغم ذلك كله فإن القلب المصري عاد يخفق من جديد.

كيف حدث هذا؟ ذلك سره المطوي فمتى يبوح به؟

ظهر عبد الله النديم بعد تسع سنوات من الاختفاء في قلب مصر الوسيع الخصيب. ولم يبقَ حرًّا ـ بعد سنوات الاختفاء ـ سوى عام واحد أقلق فيه الاحتلال فنفاه المحتلون إلى يافا ومنها إلى إستانبول. حتى المؤسسات الشكلية التي أنشأها الاحتلال ورعاها ووضع فيها من يظنهم رجاله، لكي تسمع وتطيع كل أوامره، هذه المؤسسات تافهة الشأن بدأت فجأة تعارض وتشاكس وترفض تنفيذ الأوامر.

إحدى هذه المؤسسات كان «مجلس شورى القوانين».

شيء تافه لا معنى له ولا سلطة له. أنشأه الاحتلال ليكون بديلًا عن مجلس نواب الثورة العرابية، وكان اللورد «دوفرين» الذي أرسل إلى مصر بعد إجهاض الثورة ليقترح نظامًا للحكم في ظل الاحتلال قد حكم ـ لا فض فوه ـ بـ«إن مصر ليست كفؤًا لأن يكون لها مجلس نيابي وحكومة ديمقراطية»، واقترح إنشاء هذا «الشيء» المسمى «مجلس شورى القوانين»، مكونًا من ٣٠ عضوًا نصفهم تعينه الحكومة ـ أي الإنجليز ـ والنصف الآخر يُنتخب بطريقة معوجة. ولم يكن لهذا الشيء أي اختصاصات. مجرد مجلس استشاري، يُستشار في كل تشريع تنوي الحكومة إصداره، وتُعرض عليه الميزانية، وله أن يقترح بعض الاقتراحات أو يستوضح، ولكن الحكومة

ليست ملزمة بأن تنفذ اقتراحاته أو أن تصدق فيما تقدمه له من إيضاحات، وقد اجتمع هذا المجلس لأول مرَّة في سنة ١٨٨٣، وفي السنة التالية عُين علي باشا شريف رئيسًا له، وظل يتولى هذا المنصب لمدة عشر سنوات كاملة.

وعندما بدأ القلب المصري يعود إلى النبض من جديد، سرى بعض هذا النبض في عروق هذا المجلس تافه الشأن، كان أعضاؤه ومعظمهم من الأعيان، قد بدأوا يدركون أن المحتل يستنزف مصر بطريقة مرعبة، حولت ميزانية مصر إلى «ميزانية تسديد ديون»، بينما امتلأت المصالح الحكومية بجحافل من المرتزقة الأوروبيين ـ وخاصة الإنجليز ـ يتقاضون مرتبات باهظة ويحوزون سلطات واسعة، في حين كانت الكفاءات المصرية معطلة أو تعمل في أعمال تافهة. وكانت فرص المعارضة في هذا تسنح أمام أعضاء «مجلس شورى القوانين» عند عرض الميزانية، لأنها تتضمن عادة بند المرتبات.

* * *

وفي أواخر عام ١٨٩٤، وقبل وصول شغلوب بثمانية أشهر، كان المجلس قد عارض بعنف، المرتبات الضخمة المرصودة في الميزانية للموظفين الأوروبيين، وركز المجلس على «مصلحة إلغاء الرقيق» وطالب بتفكيكها وإحالة أعمالها على مصلحة السجون، مستندًا في ذلك إلى أن تجارة الرقيق قد انتهت من مصر تمامًا، وأن الشعب المصري شعب متحضر لا يشتري أحد فيه الرقيق، لأنه يقدر حرية الإنسان ويحترمها. من هنا فلا مبرر إطلاقًا لوجود «مصلحة إلغاء الرقيق» ولا رئيسها «جيفر بك» ولا معاونيه من الضباط الإنجليز، وحدث في أثناء مداولات المجلس ـ وكانت سرية ـ أن أشيع أن اثنين من أعضائه قد ذهبا وقابلا اللورد «كرومر» معتمد الاحتلال، وأبلغاه بعدم رضائهما عن موقف زملائهما الأعضاء من مصلحة الرقيق. وكلف المجلس رئيسه علي باشا شريف بأن يطالب اللورد «كرومر» باسمي

العضوين، وأن يحمل إليه رجاء المجلس بألا يستقبل عظمة اللورد أعضاء منه، غير مكلفين بالاتصال به، وقد رد اللورد بصلافة على الرسالة التي حملها إليه رئيس المجلس قائلًا: «إن كل مصري حر في زيارة دار ممثل إنجلترا وسفيرها في مصر!».

ولم يكن المجلس هو الذي أعلن العصيان وحده، ولكن الخديو عباس حلمي كان قد أعلنه أيضًا. كان الخديو توفيق الذي سلم البلاد لسلطات الاحتلال، قد مات وخلفه ابنه عباس، وكان شابًّا في الحادية والعشرين، متخمًا بالشباب والطموح، شاء قدره أن يتولى حكم بلد محتل لا سلطة فيه، وبدأ يقاوم، ويبحث عن القوى الوطنية، ويتحسس خفقات القلب المصري ليسمعه، وفي العام نفسه وعقب أزمة الميزانية التي دارت في مجلس الشورى، ذهب الخديو في زيارة لبعض فرق الجيش المصري، وكان الجيش تحت رئاسة ضابط إنجليزي هو السردار «كتشنر باشا»، وكانت كل قياداته العليا والوسطى في أيد إنجليزية.

وفي أثناء زيارته لإحدى هذه الفرق أبدى الخديو ملاحظة بشأن التدريب العسكري، مؤداها أنه تدريب غير كفء وسيئ، وسمع قائد الفرقة الإنجليزي الملاحظة، وأبلغها للسردار «كتشنر باشا»، فثارت دماؤه الإنجليزية الزرقاء، ودهش لأن «شيئًا مصريًّا» ينتقد إنجلترا، على الرغم من أن هذا «الشيء المصري» كان خديو مصر الذي تلقى دراسة عسكرية عالية. قدم السردار استقالته، وأبلغ الأمر إلى اللورد «كرومر»، فثار وأرغى وأزبد، وصدرت أوامره إلى الخديو تطلب إليه أن يراضي السردار «كتشنر»، فاضطر سموه مكرهًا إلى العدول عن نقده، وإلى إصدار منشور يمتدح فيه التدريب والتنظيم والإدارة الإنجليزية للجيش المصري، ويطالب بالمزيد منها!

حوادث الاصطدامات تتعدد، السياسة الإنجليزية في مصر تشعر بالحرج. كانت إنجلترا على الرغم من كل شيء محاصرة في مصر أصلًا، ذلك أنها حتى ذلك الوقت كانت تحتل مصر نيابة عن الدول الأوروبية، وكانت

مكلفة بأن تدير مالية مصر إدارة رشيدة تكفل دفع الديون التي اقترضها الخديو إسماعيل من أوروبا، وكانت هذه الدول تطالب بنصيبها في الإدارة المصرية، وتشهر بأي ملاحظة على أداء الموظفين الإنجليز لوظائفهم، وتتطرف أحيانًا فتطلب أن يُترك المصريون ليحكموا أنفسهم، فذلك أفضل من انفراد إنجلترا بمصر.

وقدر للجواري الست اللواتي أحضرهن محمد شغلوب من واحة جغبوب على الحدود المصرية الليبية، وعبر بهن إلى واحة سيوة قاطعًا الصحراء الغربية كلها، قدر لهن أن يكن قميص عثمان الذي يفجر كل هذا.

* * *

والذي حدث أن شخصًا ما أبلغ «مصلحة إلغاء الرقيق» بالأمر، ولعل هذا الشخص واحد من أتباع بطران مرشد الشرطة الذي خان وظيفته، ولعله آخر، والله أعلم.

وكان «جيفر بك» مدير المصلحة يحفظ لمجلس الشورى رغبته في إقصائه عن وظيفته، ثم إن المسألة فرصة سانحة تتيح لسلطات الاحتلال في مصر أن تؤدب العصاة، وتحني رؤوس الذين يحاولون رفع قاماتهم في وجه بريطانيا.

لقد خُولف القانون، ومن الذي خالفه؟ رئيس مجلس الشورى وعضوان من أعضائه، وطبيب مشهور. صيد فخم في المصيدة!

ثلاثة من ممثلي الشعب المصري الذي يطالب بالدستور. أعضاء في مجلس كان يطالب قبل عدة أشهر بتفكيك «مصلحة إلغاء الرقيق» وطرد من فيها من الموظفين الإنجليز، ويتشدق بالقول بأن مصر قد تمدنت وتحضرت، ولم يعد بها من يشتري الرقيق، ها هم ثلاثة باشوات، أعضاء بهذا المجلس طويل اللسان، يضبطون متلبسين بشراء الرقيق، وتلك فرصة سانحة لضرب الجميع ولطمهم لطمة دامية، وهي ـ بعد إجبار الخديو على الاعتذار ـ لطمة أخرى تكفل ألا يفتح أحد فمه، أو يحرك لسانه ليفوه مرَّة أخرى بما يمس الاحتلال.

تحرك «جيفر بك» مسرعًا، فكلف ضابط مصلحة الرقيق بنقطة الأهرام بالقبض على النخاسين الخمسة، ونفذ الضابط الأمر، ولكنه لم يتمكن من القبض إلا على أربعة فقط وفر الخامس. في اللحظة نفسها وصلت إشارة إلى البكباشي محمد ماهر مأمور قسم السيدة زينب، فتوجه إلى منزل الدكتور الشافعي بالناصرية، وسأله عما إذا كان قد اشترى حقًّا بعض الجواري.

كان المذهل للبكباشي ماهر أن الدكتور الشافعي قد اعترف بالجريمة اعترافًا كاملًا، دون أي محاولة للإنكار.

ويبدو أن الدكتور قد أخطأ تقدير الموقف، وظن أن المسألة لا تخضع للقانون، أو أن الشخصيات كبيرة الأطراف فيها ستمنع أي إجراء قانوني ضد أحد.

وببساطة أدلى الدكتور الشافعي بكل ما لديه من معلومات لـ«جيفر بك».

وبالبساطة نفسها أرسل «جيفر بك» جنوده يستدعون الباشوات الثلاثة للتحقيق.

تولى «جيفر بك» التحقيق بنفسه. وعندما استدعى علي باشا شريف للتحقيق معه، ذهب الباشا مباشرة إلى مكتب وكيل وزير الداخلية، لكن هذا أفهمه بأدب بأنه مطلوب لمكتب «جيفر بك»، فذهب إلى هناك، وأراد أن يدخل فورًا، لكن الحاجب أمره بالانتظار ولم يسمح له البك المدير بالدخول إلا بعد ربع ساعة. واجه «جيفر بك» علي باشا بالتهمة، دُهش الباشا، وأراد أن يتصل تلغرافيًّا برئيس مجلس النظار نوبار باشا ـ وكان يقوم أيضًا بعمل الخديو في غيبته ـ ولكن «جيفر بك» منعه من ذلك. وأكد الباشا أنه رئيس أكبر مجلس نيابي في القطر، وأن معاملته يجب أن تخضع لبعض المجاملات، لم يهتم أحد بذلك، وأمر المحقق بإرسال علي باشا وواصف باشا والدكتور الشافعي إلى قسم شرطة عابدين ليبيتوا فيه. أما الشواربي باشا، فإن الجنود الذين ذهبوا للقبض عليه لم يجدوه في منزله

بالقاهرة، وقيل لهم إنه بعزبته بقليوب، فأرسلت إشارة عاجلة للقبض عليه وإرساله مخفورًا للقاهرة!

في قسم الشرطة الذي كان معروفًا آنذاك بـ«ثُمن عابدين» ـ وقد سُمي كذلك لأن القاهرة كانت مقسمة لثمانية أقسام إدارية ـ أودع اثنان من كبار باشوات البلد، وطبيب يحمل رتبة البكوية، كل في زنزانة، كما يعامل عادة اللصوص والقوادون وصغار المجرمين من أبناء الشعب المسكين، واهتز كل الكبار في مصر، رنَّت اللطمة ساخنة على وجوههم.

لم يحترم الاحتلال شيبة الرجال ولا ألقابهم ولا مناصبهم، وجاء أحد أبناء علي باشا ليزوره، وطلب الباشا سريرًا لينام عليه، ثم تذكر في نهاية المقابلة أن لديه في منزله ورقة مهمة، أمر ابنه بأن يذهب فيبحث عنها، ووجدها الابن؛ شهادة تثبت أن الباشا يتمتع بالرعوية الإيطالية. كان عديدون من المصريين قد لجأوا على عهد الخديو إسماعيل للتجنس بجنسيات أجنبية لضمان حمايتهم من القبض والاعتقال والعسف، فهذه الرعوية الشكلية للدول الأجنبية تدخلهم في حماية قناصل تلك الدول، وتجعل محاكمتهم والقبض عليهم من سلطة المحاكم القنصلية، بموجب ما كان يعرف إذ ذاك بالامتيازات الأجنبية. ذهب الابن بالورقة إلى القنصلية الإيطالية. قام القنصل الإيطالي فورًا وتوجه معه إلى قسم عابدين، وطالب بالإفراج عن علي باشا شريف رئيس مجلس الشورى المصري، لأنه إيطالي الجنسية!

على الفور أفرج عن علي باشا.

وفي اللحظة نفسها أفرج عن واصف باشا والدكتور الشافعي بضمانة عثمان باشا ماهر.

* * *

والذي حدث أيضًا، أن الحادثة قد رنت في «مصر المحروسة» ـ القاهرة ـ فحركت ركود الصيف، ونكأت جراحًا قديمة كاد بعضها أن

يندمل. شعر الجميع، حتى هؤلاء الذين ليسوا باشوات، والذين هم أيضًا رقيق، بأن اللطمة قد طالتهم، وبأن مصر الجريحة المسكينة مكسورة الجناح قد أهينت وأصبحت المسألة مسألة الكرامة المصرية في ذلك الحين. كان صعاليك المصريين ـ على الرغم من كل شيء ـ يحترمون الرجال الكبار ويجلونهم، وينزهونهم عن الخطأ، ولا يطيقون إهانتهم، هم في نظرهم «أولاد أصول»، قد يقبلون على أنفسهم الذل والإهانة، أما الباشوات والكرام الذين يذلونهم ويمرغون كرامتهم في التراب، فإن إهانتهم شيء لا يحتمل، وممن؟ من الإنجليز الذين نفوا عرابي، وحطموا الطوابي، واغتالوا حلم الإنسان المصري بالحرية والكرامة. كان لصعاليك الشارع المصري تاريخ طويل ومعقد مع الكبار، منذ الفرعون إلى شيخ القبيلة، وكلاهما كان يمارس الحكم والألوهية معًا. ومع ذلك فإن وجود الإنجليز قلب كل الموازين.

كان بعض الذين اعتقلوا ذوي تاريخ لا يحترم، علي باشا شريف مثلًا: شيخ طاعن في السن، أربى على الثمانين، سمين، قصير القامة. يقول عنه الزعيم محمد فريد في مذكراته إنه:

> كان مشهورًا بالتبذير وسوء التدبير والميل إلى إرضاء الشهوات. بذر كثيرًا من أمواله. واستدان مبالغ طائلة فحُجر عليه لمدة سنتين. وكانت ديونه ٣٤٠ ألف جنيه وأملاكه ١٣ ألف فدان. تزوج أربع زوجات، منهن واحدة أصلها مغنية وسيئة السيرة جدًّا.

على الرغم من هذا، حزن عليهم صعاليك الشارع المصري أبلغ الحزن وأعمقه، وأخذوا يتابعون المسألة بقلب واجف.

كان كبار المسؤولين يصيفون كالعادة في بلاد العالم الواسعة، فالخديو عباس كان قد سافر في أوائل أغسطس إلى الآستانة ومنها إلى فينيسيا وسويسرا، مرفهًا عن نفسه عناء حكم بلد محتل ومستذل. أما اللورد «كرومر»

معتمد الاحتلال، فكان بلغة «المقطم» ـ الجريدة ذات الصلة الوثيقة بدار المعتمد البريطاني:

> يروح عن نفسه بالصيد والقنص في مروج اسكتلندا، ذلك أن لبعض أنسبائه مروجًا فسيحة تبلغ ١٥ ألف فدان يكثر فيها القطا، وفيها غدير موصوف بكثرة الأسماك وكِبَرها، يقصدها الصيادون من كل فج.

وفي الإسكندرية كان نوبار باشا رئيس الوزراء ونائب الخديو، يمارس سلطاته من منزله على شاطئ البحر المتوسط.

اكتفى نوبار بأن أرسل في طلب المسيو «روكاسيرا» المستشار بقلم قضايا المالية، وحسن بك عاصم الأفوكاتو العمومي لدى المحاكم الأهلية، إلى الإسكندرية للمفاوضة معهما في المسألة.

وبدأ الجميع يدرسون القضية من الناحية القانونية.

كان الرقيق قد ألغي من مصر، بمعاهدة مصرية إنجليزية أبرمت في سنة ١٨٧٧ وتطبيقًا لها صدر أمر عالٍ من الخديو في أغسطس من العام نفسه، ينص على فترة انتقال مدتها اثنتا عشرة سنة يُسمح خلالها للأسر التي تملك جواري أو عبيدًا أن تتاجر فيها مع غيرها. «وبعد مضي المدة المحكي عنها، إذا كان أحد من رعايا الحكومة المحلية يخالف الأمر ويتجرأ على بيع الرقيق السوداني أو الحبشي تصير مجازاته بالأشغال الشاقة لمدة أقلها خمسة أشهر، وأكثرها خمس سنوات».

وجعل القانون محاكمة المتهمين في قضايا الرقيق من اختصاص مجالس عسكرية تشكَّل بأمر السردار ـ أي القائد الإنجليزي للجيش المصري ـ ولم يُعنَ القانون بتحرير العبيد الموجودين طرف العائلات في داخل البلاد. فما دام العبيد أو الجواري لم يطلبوا عتقهم، وما دامت الأسر التي تملكهم لا تتاجر فيهم، فلا موجب لتحريرهم، واعتبرهم القانون جيلًا انتقاليًّا، يمكن أن يظل على حاله إلى أن ينقرض. وعند تطبيق القانون اكتشفت «مصلحة

إلغاء الرقيق» أن مواده لا تتضمن نصًّا صريحًا بمعاقبة من يشتري الرقيق، ولتلافي هذا النقص أصدرت وزارة الداخلية منشورًا تفسر فيه القانون، ويقول بأن العقوبة تشمل البائع والمشتري.

رأى المستشاران اللذان استدعاهما نوبار أن القانون لا يلزم بمحاكمة مشتري الرقيق، وأن المنشور الوزاري لا يغير القانون. لكن مجلس النظار شعر بأن وراء المسألة ضغطًا إنجليزيًّا عنيفًا، ولم يجد لديه القوة لمعارضة السردار. فسلم أمره لله، وحول المسألة إلى المجلس العسكري العالي.

وصدر قرار من السردار «كتشنر باشا» بتشكيل المجلس برئاسة ضابط أرمني هو زهراب باشا، وعضوية عدد آخر من الضباط الإنجليز والمصريين.

وتابع الشعب الأمر بقلق، وتوجهت كل القلوب إلى رُبى سويسرا، تنتظر أن يتدخل الخديو الشاب لإنقاذ كرامة البلاد، وحفظ المقامات العالية، وبالفعل فإن نوبار قد أجل انعقاد المجلس بطلب من الخديو، لكن التأجيل لم يستمر سوى يوم واحد فقط.

خضع الجميع في النهاية لضغط الاحتلال، وعُقد المجلس بالفعل.

* * *

إنه في يوم ٤ سبتمبر سنة ١٨٩٤، انعقد المجلس العسكري المحكي عنه، ووقف حسين باشا واصف، ومحمد باشا الشواربي، والدكتور الشافعي بك، في قفص الاتهام. أما علي باشا شريف فقد سقط مريضًا بأزمة قلبية حادة، وأُجلت محاكمته إلى حين شفائه.

بجوار الذوات الفخام وفي القفص نفسه، وقف أربعة من البدو مغبرو الثياب والملامح، وسمسار يهودي، وصاحب عربخانة، وصاحب المنزل الذي أوى الجميع، ومرشد الشرطة الذي خان وظيفته.

على الرغم من أن القاعة كانت ضيقة، فإن مصر كلها قد ازدحمت فيها، ألقت قلوبها في ممراتها الضيقة المزدحمة، تسمع وترى وتتوجع.

الضحكة الدامعة في وسط كل هذا، نطقت بها وجوه الجواري أنفسهن.

أسماؤهن غريبة كوضعهن تمامًا. الثلاث اللواتي اشتراهن علي باشا شريف، هن حليمة وسعيدة ومراسيلة. لم تعجبه سعيدة. أمرها أن تجري أمامه. قال: «دي مرضانة»، أرسل فاستبدل بها فاطمة. دفع ثمنًا للجواري الثلاث ستين جنيهًا. الواحدة بعشرين. ثلاث نساء فاتنات، ساخنات، يطبخن ويكنسن، يغسلن الأقدام المرهقة بالمياه الساخنة. يضاجعن الباشا العجوز لو سمحت شيخوخته.

خضعت البنت للكشف الطبي القاسي دون ألم. قالت سعيدة، تلك التي رسبت في الاختبار: «سيدي اللي في سيوة مات، وأهل بيته باعوني لسيدي علي مبروك ـ النخاس ـ وجينا من سيوة لمصر».

أمة بنت أمة، عبدة من سلسال طويل من العبيد والجواري والإماء. كذلك كانت الأخريات، الواحدة منهن لا تعرف نطق الأسماء دون أن تسبقها بلقب «سيدي»، النخاس سيدها، السمسار سيدها، «يا سيدي القاضي»، ليس في قاموسها اسم لا تمنحه لقب السيادة، وهن لا يعرفن الأماكن ولا التاريخ، مخلوقات كُتب عليها أن تعيش تحت الأقدام دائمًا، تُباع، تُشترى، لا تعرف إلا النظر لأسفل، يقول «سيدي القاضي» لزنوبة، إحداهن:

ـ ارفعي راسك وإنتِ بتتكلمي.

ترفع رأسها لثوانٍ، لكن الرأس وُلد محنيًّا، هي لا تتحكم فيه، يتحكم فيه التاريخ والزمن الوغد. يكرر رئيس المجلس طلبه حتى ييأس فيسلم أمره لله. ولأنهن جوارٍ فهن لا يعرفن شيئًا من العالم، لا المكان ولا الزمان، ولا الحاضر ولا الماضي، السادة يعرفون، أما هن ففي خدمتهم. تصف مريم المكان الذي نزلت فيه فتقول: «جنب الحجرين الكبار والحجر الصغير».

تضحك القاعة، إنها تقصد أهرام الجيزة! يلقنها «سيدي القاضي» المعلومات، لكنها لا تجسر على تردادها، كيف تتجاسر هي الأمة بنت الأمة نسل الجواري إلى الجد المائة، فتعلم ما يعلمه هؤلاء السادة الذين يسألونها. هي أيضًا لا تعرف اللحية، يسألها المحامي:

ـ هل تعرفين شواربي باشا؟

فإذا أجابت بالإيجاب سألها:

ـ هل له لحية؟

على وجه المحامي النابه ملامح انتصار. ارتبكت الشاهدة. الباشا بريء. لأن الشاهدة لا تعرف اللحية. يقول رئيس المجلس:

ـ كيف لا تعرفين اللحية؟ اللحية عبارة عن شعر ينبت في الوجه.

يشير أحد أعضاء المجلس إلى لحيته الوقور. حينئذ تقول:

ـ نعم له لحية.

يضحك المجلس.

رفَّه السادة عن أنفسهم. مكدودون هم من عناء العدل بين الناس. أمامهم لحم يُباع بأرخص مما تُباع البهائم في عزبهم وإقطاعياتهم الشاسعة. لحم مليء بالانفعالات والآمال والأحلام والغرائز.

آن لكل من حليمة وسعيدة ومراسيلة وفاطمة وزنوبة ومريم أن يكن محل اهتمام العصر كله، تذكر الصحف أسماءهن، تصف وجوههن السوداء الوسيمة، وصباهن النضر، وملابسهن التي أتين بها من سيوة وجغبوب، يهتم بهن ناظر النظار واللورد «كرومر» والخديو عباس ووزارات الخارجية في لندن وباريس وروما. تهتم بهن «التايمز» و«ذي تروث» وكبريات صحف العالم.

لم تكن الجواري الست بشرًا، كن مجرد قميص عثمان، لذلك لم يهتم بهن أحد اهتمامًا حقيقيًّا، ولم تعنِ حريتهن أحدًا فالمهمون هم الباشوات، والصراع يدور على شيء آخر تمامًا.

* * *

توقعت «المؤيد» ـ جريدة الوطنيين المصريين التي يحررها الشيخ علي يوسف ـ أن يكون للحادثة أصداء هائلة في أوروبا، وذكرت أن وكالات الأنباء سوف تذيعها في أرجاء الأرض، وأن نتيجة ذلك أن الجبهات الاستعمارية

«سوف تطالب الحكومة البريطانية بأن تستولي على النيل الأعلى نهائيًّا لتقطع الطرق على النخاسين، وأن تتبع خطة العسف في معاملة المصريين ردعًا لهم وزجرًا». وقد صح ما توقعته «المؤيد»، التي كانت أول من تشكك في المسألة، فأشار مراسلها السكندري إلى أن الحادثة دُبرت خصوصًا لكي تبرهن على «عدم كفاءة رجال الشورى لمناصبهم». ونبهت في يوم آخر إلى أن اختيار علي باشا شريف بالذات لإيقاعه في المطب عملية مقصودة «بصفته رئيس مجلس كان في آخر السنة الماضية يعارض في بقاء «مصلحة إلغاء الرقيق»، ويبرهن على قلة الحاجة إليها بزوال معنى الاسترقاق من عقول المصريين».

وأربكت الحادثة «المؤيد» ومن تنطق باسمهم، فخلطت بين الأصول والفروع، وشنت حملة ضد ما وصفته التدخل في «الحرية الشخصية» للباشوات، وإساءة استعمال السلطة معهم، فقد أشارت إلى أن الإجراءات التي اتخذها «جيفر بك» هي إجراءات متعسفة. فبفرض ثبوت التهمة على الباشوات، فإن الضرورة لم تكن تستدعي حبسهم احتياطيًّا في قسم شرطة عابدين، على أساس أن الرخصة المعطاة للسلطة في حبس المتهمين احتياطيًّا، هي رخصة قصد منها الحيطة خشية الهرب أو التدخل لإفساد التحقيق بإخفاء الأدلة أو تهديد الشهود، ولعدم توافر هذين الركنين فإن حبس الباشوات احتياطيًّا هو إساءة لاستعمال السلطة وإهدار للحرية الشخصية!

وقصرت دفاعها على أن شراء الرقيق هو عمل حضاري، بعكس بيعه الذي أدانته أحيانًا، وتجاهلته غالبًا. وذكر مراسل «المؤيد» السكندري ـ في هذا الصدد ـ أنه لو ثبت أن الذوات الكرام الفخام قد فعلوا ذلك فهم «لم يقدموا على ذلك إلا عملًا للخير».

وذكر كاتب آخر أن «الرقيق لم يطمعوا في نوال الحرية إلا مجاراة للأحوال في نيل تلك الورقة من مصلحة الرقيق بعتقهم، لكنهم لم يفارقوا

منازل شبوا فيها وشابوا على عدم معرفة سواها، ولن يفارقوها إلا بفراق أرواحهم لأجسادهم. وهم الآن يستقتلون في حفظ كرامة مخدوميهم حفظهم على أنفسهم»، وسخر من العبيد الذين «لذ لهم اسم الحرية» فـ«غادروا منازل أنسهم» وأدى بهم هذا إلى «أن يعاشروا أمثالهم من أبناء جلدتهم، ففسدت أخلاقهم تمام الفساد، وأصبحوا ضربة قاضية على الحرية وعالة على الإنسانية، وقد بلغ الشقاء ببعضهم مبلغًا ليس بعده غاية، وهم أحرار. فليتهم لبثوا أرقاء، فإنه كان خيرًا لهم في كل حال». وقال الكاتب في النهاية بلهجة ضعيفة: «أما منع الرقيق بالإجمال، فهو خير واسطة لرفع لواء المدنية في العالم».

وقد ردد الدفاع عن شواربي باشا ـ وكان يتولاه خليل بك إبراهيم المحامي ـ هذه الفكرة، فقال إن شراء الجواري عمل إنساني عظيم، «ذلك أن الموسر مثلًا يبتاع جارية أو مملوكًا أو عبدًا فينقله من حالته التعيسة إلى حالة سعيدة، ويحسن تربيته ويقوم بكمال تهذيبه ويكسوه ويشبعه، وبالجملة ينقذه من وهدة الشقاء ويرفعه إلى أوج الراحة والرخاء».

وأكد فكرة أن القانون لم يقضِ بمعاقبة الشاري «ولو قضى بذلك لكان هذا خارجًا عن دائرة التصور، إذ لا يعقل أن من يفعل الجميل يقابل بضده، وأن من ينقل الرقيق من دور إلى دور، يكون جزاؤه هو نفس جزاء من يتجر به».

والغريب أن الدفاع عن واصف باشا، قد احتج في مرافعته على قلم الرقيق لأنه أخرج الجارية سعيدة من منزل الباشا ومنحها شهادة العتق، وقال: «بفرض المستحيل أنه اشتراها، فإنه لا يحق للمذكور أن يعتقها ما دامت لم تشتكِ أو تطلب عتقها».

* * *

من المضحكات المبكيات في زمن الجواري ذاك، أن حرية الإنسان لم تهم أحدًا كما يليق، ولم يدافع أحد عنها بشراسة ووضوح وصراحة،

إلا صحيفة واحدة هي «المقطم» جريدة الاحتلال الإنجليزي، والمدافعة عن وجوده، هي وحدها دون الصحف الوطنية. وللإنصاف فإن المدعي العام قد دافع أيضًا، لكنه على الرغم من مصريته كان ممثلًا لمصلحة إلغاء الرقيق، إنجليزي العقل والتفكير.

وقد بنت «المقطم» موقفها على أساس منطلق واحد، هو قاعدة المساواة أمام القانون، فقالت: «إن العادة المتبعة في مصر من يوم تعهدها بإلغاء تجارة الرقيق سنة ١٨٧٧ هي أن يعامل شاري الرقيق معاملة بائعه، فيحاكم محاكمته ويعاقب معاقبته، وأن أحكامًا أصدرت على كثيرين عُوقب فيها الشارون كالبائعين ولم يلتفت إليهم أحد ولم ينازع في ذلك منازع».

وذكرت أن المنازعة التي تثور الآن حول تطبيق القانون على الشاري تصدر من الأعيان والباشوات الذين «يتمنون أن يكونوا هم السادة وسائر الناس العبيد».

وفي الموضوع فإن «المقطم» قد انحازت تمامًا إلى جانب تحرير العبيد، ونشرت في هذا الصدد بحثًا طويلًا من جزأين، بعنوان «ما سمعنا بهذا في آبائنا الأولين» ذكرت أنه بقلم «أديب فاضل من وجهاء المصريين طالما قارع ببراعة فحول الأدباء وسحر بحسن بيانه ألباب أولي الألباب».

وقد دافعت في هذا البحث دفاعًا مجيدًا عن حرية الإنسان، واستعرضت تاريخ الرق من أقدم العصور، وأوضحت موقف الإسلام غير الوُدي تجاهه، ذلك الموقف الذي يتساوى مع التحريم، وقالت إن «الزنجية المشتراة بالثمن كما تُشترى البقرة قد أصبحت ـ في عهد الاحتلال ـ متساوية الحقوق بمالكها»، بل إن هذه الزنجية قد وقفت «بجانب كرسي مالكها تتهمه وتحاكمه وتشهد عليه وتشير إليه». وختمت بحثها هاتفة بحماس «أنتم أيها العبيد اعلموا أنكم إخواننا، لكم ما لنا، وعليكم ما علينا، لا فضل لقرشي على حبشي إلا بالتقوى، ولا يهولن أسيادكم أن تتساووا بهم في الحقوق وليهونوا على أنفسهم فكلكم لآدم، وآدم من تراب».

وعالج المدعي العمومي المسألة على أساس أن الشراء والبيع وجهان لعملة واحدة، لا وجود لأحدهما دون الآخر، وقال: «إن مثل هؤلاء النخاسين المساكين لم يتجشموا الأتعاب ويكابدوا المشقات في استحضار الرقيق إلا لعلمهم بوجود مشترين مثل حضرات هؤلاء الباشوات».

ذلك جانب من سر العقل المصري، ثنائيته الغريبة؛ الصحف الوطنية تبرر انتهاك حرية الإنسان، وتعتبر أن شراء الجواري عمل عظيم، وهي التي تطالب بالحرية والدستور والقانون. وصحف الاحتلال، التي تدافع عن شرعية انتهاك «حرية الأمة» بأكملها، هي التي تدافع عن العبيد وتطالب بتحريرهم، وبالمساواة أمام القانون بين الباشوات والنخاسين!

وقع الدفاع عن المتهمين في مأزق، كان عليه أن يهاجم «مصلحة إلغاء الرقيق» وما اتخذته من إجراءات، ولكن دون أن يستفز ذلك الاحتلال، طلبًا للسلامة وخوفًا من التورط ـ ولعل هذا كان أحد الدروس التي لقنتها سلطات الاحتلال لكل المصريين. غازل إسماعيل بك عاصم الاحتلال طويلًا في مرافعته، وتحدث عن دوره في نقل مصر إلى المدنية، وعندما تعرض لإجراءات القبض على المتهمين لم يناقش شرعيته «ذلك أن أمرًا مثل هذا من اختصاص رجال الحكومة وهي وشأنها مع موظفيها»، وأردف: «ولكن نقول إن عمال قلم الرقيق مجتهدون، والمجتهد لا يكون معصومًا، بل هو دائمًا معرض لكل خطأ».

أثارت الكلمات جمهور الحاضرين فتصاعدت منهم همهمات.

* * *

وكانت للحادثة آثار ضخمة في العالم، سارعت الصحف الإنجليزية إلى اتهام المصريين بالتوحش والبربرية، وإلى تأكيد ضرورة بقاء «مصلحة إلغاء الرقيق» وموظفيها الإنجليز وكل موظفي «الملكية» و«الجهادية» في حكومة مصر.

وعبرت عن دهشة الشعب الإنجليزي «المشغوف بتحرير الإنسان والذي

يرى لنفسه الفضل الأول في محو الاسترقاق من بلاد الشرق»، وذهوله «لحرص وجهاء المصريين على استبقاء الرقيق». وتغزلت «التايمز» في العدالة الإنجليزية التي تلقن الشعوب الهمجية دروسًا في الحرية.

وفي إيطاليا أمرت وزارة الخارجية بنفي المسيو «جوارنبري»، صاحب ومدير جريدة «الجورنال إجبسيان» ـ وهو فرنسي إيطالي ـ التي تصدر في مصر، لأنه هاجم إنجلترا، وهاجم تصرف الموظفين الإنجليز في مسألة الرقيق، ثم أمرت بنقل القنصل الإيطالي في مصر لأنه تدخل للإفراج عن علي باشا شريف وطلب تأجيل محاكمته دون أن يستأذن من الحكومة الإيطالية أولًا. كان شهر العسل الإيطالي الإنجليزي لم ينتهِ بعد!

وكانت «المؤيد» قد تزعمت حملة تطالب فيها بتوحيد القضاء، وعدم تطبيق قانون الأحكام العسكرية على المدنيين، وإحالة كل القضايا إلى القضاء الأعلى، أي إطلاق حق استئناف الأحكام والطعن عليها بالنقض. وسخرت «المقطم» من ذلك وقارنت عهود ما قبل الاحتلال بعهد الاحتلال، وذكَّرت المصريين بمظالم إسماعيل باشا وعهده الأغبر، ثم قالت: «ولا يجهل أحد أن المحاكم لم تستقل هذا الاستقلال ولم تأمن مداخلة الحكام في أحكامها إلا بعد ما شاد المحتلون للقضاء على صروح الاستقلال وأخذوا بناصية رجاله حتى لا يتعرض لهم الحكام في حكم من الأحكام».

كان الإنجليز قد استلبوا حرية مصر، بتخويفهم المصريين من طغيان إسماعيل!

بعد أسبوع من بدء المحاكمة، صدر حكم المجلس العسكري، وقد قضى ببراءة حسين باشا واصف ومحمد الشواربي باشا، وحكم بالسجن خمسة شهور على الدكتور عبد الحميد الشافعي، وبأحكام تتراوح بين عام وعامين على النخاسين.

وبهذا رفض حكم المجلس العسكري كل الدفوع القانونية بأن المشتري لا عقوبة عليه.

وقد جاء حكم الإدانة على الدكتور الشافعي نتيجة منطقية لأنه الوحيد الذي اعترف فعلًا بأنه اشترى الجواري، بينما أصر واصف باشا على أن حرم الدكتور قد أرسلت الجاريتين لتتعلما الطبخ في مطابخه، وكانت بعض الصحف، وخاصة «الأهرام»، قد اتهمت الدكتور الشافعي بأنه دسيسة إنجليزية، وأنه اعترف ليورط الباشوات الثلاثة في الجريمة خدمة لأهداف الاحتلال، وهو ما سخرت منه «المقطم» بعد صدور الحكم، واتخذته دليلًا على نزاهة القضاء، واستقلاله في ظل الحكم الإنجليزي.

وقد رحبت الصحف الوطنية بالحكم، وفرح له القلب المصري، وامتلأت صفحات الصحف بالمادحين للمجلس العسكري، لدرجة أن «المؤيد» قد اعتذرت عن نشرها لكثرتها الشديدة وضيق المساحة. وجاءت رسائل مراسليها في أنحاء البلاد تصف مظاهر الفرح والبشر والسرور بتبرئة كبار الرجال من التهمة، وسخر أحد مراسلي «المؤيد» من الدكتور الشافعي، وخاصة أن محاميه كان قد لقبه «بالصادق». قال المراسل مستشعرًا:

والصِّـدقُ إن ألقاكَ تَحت العطب　　　لا خَير منه فاعتصِـم بالكَذِبِ!

أما إبراهيم رمزي صاحب جريدة «الفيوم» والكاتب الروائي والمسرحي الشهير، فقد نظم «مدحة» في المجلس العسكري قال فيها:

دعوى الرَّقيقِ أبانت عَدلَ مَن حَكموا　　　فيا بَنـي مِصرَ أنتـم خَير أقيال
فَبائعُ النَّـاس ذُو إثـمٍ بِفعلَتِه　　　لكنَّ شـاريهم خِـلٌّ لهم غالِ

وكان لا مفر من اتخاذ إجراء مع علي شريف باشا، الذي منعه مرضه من حضور المحاكمة، وشعرت سلطات الاحتلال بأنها قد انتقمت لنفسها بما فيه الكفاية، فاكتفى السردار بأن يطلب من الباشا أن يكتب اعترافًا بالجريمة، ينهيه برجاء مسامحته والعفو عنه.

وقد كان.

كتب الباشا اعترافًا مذلًّا ومهينًا، بأنه اشترى ثلاث جوارٍ «وأعترف بأني

مذنب في هذا العمل لعلمي أن هذا غير جائز، ولكن حصل ذلك مني بنوع الإهمال، والآن، وقد ندمت وتأسفت على حصول ذلك، وعليه أطلب العفو والسماح من لدن ولي الأمر».

أدانت «المؤيد» موقف الباشا المهين للكرامة، وكانت في بداية الأزمة قد اعتذرت عن تصرفه، فذكرت أنه «لم يظهر الرغبة في الحماية الطليانية، ولكن الذي اضطره لذلك هو أنه منع من الاتصال بنوبار باشا». ولكنها وبعد موقفه الأخير أدانته بكلمات قاسية. قالت: «لا خلاف أن سعادة الباشا قد أساء التصرف أولًا وثانيًا فلقي من الإهانة واللوم ما لقي، وكان الواجب عليه أخيرًا بعد ما حاول الخروج من الوطنية والاحتماء في الأجنبية أن يتذرع بالصبر، ويقبل المحاكمة مذنبًا أو بريئًا».

استقال علي باشا من رئاسة مجلس شورى النواب، وظل في منزله حزينًا وحيدًا، حتى مات بعد عامين في سنة ١٨٩٦، والغالب أنه مات كمدًا!

لا أحد يدري أين ذهبت الجواري بعد ذلك، مع كل واحدة منهن ورقة عتق وتحرير من مصلحة «جيفر بك»، لكنهن بلا عمل ولا أسرة ولا مستقبل. الغالب أن مريم ـ أكثرهن ذكاء ومشاكسة ـ كانت أول من مزق ورقة العتق وعادت إلى بيت سيدها.

«ورقة عتق»؟ ما قيمتها في يد إنسان جائع، في وطن محتل!

عاد اللورد «كرومر» في مقتبل الخريف من مروج أنسبائه المليئة بالقطا في اسكتلندا، وعاد الخديو من مصيفه السعيد فوق جبال سويسرا، فطالبه اللورد بأن يعين مستشارًا إنجليزيًّا لوزارة الداخلية المصرية. هاجت الصحف، موظف إنجليزي في وزارة الداخلية؛ وزارة العمد والخفراء والأعيان والضبط والربط! إن وزارة الداخلية هي مصر، فكيف نتركها لحاكم إنجليزي؟ لكن أحدًا لم يجسر على مزيد من الغضب. ولم يستطع أحد أن يقول بأن المصريين قادرون على حكم أنفسهم، بينما اعتراف الباشا رئيس مجلس الشورى لم يجف مداده بعد.

نخاسون وتريدون حكم أنفسكم؟!

عُين المستشار الإنجليزي في وزارة الداخلية.

في أواخر سبتمبر ١٨٩٤ عاد إلى مصر كما ذكرت «المؤيد» الأديب مصطفى كامل أفندي، أحد تلامذة مدرسة الحقوق وصاحب مجلة «المدرسة»، وعاد إليها أيضًا «حضرة الأصولي الفاضل سعد بك زغلول القاضي بالمحاكم الأهلية».

كان الخريف يقبل وانيًا، حاملًا معه: شابًّا وسيمًا كعاشقٍ أضناه السهر، وفلاحًا متوسط العمر غير مشذب الشارب. قُدِّر لكل منهما بعد ذلك بسنوات أن يكون غضب مصر الجسور، وصوتها العالي - إلى حد الموت حبًّا - المطالب بتحرير الإنسان المصري، وحرية الوطن المصري.

ذلك لأنها، هي قضاؤنا وقدرنا، لم تعقم قَطُّ.

رصاصات الأمير سيف الدين

هي حكاية من فصلين.

أثار كلاهما فضول الذين عاصروا أحداثها، ودهشتهم، وحماستهم، وإلى حد ما، ملأ حلوقهم بالمرارة وقلوبهم بالشجن.

في الفصل الأول، كانت الحكاية من النوع الملكي، يحمل أبطالها لقب «صاحب السمو»، وتدور حوادثها بين عامي ١٨٩٥ و١٨٩٨، وراء جدران قصور فخمة يتسلى سكانها بإطلاق الرصاص على أهداف صغيرة، توضع فوق رؤوس عبيدهم.

ولأن التعاسة كانت تظلل مبانيها الفخمة، فقد أسدلت ثلاث رصاصات أطلقها البرنس أحمد سيف الدين على البرنس أحمد فؤاد - ابن عم والده وزوج شقيقته البرنسيسة شويكار - الستار على الفصل الأول من الحكاية، ليملأ أنصار الاحتلال البريطاني لمصر الدنيا صراخًا، بأنه لولا الاحتلال السعيد لما حدث - ولا في الأحلام - أن يقف برنس من الأسرة المالكة أمام محكمة الجنايات، ليحاكمه قضاة مصريون، ويحرسه في قفص الاتهام جندي من أبناء الفلاحين.

وبعد ثلاثين عامًا من هذا التاريخ، وفي عام ١٩٢٨، ارتفع الستار عن الفصل الثاني من الحكاية، وهو فصل شعبي، إذ انضم إلى أبطالها من أصحاب السمو والجلالة، اثنان من أبناء الفلاحين، لا تجري في عروق

أحدهما نقطة واحدة من الدماء الزرقاء، هما مصطفى النحاس رئيس الوزراء ورئيس حزب الوفد المصري، وويصا واصف رئيس مجلس النواب وأحد أقطاب الوفد، الحزب الذي يضم أغلبية المصريين، ويقود الحركة الوطنية، ويتزعم جماهير الشعب.

وخلال هذه الأعوام الثلاثين، التي قضى الأمير سيف الدين معظمها في مصحة للأمراض العقلية، كانت الدنيا قد تغيرت، فاشتعلت ثورة ١٩١٩ العاصفة، وانتهت بأن حصلت مصر على نصف استقلال ونصف ديمقراطية، أتاحا للأمير أحمد فؤاد ـ الهدف الذي توجهت إليه رصاصات سيف الدين ـ أن يصبح ملكًا لبلد دستوري، وأتاحا لأبناء الفلاحين وصغار التجار، الذين قادوا الثورة، وكانوا وقودها، ومنهم مصطفى النحاس وويصا واصف، أن يكونوا وزراء وزعماء.

ورفع المستعمرون البريطانيون شعار «لا ديمقراطية بلا معاهدة تحالف تضفي شرعية على وجودنا في مصر».

أما الملك فؤاد فقد رفع شعار «الملك لا الأمة، هو مصدر كل السلطات».

بينما أصر مصطفى النحاس، خليفة سعد زغلول، على ألا يتنازل عن الاستقلال التام، أو يفرط في حق الأمة في أن تكون مصدر كل السلطات.

ولم تكن قد مضت سوى شهور قليلة، على وفاة سعد زغلول، وتولي مصطفى النحاس لزعامة الأمة حين رفض مشروع معاهدة التحالف التي عرضها الإنجليز في تلك السنة ـ ١٩٢٨ ـ فأثبت بذلك أنه متشدد كسلفه، وأنه ليس مرنًا، ولن يسلم البضاعة، فكان لا بد من تأديبه وتطويعه، وإجباره على الاختيار بين «الاعتدال» أو «الرحيل»، إذ كان أعداء الأمة قد تنفسوا الصعداء بعد وفاة سعد، ولم يكونوا على استعداد للانتظار حتى يتحول خليفته إلى صورة أخرى منه.

وهكذا بدأوا البحث عن فضيحة تنسف زعامته، وتلوث سمعته، وتقضي على مستقبله، ليستتروا بسحائب الدخان المتصاعدة منها، فيحطموا الدستور،

ويقضوا على الحياة النيابية، ويقصوا زعيم الأغلبية وحزبه المتشدد عن السلطة، ليأتي «المعتدلون» فيوقعون معاهدة التحالف، ويسلمون البضاعة، فيرتاح المستعمرون من مطالبة الوفد بالاستقلال «التام»، ويرتاح الملك فؤاد من إصرار النحاس على أن تكون الأمة مصدر كل السلطات.

وأثناء البحث عن هذه الفضيحة، سرق المتآمرون من منزل أحد المحامين الوفديين في الإسكندرية، عقد اتفاق للدفاع في قضية أمام مجلس البلاط، كان مصطفى النحاس أحد الموقعين عليه، وكانت والدة الأمير سيف الدين ـ عدو الملك القديم وشقيق مطلقته المجنون ـ هي الطرف الثاني.

واختار المتآمرون أن يكون هذا العقد هو موضوع الفضيحة التي ستقضي على زعيم الأغلبية مصطفى النحاس.

فكيف بدأت الحكاية؟ وكيف تحاورت خلايا العقل المصري حول العلاقة بين الاستقلال والديمقراطية؟ وكيف انتهت المؤامرة على زعيم الأغلبية؟

* * *

البطل الأول للقصة بفصليها «الملكي» و«الشعبي» هو الأمير أحمد سيف الدين.

شاب رفيع، طويل القامة، وسيم إلى درجة واضحة، عصبي المزاج، من أكثر أمراء الأسرة المالكة المصرية ـ باعتبار ما كان ـ إثارة للضجيج، مع أنه لم يتولَّ أي منصب رسمي في حياته داخل القصر الملكي أو خارجه، بل قضى ثلاثين عامًا، هي أكثر من نصف عمره، في مستشفى بريطاني للأمراض العقلية!

وهو حفيد إبراهيم باشا ابن محمد علي، وُلد في سنة ١٨٧٨، كانت والدته أميرة تركية عثمانية تنتمي إلى البيت السلطاني في إستانبول. وهو في الثامنة، رأت والدته البرنسيسة نجوان هانم أن تكرمه بتلقي العلم في المكتب السلطاني بالآستانة. فأرسلته إلى هناك ليبقى ست سنوات وحيدًا،

بعيدًا عن أي تربية حقيقية أو تهذيب، لمجرد إرضاء رغبتها «العثمانلية» في أن يتربى ابنها مع أولاد السلطان التركي. وعندما عاد إلى مصر في الرابعة عشرة كان أبوه يسلم الروح، وفي الوقت نفسه يسلمه هو وثروته الطائلة إلى عمه الأمير أحمد كمال باشا ليكون وصيًّا عليه.

* * *

ولأن الثروة في نظر العم أهم من أي شيء آخر، فقد وجَّه همه كله إلى تنميتها، تاركًا المراهق العائد من إستانبول يصرف أموره بنفسه، وكان الأمير الصغير قد عاد بعادات مرذولة، وتصرفات طائشة. كان نبتة برية، لم يهتم أحد بتربيتها أو بتعليمها أي شيء، وخاصة إذا كان هذا الشيء هو الأخلاق.

يتشاجر سيف الدين مع شقيقه الكبير ويتضاربان، ويتدخل العم قليلًا، ولا يهتم كثيرًا، ويتزايد النفور بين الشقيقين، وتنتاب سيف الدين حالات تشنج عصبي، ويعوده الأطباء، وتهتم به شقيقته شويكار ـ وكانت تكبره بعامين ـ وتمرضه. وتنشأ بينهما صداقة وثيقة، يعوض معها سيف الدين إحساسه بإهمال عمه، وإهانات شقيقه المستمرة له.

وعندما يبلغ سن الرشد، يتسلم ثروته، ويعيش مع إخوته في قصر والدهم الضخم في الجزيرة، وكانت تحيط به حدائق شاسعة. وينتقل أحيانًا ليقيم في سراي لهم بقصر الدوبارة ـ مبنى مجلس الوزراء المصري الآن ـ ويقضي وقته في هوايات تافهة، تتيحها له ثروة واسعة تقدر قيمتها بعشرة ملايين من جنيهات ذلك الزمان.

وتتزايد مشاكله مع شقيقه، ولا يجد صدرًا حنونًا سوى أخته، وكانت أمهما تقيم في إستانبول!

وهو في السابعة عشرة فوجئ يومًا بشقيقته تغادر السراي لتقيم بعيدًا في الزعفران، حيث قصر زوجها الأمير أحمد فؤاد.

* * *

كان ذلك في عام ١٨٩٥، وكان الأمير أحمد فؤاد أيامها في السابعة والعشرين. وهو نفسه حضرة صاحب العظمة السلطان فؤاد ـ كما لُقب بذلك عندما تولى عرش مصر سنة ١٩١٧ ـ ثم تغير لقبه إلى حضرة صاحب الجلالة ملك مصر عند إعلان الاستقلال في سنة ١٩٢٣.

والبرنس فؤاد، وهو أصغر أنجال الخديو إسماعيل، كان معروفًا آنذاك في أوساط العائلة المالكة بأنه شاب مفلس كثير الاقتراض، مقامر، سكير، وهي شهرة تعدت الأوساط الملكية لتصل إلى رجل الشارع العادي، الذي كان يصفه بأنه «شمام». ولم يكن مقصودًا بهذا التعبير العامي معناه الحقيقي ـ وهو شم الكوكايين ـ ولكنه تعبير يصف تدهور أحواله العامة، وافتقاده للاحترام الاجتماعي، كان بتعبير المرحوم بيرم التونسي: «مقامرًا لا ترحب به أندية القمار، لأنه مفلس ولا يسدد ديون اللعب، وكان يركب الحنطور ولا يدفع للحوذي أجرته، ويطرق منازل أصدقائه ليلًا ويطلب الطعام».

وكان هذا كله طبيعيًّا لأنه ابن الخديو إسماعيل.

فالملاحظ ـ والفكرة قالها أستاذنا يحيى حقي شفاهة ـ أن الفرع الذي ينتمي إلى إسماعيل من أسرة محمد علي، فرع شره إلى المال بدرجة مرعبة، فمن تولى منهم العرش ـ توفيق وعباس حلمي وحسين كامل وفؤاد وفاروق ـ كانوا لصوصًا مشهورين، وكان شرههم الأساسي للأرض، يبذلون الجهد لاستلابها بأي سبيل حتى لو كان اغتصاب التنظر على الأوقاف الخيرية والأهلية، بل إنهم لم يتعففوا حتى عن السرقات الصغيرة.

والسبب في ذلك معروف. فقد انتقلت أملاك إسماعيل لملكية الدولة، بموجب قانون التصفية الذي صدر قبل عزله عن العرش، وذلك تسديدًا للديون الشخصية التي كان قد اقترضها من الأجانب. وبهذا لم يترك لأولاده ثروات تكفيهم للحفاظ على هيبة الإمارة، فأصبح كل هم الذين جلسوا على كرسي العرش من بعده، هو أن يستردوا هذه الأموال التي استولت عليها الدولة! ويكفي للتدليل على هذا أن نعلم أن الملك فؤاد، لم يرث عن أبيه

سوى ٨٠٠ فدان فقط استطاع «بجده واجتهاده»، بعد توليه الملك، أن يصل بها إلى ٣٥٠٠٠ فدان، فضلًا عن ٤٥٠٠٠ فدان من أراضي الأوقاف، وثروة نقدية لا تقل عن أربعة ملايين من الجنيهات!

أما في ذلك الزمن فقد كان البرنس فؤاد، فقيرًا ومفلسًا، وقد نجح في اصطياد قلب شويكار حفيدة إبراهيم باشا، فانتقلت إلى قصره المتواضع بالزعفران وتزوجته.

وخلال السنوات الثلاث الأولى من الحياة الزوجية، صح ما توقعه العارفون، فقد استطاع الزوج أن يحصل من زوجته على توكيل بإدارة أعمالها المالية، وتدريجيًّا بدأت الزوجة تلاحظ أنه يستلب منها أموالها، بل إنه حتى لم يدفع لها مقدم صداقها وقدره ١٠ آلاف جنيه، كتبها في العقد وتعهد بدفعها حين ميسرة. ثم إنه بعد هذا كله لا يدفع مليمًا لمصروفات القصر، ويتركها وحيدة به، ويسافر إلى القاهرة فيمضي أيامه هناك في قصر «البستان» الذي يملكه في باب اللوق، وهو يسكر كثيرًا، ويخسر كثيرًا في القمار، وكل وقته ضائع في «الكلوب الخديوي»، يحاول أن يكسب دورًا من البوكر، حتى لو اضطر إلى سرقة «الآس» وإخفائه في حذائه!

وليت الأمر قد اقتصر على هذا، إذن لأمكن احتماله، خاصة وأنها قد رزقت بأول أبنائها منه، وسمته إسماعيل، وقد مات بعد ذلك، لكن أم البرنس كانت سيدة سليطة اللسان، أساءت معاملة شويكار، وأطلقت فيها لسانها. وهو ما لم تحتمله حفيدة إبراهيم باشا، وابنة الأميرة العثمانلية نجوان هانم أفندي، خاصة وأن أسرة محمد علي بأكملها، كانت تكره إسماعيل باشا وكل ما تنسل عنه، بسبب اللعبة غير النظيفة التي لعبها وغيَّر بمقتضاها وراثة العرش، بحيث تصبح في أكبر أبنائه، ثم أكبر أحفاده، بعد أن كانت شائعة بين أكبر ذكور الأسرة!

وبينما كانت الحالة في قصر الزعفران تتدهور، ليصل الأمر إلى بعض

اللكمات يوجهها البرنس إلى زوجته، كان الأمير سيف الدين في القاهرة يعيش قصة حب، فقد تعرف في هذه الفترة بالأميرة نعمت هانم ابنة البرنس جلال، فأحبها، وتقدم يخطبها لنفسه، وأخذ يتبادل معها رسائل غرامية بالتركية والفرنسية، ووجد فيها صديقة. يبدو أنها قدرت حالته العصبية المختلة، التي أثرت في تناوله لعاطفته نحوها بحيث أصبحت ارتباطًا مرضيًّا أكثر منها عاطفة حب.

وبدأ توتره يزداد، وحالته العصبية تتفاقم. فقد أخذت الأسرة تتندر بالخطابات التي يرسلها إلى خطيبته. وأهمل شقيقه الأكبر الأمر، ثم بدأ عمه الأمير أحمد كمال يعترض على الزواج، ويشهر بتصرفاته العصبية أمام أنسبائه لينفرهم منه، وهو الدور نفسه الذي لعبته عمته البرنسيس عين الحياة هانم أفندي، وكانت برنسيسة عجوزًا من النوع التركي الصارم، العدواني، وقد وجدت في الأمير أحمد سيف الدين هدفًا سهلًا لعدوانها المستمر، لذلك لم يكف لسانها الشرس عن التشهير بالعاشق المسكين.

ولم يستطع سيف الدين، وهو المريض عصبيًّا، أن يواجه كل هذا إلا بالاستمرار في الإغراق في شرب الخمر، ثم الانصياع لجهازه العصبي الضعيف، ليقوده إلى مجموعة من التصرفات المضحكة والطائشة، تصبح بدورها موضوعًا للتندر والتشهير، فيزيد هذا توتره، ويندفع أكثر، وهكذا.

وزاد الطين بلة أن عمه بدأ يهدده بوضعه تحت الوصاية، ويطلب الحجر عليه من المجلس الحسبي لسفاهته، وقد جعله هذا يتوتر أكثر، إذ كان معناه أن يحرم من خطيبته، وأن يحرم من التصرف في ماله، وأن يتحكم فيه هذا العم القاسي. وما لبث هذا الشعور الجارف أن تحول إلى إحساس مُركز بالاضطهاد.

وبدأت تصرفاته الطائشة تتحول إلى درجة قريبة من جنون الاضطهاد!

كان خوفه الأساسي أن يسلب أحد أمواله بتزوير إمضائه، فأخذ يضع على كل ورقة توقيعًا غير الذي يضعه على الأخرى، وهو ما أربك المتعاملين مع

دائرته، وأربك البنوك التي يضع بها أمواله، وشمل شكه بعد ذلك موظفي دائرته، فأخذ يبحث ويتشمم بطريقة فكاهية، باحثًا عن عملاء عمه من موظفي الدائرة، فإذا ما شك في أحدهم فصله، وعيَّن غيره، وفي اليوم التالي يفصل الموظف الجديد، وهكذا شمل الارتباك كل شيء في حياته.

وعيَّن الأمير سيف الدين جواسيس أطلقهم عيونًا وراء عمه، يأتونه بأنبائه، وتملكه وهم بأن عمه قد يستأجر من يغتاله، فعيَّن «فتوات» لحمايته والدفاع عنه، وعاش في حالة من الرعب بأن هناك مؤامرة واسعة الأطراف تُدبَّر ضده، ولم يكن يمارس كل هذا خفية، بل إن تصرفاته كلها كانت علنية بشكل يجمع بين المأساة والملهاة.

وكان يسكر كل ليلة، ويعود مخمورًا ليرتكب أي شيء، وتكاثرت حوادث نزقه، وسُجلت في محاضر الشرطة. كان يركب حمارًا ذات ليلة وبصحبته اثنان من خدمه، وداس حماره شرطيًّا قرب العطارين بالإسكندرية، ولما احتج الشرطي انهال عليه ضربًا، وفي القسم قال مبررًا فعلته: «إن العسكري كان يلبس بنطلونًا أسود وقد ظننته حمارًا فضربته»!

وفي الأسبوع نفسه عاد يومًا مخمورًا إلى حجرته في فندق «سان استفانو»، فمر به خادم نوبي فأصر على تقبيله، ودفعه الخادم تقززًا من رائحته، فانهال عليه ضربًا، ثم ضرب خفيرًا تدخل ليحمي الخادم، وحُرر له محضر سكر وعربدة!

في تلك الفترة بدأت الحالة في الزعفران تتوتر، وجاءته أنباء بتفاصيل ما تعانيه شقيقته شويكار من زوجها أحمد فؤاد، وكان من البداية يشعر أنها وقعت في يد نصاب ملكي، وتكثف إحساسه بأن سوء الحظ يترصده، ويترصد شقيقته!

في أوائل أبريل عام ١٨٩٨، رفع عمه الأمير أحمد كمال، دعوى أمام المجلس الحسبي، يطلب فيها وضع ابن شقيقه تحت الوصاية والحجر عليه. قال في تبرير ذلك، إن الأمير الصغير ليس مبذرًا أو متلافًا، فنفقاته

رغم ضخامتها لا تؤثر في ثروته الواسعة كالبحر، لكنه «سيئ التقدير، كثير التقلب، وأحواله معتلة مختلة، مهمل ومصاب بخلل في قواه العقلية».

وأدى رفع القضية إلى انفلات عيار الأمير سيف الدين تمامًا، وأصبح يظن أن كل من يسير خلفه يريد به شرًّا. دخل يومًا على معاون قسم بوليس عابدين، وهو يرتعش، وطلب منه شرطيًّا لمرافقته إلى مكان يقصده، لأنه يشك في أن أحد الأرمن يتتبعه ليغتاله بتكليف من عمه. وفي محطة كوبري الليمون، احتمى بناظرها من شخص آخر اتهمه بالتهمة نفسها، فصحبه الناظر إلى قصره بالمرج!

وتوترت العلاقات بينه وبين شقيقه الأكبر الذي أصدر أوامره بأن يبيت في السلاملك لأنه يعود مخمورًا ويحدث ضجة. وعاد ليلة فوجد أن فراشه غير موجود، فأحزنه ذلك كثيرًا، بحث في المخزن السري الذي يخفي فيه زجاجات الويسكي فوجد به ثلاث زجاجات، احتساها وخرج إلى الطريق العام، وعندما وصل إلى شريط سكة حديد حلوان، نام عليه وأصر على ألا يقوم إلا بعد أن يمر فوقه القطار، وأخذ الخدم يستعطفونه، وأخيرًا حملوه بالقوة وعادوا به إلى القصر.

وفجأة، وصلت شقيقته شويكار إلى القاهرة!

كانت شويكار قد انتهزت فرصة غياب البرنس فؤاد في الكلوب، فهربت بعد مشاجرة حامية مع أمه سليطة اللسان. وفي قصر والدها بالجزيرة شكت لشقيقها الصغير كل ما فعله بها الوحش السكير المقامر، إنه يضربها بالكرباج ويسبها بألفاظ سوقية ويستولي على أموالها.

لم تكن هذه أول مرَّة تشكو، بيد أن الوقائع كانت غريبة.

بعد يومين كان أحمد فؤاد قد اكتشف هرب زوجته، فعاد على الفور إلى القاهرة، وتوجه إلى قصر أصهاره بالجزيرة. كان الوقت غروبًا، وشويكار تتمشى في حدائق القصر مع شقيقها سيف الدين، لمح البرنس فؤاد جارية حبشية، طلب منها أن تخطر شويكار بأنه ينتظرها في صالون القصر، بعد

لحظة صعدت الزوجة إليه وكان شقيقها معها، لكن البرنس فؤاد أمر الجارية أن تطلب من سيف الدين تركه مع زوجته، تركهما الأخ وذهب إلى صالون مجاور.

بعد لحظات ارتفعت أصوات الزوجين، وبدا أن الأمر تحول إلى شجار حاد، صاحت شويكار: «أنا مش جاريتك»، تناثرت الشتائم وتناولت الآباء والجدود، قالت له إنها لن تسكن معه منفردة أبدًا، وإنها تريد أن تكون وسط إخوتها ليحموها، فليأتِ ليقيم هنا في قصر الجزيرة، أو في سراي قصر الدوبارة، أو فليؤجر لها قصرًا في القاهرة، أما السفر إلى الزعفران وتحمل سخافته هو وأمه فمستحيل! ارتفعت الأصوات أكثر عندما تحدثت عن التوكيل، وطلبت منه التنحي عن التصرف في أموالها، هددها باصطحابها بالقوة، جذبها بالفعل من يدها وكانت جالسة على مقعد، فاندفعت بقوة الجذبة إلى وسط الحجرة، صرخت، دخل شقيقها سيف الدين.

بعد لحظة تحول الموضوع إلى مشاجرة بين الرجلين، ضرب الأمير سيف الدين زوج شقيقته، فقفز أحمد فؤاد عليه وأوسعه ضربًا، هرب سيف الدين جاريًا على السلم، نادى البرنس فؤاد أحد الخدم وقال له: «امسك الكلب ابن الكلب ده، وسلمه للبوليس يحبسه!».

بينما سيف الدين يترك القصر، كان فؤاد يسحب زوجته من شعرها على سلم القصر وهي تقاومه، وهبط بها بالقوة، حيث كانت عربته تنتظره، لتعود بها إلى سراي الزعفران!

في الزعفران سُجنت الأميرة، وأُقيم عليها الحراس، وكانت وهي في القاهرة قد أرسلت إلى زوجها إنذارًا بعزله عن الوكالة عنها، وكلفت عمها بأن يقوم بذلك، ولكنها بعد علقة ساخنة بالكرباج، كتبت بخط يدها وعلى الإنذار نفسه الذي أرسلته له، إقرارًا بإعادته إلى الوكالة عنها، وعندما وصل إلى القصر بعد ذلك بأيام مندوب من المحكمة الشرعية ليطلب توقيعها على التوكيل الذي كتبته لعمها، ضربه البرنس فؤاد، وطرده شر طردة.

واستطاعت الأميرة، على الرغم من سجنها، وما يحيط بها من قيود، أن تُهرب رسائل إلى عمتها عين الحياة، أرفقت بواحدة منها بلاغًا إلى حكمدار القاهرة «هارفي باشا»، قالت فيه إنها سجينة في قصر الزعفران، وإن زوجها يعاملها بقسوة ويهددها مما يجعلها غير آمنة على حياتها، وطلبت اتخاذ إجراءات صارمة معه. وبعد أربعة أيام سلمت عين الحياة بلاغًا آخر إلى حكمدار العاصمة، بالمعنى نفسه، أضافت إليه واقعة إجبارها على إعادة التوكيل، وكررت طلب إنقاذها لأنها سجينة في القصر وحياتها في خطر.

وبينما حكمدار العاصمة يدرس الموقف مع النائب العام ووزير الحقانية (العدل) كانت رسائل شويكار إلى شقيقها تقطر ألمًا:

> أؤكد لك يا أخي أن كل كسرة آكلها هنا تشعرني بخوف لا حد له، أستودعك الله يا حبيبي، ومني لخطيبتك ألف قُبلة، الصبر، فبعد قليل سأكون بعيدة عن هؤلاء.

وكتبت له في اليوم التالي:

> أمضيت أمس ليلة باكية، لم أكف عن النواح، لم أعد أطيق الصبر، تشاجرنا أمس، وليس في استطاعتي أن أقص عليك ما قاله هذا الـ...

وأصبح سيف الدين على يقين من أن شقيقته في خطر، وزادت وساوسه فتصور أنهم قد يدسون لها السم، أو يقدمون لها عقاقير تُذهب عقلها.

وكان «هارفي باشا» قد انتهى إلى أن البلاغين اللذين وصلاه يتضمنان وقائع جنائية، فرفع الأمر إلى النائب العام، واستدعى البرنس فؤاد للتحقيق معه في شأنهما، فأنكر تمامًا، وقال إن زوجته قد عدلت من تلقاء نفسها عن عزله عن الوكالة عنها واستسمحته وطلبت منه مباشرة أعمالها، ودونت على إنذار العزل كتابة ما يفيد ذلك، أما مسألة السجن فليست حقيقية، فهو يسمح لها بمقابلة من تريد، ولكنه لا يسمح لهؤلاء الذين يلقون الدسائس والفتن بين العائلات بالدخول إلى قصره. وانتقل النائب العام إلى قصر الزعفران

لأخذ أقوال شويكار، وكانت قد أدركت أن التهديد بإبلاغ السلطات قد أتى ثمرته، واتفقت مع زوجها على تركها تسافر إلى القاهرة، فأعلنت للنائب العام أن الخلاف بينهما قد انتهى!

في تلك الأيام كان سيف الدين يحاول أن يجد حلًّا لمشكلته ومشكلة شقيقته، فاتجه مباشرة إلى الخديو عباس حلمي الثاني، فهو أكبر أعضاء الأسرة مقامًا، وهو بعد هذا ابن شقيق البرنس فؤاد، وطلب منه أن يتدخل لإقناع عمه الأمير أحمد كمال بعدم الحجر عليه، وعدم التدخل في مسألة زواجه من البرنسيسة نعمت جلال، وأن يوصي عمه ـ عم السلطان ـ البرنس فؤاد بأن يحسن معاملة زوجته وأن يكف عن سلب أموالها.

كان الخديو عباس ينفر من سيف الدين، لا لطيشه وجنونه فقط، بل لأنه كان يتحدث كثيرًا في مجالسه الخاصة عن حق أسرته في العرش، ويسب الفرع الإسماعيلي من الأسرة، ويؤكد أن الحق سيعود لأصحابه على يده، وأنه سيكون خديو مصر القادم! استمع إليه بملل، ثم رفض التدخل، وتحول الأمر سريعًا إلى مشاجرة، رفع خلالها سيف الدين عقيرته منددًا بإسماعيل وتوفيق وفؤاد وعباس حلمي، الذين سرقوا العرش ويريدون سلب أموال الأسرة! أمر الخديو بطرده من القصر. وعندما جاء عيد الأضحى رفض سيف الدين أن يذهب لرفع التهاني إلى الخديو مع بقية الأمراء كما تقضي بذلك التقاليد، بدعوى أنه «حرامي» كأبيه وعمه!

لم يبقَ أمام الأمير سيف الدين من أبواب الشكوى، سوى اللورد «كرومر» ممثل الاحتلال، توجه إلى دار الوكالة البريطانية، وكانت قريبة من قصره، وطلب من سكرتير المعتمد البريطاني أن يحدد له موعدًا لمقابلة اللورد. اعتذر جنابه عندما عرف سبب المقابلة، وذكر له السكرتير أن اللورد يعتبرها مسألة خصوصية تخص العائلة الخديوية، ووعده بأن يوسط صديقه مصطفى فهمي باشا رئيس الوزراء في الأمر. لم يقنع الأمير بذلك. عاد في اليوم التالي إلى الوكالة البريطانية. دخل من باب الخدم حاسر الرأس، ولما استقبله

السكرتير دهش لمنظره، قال له إنه دخل من باب الخدم مكشوف الرأس، كما تفعل الولايا اللواتي لا نصير لهن، لعل اللورد يستجيب لمظلمته، لأن البرنس فؤاد حرض بعض أعوانه فضربوه. طيَّب السكرتير خاطره، وربَّت عليه.

في ذلك اليوم همست شويكار لشقيقها بسر خطير، قالت له إن زوجها البرنس فؤاد كان يغريها بدس السم لشقيقها سيف الدين، لترثه ويتمتعا معًا بثروته.

في صباح اليوم التالي، بدأ سيف الدين برنامجًا للتدرب على إطلاق الرصاص، اصطاد عصفورًا وآخر، وتحطمت بعض ألواح الزجاج في سراي قصر الدوبارة. أتى بخادم عنده ووضع ثمرة من الفاكهة فوق رأسه واستطاع أن يصيبها.

جاء شقيقه الأكبر على صوت الرصاص، أغضبه ما حدث لألواح الزجاج، تشاجرا معًا، خرج سيف الدين غاضبًا تاركًا القصر.

كان المصير قد تحدد!

* * *

السبت ٧ مايو ١٨٩٨

في الصباح جاء سيف الدين إلى السراي ومعه أربعة من خدمه، طلب أمتعته الموجودة في القصر، نزل شقيقه، طلب منه أن يبقى، رفض، اختلفا فيما يأخذه وما يتركه، ثار سيف الدين وأمر خدمه أن يحملوا أشياء حددها، تعرض لهم خدم شقيقه بأمر منه، قامت معركة بين الخدم ومعركة بين الشقيقين. كان صاحب مجلة «ثمرات الفنون» موجودًا في القصر، تدخل بينهما، بعد لحظة صفيت النفوس، قرر سيف الدين أن يبقى مع شقيقه، وهم على مائدة الغداء تذكر فجأة أن خدم القصر قد عاملوه بجلافة، ثار ثورة عنيفة، خطف عصا صاحب مجلة «ثمرات الفنون» وانهال بها ضربًا على الخدم. بعد الغداء عاد إلى السلاملك، جمع كل أوراق ثروته المهمة،

ومستندات ديونه، وكل ما لديه من نقود وحلي، وجلس فكتب رسالة إلى خطيبته، ووضع كل هذا في صندوق أخذه معه وخرج، كان الوقت على مشارف الغروب، لمح حنطورًا مقبلًا من الناصرية، أشار إليه، وطلب من السائق أن يتوجه به إلى منزل خطيبته.

سأل عنها، فقالوا له إنها بالخارج، دفع الصندوق إلى جارية وطلب منها أن تسلمه لها عند عودتها، ما كاد يستدير عائدًا إلى الحنطور حتى نادى على الجارية، استرد الصندوق، فتحه، أخذ منه الخطاب وأعاده إليها، في الطريق مزق الخطاب وألقاه في الهواء!

ذهب بالمركبة إلى الأزبكية، أوقف الحنطور أمام محل «بايوكي» للأسلحة، حيا الخواجا الذي كان يعرفه، وأخرج مسدسه وطلب خرطوشًا له، ملأ له «بايوكي» المسدس بخمس رصاصات، ولف له خمسين أخرى في ورقة ناوله إياها، وهو يعاود ركوب الحنطور سقطت منه اللفافة، تناولها خادم المحل ونادى عليه، أشار إليه بغير اهتمام، كتب عليها «بايوكي» اسم البرنس واحتفظ بها حتى يعود!

عاد البرنس بعد ذلك إلى درب الجماميز، سأل عن عمه الأمير أحمد كمال، أنبأه الخادم أنه خرج منذ قليل، ويحتمل أن يكون قد ذهب إلى قهوة «اللبن» بالجزيرة، ذهب إلى هناك فسأل عنه، فقال له الخادم إنه غير موجود، وإنه يحتمل أن يكون في «الكلوب الخديوي» بشارع المناخ.

هل يخدمه الحظ فيجد الفريستين في مكان واحد؟!

- إلى «الكلوب الخديوي» يا أسطى.

* * *

الكلوب الخديوي

السابعة والثلث مساء يوم السبت ٧ مايو ١٨٩٨

لم تكن السهرة قد بدأت بعد، فهي لا تبدأ عادة إلا بعد العشاء. عدد الرواد قليل، صالة اللعب خالية، لكن الليلة تعد بمكسب هائل، الموجودون

لا بأس بهم: عياني باشا وزير الحقانية، ويعقوب أرتين وكيل وزارة المعارف، والكونت «دي لاسال»، ومظلوم باشا.

في الشرفة كان البرنس فؤاد باشا يقف مع صديقه نقولا صباغ يتحدثان، لمح نقولا مركبة آتية من شارع الإسماعيلية ـ التحرير الآن ـ في اتجاه الشارع الذي يقع الكلوب على ناصيته ـ وهو شارع رشدي الآن ـ حدق فيها فرأى البرنس سيف الدين، لفت نظر البرنس فؤاد لذلك، علق البرنس ضاحكًا:

ـ لعله قادم لقتلي.

ابتسم نقولا، وتقدم البرنس فؤاد إلى صالون المطالعة.

في اللحظة نفسها كان الأمير سيف الدين قد وصل إلى باب الكلوب، سأل البواب عن البرنس فؤاد، أخبره بأنه موجود، تقابل في اللحظة نفسها مع يعقوب أرتين باشا، وكان قد نزل ليتناول عشاءه، فلم يلتفت لتحيته.

في قفزة واحدة كان في صالون الدور الأول.

ما كاد عياني باشا يقف لتحية البرنس فؤاد، ومظلوم باشا يطوي صحيفة فرنسية كان يقرأها، حتى كان البرنس أحمد سيف الدين يقف أمامهم وهو يشهر مسدسه، أدرك فؤاد على الفور ما يُراد به، صاح سيف الدين:

ـ سأقتلك.

توارى البرنس فؤاد خلف عياني باشا، ثم انسحب في اتجاه قاعة المقامرة، أدركه سيف الدين بثلاث رصاصات استقرت واحدة في فخذه، وثانية استقرت في بطنه، وطاشت الثالثة.

وقع البرنس فؤاد على الأرض، انحنى عليه الكونت، قال له فؤاد بالإيطالية:

ـ لقد متُّ يا عزيزي «لاسال». قتلني.

قال سيف الدين بالإنجليزية:

ـ فينش! (Finsh!).

نزل الأمير القاتل بثبات، كان يعقوب باشا قد سمع الصيحات، أمر البواب بإغلاق باب النادي، حاول القاتل فتح الباب فلم يستطع، أطل عليه من باب الكلوب الزجاجي عسكري، طلب منه أن يفتح الباب، اشترط عليه العسكري أن يعطيه المسدس وأن يسلم نفسه له.

قادوه إلى قسم شرطة عابدين.

في طريقه إلى القسم كان البرنس هادئًا جدًّا، وكان يسير على قدميه والمسدس بيده، وبصحبته العسكري وخلفه على بُعد قليل عدد من الباشوات. على مكتب المعاون وضع البرنس المسدس، وقال بهدوء:

ـ لقد قتلت الأمير فؤاد لأنه عدو عائلتنا هو وعمه الخديو عباس، الذي منذ أن جلس على أريكة الحكم يتصدى لعداوتنا.

ازدحم الناس حول الكلوب، واستدعي حسين كامل باشا شقيق المصاب وولي العهد، وضحك بعض الواقفين على الرغم من حرج الموقف، ذلك أن عددًا من الباشوات كان قد هرب عند سماعه أصوات الرصاص، وارتعد وكيل سابق لوزارة الداخلية ارتعادًا شديدًا، وأوشك أن يقع على الأرض.

وعاد حسين باشا بعد قليل بوالدة المصاب، وشاهدت ابنها المصاب، ثم نزلت إلى أسفل، وفاه لسان سموها بألفاظ بذيئة في حق القاتل وشقيقته وكل من يمت له بصلة.

* * *

في الليالي التالية لم تنم القاهرة.

كان الصراع بعيدًا عن اهتمامات رجل الشارع القاهري، ولم يكن أحد من أبطال الحادثة محبوبًا، العكس هو الصحيح، فقد كانت الإشاعات تتوالى عما يفعله الأمراء والأميرات بتبذيرهم وسفههم، وخضوعهم للاحتلال وسلوكهم غير السوي، وكان فؤاد بالذات مشهورًا بأنه «شمام»، أما سيف الدين فكان شابًّا طائشًا تافهًا، سكيرًا، مختل الأعصاب.

لكن القضية التي طُرحت أمام رجل الشارع على الفور، كانت قضية الذين يحوزون السلطة. كانت أسرة محمد علي قد حكمت مصر بالحديد والنار والمشانق، وقد خلق هذا «هيبة» خاصة لها، هيبة صنعتها الانتصارات التي حققتها جيوش الفلاحين المصريين تحت قيادة كلٍّ من محمد علي وإبراهيم وإسماعيل في ميدان الحرب، وصنعها نجاحهم المذهل في تصفية خصومهم تصفية دموية، كما صنعها القهر والقتل بفناجين القهوة المسمومة، والنفي إلى أقاصي السودان، عند أي بادرة معارضة أو تمرد أو نمردة!

وكانت هذه «الهيبة» قد جعلت أفراد الأسرة أساطير حية، وصحيح أن رجل الشارع كان قد تمتع لشهور بامتياز سب هذه الأسرة، وذلك في أثناء الثورة العرابية، عندما كان صعاليك القاهرة يهتفون:

يا توفيق يا وش القملة

مين قالك تعمل دي العملة؟

بيد أن هذا كله كان قد انتهى بنهاية الثورة، وحُوسب الذين تجرأوا على «هيبة الحكم» حسابًا عسيرًا!

وفجأة وجد رجل الشارع نفسه «يتفرج» على الأسرة المالكة، ويشاهد كل ما يدور في كواليسها السرية، بل ويكتشف طبيعة العلاقات الخاصة جدًّا بين أفرادها، فإذا بها علاقات غريبة: احتيال ونصب، زوجة تتعرض للضرب بالسياط كأنها زوجة لبلطجي أو فتوة، وأمير يعيش على حساب زوجته ويقامر بأموالها، وألفاظ بذيئة، ومحاضر سكر وعربدة، وجنون وخبل وهستيريا. الأمير سيف الدين يقول ببساطة في محاضر التحقيق معه التي نشرتها الصحف، إنه «يغير ريقه» يوميًّا على كأس من الويسكي الممزوج بالماء، والباشوات كانوا يستعدون «لبرتيتة بوكر» في الكلوب الخديوي، قبل أن تنطلق رصاصات الأمير المجنون أحمد سيف الدين، فيربك غزلهم، ويفض شمل برتيتتهم.

ويكتشف رجل الشارع أن الهيبة التي يزعمها الأمراء لأنفسهم هي هيبة مزيفة، وأن الذين يمارسون السلطة يلعبون كالأطفال، إنهم ليسوا آلهة كما يصورون أنفسهم، وخلف شواربهم المقواة بالكوزماتيك، تفاهات، وسخافات، وانحطاط خلقي أيضًا.

وقد علق ولي العهد ـ السلطان فيما بعد ـ حسين كامل على الحادثة فقال: «عرفنا في أسرتنا المقامر، والسكير، والنصاب، ولم يكن ينقصنا إلا القتلة!».

وطوال جلسات المحاكمة تابع رجل الشارع وقائع الحادثة مذهولًا، وبلغ من اهتمامه بها أن الصحف نبهت الجمهور إلى أبواب المحكمة التي سيدخل منها، وذكرت أن الزحام كان شديدًا لدرجة أن عدد الواقفين كان أكثر من عدد الجلوس، مما اضطر القاضي إلى الأمر بمقاعد إضافية لأصحاب المقامات العالية، وكان الزحام في شارع البستان حيث كانت تقع المحكمة شديدًا جدًّا.

كيف لا، والجاني حفيد إبراهيم باشا ابن محمد علي؟!

والمجني عليه عم الخديو الحالي، وشقيق ولي العهد، والابن الأصغر للخديو إسماعيل!

* * *

في قسم عابدين استمر التحقيق مع البرنس القاتل حتى الرابعة صباحًا، وفي التحقيق اعترف الأمير سيف الدين بأنه خرج من المنزل وفي نيته قتل عمه الأمير أحمد كمال وزوج شقيقته البرنس فؤاد، فلم يجد الأول ونفذ نيته في الثاني، وبرر نيته بأن الأول اقترض منه نقودًا ورفض أن يردها، وأنه يسعى لوضعه تحت الوصاية، أما الثاني فإنه يسيء معاملة شقيقته، فضلًا عن أنهما معًا يقفان بينه وبين خطيبته ويعرقلان زواجه.

كان المجني عليه قد تُرك حيث هو في الكلوب الخديوي، وقد فحص الأطباء الحالة، وأخرجوا الرصاصة التي أصابته في فخذه، بيد أنهم اكتشفوا أن الرصاصة الثانية قد نفذت من بطنه إلى صدره واستقرت بين الضلعين

السادس والسابع على بُعد ثلاثة ملليمترات من القلب، وقد خشوا أن يؤدي تحركه إلى تحركها لتمس القلب وتصيبه بالالتهاب، فأبقوه حيث هو في الكلوب تحت الملاحظة.

وعندما بلغ نبأ الحادث مسامع شويكار لم تهتم به، بل إنها ـ كما قالت في مذكراتها ـ خاطبت نفسها قائلة: «في ستين داهية، راجل بلطجي».

وفي صباح اليوم التالي للحادث، اقترحت عليها إحدى صديقاتها أن تزور زوجها الجريح في الكلوب، وأقنعتها بأن ذلك سيكون ملائمًا، ولما أبدت رغبتها تلك للأمير حسين كامل شقيق المصاب، صاح غاضبًا: «محال أن تزور شقيقةُ المجرم أخي!».

وعلى امتداد أكثر من أسبوعين كانت البيانات الطبية تصدر يوميًّا عن حالة الأمير أحمد فؤاد. واهتم الخديو بالحالة وأرسل مندوبًا عنه لعيادة المريض، وفتح «الكلوب» سجلًّا للزيارات يسجل فيه كبار الزوار تمنياتهم للأمير المصاب بالشفاء!

قضى الجاني ليلتين في قسم عابدين، رفضوا خلالهما السماح له باستخدام الأغطية الوثيرة التي أحضروها له من منزله، وتركوه ينام على الأرض كبقية المسجونين، وعُومل في سجن المحافظة معاملة شرسة.

نجحت العملية الجراحية التي أُجريت للمصاب، وانتقل إلى الإقامة في سراي عزيز باشا بشارع الإنشا، وهناك اجتمع بشقيقه حسين كامل، واتفق معه على أن يطلق زوجته، وكان يعتبرها محرضة على قتله خاصة أنها في التحقيق الذي أُجري معها من خلف ستار ـ كما حرصت «المؤيد» على تأكيده ـ قد ذكرت أنه يسيء معاملتها، وتحدثت عن طمعه في أموالها وضربه إياها.

عندما وصلتها ورقة الطلاق كانت حاملًا في شهرها الثاني، والغريب أنها أرسلت إلى مطلقها رسالة في اليوم التالي تقول له فيها:

لا أصدق أنك يا فؤادي لا تريدني، فإنني عالمة حبك لي، أقبل قدميك وأستحلفك أن تسامحني، فإن لم يكن صفحك عني من أجلي، فليكن من أجل ابنتنا فوقية، والصغير الذي سأضعه بعد سبعة أشهر، اعتبرني جارية اشتريتها من سوق النخاسة، لا تظن يا حبيبي أنني حرضت أحمد ذلك الأبله على أن يقوم بعمل شنيع كهذا، كيف أحرض على قتل والد طفليَّ، دعني أراك مرَّة واحدة وأموت!

لم يستجب فؤاد لرسالتها، وتركت قصر الزعفران ـ لآخر مرَّة ـ إلى سراي والدها بقصر الدوبارة، وأرسلت عمتها عين الحياة هانم أفندي إلى الزعفران لأخذ بقية أمتعتها.

في تلك الفترة كان الأمير سيف الدين يعاني من متاعب الحبس. وذكرت «المؤيد» أنه يشكو من كثرة البق في السجن، ويقول إنه لا يستطيع أن ينام لكثرة ما ينهال عليه من سقف القاعة التي هو فيها ومن جميع جوانبها.

وبدأت المحاكمة في أواخر يونيو، كان البرنس طوال مدة المحاكمة ساكن الجأش، هادئًا، شاخصًا إلى الأمام لا يلتفت يمينًا أو يسارًا، كأنه غريب عن القضية، أو مجرد مشاهد بسيط من جملة المشاهدين. وعندما بدأ النائب العام مرافعته، وأخذ في تجريحه له، ثبت بصره عليه، ولم يختلج وجهه بشيء. أما في مرافعة الدفاع، وعندما بدأ خليل بك إبراهيم المحامي يذكر طفولته المعذبة، ويقرأ رسائل أخته إليه، تقلص وجهه، ودُهش الحاضرون، وأوشك بعضهم على البكاء شفقة على الأميرة الجميلة المعذبة!

* * *

طوال مدة المحاكمة، والوقائع الغريبة تتناثر، والتفاصيل المرعبة تتسرب، والإشاعات تحيط بكل فرد في الأسرة المالكة، والصحف تعبر عن مختلف الاتجاهات حول المسألة، وتثير قضايا أخرى أخطر بكثير من قضية الصراع الناري داخل الأسرة المالكة.

كانت «المقطم» هي التي رفعت على الفور شعار «الهجوم على الأسرة المالكة»، فعلت هذا في مقدمة أول نبأ نشرته عن الواقعة، فقد قالت إنه لولا وجود عدد من الأمراء المحترمين في العائلة المالكة «لحقَّ للناس عمومًا، ولأرباب الأقلام منهم خصوصًا، أن يسلقوا هذه العائلة بألسنة حداد، ويشهروا بها في كل نادٍ، لكثرة ما يأتي بعضها من الأفعال المنافية للكمال والمستحقة للندم واللوم والتعنيف، حتى أنَّا لا نسمع لها بحسنة واحدة إلا سمعنا بسيئات عديدة قبلها، وكأن العائلة التي يطلب منها أن تكون مثال الكمال والاعتدال وقدوة الأمة في حسن السلوك وحفظ الشرائع والقوانين، لا يطلب الكثيرون من أفرادها إلا ارتكاب ما يغاير القوانين والآداب والانغماس في الملذات والشهوات وسلوك السبل المؤدية إلى حط منزلتهم في عيون الرعية وتقويض أركان حكمهم بدلًا من تقويتها».

* * *

ورفعت «المقطم» شعار «المساواة أمام القانون»، فذكرت أن الناس يتوهمون أن أمراء العائلة الخديوية غير خاضعين للقانون مثل بقية الأهالي، «وهذا وهم باطل لأنهم هم وبقية الأهالي سواء أمام القانون، وسيرى الناس كلهم أن القضاء يحكم على الجاني منهم حسبما تستحق جنايته، وأن المحكوم عليه يُعاقب كما يُعاقب أصغر خادم عنده، وأننا في عصر يطأطئ الكبير رأسه فيه أمام القانون كالصغير، حتى الذي يستثنيه القانون يعلم أنه يُسأل عن كل ما يفعل».

وكانت إشارة «المقطم» إلى من يستثنيه القانون، واضحة قصدت منها الإشارة إلى الخديو عباس حلمي!

وأخذت «المقطم» على الصحف الأخرى أنها تنتهز فرصة «فقير جاع فسرق ليشبع» أو «رجل من عامة الناس رباه أبواه في ظلال الجهل وعشرة السوء لشدة فقرهما، فضرب رفيقه فجرحه أو قتله»، تنتهز الصحف هذه الفرصة لتجعل من هذا «الجاني الضحية» أمثولة. لكن إذا كان القاتل أو

السارق غنيًّا، فإن ألسنة الصحف تصمت، فمتى «تفعل الصحف مع الغني ما تفعله مع الفقير، وتعامل الكبير معاملتها للصغير من هذا القبيل»؟

واحتدت لهجة «المقطم» بعد ذلك، فذكَّرت خصومها، بأنهم يتجاهلون أخبار ظلم الأغنياء للفقراء، «أخبار رعاة البقر والجاموس الذين إذا جلسوا بمواشيهم للقيلولة في ظل الأشجار، جلدوا بالسياط في الغيطان ولم تسمع صراخهم غير القيعان، وأخبار الغش في اللعب والطرد من النوادي الأجنبية، والمنع من الدخول إلى ميادين السباق، وفتح محلات المقامرة، ومزج الراح فيها بالعقاقير المخدرة عند المعاقرة».

ثم دافعت عن حرية الصحافة، فقالت: «إن الجرائد الحرة في البلدان الحرة، تعلم أن رؤساء الأمة وأمراءها وعظماءها ووجهاءها هم الذين يقتدي بهم سواهم. ويتشبه بهم من هم دونهم. فإذا لامت الضعيف على ذنب لامت القوي أضعاف ذلك على الذنب عينه. وإذا ذمت جناية الحقير يسيرًا، ذمت جناية الأمير كثيرًا، وشددت عليه النكير أضعافًا حتى يكون عبرة لغيره».

ليس هذا فقط، بل إن «المقطم» ذكَّرت الشعب المصري في أثناء المحاكمة، بأن «المساواة» قد أصبحت حقيقية، وأن الفلاحين قد أصبحوا سادة أخيرًا، فها هو «حفيد إبراهيم باشا ابن محمد علي جالس في مجلس المجرمين، وعسكري فلاح ابن فلاح رافعًا بندقيته بيده، وواقفًا فوق رأسه، ولسان حاله يقول له: طأطئ رأسك أمام منبر العدالة، واحذر سيف النقمة فوق عنقك، ثم يراه خاضعًا خاشعًا بين أيدي القضاة من أبناء أولئك المصريين الذين كانت حياتهم ومماتهم بين شفتي أجداده الغابرين، ويقف أحدهم بالنيابة عن الحكومة فيوسعه توبيخًا، ويقف بعده مصري صعيدي، ومصري بحراوي، يدافعان عنه، ويلتمسان له الرحمة، قائلين: أشفقوا عليه، فما هو إلا مسكين ضعيف بائس الحال، ساءت تربيته وجفاه ذووه، وضعفت مداركه».

وأخذت «المؤيد» جانب الأسرة المالكة، وذكَّرت «المقطم» بعمالتها وعمالة أصحابها للاحتلال البريطاني، فهي «عدو قليل الأدب، خاصة عندما يتعلق الأمر بالبيت الخديوي»، فالمقطم «بإزاء كل حادثة تتعلق بالبيت الخديوي الكريم، جليلة كانت أو صغيرة، مفرحة أو محزنة، عدو لا أدب عنده، ولا أخلاق ولا مروءة على الإطلاق».

وقالت «المؤيد» إن مثل هذا الحادث يمكن أن يقع بين أعظم العائلات الملوكية وفي كل زمان ومكان، فلا «يجسر أحد ولا يخطر على بال أحد أن فعلة كهذه في ظروف لا سبة منها على شرف العائلة والأفراد، تحط من قدرها ومنزلتها في أعين الرعية وتقوض أركان حكمها وبيان ملكها».

وقالت صحيفة «السلام» التي تصدر في الإسكندرية إن «التعزية الكبرى أن الجرم لم يكن عن أمر يُوجب الخجل، ولا دعا إليه شأن من شؤون النقيصة ومساس الأعراض بحمد الله، بل هو يكاد يكون الحادث الوحيد في هذه العشيرة الكبيرة على طول تاريخها وتقادم عهدها، ولم يكن نشأ فوق ذلك إلا عن طيش شباب ونزق جهالة وحماقة لا غير مما نراه في غير هذه الأسرة العالية من حكايات التاريخ وأخبار الناس، بل الذي يعزي القلوب أن الأسرة المالكة في فرنسا وفي إنجلترا وفي إيطاليا لا يخلو بلاط منها من الفظائع العظيمة والجرائم الهائلة».

وكتب يوسف نحاس في «المؤيد»، يحتج على قذارة سجن الأمير سيف الدين وعلى نومه على الأرض أسوة بالرعاع وأبناء السبيل، ونفى أنه من الذين يؤمنون بألوهية الملوك، ولكنه يعتقد أن كل عائلة حملت عبء الأحكام الثقيلة طويلًا، ووقفت أوقاتها وحياتها لخدمة الأمة والسهر على مصالحها، جديرة بمعاملة ممتازة. وطالب يوسف نحاس بتشكيل محكمة مخصوصة لمحاكمة الأمير، بقانون خاص، وبتحسين معاملته.

وكان وضع الأمير في السجن شديد الوطأة على البعض ممن ذهلوا لأن أميرًا من الأسرة المالكة يعامل معاملة السوقة، حتى إن المحامي الذي وُكِّل

بالدفاع عنه، حرص على أن يبدأ مرافعته بالإشارة إلى هذه الواقعة الخطيرة، فقال: «آسف على هذا المتهم المسكين لأنه شارك المجرمين وقطاع الطرق والسالبين في مأواهم وفي مجالسهم ومآكلهم. آسف لأنه نام على التراب وكان أرفع وأكبر من أن تمسه قدمه، آسف على شبابه».

وغضبت «المؤيد» للإشارة الخبيثة التي وردت في كلام «المقطم» عن الخديو، فقالت: «إن الجناب الخديوي الذي يستثنيه وحده القانون، يعلم حقًّا أنه مسؤول عن كل ما يفعل أمام سلطانه الأعظم وأمته وضميره، كما يعلم ذلك كل ملك مسؤول أمام أمته والدستور الذي يحكم البلاد بمقتضاه. ولكن القراء لا يجهلون ماذا تقصد «المقطم» التي لا تترك فرصة للشماتة إلا رفعت بها عقيرتها».

* * *

لم تجد النيابة وسيلة لكسب القضية أمام المحكمة سوى تجريح المتهم، فجمعت التفاصيل عن تصرفاته الطائشة: سكره وعربدته واختلاله. ولم يجد الدفاع عنه وسيلة لتبرئته سوى تجريح المجني عليه، ووصف تصرفاته المنحطة مع زوجته، والتماس العذر للمتهم بأنه لم يجد من يهتم به، أو يعلمه ويهذبه.

وهكذا وُضعت الأسرة المالكة في قفص الاتهام، سواء من جانب الادعاء أم من جانب الدفاع!

وحاول الدفاع أن يخفف العقوبة القانونية، فدفع على سبيل الاحتياط بجنون المتهم، ودفعت النيابة بمسؤوليته الكاملة عن الحادث، وتوافر ركن سبق الإصرار. وتُليت رسائل شويكار إلى شقيقها في المحكمة.

وأخيرًا صدر الحكم بمعاقبة الأمير سيف الدين بالسجن سبعة أعوام، وبتعويض رمزي للأمير فؤاد الذي كان قد دخل القضية كمدعٍ بالحق المدني، وطُعن في الحكم استئنافيًّا، فخففت محكمة الاستئناف عقوبة السجن إلى خمسة أعوام، وكانت المحكمة في حكمها قد أثبتت أن الجناية متعمدة،

وأن القاتل كان يقصد القتل لا التخويف ولا الجرح، وأنه غير مضطرب، بل قوي العقل وحسن التدبير لشؤونه الذاتية، ولهذا فقد رفضت دعوى الحجر التي كانت مرفوعة أيضًا!

* * *

وهكذا أسدل الستار مؤقتًا على رصاصات الأمير سيف الدين، ليظل صداها لسنوات هائمًا في سماء السياسة المصرية، فمع أن المصريين كانوا قد أدركوا من التفاصيل التي نشرت عن الواقعة، طبيعة تلك الهيبة المزيفة التي تزعمها الأسرة المالكة لنفسها، وأثر هذا باستمرار في علاقتهم بالأمير فؤاد ـ الذي تولى الملك بعد ذلك، وظل ملكًا لمصر نحو عشرين عامًا ـ وهي علاقة لم يدخلها عنصر الاحترام في يوم من الأيام. إلا إن الوجه الآخر للقضية، وهو تثبيت وتأكيد مبدأ «المساواة أمام القانون» لم يلقَ الاهتمام نفسه. العكس من هذا، فمعظم الصحف الوطنية قد هالها أن يُعامل الأمير معاملة الأفراد العاديين من الشعب. ليس هذا فقط بل إن مفكرًا ليبراليًّا، ذا نزعات متحررة هو يوسف نحاس، قد تصدى للدفاع عن مبدأ خطير، هو ازدواجية القانون وازدواجية القضاء، فطالب بأن يكون للشعب قانونه وقضاؤه وللملوك قانونهم وقضاؤهم، بل إن العقل المصري قد فشل أيضًا في تمثل قيمة خلقية، فردية واجتماعية، هي قيمة الشرف. فاعتبار الحادثة غير مخلة بالشرف، رغم ما تحفل به وقائعها من نصب وسكر وعربدة وقتل وقمار ومعيشة على حساب النساء، ما دامت لا تتضمن «مساسًا بالعرض»، يعطينا فكرة عن هذا التناول الخاص والمتخلف لمسألة الشرف الذي كان سائدًا في تلك الفترة، وربما لا يزال سائدًا إلى اليوم.

أما أخطر الأصداء التي تركتها رصاصات الأمير سيف الدين، فهو ذلك الموقف الذي أخذته «المقطم» وقوات الاحتلال واللورد «كرومر»!

فـ«المقطم» هي التي دافعت عن فكرة المساواة أمام القانون، وعن حرية الصحافة وحقها في تناول ذوي المقامات العالية، وهي التي هددت الخديو عباس بأنه قد يخضع للقانون كغيره من الناس. وموقف «المقطم» من القضايا الوطنية معروف ومشهور. فهي لسان حال الاحتلال، تدافع عن بقائه، وتبرر وجوده، هذا في حين أن الصحف الوطنية وعلى رأسها «المؤيد» أخذت الموقف المناقض، أي الدفاع عن الأمير والعائلة المالكة!

إن هذه الثنائية الغريبة في العقل المصري، والعربي، سمة متكررة وذات دلالة مهمة وخطيرة!

لماذا وقفت القوى الوطنية، المعادية للاستعمار، موقفًا متخلفًا من قضايا جوهرية كقضية تحرير العبيد، والمساواة أمام القانون، وتحرير المرأة؟!

إننا نلاحظ ذلك في موقف «المؤيد» والشيخ علي يوسف من هذه القضية، ومن قضايا أخرى سابقة ولاحقة، وهي مواقف تواصلت في الصحف الوطنية التي صدرت بعد ذلك، ونلمح أشباهًا لها في مواقف «اللواء» وكُتابها البارزين ومنهم عبد العزيز جاويش ومصطفى كامل.

ثم لماذا وقفت القوى الاستعمارية أو الممالئة للاستعمار، هذا الموقف المستنير، حتى بدا وكأن «المقطم» و«دار المعتمد البريطاني» هما حاميتا الحرية والديمقراطية، والداعيتان إلى المساواة بين الناس أمام القانون، وبخضوع الكل للقضاء؟!

والموقف قابل للتفسير بالطبع.

هناك عامل ذاتي في كل قضية على حدة، وهناك عوامل مشتركة، ذلك أن الصراع بعد الاحتلال، كان صراعًا بين هذا الاحتلال والقوى الوطنية الرافضة لوجوده والمقاومة لهذا الوجود، ومنذ أن بدأ حكم الخديو عباس، أصبحت السراي في جبهة القوى الوطنية عمومًا، وفي هذه القضية بالذات فإن محاكمة الأمير سيف الدين وفضح وتجريح الأسرة المالكة، كان مقصودًا

منه في الأساس تجريح القوى الوطنية في شخص أسرة أحد أقطابها، إن لم يكن أكثر هذه الأقطاب ثقلًا وأهمية وهو عباس حلمي الثاني، وهذا هو السبب في موقف «المؤيد» المنحاز للسراي!

وكان الاحتلال البريطاني، يركز في دعايته السياسية على أنه جاء لينقذ المصريين من طغيان حكامهم، الذي كان الجيل المعاصر ـ آنذاك ـ قد عانى منه الكثير في عهد الخديو إسماعيل، وبهذا وضعت دعايته «الطغيان» كمقابل ومعاكس لـ«الاستقلال»، وكانت الدعاية الاستعمارية تتوهم أنها تستطيع بتحسين الإدارة وإلزام الموظفين العموميين حدود وظائفهم، وبعض الإصلاحات الأخرى، إحداث الاختلال في تقدير المصريين للمسألة، بحيث يفضلون الاحتلال مع الحريات العامة النسبية عن الاستقلال مع الطغيان الفردي القاتل!

ولا شك أن الاختيار كان صعبًا، بل لعله كان مرهقًا ومربكًا خاصة أن العناصر الوطنية لم يكن لها في هذا الوقت ثقل جماهيري نسبي يمكنها من وضع المسألة في وضعها الطبيعي لترفع شعار «الاستقلال مع الحريات العامة». ومن المؤكد أن عناصر قليلة ـ لم تكن نادرة ـ هي التي كيفت الموقف تكييفًا صحيحًا آنذاك. بينما تصرفت أغلب العناصر الوطنية تصرفات تلقائية انحازت فيها إلى أحد الطرفين، مع الاستقلال والطغيان والتخلف، أو مع الاحتلال والحرية والتقدم!

وتلك هي محنة المصريين الأساسية التي عانوا منها في حلقات تالية من تاريخ وطنهم، ولعلها محنة عربية قومية، فرضت على العرب دائمًا، اختيارين لا ثالث لهما: إما القبول بنظام حكم وطني معادٍ للاستعمار، ساعٍ إلى التحرر من التبعية، لكنه مع ذلك يهدر حرياتهم العامة والفردية، ويحكمهم بالمعتقلات والسجون، ويقيم حكمًا بطريركيًّا وطنيًّا، أو القبول بنظام حكم تابع أو عميل أو على الأكثر غير متشدد في الوطنية، لكنه مع

ذلك، أكثر ديمقراطية وأقل إهدارًا للحريات العامة والشخصية، وأكثر احترامًا لسيادة القانون وحصانة القضاء. أما الطريق الثالث وهو أن يكون النظام وطنيًّا ديمقراطيًّا معًا، فهو اختيار لم يكن واردًا إلا نادرًا.

وكانت «المقطم» نموذجًا لهذه المحنة، فقد كان صاحباها يعقوب صروف وفارس نمر من أنصار الاحتلال ودعاته الأقوياء، حتى إن اللورد «كرومر» صرح بأنه يستطيع أن يحكم مصر بخمسين جنديًّا فقط بشرط أن تواصل «المقطم» الصدور. ومع ذلك، فقد لعبا الدور الرئيسي في الدعوة لسياسة العقلية العلمية الصناعية، وبذر بذور النظرة العقلانية إلى الظواهر في التربة المصرية والعربية، وكان صوتهما أعلى الأصوات دفاعًا عن الحريات العامة بمفهومهما الليبرالي، والعجيب أنهما لم يجدا تناقضًا بين تأييدهما لاحتلال مصر، ودفاعهما عن الحريات العامة والشخصية والمبادئ الليبرالية!

* * *

في سنة ١٩٠٠ بُذلت المساعي الحميدة، وتدخَّلت حرم اللورد «كرومر»، وكانت صديقة للأميرة عين الحياة عمة الأمير سيف الدين، وتدخلت قوى أخرى كان وراءها الخديو عباس حلمي نفسه. كان هدف هذه المحاولات جميعها الإفراج عن الأمير، بدعوى أنه مختل العقل. والتقت أهداف العمة التي تريد أن تفرج عن ابن شقيقها، بأهداف الطامعين في ثروة الأمير، وكان على رأس هؤلاء الخديو عباس نفسه!

وتحركت دعوى الحجر من جديد، وقيل صراحة إن الخديو يستصوب ذلك، وإنه اختار بنفسه وصيًّا على الأمير المحجور عليه، وكان لا بد من إثبات جنونه أولًا. واتفقت السلطات على إبعاد الأمير إلى قرية تايسهرست بإنجلترا لتكون مقرًّا لإقامته تحت ستار المعالجة والاستشفاء، وأُرسل إلى المستشفى يُطلب منه عدم تمكين أحد من زيارة الأمير المجنون، إلا بإذن

كتابي منها. وعندما أرسلت أمه مندوبًا عنها لزيارته بعد ذلك بعدة سنوات قيل له: «نحن لا نعرف لها صفة».

واكتشفت الأم اللعبة!

ظل الأمير في المستشفى ربع قرن كامل، تدهورت أحواله خلالها، تركوه مهملًا بلا عناية، يطلب خمرًا يقدمونها ليحتسي منها ما يشاء، وظل يتدهور ويتدهور، خلع طاقم أسنانه، وأثر فيه الحرمان الجنسي الطويل فاختلت أعصابه فعلًا وأوشك على الجنون.

وملأت والدته الدنيا شكاوى؛ أرسلت لرؤساء الوزارات، ووزراء الخارجية، والصحف في مصر وإنجلترا وتركيا، دون جدوى.

وفجأة في سنة ١٩٢٥ حدث حادث غريب!

نجح زوج الأميرة نجوان فريدون باشا في رشوة حارس الأمير، وكان إنجليزيًّا يُسمى «وليم بليبم»، وزميل له هو «باتون». وقيل إن الشقيقة الجميلة، الأميرة شويكار، قد أوهمت الحارس بأنها قد وقعت في غرامه وأن الرشوة كانت عينية ولم تكن مادية.

المهم، خرج الأمير مع حارسيه إلى ضاحية قريبة من القرية، هي ضاحية هاشنجر، اختلطوا بجماهير المتنزهين، ثم سافروا على إحدى البواخر التي تقوم بنزهات بين ساحلي إنجلترا وفرنسا، فأقلتهم إلى بولندا، ومن هناك ركبوا سيارة كانت في انتظارهم ورحلوا متنكرين إلى إيطاليا ومنها إلى الآستانة. وبدأت الأم تسعى لرفع الحجر عن ثروة ابنها، تلك الثروة التي أربت على عشرة ملايين من الجنيهات وكانت في يد الأفاقين والنصابين.

وفي بحثها عن محامٍ مصري يرفع لها القضية أمام مجلس البلاط، اشتبكت خيوطها بخيوطِ شخصيتين سياسيتين خطيرتين هما: مصطفى النحاس باشا سكرتير حزب الوفد المصري آنذاك، وويصا واصف أفندي أحد أقطابه.

وقد كان مقدرًا لهذا الاشتباك أن يفجر قضية أخطر من الأولى، وأن يطلق رصاصًا أعنف، وأكثر دويًّا.

لكن ذلك فصل آخر من قصة الاختيار بين الاستقلال وبين الديمقراطية[1]!

(١) اقتضى ترتيب فصول هذا الكتاب على أساس التسلسل التاريخي أن يأتي ترتيب الفصل الثاني من هذه الحكاية، بعيدًا ـ إلى حدٍّ ما ـ عن ترتيب الفصل الأول، بما فصل بينهما من أحداث، لذا لزم التنويه إلى أن هذا القسم الثاني، هو المنشور في الفصل المعنون بـ«مؤامرة ضد زعيم الأغلبية».

جلاد دنشواي

اسمه: إبراهيم الهلباوي.

على المستوى العام، عرفه الناس باعتباره واحدًا من أعظم المحامين الذين أنجبتهم مصر، إن لم يكن أعظمهم على الإطلاق. أما على المستوى الشخصي، فإن حياته كانت تراجيديا مصرية فاجعة، فقد كانت سيرته نموذجًا تقليديًّا لقصة حياة البطل الذي يخطئ مرَّة واحدة، فتودي به خطيئته، ويظل يجاهد العمر كله لكي يحصل على الغفران، فيوصد الشعب قلبه دونه، ولا يرق له، وهو الشعب طيب القلب، الحنون، الذي طالما غفر لكثيرين، وعفا عن كثيرين.

ذلك رجل تغنى به الناس، دخل حياتهم اليومية، فقالوا فيه الأمثال، ورووا عنه الفكاهات والأساطير، وأحبوه كأعظم ما يكون الحب، وكرهوه كأعظم ما يكون الكره.

وصفه الأستاذ عباس محمود العقاد مرَّة بأنه «كان ذلاقة لسان لا تطيق نفسها ولا تريح صاحبها».

وقف مرَّة يترافع في قضية مدنية، وكان يقرأ القضايا بسرعة ويعتمد على بديهته، وفي أثناء المرافعة تنبه موكله إلى أن الأستاذ قد نسي، وأن ما يقوله الآن هو حجج الخصوم، فهمس له بذلك، وأدرك هو الموقف، فقال على الفور دون أن يرتبك أو يتعثر لسانه، أو يغير نبرات صوته: «هذه هي حجج خصومنا، ولكنها واهية»، وبدأ بسرعة يرد عليها بالبلاغة نفسها!

وصفه معاصروه، فقالوا إنه كان «أبلغ طلاب المرحمة طوال أكثر من نصف قرن».

رجل كان ينتمي إلى عصر غريب، كانت القدرة على الكلام، هي أعظم قدراته، وأجدرها بالاحترام، وهي التي تمنح «المكانة» وتوزع الحظوظ.

يقول فلاح لآخر محتدًّا:

- والله لأقتلك وأجيب الهلباوي.

ذلك أنه مهما كان تورط المجرم وفداحة الجرم، فإن الهلباوي قادر على الحصول على البراءة.

ويذهب ابن بلد إلى الجزار ليشتري ربع أقة من اللسان ويهوله الثمن المطلوب، فيصيح:

- ليه، هوَّ لسان الهلباوي؟

ذلك أن الرجل كان بليغًا كأعظم ما تكون البلاغة، فصيحًا، ذرب اللسان، قادرًا على المناظرة، ماهرًا في المناورة، ولاعبًا لا يشق له غبار في صراع المنطق، ومباريات الحجة، وسباق البراهين. يناقش رأيًا فيدعمه بألف دليل، ويناقش ما يناقضه، فيدعمه بألف دليل.

ذلك رجل كان يقف في المحكمة فيهز مصر كلها. إذا ما أراد أن يستثير عواطف القضاة وحوح وولول وبكى وذرف الدموع، وقد يبكي بعدما يضحك، أو يقطع النحيب ليضحك بأعلى صوته.

وحتى في ملامح جسده، كان نموذجًا للعملاق: طويل القامة جدًّا، عريض الكتفين، ملامح وجهه البيضوي بين الاسمرار والاحمرار، كل شيء فيه طويل؛ شاربه، ذراعاه، كتفاه، أنامله، وبالطبع لسانه.

عمَّر حتى زاد عمره على الثمانين، شاخ كل شيء فيه، ووهن عظمه، واشتعل الرأس شيبًا.

شيء واحد بقي قويًّا، فتيًّا، عصيًّا على الشيخوخة، مقاومًا للفناء؛ لسانه!

ذلك الرجل الأسطوري، الذي كان القطار يقف له - حيث لا يقف لأحد -

في محطات صغيرة أو على مشارف المدن الكبيرة، والذي قام قطار خاص مرَّة لكي يقله إلى جلسة في إحدى المحاكم.

طلب ملوكٌ وأمراءٌ وُدَّه، وكسب مئات الألوف من الجنيهات، وخسرها كلها حتى عاد كما بدأ فقيرًا لا يملك شيئًا، لكنه مع ذلك بدأ من جديد، ومات وهو مستور أو يكاد.

محامي «الظروف المخففة» الذي يلتمس العذر للمتهم المدان، وينقذه ببراعته، وقوة منطقه مما ارتكبت يداه، يقامر بكل شيء في «القضايا اليائسة»، وينجح دائمًا في فك حبل المشنقة عن عنق المتهم الذي ثبت عليه الاتهام.

لكنه على الرغم من هذا كله ـ وتلك هي المأساة ـ لم ينجح في التماس العذر لنفسه.

فشل «أعظم طلاب المرحمة» في طلب المرحمة لنفسه من الشعب. عجز محامي الظروف المخففة، أن يقنع «محكمة الشعب» بأن لديه ظرفًا مخففًا يستحق الأخذ به.

وعلى امتداد ثلاثين عامًا طويلة، حاول أن يُكفِّر عن ذنب ارتكبه، مستخدمًا كل طاقاته المذهلة، كل فصاحته، لسانه الذهبي، قدرته الفذة على المناظرة، لكي يقنع رجل الشارع ـ الجاهل الأمي الذي تبهره البلاغة ـ ببراءته، أو حتى توبته، ففشل. أصم الشعب أذنيه، وأغلق قلبه، وغلظت عواطفه، وصمد ـ وهو الرقيق الحنون المتفاهم ـ أمام ولولة الهلباوي ووحوحته، وبكائه وضحكه، وأبى أن يغفر أو يعفو، لأن ذنب الهلباوي، كان مما لا تصلح معه ظروف مخففة، أو مما يجوز أن يقيد في كشوف المرحمة.

بيد أن تراجيديا الهلباوي ـ بعد ذلك كله ـ تطرح قضية جيل كامل من المثقفين المصريين، عاش على أرضها في تلك السنوات المريرة التي أعقبت هزيمة الثورة العرابية، وتصفيتها، وإجهاض كل الأحلام التي تعلقت بها، وتلفت حوله، فلم يجد في نفسه شجاعة لاستئناف المقاومة، أو للدفاع عن أحلامه، فانغلق على نفسه، وعاش لها، وكرس عمره لعملية صعود فردي

مضنٍ، وأصبح كل هدفه أن ينجح بتلك المقاييس التجارية للنجاح: الشهرة والمال والمجد، وإتقان العمل الفني، والتفوق فيه. ضاقت دائرة الانتماء من الوطن إلى الأسرة، ثم إلى الفرد، وسادت أيامها نظرية تقول إن «الوطنية» هي أن يؤدي الإنسان واجبه بإخلاص، وأن يتقن عمله، ويتفوق فيه، وألا يمد نشاطه إلى ما عداه. ومع أن الفكرة في جوهرها لم تكن خاطئة تمامًا، إلا إن مكمن الخطر فيها هو النظر إلى الواجب الإنساني العام تجاه الوطن، باعتباره نقيضًا لأداء الواجب الفردي، تجاه النفس والأسرة والمهنة.

جيل كانت كل عناصره تنتمي إلى نفسها، وتنكمش على نفسها في الأساس، وتحدد موقفها من كل شيء على أساس ارتباط هذا الشيء بمطامحها الفردية، وفي ظنها دائمًا أنها بتفانيها في أداء هذا الواجب، إنما تقوم بكل ما هو مطلوب منها للوطن وللإنسان.

وربما لم يخطئ أحد من هذا الجيل خطيئة الهلباوي!

لكن خطيئته، كشفت كل سوءات هذا الموقف المأساوي، وأدانته إدانة ساحقة، فكانت تحذيرًا ونذيرًا للآخرين.

يقول الأستاذ يحيى حقي: «مسكين إبراهيم الهلباوي، هذا الرجل الذي كانت شهرته مضرب الأمثال، لا أعرف أحدًا من ساسة مصر تجرع مثله العذاب علقمًا، وصابه كأسًا بعد كأس، سنين طويلة تكاد تكون هي عمره كله».

* * *

ككل الجيل، أو معظمه، وُلد إبراهيم الهلباوي في أسرة مستورة، وهو تعبير مصري خاص، يعني: أنها أسرة لا تبيت جائعة، ولكنها أيضًا لا تبيت ممتلئة المعدة تمامًا.

كان والده مغربي الأصل، تمصر وأقام ببلدة «العطف» بمديرية البحيرة. وعندما بلغ إبراهيم الثانية عشرة ودَّع أسرته وشد الرحال إلى القاهرة لكي يتزود من العلم بالأزهر الشريف.

كان الأزهر أيامها محط كل الذين يرغبون في التزود من العلم، وكل الذين يريدون لأنفسهم مهنة تحميهم من السقوط في هوة الفقر، وكانت تلك سنوات الوالي محمد سعيد الأخيرة، والأجانب يملأون مصر، والشاب الريفي القادم من بلدة «العطف» يحلم بمستقبل سعيد. وفي الأزهر تتكشف مواهبه الفطرية، وتتبلور شخصيته المميزة، كمشروع متمرد عظيم. يتعلم أصول الفقه على المذاهب الأربعة، ويرفض المالكية لأن شيخهم لم يعجبه، ويذهب إلى الحنفية، وفي دروس النحو والمنطق والبلاغة يشاكس الشيوخ فيطردونه من الدرس فينتقل إلى عمود آخر، ويختار أساتذة آخرين.

في بداية السبعينيات من القرن الماضي [التاسع عشر]، وكان قد مضى عليه أربع سنوات وهو يدرس في الأزهر، حط رحاله في مصر رجل غريب اسمه جمال الدين الأفغاني، كان موزِّع ثورات وناشر قلاقل، ومفكرًا مقلقًا للذين يحكمون ولمن يحكمونهم.

وفي قهوة «متاتيا» بميدان العتبة، حيث تعوَّد أن يجلس، وفي منزله حيث تعوَّد أن يلتقي بتلامذته، تعرف عليه الهلباوي.

كان الأفغاني قد ساح سياحته الطويلة في بلاد المسلمين، يتحدث عن الثورة التي يحلم بها ضد الاستعمار الأوروبي، وعن الاحتجاج الذي لا بد أن يشمل علماء المسلمين، فيخرجهم عن التبعية الآلية للسلف صالحًا كان أو طالحًا، ويسمح لهم باستخدام عقولهم، لتفسير الدين تفسيرًا يخدم الحياة، ويفيد في بناء دولة إسلامية قوية.

كان الأفغاني «لوثريًّا» في جوهره، يسعى إلى حركة احتجاج كتلك التي قادها «مارتن لوثر» ضد الكنيسة الكاثوليكية، هادفًا إلى تجديد الإسلام، وبعث الروح العقلانية في أنحاء البلاد الإسلامية وبين جماهير المسلمين.

وفي الأزهر ـ ثم في قهوة «متاتيا» وفي منزله ـ التقى الأفغاني بالرجال الذين أصبحوا فيما بعد أخلص تلاميذه، والذين أثروا في تاريخ مصر، كما

لم يؤثر جيل آخر. التقى بمحمد عبده، وعبد الله النديم، وسعد زغلول، وعشرات غيرهم من مثقفي الجيل، وكان أصغر هؤلاء جميعًا إبراهيم الهلباوي.

وتمر سنوات وهو يتعلم على الأفغاني كل ما كان يدعو إليه، فينبهر بالمنطق الجديد الذي جاء به.

لقد حلل الشيخ الفلسفة وكانت حرامًا على أعمدة الأزهر، وتحدث في السياسة وتنظيم الأمم والشورى. والسنوات تمر، والهلباوي يدنو من إنهاء دراسته ولم يبقَ إلا القليل، ويحصل على شهادة «العالمية»، أرفع شهادات الأزهر آنذاك، والنقود تأتي من «العطف» لتذوب في جولاته الطويلة على مقاهي القاهرة، وهو لا يدخل الامتحان، ويؤجله عامًا بعد عام.

في تلك السنة ـ ١٨٧٩ ـ خُلع الخديو إسماعيل عن العرش بإرادة وأمر الدول الأوروبية، وتولى الخديو توفيق أريكة الخديوية، فأسند الوزارة إلى مصطفى رياض باشا، فكان أول ما فعله أن نفى الأفغاني من البلاد، لكنه بعد أشهر كان يسند إلى تلميذه الشيخ محمد عبده منصب رئيس تحرير «الوقائع المصرية» الجريدة الرسمية للحكومة.

وبحث الشيخ محمد عبده عن بعض مريدي الأفغاني ليساعدوه في تحرير «الوقائع»، واختار منهم ثلاثة، هم: عبد الكريم سلمان، وسعد زغلول، وإبراهيم الهلباوي. ويكتب ابن «العطف» في الجريدة الرسمية الحكومية، لكنه بعد فترة يبدأ في إثارة المتاعب متسائلًا في ضجيج: كيف يُعطى عبد الكريم سلمان عشرة جنيهات في الشهر، ويقبض سعد زغلول ثمانية جنيهات، ويأخذ هو خمسة فقط؟

وينتهي الخلاف بتركه العمل في «الوقائع».

ها هو يعود إلى «العطف» بلا عالمية وبلا عمل، وليس لديه إرث يعتمد عليه، ولكنْ لديه عقل دله دائمًا أنه يستطيع أن يصل. ويختار تجربة حظه بالتجارة في سوق القطن، ويبدأ التجربة بشراء كميات قليلة من المزارعين،

يبيعها للمحالج، ولكنه يكتشف أن سوق التجارة في القطن يحتكرها الأجانب، وأن اليونانيين يملأون القرى، يجمعون القطن ويتاجرون فيه، وينافسون أمثاله من صغار التجار حتى يكادوا يفلسون!

لكنه لم ييأس مع ذلك، واستمر في عمله.

في بلدة مجاورة لبلدته هي «صان الحجر»، كانت هناك أراضٍ واسعة يملكها رياض باشا ناظر النظار، وحدث أن طغت عليها مياه الفيضان، وكعادة ذلك الزمن سخَّر وكيل المديرية الناس لمقاومة ذلك الفيضان، وانتهز الوكيل فرصة للانتقام من خصومه فحشر في صفوف المسخرين بعض أبناء البيوتات المستورة.

ولم يعجب الحال الهلباوي، وفي منزله المتواضع بـ«العطف» كتب مقالًا شديد اللهجة ندد فيه بصاحب الأرض، وبوكيل المديرية لأنهما يسخِّران الناس، وأسرع فأرسله إلى جريدة «التجارة».

وهاج رياض باشا، وأمر بأن يرسل إليه الهلباوي مصفودًا.

واستقبله المدير مهددًا ومتوعدًا، وقال له في نهاية حديث الوعيد الطويل:

ـ إن لم تكف عن هذا أخرب بيتك!

رد عليه الهلباوي قائلًا:

ـ لا أنت ولا أكبر منك يستطيع.

استفهم المدير مستنكرًا في لهجة وعيد:

ـ ولا أكبر مني؟!

شعر الهلباوي أنه أراد أن يأخذ عليه إهانة رياض باشا الذي لا يوجد أكبر من المدير سواه، فتخلص بإحدى قضايا المنطق التي كان يجيدها، وقال:

ـ إنه لا بيت لي تخربه، والقدرة لا تتعلق بالمستحيل.

ها هو جزء مما تعلمه من دراسته في الأزهر يطفو، لكنه يوظفه فحسب لإنقاذ نفسه. رجل بلاغة هو، قد يورده لسانه موارد التهلكة. لكنه ـ هذا اللسان العبقري نفسه ـ قادر على إنقاذه من أحرج المواقف.

وتسقط وزارة رياض باشا بعد مظاهرة ٩ سبتمبر ١٨٨١ التي قاد عرابي فيها وحدات من الجيش المصري إلى قصر عابدين، ليطالب بالدستور ومجلس النواب.

وتضيء مصر طوال عام ونصف بشرارات الثورة العرابية العظيمة، ويتكلم الناس، كل الناس، يقولون كل شيء وأي شيء، مرَّة واحدة يذهب الخوف والرعب وحصار السنوات، وتضيء الشوارع بحرارة الكلمات.

أين كان الهلباوي في كل هذا؟

ذلك الرجل طويل اللسان، تلميذ الأفغاني، ومحرر «الوقائع» الغاضب، تاجر الأقطان بقرية «العطف»، أين هو؟ ومن يتكلم إن لم ينطق - في هذا المهرجان للكلام - لسانه المعجزة.

لم يكن ممكنًا لرجل تعلم على الأفغاني ألا يهتز بالثورة. لكن الشيء المذهل، أن بعضهم وقف يتفرج عليها، وأنهم جميعًا تنكروا لها وخانوها عندما حان وقت الجد.

وقد أخذ الهلباوي موقفًا حذرًا من البداية.

وهو الموقف نفسه الذي أخذه محمد عبده في البداية - ثم عدل عنه ليعود إليه بعد هزيمة الثورة - إنه مؤيد لها بقلبه، لكنه حذِر بقلمه ولسانه.

ذلك رجل حدد انتماءه منذ البداية. إنه مع نفسه فقط، لذلك كان، كما يقول مؤرخه الأستاذ عبد الحليم الجندي: «من الثوار، لكنه ليس مع الثوار ولا مع خصوم الثوار، إنه مع نفسه، كان كذلك في العشرين، وفي الخمسين، وفي الثالثة والثمانين يوم مات. ليس مع أحد، وقد يكون معه كل الناس».

وتنتهي الثورة نهايتها الفاجعة، والغريب أن الهلباوي قُبض عليه، ولكن الذين قبضوا عليه وأودعوه في السجن هم الثوار لا أعداء الثورة.

وعند هزيمة الثورة استبقاه الخونة في السجن لكي يستشهدوا به على أن الثوار كانوا يسيئون معاملة المسجونين السياسيين! غير أنه سرعان

ما أفرج عنه، وعُين سكرتيرًا لمحمد سلطان باشا رئيس مجلس النواب الخائن الذي باع الثورة بمكافأة قدرها ١٠ آلاف جنيه ولقب «سير» من الملكة «فكتوريا».

ها هو تلميذ الأفغاني في خدمة الخونة وبائعي أوطانهم، وهو يتدرج في المناصب حتى يصبح رئيسًا لكُتاب المجلس سنة ١٨٨٥، ثم سكرتيرًا للبرنس حسين كامل ـ السلطان فيما بعد ـ بمرتب أربعين جنيهًا في الشهر.

* * *

في يناير ١٨٨٦ ـ وهو في الثامنة والعشرين ـ احترف إبراهيم الهلباوي المحاماة.

والبداية مصادفة محضة، كان البرنس حسين كامل قد فصله من عمله، فوكل محاميًا ليرفع له قضية تعويض عن فصله، وبينما هو يتابع مرافعة محاميه من مقاعد المتفرجين قرر مصيره بنفسه.

ها هو يجد مكانه أخيرًا؛ هنا، في قاعة المحكمة، يُتاح له أن يتكلم، وأن يجلجل صوته، وأن يكون محط أنظار المتفرجين، ومطمح آمال المتقاضين.

وبعد أيام، كان قد تنازل عن دعواه، وبدأ يستعد للعمل في المحاماة.

في تلك السنوات، كانت المحاماة مهنة السفهاء والذين لا يجيدون شيئًا، وكان اسم المحامي مساويًا لاسم «المزوِّر»، لدرجة أن سعد زغلول قال في خطبة له فيما تلا من سنوات: «إني اشتغلت بالمحاماة متنكرًا عن أهلي وأصحابي، وكلما سألني سائل: هل صرت محاميًا؟ أقول: معاذ الله أن أكون كقوم خاسرين».

كان سعد زغلول ـ صديقه اللدود، وزميله القديم في تحرير «الوقائع» ـ قد احترف المحاماة في الفترة نفسها تقريبًا، ولعل هذا كان دافعه الخبيء للعمل في المحاماة، إن مصير الرجلين قد اشتبك سنوات، وتناقض سنوات. واختلف حظهما من المجد والشهرة، على الرغم من أنهما بدآ الطريق معًا، بل

لعل الإحساس بمنافسة سعد زغلول والسعي لدخول سباق معه، والانتصار عليه، كان عقدة الهلباوي طوال عمره!

استأجر الهلباوي غرفة في طنطا، وضع فيها مكتبًا قديمًا، وعلَّق عليها لافتة ناحلة، وبدأ يعمل ليل نهار وبلا كلل، يسافر إلى القاهرة أحيانًا لبعض المسائل المتعلقة بمكتبه.

وفي إحدى هذه الرحلات قرر أن يتزوج.

ولأنه هو «نفسه» لا يمكن أن يكون شيئًا غير هذه «النفس»، فإن الزواج عنده لا يعني أكثر من وسيلة تمكنه من الوصول، ولأنه ينتمي إلى أسرة لا تؤهلها مكانتها لمصاهرة الكبار، فإن في الباب الخلفي متسعًا للجميع.

إن الزواج صفقة، لا بد أن تفتح الباب للظهور والارتقاء والنجاح، وإذن فليتزوج تركية أو جركسية، هناك أنواع منهن لا يرفضن أمثاله، هن «الجواري البيض» أو «الكلفوات»، واختار واحدة كانت جارية في سراي الأميرتين نعمت مختار وفاطمة إسماعيل، وتزوجها، وعاد بها إلى طنطا.

كان «الجيل العرابي» أيامها يجتر هزيمته بأكثر من أسلوب للحياة.

ذلك أن الجراح التي عانتها الأمة بهزيمة الثورة، كانت تطرح نفسها على الجيل، وبدا لمعظم عناصره وخاصة المثقفين أن شيئًا لا يمكن أن يصلح ما أفسده الدهر؛ وإذن فلا أمل في شيء.

ولم يكن ذلك سوى مجرد تبرير لعجز الجيل عن أن يفعل شيئًا، وقناعٍ يخفي جبنه الطبيعي وذاتيته المغرقة، وانعدام روح القتال فيه. كان المثقفونَ المصريون، ينتمون في كتلتهم الكبرى إلى الطبقة الوسطى الصغيرة في المدينة والريف، أغلبهم انحدر من أسر «مستورة»، يزعمون أنها كانت ذات مجد أثيل وثراء عريض، أودت به الأيام، ومن هنا كان هدفهم كله أن يستعيدوا ذلك المجد الذي ذهب. وفي رحلة الصعود الشاقة من أسفل السلم الاجتماعي إلى قمته - حيث النجاح والثروة والجاه - تآكلت إنسانيتهم، بل وعاشوا في ذلك الانفصام المرعب بين ما يؤمنون به، وما يفعلونه، كانوا

جميعًا ينتمون إلى جيل يؤمن بالحرية والديمقراطية والقومية، ومع ذلك كانوا يسخِّرون مواهبهم في خدمة الطغيان الفردي أو ممالأة الاحتلال أو السكوت عنه.

وفقط، وفي موجات المد الثوري الجارفة، عندما تتوهج الثورة في عيون جماهير الصعاليك الواسعة كالبحر، كان حماسهم يشتعل، فيتقدمون الصفوف ثم ينكصون ـ عند أول عقبة ـ هاربين.

كان هذا هو ما حدث بعد هزيمة الثورة، وانكسار عرابي، وانهيار أحلام الاستقلال والحرية.

عاد محمد عبده من منفاه ليتنكر للثورة، وليؤرخ لها بشكل مقزز، واقفًا حياته على إصلاح الأزهر فقط، وهو الذي حلم يومًا بإصلاح مصر كلها. واكتفى بالدعوة إلى التربية والتهذيب والأخلاق الحميدة كبديل عن الاستقلال والديمقراطية، لاعنًا في النهاية السياسة، مستعيذًا بالله من «ساس» و«يسوس» و«سائس» و«مسوس».

وبدأ سعد زغلول عملية صعوده هو الآخر، فعرف الطريق إلى قصر الأميرة نازلي فاضل، وترددت إشاعات بأنها مغرمة به ـ ذكرها الزعيم محمد فريد في مذكراته. ويُقال إنها هي التي زوَّجت سعد زغلول من صفية ابنة مصطفى فهمي باشا، ولولا وساطتها، لما حدث ـ ولا في الأحلام ـ أن يتزوج الفلاح ابن إبيانة من ابنة رئيس وزراء تركي، رأس الوزارة ثلاثة عشر عامًا متواصلة، لأنه كان أطوع ساسة مصر للاحتلال البريطاني.

وهذا ما فعله الهلباوي نفسه.

* * *

أفواج متصلة من الموكلين تتجه إلى مكتبه، ذاك رجل اشتهر عنه أنه أبلغ المحامين في مصر، تمر على المكتب وجوه ووجوه، قضايا جنائية ومدنية وسياسية وحسبية ومِلية وشرعية واقتصادية وتجارية وما إليها.

المحامي الريفي الذي بدأ بمكتب محاماة متواضع في طنطا يصبح

في عام ١٨٩٣ مستشارًا للأوقاف الخصوصية، ومستشارًا لديوان عموم الأوقاف، وللخاصة الخديوية، ويصبح من حقه أن يلقى الخديو عباس حلمي الثاني في أي وقت شاء، ليس هذا فقط، بل أصبح صديق الخديو ونديمه، ونجم حفلاته الذي لا يغيب. ويصل الأمر به إلى معاملة الخديو معاملة الند للند. ذهب يومًا لمقابلته في الإسكندرية فتأخر الخديو عن الموعد ثلاث ساعات، أرسل إليه الخديو في نهايتها يطلب إليه أن يلقاه في محطة سيدي جابر، تعمد الهلباوي أن يصل متأخرًا خمس دقائق، فلما لامه الخديو لتأخره أجابه:

ـ ولكننا انتظرنا سموكم ثلاث ساعات في الظهر.

كان الزمن قد أصبح زمن المحامي والقاضي.

استقرت المحكمة كمؤسسة في مصر، وأصبحت من أهم مؤسسات ذلك الزمن.

كانت البلاد قد تحولت من دولة يديرها الولاة لحسابهم، إلى دولة منظمة، تحكم العلاقات فيها قوانين من كل نوع: مدنية وتجارية وجنائية، وقوانين الأحوال الشخصية. وبصرف النظر عمن كانت تخدمهم تلك القوانين، فإن النتيجة المحققة لصدورها انتهت بأن تحوَّل «المحامي» من «نصَّاب» أو «مزوِّر» إلى «رجل ذي قيمة»، يصدر قانون بتنظيم مهنته، يقصر حق العمل في هذه المهنة على من يحمل شهادة من مدرسة الحقوق، وبدأ قدامى المحامين يتعلمون. درس الهلباوي الفرنسية ـ مثله كسعد زغلول ـ وهو على مشارف الأربعين، وأتقنها، إذ كانت اللغة الشائعة في المحاكم، لأن القانون الفرنسي، كان مصدر معظم القوانين المطبقة في مصر.

ها هو بعد عشرين عامًا من العمل في المحاماة يرتفع بجهده إلى ذروة المجد.

يروي في مذكراته أنه في بداية عمله في المحاماة، أخذ زوجته لتشكر

سيداتها السابقات في سرايهن، وتجمعت حولها زميلاتها من الجواري، وسألنها عن مهنة زوجها، فقالت إنه «أفوكاتو»، ولأنهن لا يعرفن شيئًا عن مهنة كهذه، فقد استفتين باش أغا السراي فأفتاهن بأن «الأفوكاتو» هو «مزوِّر أو نصَّاب»، يومها لطمن الخدود على حظها التعس، وبكت زوجته.

بعد عشرين عامًا من ذلك التاريخ أصبح «النصَّاب» نديمًا للخديو، يقتني أراضي شاسعة، يسكن القصور، يقضي الصيف في أوروبا، يهتم بأناقته، ويفصل ملابسه في باريس ونيويورك ولندن، يسافر إلى البحيرة في آخر كل أسبوع ليتفقد مزارعه كأي لورد إنجليزي.

أقبلت الدنيا، الكل راضٍ؛ الناس، الصحف، الخديو، الوطنيون، أصحاب الأراضي. كل شيء الآن على ما يرام، إنه في القمة.

كان ذلك في عام ١٩٠٦.

مضت عشرون عامًا وهو يعمل بالمحاماة، إنه يطل على الخمسين.

في تلك السنة، سقط البطل من حالق!

ذهب جهد العمر في لحظة!

* * *

الأربعاء ١٣ يونيو ١٩٠٦

في صباح ذلك اليوم، غادر إبراهيم الهلباوي القاهرة في طريقه إلى عزبته بالبحيرة، ليتفقد أحوالها، ويستعد لاستقبال مدير مصلحة الأملاك الأميرية المستر «أنتوني»، وعبد العزيز بك أباظة مفتش المصلحة، اللذين كان مقررًا أن يصلا إليها يوم الجمعة، ليكونا حكمين في خلاف حاد، كان قد نشب بين الهلباوي وصاحب العزبة المجاورة له أحمد خيري باشا مدير ديوان الأوقاف، حول أحقية كل منهما في شراء كوم سباخ من الأملاك الحكومية، تخلف عن تطهير المصرف الذي يمر بأراضيهما، وهو خلاف ظل يتصاعد حتى تحول إلى أزمة بين الاثنين، ورأت المصلحة أن توفد مديرها ومفتشها

ليعاينا الوضع على الطبيعة، ويفصلا في الخلاف بين المتصارعين على الاستفادة من الكوم.

ولأن القطار الذي استقله إبراهيم الهلباوي لم يكن يمر بمحطة منوف، فإنه لم يشاهد كتيبة الميجور «بين كوفين» - إحدى كتائب جيش الاحتلال البريطاني - التي كانت قد غادرت القاهرة يوم الأربعاء ١٣ يونيو ١٩٠٦، في طريقها إلى الإسكندرية، ووصلت إلى منوف، في صباح ذلك اليوم. ولم يُتَح له أن يعرف تفاصيل الكارثة التي كانت قد بدأت تتخلق منذ اللحظات الأولى لذلك اليوم المشؤوم.

كان الميجور «بين كوفين» قومندان الكتيبة قد اعتاد - شأن كثيرين من ضباط وجنود جيش الاحتلال - أن يمارس هواية صيد الطيور، وقبل ثلاثة أعوام، علم من زملائه الهواة، أن قرية دنشواي، القريبة من منوف، تزدحم بأسراب هائلة من الحمام، تعشش بين أغصان الأشجار الكثيفة التي تملأ الطريق الزراعي الموصل إلى القرية، وتتجول بينها، وبين أكثر من مائتي برج أقامها فلاحو دنشواي على أسطح بيوتهم، وعلى حواف حقولهم وأجرانهم، لإغراء الحمام الشارد بالاستقرار فيها واستئناسه. ولما زار «كوفين» القرية، أذهلته وفرة أسراب الحمام بها، فانضم - منذ ذلك التاريخ - إلى هواة الصيد الذين كانوا يرتادون دنشواي لاقتناص الحمام.

وإذ وجد الميجور «كوفين» نفسه في هذا الصباح، قريبًا من دنشواي، فقد أغرى أربعة من ضباط الكتيبة بأن يتوقفوا بالقرب منها، لتستريح الدواب، ويستريح جنود الكتيبة وكانوا مائة وخمسين، بينما يتسلون هم بصيد الحمام، فتحمسوا للاقتراح. وبدأ القومندان يعد ترتيبات الرحلة، التي كان يعرفها بخبرته على امتداد السنوات الثلاث السابقة، فقابل مأمور مركز شرطة منوف، وأبلغه أنه وزملاءه: الكابتن «بول»، والملازمين «بورثر» و«سميث»، والطبيب البيطري الملازم «بوستك»، سيتوجهون إلى دنشواي للصيد.

ولأن قيام ضباط جيش الاحتلال برحلاتهم لصيد الطيور في أنحاء

القرى المصرية، في دنشواي ذاتها، كان من الأمور الشائعة، فإن مأمور شرطة منوف ـ الذي كان مشغولًا بالإشراف على إطفاء حريق هائل حدث في المدينة ـ اكتفى باتخاذ الإجراءات التقليدية، فأرسل إشارة تلفونية إلى مراد أفندي محمد، ملاحظ نقطة شرطة الشهداء، التي تتبعها دنشواي إداريًّا، يخطره بالأمر. وكلَّف الملاحظ ـ الذي كان مشغولًا هو الآخر بتحقيق جناية مهمة ـ أحد أفراد النقطة وهو الأُمباشي (العريف) أحمد حسين زقزوق بمصاحبتهم إلى القرية، لتذكير العمدة بالتعليمات الرسمية المعروفة له، في حالة مرور وحدات أو مجموعات من جيش الاحتلال بقريته، بأن يُحسن استقبالهم، ويُسهل لهم ما يريدون، ويحول دون حدوث أي احتكاك بينهم وبين الأهالي.

غادرت الكتيبة منوف إلى كمشيش، حيث عسكرت خارج البلدة على ضفاف ترعة الباجورية. وغادرها قائدها وأربعة من ضباطها، بعد أن تركوا الضابط الخامس ـ الملازم «هارجريفس» ـ ليكون مسؤولًا عنها في غيابهم. وعبروا الترعة في قارب نقلهم إلى سرسنا التي تقع على الضفة الأخرى. وساروا مسافة قليلة على أقدامهم، حتى التقوا بعربتين تجرهما الخيول، أرسلهما عبد المجيد باشا سلطان ـ أحد أعيان قرية الواط (منشية سلطان) ـ لنقل الضباط إلى دنشواي والعودة بهم بعد الصيد. فاستقل كل واحدة منهما اثنان من الضباط، بينما كان الخامس يركب جواده، وصاحبهم الأُمباشي زقزوق والمترجم عبد العال صقر، بينما قاد العربتين اثنان من أتباع عبد المجيد سلطان، هما: بخيت سعيد، ومحمد العبد.

وفي الساعة الثانية بعد الظهر وصل الضباط الخمسة إلى الطريق الزراعي الذي يقع شمال دنشواي، أخذوا يتفقدون الأشجار الكثيفة التي كانت أسراب الحمام تختفي بين أغصانها. وتركهم الأُمباشي أحمد حسين زقزوق مع المترجم عبد العال صقر، وتوجه إلى القرية، ليخطر عمدتها (مختارها) محمد الشاذلي بوصولهم، لكنه لم يجده في دار العمودية، إذ كان قد غادر

القرية عند الفجر إلى عاصمة المحافظة شبين الكوم، لحضور اجتماع لعُمد المنطقة. وفي طريقه للبحث عن نائب العمدة الشيخ عمر زايد، وشيخ الخفراء عامر عدس، ليخطرهما بالأمر، التقى بأحد أصدقائه من فلاحي دنشواي، هو محمد درويش زهران، الذي دعاه لتناول الغداء معه، فاستجاب للدعوة، إذ كانت درجة الحرارة قد تعدت آنذاك الثانية والأربعين، مطمئنًّا إلى أن الضباط الإنجليز في حماية المترجم، فضلًا عن أن قائدهم كان يعرف المنطقة، التي سبق له الصيد فيها خلال السنوات الثلاث السابقة.

* * *

لم ينتظر فريق الصائدين عودة الأُمباشي زقزوق، ولم يهتموا بظهور العمدة، وبدأوا فور وصولهم إلى مشارف القرية يختبرون بنادقهم، ويملأونها بالخرطوش، ويتفحصون ميادين الصيد، بينما احتشد حولهم لفيف من أطفال القرية وصبيانها يتابعون ما يفعلون. وسرعان ما انقسم الفريق إلى قسمين: اختار أولهما، وكان يضم الميجور «كوفين»، والكابتن «بول» والملازم «سميث»، أن يصطاد الحمام من بين أغصان الأشجار على جانبي الطريق الزراعي. بينما ابتعد الآخران، وهما الكابتن الدكتور «بوستك» والملازم «بورثر»، قليلًا عن بقية الفريق، حتى وصلا إلى أجران القمح المتاخمة للطريق الزراعي.

كان الوقت هو موسم حصاد القمح ودرسه وتذريته، وقد امتلأت الأجران بأكوام هائلة من عيدانه الصفراء المحملة بالسنابل، يجري درسها تحت عجلات النورج القاطعة، تمهيدًا لتذريتها بآلات خاصة، تفصل حبوب القمح عن التبن المتخلف عن طحن العيدان، وهو موسم تسعد له أسراب الحمام، التي كانت تحط على الأجران لتلتقط حبات القمح، ثم تطير إلى الأبراج أو إلى الأشجار.

توقف الكابتن «بوستك» واللفتينانت «بورثر» على مشارف أول جرن صادفهما، هو جرن محمد عبد النبي مؤذن مسجد دنشواي، بعد أن شاهدا

عددًا من الحمامات تقف على أسواره، وفوق عيدان القمح التي كانت تتكوم في أحد أركانه، وتتقافز بينها وبين القمح الذي كان النورج يدور فوقه.

ولم يكن محمد عبد النبي آنذاك في الجرن، إذ كانت زوجته أم محمد - وهي شابة صغيرة في السادسة عشرة من عمرها - تسوق المواشي التي تقود النورج، بينما كان شقيقه شحاتة عبد النبي يتولى العمل الأكثر مشقة، فيقوم بتقليب القمح تحت العجلات.

وعلى بُعد قريب، كان حسن علي محفوظ - عميد عائلة محفوظ الذي تجاوز السبعين - يتسامر على مصطبة أمام باب منزله المطل على الجرن، مع ابن أخيه عزب محفوظ. وعندما بدأ الكابتن «بوستك» والملازم «بورثر» إطلاق خرطوش بنادقهما نحو الحمام الذي استقر فوق جدران الجرن، صاح شحاتة فيهما طالبًا منهما أن يصطادا بعيدًا عن الجرن، ولكنهما لم يأبها به، أو لم يفهماه. وتحرك حسن علي محفوظ في اتجاه الطريق الزراعي الذي لم يكن يبعد عن منزله أكثر من مائتي متر، وعندما التقى بالميجور «بين كوفين» طلب منه أن يأمر رجاله بالابتعاد عن الأجران، وعدم الصيد داخل القرية. وبينما كانا يتحدثان، كانت أصوات طلقات خرطوش «بوستك» و«بورثر» تتوالى، إذ شاهدا حمامتين تقفان على كوم القمح في جرن محمد عبد النبي، فأطلق عليهما «بورثر» تسع طلقات متتالية، فأشعلت النيران في الجرن، وصرخت أم محمد مولولة، تستغيث بالرجال لإطفاء النار التي اشتعلت في القمح. وأدركها زوجها محمد عبد النبي وآخرون شغلوا بإطفاء النيران، بينما احتشد جمع من الفلاحين حول الضابطين يعنفونهما لأنهما لم يأبها بتحذيرات أهل القرية، فكانت النتيجة أن اشتعلت النيران كما توقع الأهالي، وهجم بعضهم عليهما، يحاولون انتزاع البنادق منهما، بينما خف إلى مكان الحادث شيخ الخفراء عامر عدس، وبصحبته الخفيران محمد شحاتة داود وعلي الدبشة، كما اجتذبت أصوات الصراخ الأُمباشي أحمد حسين زقزوق وصديقه محمد درويش زهران.

وإبان الصراع بين «بورثر» ومحمد عبد النبي وعدد آخر من الفلاحين، كانوا يحاولون انتزاع البندقية منه، انطلقت دفعة أخرى من الخرطوش، أصاب أحد عياراتها أم محمد في فخذها، ومع أن الطلقة لم تكن رصاصًا حيًّا، إلا إن الفلاحة الصغيرة الساذجة انزعجت من الإصابة فسقطت مغشيًّا عليها، وتبادر إلى ذهن زوجها أنها أصيبت في مقتل، فاندفع إلى «بورثر» وأمسك به، وانهال عليه ضربًا بعصا من فروع الأشجار، ورفع حسن محفوظ عصاه على الدكتور «بوستك»، وارتفعت أصوات الأطفال والنساء تصرخ:

الخواجا حرق الجرن وقتل أم محمد

الخواجا حرق الجرن وقتل أم محمد

وبينما كانت أفواج أخرى من الفلاحين، تعدو في اتجاه الطريق الزراعي، لتتبين ما حدث، كان الميجور «كوفين» والملازم «سميث ويك» والكابتن «بول»، قد تركوا الطريق الزراعي حيث كانوا يصيدون، والتحقوا بزميليهما في محاولة لفض المشادة، التي كانت قد بدأت بينهم وبين الفلاحين، لكن الموقف كان قد ازداد تدهورًا، إذ انطلقت رصاصتان حيتان من بندقية أحد الضباط أصابت واحدة منهما شيخ الخفراء عامر عدس في فخذه اليسرى، وأصيب اثنان آخران من الخفراء هما شحاتة داود وعلي الدبشة، فرفع الفلاحون عصيهم بينما كان الأطفال والصبيان يواصلون قذف المعتدين بالطين وقطع الحجارة.

وحاول الضباط استعطاف أهل القرية باستخدام الإشارات، التي لم تسهل التفاوض، إذ لم يكن أحد من الطرفين يعرف لغة الآخر، أما المترجم فكان قد اختفى من الذعر. وعلى سبيل الترضية، تظاهر الميجور «كوفين» ـ باعتباره الضابط الأكبر رتبة ـ بالقبض على الملازم «بورثر»، وتجريده من سلاحه، بتهمة ما كان ظاهرًا آنذاك؛ أنه قتل المرأة، كما قدم ساعته وخاتمه وما كان يحمله من نقود على سبيل التعويض.

وكادت المفاوضات تسفر عن نجاح كامل، وتوجَّه الضباط نحو العربات،

ولكن الأهالي ثاروا وتمسكوا بضرورة عدم السماح لهم بالانصراف قبل إثبات التهمة عليهم، ووصول الحكومة، وضبطها للسلاح المستخدم في الحادثة، فلحقوا بهم وأعادوهم عنوة، وهم يضربونهم بالعصي.

وإذ أدرك الضباط أن الموقف أصبح ميؤوسًا منه، اتفقوا على أن يحاول بعضهم الهرب لطلب النجدة، بينما يواصل الآخرون محاولة التخلص بلباقة من الحصار. وهكذا انطلق الكابتن «بول» والدكتور «بوستك» هاربين على الطريق الزراعي، وجرى خلفهما بعض الفلاحين يحاولون القبض عليهما، وجذب الفلاحون الضباط الثلاثة الباقين إلى جرن القمح، وأشاروا إلى المرأة الجريحة معبرين بالإشارات عن أنهم يستحقون قطع رقابهم جزاء قتلهم لها، وأخذوا يركلونهم بالأقدام.

وحين نجح الخفراء وكبار السن من أهل القرية في فض الاشتباك أخيرًا، كانت المعركة قد أسفرت عن كسر عظمة من عظام الذراع اليسرى للميجور «كوفين»، وإصابات سطحية لحقت بالضابطين الآخرين، وقد ظل الثلاثة تحت التحفظ في الجرن، حتى وصل ملاحظ نقطة الشهداء.

قطع الكابتن «بول» والدكتور «بوستك» الطريق الزراعي عدوًا في طريقهما إلى المعسكر لطلب النجدة، وعندما التفت الدكتور الذي كان في المقدمة خلفه، لم يشاهد زميله الكابتن الذي كان قد أصيب إصابة سطحية في رأسه، ولم يعرف «بوستك» - إلا فيما بعد - أن زميله سقط مغشيًّا عليه، أمام باب سوق قرية سرسنا. وعندما وصل «بوستك» - في الساعة الرابعة والنصف بعد الظهر - إلى ضفاف ترعة الباجورية، كان قد قطع ثمانية كيلومترات تحت الشمس الحارقة فألقى بنفسه في مياهها، وعبر إلى الضفة الأخرى، حيث كان جنود الكتيبة يعسكرون على مشارف قرية كمشيش.

وعلى باب المعسكر انهار من التعب والإجهاد.

وفي كلمات متقطعة لاهثة، أخطر بقية أفراد الكتيبة بما حدث في دنشواي.

* * *

وخلال دقائق قليلة، غادرت طلائع الكتيبة المعسكر في اتجاه موقع الأحداث، وأمام باب سوق سرسنا ـ وهي إحدى الأسواق التي أقامتها شركة إنجليزية كانت تعرف بـ«شركة الأسواق المصرية» ـ وجدوا عددًا من الفلاحين يحيطون بالكابتن «بول» في المكان الذي سقط فيه، فحمله بعضهم إلى المعسكر لإسعافه، بينما طارد الباقون الفلاحين الذين كانوا يحيطون به للقبض عليهم، وقد تبادر إلى ذهنهم أنهم الذين اعتدوا عليه، فتراجعوا مذعورين إلى داخل السوق ليختفوا بها، خشية القبض عليهم، فطاردهم جنود الكتيبة حتى قبضوا على خمسة منهم هم: حسين علي الخولي، ومحمد شبل حليكان، ومحمد الديب، وأحد خفراء السوق، وسيد أحمد سعيد، الذي فر منهم أثناء محاولة شد وثاقه وظل يعدو إلى أن اختبأ في قادوس طاحونة أقيمت لتجربة المواشي التي تعرض للبيع في السوق، ولكن الجنود أدركوه، وانهالوا عليه ضربًا بالسونكي، حتى أصبحت أكبر قطعة في رأسه ـ كما ذكرت مجلة «المجلات العربية» التي صدرت بعد الحادث مباشرة ـ في حجم عملة النقود الصغيرة التي كانت تُسمى بـ«القرش تعريفة». ثم واصلوا سيرهم إلى دنشواي، ليتسلموا بقية الضباط، الذين كانوا تحت التحفظ في الجرن الذي حرقوه.

* * *

وما إن وصل خبر ما وقع في دنشواي إلى المسؤولين في القاهرة وشبين الكوم عاصمة محافظة المنوفية، حتى انقلبت الدنيا، فانتقل إلى موقع الأحداث مدير المنوفية محمد شكري باشا، ورئيس نيابتها محمد إبراهيم بك، ومأمور مركز شبين الكوم، وعدد كبير من رجال الأمن بها. ومن القاهرة وصل إلى منطقة الأحداث مستشار الداخلية الإنجليزي المستر «ميتشد»، وأحد مفتشيها، وحوصرت القرية وبدأ البحث عن الجناة!

ومع أن الإشارة التلفونية الرسمية الأولى عن الحادث، والتي أرسلها الأُمباشي أحمد حسين زقزوق من تلفون العمدة، كانت تقول إن معركة

وقعت بين الأهالي والضباط تبادل فيها الطرفان إطلاق النار، إلا إن البحث منذ اللحظة الأولى، كان في اتجاه واحد:

لم يبحث أحد عن قتلة سيد أحمد سعيد فلاح سرسنا الذي أصبحت أكبر قطعة في رأسه في حجم القرش تعريفة!

ولم يبحث أحد عن الذين أصابوا أم محمد وعامر عدس وشحاتة داود وعلي الدبشة!

كان البحث يجري عن هؤلاء الذين تجرأوا على رفع عصيهم وقذف أحجارهم على جنود جيش الاحتلال، إذ إن السكوت على ما فعلوا معناه أن هيبة المحتلين قد اهتزت، وأن جبروتهم لم يعد يخيف المصريين، وتلك ظاهرة مقلقة قد تشجع آخرين على أن يفعلوا ما فعله أهالي دنشواي، وقد تتطور الأمور إلى ما هو أسوأ، إذا ما استبدل المتمردون بالحجارة والعصي، البنادق والرصاص.

وكان أخطر ما في الموضوع، أن الذين تمردوا ورفعوا العصي، هم فلاحون من أصحاب الجلابيب الزرقاء، الذين كان اللورد «كرومر» المعتمد البريطاني في مصر، يفخر بأنه صديقهم، ويشيع بأنهم راضون عن الاحتلال الذي خلصهم من السخرة، والضرب بالكرباج، وفوضى الضرائب، وغيرها مما كان المحتلون يصفونه بأنه مظالم عهد إسماعيل!

ولم يكن هناك جناة بالمعنى الدقيق للكلمة، إذ لم تكن هناك جناية بالمعنى القانوني للمصطلح، فما حدث هو مشاجرة عادية انتهت برضوض بسيطة. أما الكابتن «بول» الذي كان قد نُقل إلى المعسكر، فقد تُوفِّي في السابعة من مساء اليوم نفسه، وقال زميله الدكتور «بوستك» إنه كشف عليه طبيًّا، وتبين له أنه أصيب باحتقان في المخ من أثر ضربة الشمس التي تعرض لها بسبب مسيرته الطويلة تحت الشمس الحارقة. وفيما بعد كان «بوستك» واحدًا من أربعة أطباء بريطانيين أكدوا أن ضربة الشمس وحدها ـ دون الإصابة ـ كانت كافية لقتل الكابتن «بول»!

وفضلًا عن هذا، فقد كان عسيرًا على الضباط الإنجليز، أن يتعرفوا على أحد ممن تشاجروا معهم، أو رفعوا عليهم العصي، بين زحام الفلاحين متشابهي الوجوه والملابس، الذين احتشدوا حولهم في أعقاب اشتعال النار في الجرن، وكان مستحيلًا عليهم أن يتعرفوا على واحد من مئات الأطفال الذين كانوا يحصبونهم بالطوب.

ومع أن «الجريمة» ـ بفرض وقوعها ـ كانت شائعة بين كثيرين كلهم مجهول أو شبه مجهول، إلا إن رجال الإدارة المصرية الإنجليزية لم يعدموا الوسيلة التي تقودهم إلى تهم ومتهمين وشهود وأدلة، يستكملون بها ديكور العدل على الطريقة الاستعمارية، فلجأوا إلى أسلوبهم التقليدي في البحث عن الفاعل المجهول في الجرائم الريفية. طلبوا من مشايخ القرية، أن يُخرج كلٌّ منهم المشتبه فيهم من بين القاطنين في الحصة التي يتمشيخ عليها. وأخذ رجال الشرطة الإنجليز، ومعاونوهم من المصريين، يجوسون في أزقة القرية الضيقة، ويفتشون بيوتها الطينية الفقيرة، بحثًا عن «الأعداء» الذين حاربوا بريطانيا العظمى، فيعتقلون الناس بالشبهة أو الوشاية أو الاحتياط.

وتحكمت ضغائن وخلافات قديمة بين العمدة محمد الشاذلي، وبين أسرة محفوظ، في اختيار المتهمين، فجاء عميد الأسرة حسن علي محفوظ في مقدمة المتهمين، وشمل قرار الاتهام فيما بعد، اثني عشر من عائلة محفوظ.

ولم تجد الشرطة مكانًا تحتجز فيه المتهمين المشتبه فيهم، سوى مسجد القرية، الذي ازدحم بالمعتقلين، وكان في مقدمتهم محمد عبد النبي مؤذن المسجد، وصاحب الجرن الذي اشتعلت فيه النيران.

واهتزت القرية الصغيرة لما يجري فيها من أهوال، فصعدت النساء إلى أسطح المنازل يولولن باكيات، وهن يشعرن بالعجز أمام جيش دولة عظمى، ولم يستطع المحققون مواصلة عملهم، وأصوات المناحة تحيط بهم من

كل جانب، فانتقلوا إلى عزبة حسين بك شعير - التي تقع في الجهة الغربية من القرية - ليجروا تحقيقاتهم في هدوء.

وأسفرت الحملة عن القبض على عشرات الفلاحين، نُقلوا جميعًا بعد ذلك إلى سجن شبين الكوم، ولم يقدم للمحاكمة منهم سوى ٦٠ فقط، كان منهم ٨ هاربين.

لم يعرف إبراهيم الهلباوي شيئًا مما جرى في دنشواي في ذلك اليوم التعيس، ذلك أن الأنباء الأولى عن الحادثة، كانت قد نُشرت في صحف الخميس، التي لا تصل عادة إلى العزبة إلا بعد ظهر يوم الجمعة. وعندما وصل المستر «أنتوني» مدير مصلحة الأملاك، وعبد العزيز بك أباظة مفتش المصلحة، إلى العزبة ضحى يوم الجمعة، عرف الهلباوي من المدير أنباء ما حدث في «دنشواي»، وشاركه الأسف لما جرى، ثم شُغل عن الموضوع بمشكلة كوم السباخ، التي انتهت بأن حكم المدير والمفتش بأحقية أحمد خيري باشا في الكوم.

وفي الصباح المبكر من يوم السبت ١٦ يونيو ١٩٠٦ غادر إبراهيم الهلباوي العزبة، في طريقه إلى القاهرة. وفي منتصف الطريق، هبط من القطار في محطة طنطا، بحثًا عن وسيلة تنقله إلى دنشواي، ليحضر التحقيق مع المتهمين، إذ شعر - كما قال فيما بعد - بأن «مركزه كشيخ من شيوخ المحامين يفرض عليه أن يتطوع للدفاع عن أولئك المتهمين المساكين في حادثة مهمة كتلك الحادثة». وعندما سأل ناظر محطة طنطا محمود بك طلعت، أخبره أن عليه أن ينتظر القطار الذي يقوم من طنطا في الحادية عشرة صباحًا، وأن ينزل في محطة البتانون، ليبحث عن وسيلة أخرى للانتقال إلى دنشواي، التي تبعد عنها نحو عشرة كيلومترات. ولفت نظره إلى أن هناك احتمالًا بألا يكون هناك تحقيق في هذا اليوم، وأشار إلى درجة الحرارة التي كانت قد تجاوزت الأربعين، وإلى صعوبة الانتقال بين المحطة والقرية. حتى فت في عضده، فعاد إلى القطار الذي قاده إلى القاهرة.

كان موعد عودة الهلباوي إلى القاهرة، معروفًا لأسرته وللعاملين في مكتبه، لذلك لم يدهش حين وجد في انتظاره على رصيف القطار الياور الخاص بناظر النظار - أي رئيس الوزراء - مصطفى فهمي باشا، الذي أخبره بأن الباشا ينتظره في مكتبه لأمر مهم، فاستأذنه الهلباوي في أن يمر على منزله أولًا ليغير ملابسه.

في ديوان رئاسة الوزراء، وجد الهلباوي في انتظاره محمد محمود بك - رئيس حزب الأحرار الدستوريين فيما بعد، وكان يعمل آنذاك سكرتيرًا خاصًّا لمستشار الداخلية الإنجليزي المستر «ميتشل» - الذي سأله عما إذا كان أحد من المتهمين في حادثة دنشواي قد وكله للدفاع عنه، فلما نفى ذلك، أخطره بأن الحكومة قد اختارته ليمثلها في إثبات التهمة ضد المتهمين أمام المحكمة المخصوصة باعتباره أكبر المحامين المصريين سنًّا وأقدمية!

ويقول إبراهيم الهلباوي، إنه «تذكر آنذاك أن نظام المحكمة المخصوصة التي قُدِّم إليها المتهمون في حادثة دنشواي، كان قد جرى على أن يمثل الاتهام أمامها شيخ من شيوخ المحاماة، وأن أول تطبيق لقانون هذه المحكمة المخصوصة، كان في حادثة قليوب، وأن الحكومة اختارت أيامها لتمثيل الاتهام فيها المرحوم أحمد الحسيني بك، لأنه كان إذ ذاك أكبر المحامين المصريين سنًّا ومقامًا»!

وهكذا قبل المهمة!

بل وتواضع في تحديد أتعابه، فمع أنه - كما قال فيما بعد - «كان يتقاضى خمسمائة جنيه في القضايا الكبرى، إلا إنه خفض أتعابه في هذه القضية، فقبل أن يترافع فيها بثلاثمائة جنيه فقط»!

* * *

هذا هو إبراهيم الهلباوي بلا زيادة ولا نقصان!

لا فارق لديه بين أن يدافع عن المتهم، ليطالب بتبرئته، أو أن يكون المدعي العمومي، الذي يثبت عليه الاتهام، ليطالب بإعدامه!

وإذ كان من العسير أن يتصور إنسان عاقل، أن رجلًا في التاسعة والأربعين من عمره، خبر الدنيا، ودرس في الأزهر، وعرف مجالس الثوار، ومجامع التجار، وشارك الأطهار صلواتهم، والفجار سهراتهم، يمكن أن يتخذ قرارًا مصيريًّا مثل هذا استنادًا إلى جداول مواعيد القطارات، فلا بد أن للسرعة التي حسم بها الهلباوي موقفه سببًا أعمق من هذا، ولا بد أن هناك دوافع راسخة الجذور في نفسه، ومرتبطة بتكوينه، أقوى من هذه المصادفات التي لا يمكن أن تدفع رجلًا مثل الهلباوي لاتخاذ قرار مثل هذا!

كان الهلباوي نموذجًا لجيل نفدت طاقته، بعد أن أُجهضت أحلامه، فلم يعد يعيش إلا لنفسه، لذلك خدعها بالوهم، وعاش بمنطق، أنه لا يرتكب إثمًا، إذا ما انتمى إلى ذاته، وسعى للصعود، بالبحث عن التميز في مهنته، وإثبات التفوق فيها، وفي ظنه أن «ذاته» هي «الآخرون»، وهي «الوطن»، وأن مصالح الجميع متطابقة.

ولأنه كان ـ كما وصفه الأستاذ العقاد ـ «ذلاقة لسان لا تطيق نفسها»، فقد كان واثقًا من أن قدرته على تبرئة المدانين، توازي قدرته على إدانة الأبرياء، فهو يستطيع أن يثبت أن الشمس تشرق من الغرب، وأن يبرهن على أنها تغرب في الشرق، وأن يدافع عن الحق، وعن الباطل، بالدرجة نفسها من قوة المنطق.

هذا هو الهلباوي الذي لا يعرف في الدنيا شيئًا يستحق الاهتمام أو الانتماء يومًا، أو قضية تستحق التضحية، إلا إبراهيم الهلباوي نفسه!

* * *

جاء اختيار إبراهيم الهلباوي ليكون مدعيًا عموميًّا في محاكمة دنشواي، تنفيذًا لأحد بنود الأمر العالي الذي صدر في ٢٥ فبراير عام ١٨٩٥، وهو يقضي بإنشاء محكمة مخصوصة للحكم فيما يرتكبه المصريون من جنايات وجنح ضد جنود أو ضباط جيش الاحتلال، أو على المراكب الإنجليزية الراسية في أحد الموانئ المصرية.

وفي ذلك العام ـ ١٩٠٦ ـ كان قد مر على وجود جيش الاحتلال الإنجليزي في مصر، نحو ربع قرن، ومر على صدور هذا الأمر أكثر من عشر سنوات، لم يطبق خلالها سوى مرَّة واحدة في حادثة قليوب التي اتخذ إبراهيم الهلباوي من قبول أحمد الحسيني بك القيام بدور المدعي العمومي فيها مبررًا للقبول بذات الدور، فكانت خطيئته المميتة، التي قضت عليه.

لكن الأمر العالي كان قد صدر بسبب وقائع مشابهة، حدثت في السنوات السابقة على صدوره.

ففي تلك السنوات، كانت معسكرات جيش الاحتلال قد انتشرت في أنحاء مختلفة من أرض مصر، وبدأ جنوده وضباطه يشعرون بالضجر من البقاء فيها، فكانوا يغادرونها في إجازتهم ليسكروا أو يعربدوا أو يلهوا بصيد الطيور، وما لبث هذا اللهو الأنجلوسكسوني أن انتهى بمشاكل عديدة بينهم وبين المصريين، الذين كانوا يضغطون على أنفسهم، ويكظمون غيظهم، ويستعدون لرد اللطمة التي انتهت بهزيمة جيشهم في معركة «التل الكبير»، واحتلال بلادهم!

وقد وقعت أولى حوادث الاحتكاك الكبيرة بين الطرفين في عام ١٨٨٧ ـ بعد خمس سنوات من الاحتلال ـ إذ ذهب ضابطان من جيش الاحتلال إلى قرية «نزلة السمان» القريبة من الهرم ليصطادوا، فأصاب رصاصهما عددًا من أهالي القرية، فهجم الفلاحون عليهما، وأسفرت المعركة عن قتل أحد الأهالي، وإصابة عدد آخر منهم، وإصابة الضابطين بجروح سطحية.

ومع أن المصريين كانوا ضحايا الاعتداء، إلا إن المعتمد البريطاني اللورد «كرومر»، اعتبر ذلك إهانة لحقت بجيش الإمبراطورية التي لم تكن الشمس ـ آنذاك ـ تغيب عنها، فثار ثورة عارمة، وطالب بتوقيع عقوبات رادعة بحق هؤلاء الفلاحين «المجرمين» الذين تجرأوا على الدفاع عن أنفسهم، وخلعوا برقع الحياء، وملكوا جسارة الاستهانة بهيبة جيش الاحتلال وجبروته، ورفض بأنفة أن تعرض القضية على المحاكم أو أن يحتكم المتخاصمون

إلى القضاء، إذ معنى ذلك أن يتساوى الفلاحون بالمحتلين، والمصريون بالبريطانيين، وهو ما كان اللورد «كرومر» يعتبره إهانة لا تغتفر.

وأسفرت غضبة اللورد «كرومر» عن موافقة الحكومة المصرية، على تشكيل لجنة إدارية رأسها مدير الجيزة لمحاكمة فلاحي نزلة السمان، أصدرت أحكامها بحق الضحايا، وكانت تتراوح بين السجن والجلد والغرامة. وتم التنفيذ علنًا بحضور عدد من أهالي القرية، وفصيلتين من فرقتي جيش الاحتلال اللتين ينتمي إليهما الضابطان «المجني عليهما» لكي يكون ذلك تحذيرًا وإنذارًا لكل من تسول له نفسه، أن يرفع عينه ـ وليس يده ـ في وجه جنود جيش الاحتلال، أو أن يحتك بهم، ولكي يلزم الجميع حدود الأدب!

وبعد ذلك التاريخ بثماني سنوات، وفي ٨ فبراير ١٨٩٥، تشاجر ثلاثة من بحارة الأسطول الإنجليزي، مع ثلاثة من أهالي حي باب سدرة ـ أحد أحياء الإسكندرية الشعبية. وأسفرت المشاجرة عن إصابة اثنين من البحارة بإصابات تافهة، ومع أن المتهمين في تلك القضية، قُدموا إلى محكمة الإسكندرية الابتدائية، إلا إن سلطات الاحتلال لم تقصر في إحاطة المحاكمة بجو من الإرهاب. ورغم تفاهة الوقائع، إلا إن النائب العام والمستشار القضائي انتقلا إلى الإسكندرية للإشراف على التحقيق، وأحاطت فرق من جيش الاحتلال وأخرى من البحرية الإنجليزية بمبنى المحكمة أثناء نظر القضية، التي انتهت بصدور أحكام بالحبس ضد سبعة من أهالي باب سدرة، تتراوح بين سنتين وستة أشهر.

ورغم قسوة الحكم، فإنه لم يرضِ اللورد «كرومر»، الذي أسرع يكتب إلى حكومته لافتًا نظرها إلى أن القانون الدولي يخول لجيش الاحتلال الحق في تطبيق الأحكام العرفية ضد الذين يعتدون على جنوده أو ضباطه، مطالبًا بسلب المحاكم العادية حق النظر في مثل هذه القضايا، مشيرًا إلى اللجنة الإدارية التي سبق تشكيلها للحكم في واقعة نزلة السمان،

ومقترحًا تشكيل محكمة مخصوصة للنظر في كل عدوان يقع على جنود جيش الاحتلال.

ووافقت الحكومة الإنجليزية على الاقتراح.

ووافقت الحكومة المصرية، بعد تمحك قليل!

وقبل مرور أسبوعين على صدور الحكم في قضية باب سدرة، صدر في ٢٥ فبراير ١٨٩٥، «ديكريتو» ـ أي أمر عالٍ ـ ينظم تشكيل محكمة مخصوصة للحكم على ما يقع من الأهالي، من الجنايات والجنح، على جنود أو ضباط جيش الاحتلال، أو على بحرية صاحب الجلالة الإمبراطور الراسية في الموانئ المصرية.

ونص هذا «الديكريتو» الغريب، الذي لا صلة له بأي نظام قضائي، ولا علاقة له بالعدل الذي زعم المحتلون أنهم جاءوا لإرساء دعائمه في مصر، على أن تتشكل هذه المحكمة برئاسة ناظر الحقانية ـ أي وزير العدل ـ وعضوية كل من المستشار القضائي ـ وكان عادة إنجليزيًا ـ وقاضٍ إنجليزي من محكمة الاستئناف الأهلية، يختاره الوزير، والقائم بأعمال المحاماة والقضاء في جيش الاحتلال بالقاهرة أو الإسكندرية، ورئيس المحكمة الابتدائية في القاهرة أو الإسكندرية. ونص الأمر على أن تعقد المحكمة جلساتها في المنطقة التي وقعت فيها الجناية أو الجنحة.

ومنح الأمر المحكمة سلطات واسعة، فأباح لها عدم التقيد بقانون الإجراءات الجنائية، إذا كان ذلك يعوق سرعة الإجراءات. وأعفاها من التقيد بقانون العقوبات فيما تصدره من أحكام، فهي حرة في أن تحكم بما تشاء من عقوبات بما فيها الحكم بالإعدام، وفقًا لما تراه. وحصن أحكامها من الطعن فيها بأي وجه. وقضى بأن تنفذ هذه الأحكام حال صدورها. وألغى وجود النيابة وسلطتها كجهة تحقيق، ومنحها لحكمدار البوليس ـ أي مدير الأمن ـ الذي كلفه الأمر العالي باختيار محامٍ لإثبات التهمة على المتهمين، وهذا هو الدور الذي اختير إبراهيم الهلباوي لأدائه في حادثة دنشواي.

كانت المحكمة المخصوصة طبعة معاصرة من محاكم التفتيش، لا يكفل قانونها للتعساء الذين يمثلون أمامها، أي ضمان قانوني من أي نوع، ولا يعرفون حدود العقوبة التي يتم إيقاعها بهم، بل إن مثولهم أمامها كان أمرًا مزاجيًّا يخضع لتقدير المعتمد البريطاني، الذي أعطاه الأمر العالي، حق طلب محاكمة المعتدين على أفراد جيش الاحتلال أمامها، فإذا لم يطلب ذلك، ظل اختصاص نظر القضية معقودًا للقضاء الأهلي. ولم يتعرض الأمر للجرائم التي قد يرتكبها جنود وضباط جيش الاحتلال بحق المصريين، ولم يكفل لهم أي ضمانات قضائية ضد هذه الاعتداءات!

وفي ١٧ سبتمبر ١٨٩٧، وأثناء عودة جنود إحدى فرق جيش الاحتلال من القناطر الخيرية إلى القاهرة، بعد أن أنهوا مناورة كانوا يقومون بها هناك، شاهد أحد الجنود، بالقرب من قليوب، فتاة ريفية جميلة تحمل على رأسها جرة ماء، فعابثها وانتزع الجرة من فوق رأسها، وصرخت الفتاة، فاحتشد بعض الأطفال والفتيان، وأخذوا يقذفون جنود الكتيبة بالأحجار، فجُرح بعضهم.

وفي اليوم التالي - ١٨ سبتمبر ١٨٩٧ - أصدر المجلس الحربي لجيش الاحتلال قرارًا بمحاصرة قليوب، وانتقل حكمدار القاهرة الإنجليزي إلى مكان الحادث، وقبض على عشرات من أهالي المدينة. وصدر قرار الاتهام يتضمن أسماء ٢٠ منهم، كان معظمهم من عمال مصنع نسيج قريب، كانوا أول من حُوكم أمام المحكمة المخصوصة التي ابتدعها «ديكريتو» ٢٥ فبراير ١٨٩٥.

وقد تشكلت المحكمة برئاسة ناظر الحقانية آنذاك إبراهيم باشا فؤاد، وعضوية المستر «كاميرون» المستشار بمحكمة الاستئناف الأهلية نائبًا عن المستشار القضائي، والمستر «ويلمور» المستشار بمحكمة الاستئناف الأهلية، والميجور «سمسون» القائم بأعمال المحاماة والقضاء في جيش

الاحتلال، وأحمد فتحي زغلول بك رئيس محكمة مصر الابتدائية، وقام بسكرتارية المحكمة عثمان مرتضى بك، وقام بدور المدعي العام أحمد الحسيني بك.

ومع أن الدفاع عن المتهمين دفع بعدم اختصاص المحكمة، استنادًا إلى أن الواقعة ليست «جناية» أو «جنحة»، وهي الحالات التي نص «الديكريتو» على جواز تشكيل محكمة مخصوصة لنظرها، بل هي ـ على فرض ثبوتها ـ مجرد «مخالفة» لم يعترف بها المتهمون، إلا إن عدالة المحتلين قضت بالحكم على خمسة منهم بالنفي إلى السودان مددًا تتراوح بين ثمانية وستة أشهر، وإنذار الباقين.

وحتى عام ١٩٠٦، كان حادث قليوب هو الحادث الوحيد الذي طُبِّق فيه «ديكريتو» المحكمة المخصوصة، ثم جاء حادث دنشواي ـ الذي وقع بعد ذلك التاريخ بعشر سنوات ـ ليكون الحادث الأخير الذي لم يطبق بعده هذا القانون العجيب.

* * *

خلال الأيام العشرة التي انقضت بين وقوع الحادثة في ١٣ يونيو، وبين انعقاد المحكمة في ٢٤ يونيو ١٩٠٦، جرت الأحداث بسرعة لاهثة، كشفت عن أن الهدف لم يكن البحث عن الحقيقة، أو نصب ميزان العدالة، بل التوصل إلى ضحايا يُعاقبون بطريقة «متحضرة»، فيكونون عبرة للآخرين، وتذكيرًا لمن ضعفت ذاكرتهم، بأنهم يعيشون في وطن محتل، ويخضعون لعدالة ترتدي قبعات المستعمرين.

وخلال هذه الأيام العشرة، وبسرعة غير معهودة، أُجريت التحريات، وقُبض على المشتبه فيهم، واحتجزوا في سجن شبين الكوم، وتم التحقيق معهم. وجرى البحث عن بنادق الضباط التي كانوا قد سلَّموها إلى الفلاحين، فأخفوها لأن تسليمهم لها كان يعني الاعتراف بأنهم كانوا في موقع الحادث. وتم توقيع الكشف الطبي على المصابين من الضباط، وتشريح جثة الكابتن

القتيل، وإجراء المعاينات على الطبيعة، بينما كان البحث القانوني يجري على قدم وساق.

وفي بداية هذه الأيام العشرة، استقبل الهلباوي في مكتبه المستر «موبيرلي» المفتش الإنجليزي لوزارة الداخلية، والمستر «مانسفيلد» الحكمدار الإنجليزي لبوليس القاهرة، اللذين أبلغاه أنهما مكلفان بأن يكونا في خدمته في كل ما يتعلق بقضية دنشواي، واقترحا عليه أن يحضر التحقيق، وأن يشارك في استجواب المتهمين، ولكنه اعتذر عن ذلك، وفضل أن يزور مسرح الوقائع، ليعاينه، والتقى بعدها مع محافظ المنوفية محمد شكري باشا، الذي كان يشرف على التحقيق بمساعدة رئيس النيابة محمد إبراهيم، فكررا عليه العرض، ولكنه أصر على اعتذاره.

وفيما بعد، قال إبراهيم الهلباوي ـ في معرض الدفاع عن موقفه، وتبرير سقطته ـ إن قبوله القيام بدور المدعي العام قد مكنه من صد المحاولات الإنجليزية التي استهدفت تضخيم الحادثة، وإقحام اسم الخديو عباس حلمي الثاني في القضية، واتهامه بتحريض فلاحي دنشواي على الاعتداء على الضباط الإنجليز وقتل الكابتن «بول»، من خلال الإيحاء بأن بعض المقربين منه كانوا على صلة بالمتهمين، وأنهم هم الذين حرضوهم. وكانت العلاقات بين الخديو عباس حلمي الثاني واللورد «كرومر» بالغة التدهور، بسبب شعور الخديو الشاب بأن المعتمد البريطاني ينتزع منه سلطاته ويتدخل في اختصاصاته، مما دفعه إلى التحالف مع الحركة الوطنية التي كان يتزعمها آنذاك الزعيم مصطفى كامل.

ومع أن المحكمة المخصوصة، طبقًا لأمر إنشائها، كانت معفاة من الالتزام بقانون الإجراءات الجنائية، فيما يتعلق بضمانات التحقيق، كما كانت معفاة من الالتزام بقانون العقوبات، فيما يتعلق بالأحكام التي تصدرها، إلا إن القانونيين الممثلين لجيش الاحتلال كانوا حريصين على الشكل، وعلى إضفاء طابع قانوني وديمقراطي على ما يتخذونه من إجراءات وما يجرونه

من محاكمات، لأسباب تتعلق بأن وجود الجيش البريطاني في مصر ظل ـ حتى إعلان الحماية عام ١٩١٤ ـ بصفته ممثلًا لمجموع الدول الأوروبية ومندوبًا عنها جميعًا، إذ هي التي كلفت بريطانيا في مؤتمر الآستانة عام ١٨٨٢ بغزو مصر نيابة عنها وإعادة الأمن والنظام إليها، لذلك كانت هذه الدول ـ وخاصة فرنسا ـ تنتقد تصرفات جيش الاحتلال، وتتخذ منها وسيلة لابتزاز إنجلترا، التي فرضت الأمر الواقع وانفردت باحتلال مصر، فضلًا عن انتقادات الأحزاب البريطانية المعارضة في مجلس العموم البريطاني.

ويُضاف إلى كل هذا، أنه كان لدى هؤلاء القانونيين مبرر مهم للحرص على تكييف الوقائع بحيث لا تظهر الحقيقة، فيتضح أن الأمر كله هو مجرد مشاجرة عادية بين فلاحي القرية وبعض الضباط الإنجليز، خلقت جوًّا من الانفعال وسوء التفاهم، انتهى إلى واقعة ضرب أفضى إلى الموت وإصابات بين الطرفين. إذ لو اتضحت الحقيقة على هذا النحو، لما كانت هناك ضرورة لكل هذا الضجيج، ولما استطاع «المدعي العمومي» أن يطالب بإعدام المتهمين، ولما تحقق بالتالي هدف المحتلين، بإنزال عقوبة رادعة بهم، تجعلهم عبرة لكل من تسول له نفسه الاستهانة بهيبة ومكانة جيش الاحتلال.

كان لا بد من البحث ـ إذن ـ عن مبررات قانونية تنتهي بتكييف الواقعة، باعتبارها اعتداء متعمدًا مع سبق الإصرار، فهذا التكييف وحده هو الذي يكفل للمحكمة إصدار أحكام بالإعدام وبالأشغال الشاقة!

ولم يكن اتهام الفلاحين المصريين بمعاداة جيش الاحتلال، وتعمد الاعتداء على ضباطه، والإصرار السابق على ذلك أمرًا سهلًا، إذ هو اعتراف بكذب كل الادعاءات التي كان اللورد «كرومر» المعتمد البريطاني يذيعها في أنحاء أوروبا، معلنًا أنه صديق أصحاب الجلابيب الزرقاء، وأن الفلاحين وهم أغلبية الشعب المصري راضون عن الاحتلال، سعداء به، بعد أن خلصهم من استبداد حكم الخديو إسماعيل، وحررهم من السخرة، ومن ضرب

الكرابيج، وأعاد تنظيم مالية البلاد، فكفل لهم حياة كريمة، وكفل للدائنين الأوروبيين حقوقهم في استرداد القروض التي اقترضها الخديو إسماعيل، وأن الذين يعادون الاحتلال، ويطالبون بالجلاء من المصريين، هم بعض أفندية المدن، وبعض الباشوات من أنصار الخديو ممن يسعون للاستبداد بالفلاحين، وإعادة عهد إسماعيل.

وهكذا انتهى رأي القانونيين الإنجليز ـ طبقًا لما نقله عنهم الهلباوي ـ إلى القول إن «هذا الإصرار لا يمكن أن يرجع إلى المتهمين مباشرة، لأنه لا عداء بينهم وبين الإنجليز، وعلى ذلك فلا بد أن تكون هناك يد خارجية قد حركتهم، وأوحت إليهم بذلك الاعتداء».

وفي البحث عن هذه اليد الخارجية، أشار هؤلاء القانونيون إلى موقف عبد المجيد باشا سلطان، الذي كان من عاداته في كل عام، أن يعد صيوانًا لاستقبال الضباط الإنجليز، وأن يستضيفهم ويُعنى بأمرهم، ولكنه في تلك المرَّة لم يفعل ذلك، ولما كان الخديو عباس حلمي الثاني قد منحه ـ قبل عشرين يومًا من الحادثة ـ رتبة الباشوية، فلا معنى لإهماله لشأن الاعتناء بالضباط الإنجليز، إلا أنه غيَّر ولاءه أو تلقى إشارة بألا يعتني بالأمر!

ولفت موقف ملاحظ نقطة شرطة الشهداء مراد أفندي محمد، أنظار المحققين الإنجليز، الذين لاحظوا أنه لم يحضر كعادته كل مرَّة للمحافظة على الضباط، وربطوا بين موقفه ذاك وبين قرابته لكبير ياوران الخديو حسين باشا محرم، الذي اتضح أنه خال الضابط!

وكان معنى وضع هاتين الواقعتين موضع الريبة، هو الإيحاء الصريح بأن للخديو يدًا في تحريض الفلاحين على العدوان على الضباط الإنجليز.

ويقول الهلباوي إنه رفض التسليم بشكوك القانونيين الإنجليز، أو أن يسلم باعتقادهم بأن هناك يدًا قوية دبرت الحادثة، وأصر على أن الواقعة بِنت وقتها، وأن الكارثة وقعت بسبب الحريق الذي اشتعل في الجرن، وظن الأهالي أنه سيلتهم البلدة كلها لكثرة الغلال وشدة الحرارة.

وتدل ظواهر الأحوال على أن الهلباوي قد نجح في إقناع القانونيين الإنجليز بالتنازل عن هاتين الواقعتين وهذين المتهمين، مقابل أن يبحث الهلباوي عن مبررات ووقائع أخرى، تكفل البرهنة على أن اعتداء الفلاحين على الضباط، كان مقترنًا بسبق الإصرار، بالتوصل إلى «محرضين» من بين الفلاحين أنفسهم، كانوا يعلمون سلفًا بوصول الضباط، ويهيئون الظروف للاعتداء عليهم.

ولما كان هذا التكييف للواقعة، يتطلب العثور على أدلة، وإعادة تصوير الواقعة على نحو ينسجم معه منطقيًّا، فقد اتجه إبراهيم الهلباوي، مع فريق قانونيي جيش الاحتلال، إلى محاولة إثبات أن الحريق الذي وقع بالجرن هو حادث تالٍ للاشتباك بين الفلاحين والضباط، بل إن الضباط لم يكونوا سببًا أصلًا لحدوثه، فهو حريق متعمد، اصطنعه الفلاحون ليخفوا أدلة سبق إصرارهم وتعمدهم التحرش بالضباط الإنجليز والاعتداء عليهم.

وجاء التكييف الجديد الذي اقترحه الهلباوي للواقعة، ليضرب عشرة عصافير بحجر واحد، إذ هو يثبت براءة الضباط الإنجليز من أي مسؤولية عما جرى منهم، بينما يزيد من مسؤولية الفلاحين، وهو فضلًا عن ذلك تصوير أكثر حصافة، إذ إن الاتجاه لإقحام أسماء كبيرة في الحادثة، وتوجيه الشبهات نحو قصر الخديوية، من شأنه أن يثير تعاطفًا أوسع مع المتهمين، سوف يفتقدونه إذا اقتصر الاتهام عليهم، إذ لم يكن من المتوقع أن يثور أحد أو يغضب، لمجرد أن مشنقة المحتلين قد شرَّفت مجموعة من الفلاحين التافهين بالالتفاف حول أعناقهم.

وتأكيدًا لذلك، اصطحب إبراهيم الهلباوي معه حكمدار بوليس القاهرة، وتوجه إلى دنشواي حيث أجريا تجربة يثبتان بها استحالة أن يؤدي إطلاق الخرطوش إلى اشتعال النار في الجرن. فقام الحكمدار بإطلاق عيارات من بنادق صيد مزودة بخرطوش مماثل للخرطوش الذي كان الضباط يستخدمونه على تل من التبن، من مسافات مختلفة، فلم يشتعل التبن،

رغم إطلاق الخرطوش عليه من مسافة عشرة أمتار فقط، وهي أقل بكثير من المسافة التي كان الضباط يطلقون منها بنادقهم نحو الجرن.

وفيما بعد، استبعد الهلباوي، في مرافعته أمام المحكمة، أن يكون الحريق قد حدث قضاء وقدرًا، أو بسبب ارتفاع درجة الحرارة، واستدل على ذلك بأنه في اللحظة التي اشتعلت فيها النيران في الجرن، أمسك أحد الأهالي بالكابتن القتيل «بول» الذي كان على بُعد ٦٠٠ متر من موقع الحريق وصاح فيه: «إنتم حرقتم البلد».

ولما كان إطفاء الحريق لم يستغرق سوى عشر دقائق، وهي مدة لا تكفي لقطع هذه المسافة الطويلة، فلا معنى لما قاله الفلاح للكابتن، إلا أنه كان يعلم أن هناك نية لحرق الجرن، وأن اشتعال النيران فيه هو إشارة البدء بالهجوم.

واتخذ الهلباوي من نجاح الفلاحين في إطفاء النيران خلال ربع ساعة فقط، وعدم التهامها إلا لخُمس التبن الذي كان في الجرن، دليلًا على أنه «كان حولها مائة رجل، أطفأوها حال ما أشعلوها»، مؤكدًا أن آثار النيران في جسم النورج ـ الذي قِيل بأن الحريق قد طاله ـ هي دليل على افتعال الأمر كله، إذ إن النيران قد طالته من أعلاه، ولم تشتعل من أسفله، مما يؤكد أنه أُحرق بفعل فاعل.

ولم يبقَ في إثبات ركن «سبق الإصرار» على القتل والشروع فيه، إلا إثبات أن فكرة القتل ذاتها لم تكن فكرة عرضية، ولكنها كانت نية مبيتة ومصممًا عليها، ولهذا ركز الهلباوي في مرافعته على أن حضور الضباط للصيد كان معروفًا للفلاحين، إذ أرسلت به إشارات تلفونية منذ أن تحركت الكتيبة من القاهرة ـ أي قبل ثلاثة أيام من وصولهم إلى القرية ـ ولا بد أن يكون الفلاحون قد علموا بنبأ احتمال مرورهم على قريتهم، ورتبوا الأمر بحيث صمموا على قتلهم إذا جاءوا للصيد. واستدل الهلباوي على هذا الإصرار ـ الذي وصفه بأنه سبق إصرار معلق على شرط ـ بخروج الرجل العجوز الذي تجاوز

السبعين حسن محفوظ من منزله في الثانية ظهرًا، وتحمله لحرارة الشمس القائظة التي تجاوزت درجة حرارتها الثانية والأربعين، لكي يكون أول من يستقبل الضباط عند وصولهم، فيحذرهم من الصيد، وعندما لم يأبهوا به نفَّذ وعيده، وحرَّض الفلاحين على الاعتداء عليهم.

وخلال تلك الأيام العشرة، كان البحث عن بنادق الضباط يجري على قدم وساق، ولما فشلت الجهود الرسمية استدعى محمد باشا شكري مدير (محافظ) المنوفية محمد بك حبيب عمدة الناعورة، وهي قرية مجاورة لدنشواي، وطلب معونته في البحث عن بنادق الضباط، واستجاب العمدة للطلب، وسافر إلى دنشواي، والتقى بعمدتها وأعيانها، وطلب منهم إظهار الأسلحة وتقديمها لجهات التحقيق حتى لا يزداد الموقف تدهورًا.

ونجح محمد بك حبيب في خديعة أحد المتهمين وهو عبد الرازق حسن محفوظ، فاعترف له بأن البنادق أُخفيت في منزل محمد درويش زهران. وعلى الفور انتقل إلى القرية حكمدار القاهرة، ومفتش الداخلية، وبدأ التفتيش عن البنادق. وكادت الحملة تفشل في مهمتها، إلى أن لاحظ الحكمدار أن الست وردة ـ والدة محمد زهران، التي كانت تجلس على جوال فارغ في باحة الدار ـ لم تتحرك من مكانها طوال الوقت الذي استغرقه التفتيش، فاستراب في جلستها، وأمر بالحفر في المكان الذي كانت فيه، فعثروا على بندقيتين.

وأسفرت الجولة الأولى من جهود حبيب بك ـ أيضًا ـ عن العثور على علبة من الخرطوش في منزل رسلان سلام، ولم يظهر شيء آخر من المضبوطات حتى أوشكت المحكمة على الانعقاد، فزار محمد بك حبيب دنشواي مرَّة أخرى، وقال لأهلها إن الحكومة لن تسكت عن الأشياء التي ضاعت من ضباط الجيش، ونصحهم بتسليمها، ولكي يطمئنهم أعطاهم مهلة ليوم السبت، يقوم خلالها من لديه شيء من متعلقات الضباط بإلقائها

في الساقية المهجورة التي تقع شمال القرية. وعندما عاد حبيب بك إلى دنشواي في السادسة من صباح السبت ٢٣ يونيو ١٩٠٦، كان يصطحب معه غطاسًا نزل إلى حوض الساقية، فعثر على بندقية!

وبذلك اكتملت أدلة الاتهام، فضُمت البندقية إلى زميلاتها، وإلى النورج المحترق، والنبابيت، وفروع الأشجار، وعلبة الخرطوش، في ساحة المحكمة، التي كان قد تقرر أن تُعقد جلساتها في سرادق ضخم أقيم أمام مبنى محافظة المنوفية.

وفي غروب ذلك اليوم وأمام منزل مدير المنوفية المطل على بحر شبين، رست سفينة حكومية فخمة تقل الأعضاء الإنجليز في المحكمة، والقاضي المصري أحمد فتحي زغلول، والمدعي العمومي إبراهيم الهلباوي، أما رئيس المحكمة بطرس باشا غالي فقد كان مقررًا أن يصل بالقطار في الصباح المبكر.

وقد فضَّل القضاة أن يقضوا ليلتهم في الباخرة، بدلًا من قضائها في منزل المحافظ، حرصًا على استقلال القضاء من ناحية، وحتى تُتاح لهم من ناحية أخرى فرصة من الهدوء الكامل، يعيدون خلالها قراءة ملف القضية، ويراجعون مواد القانون، ويستخبرون ضمائرهم لتقودهم إلى العدل، في مناخ تعطره نسمات الصيف المبللة بمياه النيل.

في إحدى قمرات تلك الباخرة، كانت المحكمة الموقرة، قد اصطحبت معها المشنقة، والمجلدة، والسياط، والجلادين.

كان الحكم قد صدر قبل بدء المحاكمة!

عدل خواجات!

* * *

الأحد ٢٤ يونيو ١٩٠٦

مبنى محافظة شبين الكوم

في الصباح المبكر احتشد أربعة آلاف من أعيان البلاد ووجهائها ـ ينتمي

معظمهم إلى قرى ومدن مديرية المنوفية ـ في السرادق الضخم، الذي أقيم أمام مبنى المحافظة، لتجري فيه محاكمة فلاحي دنشواي، وأُحيط بأعداد ضخمة من قوات جيش الاحتلال، وقوات البوليس المصري.

ومع أن أحدًا من الأعيان لم يحضر المحاكمة باختياره، بل جاءوا جميعًا بدعوة لم يكن من الحصافة رفضها، فإن إبراهيم الهلباوي كشف عن أحد مبررات هذه الدعوة الملزمة، حين قال في مرافعته: «إن أعيان البلاد خجلون من هذه الحادثة، وقد جاءوا ليثبتوا لحضراتكم أنهم أبرياء من هذه التهمة»، فكشف بذلك عن أحد أهداف الطابع الاستعراضي الذي أصرت سلطات الاحتلال على أن تحيط به إجراءات التحقيق والمحاكمة ثم تنفيذ الحكم.

فعلى عكس ما يحدث في أي محكمة وفي أي قضية، فإن محاكمة المتهمين في حادثة دنشواي، قد افتقدت الرصانة التي تليق بالسلطة القضائية، وأصبحت أقرب ما يكون إلى عرض مسرحي سياسي، لا يهدف إلى تحقيق العدل، بل إلى الحفاظ على هيبة المحتلين، وتنظيم مظاهرة للقوة والجبروت، ولذلك لم يكن الهدف من دعوة أعيان البلاد لشهود المحاكمة يقتصر على المعنى الذي أشار إليه الهلباوي، بل كان الهدف كذلك هو دعوتهم لكي يشاهدوا بأعينهم نوع العدل الذي سيناله كل من يفكر في دفع عدوان المحتلين على أرضه أو حماماته.

* * *

في الثامنة والنصف صباحًا، دخلت هيئة المحكمة إلى القاعة، يتقدمها رئيسها بطرس غالي باشا وزير الحقانية (العدل) بالنيابة آنذاك، وخلفه أعضاؤها الأربعة: المستر «وليم جودنفا هيتر» المستشار القضائي بالنيابة، والمستر «بوند» وكيل محكمة الاستئناف الأهلية، والكولونيل «لادلو» القائم بأعمال المحاماة والقضاء في جيش الاحتلال، وأخيرًا أحمد فتحي زغلول بك رئيس محكمة مصر الابتدائية.

وأثبت أربعة من كبار المحامين في ذلك الوقت هم: أحمد لطفي السيد بك، وإسماعيل عاصم بك، والأخوان محمد يوسف بك وعثمان يوسف بك.

وتلا عثمان بك مرتضى قرار الاتهام في القضية، الذي صدر بتوقيع مدير المنوفية محمد شكري باشا، كما ينص على ذلك قانون إنشاء المحكمة. وقد لخص القرار بإيجاز شديد الوقائع، وأحال إلى البيان التفصيلي الذي كانت وزارة الداخلية قد أصدرته عن الحادث، واختتم بقرار إحالة ٦٠ من أهالي دنشواي إلى المحكمة المخصوصة ـ منهم ٥٢ قبض عليهم و٨ هاربين ـ «لمعاقبتهم أشد عقوبة تناسب هذا الجرم الذي صدر منهم».

وخلال نصف الساعة التالية، استمع رئيس المحكمة إلى ردود المتهمين عن التهمة، فقال بعضهم إنه كان غائبًا، وقال آخر إنه كان مريضًا، وقال ثالث إنه لم يرَ شيئًا مما حدث، وعندما جاء الدور على محمد عبد النبي أصر على أن يؤكد أن الضابط أطلق الأعيرة النارية وصوَّبها نحو الجرن، وأن زوجته كانت تجلس فوق النورج، بينما كان هو «يصلح الرمية»، فترتب على إطلاق النار حرق الجرن وإصابة المرأة، وأنه أمسك بالضابط وأراد تسليمه للحكومة، فانطلقت منه عيارات نارية أخرى أصابته وبعض الحاضرين، كما أصابت شيخ الخفراء، وأنه لم يعتدِ على الضباط، وإنما أراد أن يسلم المعتدين للحكومة.

ولم تستغرق المحاكمة سوى ثلاثة أيام، استمعت هيئتها في اليومين الأولين إلى أقوال الشهود، ومن بينهم الضباط البريطانيون الأربعة الذين نجوا من الحادثة، والمترجم الذي كان يصحبهم، والسياس الذين أرسلهم عبد المجيد باشا سلطان لمصاحبتهم، ثم لأقوال مراد أفندي محمد ملاحظ نقطة شرطة الشهداء، وشهادة عامل التلفون بالنقطة.

ومع أن الهلباوي لم يترافع إلا في اليوم الثالث والأخير من أيام المحاكمة،

إلا إنه لم يكف طوال اليومين الأولين عن عصر الشهود، واستجوابهم، وإحراجهم، لاستخلاص أقوال تفيده في إثبات التكييف القانوني الذي اتفق عليه مع قانونيي جيش الاحتلال، وهو أن المتهمين قد رتَّبوا للاعتداء على الضباط، وأن الحادثة لم تقع مصادفة، ولكنها تمت بإصرار سابق، واتفاق يستهدف إعدام الضباط، وحرمان المتهمين من الاستفادة من أقوال الشهود، إلى حد إرهاب هؤلاء الشهود وتخويفهم.

وكان الملازم «بورثر» قد ذكر أثناء إدلائه بأقواله أمام المحكمة أن المتهم التاسع عبد المطلب محفوظ قد حماه ـ هو وزملاءه ـ من العدوان عليهم، وقدم إليهم المياه ليشربوا، وهي شهادة كانت كافية لتبرئته. وعندما جاء الدور على الشاهد فتح الله الشاذلي ـ ابن عمدة دنشواي ـ ورد في أقواله هو الآخر أنه قد قدم المياه للضباط، فتنبه الهلباوي، إلى نقطة جزم بأنها فاتت على الملازم «بورثر»، ووقف ليقول إنه يلاحظ أن هناك شبهًا كبيرًا بين المتهم عبد المطلب والشاهد فتح الله في الملامح، وأنه يعتقد أن الأمر قد اختلط على الملازم «بورثر»، فاستدعت المحكمة الضابط الإنجليزي، الذي حسم الأمر، وقال إن الذي سقاه هو ابن العمدة وليس المتهم. وهكذا حرم الهلباوي المتهم التاسع من فرصة النجاة من الحكم عليه بالأشغال الشاقة المؤبدة.

وكان محمد بك حبيب عمدة الناعورة، نموذجًا للشاهد الملقَّن، الذي لا يروي وقائع شهدها أو سمعها، ولكنه يكيف هذه الوقائع تكييفًا قانونيًّا لا تسمح له به ثقافته، وليست من المهام التي يكلف بها القانون الشهود. وفضلًا عن الدور الذي لعبه في الإيقاع بالمتهمين، وكشفه عن السلاح المخبأ، فقد وقف حبيب بك أمام المحكمة ليشهد بأنه علم بأن هناك سبق إصرار من أهالي دنشواي على الاعتداء على الضباط، ويدلل على ذلك بأنه سمع من عمدة دنشواي ونائبه عمر زايد، أن حسن محفوظ، قد هدَّد الضباط، وأعلن أن الأهالي مستاؤون منذ العام الماضي، بسبب

صيد الضباط لحماماتهم، وأنهم لو اصطادوا هذه المرَّة فسوف «يعرفون شغلهم»!

وبسبب هذه العبارة ـ التي اعتمد عليها إبراهيم الهلباوي كثيرًا في مرافعته، باعتبارها دليلًا على سبق الإصرار ـ خرج القاضي الإنجليزي المستر «بوند» عن كل تقاليد القضاء، إبان مناقشته لشهادة المترجم عبد العال صقر، الذي شهد أن حسن محفوظ لم يقل عبارة «إن صدتم الآن تعرفوا شغلكم»، وأنه اكتفى بأن يطلب من الضباط ـ من خلال المترجم ـ أن يصيدوا بعيدًا عن البلد، ولم يقل شيئًا أكثر من ذلك.

ولأن عبد العال صقر، كان هو الذي تولى الترجمة بين حسن محفوظ والضباط، فقد كانت شهادته ذات قيمة كبرى، وكانت كافية لإهدار هذه الكلمة، التي لا يمكن اعتبارها دليلًا على التهديد أو سبق الإصرار، إلا بتأويل معناها تأويلًا فيه كثير من الاصطناع، ولأن نفي عبد العال صقر لها كان يهدم كل التأويلات التي ارتبطت بها، فقد أثار ذلك المستر «بوند» الذي هاجم الشاهد، وهدده قائلًا:

ـ ألا تعرف أن هذه المحكمة تعاقب على الشهادة الزور؟

وعندما رد عبد العال بالإيجاب، قال المستر «بوند»:

ـ أنا أعرف المصريين أمثالك كيف تكون شهادتهم.

وتكرر هذا التهديد، مرَّة ثانية، أثناء الاستماع إلى شهادة الأُمباشي حسن زقزوق الذي أصر على القول بأن الملازم «بورثر» هو الذي أطلق النار على الجرن في البداية، فأصاب المرأة وأحرق الجرن، وأن تلك كانت بداية الأحداث التي أدت إلى محاولة جذب البندقية من «بورثر»، مما أدى إلى انطلاق المقذوفات منها لتصيب المؤذن وشيخ الخفراء والخفيرين. وقد أثار ذلك ضيق المستر «بوند» الذي سأله بعصبية:

ـ ألا تخاف هذا القول؟

فقال الأُمباشي زقزوق «إن الحق هو الحق»، وإنه لا يخاف أحدًا إلا الله، فأمره رئيس المحكمة بالجلوس فورًا.

وكان ذلك مرَّة أخرى، هو عدل الخواجات، الذي شارك فيه الهلباوي بكل جسارة!

* * *

الثلاثاء ٢٦ يونيو ١٩٠٦

مبنى محافظة المنوفية بمدينة شبين الكوم

حانت لحظة سقوط البطل، أدركه قدر اختياره ألا ينتمي إلا لنفسه، فكان دماره في اختياره.

إنه الآن في التاسعة والأربعين من عمره، وقد وصل إلى ذروة المجد، فاسمه على كل لسان، وأخباره في كل صحيفة، وأنظار الناس جميعًا في مصر وخارجها تشخص إليه. ولا بد أنه كان خلال الأسبوعين اللذين جرت فيهما وقائع دنشواي، سعيدًا بنفسه، وراضيًا عنها ومزهوًّا بها، وغافلًا عن الحفرة التي كان يسير إليها مغمض العينين، متوهمًا أن مرافعته في قضية دنشواي ستقفز به إلى ذروة جديدة من ذرى المجد، ولعله كان شديد الثقة في أن أحدًا من الناس لن يلومه لأنه ترافع ضد هؤلاء الفلاحين الحفاة الجائعين، وشنقهم بلسانه.

في السرادق الذي أقيم أمام مبنى المديرية ليكون قاعة للمحاكمة، تعلقت به عيون وآذان أربعة آلاف من أعيان البلاد ووجهائها وهو يدخل إلى القاعة، ويقف على المنصة ليبدأ مرافعته. أما عيون المتهمين من فلاحي دنشواي وأسرهم، فقد شخصت إليه شاردة، مثقلة بالهم والرعب والخوف من المجهول، تحاول أن تفهم شيئًا مما جرى أو يجري فلا تفهم. كان الأمل في النجاة، أو الإفلات من حبل المشنقة قد ذوى تمامًا منذ اللحظة التي عرفوا فيها أن إبراهيم الهلباوي سيترافع ضدهم، وليس عنهم.

هذا هو الرجل الذي كانوا يأملون فيه ينقلب عليهم، وينضم إلى طالبي رؤوسهم، وهم الذين تغنوا به، وأقسموا بلسانه، وتوعدوا الآخرين به؛ «والله أقتلك وأجيب الهلباوي». ومع أنهم كانوا يعلمون أنها كلمات تُقال ليس إلا، إذ لم يكن أحد منهم يملك خمسمائة جنيه، يدفعها أتعابًا للمحامي الشهير، إلا أن ترديدهم للعبارة كان يعكس إحساسهم العميق بالفرح والفخر لأن الوطن الذي ينتمون إليه أنجب هذا الرجل المعجزة، الذي يفك لسانه أحبال المشانق عن رقاب المذنبين، ويحطم قيود المرشحين لقضاء العمر خلف أسوار السجون، والذي وُلد مثلهم في قرية فقيرة، وعانى من شظف العيش كما يعانون، وقد جاء الأوان ليعرفوا وجهه الآخر، ويدركوا الخلل في معجزته الإنسانية ـ أو بمعنى أدق اللسانية ـ فكما هو قادر على تبرئة المدانين، فهو قادر كذلك على إدانة الأبرياء.

في ذلك الصباح، جاء الإنجليز بالهلباوي ليثبت على فلاحي دنشواي تهمة القتل مع سبق الإصرار التي لم يرتكبوها، فيا له من سوء حظ نادر! فلا أحد بمنجى من لسان الهلباوي العظيم، ولا أمل في النجاة، ما دام أعظم طلاب المرحمة يطلب ـ لأول وآخر مرَّة في حياته ـ إهدار حياة هؤلاء الأبرياء التعساء.

محامي «الظروف المخففة»، يستخدم كل مهارته لاستبعاد أي ظرف مخفف: «الحمام الذي نأكله جاءوا يصيدونه، نحن بنينا له البنيات، زودناها بالمياه، واقتطعنا من قوتنا كي نغذيه، وجاءوا هم ليأكلوه هنيئًا مريئًا، ومع ذلك لم نعترض إلا عندما اشتعلت النيران في الجرن، وكاد القمح الذي عرقنا ونحن نزرعه في عز برد الشتاء أن يشتعل، وأصابوا الولية أم محمد في وركها، ضربهم الأولاد بالطوب، جرى الكابتن «بول» ـ ألف رحمة ونور عليه ـ فقتلته الشمس. أين الجريمة في هذا؟».

ويصرخ محمد عبد النبي من قفص الاتهام: «وكتاب الله يا سعادة الباشا،

أنا مسكت البندقية من الضابط عشان أسلمه للحكومة تاخدلي حقي منه، وكتاب الله يا باشا ده اللي حصل».

بيد أن الهلباوي، الخبير المدرب ذرب اللسان، الذي يستطيع أن يدين الأبرياء ويبرئ المدانين، قادر على أن يصنع من هذا جريمة، وأن يفوز بحكم الإعدام.

في آخر أربع ساعات وقفها الهلباوي على القمة، ترافع عن الاحتلال ضد وطنه، وعن الصائدين ضد ضحاياهم، ولم يخطئ مرَّة واحدة، أثناء مرافعته الطويلة، فيلتمس عذرًا للبؤساء من أهل دنشواي، فيما لم يفعلوه، فالقضية كما صورتها مرافعته، هي صراع بين ضباط خيِّرين طيبين شجعان، وبين فريق من الهمج المتوحشين.

ضباط ينتمون إلى جيش الاحتلال الإنجليزي الذي «حرر المصري، فترقى، وعرف مبادئ الواجبات الاجتماعية والحقوق المدنية، والذي يتساوى العدو والصديق في الاعتراف بنزاهة ضباطه وجنوده»، ذهبوا يصيدون الحمام، «ليس طمعًا في لحم أو دجاج، إذ لو فعل الجيش الإنجليزي ذلك لكنت خجلًا من أن أقف هذا الموقف»، ولكنهم ذهبوا يصيدون لأن الصيد رياضة تعودوا على ممارستها.

هؤلاء الضباط الشجعان الذين حاز قائدهم الميجور «بين كوفين»، نياشين الشرف ورتب المجد، بسبب الانتصارات التي حققها في حرب «البوير»، كانوا يتوقعون أن يلقاهم الفلاحون بالإكرام، الذي يليق «بمكارم أخلاقهم وسلوكهم»، والذي وصل إلى الحد الذي دفع الميجور «بين كوفين»، «إلى تسليم سلاحه للفلاحين، وأمر الضباط الذين تحت إمرته، بتسليم سلاحهم لهم، حسمًا للنزاع؛ فأثبت بذلك أنه ذو أخلاق كريمة».

لكن أخلاق الميجور «كوفين» الكريمة، انتهت بهزيمته، وهو الذي انتصر في حرب «البوير»، لأنه حين أمر بذلك كان يظن «أنه أمام قوم عندهم شعور ومروءة، فإذا هو بين أدنياء النفوس، سافلي الأخلاق، قابلوا هذه

الأخلاق الكريمة بالعصي والشماريخ، وصاحوا على النساء يرمونهم بالطوب والطين».

وهؤلاء «السفلة» من فلاحي دنشواي الذين «أساءوا ظن المحتلين بالمصريين بعد أن مضى عليهم خمسة وعشرون عامًا ونحن معهم في إخلاص واستقامة» لا يستحقون «رحمة أو شفقة» لأنهم «ذوو طبيعة شريرة» ارتكبت «جريمة فظيعة تستحق أشد عقاب»، وأعمالهم «قد تجرَّدت عن الرحمة والرأفة والدين، لأن الدين الإسلامي يبرأ من هؤلاء المتوحشين».

وهم كاذبون بالفطرة، كما أن الضباط الإنجليز صادقون بالفطرة أيضًا، وإذا اختلفت روايتهم للوقائع مع رواية الفلاحين، فالواجب على المحكمة أن تصدق شهادتهم وتكذب هؤلاء الفلاحين الجبناء، «فإذا كان المتهمون يدعون ـ أو يتوهمون ـ أن الضباط أطلقوا بنادقهم إرهابًا للناس، فهؤلاء الضباط قد قرروا عدم صحة ذلك، وأنه لم يحصل منهم. ولا بدع إذا أخذنا بشهادتهم، وقد كانت كل كلمة من أقوالهم أمامكم في الجلسة، شاهدة على أنهم نسوا كل شيء إلا العبودية للحقيقة»، وبذلك برهنوا «على الصدق ومكارم الأخلاق، لأنهم ليسوا بجبناء، فقد كانوا كلهم في حرب البوير».

* * *

وانطلاقًا من هذا التوصيف الأخلاقي والحضاري لطرفي القضية، أخذ الهلباوي ـ بمنطقه المحبوك الذي كان أضعف ما يكون في ذلك اليوم الأخير من أيام المجد ـ يفنِّد كل ما جاء في أقوال المتهمين والشهود، ليهدم كل واقعة يمكن أن تُتخذ ذريعة للتخفيف عن أسرى دنشواي، بفرض أنهم مدانون، ليثبت للمحكمة أن الحادثة ارتكبت قصدًا وعمدًا ومع سبق الإصرار، حتى يفوز بما كان قد اتفق عليه مع القانونيين في جيش الاحتلال، ويعطي المحكمة مبررًا للحكم بالإعدام.

فالأسباب التي ادعاها الأهالي للمشادة التي وقعت بينهم وبين الضباط، كاذبة من أساسها، وليس صحيحًا أنهم كانوا يصطادون حمامًا يُعتبر في حكم الملكية الخاصة، التي يعطي القانون صاحبها حق الدفاع عنها إذا تعرضت لاعتداء، «فقد ذهبتُ إلى القرية، فرأيت الحمام ليس ملكًا للأهالي، بل إنهم لا يملكون إلا الأبراج، ولا يقدمون له غذاء، بل هو حمام يأتي برج هذا اليوم، ويذهب إلى برج ذاك غدًا، ولا حق لأحد في ادعاء ملكيته إلا من كان ببرجه».

والجرن لم يحترق بسبب طلقات الملازم «بورثر»، بل إن زعماء العصابة هم الذين أشعلوا الحريق عمدًا، لإيجاد ذريعة للعدوان الذي كانوا قد بيتوا ارتكابه، ولأن تصاعد ألسنة النيران من الجرن، كانت الإشارة المتفق عليها سلفًا بين هؤلاء الزعماء وأنصارهم من الفلاحين لكي يبدأ الهجوم على الضباط، فضلًا عن أن التجربة التي أجريت أثبتت أن إطلاق العيارات لا يتسبب عنه اشتعال الجرن، فإن تقرير الطبيب الشرعي، أثبت أن العيار الذي أصاب أم محمد أُطلق من على بُعد متر واحد، ومعنى هذا أنها لم تُصب وهي جالسة على النورج، بل أُصيبت مع من أصيب من الخفراء، أثناء محاولتها هي وزوجها وآخرين انتزاع البندقية من يد الملازم «بورثر».

وكذب الهلباوي شهادة الأُمباشي أحمد حسين زقزوق، الذي قال إن أحد الضباط أطلق عيارًا، أو عيارين، فأصاب الأهالي، وفسر عدم مناقشته لشهادته، بأنه لم يرد ذلك «حتى لا ينفضح البوليس المصري فضيحة علنية، فيسمع الجمهور أن في البوليس المصري خونة جبناء أدنياء مثل هذا الأُمباشي، الذي تغدى عند محمد درويش زهران أحد زعماء المتهمين، وترك الضباط وشأنهم حتى وقعت الواقعة، ولما بلغه خبرها من الأهالي، أبلغ في التلفون أن الضباط أطلقوا العيارات النارية على الأهالي، والأهالي أطلقوا العيارات على الضباط».

ونزعت مرافعة المدعي العام من المتهمين كل فضيلة، فخاطب المتهم العاشر علي محمد سمك قائلًا: «ثم يجيء سي علي سمك ويقول إن الضابط أعطاني ساعة بقشيشًا لأني سقيته وقدمت له الماء، لا تظن يا علي سمك أن ذلك يبرئك ولو صادقك عليه الضباط، بل هو يزيد من مسؤوليتك، لأنه لما رآك طامعًا فيه، أنت وغيرك، سلمك أسلابه قبل أن تأخذوها غصبًا، كما سلمكم سلاحه، المعادل لروحه، ولم يكن كل هذا مخففًا من شركم، ولا ملطفًا من وحشيتكم، فزدتم في طغيانكم، وتماديتم في فظائعكم».

وتمسك الهلباوي بتصوير الحادثة على النحو الذي يجعلها تبدو من الناحية القانونية، قتلًا وشروعًا في القتل عمدًا ومع سبق الإصرار، ليعطي للمحكمة وللرأي العام مبررًا للحكم بإعدام المتهمين السبعة، الذين كان الاختيار قد وقع عليهم ليوصفوا بأنهم زعماء التمرد. وقد قال الهلباوي فيما بعد، وفي معرض الدفاع عن نفسه، إن القانونيين في جيش الاحتلال، كانوا يتَّجهون إلى إثبات تهمة القتل العمد مع سبق الإصرار، لكل المتهمين الستين في القضية، وأنه رفض ذلك، وأن الأخذ والرد بينه وبينهم قد طال حول هذه النقطة، حتى خضعوا لرأيه، وقبلوا أن يقتصر طلب الإعدام على عشرة فقط بدلًا من اثنين وخمسين!

وقال الهلباوي في مرافعته، إن مفسري القانون يقولون بأنه يكفي لإثبات التصميم على القتل أن يقول القاتل إنه إذا جاء فلان أقتله، ثم ينفذ هذا التهديد، وإن سبق الإصرار يستفاد من إعداد الأسلحة أو إظهار البغضاء التي تؤكد وجود نية القتل، قبل وقوعه. وأضاف: «ولكن يصعب القول إن نية الإصرار تتوافر عند الـ٥٢ متهمًا، بل يمكن القول إنها توجد عند الزعماء».

وحدد الهلباوي أسماء الزعماء الذين يقصدهم وهم: حسن محفوظ، ومحمد درويش زهران، ومحمد عبد النبي، وأحمد السيسي، وأحمد عبد العال محفوظ.

وفي التدليل على توافر نية القتل لدى المتهمين، ذكر أنهم كانوا يعرفون سلفًا بموعد وصول الضباط، لأن الإدارة أبلغت جميع حكام القرى والمدن الواقعة على الطريق الذي كان مقررًا أن تسلكه الكتيبة بمرورها ببلادهم، وأن هؤلاء الحكام قد أبلغوا الأهالي، حتى أصبح وصول الضباط إلى المنطقة شائعًا، فأعد المتهمون أنفسهم، وخرج زعيمهم حسن محفوظ ليهدد الضباط بأن «يعرفوا شغلهم» إذا اصطادوا، ثم أحرق الفلاحون النار في الجرن عمدًا، ليصطنعوا سببًا لتنفيذ نيتهم في قتل الضباط، وهكذا نفذوا تهديدهم وقتلوا الكابتن «بول»، وشرعوا في قتل الباقين. وهو ما يؤكد أنهم كانوا جاهزين بالأسلحة ـ وهي العصي والنبابيت والفؤوس ـ وأنهم ضربوا الضباط في مقاتل ـ هي الرأس والعنق والأكتاف ـ بل إن الميجور «بين كوفين» قد أصيب في ذراعه، إبان محاولته تفادي ضربة كانت موجهة إلى رأسه.

وناقش الهلباوي التقريرين الطبيين اللذين قدم أحدهما الكابتن «بوستك» ـ وهو الطبيب البيطري الذي كان ضمن فريق الصائدين ـ وكان قد كشف ظاهريًّا على جثة الكابتن «بول» قبل دفنها، وشهد في المحكمة أن وفاته قد نتجت عن ضربة الشمس، واحتقان في المخ تولد عن إصابته إبان المشادة مع الفلاحين. وقدم التقرير الثاني ثلاثة أطباء شرعيين إنجليز شرحوا الجثة بعد دفنها، هم: «نولن»، و«وبر»، و«هاملتون». وقد أقروا رأي الدكتور «بوستك»، وذكروا أن الإصابة لم تكن هي السبب المباشر في الوفاة، وأن ضربة الشمس وحدها كانت كافية لإحداث الوفاة.

ولإدراكه بأن هذه التقارير الطبية لصالح المتهمين، إذ هي تجزم بأن سبب الموت هو ضربة الشمس، لا ضربة النبوت، فقد اقتبس الهلباوي من شروح العلامة الفرنسي «جارو» لقانون العقوبات قوله بأن الضرب الذي يؤدي إلى الموت، لا يُشترط فيه إلا أن تكون علاقة السببية غير منقطعة، وأن الموت إذا نتج لسبب ما، بعد الضربة الأولى، فالضارب قاتل، حتى لو كانت الضربة وحدها لا تنتج الموت، واستشهد على ذلك

بأن الوالد لو ترك ابنه في بستان وجاء طائر فقتله، يكون الوالد قاتلًا، وأن اللص إذا سطا على قطار فخاف منه الركاب وقذفوا بأنفسهم من القطار وماتوا، يعتبر اللص قاتلًا، وعلى ذلك فإن موت اليوزباشي «بول» بسبب ضربة الشمس التي أصابته أثناء عدوه تلك المسافة الطويلة، لا ينفي أن المتهمين هم الذين قتلوه، لأنهم هم الذين ضربوه، وهم الذين ألجأوه إلى الجري تحت الشمس.

ثم استعرض الهلباوي الوقائع المنسوبة إلى الزعماء السبعة، فقال إن الشهود قد أجمعوا على أن زعيم العصابة، هو حسن محفوظ، وعلى أنه كان موجودًا في وسط الحادثة، وأضاف: «إنني كلما نظرت إلى شيخوخته تأثرت، ولكن تلاحظون حضراتكم أنه رجل وصل إلى سن السبعين، وكوَّن من ظهره عائلة كبيرة، ولم تهذبه هذه السن، فيجب أن تُطهر البشرية منه، لأنه لم يكدر قرية، بل كدر أمة بأسرها، بعد أن مضى علينا ٢٥ عامًا ونحن مع المحتلين في إخلاص واستقامة وأمانة، أساء إلينا، وإلى كل مصري، فاعتبروا صوتي، صوت كل مصري، حكيم عاقل، يعرف مستقبل أمته وبلاده».

وقال إن يوسف حسن سليم هو الذي قتل المستر «بول» وسرق ما كان مع المستر «بورثر».

وإن محمد عبد النبي ـ مؤذن القرية ـ من أرباب السوابق، وسبق الحكم عليه سنتين في قضية سرقة!

وإن محمد علي سمك ـ شريكه في الاعتداء على الضباط ـ كان أول من اعترف عليه.

وإن أحمد السيسي وأحمد عبد العال محفوظ، قد اعتديا على الضباط وضرباهم.

وإن السيد عيسى سالم، هو الذي تحفظ على الضباط، وقادهم إلى الجرن، وأشار إلى رقبته مهددًا بقتلهم، وكان يحمل فأسًا.

أما محمد درويش زهران فهو من أرباب السوابق، إذ حُكم عليه من قبل بالحبس سنة في قضية قتل، وأنه معروف لأهالي المديرية بأنه من أهل الشر، وأن الحملة التي عثرت على السلاح في منزله، قد عثرت أيضًا على بقية جاموسة مذبوحة، ثبت أنها مسروقة، وأن أدوات مما يستخدمها اللصوص في تحطيم الأقفال، وجدت في منزله.

* * *

في الدقائق الأخيرة من سنوات المجد، آثر الهلباوي أن يبدو أمام الجميع رجلًا لا يعنيه القانون، ولا تهمه العدالة، ويضحي بكل قيمه في سبيل البقاء على القمة، لذلك ختم مرافعته، مفوضًا المحكمة بأن تطبق أي قانون تختاره يعطيها رخصة الحكم بالإعدام على هؤلاء المتهمين، فإذا لم تقتنع بأن الجريمة كانت قتلًا متعمدًا مع سبق الإصرار والترصد، ففي استطاعتها ألا تطبق القانون الفرنسي وهو الذي يشترط سبق الإصرار للحكم بالإعدام، وأن تطبق القانون الإنجليزي الذي لا يشترط هذا الشرط، وأضاف: «إنني رجل مسلم، ولنا أن نطلب معاقبة المتهمين طبقًا للشريعة الإسلامية، ففي «تبيين الحقائق ـ شرح كنز الدقائق» للزيلعي أن القتل العمد يعاقب عليه بالقتل عملًا بنص القرآن الشريف: ﴿كُتِبَ عَلَيْكُمُ ٱلْقِصَاصُ فِي ٱلْقَتْلَى﴾، حتى لو كان القتل بقشرة قصب»!

وختم الهلباوي مرافعته قائلًا: «نحن أمام محكمة مخصوصة غير مقيدة بالقانون، لأن المشرع لاحظ أنه توجد بعض حوادث استثنائية، وأن العقوبة يجب أن تكون على قدر هذه الحوادث. وكل الشرائع تثبت أننا محقون في طلبنا، منها القانون الفرنساوي، والقانون الإنجليزي، وهذا ـ أي القانون الإنجليزي ـ يقضي بالإعدام دون أن يشترط سبق الإصرار، فلكم تطبيقه إذا فُرض ألَّا إصرار هناك، بل يمكنكم تطبيق قانون أي أمة تجدون فيه مصلحة الأمن العام. والشريعة الإسلامية والقانون الإنجليزي في هذا الموضوع يستويان، ولا يمكن لأحد أن يعترض لأن البلاد إسلامية».

انتهى كلام الهلباوي.

هل كان يظن أن نتيجته ستكون ما كانت؟!

صدر الحكم في اليوم التالي: إعدام أربعة. جلد اثني عشر. أشغال شاقة للآخرين.

قتل الهلباوي شعبه كله!

* * *

الخميس ٢٨ يونيو ١٩٠٦

قرية دنشواي

الحضارة الأوروبية تقود مسجوني دنشواي، من شبين الكوم إلى دنشواي، يمر الموكب على القرى الواقعة بينهما. وكلما مر على قرية ذُعر أهلها من النساء والأطفال وولوا هاربين. أما الرجال فكانوا يقفون على قارعة الطريق ينظرون إلى موكب الأسرى ويتهامسون في رعب.

عند الظهر وصل الجميع إلى ساحة دنشواي. هنا سيتم تنفيذ الحكم. الطريقة التي اختيرت لتنفيذه ذات دلالة على حضارة الاستعمار: بين كل مشنوق وآخر، يُجلد اثنان من المحكوم عليهم بالجلد، أو بالجلد مع السجن، بينما جسد المشنوق السابق لا يزال يتأرجح في حبل المشنقة. وهو أسلوب لم يجد الكاتب الأيرلندي الشهير «جورج برنارد شو» ما يفسره به، سوى السخرية من عدل سلطات الاحتلال، التي أجهدت نفسها بحثًا عن «بروجرام» تشغل به المتفرجين على حفل الإعدام، وتحول بينهم وبين الملل، خلال نصف الساعة التي كان مفروضًا أن يظل فيها جسد المشنوق معلقًا، للتأكد من وفاته، ولإتاحة وقت كافٍ لأسرته كي تشاهده فيه وهو يدور حول نفسه، وقد حلت المحكمة هذه المشكلة، فقضت على ثمانية من المتهمين بالجلد، لتتيح لفرقة التنفيذ، ملء فراغ «البروجرام»، بجلد اثنين بين كل مشنوقين، وبهذا اكتمل الطابع الاحتفالي والاستعراضي لعدل المحتلين، الذي حرص

على أن يتم التنفيذ في المكان نفسه الذي وقعت فيه الحادثة، وأن يبدأ في اللحظة ذاتها التي وقعت فيها الحادثة، وأن تُقام المشنقة على بُعد ٦٠ مترًا من باب منزل حسن محفوظ وإلى جوارها المجلدة، وخيام الحانوتية والمغسلين المزودة بالنعوش وأدوات الغُسل.

كان لسان الهلباوي الطويل هو الحبل الذي شُنق به زهران ومحفوظ ويوسف سليم والسيد عيسى سالم. وكان هو الكرباج الطويل ذا الألسنة الثمانية الذي جُلد به الآخرون. تلك صورة لن ينساها الشعب المصري أبدًا!

تجاهل المؤرخون وصف مشاهد التنفيذ، وما قاله المحكوم عليهم، لعل نوعًا من الكبرياء الوطنية قد حال دون ذلك.

لكن ماذا تنتظر من فلاحين فقراء جهلة في موقف صعب كهذا؟

وقفت بريطانيا العظمى ضدهم، وشنقهم لسان الهلباوي العظيم.

تقدم المشنوق الأول حسن محفوظ، قالت «المؤيد»: «كان ينظر إلى قريته وعيناه مغرورقتان بالدموع، فكأنه كان يودع أولاده وأحفاده الكثيرين الوداع الأخير. نساء القرية فوق أسطح المنازل أقمن المناحات. أخذن يبكين رجالًا سيصرن بعدهن أيامى وينظرن إلى صغار سيكونون بعد آبائهم يتامى. فهن في نار حامية، وهم في البؤس خالدون».

عندما اعتلى محفوظ سلم المشنقة استدار إلى القرية، ودع المزارع والناس.

صاح: «إنا لله وإنا إليه راجعون، الله يخرب بيتك يا شاذلي، الله يخرب بيتك يا محمد يا شاذلي». دعا الرجل على العمدة ـ الشاهد الرئيسي ضده ـ هل نال الهلباوي من دعواته شيئًا؟ ربما. هوى محفوظ العجوز (٦٥ سنة)، وفي اللحظة نفسها وفي صفوف الصحفيين هوى ابنه، الذي كان يشاهد التنفيذ وفي يده ورقة وقلم لكي يسجل طلبات أبيه الأخيرة. وكان الابن قد حاول منذ الصباح المبكر أن يحصل على إذن بالالتقاء

بأبيه، ليسجل وصيته الأخيرة، لكن أحدًا من «العادلين» لم يسمح له بهذا الطلب المشروع البسيط.

وبينما كان جسد حسن محفوظ يتأرجح، بدأت الفقرة الثانية من «البروجرام». أوثقوا أحمد السيسي إلى المجلدة، تأوه والسوط ذو الثمانية أفرع ينهال على ظهره العاري.

صاح: «سُقت عليكم النبي، سُقت عليكم النبي، يا هوه، اشنقوني أحسن».

استمروا يجلدونه وهو مغشي عليه.

يوسف سليم، المشنوق الثاني، أصغر المحكوم عليهم بالإعدام. على قمة المشنقة صاح بهم: «اللهم انتقم من الظالمين، اللهم انتقم من الظالمين». عندما هوى متأرجحًا «صاحت النساء، والأطفال معهن، صيحة واحدة تفتت الأكباد، وبكت عيون الحاضرين من مندوبي الصحافة مصريين وأجانب». تبكي مصر كلها حزنًا وإحساسًا مريرًا بالعجز!

كان جسد يوسف لا يزال يتأرجح، والمجلود السيد العوفي يصرخ من ألم الجلد. صاح: «في عرض الأفندي، في عرض الأفندي».

مجلود آخر يتقدم عزب محفوظ. لم يقل شيئًا، تأوه بأعلى صوته مع كل جلدة تصيبه، ثم أخذ ينبح كالكلب.

تقدم المشنوق الثالث، محمد درويش زهران، إلى المشنقة. صعد سلمها. كان نافد الصبر؛ استبطأ تنفيذ الحكم. صاح في الشناق: «شهِّل يا أخي، شهِّل».

بعد لحظة هوى زهران، فهوت معه ـ كما قالت «المؤيد» ـ قلوب النساء المتجمعات، ولطمن الخدود، وتُرك معلقًا في الهواء، تذروه الرياح يمينًا وشمالًا.

ومن سوء حظ واضعي «بروجرام» الاحتفال أن أحد المحكوم عليهم بالجلد، هو سيد سليمان خير الله، قد أُعفي من تنفيذ العقوبة بسبب إصابته بمرض الصرع، وهكذا ـ كما يقول «برنارد شو» ـ عانى المشاهدون من

القرويين والضباط ورجال الفرسان البريطانيين، من بعض الملل إبان الفترة التي كان فيها جسد محمد درويش زهران يتأرجح، ويلف حول نفسه، إذ لم يكن هناك مجلود يتأوه خلال تلك الفترة، وهو خطأ وقعت فيه المحكمة التي نسيت أن تصدر بعض أحكام الجلد الاحتياطية، لمواجهة مثل هذه الطوارئ.

يقول الأستاذ العقاد: «كنا أربعة، نقرأ وصف التنفيذ في أسوان، فأغمي على واحد منا... ولم نستطع إتمام القراءة، إلا بصوت متهدج تخنقه العبرات».

أجل، وإن ذلك ليحدث حتى اليوم، وبعد كل تلك السنوات!

* * *

كان لا بد أن يدفع كل من اشترك في هذه الجريمة الثمن، أيًّا كان!

كانوا أربعة: اللورد «كرومر» ممثل الاحتلال، وبطرس غالي الذي رأس المحكمة، وأحمد فتحي زغلول وكان عضوًا بها، والهلباوي.

تكفَّل مصطفى كامل بالأول. أثار عليه العالم كله. فضح الحضارة الإنجليزية، وأثار اشمئزاز البشرية منها. حتى اضطرت الحكومة البريطانية إلى نقله من مصر، بعد أن ظل في منصبه ربع قرن، مكَّن خلاله للاحتلال وثبت أقدامه في الأرض المصرية.

أما أحمد فتحي زغلول، الذي كتب حيثيات الحكم بخطه، فإن شيئًا لم يغفر له ما فعله يوم دنشواي، لم يغفر له أنه شقيق سعد زغلول، حتى إن ذكراه كانت تمر ـ بعد ذلك ـ وسعد زعيم الأمة المحبوب، فلا يجسر أحد على الإشارة إليها، أو يدعو للاحتفال بها.

حدث في العام التالي للمأساة مباشرة ـ ١٩٠٧ ـ أن رُقِّي إلى منصب «وكيل وزارة الحقانية»، وأقام له بعض الموظفين حفلة تكريم في فندق «شبرد»، وطالبوا أمير الشعراء أحمد شوقي بالاشتراك في الحفل بقصيدة، فوعدهم بإرسالها لتلاوتها ـ وكان لا يتلو شعره بنفسه ـ وفي الموعد المحدد

وصل رسول شوقي بمظروف إلى فندق «شبرد»، وفتحته لجنة الاحتفال فوجدت به أبياتًا تقول:

إذا ما جَمعتُم أَمرَكم وهَممتمُ بِتَقديمِ شَيءٍ للوَكيلِ ثَمين
خُذوا حَبلَ مَشنوقٍ بَغَيرِ جَريرةٍ وسِروالَ مَجلودٍ وقَيدَ سَجين
ولا تَعرِضوا شِعري عَليهِ فَحَسبُه مِنَ الشِّعرِ حُكْمٌ خَطَّهُ بَيَمين
ولا تَقرأوه فِي شبرد بَل اقرأوه عَلى مَلأ في دُنشواي حَزين

وكانت لطمة!

وأنقذ أحمد فتحي زغلول نفسه، فغادر الدنيا بعدها بسنوات قليلة. إذ مات في عام ١٩١٤ وهو وكيل لوزارة العدل! وهو نفس ما أجبر عليه بطرس غالي رئيس المحكمة!

وظل الهلباوي، الوحيد من المصريين الذين شاركوا في المأساة، الذي عاش بعدها أكثر من ثلاثين عامًا، فحمل لعنتها على كتفه كمن يحمل صليبه، وطُورد بها كيهودي تائه ومعذب ومحكوم عليه باللعنة الأبدية، ألَّا يموت وألَّا تموت خطيئته في ذاكرة الناس!

سقط الرجل الذي صعد بعرقه قمة المجد، إلى الدرجة التي جعلت رجل الشارع العادي الذي تغنى به قبل ذلك، يحتقره، ويهوِّن من شأنه. فعندما عُيِّن حسين رشدي باشا وزيرًا للأوقاف بعد الحادث بقليل، أراد أن يذهب للقاء الهلباوي في بيته لأمر يتعلق بشؤون الوزارة، فلما أمر سائق عربته بالذهاب إلى ذلك البيت، صاح السائق: «هيَّ وصلت يا باشا إنك تروح بيت الهلباوي؟! أنا ما اروحش ولو قطعت راسي!».

ولأن المصريين قد اشتهروا بالتسامح وضعف الذاكرة، حتى اتهموا بالغفلة، فإن قسوتهم في التعامل مع خطيئة الهلباوي تلفت النظر، إذ هم لم يعاملوا شريكيه في الخطيئة، بالدرجة ذاتها من القسوة، وكان منطقهم في ذلك بسيطًا، وذا دلالة على «عدل الشعب»، الذي يعرف كيف يلتمس

الظروف المخففة، ولا يضن بها على من يستحقها، فقد كان بطرس غالي رئيسًا للمحكمة بحكم منصبه كوزير للحقانية، وكان أحمد فتحي زغلول عضوًا بها بحكم منصبه كرئيس لمحكمة مصر الابتدائية، أما الهلباوي فكان محاميًا حرًّا، يستطيع أن يرفض، ويملك أن يختار، أما وقد اختار أن يقف ضد شعبه، فلا رحمة ولا شفقة، ولا «ظروف مخففة»!

ولم يكن الهلباوي بالرجل الذي يقبل الهزيمة، أو يرضى بأن يصدر حكم ضده ولا يستأنفه، لذلك لم يتوانَ أن ينسحب، ولم يكف عن محاولة البحث عن ظروف مخففة قد تدفع الرأي العام إلى معاملته بالرأفة!

وقد حاول في مذكراته ـ التي أملاها عام ١٩٢٩ ولم تُنشر إلى اليوم ـ أن يتخذ من المصادفة ظرفًا مخففًا، فذكر قصة عزمه على الدفاع عن المتهمين، وكسله عن ذلك بسبب شدة القيظ، وقال إنه بعد أن انتهت المحاكمة سأله بطرس باشا رئيس المحكمة عن رأيه في الحكم. فقال له: «إن مثلي مثل الوالدة التي يُصاب ابن عزيز عليها بداء في ساقه، ويرى الأطباء ألا سبيل إلى علاجها وأنه يجب بترها، فلا يسع الوالدة إلا أن تقابل ذلك القرار بالصياح والعويل»، محاولًا أن يلتمس ظرفًا مخففًا في الادعاء بأنه كان مضطرًّا لكي يفعل ما يفعل، لحماية الأمة كلها من غضب المحتل وانتقامه!

ولكن أحدًا لم يقتنع بهذه الظروف، حتى هؤلاء الذين كانوا يقدرون كثيرًا من فضائل الهلباوي، ومزاياه، ومنهم الدكتور محمد حسين هيكل، الذي يقول في مذكراته، إن الهلباوي فكر في عام ١٩١٣، أن يرشح نفسه لعضوية «الجمعية التشريعية»، ليكون في هذا الترشيح فرصة لكي يدافع عن موقفه في قضية دنشواي استنادًا إلى ظرف مخفف ذي طبيعة مهنية، إذ لم يكن إلا محاميًا طُلب إليه أن يترافع في قضية فترافع فيها، شأنه في ذلك كشأنه في أي قضية يقف فيها إلى جانب المدعي بالحق المدني. وليس من حق المحامي أن يتنحى عن أداء واجبه، وليس من حقه لأي اعتبار من

الاعتبارات أن يقصر فيه. وأضاف أنه في دفاعه قد قسا على المتهمين لأن موقفه ـ كمدعٍ عمومي ـ كان يقتضي هذه القسوة، لكنه فعل ذلك ليُنجي مصر من آثار لم يكن يعلمها إلا الله.

ومع أن الرجل كان لبقًا في شرح موقفه، إلا إن الدكتور هيكل رد عليه قائلًا: «إن قضية دنشواي لم تكن قضية عادية يدافع هلباوي بك عن موقفه فيها أنه أدى واجب المحامي، بل كانت قضية بين مصر وإنجلترا، وقد وقفت سعادتك فيها في صف إنجلترا، فمن الخير أن تترك الزمن يسدل على موقفك هذا ستار النسيان، وما قمت به في خدمة وطنك قبل هذه القضية وبعدها، خير ما يعاون على تكثيف هذا الستار».

وصمت الهلباوي ولم يرد، ولم يرشح نفسه!

وحاول في مذكراته بعد ذلك، أن ينسب إلى الذين هاجموه دوافع شخصية، وخاصة الشيخ عبد العزيز جاويش الذي هاجم الهلباوي بقسوة، وأطلق عليه لقب «جلاد دنشواي»، فذكر أنه قبل حادث دنشواي بعام كان قد ترافع في قضية مدنية ضد أحد أشقاء الشيخ، وأنه قد حفظ عليه لهذا السبب.

لكن معاصري الهلباوي يجمعون على أنه ترافع ضد شهداء دنشواي إرضاءً للاحتلال، وطمعًا في منصب قضائي، وكان صديقه اللدود سعد زغلول قد ترقَّى في مناصب القضاء بسرعة، معتمدًا على كفاءته، وعلاقته بالأميرة نازلي فاضل ومصاهرته لرئيس الوزراء مصطفى فهمي. ومع أن الهلباوي كان يكسب كثيرًا من المحاماة، فقد كان لمناصب القضاء، آنذاك، إغراؤها في بلد تعبد المناصب.

وإلى هذه الرغبة أشار حافظ إبراهيم في قصيدته عن دنشواي التي قال فيها مخاطبًا الهلباوي:

أَيُّها المُدَّعي العُموميُّ مَهلًا　　　بَعضَ هَذا فَقَد بَلَغتَ المُرادا

قَد ضَمِنَّا لَكَ القَضاءَ بِمصرَ وضَمِنَّـا لِنَجلِكَ الإسـعادا
فَإذا ما جَلستَ للحُكمِ فاذكُر عَهدَ مِصرَ فَقَد شَفيتَ الفُؤادا

* * *

في السنوات الثلاث التالية على حادث دنشواي كسدت أحوال الهلباوي، وانفض المتقاضون عن مكتبه فأغلقه، وسافر إلى مزارعه بالبحيرة يعتني بها، ويدفن إحساسه المر بالهوان، وعرض عليه منصب القضاء فتردد في الموافقة، إذ لا شك أن قبوله له كان سيؤكد التهمة التي أُلصقت به.

ولم تسكت الصحافة عنه:

في ٢٨ يونيو ١٩٠٩ كتب عبد العزيز جاويش على صفحات «اللواء» جريدة الحزب الوطني التي كان يرأس تحريرها، مقالًا تحت عنوان «في ذكرى دنشواي»، ذكَّر الجميع بمرور ثلاث سنوات على تنفيذ الحكم بالإعدام والجلد.

قال فيه: «سلام على أولئك الذين وقف الهلباوي بك فثار فيهم ثوران الجبارين، ثم أثنى على رقابهم فقضمها، وعلى أجسامهم فمزقها، وعلى دمائهم فأرسلها تجري في الأرض، تلعن الظالمين وتتوعد الآثمين»، واتهمه علنًا بالعمالة للاحتلال وإلا ما قدَّم أهالي دنشواي «قرابين إلى هيكل الاحتلال، الذي هو معبد الخائنين، وقرة أعين المارقين». قدَّمهم إلى الهيكل ببراهين «يعلم أن حظها من الصحة كحظه من الوطنية، وقربها من الحق كقرب موقفه من العواطف البشرية»، لكنها «أموال استهوته، ومناصب استغوته، وعظمة للاحتلال استرغبته»، فأنطقه هذا كله بما أنطقه «لرغبة في الألقاب والمناصب وعوز النفس إلى الشعور بالواجب». ووضع الشيخ جاويش النقط على الحروف، فأكد أن الهلباوي، قال ما قال في المحكمة لتُروى عنه كلماته، فيكرم الإنجليز وفادته، ويجيبوا مطالبه، ويأخذوا بيده إذا ما رغب إليهم في بعض وظائف الإدارة أو الاستشارة.

ووصف الشيخ ما فعله الهلباوي وزميلاه بطرس غالي وفتحي زغلول بأنه «طمس لمعالم العدل وإقامة لمنارات الجور»، وقال إن جزاءهم كان «أن أصبحوا يشق وجودهم على الأرض، ورؤيتهم على الأبصار، وصوتهم على المسامع، وذكرهم على الألسن، وذكراهم على الصدور. وهل هذا إلا قصاص عجَّله الله لهم في الدنيا ليرى الناس عاقبة العدوان ومحاربة الأوطان في سبيل الشيطان».

وختم الشيخ عبد العزيز جاويش مقاله، مترحمًا على شهداء دنشواي «أولئك الذين بكتهم الأرض والسماء، وروع لظلمهم العالم، وانخلع لمصابهم قلب الإنسان، في كل مكان»، داعيًا الأمة أن تذكر «اليوم الذي أيقظها من سباتها، وملأ قلوبها بالعظة والعبرة، ونفوسها بالحمية والغيرة، هذا اليوم الذي كشف أسرار المنافقين، وفضح كيد الخائنين، وأظهر حقائق المارقين. هذا اليوم الذي أنبأ العالم بما يفعل الاحتلال في هذه البلاد من المفاسد والمظالم».

والغريب أن النيابة العمومية، قدمت الشيخ عبد العزيز جاويش إلى المحاكمة بتهمة القذف في حق كل من بطرس غالي ـ وكان أيامها رئيسًا للوزراء ـ وأحمد فتحي زغلول عضو المحكمة، ومحمد بك يوسف أحد المحامين الأربعة الذين دافعوا عن المتهمين، ونسب إليهم الشيخ جاويش تقاعسهم عن واجبهم في الدفاع، بينما لم يتحرك الهلباوي، ولم يبلغ ضد الشيخ جاويش، ولم يعتبر ما كتبه قذفًا في حقه، ولم يتدخل في القضية كمدع بالحق المدني.

وتحين الفرصة للهلباوي في عام ١٩١٠ لطلب الغفران، وللتكفير عن الذنب، ففي ٢٠ فبراير من ذلك العام أطلق صيدلي شاب اسمه إبراهيم الورداني الرصاص على بطرس باشا غالي، الرئيس السابق للمحكمة التي أصدرت أحكام دنشواي، وكان قد أصبح آنذاك رئيسًا لمجلس النظار.

وكانت تلك أول جريمة اغتيال سياسي في تاريخ مصر الحديث؛ وأسبابها

بسيطة: إن بطرس باشا ـ في رأي الورداني ـ عميل للاحتلال؛ كان عميلًا لهم يوم أصدر أحكام دنشواي، وكان عميلًا يوم ضيَّق الخناق على الوطنيين، وأعاد ـ في عام ١٩٠٩ ـ العمل بالقانون القديم للمطبوعات، الذي يزهق أنفاس الصحف، ويصادر حرية الصحافة. وكان كذلك يوم فكر في مد امتياز القناة، ويوم وقَّع اتفاقيتي السودان الشهيرتين.

وصل الخبر إلى الهلباوي في عزبته التي كان يعتكف فيها منذ حادث دنشواي، وكان الفلاحون يتغنون بالشاب العصبي الفوضوي الذي قتل رئيس النظار في موال جميل مطلعه: «يا ميت صباح الفل على الورداني»، ويصله الغناء فيفكر ويفكر، وينتهي به التفكير إلى أن يقرر العودة للمحاماة والتطوع للدفاع عن الورداني.

هل خاف أن يكون مصيره كمصير بطرس غالي؟

ربما، لكنها على أي الأحوال كانت محاولة تكفير.

في المحكمة، صال الهلباوي وجال، عاد فارس المحاكم القديم، ليختار ذلك الركن الذي كان مجال امتيازه وتفوقه «ركن الظروف المخففة»، ها هو «أعظم طلاب المرحمة» يعود من جديد، ليقول بجسارة للقاضي: «إن الجريمة سياسية وطنية ومشرفة، دفعت المتهم إلى ارتكابها دوافع سامية».

بل إنه ـ وهو الممثل البارع ـ يتنكر أمام المحكمة لكل شيء، ويختلط الأمر فلا يعرف أحد هل فعل ذلك في سبيل موكله أم دفاعًا عن نفسه، لقد قتل الورداني بطرس غالي لأنه رأس محكمة دنشواي، فماذا يقول «جلاد دنشواي» عن دنشواي بعد أربع سنوات منها؟!

قال إن دنشواي «إحدى الفواجع الكبرى التي رزئت بها مصر»، وإن محكمتها كانت «بلا قانون، بلا نصوص، تصدر ما تراه مناسبًا من العقوبات»، وإن إنشاءها كان «مخالفة صريحة للعدالة البشرية».

وقال إن المصريين «كرهوا جميعًا هذه المحكمة، واحتقروا كل من

شارك فيها من بينهم، كقاضٍ أو كمدعٍ عمومي، ولو كان أكثر الناس إخلاصًا ووطنية، لأنه يُعرض سمعته للشبهات والريب، إلى أن يتضح للناس من بعد أنه كان يهدف إلى غرض نبيل لا عيب فيه».

ثم عرض لموقفه فقال: «لسنا هنا في مقام التوجع ولا الدفاع عن أنفسنا، ومع ذلك فإننا نستطيع أن نؤكد أن الشعب احتقرنا، كما احتقر المجني عليه، دون أن يقدر مواطنونا الظروف التي تصرفنا فيها تصرفاتنا. إننا جئنا هنا للدفاع عن الورداني، ومن أجل هذا وجب علينا أن نتنكر لذواتنا، وأن نغفر كل ما وجهه إلينا مواطنونا، اللهم إنا نستغفر مواطنينا عما وقعنا فيه من أخطاء».

* * *

ولكن الشعب رغم هذا لا يغفر، ويترصد الهلباوي كل القضايا الوطنية ليدافع عن المتهمين، كأنما يقول إنني وطني، إن لساني لم يشنق محفوظ أو زهران ولم يجلد الآخرين. لكن أحدًا لا يصدقه أبدًا. في عام ١٩١٢ تطوع للدفاع عن المتهمين في قضية اللورد «كتشنر»، ودافع بعد ذلك عن شفيق منصور في قضية قتل السردار عام ١٩٢٤، وتقدم دائمًا للدفاع في كل قضايا الرأي.

دافع عن خصومه السياسيين، وعن أصدقائه، وملأ مرافعاته بالهجوم على الاحتلال والزراية به، لكن أحدًا لم يصدقه. وعلى الرغم من تفانيه من جديد في عمله كمحامٍ، واتساع أعماله وصعود نجمه، فقد ظل يحلم دائمًا بغفران الشعب.

لكن الشعب وقف للزمن بالمرصاد، ومنعه من أن يسدل الستار على المأساة!

ولعل المصريين بكل طيبتهم، قد تجاوزوا القصد في عقابهم للهلباوي ورفضهم لكل طقوس التوبة التي قدمها؛ وتلبستهم حالة «سادية» لتعذيبه وتجريحه طوال عمره، وابتكار أساليب نادرة في هذا.

حدث في مايو ١٩٠٨ أن عقد اجتماع بدار «الجريدة» ـ صحيفة حزب الأمة ـ للمناقشة في بعض المسائل السياسية، ودُعي إليه العموم، واكتظت دار الجريدة بمئات من المستمعين، بينهم كثير من الطلبة والشباب، وفي مقدمتهم طلاب مدرسة الحقوق الذين كانوا يرتدون سترات لم يتنبه أحد إلى أنها كانت منتفخة أكثر مما يتطلبه الأمر عادة. وبدا كأن كل شيء يسير في مجراه الطبيعي، كان لطفي السيد رئيس تحرير الجريدة يخطب، بينما جلس إلى جواره إبراهيم الهلباوي، الذي كان من أصدقاء حزب الأمة.

وفجأة فوجئ المجتمعون بحمامات بيضاء تطير في صالة الاجتماع، وثمرات من الطماطم والبيض تنطلق في وجه الهلباوي، وهتاف كالرعد يملأ المكان:

يسقط جلاد دنشواي!

ولم تكن الحمامات الطائرة سوى مجرد رمز على أبراج الحمام الشهيرة في دنشواي!

* * *

وعلى الرغم من كل هذا، لم يكف الهلباوي عن محاولة الحصول على الغفران.

فعندما قامت ثورة ١٩١٩ انضم فترة إلى لجنة الوفد المركزية بالقاهرة، لكنه سرعان ما انشق مع المنشقين الذين خرجوا على الوفد، وكوَّنوا «حزب الأحرار الدستوريين»، وهكذا عاد إلى صفوف الأقلية المكروهة من الشعب.

وظن أنه يستطيع الآن أن يحصل على الغفران، فرشح نفسه عام ١٩٢٣ لمجلس النواب.

يقول الأستاذ يحيى حقي: «حضرته ـ الهلباوي ـ يخطب في سرادق ضخم، ازدحم فيه أنصار الحزب المتحمسون، يكفرون بسعد زغلول، ويؤيدون عبد العزيز فهمي رئيس حزبهم. وأفاض الهلباوي في الحديث

عن الوطنية الحقة، مشيدًا بجهاد «الأحرار الدستوريين» من أجل تخليص حقوق البلاد من يد المحتلين. وقُوطع خطابه بالهتاف والتصفيق، وامتلأ الرجل ثقة وزهوًا، وظن أن الدنيا قد صالحته، ولكنه لم يكد يفرغ من خطابه، حتى ارتفع صوت في آخر السرادق يهتف: «ليسقط جلاد دنشواي!». كنا واثقين أنها دسيسة بعث بها حزب الوفد لإفساد الحفل، بدليل أن المبعوث اتخذ مكانه بجانب الباب ليسهل عليه الهرب. ومع ذلك فكأني بالحاضرين، وقد مستهم الكهرباء فجأة، وإذا بهم كلهم، وهم من أنصار الهلباوي، أعوانه ومشايعو حزبه، يقفون وقفة رجل واحد، ويهتفون بصوت واحد يجلجل كالرعد: «ليسقط جلاد دنشواي!». إنه كان صوت مصر، ينطلق من حلوقهم على الرغم من إرادتهم».

ويسقط الهلباوي في كل انتخابات يدخلها، ولا يحصل حتى على عُشر الأصوات، وهي النسبة التي كان لا بد من حصوله عليها وإلا ضاع عليه التأمين.

طيبٌ أنت أيها الشعب، لكنك قاسٍ كذلك.

وتمضي السنوات.

تموت زوجته، فيتزوج غيرها، وتموت الثانية، فيتزوج ثالثة، دائمًا تركيات شابات، وهو العجوز الذي زاد على السبعين.

يُفلس تمامًا في عام ١٩٣٠، ويُحجز على أراضيه وأملاكه، ولا يجد منزلًا يسكنه. وتترقرق الدموع في عينيه في المحكمة، وهو يترافع عن نفسه في قضية ملكيته لمنزله. ويقول: «جئت بنفسي إلى المحكمة لأنني أعترف أنني إذا انهزمت في كل مكان، فإنني أنتصر دائمًا في المحكمة. وإذا لم تبقَ لي دار، فإنني باقٍ في دار العدالة لأنني ساهمت فيها أكثر من أي إنسان».

ويبني نفسه من جديد، يقع، ويقوم، ويقوم ليقع!

ولا يكف طوال هذا العمر عن طلب الغفران من الشعب، والشعب يرفض!

كان واحدًا من مفكري الليبرالية المصرية الأنقياء، دافع مبكرًا عن حرية المرأة وحرية العقيدة، وكانت له جولات في لجنة الدستور، لكن ذلك كله اندثر مع خطيئته التي لا تغفر.

في عام ١٩٤٠ ـ وهو في الثالثة والثمانين ـ مات.

وخلف جنازته كان الرجال يتذكرون أبياتًا من قصيدة حافظ إبراهيم التي يقول فيها:

لا جَرى النِّيلُ في نَواحِيكِ يا مِصرُ ... ولا جَادَكِ الحَيا حَيثُ جادا
أنتِ أَنبَتِّ ذَلكَ النَّبتَ يا مِصرُ ... فأضحَى عَليكِ شَوكًا قَتادا

...

إيهِ يا مِدرَةَ القَضاءِ وَيا مَن ... سادَ في غَفلَةِ الزَّمانِ وَشادا
أَنتَ جَلَّادُنا فَلا تَنسَ أَنَّا ... قَد لَبِسْنا عَلى يَدَيكَ الحِدادا

ويهيل النسيان التراب على كل شيء.

إن الذكرى الوحيدة الباقية للهلباوي ـ كما يرصد الأستاذ يحيى حقي ـ تسمعها من كمساري الأتوبيس في خط «المنيل» بمدينة القاهرة، وهو يعدد المحطات فيقول: «محطة الجراج، محطة الهلباوي».

ذلك أن الشعب طيب ورحيم!

لكنه ليس مغفلًا ولا ساذجًا، ولا قادرًا على نسيان الجراح الكبيرة!

مأساة مدام فهمي

لم يكن القلب المصري أيامها خاليًا.

كان مليئًا حتى الحافة بالقلق واللهفة وانتظار المجهول.

سنوات أربع كانت قد مرت على انتهاء الحرب العالمية الأولى وعلى ثورة ١٩١٩. وكل شيء يبدو باعثًا على القلق والخوف، انتهت تضحيات سنوات الحرب، وسنوات الثورة، بتصريح ٢٨ فبراير ١٩٢٢ الهزيل الذي أعطى مصر استقلالًا شكليًّا لا معنى له.

سعد زغلول زعيم الثورة يُفرج عنه، ويغادر منفاه الثاني في جبل طارق إلى فرنسا، يستجم من عذاب المنفى، ويفكر قلقًا في المستقبل، وتأتي صوره من هناك عجوزًا مريضًا على ملامحه آيات يأس. حتى الدستور الذي كان المكسب الوحيد لسنوات الحرب المعذبة، وسنوات الثورة الباهرة، حتى هذا الدستور كان يتعرض للمسخ، تدخلت السراي وانتزعت حقوقًا لصالحها، وتبعتها «دار الحماية» فانتزعت حقوقًا لصالح الإنجليز، والأجانب يتربصون بما بقي منه لانتزاعه.

والشعب الذي عاش يحلم بأن يأتي اليوم الذي يكون فيه حقًّا مصدر السلطات يتابع ذلك كله بقلق.

صفحات الصحف تتحدث عن المعركة الانتخابية، وفرقة رمسيس تستمر في عرض مسرحية «غادة الكاميليا»، والناس يعانون الإحساس المر بالقيظ

مختلطًا بالأمل في ألا يذهب هذا كله هباء.

الطبقة الراقية تصطاف في أوروبا، وأنباء الحركة «الأتاتوركية» هي أبرز الأنباء الخارجية.

صيف ذلك العام كان حارًّا، والقلب المصري ينبض قلقًا ولهفة.

كل شيء أيامها كان في كفة المجهول: تضحيات سنوات الحرب، شهداء ثورة أضاءت كالشهاب، الإحساس الباهر الذي خالط الناس بأنهم أسياد مصيرهم، وأنهم الأمة مصدر كل السلطات.

وعلى الرغم من كل هذا، فإن رصاصات أربع طلقات في لندن ـ على مبعدة آلاف الأميال ـ قد اجتذبت القلب المصري إليها، فأخذ يتابع قصتها وسط شواغله وهمومه مذهولًا وتعيسًا وحزينًا!

ومع أن الرصاصات الأربع لم تطلق على سياسي مصري أو أوروبي، ولم يكن لإطلاقها أي علاقة مباشرة بما كانت فيه مصر من شواغل أو ما كان يشغل المصريين من هموم، فإنها فجرت الكثير، وكشفت عن الكثير، كانت الرصاصات الأربع ـ في الظاهر ـ خاتمة قصة حب فاجع، لكن وهجها ألقى أضواء كشافة على قلب الوطن، ونزع الأستار عن حقيقة المجتمع.

* * *

المكان: فندق «سافوي» بلندن عاصمة بريطانيا «العظمى»!

الزمان: الساعة الثانية بعد منتصف ليلة ١٠ يوليو ١٩٢٣

المليونير المصري علي فهمي كامل بك، يصعد إلى جناحه في الدور الثاني بالفندق، كان قد تشاجر مع زوجته الفرنسية «مرجريت»، لأنها تريد السفر إلى باريس لإجراء عملية جراحية وهو يرفض، فكر في أن يناقشها في الأمر، دلف إلى جناحه رقم ٤٠، ارتدى ملابس نومه، توجه إلى جناحها، طرق الباب، فأبت أن تفتحه له، هددها بأن يحدث ضجة، فتحت الباب، حدثت الضجة بالفعل بعد أن سمحت له بالدخول.

بعد لحظة خرج علي فهمي شبه مطرود من جناح زوجته، أثار ذلك فضول أحد خدم الفندق، وقف يشاهد الموقف، خرجت الزوجة بعد لحظة، أنبأت الخادم أن زوجها حاول خنقها، أدرك الخادم أنه أمام مشاجرة زوجية من النوع العادي، طلب منهما أن يراعيا الهدوء، استدار هابطًا. كان آخر ما رآه مشروع مداعبة بين «البرنس» ـ وهو اللقب الذي كان يزعمه علي فهمي لنفسه ـ وبين كلب الزوجة الذي كان قد خرج خلفها، ما كاد الخادم يصل إلى منتصف السلم حتى سمع دوي الرصاص، رفع رأسه إلى أعلى السلم، كان البرنس قد سقط يتخبط في دمه، والكلب عند رأسه يلغ في هذا الدم، ومسدس «براوننج» في يد مدام «مرجريت» فهمي.

كانت ليلة لندنية باردة عاصفة، المطر يتساقط والبرق يضيء السماء، مضت سيارة الإسعاف مسرعة إلى مستشفى «تشارتج كروس»، ودلفت مدام فهمي إلى سيارة البوليس. في الطريق إلى قسم «بوستريت» قالت: «قتلته ولست أخشى شيئًا!». لكنها بعد لحظة انخرطت في بكاء حاد.

كانت قصة الحب الفاجع قد وصلت إلى نهايتها.

* * *

القتيل: علي فهمي كامل بك.

شهرته في الأوساط الأوروبية «البرنس فهمي»، شاب سمين قصير، ثلاثة وعشرون عامًا فقط، نموذج لنمط إنساني واجتماعي كان شائعًا في مصر آنذاك؛ والده مهندس عصامي من الذين يبدأون رحلة صعودهم من أسفل السلم الاجتماعي فيعبدون «القرش» ويعتبرونه وثنهم الوحيد، جمع ثروة لا تُعد، لكنه كان يرفض أن يعطي ابنه مصروفًا يناسب ثراءه وهو طالب. وكما يحدث أحيانًا، مات الأب، والابن في السادسة عشرة، طالب فاشل في الثالثة الابتدائية وجد نفسه فجأة وارثًا لآلاف الأفدنة ـ ٤٥٠٠ فدان في مغاغة ـ ومئات الألوف من الجنيهات أرصدة في البنوك. مضت سنتان،

رُفعت في نهايتهما الوصاية عنه.

وأخيرًا وجد المراهق المكبوت المضغوط الجاهل في يده مفاتيح السعادة، آن لسنوات الكبت أن تثأر لنفسها.

وكان لا بد من بطانة سوء لتفتح الطريق إلى عوالم اللهو الخفية والظاهرة.

تقدم سعيد العناني لكي يكون شيطان البرنس، كاتب فقير في الجمعية التشريعية ـ برلمان ذلك العهد ـ مرتب صغير ـ ثمانية جنيهات فقط ـ وأحلام واسعة بالعربدة وشهوات للانطلاق لا تقف أمامها أخلاق أو قيم. أصبح العناني صديقه وقواده، وهي مهنة تتقنع في تلك الأوساط بلقب «سكرتير خاص»، مرتب قدره ستون جنيهًا، وهو مرتب ضخم بعملة تلك الأيام، بدلات وعمولات وسمسرات بآلاف الجنيهات فضلًا عن نصيبه العيني من ملذات دنيا العربدة، التي كان قائد البرنس ودليله إليها.

في يد البرنس الآن ١٥٠ ألفًا من الجنيهات هي إيراد سنتي الوصاية.

ما إن تسلمها حتى بدأت الرحلة.

خلال أربع سنوات فقط كان قد أنفق مليون جنيه كاملًا، ليس من الصعوبة أن تتصور حياة شاب نصف أمي ووارث في ذلك الزمان، سفه وإسراف لا مزيد عليهما في ملذات الحياة، استخدام لغرائزه «كل الوقت».

* * *

كان كما وصفه ـ فيما بعد ـ السير «مرشال هول» محامي المتهمة: «منغمسًا في كثير من الرذائل، ومنهمكًا في الإسراف في قواه الجنسية»، لكنه «أساء استعمال وظيفته الجنسية الطبيعية العظيمة»! وهكذا حاز عددًا من الخليلات لا يمكن إحصاؤهن، مرتب الواحدة منهن لا يقل عن ألف جنيه في الشهر، رغبته أمر يطاع مهما كبدته. رأى سيارة في معرض باريس، طلب شراءها، اعتذر العارضون بأنها للعرض فقط، وعدوه بأن يرسلوا له واحدة. دفع ألفين من الجنيهات زيادة على ثمنها لمجرد أن يخرج من باب المعرض وهو يقودها.

كان صيت علي فهمي قد ذاع كشاب كريم مسرف، حتى اختلطت الحقيقة بالإشاعة فيما يُذاع عنه من أنباء، لكن كل ما كان يُشاع كان يعكس إحساس الذين يروجونه، بأنه كان شابًّا لا يعرف للنقود قيمة شأن من لم يتعب في جمعها، فلا يتعبه إنفاقها. ظهر يومًا بين أصدقائه وقد لبس ساعة صغيرة في عروة جاكتته، فقيل إن هذه الساعة كلفته خمسمائة جنيه. وبعد ساعات ارتفع الرقم في بورصة الإشاعات إلى ألفي جنيه. واشترى مرَّة حقيبة للسفر، فروج بعضهم إشاعة فحواها أنه أنفق على صنعها خمسة آلاف جنيه، لأن بعض أجزائها من الذهب والبعض الآخر من جلد نادر الوجود!

أصبح «أمير الشباب» ـ كما كان يُسمى في أوساط اللهو والخلاعة ـ نموذجًا للوارث المتلاف؛ كان إذا دخل فندقًا أو حانة لتناول كأس ويسكي يدفع بقشيشًا للجرسونات يتراوح بين خمسة جنيهات وعشرين جنيهًا. واشترى مرَّة زورقًا كهربائيًّا، ورغم أنه يعلم أنه لا يصلح للسير في النيل لسرعة حركته فقد اشتراه ودفع ثمنه. وقرر أن يترك البيت الفاخر الذي ورثه عن أبيه في باب اللوق ـ وكان يقع في شارع فهمي الذي يحمل اسم الأب ـ وأن يبني لنفسه بيتًا على النيل في جزيرة الزمالك، فاشترى الأرض بأربعة عشر ألفًا من الجنيهات، وهي لا تساوي أكثر من أربعة آلاف، وتكلف بناء القصر ـ وهو المعروف الآن بـ«قصر عائشة فهمي» نسبة إلى شقيقته التي ورثته عنه ـ مائة ألف جنيه وهو لا يساوي أكثر من عشرين، وكانت كل هذه الفروق في الأسعار تذهب إلى جيوب الحاشية والسماسرة الذين كانوا يحيطون به، حتى إن مقاولًا لأعمال البياض، ذكر بعد مقتله، أنه عرض أن يتولى زخرفة القصر بستة آلاف جنيه، فرفضت حاشية البرنس وأسندت العملية إلى مقاول أجنبي بثلاثة عشر ألفًا.

ويوم قُتل، كان قد أنفق خلال أربع سنوات فقط، كل ما تجمد له في سنوات الوصاية، وكل إيراده في سنوات اللهو، واقترض فوق هذا كله

٢٤٠ ألف جنيه.

وعندما تقدم لخطبة منيرة ابنة إسماعيل سرهنك باشا ـ عديل سعد زغلول ـ ذهب إلى قصر والدها ليقدم شبكة العروس، على رأس موكب من ٢٠ خادمًا، يرتدي كل منهم بذلة ردنجوت، ويحمل صندوقًا من الفضة فيه بعض المجوهرات. لكنه شُوهد بعد أيام وهو يحمل في سيارته إحدى ممثلات مسرح نجيب الريحاني، فثارت الأسرة، وقررت فسخ الخطوبة!

وفي المقابل كان يتمتع بنذالة نادرة المثال دفعته إلى أن يبقي عمه مجرد مزارع بسيط في دائرته!

لكن هذه النذالة لم تمنعه من أن يتبرع بسخاء شديد للأعمال الخيرية، فقد بنى مستشفى مجانيًّا في مغاغة، كما كان يخصص مبلغ ثلاثة آلاف جنيه كل عام للإنفاق على المبعوثين المصريين الذين ترسلهم الجامعة المصرية إلى أوروبا لتلقي العلم، وهو ما أهله للحصول على رتبة البكوية، التي كانت تمنح للأثرياء الذين يتبرعون للأعمال الخيرية، تشجيعًا لغيرهم على ارتياد هذا السبيل.

ولم يكن هناك تناقض بين هذا التبذير الخيري، وبين التقتير على ذوي رحماه، إذ كان سخاؤه في الإنفاق على الأعمال الخيرية، أحد مظاهر أنانيته، التي دفعته إلى شراء وجاهة اجتماعية ولقب من ألقاب التشريف، بتلك التبرعات الخيرية، في حين أن العمل من أجل الآخرين لم يكن يعنيه في شيء.

وكان قدر هذا البرنس المصري يجد في أثره.

* * *

القاتلة: «مرجريت ألبير».

«خضراء دِمَنْ» من النوع فرنسي الطابع، امرأة حسناء بمقاييس الزمن، عاشت وتربَّت في منبت سوء، لذلك استحقت أن تُوصف بـ«خضراء الدمن»،

عمرها ٣٢ عامًا، أي أنها كانت أكبر من البرنس بتسع سنوات كاملة.

والدها سائق سيارة باريسي فقير، من النوع الذي يشغله فقره عن التفكير في «الأخلاق». في السادسة عشرة انطلقت بلا حدود ولا عوائق، كانت أمها قد سقطت في معركة الحياة ميتة بسبب الفقر ونقص الدواء.

انطلقت «مرجريت» يقودها طموح مجنون إلى الثروة ورغبة في استثمار جمالها في السوق. قالت صحيفة مصرية - بلغة العصر - إن مرجريت «كان همها أن تبحث عن ظبي لأنها فيما تعتقد غزال شارد، ضربت في الخلاعة والرقاعة بسهم وافر»، وهكذا لم يستمر زواجها الأول إلا سنوات قليلة، وأثمر ابنة واحدة، ولقبًا أخذته من زوجها، ثم هجرته لتتبادلها الأيادي، تصطاد رجلًا من هنا وآخر من هناك.

ولأنها كانت قد أصيبت بمرض خطير، فقد أوصاها الأطباء بضرورة السفر إلى منطقة لا تغيب عنها الشمس، وهكذا قادتها قدماها في عام ١٩١٨، إلى مصر، التي كانت تتحدث عنها - بعد ذلك - باعتبارها «أرض مصائبها»، كما أن مصر كانت تبادلها الوصف نفسه، باعتبارها المرأة الكارثة.

في مصر، وخلال إقامتها في فندق «شبرد»، تعرفت على مجتمع الصفوة المصرية، وتنافس على التقرب إليها عدد من كبار الأثرياء المصريين والأتراك، وصاحبها أحدهم، وهو جنرال تركي، كان قد فر من بلاده، بعد أن صدر ضده حكم بالإعدام، إلى جولة في الصعيد، لكي تشاهد آثار الفراعنة.

وعندما عادت إلى باريس، استأنفت حياة اللهو التي كانت قد أدمنتها، كواحدة من الغانيات في مجتمع الصفوة الأوروبي، وفي مصيف «دوفيل» الفرنسي، حيث كانت تقضي سهراتها مع أصحاب الألقاب الضخمة، والثروات الضخمة، تصاعد نجمها، فتعرفت آنذاك على دوق «وندسور»، ولي عهد إنجلترا، الذي تولى بعد ذلك العرش البريطاني، لفترة قصيرة، باسم «إدوارد الثامن»، ثم نزل عن العرش، ليتزوج من مسز «سمبسون».

وبعد قليل من انتهاء الحرب، تزوجت «ماجي» للمرَّة الثانية من «شارل

لوران» الذي كان ابنًا لأحد كبار التجار الفرنسيين، لكن الزواج لم يستمر سوى أقل من عامين، إذ كانت قد أدمنت الحياة الناعمة اللاهية الخالية من أي مسؤولية، حتى لو كانت مسؤولية الزواج، وعندما رفض الزوج أسلوب حياتها الذي يقوم على التردد على ميادين السباق، وركوب الخيل، وارتياد الملاهي، والجلوس في البارات، والتنقل الدائم بين البلاد، نشبت بينهما الخلافات التي انتهت بالطلاق.

وعادت «ماجي» بعد الطلاق إلى أسلوب حياتها الذي تعودته، كانت قد أدمنت مركز «الخليلة»، وتعودت على أن يعاملها الرجال بالطقوس التي يعاملون بها خليلاتهم، فتعرفت إلى مليونير من شيلي، عاشت معه عدة شهور، إلى أن تكررت المشاجرات بينهما، وعاودتها العلة التي تتطلب إقامتها في بلد مشمس، فغادرت باريس في شتاء ١٩٢٢ إلى القاهرة.

وفي هذه الرحلة السياحية التقت بالبرنس المصري علي فهمي!

وكان ذلك اللقاء البداية الرسمية للفاجعة التي انتهت في فندق «سافوي» بلندن.

* * *

لكن البداية الحقيقية كانت أبعد مدى من ذلك كله.

في تلك السنوات كان المجتمع المصري يتوالد ليخرج نمطًا جديدًا من الرجال المصريين، أكثر من قرن كان قد مر على الاحتكاك بالحضارة الأوروبية، آلاف الشبان المصريين سافروا إلى أوروبا يتعلمون ويتنزهون ويسيحون ويعربدون، الاحتلال البريطاني يضاعف أعداد الجاليات الأوروبية، القاهرة ـ وخاصة في سنوات الحرب العالمية الأولى ـ تصبح ميدانًا فسيحًا لآلاف الأجانب، بملامحهم الجسدية، بأخلاقهم، وأيضًا بنسائهم.

كبار ملاك الأراضي المصريين يستغلون أراضيهم بطريقة رأسمالية، التجارة تزدهر وخاصة في العمليات المرتبطة بالقطن، جناح من الرأسمالية

الصناعية يُولد في قلب المجتمع، أفكار جديدة تنتشر؛ الحرية حرية العقيدة، حرية الرأي، حرية المرأة، سنوات طويلة مرت على صدور كتاب «تحرير المرأة» لقاسم أمين، صوت لطفي السيد لم يخفت بعد بنداءاته بالحرية والديمقراطية، وكان المنفلوطي قد تحدث عن الحب وهو الشيخ المعمم، ووصف القُبلة وتغزل فيها.

كان النموذج الجمالي للمرأة الأوروبية قد انتشر في الشوارع، يجتذب أنظار الرجال، برشاقته وعيونه الزرقاء وشقرته، والأهم من ذلك كله، بشخصيته المتميزة، الواثقة من نفسها، فحل في قلوب الرجال المصريين، محل النموذج الشرقي التقليدي الذي كان موضوعًا لاشتهائهم حتى ذلك الحين: الأرداف الثقيلة، والصدر المتضخم، التي جعلت الشاعر القديم يتغزل في المرأة لأنها تمشي «كما يمشي الوَجي الوَحِلُ»، تتمايل من كبر أطنان اللحم التي تختزنها حول هيكلها العظمي.

أيامها كانت مصر تعيش مرحلة انتقال من مجتمع شبه إقطاعي مستعمر، إلى مجتمع يخطو نحو الرأسمالية والتحرر. وكان التطور المادي قد سبق تطورها الفكري والاجتماعي، بل إن الفئات البرجوازية التي كانت مؤهَّلة للدفاع عن هذا التطور، وصاحبة مصلحة فيه، لم تتحمَّس له، إذ كانت هي الأخرى محافظة في أفكارها الاجتماعية، ومثقلة بأفكار زراعية وإقطاعية، وربما لأن نموها المحدود، جعلها أضعف من الصدام مع الفكر الإقطاعي والزراعي. فلم يكن ما أنشأت من فابريكات ومصانع كبيرًا بالدرجة التي تدفعها للتحمس لقضية تحرير المرأة، أو للمطالبة بخروجها من محبسها بين جدران البيوت، لتعمل بأجر أرخص من أجر الرجل، وبالتالي فلم تكن صاحبة مصلحة في دخول معارك صدامية مع أفكار المحافظة التي تحيط بقضية معقدة وبالغة الحساسية، وذات صلة بالمفاهيم المتعددة للموروثات المقدسة، مثل قضية تحرير المرأة.

* * *

وهكذا وُلد العصر الرومانتيكي العربي والمصري، أعرج ومصابًا بشلل الأطفال، ككل مواليد البرجوازية العربية، وورث عن أبيه الشرعي كل عاهاته.

وتلفتت النماذج الجديدة من الشبان المصريين ـ وخاصة من أبناء الفئات العليا في المجتمع ـ حولها تبحث عن هذا الحلم الرومانتيكي الجديد، لعلهم يعثرون على امرأة تشاركهم حياتهم وليحققوا بهذه الحياة ما لم يجدوه في بيوتهم أو في أوطانهم، التي كانت تزدحم بنساء لا يتقن سوى الحديث عن المطبخ والأولاد، ولا يعرفن شيئًا مما يجري خارج جدران البيوت، التي كن لا يغادرنها إلا وهن محجَّبات، يرتدين الحبرة واليشمك ويتنقلن في الظلام، لكي يزرن بيوتًا أخرى، ويجلسن مع نساء مثلهن، لا يقرأن ولا يكتبن، ولا يعرفن أو يفكرن في شيء خارج نطاق تلك الجدران.

في تلك السنوات فشت ظاهرة التزوج من أجنبيات، واتضح فيما بعد، أن كثيرين من المصريين قد وقعوا بسبب قلة خبرتهم ورومانتيكيتهم المريضة، بين براثن نوع خاص من النساء الأوروبيات، هن اللواتي دهسهن المجتمع الرأسمالي تحت أقدامه وحولهن إلى سلع تُباع وتُشترى، ونقلهن من وضع القنانة الإقطاعي إلى وضع الجواري بعد أن أضاف إليهن بعض الأصباغ والمساحيق، وبهذا أصبحوا صيدًا سهلًا للمغامِرات والغانيات وصائدات الرجال. ولم ينجُ من هذه المصيدة حتى أمراء البيت المالك، حتى إن واحدة منهن، كانت من ممثلات المسارح الإنجليزية، تزوجت اثنين من أمراء الأسرة المالكة على التوالي، هما الأمير جلال الدين نجل الأميرة فاطمة إسماعيل، ثم النبيل عباس حليم، وكان الأول قد تعرف عليها في أحد المراقص، وهام بها وأغدق عليها الهدايا الثمينة، ومن بينها عقد من اللؤلؤ يبلغ ثمنه أكثر من ٦٠ ألف جنيه، ثم تزوجها. ولكنه سرعان ما بدأ يشعر بغيرة عنيفة عليها، ونشبت المشاجرات بينهما، وتدخل النبيل عباس حليم ليصلح بينهما، فتعرفت عليه، ومالت إليه، وما إن طلقها الأمير جلال

حتى تزوجها هو، ولكنها سرعان ما قُتلت في ظروف غامضة، وقيل إنها كانت تنظف مسدسًا من طراز «براوننج» فانطلقت منه رصاصات أصابتها في صدرها فقتلتها على الفور.

وكان عدد من الكُتَّاب والأدباء الأوروبيين قد نشروا في أوروبا قصصًا عن عالم الشرق السحري، حيث الرجال أقوياء وبُلهاء، ويحبون المرأة الغربية حبًّا يفقدهم كل إرادة أمام جمالها، وهكذا امتلأت مصر بالباحثات عن الثراء في قصور الأمراء والأثرياء من جواري الرأسمالية الأوروبية.

وكانت «مرجريت ألبير» واحدة منهن!

* * *

جاءت «مرجريت» إلى مصر لتزورها بدعوة من مسيو «موصيري»، وهو إيطالي يهودي كان يملك بنكًا يحمل اسمه، وكان قد تعرف بها في باريس في أثناء جولة له، ثم دعاها لزيارة مصر، وجاءت مع أختها لتقضي أسابيع من شتاء عام ١٩٢٢ الذي كان دافئًا في مصر.

وخلال هذه الرحلة تعرفت لأول مرَّة بعلي فهمي!

وكان أول ما لفت نظر «مرجريت» ـ كما كتبت في مذكراتها بعد ذلك ـ «مظاهر الأبهة والعظمة والثروة في قصر علي فهمي». كان القصر «يحتوي بدائع التحف التي لا يستطيع أحد أن يتصور جمالها وبهاءها». وتوالت هداياه إليها، حتى إنه أهداها يومًا أسورة من الماس يبلغ ثمنها عشرة آلاف من جنيهات ذلك الزمان.

أما علي فسرعان ما وقع في قصة حب من النوع الرومانتيكي الحاد «كان يعبر لها عن حب شديد يقرب من العبادة»، وما كاد الشتاء ينتصف حتى عرض عليها الزواج، كانت أحلام الحياة أمامها سعيدة، «رأيت أمامي حياة كالحياة التي قرأت وصفها في كتاب «ألف ليلة وليلة»، وسمعت كلامًا، ينم عن هيام شديد، ويدل على ما تستطيع مثل هذه الثروة الطائلة أن تكفله لي من السعادة».

ومع أنها كانت قد أصبحت عشيقته بعد عشرة أيام فقط من تعارفهما، إلا إن شيطانًا تمكن منه، أقنعه بضرورة أن تكون زوجته، لا أحد يدري السبب الحقيقي في ذلك، ربما لأن «مرجريت» نجحت في ألاعيبها النسائية المعروفة، وتحكمت في الخيوط التي تشده إليها. ومن بين تلك الألاعيب أنها أعلنت فجأة أنها ستسافر بعد ثلاثة أيام، ولأن علي كامل كان زير نساء من النوع المراهق، الذي يهمه أساسًا أن تصبح غزواته النسائية حديث المجتمعات، ويفخر بأنه ضيف دائم على أبواب الفضائح في الصحف المصرية، فقد كان هذا هو الوتر الذي دقَّت عليه «مرجريت» فنجحت، وكان هو طرف الخيط الذي شدَّته إليها فعادت شبكتها محملة بالصائد المراهق، الذي كان كل ما يشغله عندما أنبأته بعزمها على السفر، أن أصدقاءه جميعًا يتراهنون عما إذا كان سيتزوجها أم لا!

وما إن اكتشف علي فهمي أن «ماجي» قد غادرت القاهرة إلى باريس دون أن تودعه أو تلتقي به، حتى جُنَّ جنونه، وبعد أسابيع قليلة ـ وفي بداية صيف ١٩٢٢ ـ كان قد لحق بها في باريس، ليكتشف زحام العشاق الذي يحيط بها، لكنه لم يتردد في مزاحمتهم، بطوفان من الهدايا التي أغرقها بها، وما إن غادرت باريس إلى «دوفيل» مع عشيقها المليونير الشيلي، حتى شد الرحال خلفها، وهناك استطاع بعد أسابيع أن يهزم منافسه، بعد أن ضاقت به «النمرة» المتمردة فاستجابت لتوسلات علي فهمي، وانتقلت للإقامة معه في فندقه، وفي الصباح التالي تلقت منه علبة من البودرة مطعمة بالأحجار الكريمة، كانت معروضة في أحد المعارض بسعر يصل إلى ٣٥ ألف فرنك فرنسي.

وهكذا قضيا صيف ١٩٢٢ معًا في باريس وبياترنز وإسبانيا. وفي بداية الخريف، عاد علي فهمي إلى مصر، لينتظر قدوم «النمرة» المتمردة، التي كانت قد وافقت أخيرًا على أن تتزوج منه.

على أنها لم تنفِّذ وعدها، إلا بعد أن تقاطرت رسائله عليها، تحمل

إلحاحه وتوسلاته إليها بالقدوم، ولم تتحرك من باريس إلا بعد أن كتب إليها أنه مريض، وعلى وشك الموت، وأن كل ما يتمناه هو أن يراها لدقائق قبل أن يلفظ أنفاسه.

وفيما بعد قالت في مذكراتها التي روتها ـ عام ١٩٣٣ ـ للكاتب الفرنسي «ميشيل جورج ميشيل»:

> كنت أعرف مقدار ما لي من سحر على هذا المخلوق الغامض الجميل، الفاتن، النازع إلى السيطرة، رغم رقته البالغة وإحساسه المرهف، والذي لم أعرف إلا فيما بعد، أنه أشبه بالنمر الجميل المستكين الذي ينام عند قدمي، فإذا أراد أن يداعبني، لم يجد غير أظافره ينشبها في جسمي. ولعلي كنت أعرف، ولكنني توهمت أنني سأستطيع ترويضه. أما حينذاك، فقد استجبت لإلحاحه، لأجده واقفًا ينتظرني على رصيف الميناء، الذي غطاه بالزهور، بينما انحنى لي أفراد حاشيته جميعًا، وهم وقوف على بُعد خطوات منا. وفي الطريق إلى السيارة، همس في أذني بأن أسرته وافقت على زواجنا.

وقد كان.

عُقد الزواج المدني في ٢٦ ديسمبر (كانون الأول) ١٩٢٢.

وفي ١١ يناير ١٩٢٣ أشهرت «مرجريت» إسلامها، وحملت اسم والدة زوجها منيرة.

وبعد عدة أسابيع عُقد الزواج الديني!

وفي أثناء توقيع العقود، بدأت ملامح من الصراع المقبل بين هذين الكائنين الغريبين تطل. قالت «مرجريت» بعد ذلك أمام المحكمة إنها وجدت صعوبة جمة في أثناء توقيع عقد الزواج المدني، عندما حاولت إدخال فقرة تخوِّلها حق تطليق نفسها، وأنها اشترطت أيضًا ألا تتحجب كالنساء المصريات!

وقد أرادت أن يكون حقها في تطليق نفسها مكفولًا أيضًا بنص العقد

الديني، ولكن الزوج رفض ذلك، وتدخل الحاضرون وأخذوا يناقشونها، ولم يكن هناك مفر من العقد الديني، ومن أن تعلن «ماجي» إسلامها، لأن والدة البرنس، كانت قد تركت له ثروة ضخمة، واشترطت أن يتزوج مسلمة إذا أراد أن يتسلمها.

وأخيرًا تنازلت «ماجي» عن حقها في الطلاق بعد ساعات من المناقشة المرهقة، وتحت ظل وهم بأن حقها في الطلاق مكفول بالعقد المدني.

وعلى الرغم من أن «ماجي» زعمت في مذكراتها ـ التي نشرتها عقب الجريمة ـ أنها كانت حريصة على حقها في الطلاق لكيلا تفاجأ بزوجها وقد تزوج ثلاث نساء غيرها، كما يفعل المصريون، فإن كل الشواهد تدل على أن كل ما كان يعنيها هو أن تحصل على حقها في الإفلات من القفص «الذهبي» إذا حدث وتحول يومًا إلى قفص من «الصفيح»، أو إذا وجدت قفصًا آخر أكثر ثراء وأكرم عطاء.

* * *

انتهت حفلات الزواج.

وبدأت أشهر العسل الستة، وكان عسلًا شديد المرارة.

رجل وامرأة، كل منهما جاء من وادٍ، داخل كل منهما حضارة مختلفة، رؤية كل منهما للعالم تفصلها عن رؤية الآخر مسافات شاسعة. فكيف يندمجان في حياة مشتركة تختلط فيها الأجساد والأفكار، ويمتزج فيها العرق والدم والدموع، دون أن تقوم بينهما حواجز النشأة ومواريث الحضارة، واختلاف الأعراف والتقاليد؟ سقطت أقنعة اللهفة والحب والشوق، وآن للحقيقة أن تكشف عن نفسها. كانت «ماجي» قد قنعت كل شيء في حياتها بقصة حب توهمت أنها تعيشها، وفي بداية شهر العسل، وقبل أن تسقط الأقنعة وتذوي الأحلام، كتبت إلى صديقة إنجليزية لها تقول:

سأستمتع بحياة الأحلام مع ذلك الشاب الجذاب الذي يبدو غاية في الرقة والدماثة على كل وجه، والذي يحبني ويعزني

إلى ما لا نهاية.

وكان هو قد كتب إليها مرَّة يقول:

> إن خيالكِ يلاحقني بإلحاح أينما اتجهت، فأراكِ يا شعلة حياتي محاطة بهالة من نور، وأرى رأسكِ مكللًا بتاج أعددته لكِ هنا، كي أتوجكِ به بمجرد وصولكِ إلى هذا البلد الجميل، بلد أسلافي الأقدمين.

لكن ذلك كله قد تبدَّد بأسرع مما يتصور أحد. كان علي فهمي محبًّا مراهقًا، فيه اندفاع المراهقين وغرورهم، وكان إلى مراهقته ضحل الثقافة أميًّا أو يكاد، وكانت سنوات الكبت الطويلة التي عاناها في ظل والده العصامي البخيل قد خلقت منه شخصية مهتزة راغبة في التسلط. ولعجزه عن ممارسة التسلط ممارسة حقيقية على هذه «النمرة» المتمردة، صاحبة التجارب، والتي جاءت لتعيش كأميرة لا كجارية، فقد كان يلجأ إلى أساليب غريبة في تأكيد ذاته.

وكانت «ماجي» نموذجًا للمرأة الناضجة ذات التجارب المتنوعة، تعرف هدفها بسهولة وتسعى إليه، ومن المؤكد أنها رغم سيرتها الشائنة لم تكن قد فكرت بعد في أن تخون البرنس، فضلًا عن أنه لم يمكنها من ذلك وسد عليها كل الذرائع بثروته وفحولته.

لكن البرنس كان شديد الغيرة، وهذا طبيعي في ظروف امرأة كالمرأة التي معه، امرأة مغامرة، تنتمي إلى أسرة تحت مستوى الشبهات، وبعض هذه الشبهات أن أختها «إيفون» لم تصده عندما غازلها، ثم إنه كان يتصور أن عليه أن يروِّض «النمرة» التي تزوجها، وقد كتب إلى شقيقتها خطابًا يذكر فيه طرفًا من وسائله في ترويض نمرته الأوروبية، فقال:

> أنا الآن مهتم بتدريبها فلن آتي إلى الغداء ولا إلى العشاء، وقد تركتها في التياترو لتتعلم من هذا أن تحترم رغباتي.

وقال في خطاب آخر:

> نحن كل حين في خصام، وقد أريتها أنني أستطيع أن أتصرف

بحزم. وهذا ما يجب أن يعامل به النساء.

ولم ينسَ أن يختم خطابه طالبًا من شقيقة زوجته أن تكتب له «عن نساء باريس الجميلات، وإذا رأيتِ «هيلانة» فقولي لها إن قلبي وروحي وعواطفي عند قدميها، فما زلت أحبها وأرجو ألا تنساني»!

وإذن فإن «النمرة» الآن في القفص، يروضها أمير شرقي قاسٍ ونصف معتوه، تجارب صغيرة يجريها البرنس ليستأنس نمرته «الغربية» التي تعتقد حقًّا أنها «شريكة» عمره، وليست «ذليلًا» أو «تابعًا». بعض هذه التجارب تفشل، إن لم تكن كلها. أخذ يراقب بريدها، ويتابع ما ترسل وما تتلقى من رسائل، فيحصي ورق الخطابات الذي لديها ليعلم إذا كانت قد كتبت لأحد، ويأخذ ورق النشاف ويضعه أمام المرآة ليقرأ ما عليه.

في طريقهما إلى الأقصر على ظهر يخته الخاص لقضاء شهر العسل ـ وكانا بملابس النوم ـ مر مركب شراعي على سطحه اثنان من المراكبية، عجوزان ضعيفان، كادا يصطدمان باليخت، فضلًا عن أنهما في الغالب ألقيا نظرة على البرنسيسة التي ترتدي بيجامة على ظهره، وكان جزاؤهما أن ضُربا بالنبابيت حتى سالت دماؤهما.

وعندما اعترضت «ماجي» على سوء معاملته للبحارة، غضب من تدخلها وصاح: «إذن سأتركك مع رجالي تدبرين الأمور كما تريدين».

وتركها وغادر اليخت في زورق آخر. وكان يتوهم أن أميرته ستفزع وتقلق وتذعر وتلقي بنفسها في زورق آخر لتعيده لأنها لا تستطيع أن تدبِّر الأمور وحدها، ولكنها بكل هدوء تركته يمضي. وقد عاد بعد ساعات غاضبًا هائجًا، ولما وصل اليخت إلى مدينة الأقصر أمرها بألا تغادره إلى البر، وعين عددًا من الحراس ليمنعوها من النزول، وأمر برفع السلم بعد نزوله. فيما بعد قالت «مرجريت» في مذكراتها تعليقًا على شهور العسل المر:

> وهكذا انهارت كل آمالي دفعة واحدة، فالمرأة التي وُعدت بأن تكون أميرة، والزوجة التي عُرضت عليها حياة كلها حب في

عالم الخيال، تُعامل الآن كأسيرة أو عبدة ممتازة.

أما هو فكان يضحك. كانت تجاربه المحدودة قد أكدت ميراثه الثقافي والحضاري، لذلك كان يرى ـ كما كتب لشقيقة زوجته ـ أن «الرجل يجب أن يكون شديدًا قاسيًا مع النساء».

تحولت حياة «ماجي» إلى جحيم؛ وجدت نفسها تعيش في «الحرملك»:

> لم يعد يسمح لي بأن أرى أي صديق، ولا أن أركب أتومبيلًا. وكلما خرجت كان «العناني»، أو أحد الخدم السود ـ الأغوات ـ يرافقني.

تكشفت قصة الحب عن وهم كبير، وعن شخصيتين صراعيتين، يحاول كل منهما إخضاع الآخر لإرادته، والبرهنة على أن هذا الآخر تابع ذليل له، وقد أدركت «مرجريت» فيما بعد أنها كانت ـ قبل الزواج ـ سيدته التي يتودد إليها، ويجري خلفها، ويتذلل إليها لكي تقبل الزواج منه، وأنها كانت أقوى حين كانت حرة من قيد الزواج، وحين كانت تعيش في بيئتها الطبيعية، وفي مجتمعها الأوروبي، أما حين انتقلت إلى بيئة علي فهمي الطبيعية فقد أصبحت الطرف الأضعف في العلاقة، واكتشفت أنها بالنسبة للشاب المصري الجموح مجرد تحفة جميلة يقتنيها، لكي يثبت لنفسه أنه قادر على التحكم في هذا الجنس الأوروبي المتكبر، المتجبر، المتعالي، الذي يشعر في أعماقه بالدونية تجاهه، وبالعبودية له.

لذلك كان يعاملها في مرَّات باعتبارها جارية يملكها، فيضربها أمام خدمه، ويهجرها، وينشب أظافره في لحمها، ثم ينقلب في مرَّات أخرى، ليعاملها باعتبارها زوجة، يفخر بانتمائها إليه، الذي يرفعه إلى المكانة الرفيعة التي يحتلها المنتمون إلى الحضارة الأوروبية المتفوقة.

وخلال الأسابيع التي استغرقتها رحلة اليخت من القاهرة إلى الأقصر عاملها كما يعامل السيد جاريته، حتى إن الرعب تملكها، فكتبت رسالة إلى محاميها المصري البروفيسور أسود، وطلبت من وصيفتها الفرنسية، أن ترسلها له بالبريد، وألحقت بالرسالة وثيقة طلبت إلى المحامي أن يحتفظ

بها، وقد جاء في نص هذه الوثيقة:

> أنا «ماري مرجريت ألبير»، أقرر وأنا مالكة لقواي العقلية تمامًا، أنني في حالة مصرعي بالعنف، أو وقوع أي مكروه لي، أتهم رسميًّا زوجي علي بك بأنه قد ساهم في اختفائي من الحياة، ذلك أنه في الساعة الثالثة من بعد ظهر أمس ـ ٢١ يناير ١٩٢٣ ـ تناول القرآن، ولثمه، ثم وضع يده عليه، وأقسم بأن ينتقم لنفسه مني ذات يوم، سواء غدًا أو بعد أسبوع، أو شهر، أو ثلاثة أشهر، المهم أن أختفي من الأرض بيده. وقد أقسم زوجي هذا القسم، دون أدنى سبب مفهوم، سواء من غيرة، أو سوء سلوك، أو مشهد عاصف من جانبي، لذلك فإني أرغب، بل وأطالب بإنصاف ابنتي وأسرتي من عواقب فعلته، والثأر لي منه.

وبينما كان البريد يحمل تلك الرسالة إلى القاهرة، كانت معاملة زوجها لها تنقلب إلى النقيض، إذ كانت الأقصر تزدحم آنذاك بأعداد من مسؤولي جيش الاحتلال، وعلى رأسهم الجنرال «ماكسويل» قائد هذا الجيش، فضلًا عن عدد كبير من الشخصيات الأوروبية اللامعة، تقاطرت إلى الأقصر لتتفقد مقبرة «توت عنخ آمون» التي اكتُشفت آنذاك، وأحدث اكتشافها ضجة في العالم.

وفي هذه البيئة المختلفة، انقلب علي فهمي في معاملة «مرجريت»، فتحوَّلت إلى معاملة الزوجة، بدلًا من معاملة الجارية، وهكذا أقام لها حفلة تكريم ضخمة، دعا إليها الجنرال «ماكسويل»، واللورد «كارنافون» الذي يمول مشروع البحث عن مقبرة «توت عنخ آمون»، وعشرات غيرهم من الأوروبيين والمصريين، حيث وقفت إلى جواره، في كامل زينتها وفتنتها، تستقبل الزوار.

ومع أن اللورد «كارنافون»، كان هو الذي دعاهما لزيارة مقبرة «توت عنخ آمون»، إلا إن علي فهمي كان صاحب الدعوة إلى حفل العشاء الفخم، الذي أقيم بين أعمدة وادي الملوك، حيث نزل بحارة اليخت،

وعددهم ٢٥ بحارًا، بملابسهم الرسمية، يحملون الخراف المشوية، في صوانٍ كبيرة من الفضة الخالصة، كان الأمير قد اشتراها بأكثر من ٤٠٠ ألف فرنك!

على أن هذه المعاملة، التي تتسم بدرجة من الندية، كانت استثناء من القاعدة التي سادت معاملته لها. عندما عادا مرَّة أخرى إلى عش الزوجية في قصر الرخام الوردي، الذي أقيم على طراز عصر النهضة، ومع أنهما كانا ينامان على أثاث كان يقتنيه يومًا ملك الصرب، ويأكلان في أدوات من الفضة الخالصة، ويستخدمان مفروشات صنعت في فينيسيا، إلا إنها وجدت نفسها أسيرة هذا القفص الذهبي الذي تكلف ٢٠ مليونًا من الفرنكات، وفقدت ميزات «الخليلة»؛ فلم يعد باستطاعتها أن تخرج لتمرح أو تلهو أو ترقص، ولم يعد علي فهمي يخرج معها إلا إلى حفلات الأوبرا، لتشاهد العروض من خلال مقصورة تسدل عليها ستائر خفيفة، واقتصرت حياتها الاجتماعية على استقبال عدد محدود من نساء الطبقات الأرستقراطية وخاصة الشوام والأرمن.

وكان العاشق الجموح يواصل ترويضها.

ومضت شهور عسل الشتاء الباردة الثقيلة.

وانتهت ـ معها، وربما قبلها ـ فصول قصة الحب.

* * *

في أوائل مايو ١٩٢٣، سافر الزوجان إلى باريس، وكانت «ماجي» تظن أنها ستكون هناك بعيدة عن المناخ الشرقي الذي يبيح لزوجها التحكم فيها، وهو ما حدث نسبيًّا، إذ أصبحت ـ على الأقل ـ في موقف ومكان يمكنانها من التمرد، ويمكنانها من الرفض، إلى حد الشجار. لكن مناخ باريس المزدحم بالمراقص والملاهي وأصدقاء وعشاق «ماجي» القدماء، وعجز البرنس عن إحكام الرقابة، كان يزيد من غيرة علي كامل ويدفعه إلى القسوة معها وضربها، وبعد ذلك كان ينهار بين يديها، ويعتذر لها.

كانت «ماجي» تثق بأن هذا الشرقي القاسي، متقلب المزاج، يقسو عليها لأنه يحبها، وقد ذكرت في أقوالها عند المحاكمة: «في كل مرَّة حاولت تركه كان يبكي ضارعًا إليَّ بأن أبقى معه، ويقول «لن أعود إلى مثلها». وكنت أعرف أن في وسعه أن يطلقني في كل وقت، ولكنني كنت أعتقد أنه يحبني ولن يطلقني». أما هو فكان يسعى إلى الانتصار عليها بأي ثمن، كان قد بدأ حياته الزوجية معها وهما على ظهر اليخت في الطريق إلى الأقصر بأن أطلق رصاصة مرت فوق رأسها تمامًا، حكاية غير مستغربة، شبيهة بالنصيحة التقليدية التي توصي الزوج بقتل قطة في الليلة الأولى للزواج أمام زوجته على سبيل الإنذار وتأكيد الرجولة والتنبيه بضرورة الطاعة الدائمة!

وما لم تكن كل الروايات التي ذكرتها «ماجي» عن زوجها لونًا من ألوان الدفاع، استهدفت تبرير قتلها ـ غير المبرر قانونًا ـ له، فإن الأرجح، هو أن علي فهمي كان ـ من الناحية النفسية ـ مصابًا بدرجة ما من درجات «السادية»، أي أنه كان يستمتع بتعذيب من يحب، ولا تتوهج عواطفه تجاهه إلا إذا مارس القسوة النفسية والجسدية ضده، وربما كان أيضًا «مازوكي» يستمتع بتعذيب الآخرين له، وهو ما يفسر قسوته البالغة عليها، ثم انهياره بعد ذلك وبكائه بين يديها، وطلبه الغفران منها.

وربما تفيد النتائج العلمية التي توصل إليها فيما بعد الطبيب النفسي مارتينيكي الأصل «فرانز فانون»، في إضاءة الجانب الأكثر عمومية من هذه العلاقة المعقدة، بين «البرنس الشرقي» وجاريته الأوروبية. فقد انتهت تحليلاته لأحكام سكان المستعمرات إلى نتيجة تقول إن عمليات الكبح والكبت والقمع التي يمارسها المحتلون ضد الشعوب التي يستعمرونها، تخلق لدى سكان المستعمرات رغبة غير واعية، لأنها مكبوتة في اللاشعور، لتعويض هذا الكبح والانتقام منه، من بين مظاهرها الرغبة في الحلول محله في فراشه، وللسيطرة على نسائه. ومن ملامح هذا التعويض الوهم الشائع

لدى شعوب المستعمرات بشكل عام، بأن رجالها أوفر قدرة جنسية من الذين يستعمرونهم، وأقدر على إرضاء النساء الأوروبيات من الرجال الأوروبيين.

ويبدو أن الطرف الآخر من الصراع، كان يدرك هذا المفهوم، ولعل هذا هو السبب في أن اللورد «كرومر» ـ أول ممثل للاحتلال البريطاني في مصر ـ كان حريصًا على ألا يسمح لأي مومسة إنجليزية بالعمل في مصر حتى لا تحصل «الأشياء» المصرية، على شرف ملامسة جسد الإمبراطورية الأنثوي.

وهكذا مضت أيام شهر العسل الباريسية بطيئة ومتوترة، سهرات طويلة في المسارح والملاهي، ومشاحنات يومية ظلت تتصاعد إلى أن أصبح كل من الزوجين يهدد الآخر بالمسدس. وفي واحدة من تلك المشاجرات هددها علي فهمي بالضرب بالسوط، وقبض على عنقها ورماها على ظهرها، فجاءت أختها وبيدها مسدس وهددته فتركها، وخرج غاضبًا وهو يهدد بأنه سيكلف أحد الرجال بتشويه وجهها بماء النار.

وفي مرَّة أخرى ـ وكانا في سيارتهما ومعهما صديقهما قليني فهمي باشا ـ رفسها بقدمه وضربها، وقال له قليني باشا إنه يستغرب أعماله لأن والده كان جنتلمانًا، فأجابه: «نعم، ولكنني غير ذلك».

* * *

كانت الفاجعة تقترب من نهايتها، بعد أن أحال التوتر حياة الاثنين إلى جحيم.

كان علي فهمي شابًّا غريب الأطوار، وكان قد تدهور تمامًا، إلى الدرجة التي أملاها فيها وثيقة يبيح لها فيها ارتكاب الفحشاء، ووقعها. وقد قال فيها إنه إذا وجد زوجته ترتكب الفحشاء فإنه لا يقول شيئًا، وقال إن عليها أن تجد لها عاشقًا يدفع لها نفقاتها.

ولأسباب غامضة، ربما كان من بينها الخوف وعدم الاطمئنان ونقص

الأمن، فإن «مرجريت» كانت حريصة على أن تحتفظ بهذه الورقة، وبأوراق أخرى غيرها، مع أن الظروف التي حُرِّرت فيها ـ وحُرِّر فيها غيرها ـ كانت تتغير، ومنها الوثيقة التي أودعتها لدى محاميها البروفيسور أسود والتي طلبت عدم فتحها إلا حين موتها، وفيها تذكر أنها إذا ماتت بسبب قهري أو بغيره أو في ظروف غير طبيعية، فإنها تتهم رسميًّا علي فهمي بالاشتراك في القضاء عليها.

وزاد من انهيار الموقف أن علي فهمي كان فيما يبدو من ذوي «الميول الجنسية الشاذة»، وكان قد أجبر زوجته بالعنف على ممارسة هذا الميل الشاذ، وربما كان هذا الميل غير متأصل في نفسه، ولكنه كان وسيلة من وسائله لقهر هذه المرأة القوية، وقد شهد الطبيب الذي عالج «ماجي» من آثار هذه الوحشية، أنها تركت آثارًا ضارة، كانت تستدعي إجراء عملية جراحية.

كان كل شيء قد انهار تمامًا، والفصل الأخير يقترب.

* * *

في أوائل يوليو وصل الثلاثي «ماجي» وعلي وسعيد العناني إلى لندن ونزلوا في فندق «سافوي».

ومضت الأيام الأولى في مشاجرات ومشاحنات حتى لفتت أنظار المقيمين معهما في الفندق، وفيما بعد شهد قائد أوركسترا الفندق بأنه سمع «ماجي» تقول إنها لا تستمتع بالموسيقى، لأن زوجها سيقتلها خلال ساعات.

وفي مساء يوم ١٠ يوليو ١٩٢٣، ذهبا ـ مع العناني وبعض الأصدقاء ـ إلى أحد المسارح حيث قضيا جانبًا من السهرة التي لم تكتمل، إذ حدثت في أثنائها مشاجرة أخرى، وعندما عادوا من السهرة قضوا فترة في صالة الفندق، وأثارت «ماجي» مشكلة رغبتها في السفر إلى باريس في اليوم التالي، لتزور ابنتها غير الشرعية التي تدرس هناك، ولإجراء العملية الجراحية المطلوبة لها. وعارض علي فهمي في ذلك، ورفض أن يعطيها النقود اللازمة للسفر

ولإجراء العملية. حاول أن يزيل التوتر، فطلب منها أن تراقصه ولكنها رفضت، وصعدت إلى الدور الثاني حيث يوجد جناحها بالفندق، وقضى هو بعض الوقت يحتسي الخمر، قبل أن يصعد إليها.

وفيما بعد قالت «ماجي» في أقوالها أمام المحكمة إن زوجها عندما دخل إليها في حجرتها ساومها باستعداده لدفع تكاليف سفرها، إذا استجابت لرغباته الشاذة.

وأضافت: «أصابني ذعر عصبي، وشعور مفاجئ بالكراهية والفزع مما عرفت أنه يعتزم فعله، والذي حدث أنني رفعت ذراعي بالمسدس، ودون أن أنظر إلى أمام ضغطت الزناد، ولست أدري كم مرَّة انطلق المسدس، ولا عرفت وقتئذ حقيقة ما حدث، حتى رأيت فهمي ملقى على الأرض أمامي. ركعت على ركبتيَّ بجواره، تناولت يده أهتف به كالمجنونة: «حبيبي، تكلم، أواه، بربك كلمني»، كان الأمر فظيعًا، فظيعًا».

* * *

حملت وكالات الأنباء الخبر إلى مصر، وكان مراسل «المقطم» اللندني أول من أبرق إلى جريدته بالنبأ، فوصل إلى مصر في مساء ١٠ يوليو. وكانت بعض الصحف الأجنبية قد أخطأت وظنت أن القتيل هو علي فهمي كامل بك - شقيق الزعيم الراحل مصطفى كامل - بيد أن الحقائق اتضحت في الأيام التالية، وتابعت الصحف أنباء الحادث بذهول، وهدت الفاجعة الكثيرين، وشعر الجميع بأنهم قد اغتيلوا.

ومع أن القتيل كان معروفًا بمغامراته، ولم يكن له أي دور في النضال الوطني في تلك المرحلة، فإن «المصرية» كانت شعورًا جارفًا أيامها. كان يكفي أن يموت مصري في الغربة حتى يخرج الشعب كله لتشييع جنازته، وتفرد الصحف مساحات للحديث عنه، وهو ما حدث عندما وصلت جثة علي فهمي إلى مصر، فقد شُيعت من ميدان باب الحديد إلى مقابر الأسرة بالإمام، في مشهد رهيب، وكانت جميع الصحف قد أعلنت عن خط سير

الجنازة، فتجمعت الجماهير تودع شابًّا فقد حياته في الغربة، على يد واحدة تنتمي إلى الجنس الذي أفقد الكثيرين من المصريين حياتهم عبر سنوات الاحتلال الطويلة.

وعندما بدأت المحاكمة خلال شهر سبتمبر ١٩٢٣، بدأت الصحف تنشر تفصيلات رهيبة عن سلوك القتيل، ومن المؤكد أن الكثيرين قد آلمهم إلى حد القهر هذه الفضائح العلنية، خاصة أن الدفاع عن المتهمة لم يجد وسيلة لتبرئتها، إلا بالهجوم على المجني عليه إلى حد التجريح المفزع.

كان محامي المتهمة هو السير «مارشال هول»، وهو واحد من أعظم المحامين في إنجلترا والعالم في ذلك الوقت، وقد وكَّله الدفاع عنها ودفع له أتعابه الباهظة ـ التي وصلت إلى عشرة آلاف جنيه ـ عدد من أصدقاء «ماجي». وعمل «إدوارد مارشال هول» ـ الذي كان قد بلغ السادسة والستين من عمره ـ بنشاط لإنقاذ رقبة موكلته، فحشد عددًا ضخمًا من الشهود ليثبت أنه كان لدى المتهمة مبرر مشروع للقتل. وقد اعتمد في الدفاع عنها إلى تصوير الجريمة باعتبارها النتيجة الطبيعية لصراع بين حضارتين وعقليتين، صراع بين الشرق الرجعي المتخلف الذي يعتبر المرأة أثاثًا، وبين الغرب المتقدم الحر الذي أعطى المرأة حريتها وعاملها باعتبارها ندًّا للرجل. ومن المؤسف أن الفكرة في حد ذاتها كانت حقيقية في ذلك الوقت، وربما ما زالت حقيقية نسبيًّا إلى الآن.

قال «إدوارد مارشال هول» في دفاعه: «إن هذه المرأة قد ارتكبت خطأ واحدًا جسيمًا، هو أنها تزوجت من رجل شرقي، لئن كانت الحضارة المصرية القديمة من أقدم حضارات العالم وأعرقها وأعظمها، فإنك إذا جردت الشرقي من طلاء الحضارة الخارجية، بقي لك منه الجوهر الشرقي الأصيل».

وذكَّر «هول» المحلفين بألا ينسوا ذلك الإحساس الغريب الذي يمكن أن يخالط أي رجل شرقي؛ «الشعور الشرقي بامتلاك المرأة، وخاصة إذا

كانت هذه المرأة غربية من جنس متقدم ومتفوق، إنه شعور التركي وسط حريمه»، إن ذلك كله يعني أن تعيش المرأة «مهانة مستباحة، مهيضة الأنوثة، مسلوبة الكرامة والحرية والحقوق جميعًا».

وكان السير «مارشال هول» يوجِّه كل مناقشاته للشهود وتحليله لوقائع القضية لخدمة هذا الهدف، إذ لم يكن أمامه من وسيلة لاكتساب عطف القضاة سواه، فالجريمة ثابتة، والمتهمة قد اعترفت بها، ولم يبقَ أمامه سوى أن يلتمس لها الأعذار، وأن يجد مبررًا معقولًا يفحم المحلفين، والرأي العام الإنجليزي والأوروبي في القضية، ويدعوهم للانحياز في ذلك الصراع بين «الشرق المتخلف» و«الغرب المتقدم».

وقد سأل الشاهد سعيد العناني ـ سكرتير القتيل:

ـ ألم يضربها مرَّة في مصر، حيث ينظر الرجل إلى المرأة نظرته إلى متاع، أليس كذلك؟

فرد سعيد العناني:

ـ ليس في مصر زوجة تعامل معاملة حسنة.

وختم «مارشال هول» هجومه العنيف على الشرق والشرقيين بصرخته المدوية:

ـ افتحوا الباب، وأطلقوا سراح المرأة الغربية.

* * *

وقد وجدت الصحافة الإنجليزية في دفاع المتهمة وفي وقائع القضية فرصة لتشويه المصريين. كانت سنوات الثورة قد انتهت إلى خمود، وهذه قضية يمكن استخدامها للتدليل على أن المصريين ليسوا أهلًا للاستقلال، لهمجيتهم ووحشيتهم وتأخرهم. ويمكن أيضًا أن تُستخدم لتبرير جرائم المستعمرين في قمع الثورة، على أساس أنها كانت دفاعًا عن الحضارة ضد البرابرة الذين يسكنون ضفاف النيل!

وفي ١٩ سبتمبر ١٩٢٣، سأل السير «ريجي سويفت» قاضي محكمة

«أولد بيلي» المحلفين عن رأيهم، فأعلنوا أن المتهمة غير مذنبة في رأيهم، فأصدر حكمه ببراءتها، فكان أول حكم ببراءة متهم بالقتل في تاريخ القضاء الإنجليزي، وفلتت رقبة «مرجريت» الجميلة من حبل المشنقة، الذي كان قد اقترب منها.

وهكذا انتهت المحكمة بإدانة القتيل وتبرئة القاتلة، التي استُقبلت عند خروجها من المحكمة بمظاهرة حاشدة، اشترك فيها أكثر من ثمانية آلاف بريطاني، انطلقوا يهتفون فرحًا بانتصار الحضارة الأوروبية المتقدمة على الشرقيين البرابرة. وظلت تتلقى كل يوم ٦٠ برقية على الأقل، على امتداد الأسابيع التالية، تحمل عروضًا بالزواج، وعروضًا من أصحاب المسارح والملاهي وشركات الإنتاج السينمائي بأن تغني أو ترقص أو تمثل قصتها الدامية مع الشرقي المتوحش على الشاشة الفضية.

وعلى الجانب الآخر، نزل الحكم كالمطرقة على رؤوس المصريين، شعروا بأن ما وجه إلى كرامتهم القومية من طعنات قد حصل على مباركة قضائية من محلفي محكمة «أولد بيلي».

وكانت القضية قد أثارت اهتمام الناس منذ أطلقت مدام فهمي رصاصتها على زوجها، وقد تزايد هذا الاهتمام بعد صدور الحكم، ونشبت المجادلات بين الناس في الشوارع وعلى صفحات الصحف، وشارك فيها القراء والأدباء والمفكرون، وتوزعت الآراء بين اتجاهات مختلفة، تعكس التيارات الفكرية والاجتماعية.

كان أعلى هذه الاتجاهات صوتًا تيارًا يفسر المأساة باختلاف الأديان، ويرى أن علي فهمي قد أضر بنفسه ودينه، عندما تزوج بغير مسلمة. وقد انطلق هذا التيار ليواجه الهجوم الذي شنته الصحافة الأوروبية على الشريعة الإسلامية، وكانت تلك الصحف قد ركزت على استئثار الرجل بحق الطلاق، وحق التزوج من أربع، ونظرت إلى المسألة باعتبار أن مدام فهمي قد وجدت نفسها أسيرة رجل قاسٍ غليظ القلب، ومع ذلك فإنها قد

ارتبطت به ارتباطًا لا تستطيع أن تفصمه، في حين أن من حقه أن يطلقها متى شاء، وأن يضيف إليها نساء أخريات. وقد ضم هذا التيار معظم المفكرين والكُتَّاب الإسلاميين.

وكان هناك تيار آخر يرى المسألة صراعًا بين قوميات، ويشعر بالأسى الشديد لأن الغربيين ينظرون إلى الشرقيين عمومًا باعتبارهم كائنات في مرتبة أدنى، وقد دفعهم هذا إلى التذكير بحضارة الماضي العريق، تلك التي كان لها الفضل على الحضارة الأوروبية، فطالبوا بالحفاظ على نقاء الجنس الشرقي أو المصري وعدم إدخال عناصر غريبة فيه. وفي هذا الصدد، قال توفيق مفرج في مقال نشرته «اللطائف المصورة»: «ما أشد طيش هؤلاء الفتيان الذين يتركون بنات مصر المصونات الطاهرات الراضيات الناعمات العاقلات الضعيفات المطيعات ويركضون وراء راقصة من باريس، أو غانية من برلين»، وأضاف: «لو تزوج نجل فهمي باشا مصرية، لما ذهبت دماؤه هدرًا، كانت أحبته، وصبرت على طفوليته وفتوته وجهله وغرامه، كانت ستكون له زوجة وأمًّا وأختًا وصديقة مخلصة أمينة».

وسرعان ما التقى المتطرفون من هذين التيارين حول فكرة ترى أن المدنية والحضارة، هما شر مطبق، وأن التخلف هو قرين البكارة والبراءة، وأن خروج المرأة للعمل وسفورها هو الذي قضى على حياة علي فهمي. وتحولت القضية إلى مناظرة يتعصب كل طرف من طرفيها لرأيه، فيفضل أحدهما المرأة الشرقية، بينما يتشدد الآخر للمرأة الغربية.

ثم كان هناك مَن حلَّل المأساة تحليلًا هادئًا رصينًا، وأدرك ما تحمله من حقائق قابلة للفهم، وطالب بالتعامل مع هذه الحقائق مهما كانت قسوتها. وقد اتخذ هؤلاء «مأساة مدام فهمي»، وسيلة لطرح قضية خطيرة هي قضية المرأة، حريتها ووضعها في المجتمع المصري.

كتب «م س ر - بني مزار» إلى «المقطم» محتجًّا على مقال نشرته يدعو إلى عدم الزواج من الأجنبيات، وقد حلَّل في رسالته أسباب زواج بعض

المصريين من أجنبيات، فقال: «إن الأجنبية سافرة، يمكن للمصري أن يحبها حبًّا حقيقيًّا شريفًا ثم يتفق معها على الزواج»، ثم ذكر أن «الأجنبية متعلمة التعليم الكافي»، و«ليست كل أجنبية رديئة كزوجة، ولا أعتقد أن زوجة علي فهمي قد ارتكبت هذه الجناية الفظيعة لأنها أجنبية، بل جنايتها هذه سببها أنها ليست من الأصل والحسب والنسب والأخلاق الشريفة في شيء»، وأشار إلى أن من عيوب الزواج من المصريات تحجبهن وأميتهن والمهور، وطالب الأسر المصرية بأن «تتيح للخطيب رؤية خطيبته والتحدث معها في شؤون الحياة الأدبية أو المعيشية أو العائلية والإدارة المنزلية وغير ذلك بحضور أحد أقاربها، وذلك لكي يتمكنا من التعارف قبل الزواج».

وقد فند الدكتور عبد الحميد حسن في رده على قارئ «بني مزار» كل آرائه، وقال: «هل سمعت يا سيدي أن امرأة مصرية سددت مسدسًا أو رفعت عصا على زوجها؟ المرأة المصرية لا تعمد إلى الانتقام على الإطلاق، فقد يهينها زوجها ويمس عواطفها، ويضربها أحيانًا كما تفعل الطبقات الواطئة، فلا تفكر أن تثأر لنفسها. وكيف يجول في خاطرها أن تنتقم ممن تجمعه بها رابطة الدين والجنس والوطن؟». وعارض في اقتراحه أن يرى الخطيب خطيبته «كأنها سلعة تُعرض في السوق، تلك بدعة لم نسمع بمثلها من قبل، ولو كان مستوى الأخلاق بين شبابنا عاليًا لساغ ذلك، أما ومستوى الأخلاق كما تعلم، فليس هناك مجال للتفكير في ذلك».

ولم تترك النساء قضية مدام فهمي للرجال، إذ سارعن يشاركن في المناظرة، فعلقت بعض الآنسات والسيدات المصريات على الحادثة، كما اهتمت بها صفحات المرأة بالصحف المصرية، فقد قالت الآنسة «مفيدة شكري ـ شبرا» في رسالة وجهتها إلى الشباب على صفحات «المقطم»: «لا تزجوا بأنفسكم بين أيدي نساء لا يرعين لكم عهدًا، ولا يتزوجن بكم إلا طمعًا بالمال، وأما أشخاصكم فموضع احتقارهن فهن الأجنبيات

المتمدنات، وأنتم الشرقيون المتوحشون، لا تتركوا بنات بلدكم في عقر دورهن وفيهن الجميلات الوقورات، وربات الخدور المحصنات، وهن العفيفات المهذبات».

وقد نشرت الصفحة النسائية بجريدة «السياسة» بحثًا بتوقيع «ف»، ذكر صاحبه أنه حتى الزواج من المصريات قد يتضمن بعض المزالق، ولم يعارض الزواج بالأجنبيات كلية، ونقل عن المتزوجين بالأجنبيات اعتذارهم «بأن الزوجة الأجنبية أقدر من المصرية على إسعاد الحياة الزوجية، وأدرى بواجبات الزوجية من المصرية، وأنها تحسن إدارة المنزل وتربية الأطفال».

وطالب صاحب البحث في نهايته المرأة المصرية «ألا تقبل هذا الاحتلال النسوي الأجنبي»، ويكون هذا بتحرر المرأة المصرية ونهضتها، نهضة شاملة تعليمية وأخلاقية.

ورغم المناخ الاجتماعي والسياسي العام، فإن قارئًا يسمى «بطرس بطرس جاد» نشر مقالًا قصيرًا في «الأهرام»، عالج المشكلة من منظور مختلف عن الشائع بين المعالجات. وقد أشار فيه إشارة سريعة ـ ولكنها عميقة الدلالة ـ إلى الوجه الحقيقي للمأساة، الذي كان قد أغفل حتى ذلك الحين. فقال «إن «مرجريت» قد قتلت زوجها علي فهمي بعد أن ابتزت منه أموالًا كثيرة، جمعها والده من كد الفلاحين المصريين». وربط بطرس جاد بين الدعاية الاستعمارية الواسعة التي استغلت الحادث للتنديد بما سمته وحشية المصريين وتخلفهم وجلافتهم، وبين مطامع هؤلاء المستعمرين في البقاء في مصر، والاستمرار في احتلالها بدعوى ترقية وتهذيب أخلاق أهلها.

واختار طه حسين أن يقول كلمته متقنعًا، فلخص على صفحات «السياسة» مسرحية «قانون الرجل» لـ«بول هرفيو»، وهي مسرحية تقول إن «مصدر الظلم الذي تلقاه المرأة هو أنها محرومة من حقوقها السياسية، فلو أن

لها هذه الحقوق، لو أنها تنتخب وتُنتخب، وتأخذ بنصيبها من الواجبات الاجتماعية، لاستطاعت أن تنفي هذا الظلم، وأن تقف من الرجل موقف الخصم». وقال طه حسين معلقًا على المسرحية: «لو كان الأمر بيدي لما اكتفيت بإقرار المساواة بين الرجال والنساء في هذه الحقوق، بل لتنازلت للنساء عن كثير من الحقوق».

وتصاعدت المعركة، وبدأت الصحف المصرية تتحدث عن أخلاق الغربيين، وتذكرهم بالانحلال الذي يعيشون فيه، ونشرت «السياسة» في صدر صفحتها الأولى مقالًا على ثلاثة أعمدة بعنوان «مدام فهمي ـ أخلاق الشرقيين وأخلاق الغربيين» بتوقيع «ن ش» ذكرت فيه الأوروبيين بما يجري من انحلال في طرقات «الهايد بارك»، وهاجمت الحكم ونظام المحلفين، ونشرت في يوم تالٍ رسالة أسقف لندن التي احتج فيها على تدهور الأخلاق في إنجلترا. وقالت إنها فضائح تجري «في وسط قوم يحسبون من أركان الحضارة الحديثة» وإنها لن تعممها «على الرغم من أن محامي مدام فهمي حكم علينا وعمم، وعذره أنه ممثل مستأجر».

أما «الكشكول» ـ صحيفة الفضائح ـ فقد نشرت مقالًا بتوقيع «هو بعينه». ذكَّرت فيه السير «مارشال هول» بأن الشذوذ ليس طبيعة شرقية، وذكَّرته بـ«أوسكار وايلد» وغرامه باللورد «دوجلاس»، وبنادي الطلبة بجامعة «كيز» الإنجليزية، وقالت إن «علي فهمي قد مات، لكن شرف مصر والشرق لم يمت معه، وشرف مصر والشرق مرفوع ما دام شرفكم منكس الأعلام، وما دامت حادثتنا فردية، وحوادثكم تكاد أن تكون إجماعية». وختمت كلامها مخاطبة مدام فهمي طالبة منها إذا ما جاءت مصر باحثة عن ميراثها ممن هدرت دمه أن تبحث عنه لتحييه، صائحة: «أنتِ درس لمصر وبنيها، فإليَّ إليَّ يا من بيدك الموت والحياة».

وقد استثار «الكشكول» أن شقيقات علي فهمي حضرن المحاكمة سافرات وسمحن للصحف بتصويرهن، وقالت إن «سيداتنا الناهضات

قد وصلن بالحركة النسائية إلى درجة من الغلو في الحرية، بسبب ما بلغه بعض الأزواج المصريين من زيادة التساهل في إطلاق العنان لزوجاتهم»، وقالت إن «هذه التصرفات قد اتخذها الإنجليز في بلادهم وسيلة للطعن علينا والقدح فينا، وبرهانًا على نقص تربيتنا الخلقية وسوء استعدادنا لفهم الحرية»!

وقد نفى الدكتور أحمد بك سعيد ـ زوج شقيقة القتيل ـ بتاتًا أن زوجته سمحت للمصورين بأخذ صورتها، وقال إنهم التقطوها خلسة دون علمها!

تركت الحادثة آثارًا متعددة.

ففي السياسة كانت المعركة الانتخابية الأولى بعد إعلان دستور ١٩٢٣، في ذروتها في أثناء المحاكمة. ولما كان أعضاء حزب الوفد عمومًا من الطبقات الوسطى الصغيرة التي تتزوج غالبًا من مصريات، بعكس منافسيهم من الأحرار الدستوريين الذين كانوا من الطبقات العليا وبينهم عدد من المتزوجين بأجنبيات، فقد رفع الوفديون شعار «لا تنتخبوا المتزوجين من أجنبيات».

وسارع نقيب المحامين المصريين بإرسال احتجاج مطول إلى النائب العام البريطاني يشكو فيه السير «مارشال هول» الذي سمح لنفسه بالتعميم في الحديث عن مصر والشرق كله.

وأرسلت هدى شعراوي رئيسة لجنة الوفد المركزية للسيدات، احتجاجًا باسم نساء مصر «على التهم الفظيعة الباطلة التي وجَّهها المحامون عن مدام «مرجريت» فهمي، وأغلب الصحف الإنجليزية، ضد الشرقيين عمومًا والمصريين خصوصًا، تلك التهم الباطلة التي لا ترى فيها السيدات المصريات إلا حملة عدائية هدفها خدمة سياسة الاستعمار».

واحتجت أكثر من جهة.

واعتذر النائب العام البريطاني.

واعتذر «مارشال هول».

وأخذت «الديلي كرونيكل» جانب المصريين.

وفي الفن، سارع الزجالون بالتعبير عن آرائهم، فكتب بديع خيري في «الكشكول» زجلًا بعنوان «أتاريه سير بولاقي»، يسخر فيه من السير «مارشال هول»، الذي أجرته «البت القبيحة، جلَّابة الفضيحة، تقتل عيني عينك، وتقولك قتيلة»، فاحتار في دفاعه عنها «يعمل إيه جنابه، ما لقاش في جرابه، غير إنه يشلَّق، والمقصود وسيلة» وقال بديع:

وأتاريــــه سِــــير بولاقـــي   م الصَّـــنـــف الشـــلاقي
إنْ فَـــرش المِـــلايـــة   تِتبـــهـــدِل قبيلـــة
ميـــن فينـــا يعـــايـــر   يـــا وش الكبـــايـــر
نِســكــت ولَّا نِفتـــن   بـــلاويكـــم تقيلـــة[1]

والغريب حقًّا أن زجل الزجالين وشعر الشعراء، رغم طابعه الهجومي عمومًا، كان يتضمن غزلًا خفيًّا أو صريحًا في القاتلة، مما يدل على أن «مرجريت» فهمي كانت ذات تأثير على قلوب فئات من المصريين، وأن مأساتها حركت فيهم أكثر من جانب، قال عزت صقر أمير فن الزجل:

ليه تِقتليه وانتِ الجميلة   ما كانش فيه غير دي وسيلة؟
غلبتِ قال فصل «دليلة»   وجنيتِ على روحك وعليه

وقال الشاعر محمود عماد:

أما كَفاكِ فَتكَ تلك العيون   فيمـا تُعديـن لـه مِـن مَنـون

---

(١) يشير بديع خيري هنا إلى هجوم «مارشال هول» على المصريين، ويعتبره نوعًا من السباب قريبًا مما تفعله نساء العوام في مصر في الأحياء الشعبية ومنها «بولاق». و«الردح» أو «التشليق» ـ بالعامية المصرية ـ هو من تقاليد نساء العامة في مصر اللاتي تعودن أن يدخلن معارك لفظية حامية يشهرن فيها ببعضهن، ويفترين فيها أكاذيب كل على الأخرى، ويخلعن ملاءاتهن لتحويل المعركة من لفظية إلى فعلية وهذا هو المقصود بـ«فرش الملاية» في الأبيات.

حتى استعنتِ بالرصاص على ... مُهجة ذيَّاك المُحبِ الأمين
يا لَيتَ شِعري يومَ لَبَّى الهَوى ... أكانَ يَدري أنَّ هذا يَكون
أكانَ يَدري أنَّ صَدرًا به ... قَد لاذَ مأوى لِرَداه الكَمين
أكانَ يَدري أنَّها ضَمةٌ تَفيضُ ... فِيهـا الـروح فيَضَ الشـؤون

* * *

وكتب عثمان أفندي صبري ـ ليسانسيه في الحقوق وأحد وكلاء النيابة العمومية ـ رواية مسرحية بعنوان «شبابنا في أوروبا»، بناها على فكرة أن كل مصري تزوج أجنبية يكون قد جنى جريمة قومية، ثم بنى على هذه الفكرة نظرية جديدة مؤداها «يُستثنى من ذلك كل من تزوجها بدافع حب خالص طاهر»، وفسر تفشي الزواج بالأجنبيات بأسباب «أهمها كثرة وجود الفرص للاختلاط بالأجنبيات مما يدعو إلى استحسان أو حب إحداهن، بعكس الأمر مع المصريات»، وأعلن أنه لا علاج لذلك إلا بالسفور.

وفيما بعد، أصبحت مأساة مدام فهمي موضوعًا أثيرًا في المسرح المصري طوال الثلاثينيات، وقد استوحى «أنطوان يزبك» شخصيتها في مسرحية «الذبائح» التي قدَّمها مسرح «رمسيس». ثم بعد نجاح المسرحية قدَّم يوسف وهبي من تأليفه مسرحية مستوحاة من الجريمة نفسها هي «أولاد الذوات» التي أخرجت في السينما بعد ذلك، وقد نحا يوسف وهبي إلى تملق المشاعر القومية للمصريين، وذلك بالدفاع عما في المجتمع الزراعي من بكارة وخير ونقاء، بعكس مجتمع المدينة اللاأخلاقي، المفتقد للحب والسعادة.

وتعدت القصة الحدود لاهتمام الصحف العالمية بها، فاستوحى منها الكاتب الفرنسي «بيير فروندويه» مسرحيته الشهيرة «العاصية».

* * *

في سبتمبر ١٩٢٣، كان سعد زغلول قد عاد إلى مصر من منفاه الثاني. وكانت بعض الصحف تهاجم الذين يدعون للاختلاط بين الرجل والمرأة،

وكان الخريف يقبل هادئًا.

وعندما وصلت مدام فهمي إلى مصر لترفع قضية أمام القضاء المصري، مطالبةً بمؤخر صداقها، وبحقها في الميراث، تحدثت الصحف الإنجليزية عن نظرات الغيظ التي وُجهت بها في كل مكان، وعن التجمعات التي تسير خلفها، وثارت الصحف المصرية على القاتلة التي جاءت تطالب بنصيبها من ثروة مَن قتلته.

وكان سيد درويش قد مات في الشهر نفسه.

وتجمع تحت نوافذ فندق «شبرد» ـ حيث كانت مدام فهمي تقيم ـ عدد من الشبان، يغنون «سيرانادا» مصرية حزينة كان سيد درويش قد لحنها قبل سنوات، أطلت مدام فهمي من النافذة، وجدتهم يغنون:

يا ناس أنا مت في حُب الهوى
جُم الملايكة يحاسبوني
أول سؤال سألوني عليه
عن السبب في لوم العذال
قلت إن حبي الحق عليه
خلَّا اللي عمره ما قالش أهو قال
قالولي إيه أصل غرامك؟
وليه حبيبك مش ويَّاك؟
مين اللي حلِّل هجرانك؟
بكيت وقلت العشق هلاك
بكيت وقلت العشق هلاك!

العجوز والثورة

قبل العاشرة بدقائق مات سعد زغلول.

حدث هذا ذات ليلة صيفية حارة من شهر أغسطس ١٩٢٧.

كان الصباح حارًّا وقائظًا حين قدم الأطباء لعيادته، تقدمتهم زوجته صفية زغلول إلى الطابق الثاني من بيت الأمة وهي تروي لهم ما حدث في فجر ذات اليوم، فقد استيقظ وهو يعاني ألمًا في المعدة، واشتدت آلامه، وارتفعت الحرارة حتى بلغت أربعين درجة قبل وصولهم بقليل.

ودخل الأطباء غرفته، وجدوه راقدًا نصف رقدة على فراشه، وقد أسند رأسه إلى عدد من الوسائد مختلفة الأحجام، يرتدي بيجامة بيضاء بخطوط بنفسجية، وعلى رأسه طاقية من قماشها نفسه، ومن خلفه القرآن فوق الفراش في غلاف وردي من الحرير.

رد تحيتهم بصوت واهن، وسألته زوجته وهي تعيد تنظيم الوسائد حوله:

ـ كيف حالك الآن؟

نظر إليها بهدوء وتسليم، وتمتم قائلًا:

ـ أنا انتهيت!

وكانت تلك آخر كلماته، فعلى امتداد اليوم ضعف، واستمرت الحرارة في الارتفاع، ثم دخل في غيبوبة كاملة لم يفق منها.

* * *

في التاسعة والنصف من مساء اليوم نفسه، عاده الأطباء للمرَّة الثانية، وخرجوا من غرفته واليأس يطل من عيونهم الحزينة، وحين نزلوا إلى الدور الأرضي، تقدمهم فتح الله بركات باشا ـ ابن شقيقة سعد ـ إلى غرفة المكتب، وقبل أن يخطوا حرفًا واحدًا في تقريرهم الطبي، دُعي فتح الله بركات إلى غرفة خاله، فصعد مسرعًا.

حط الصمت على رؤوس الرجال الذين ازدحموا في صالات المنزل وغرفه وشرفاته، لم يفتح أحد منهم فمه بكلمة، أو ينطق حرفًا، تعلقت عيونهم بالسلم الذي صعده فتح الله بركات وظلت شاخصة إليه، بينما كان الذين تجمعوا في الشرفات، يتأملون الشوارع الخالية المظلمة التي تحيط بالمنزل فيجدونها صامتة كالصحراء في ليالي المحاق، وكان المصريون قد قرأوا في الصحف، أن الضجة ترهق الزعيم الذي أحبوه كما لم يحبوا إنسانًا في عصره، فكانوا يمرون حول المنزل صامتين، تتعلق عيونهم بجدرانه وشرفاته، وقد كتموا أنفاسهم.

ظلت عيون الرجال شاخصة إلى حيث صعد فتح الله بركات، حتى ظهر الرجل من جديد، ينزل السلم، مرتبك الخطوات، شاحب الوجه، مذهول النظرات، فارتمى على أول مقعد صادفه دون أن يفتح فمه بكلمة، ووقفت علامات الاستفهام الحزينة في حناجر الرجال؛ خشي الجميع أن يسألوا عن شيء فيسمعوا النبأ الحزين!

خدشت الصمت فجأة نهنهات امرأة تبكي، وللوهلة الأولى لم يصدق الرجال آذانهم، بدا الصوت غريبًا كأنه يأتي من أعماق بئر بعيدة عند حد الأفق، وحين عجزت المرأة عن مغالبة أحزانها، اكتشفوا أن الصوت يأتي من شرفة قريبة. ووضح البكاء شيئًا فشيئًا، ليدرك الرجال أنها «أم المصريين»، صفية زغلول، زوجة سعد، التي أصبحت في تلك اللحظة أرملته، تستقبل بالدمع زمن الفراق الذي أخذ منها رجلًا صاحبته أربعين عامًا طويلة.

وكأن دموع أم المصريين كانت إشارة البدء.

أدرك الجميع أن سعد قد مات، وأن الصمت الذي يلتزمونه خشية إزعاجه، قد أصبح بلا معنى. آن الأوان أن يفكوا أسر الدموع، ويطلقوا الأحزان من قمقم القلب الملتاع، فانفجر الجميع يبكون في وقت واحد، واختلطت أصوات الرجال المخشوشنة بعويل النساء المنهار.

وحتى هؤلاء الرجال ذوو القلوب التي لا تسمح لنفسها بأن تحزن؛ الثوار الذين لم ترهبهم البنادق، ولم تخفهم الزنازين، ولم تطفر دمعة واحدة من عيونهم وحبال المشانق تقترب من أعناقهم، حتى هؤلاء، سالت مدامعهم رغمًا عنهم، وكلما حاول أحدهم أن يمنع نفسه عن البكاء، غلبته أحزانه، فازداد بكاء ربما لعجزه عن أن يقهر أحزانه كما قهر يومًا خوفه.

وتمدد الحزن قاطعًا صمت الشوارع والأزقة والحواري، دخل من النوافذ والشرفات، ومن تحت أبواب الدور المغلقة، اقتحم على النائمين أحلامهم، وطاف بنوار الحقول، وبأزهار الحدائق، وجرى مع ماء النهر فلامس أغصان الصفصاف، فارتوت منه.

* * *

وحين صدر ملحق خاص لجريدة «المقطم» في منتصف الليل، أصبح النبأ حقيقة، وفقد الذين كانوا يعللون أنفسهم بالأماني آخر خيوط الأمل.

صدم النبأ الناس كأنه صاعقة لا يملكون منها فرارًا، وبرغم أن الرجل كان قد شارف على السبعين من عمره، وكان مريضًا منذ شهر سابق، فقد ذُهل الناس عن أنفسهم حين قرأوا النبأ في ملحق «المقطم»، وأخذوا يسيرون في شوارع المدينة، لا يعرفون ماذا يفعلون، أيبكون، أم يصرخون، أم يمزقون شعورهم؟!

عرفت مصر كلها النبأ في الليلة نفسها (الأربعاء ٢٣ أغسطس ١٩٢٧)، ولم تكن فيها طائرة تطير أو إذاعة تذيع، لكن خبرًا مثل هذا كان ينتقل بالقلوب ويشيع عبر التسمع لخفقاتها.

واحد من هؤلاء، قرأ النبأ فأذهله حتى أخذ يلف في شوارع المدينة النائمة

لا يعرف ماذا يفعل، يتأمل في البيوت، ويخوض في الحواري والأزقة، فإذا لمح ضوءًا وقف تحته، وأعاد قراءة النبأ في ملحق «المقطم»، وإذا مر به بائع صحف، اشترى نسخة أخرى لعل نسخته كاذبة، أو لعل تطورًا حدث في الأمور فاكتشف الأطباء أن سعد لم يمت!

وفي حيرته وذهوله قادته قدماه إلى شارع عماد الدين، حيث تنتشر المسارح والملاهي وفرق الغناء والرقص والحانات، ولا أحد يدري ـ حتى هو نفسه ـ ما الذي دفعه لكي يقتحم واحدة منها، ليجد نفسه أمام منصة تزدحم بالراقصات والمغنين والمغنيات، وقد تحلق حولها طالبو المتعة والترفيه، ومن غابوا عن وعيهم.

وقف الرجل وتحت إبطه ما اشترى من صحف، ثم تقدم بخطى مذهولة إلى منصة الغناء، فاعتلاها، وقال بصوت مختنق بالبكاء: «أيها الإخوان، البقية في حياتكم، الباشا مات!».

صمت كل شيء؛ الغناء، وشدو المطربات، وضجيج السكارى، وحتى دخان اللفائف السارح في الهواء.

ظل كل إنسان على الوضع الذي كان عليه، كأنهم أصبحوا أحجارًا لا حياة فيها.

وبعد ثوانٍ انهاروا جميعًا يبكون.

وإذن فقد مات سعد؛ الثورة والمنفى وأحلام التحرر ومظاهرات الشوارع ومعارك القرى، وأجراس الكنائس التي عانقت نداءات المآذن، «نموت ويحيا الوطن»، و«الاستقلال التام أو الموت الزؤام»، و«يعجبني الصدق في القول والإخلاص في العمل وأن يقوم الحب بين الناس مقام القانون».

مات سعد!

انتهت الرحلة الطويلة التي استمرت ثمانية وستين عامًا كاملة.

بدأت في إبيانة؛ قرية صغيرة من آلاف القرى المتناثرة على ضفاف دلتا

النيل. وانتهت في غرفة واسعة بالطابق الثاني من بيت الأمة بحي الإنشاء بالقاهرة.

وبين البداية والنهاية، وقائع لا يعيها عقل، ولا تحفظها ذاكرة.

* * *

هذا الرجل الغريب، الذي كان مقدرًا له أن يقضي حياته كما قضاها معظم زملائه؛ فلاحًا يتيم الأب والأم، من أسرة متوسِّطة، يربيه خاله وأخوه، ويرحل إلى القاهرة ليطلب العلم في الأزهر الشريف. إذا نجح وحصل على «شهادة العالمية»، فسوف يجلس بجوار أحد أعمدة الجامع العريق، يلقن طلابه ما تلقنه من أساتذته. وإذا أسعده الحظ، فربما حصل على أحد مناصب القضاء الشرعي. وأما إذا فشل ففي إبيانة متسع لقارئ آخر من قُراء القرآن الكريم في بيوت الأغنياء وعلى قبور الموتى.

بعد أعوام قليلة من وصوله للقاهرة، أصبح سعد شيئًا آخر غير ما كان مقدرًا له أن يكونه، هجر الدراسة في الأزهر ليشتغل بالصحافة مع أستاذه الشيخ محمد عبده، وتجول معه بين الحلقات التي كانت تعقد آنذاك في صالونات الكبار، أو في المقاهي، حيث يتحدث الناس فيها عن الأموال الضخمة التي اقترضها الخديو إسماعيل من بنوك أوروبا، وبددها على الإصلاح القليل الذي قام به، والسفه الكثير الذي كان يميزه، وفي وسطهم دائمًا ذلك الشيخ الأفغاني، السيد جمال الدين، الذي كان يجلس في مقهى «متاتيا» بميدان العتبة بوسط القاهرة، يوزع السعوط بيمناه والثورة بيسراه.

* * *

ويأتي الفصل الأول السعيد.

تثور مصر، ويقود عرابي الجيش، ويقف به في ميدان عابدين ليطالب الخديو توفيق ـ الذي خلف أباه إسماعيل ـ بحق الشعب في أن يحكم نفسه بنفسه، وتتفجر مصر بالتمرد والأمل في أيام لا طغيان فيها ولا استعمار ولا جوع، ويتابع سعد زغلول ذلك كله، ويشارك فيه.

وتنتهي الثورة، تتكتل ضدها دول أوروبا، ويتآمر عليها الخونة، ويغيب أبطالها في المنافي البعيدة، ويسود وجه الحياة في مصر، وينتفض سعد زغلول بالرغبة في الانتقام ممن «والسوا» على عرابي، وخانوه، ويؤلف جمعية سرية للانتقام منهم، سرعان ما يُكتشف أمرها، ويسجن بعض الوقت، وينتهي الفصل الأول السعيد.

أكثر من ثلاثين عامًا عاشها سعد زغلول بعد ذلك التاريخ، يبني نفسه. أصبح واحدًا من ذلك الجيل الذي شهد ثورة عرابي، وعاصر انتكاستها، وظل يلعق جراح الخيانة، ويتذكر سنوات المقاومة التي انتهت كالحلم الخاطف.

وحين يعود أستاذه الشيخ محمد عبده من المنفى يُسرع ليلتقي به، فإذا بالشيخ الجليل قد عاد بأفكار غريبة، هزته الهزيمة المريرة، فعاد ليتنكر للماضي الجميل، فيرى الثورة حماقة، والتمرد طيشًا، والسياسة مصيبة، ويعلن أن التربية والتعليم والتهذيب والأخلاق الحميدة، وإصلاح المرافق، هي كل ما يريد. أما الثورة والاستقلال والديمقراطية فهي سياسة، وهو يستعيذ بالله من لفظ «السياسة» ومن فعل السياسة، ومن «ساس» و«يسوس» و«سائس» و«مسوس».

ثلاثون عامًا تاهها سعد زغلول، لا يعرف ماذا يفعل، أيثور من أجل الوطن الذي كان المستعمرون يذلون كرامته كل صباح، ويأكلون خيره، ويحتكرون وظائفه، ويمتهنون كل أبنائه، أم يهتم بنفسه، فيتعلم ويتثقف ويشق طريقه الخاص، يبني مجدًا ويحقق شهرة ويزداد ثروة ونفوذًا؟!

لم يكن سعد زغلول وحيدًا في حيرته، ذلك أن هزيمة الثورة العرابية كانت قد أثخنت «الجيل العرابي» بالجراح، فقد شهدوا بأنفسهم «الولس» وهو يجتاح كل أحلامهم، بل ويملأ كل شبر في أرض مصر بجنود الاحتلال الإنجليزي.

وسط تلك الجراح تاه سعد زغلول، عرف طريقه إلى قصر الأميرة نازلي

فاضل، وفي صالونها التقى بالفئات العليا من المجتمع، عرف الفلاح الأزهري الأمراء وأشباه الأمراء، عرف كيف ينطق أسماءهم التركية، ويتخاطب بلغتهم الرقيقة، ولم يكن بينهم امرأة اسمها «ستهم» أو «فرحانة»، أو رجل اسمه «الشناوي»، كما كان إخوته يسمَّون. لم يكن بينهم رجال تتشقق أكفهم من العمل الطويل في الحقول، أو تلتهم البلهارسيا أعمارهم فيشيخون وهم في شرخ الشباب. ولم يكن بينهم نساء يفقدن نضارة الصبا وهن أطفال. كان عالمًا مريحًا وهادئًا وسعيدًا.

وهكذا تزوج الفلاح الأزهري، ابن إبيانة، من صفية ابنة مصطفى فهمي باشا، الرجل الذي كان محسوبًا على الاحتلال، والذي رأس الوزارة المصرية ثلاثة عشر عامًا متوالية، وكان أطوع رؤساء الوزارات لدار «المعتمد البريطاني».

وتمر السنوات.

يرتقي سعد بمجهوده ودأبه، من أزهري لم يكمل دراسته، وصحفي مطرود من وظيفته، إلى محامٍ بلا مؤهل، ثم إلى قاضٍ يدرس وهو في الأربعين اللغة الفرنسية ويحصل على شهادة ـ لم يطلبها منه أحد ـ في القانون، وتتميز أحكامه بالدقة والمنطق، ويعين وزيرًا للمعارف ثم وزيرًا للحقانية.

في تلك الأيام، لم يكن قد بقي من الثائر العرابي السابق سوى اعتداده بكرامته، وحرصه عليها، وتمسكه بالحق فيما يقول أو يفعل، وبرغم كل شيء نجح في أن يوقف نفوذ المستشار الإنجليزي لوزارة المعارف عند حده، فأصلح بعض شؤون التعليم، وأصلح بعض شؤون القضاء.

في تلك السنوات كان سعد قد أصبح وحيدًا على القمة التي أخذ يصعد الدرج إليها لاهثًا.

خبت ذكريات الثورة العرابية التي لمعت كالشهاب، ووجد الفلاح الأزهري ابن إبيانة نفسه وحيدًا في صالونات الفئات العليا من المجتمع، خفتت أصوات هتافات الفلاحين بحياة عرابي الذي عمر الطوابي، لتعلو

أصوات تتحدث بالتركية والإنجليزية، لا تعرف الكثير عما فعله المستعمرون في مصر، ولا تهمها رقاب الفلاحين التي تأرجحت في حبال مشانق دنشواي، لا تفكر كثيرًا في أبواب الأمل التي سدت أمام الموظفين المصريين وهم يرون وظائف حكومتهم تُسند للصعاليك البريطانيين ممن لا يحملون مؤهلات، بينما تتفشى البطالة بين المتعلمين منهم.

يومًا بعد آخر كانت رحابة الحياة تضيق أمام سعد، ودفعه الملل إلى قطع وقت الفراغ الطويل بلعب القمار في ليالي الحرب المظلمة الطويلة، في صالونات الأمراء، وقصور السادة والمترفين.

وفي وحدته عن الناس، وبُعده عن هتافات الشوارع، وعن عذاب الذين يئنون من مهانة الاحتلال، ضاع الثائر القديم، فقد القدرة على التفرقة بين الصديق والعدو، حتى إنه ساعد المحتلين على تحقيق بعض أهدافهم.

فعندما أرادت سلطات الاحتلال البريطاني أن تكمم الصحافة الوطنية، ضغطت على مجلس النظار لإصدار قانون جديد للمطبوعات يتيح لها مصادرة وإغلاق الصحف الوطنية، وكان سعد أيامها وزيرًا للمعارف، فأيد القانون ووقف في صفه ودافع عنه.

وبعدها بقليل، طلبت شركة قناة السويس إلى الحكومة المصرية أن تمد لها امتيازها أربعين سنة بعد المدة التي حددت في العقد الذي وقعته الحكومة المصرية عند حفر القناة وهي ٩٩ سنة، مقابل أربعة ملايين من الجنيهات، وعارض الوطنيون المشروع وقالوا إن قناة السويس ملك للشعب المصري، حفرت بدماء أبنائه، وهو يتوق لليوم الذي يسترد فيه سيادته عليها، ويستفيد وحده من عوائدها النقدية، وإن على الحكومة أن تتفاوض مع الشركة لتقليل مدة الامتياز في العقد الأصلي لا أن تسعى لمده أربعين سنة أخرى. وكان سعد زغلول أيامها وزيرًا للحقانية (العدل) في وزارة بطرس غالي، وخشيت الحكومة أن يؤثر هجوم الصحف الوطنية على أعضاء الجمعية العمومية، وكانت أشبه بمجلس للشعب أو مجلس

للنواب، فيرفضون المشروع، فانتدبت سعد زغلول ليدافع عنه أمام النواب، فدافع بحرارة وحماس وأثبت أنه محامٍ مفوه، ذرب اللسان، بصرف النظر عن عدالة القضية التي يدافع عنها!

وعندما انتهت الحرب العالمية الأولى، كان سعد زغلول قد أشرف على الستين، ووصل إلى أرفع المناصب التي يشغلها أمثاله. أصبح ابن إبيانة وزيرًا وصهرًا لرئيس وزراء، سنوات العمر قد ولت. وفي الستين، لا يفكر الرجال عادة إلا في قضاء ما بقي من أعمارهم في تذكُّر ما مضى، لا الحلم بما سيأتي.

* * *

وعلى غير انتظار جاء الفصل السعيد الثاني.

عاد فلاح إبيانة وهو في الستين كما كان وهو في العشرين، استرد الشيخ العجوز شبابه وهو يسمع من جديد هتافات الشباب، ومواكب الشهداء. وفي زحام الناس، قاد سعد ثورة بدلًا من أن يبني مقبرة، لم يكن أحد ـ حتى هو نفسه ـ يصدق أن ذلك يمكن أن يحدث.

وحين جاءت القوات البريطانية لتعتقله وتنفيه إلى جزر سيشل، ظن الجميع أن كل شيء قد انتهى، وتذكروا المصير المفجع لقادة الثورة العرابية، هؤلاء الذين حملتهم السفينة «مريوتس» ذات غروب من ميناء السويس إلى المنفى، فماتوا هناك في الجزر البعيدة الموحشة، فلم ترَ عيونهم مرَّة ثانية الوطن الذي ثاروا من أجله، ولم يعطر ثراه رفاتهم.

وهو على ظهر السفينة، كان سعد يسترجع رحلة العمر التي بدأت في إبيانة؛ سنوات الدراسة في الأزهر، والأفغاني، ومحمد عبده، وعرابي، والبارودي، والأميرة نازلي، وصفية زغلول، والوزارة، والجمعية التشريعية، والشهور الستة التي انقضت منذ قابل هو وزميلاه علي شعراوي وعبد العزيز فهمي المندوب السامي البريطاني ليطلبوا السفر إلى لندن للدفاع عن حق مصر في الاستقلال، ستة شهور كاملة وهو يخطب ويحاضر، ويصدر

البيانات، ويرسل البرقيات، ويطبع المذكرات، انتهت بمقعد على ظهر سفينة تقوده إلى مالطا، كما اقتادوا عرابي قبل ذلك إلى جزيرة سيلان قبل ست وثلاثين سنة.

«لا بد من قارعة»!

ذلك ما كان سعد يقوله ويحلم به، فالشعوب لا تستقل بالبرقيات، ولا تتحرر بالخطب والمقالات، لكنها بالقارعة تملك مصيرها.

وليس هناك من يستطيع أن يصنع القارعة سوى الشعب: ذلك الزحام الكثيف من البشر، العمائم والطرابيش واللبد والطواقي، الأفندية والطلاب وعمال الورش وصبيان الحواري، قراء القرآن ومرتلو الإنجيل، فلاحو التفاتيش وعمال التراحيل، الأيدي الخشنة التي يشققها العرق، والأقدام العارية المغروسة في الطين كل صباح.

«لا بد من قارعة»!

ذلك ما كان سعد يقوله، إذ لو لم يحدث، فسوف تنتهي رحلته التي بدأت في إبيانة، بقبر في مالطا، لا يجد من يزوره ليضع عليه باقة ورد.

وعلى غير ما كان الجميع يتوقعون، حدثت القارعة!

في صباح اليوم التالي لاعتقاله، علم طلاب مدرسة الحقوق بما حدث، فتملكهم الغضب، كيف يقتحم جيش الاحتلال بيت رجل كبير وجليل، ويفتشونه، ويخطفونه من زوجته إلى حيث لا يعود، لمجرد أنه طالب باستقلال مصر؟!

تجمع الطلاب في فناء مدرستهم يناقشون الأمر، فانقسموا إلى فريقين، بعضهم يطالب بالخروج في مظاهرة تحتج على اعتقال سعد ورفيقيه، والآخرون يفضلون أن يسألوا من بقي من رفاق سعد، خشية أن تفسد المظاهرة عليهم أمرًا يريدون تدبيره.

وحلًّا للمشكلة، أرسل الطلاب وفدًا منهم إلى بيت الأمة، ليسأل:

ـ هل من المناسب أن نخرج في مظاهرة نحتج فيها على اعتقال الزعماء؟

وقابلهم عبد العزيز فهمي باشا، زميل سعد، وثالث الثلاثة الذين قابلوا معه المندوب السامي البريطاني، فمنعهم وثار في وجوههم وصرخ فيهم:

ـ إن المسألة ليست لعب أطفال، دعونا نعمل في هدوء، ولا تزيدوا نار الغضب عند القوم اشتعالًا.

لكن صراخه لم يصل إلى طلاب الحقوق؛ كانوا قد قلقوا لتأخر الوفد الذي أرسلوه إلى بيت الأمة، فخرجوا بالفعل متظاهرين، رفض الأطفال حكمة الشيوخ، فليغضب القوم ما شاء لهم الغضب، فهي بلادنا نحن المصريين لا بلادهم، نحن زرعنا زرعها، وحصدنا قمحها، ودافعنا عن حدودها، نحن شربنا ماءها بما فيه من طين ومن بلهارسيا، ونحن بنينا الطرق، وأطلقنا دخان المصانع، وزينا واجهات البيوت عندما يعود الحُجاج، نحن سهرنا في ليالي الحصاد نغني، وانحنينا نجمع لطع دودة القطن، نهز الشجيرات في ضوء القمر، نحن غنينا للبرتقال، وزرعنا الصفصاف على شواطئ الترع، وجعنا في سنوات الحب، وخطفوا أبناءنا من القرى، أرسلوهم ليحاربوا معهم ولحسابهم، ليموتوا هناك في البرد والصقيع، وتطمر جثثهم ثلوج الصحاري. فنحن نحلم بيوم يصبح كل هذا ملكنا، لأنه عرقنا، لا عرق أحد آخر!

وقد كان!

خرج «الأطفال» إلى الطريق يلعبون مع إنجلترا ـ أعظم قوة في العالم ما بعد الحرب العالمية الأولى ـ لعبة غريبة، لعبة مواجهة الرصاص والبارود باللحم والدم، والانتصار على إنجلترا التي أذلت الهيبة الألمانية في الحرب، بذلك الاستعداد للموت في كل لحظة، نسي كل فرد ذاته، لم تعد له حياة خاصة، لا أحد يهتم للأب أو للأم أو للزوجة أو للأطفال، ولا أحد يحسب ما يكسب وما يخسر، وما يملك وما لا يملك، أصبح «الواحد» جمعًا كثيفًا من البشر، توحدت الأرض في الناس، وتوحد الوطن فيهم، أصبحت تلك الغابة الكثيفة من البشر كلًّا لا يقبل التجزئة: تلامذة المدارس، وباعة الحليب،

وعمال الكومبانية، والصنايعية الصغار، وصعاليك المدن والفتوات، وربات البيوت المحجبات (ربات العفاف والصون اللواتي لم يكن يسمح لأحد أيامها بأن يرى وجوههن قَطُّ)، طالبات «السنية» كالزهور التي لم تتفتح عنها أكمامها، عرفن كيف يهتفن بالدستور والاستقلال والحرية.

«نموت ويحيا الوطن»!

نموت حقًّا لا كلامًا، نموت فعلًا لا قولًا، يسيل الدم، وتأتي سيارات الإسعاف، تحمل الجرحى، الرصاص في صدورهم، والدم يروي أرض السيارة، يسيل منها إلى الطريق، وليس فيهم قوة حتى لكي يتأوهوا من الألم، لكن آذانهم المرهفة رغم الجراح، تسمع أصوات المظاهرات في الطرق التي تمر بها السيارة، فإذا ما اقتربت منها، فتحوا الستائر وتساندوا وهتفوا مع الهاتفين!

ووسط الغضب والثورة والدم والرصاص، هتف شخص مجهول:

الاستقلال التام أو الموت الزؤام

لعله طالب أزهري فقير، ممن يعيشون على «جراية» الأزهر الشريف وكانت عادةً ثلاثة أرغفة من خبز القمح، أو إمام تقي يؤم المصلين في مسجد، أو قسيس يترنم بآيات الإنجيل، وربما كان مدرس لغة عربية، أو محاميًا شابًّا ممن كانوا يقودون المظاهرات، لا أحد يعرف من هو، لكن الهتاف منذ اللحظة الأولى لانطلاقه أصبح ملكًا للناس، رددوه بسرعة مذهلة، انتقل كالنار من العاصمة إلى أقصى جنوب الوادي.

لم يقف أحد لحظة ليسأل نفسه ما معنى كلمة «الزؤام» هذه؟

رددها عمال وصنايعية وحرفيون وفلاحون وفتوات، كلهم لا يستطيعون التفرقة بين «الألف» و«المئذنة»، لم يقرأوا يومًا أو يكتبوا، لكنهم شعروا بأن «الزؤام» كصفة للموت الذي يفضلونه على البقاء في وطن محتل، تعني إصرارهم على ما يريدون.

وقد فعلوها، ماتوا موتًا «زؤامًا» حتى قبل أن يأتي الاستقلال التام.

ماتوا لكي لا يسقط علم مصر في التراب، قطعة قماش طولها ضعف عرضها، حمراء اللون، يتوسطها هلال ونجمة، هكذا كان علم مصر أيامها ـ وهو ذاته علم تركيا ـ قطعة قماش لا قيمة لها، لكن شبانًا في عمر الزهور ماتوا لكي لا تسقط على الأرض.

حدث هذا فعلًا ولم يتخيله أو يؤلفه أحد، تقدمت مظاهرة الأزهر الكبرى، وفي صفها الأول حامل العلم، وأخذت تقترب خطوة بعد خطوة من مواقع جنود الاحتلال الذين كلفوا بمنع المظاهرة أيًّا كان الثمن، وجوههم حمراء، وعددهم كبير، وبنادقهم سريعة الطلقات.

نموت وتحيا مصر!

الجنود يضغطون على مفتاح الأمان في بنادقهم.

نموت وتحيا مصر!

سحب الجنود «أزندة» البنادق.

نموت وتحيا مصر!

أعادوا الزناد إلى موضعه.

الاستقلال التام أو الموت الزؤام!

فعلوها. فتحوا النيران.

نموت وتحيا مصر!

ماتوا فعلًا، تهاوى عدد منهم على الأرض، لم تتوقف المظاهرة.

عاشت مصر حرة!

أصابت رصاصة حامل العلم، ظل متماسكًا رغم الجراح، رفع العلم بساريته إلى أعلى يحميه من الطلقات السريعة التي انهالت عمياء لا تعرف لها هدفًا. ارتبكت خطواته، تدفق الدم من فمه.

نموت وتحيا مصر!

في اللحظة الأخيرة، وقبل أن يسقط متهاويًا على الأرض، امتدت يد من الصف الذي يليه مباشرة، فحملت العلم وهي تهتف:

نموت وتحيا مصر!

رصاصة!

يد أخرى تتقدم لكي تحمل العلم.

نموت وتحيا مصر!

رصاصة!

يد رابعة.

ورصاصة رابعة، وخامسة، وسادسة...

ثلاثة عشر شابًّا في عمر الزهور، لم يكملوا تعليمهم، ولم يتزوجوا ولم ينجبوا، ولم يعيشوا بعد، ماتوا واحدًا بعد الآخر، كي لا يسقط العلم على الأرض.

* * *

ذلك حدث.

لم يؤلفه أحد! ولم يتخيله أحد!

في المنفى قرأ سعد أنباء هذا كله، وقال: «إنها قارعة شديدة فوق ما كان يقدر المقدرون».

قارعة صنعت من سعد رجلًا آخر غير ما كان، وسياسيًّا آخر غير ما كان.

عندما ذهب سعد وزميلاه لمقابلة المعتمد البريطاني السير «رجنالد ونجت» في ١٣ نوفمبر عام ١٩١٨، كان كل ما طلبوه لمصر ضئيلًا متواضعًا للغاية، فقد حاول الزعماء الثلاثة أن يتخلصوا من تبعة المعارضة العنيفة للاستعمار، التي كان يحمل لواءها قبل الحرب الزعيم محمد فريد، فقال عبد العزيز فهمي: «إن طريقة الطلب التي سار عليها الحزب الوطني ربما كان فيها ما يؤخذ علينا، وذلك راجع لطبيعة الشبان في كل جهة».

ووافق الباشوات الثلاثة أثناء اللقاء، على التسليم بحق بريطانيا في أن تكون لها قواعد عسكرية في مصر، وهو ما أعلنه سعد بنفسه في لقائهم

بالمندوب السامي، ووافق علي شعراوي على بقاء المستشار البريطاني في وزارة المالية.

ولكن عندما وقعت القارعة تغير كل شيء، أصبحت المسألة هي مسألة «الاستقلال التام أو الموت الزؤام».

لم تكن مجرد قارعة، لكنها كانت معجزة، فقد صنع الشعب من سعد زغلول بطلًا، وهب له حبه، وكم هو دافئ. وقلبه، وكم هو مخلص. فأحال شيخوخته صبا، وضعفه قوة. وبفيضان الحب حتى الموت، تحمل الشيخ الواهن العظيم عذاب المنفى في الجزر الموحشة، وقسوة الغربة، إذ العمر في خريفه، فتشدد ولم يساوم، وقاتل، وكان الظن أن يموت بأحد أمراض الشيخوخة.

انتهت سنوات الحيرة، وآن أن يكون الفصل الأخير من العمر سعيدًا كالفصل الأول منه. فكيف يهرب من هذا الحب الذي يقيده كالأسير؟ وكيف يخيب آمال الناس فيه، هم الذين أنشدوا فيه الأغاني، وترنموا باسمه، وتعلم فلاحون أميون أن يتكلموا الإنجليزية من فرط حبهم له، وألفوا عنه أساطير جميلة برغم سذاجتها، فقالوا إن نوار حقول الفول كتب اسمه؟

وهو بين الناس، في زحام الشعب، كان سعد يتوهج بالحماس، ويشتعل بالثورة، ويطرح عنه كل أمراض الشيخوخة.

في آخر احتفال بعيد الجهاد الوطني، قبل شهور من وفاته، كان مريضًا، وأمره الأطباء بألا يغادر فراشه، ولكنه أصر على حضور الاحتفال، ووافق الأطباء بعد مجهود شديد، واشترطوا عليه أن يبقى خمس دقائق يعود بعدها إلى فراشه، وقال أحدهم لزوجته صفية زغلول: «إنني لا أوافق أن يخرج اليوم، لو خرج فقد يموت في الطريق».

وخرج سعد، لفُّوه بدثار ثقيل، وارتدى معطفًا ضخمًا، وأمسك عصاه يتوكأ عليها، وساروا من بيت الأمة إلى سرادق الاحتفال على بُعد عشر خطوات، قطعها الشيخ الواهن في عشر دقائق.

ودخل سعد إلى السرادق، وجلس يستمع إلى الخطباء، وإذا بأصوات هتافات الشعب تعلو مطالبة بالاستماع إلى سعد زغلول، فإذا به يقف بقامته الطويلة، ويترك العصا التي جاء متوكئًا عليها، ويمشي إلى منبر الخطابة بخطوات شاب قوي، ويصعد درجاته كما لو كان في العشرين من عمره، ويخطب في الناس بصوت بدا مجهدًا خافتًا، ثم بدأ يرتفع تدريجيًّا حتى أصبح كزئير الأسود، وبدلًا من أن يبقى في السرادق خمس دقائق، ظل يخطب ثلاث ساعات.

وتلك معجزة الشعب، الذي جعل سعد زغلول ـ وهو في الستين ـ يقود ثورة بدلًا من أن يبني مقبرة.

وهو على فراش مرضه الأخير، سألته زوجته صفية:

ـ كيف حالك الآن يا سعد؟

قال بتسليم:

ـ أنا انتهيت.

نعم، انتهى سعد، ولكن الشعب كله كان يستعد لقارعة أخرى.

مؤامرة ضد زعيم الأغلبية

كان مقدرًا للأمير سيف الدين أن يفجر قضية أخرى أخطر من قضيته الأولى، وأكثر منها أهمية. قضية تعدت أفراد الأسرة المالكة، وأسوار القصور الفخمة، والنساء الجميلات، لتصبح قضية مصر كلها؛ يهتم بها الفلاحون والعمال والطلبة، ويتحدث عنها سكان الأكواخ، والنساء اللائي تتشقق أيديهن من العمل في الحقول والمنازل.

ثلاثون عامًا طويلة غريبة كانت قد مرت منذ أطلق الأمير سيف الدين رصاصته على البرنس فؤاد.

خلال هذه العقود الثلاثة من القرن، اشتعلت حرب عالمية طويلة ومريرة، وقامت ثورة ١٩١٩ العاصفة كالحلم، وعلى سطح المجتمع ظهرت قوى اجتماعية جديدة، وأفكار جديدة، وتغيرت مصائر الشخصيات وأوضاعها.

* * *

صاحب الجلالة الملك فؤاد الأول حفظه الله:

هو نفسه البرنس فؤاد ابن الخديو إسماعيل الذي أطلق عليه البرنس أحمد سيف الدين الرصاص في الكلوب الخديوي. ها هو البلطجي الذي كان يعيش على حساب زوجته شويكار ويبتز منها الأموال، ويحرضها على قتل شقيقها أحمد سيف الدين لترثه، ويتمتع هو بأموال شقيقها. المقامر المفلس، الذي لا يدفع ديون القمار. أصبح «الشمام» ملكًا على مصر بضربة

حظ مفاجئة؛ بدأ سلطانًا بعد وفاة شقيقه حسين كامل، وبعد الثورة وإعلان الاستقلال، أصبح ملكًا وصاحب جلالة. فسبحان الذي يهب الملك من يشاء!

لكن الشعب لم ينسَ له الماضي القريب، لم ينسَ له حكايات البلطجة، وما حدث في الكلوب الخديوي ليلة السابع من مايو ١٨٩٨، لذلك فإن «هيبة الملوك» لم تُحط به، كانت هذه الهيبة قد تضعضعت تمامًا، ومرغ بها التراب على يد ذلك الأمير الطريف المجنون أحمد سيف الدين! لكن ربيب موائد القمار وبلطجي النساء كان يحلم باسترداد هيبته، يحلم بأيام أبيه إسماعيل الذي كانت كلمته لا ترد، والذي كان حاكم مصر حقًّا.

ها هو في قصر عابدين يحلم ببعث سطوة أسرة محمد علي من جديد.

كان قد تولى العرش في أثناء الحرب، والسلطة كلها في يد المندوب السامي البريطاني، وظل ينتظر في صبر أن تضع الحرب أوزارها لكي يبني ملكه القوي، ويفرض كلمته. لكن الحرب انتهت لتشب الثورة عاصفة مدمرة لا تُبقي ولا تذر، امتلأت الشوارع بهتافات الرجال خشني الوجوه والملابس، يهتفون بسقوط الاحتلال والطغيان، ويطالبون بالحرية، ويستشهدون في سبيلها فوجًا بعد فوج، ويدخلون السجون والمعتقلات، ويصعدون سلالم المشانق وهم يهتفون بحياة مصر، ولا يرضون عن الاستقلال التام بديلًا إلا الموت الزؤام.

وتنتهي الثورة بتصريح فبراير ١٩٢٢، وتنال مصر استقلالًا جزئيًّا، ويصبح فؤاد ملكًا وصاحب جلالة، لكن أيام السلطة المطلقة لا تعود، ذلك أن وعي الناس بعد الثورة لم يعد كما كان قبلها، لم يعد الاستقلال لديهم رهينًا بالسكون إلى حكم الطغاة، ولم تعد الديمقراطية رهينة القبول بالاحتلال أو السكوت عنه، كانت القوى الوطنية قد تبلورت أكثر، وازدادت خبرة، لذلك حسمت الاختيار ورفعت شعار «الاستقلال مع الديمقراطية».

ليس هذا فقط، بل إن سنوات الثورة قد أتاحت للصعاليك فرصة التطاول

على مقامه السامي، بما لم يحدث قَطُّ طوال السنوات الماضية، منذ كف الفلاحون عن هتافهم «يا توفيق يا وش القملة، مين قالك تعمل دي العملة». لقد دفع الفلاحون ثمن هذا التطاول غاليًا، فنفي أحمد عرابي ورفاقه، وامتلأت السجون بكل من حدثته نفسه الأمارة بالثورة أن يهين أحفاد محمد علي باشا الكبير.

لكن الثورة تنشب من جديد، وتتحدث المجالس بأن سعد زغلول يبطن نية إعلان الجمهورية، كعرابي تمامًا. وعندما غير السلطان فؤاد لقبه إلى الملك بعد إعلان الاستقلال، قام صعلوك مصري اسمه «بيرم التونسي» بتأليف زجل بذيء، كله مطاعن في ذات الملك ما لبث أن ملأ الدنيا، قال فيه مخاطبًا جلالته:

ولما عَدِمنا بمصرَ المُلوك   جابوك الإنجليز يا فؤاد قَعَّدوك
تِمثِّل على العَرش دُور المُلوك   وفين يلقوا مُجرم نَظيرك ودُون
وخَلُّوك تِخالط بَنات البلاد   عَلى شَرط تِقطع رِقاب العِباد
وتِنسى زَمان وَقفِتك يا فؤاد   على البَنك تِشحت شُوية زتون

تغيَّرت الدنيا حقًّا، أصبح هناك دستور يقول إن الأمة مصدر السلطات، وحزب اسمه «الوفد المصري» على رأسه رجل عجوز أشيب اسمه «سعد زغلول». اختار أن يكون مع الثورة، وتحمل ببسالة عذاب النفي في جبل طارق وسيشل، وهما جزيرتان نائيتان موحشتان تمتلآن بالبعوض والرطوبة الخانقة، وهو العجوز الذي تقترب قدماه من القبر، والذي لم تعد لديه حتى الأحلام، ومع ذلك فهو يرفض طغيان الملوك ولا يرضى عن الاستقلال التام بديلًا سوى الموت الزؤام.

ويحاول «جلالته» أن يسترد هيبة العرش، هيبة «جنة مكان» ـ ساكن الجنان ـ محمد علي باشا، فيعتدي بواسطة رجاله على مشروع الدستور، ويمسخ بعض مواده، وينتزع لنفسه حقوقًا، لكن جوهر الدستور ظل مع

ذلك قائمًا على ذلك المبدأ الذي لم يحبه الملك فؤاد يومًا، أو يسترح له لحظة؛ «الأمة مصدر السلطات» ذلك أنها بلاده، ورثها عن أبيه وأخيه، ويجب أن يكون هو مصدر كل السلطات، وليس هذا الشيء الذين يسمونه «الأمة».

ويزداد الطين بلة، عندما يُوضع الدستور موضع التطبيق، ويفوز سعد العجوز بالأغلبية، ويدخل الفلاح ابن إبيانة قصر عابدين رئيسًا للوزراء، حملته هذه المرَّة أصوات الفلاحين والعمال والتجار وأفندية المدن.

ابن إبيانة يتحدث مع الملوك حديث الند للند، وينسى أن له أختًا اسمها «فرحانة» وأخرى اسمها «ستهم». مسحت الثورة كل تردد عمره. انتمى نهائيًّا إلى مصر لأنه لا ولد له، أصبح ابنها وأصبحت ابنته، تدله في حبها إلى حد النفي إلى بلاد الغربة المميتة. وها هو يقف أمام جلالته شامخًا، مُصرًّا على أن الأمة مصدر السلطات، وأن الملك يمارس سلطته بواسطة وزرائه، لأنه يملك ولا يحكم، ويشير إلى نافذة في حجرة العرش فيستمع جلالته إلى دوي هتافات الرجال مخشوشني الملابس والوجوه، وهي تصرخ:

سعد أو الثورة!

وينحني جلالته أمام العجوز الشاب. ويعلق في مكتبه لافتة تقول: «الصبر». يكظم غيظه. ويجلس في هدوء يدبر مؤامرة بعد أخرى ضد هذا المبدأ الغريب «الأمة مصدر السلطات»!

* * *

الأمير أحمد سيف الدين.

ربع قرن كامل في مستشفى للأمراض العقلية بقرية تايسهرست الإنجليزية. بدأت عام ١٩٠٠ بقرار غريب صدر عن مجلس حسبي مصر، يقضي بالحجر عليه، ومنعه من التصرف في أمواله وممتلكاته. والغريب أن قرار الحجر لم يصدر استنادًا إلى كشف طبي وقع على الأمير، ودل على أنه معتوه أو

مجنون، ولكنه صدر لأن «الجناب العالي للخديو ـ عباس حلمي الثاني ـ استصوب ذلك».

ففي ٥ أبريل سنة ١٩٠٠، وبعد عامين قضاهما الأمير أحمد سيف الدين في السجن، من أصل الحكم الصادر بسجنه خمس سنوات بسبب الرصاصات التي أطلقها على الأمير أحمد فؤاد، أرسل وزير الحقانية (العدل) كتابًا إلى النائب العام، يطلب منه اتخاذ الإجراءات القانونية، لتوقيع الحجر على الأمير سيف الدين، وفي جلسة مجلس حسبي مصر، التي عقدت في ١٨ أبريل ١٩٠٠، قال رئيس المجلس: «إن عطوفة ناظر الحقانية أخبرني أن حضرات النظار رأوا في حالة إذا ما أمر المجلس بالحجر على البرنس أحمد سيف الدين يكون من الموافق تعيين حضرة إسحاق بك أحمد قيِّمًا على الأمير، وأن الجناب العالي يستصوب ذلك».

وهكذا وقع المجلس الحجر على الأمير السجين، وعين إسحاق بك أحمد قيِّمًا عليه.

وبعد أسابيع من صدور قرار الحجر، اتفقت المقامات العالية على الإفراج عن أحمد سيف الدين، وإبعاده إلى قرية تايسهرست للاستشفاء في مصحة للأمراض العقلية والنفسية، وهكذا امتدت فترة السجن من خمس سنوات إلى أجل غير مُسمى، وتحققت مخاوف أمه الأميرة نجوان التي كانت قد أرسلتها إلى اللورد «كرومر» في خطاب تقول له فيه، إنها سمعت أنباء بأن هناك تفكيرًا في نفي ابنها، أو سجنه مدى الحياة.

ومع أن اللورد «كرومر» كان قد كذب لها هذا الزعم، إلا أن تحققه، لم يمنعها من مواصلة الكتابة إلى اللورد، وإلى وزير الخارجية البريطانية، وإلى خلفائهما من المسؤولين البريطانيين في القاهرة وفي لندن، إذ لم يكن أمامها باب تطرقه سواهم، طوال الفترة التي قضاها ابنها في منفاه الطبي، فالجالس على العرش الخديو عباس حلمي الثاني هو ابن شقيق الأمير فؤاد الذي حاول الأمير سيف الدين قتله. وعندما عزل ـ عام ١٩١٤ ـ خلفه على

العرش السلطان حسين كامل شقيق الأمير فؤاد، ثم شاء سوء الطالع أن يعتذر ابنه عن خلافته، فيقفز الأمير أحمد فؤاد نفسه إلى العرش، ليصبح صاحب الكلمة الأولى والأخيرة في مستقبل المنفي التعس.

وواصلت الأميرة نجوان محاولاتها لدى الدوائر البريطانية، ولم تكف عن الكتابة إليها مؤكدة أن ابنها ليس مجنونًا، ومطالبة بالإفراج عنه، أو على الأقل السماح لها بزيارته. فكان الرد يجيئها دائمًا بأن الأمير مجنون وأن جنونه ـ طبقًا لتقارير الطبيب المعالج الدكتور «نيونجتن» ـ من النوع الخطر، الذي يتطلب بقاءه تحت الملاحظة والمراقبة الشديدتين.

واضطر اللورد «كرومر» أمام إلحاح الأم، إلى أن يقول لها ـ في أحد ردود رسائلها ـ إنه عرض تقارير الأطباء عن حالة الأمير على سمو الخديو عباس حلمي الذي قرر بقاءه حيث هو. وإنه ـ أي اللورد ـ قد وافقه على ذلك. وأضاف: «يؤسفني أن أبلغك أن الدكتور «نيونجتن» ليس لديه أقل أمل في شفاء البرنس».

ولم يكن لهذه العبارات معنى، سوى أن هناك اتفاقًا سياسيًّا سياديًّا بين المعتمد البريطاني وقصر الخديوية على إبقاء الأمير سيف الدين في منفاه بمستشفى تايسهرست بالريف الإنجليزي إلى آخر العمر.

ومع أن الأميرة لم تكف عن محاولاتها للاتصال بابنها بطريقة رسمية، إلا إنها لم تنجح في الاتصال به في منفاه إلا بطرق غير رسمية، تبادلت عبرها الرسائل معه، ومع طبيبه المعالج الدكتور «نيونجتن» الذي كتب إليها، في ١٨ مارس ١٩١٣، يقول لها:

> إن الأمير لطيف المعاشرة، وراقي الأدب، ومسرور كعادته، ويضيع وقته في الأمور التافهة، ويتريض وهو راكب عربة أو أتومبيلًا، وصحته الجسمانية جيدة.

وفيما بعد، شهد حارس الأمير سيف الدين في المستشفى بأنه كان عند دخوله إليه يجده في حالة طيبة نسبيًّا على الرغم من مظاهر اختلاله العقلي.

واستمرت الحالة ثابتة خمس أو ست سنوات. كان شابًّا مرحًا بشوشًا، مظاهر اختلاله من النوع الطريف، يضحك لها حراسه وأطباؤه، لكن سنوات النفي المعذب طالت وتمددت، وتكاثف لديه الإحساس بأنه سجين ومحروم من كل شيء، من الحرية والتجول والمرأة، فبدأ يطالب المستشفى بكميات من الخمور والدخان. وقاوموه في البداية، لكنهم استناموا بعد ذلك لضغطه. ولم يكن هناك أحد يهمه الأمر حقًّا فتركوه يغرق نفسه في طوفان من الخمور، يسكر ليلًا ونهارًا، ويدخن بشراهة، يتوحش ويفقد آدميته، ثم يجن جنونًا حقيقيًّا أشبه بجنون الاكتئاب!

وعندما جاءوه بطبيب أسنان بعد ذلك بسنوات كتب في تقريره يقول:

> إن فم الأمير سيف الدين في حالة يرثى لها، ولم يكن في أي يوم من الأيام محلًا لأي عناية، فأهملت أسنانه إهمالًا تامًّا، وقد ارتكبت في حقه جريمة خلع ثمانٍ منها وهي أهمها للمضغ، دون مبرر حقيقي!

وظلت حالته النفسية تتدهور سنة بعد أخرى، ويومًا بعد يوم، وقواه البدنية تتدهور هي الأخرى، والقيِّم على ثروته لا ينفق عليه، إلى درجة أنه وهو الذي يملك عشرة ملايين من الجنيهات، لم يكن يحصل من القيِّم على أكثر من ٤ آلاف من الجنيهات سنويًّا بينما يبلغ عائد ثروته السنوي ١٢٠ ألفًا من الجنيهات. والثروة تدر أرباحًا على الذين يديرونها، فيثرون من ورائها، وتصبح نهبًا للطامعين واللصوص، وصاحبها منفي هناك بعيدًا عن الوطن، بمؤامرة اشتركت فيها السراي. ولم يعد من الممكن لأحد أن يعترض، فعلى عرش مصر الآن الملك فؤاد، الرجل نفسه الذي حاول الأمير سيف الدين أن يقتله.

* * *

خلال تلك السنوات وما بعدها، كانت دائرة الأمير سيف الدين دجاجة تبيض ذهبًا للقيِّم على أمورها، وللجالس على العرش. فعندما قُبض على

الأمير في سنة ١٨٩٨، كانت الدائرة تضم نحو ٦ آلاف فدان فقط. قفزت خلال الأعوام السبعة التالية إلى ١٨ ألف فدان. وكان الخديو عباس حلمي يختار القيِّم على الأمير من أصدقائه، وبعد سنوات يعزله، بعد أن يتضح أنه سلب الدائرة، وبنى القصور، واشترى العزب والأطيان، من قوامته على الأمير المتهم بالجنون.

وأصبحت دائرة سيف الدين أحد المراكز المؤثرة في السياسة المصرية، فالذين يتولون القوامة عليها يملكون التصرف في أموال هائلة لا صاحب لها: يبيعون ويشترون، ويعينون الموظفين والخبراء، ويبادلون على العقارات والأراضي والأوراق المالية. لذلك أصبحت لهم مصالح ترتبط ببقاء الدائرة، وببقاء الأمير محجورًا عليه. وسرعان ما أدركوا الدور السياسي الذي يمكن أن تلعبه الدائرة لحساب القصر، إذ في استطاعتهم، أن يمولوا الصحف والأحزاب ويسيروا المظاهرات، وينظموا الإضرابات المصنوعة لصالح الملك، الذي كان صاحب الكلمة الأولى في اختيارهم، وصاحب حق محاسبتهم على إدارتهم للدائرة، لذلك كانوا يحرصون على ألا يخاصموا الجالس على العرش، حتى لا يعزلهم فيفقدوا الدجاجة التي تبيض لهم الذهب، وكان أطولهم عمرًا في منصبه هو محمد سعيد باشا الذي استمر قيِّمًا على التركة فيما بين عامي ١٩١٤ و١٩٢٥. وعندما استقال سعد زغلول من الوزارة عام ١٩٢٤، بسبب اغتيال السير «لي ستاك»، تخلى عنه محمد سعيد واستقال من الهيئة الوفدية، عندما هدده الملك فؤاد بإخراجه من القوامة. وكان سعد زغلول يقول دائمًا: «لو عقل الأمير سيف الدين، فسوف يجن محمد سعيد باشا».

لكن محمد سعيد باشا فقد منصبه بعد شهور حين تلكأ في تنفيذ طلب الملك فؤاد بأن تتولى الدائرة تمويل إنشاء حزب الاتحاد، فجوزي على هذا التلكؤ بإثارة فضيحة مدوية عن ٤٠ ألف جنيه، كان قد اقترضها من خزانة الدائرة. وهي فضيحة لم تقصه فحسب عن القوامة على الأمير، بل وكادت

تقوده إلى النيابة العامة، لو لا أن تنازل عن ١٣٠ فدانًا من أرضه لصهره أحمد مظلوم باشا ليسدد ما كان قد اقترضه من خزانة الدائرة.

ومع أن الملك فؤاد كان معروفًا بحرصه البالغ الذي يصل إلى درجة البخل، إلا إن التطورات التي حدثت في مصر بعد ثورة ١٩١٩ فرضت عليه أن يتخفف من حرصه، وخاصة حين ظهرت على الساحة السياسية المصرية قوة جديدة هددت سلطته، هي قوة الأمة المصرية التي صنعت الثورة، والتي احتشدت في حزب الوفد بقيادة سعد زغلول. لذلك شجع على إنشاء حزب الاتحاد ليكون حزبًا للقصر، يضم المدافعين عن الجالس على العرش، والمؤمنين بأن الملك ـ لا الأمة ـ ينبغي أن يكون مصدر كل السلطات، ولما كان الملك لا يريد أن ينفق على ترسيخ سلطته السياسية من أمواله الخاصة، فقد أصبحت دائرة سيف الدين هي الممول الرئيسي للنشاط السياسي للقصر.

ولا بد أن وقوع ثروة الأمير سيف الدين في يد أعدائه، واستثمارها في دعم وترسيخ نفوذ الملك فؤاد، قد استفز شقيقته الأميرة شويكار، التي كانت قد غادرت مصر، لتقيم مع أمها الأميرة نجوان هانم في تركيا، لكنها لم تنسَ أن لها ثأرًا في عنق الملك، وأن لها شقيقًا سُجن ونُفي إلى الأبد في مصحة للأمراض العقلية. ولم ينسَ الملك لها أنها سبب كل ما تعرض له، من التمرد على طاعته إلى التشهير بسلوكه، وفضح ما كان يجري خلف جدران قصره، وأخيرًا إطلاق الرصاص عليه.

وبسبب هذا الثأر، فإن الملك فؤاد لم يكف عن التشهير بمطلقته واتهامها بالتهتك، وبأنها تبدل أزواجها كما تبدل ثيابها، فبعد طلاقها منه بعام واحد، تزوجت من رؤوف بك ثابت ـ عام ١٨٩٩ ـ ولم يستمر زواجها به سوى أربعة أعوام، أنجبت منه خلالها ابنيها إبراهيم وعين الحياة. وفي الفترة بين الزيجتين الثانية والثالثة، تعلقت بالزعيم مصطفى كامل، وكان شابًّا وسيمًا ومشهورًا في العالم كله، فأخذت تطارده إلى أوروبا، حتى أصبحت قصة

غرامها به على كل لسان. ولكن مصطفى كامل رفض الزواج منها، وقال إنها متهتكة، فغضبت وثارت ووصفته بأنه «شحات بردنجوت». وتزوجت في العام التالي مباشرة ـ ١٩٠٤ ـ من سيف الله يسري باشا، وطلقت منه بعد ١٢ عامًا أنجبت فيها ابنيها لطيفة ووحيد يسري. وفي عام ١٩١٧ تزوجت للمرَّة الرابعة من سليم خليل باشا، وطلقت منه في عام ١٩٢٥ بعد أن أنجبت منه ابنها السادس وحيد الدين.

وكان معظم أزواجها من الباشوات ذوي النفوذ في الدوائر الرسمية التركية، واستطاعت هي أن تنمي صلاتها بهذه الدوائر، حين تطوعت للمشاركة في تمريض جرحى المعارك بين تركيا وقوات الحلفاء في الحرب العالمية الأولى.

واستنادًا إلى هذا النفوذ حاولت في عام ١٩٢٠، أن تفتح ملف شقيقها المنفي وثروته المنهوبة. فاصطحبت ابن عمها الأمير يوسف كمال إلى قرية تايسهرست حيث زارا الأمير السجين، واطمأنا على أحواله. وحين عاد يوسف كمال إلى القاهرة، كان يحمل توكيلًا من الأميرة باسم المحامي مصطفى النحاس بك، ليرفع قضية ضد القيِّم على شقيقها ـ وكان آنذاك محمد سعيد باشا ـ لإلزامه بتقديم حساب عن إدارته لثروة الأمير المحجور عليه، ومناقشته فيه أمام المجلس الحسبي عند تقديمه. واستمرت الدعوى إلى أن اعتقل النحاس في خريف ١٩٢١، ونفي إلى عدن ثم سيشل وترك القضية لغيره.

وعادت الأميرة نجوان هانم تطرق على الأبواب البريطانية، وكانت آخر محاولاتها في هذا الصدد عام ١٩٢٤، إذ وكلت محاميًا تركيًّا كبيرًا ـ كان سفيرًا سابقًا لبلاده ـ هو جلال الدين عارف بك لاتخاذ كل الإجراءات لنقل ابنها إلى تركيا، لكي يكون في رعايتها. ومع أنها أرسلت مع المحامي خطاب تقدمة منها إلى رئيس الوزراء البريطاني «رامزي ماكدونالد»، إلا إنه واجه صعوبات جمة في تحقيق الهدف من مهمته، فقد اعتذر المستشفى بأن

الأميرة نجوان هانم لا علاقة لها بالأمير المحتجز، وليس لها حق التدخل في شؤونه، وأن نظام العمل يقضي ألا يودع مريض في المستشفى إلا بناء على طلب أحد الأبوين، وأن التي أودعت الأمير أحمد سيف الدين في المصحة، وحظرت عليها أن تسمح لأحد بأن يراه، هي والدته الأميرة عين الحياة هانم، وهي صاحبة الحق في أن تسمح للأمير بلقاء أحد أو طلب إخراجه من المستشفى.

وبعد ثلاثة أشهر استطاع جلال الدين عارف بك أن يلتقي بالأمير، الذي عرفه حين رآه، وتذكر آخر لقاء لهما معًا في سنة ١٨٩٥ بكازينو «سان استفانو» بالإسكندرية. وخرج المحامي التركي الكبير من الزيارة ليكتب مقالات في الصحف الفرنسية، يستشهد فيها بتعرف الأمير عليه، معلنًا أن اللقاء كشف عن أن الأمير ليس مجنونًا، فهو يميز بين الأشخاص والتواريخ، بل إنه لا يزال يتقن اللغات الثلاث الأصلية التي يعرفها، وهي العربية والفرنسية والتركية، ومع أنه لم يتكلم مع أحد بها منذ ٢٦ سنة، فما زال قادرًا على التعبير بها تعبيرًا صحيحًا، بل إنه تعلم أيضًا اللغة الإنجليزية، من مجرد الاستماع إلى ممرضيه.

واتهم جلال الدين عارف بك إدارة المستشفى بأنها تسعى إلى الإيحاء إلى البرنس ولمن حوله بأنه مجنون، وبأنها أودعته به بطلب من سيدة ادعت أنها والدته، مع أنها عمته!

وكانت مقالات المحامي التركي سببًا في رفض إدارة المستشفى رفضًا باتًّا السماح له - أو لغيره - برؤية الأمير مرَّة أخرى.

وجاء فشل مهمة جلال الدين عارف ليكون المسمار الأخير في نعش سياسة الاتجاه إلى الباب البريطاني لعل الأمير يخرج منه، فقطعت كل من الأميرتين شويكار ونجوان الأمل في الإفراج عن الأمير السجين بالطرق المشروعة، ولم يعد أمامهما سوى المغامرة؛ سافرتا إلى باريس ثم لندن، وبدأتا تتصلان بالحراس بواسطة زوج الأم فريدون باشا. وعقدت اجتماعات

سرية في الحدائق والأماكن العامة، انتهت برشوة حارسين من حراس الأمير، وتزييف تصريح عبور له، ثم هربه فجأة من المصحة ذات يوم من أغسطس عام ١٩٢٥ وظهوره في الآستانة.

في الآستانة، بدأت عملية ترميم واسعة لعقل الأمير وجسده، واجتمع حوله عدد من كبار الأطباء، يحاولون التغلب على ما تركه الزمن في عقله وجسده من آثار. عندما وصل إلى الآستانة، لم يكن يستطيع المشي أو الحركة، وكان كئيبًا عبوسًا، ثم تحسنت صحته تدريجيًّا، فأصبح يتريض مشيًا على قدميه ساعة أو ساعتين في اليوم، وأصبح بشوشًا ذا مزاج مرح. يصيد السمك، ويلعب الشطرنج، ويتردد على السينما والمسارح.

إنه الآن في الخمسين من عمره. فهل تُتاح له، فيما بقي من العمر، فرصة لاسترداد حقوقه المدنية وإلغاء الحجر الذي أفقده أهليته، وحرمه من التصرف في أمواله، أم أن الأمر يتطلب مغامرة كتلك التي اضطرت أمه وشقيقته للقيام بها حتى استرد حريته؟

لم يكن الأمير قادرًا على التفكير في ذلك. ولم تكن أمه وشقيقته قادرتين على التفكير في ذلك. لكن الأمر لم يكن سهلًا، والدلائل لم تكن مشجعة، فالجالس على العرش لم ينسَ ولم يغفر، وحتى لو استطاع فقد كانت واحدة من رصاصات الأمير سيف الدين لا تزال تستقر في أعلى قفصه الصدري بالقرب من القلب، بعد أن وجد الأطباء أن إخراجها قد يصيبه بضرر، فتركوها هناك. ولم يكن لبقائها إلا أثر طفيف يظهر في صوت جلالته عندما ينفعل، فتصدر عنه أصوات أقرب إلى عواء الكلاب، كانت كفيلة بأن تذكره بالتاريخ الأسود لأسرة مطلقته، وبالثأر القديم بينهما.

والحقيقة أن الرجل لم يقصر في الأخذ بثأره، وخاصة بعد أن تحول من أمير مفلس بلا مستقبل، إلى سلطان، ثم ملك لبلد شبه مستقل بفضل ثورة ١٩١٩. فازداد تعنتًا في معاملتهما، وأصدر أوامره إلى الدائرة بالتضييق عليهما، وتقليل ما يُرسل للأمير من نفقة إلى الحد الأدنى، وهو ما أثار

شويكار، فتوجهت يومًا إلى المفوضية المصرية بأنقرة، وطلبت مقابلة محمد حداية باشا وزير مصر المفوض بالعاصمة التركية، فاستقبلها الرجل بالاحترام اللائق بأميرة من البيت المالك، ومطلقة صاحب الجلالة، وأم ابنته الكبرى الأميرة فوقية. وسألته عما إذا كان في استطاعته أن يحمل رسالة منها إلى جلالة الملك، فأجاب بالإيجاب، وعادت تسأله:

ـ وهل تعدني بأن توصلها كما هي دون تغيير أو تحريف؟

فأقسم لها إنه سيفعل، وآنذاك وقفت على أطراف أصابع قدميها لتطوله ـ إذ كانت شويكار قصيرة القامة ـ ثم هوت بكفها على وجه الوزير المفوض في صفعة ساخنة وهي تقول:

ـ أرجو أن تبلغ هذه الصفعة إلى جلالته بالنص.

وغادرت المفوضية دون أن تنتظر جوابًا.

* * *

ولعل تلك الصفعة كانت بمثابة قرار استئناف القتال بين الطرفين.

وهكذا ـ وبعد أربعة أشهر فقط من هروب الأمير من سجنه ـ أرسلت الأميرة نجوان هانم إلى القاهرة سفيرًا فوق العادة، هو محمد بك شوكت، في مهمة استطلاعية، هدفها استكشاف إمكانيات التوصل إلى اتفاق ودي، أو البحث عن ميدان تبدأ فيه الحرب.

ووصل شوكت بك وكيل الأميرة إلى القاهرة في ديسمبر ١٩٢٥. وبدأ اتصالاته بكل من يعنيهم الأمر من المسؤولين وأمراء الأسرة المالكة والقيِّم على الأمير. وبعد شهور قليلة من المحادثات مع المقامات العليا، أدرك أن مهمته صعبة للغاية، وأن خصوم الأمير يزدادون قوة وشراسة، إذ كان الملك فؤاد قد استرد في تلك السنة سلطته المطلقة في أعقاب مقتل السردار، واستقالة وزارة سعد زغلول، فغاب زعيم الرعاع الذي لا يكف عن الصراخ بأن الأمة هي ـ وحدها ـ مصدر السلطات، وأصبح القصر يحكم مصر بشكل مباشر، وعطل العمل بالدستور، وحل البرلمان، وامتلأت السجون

بالمئات من قادة الوفد الذين اتهموا في قضية مقتل السردار، وما تفرع عنها من قضايا، وليس في الوزارة القائمة آنذاك من يستطيع أن يتدخل لصالح الأمير الذي أطلق الرصاص على صاحب الجلالة، وكل أعضائها من أتباع السراي و«برادع» الإنجليز.

ولم يغير عزل محمد سعيد باشا ـ رجل الملك ـ عن القوامة على الأمير والدائرة، وتعيين الأمير محمد علي إبراهيم ـ ابن شقيق الأمير سيف الدين ـ مكانه، من الأمر شيئًا، إذ لم يكن القيِّم الجديد أقل قسوة على عمه المحجور عليه، من رجل الملك، حتى إنه انتهز فرصة هروبه من تايسهرست فقطع مخصصاته السنوية، وتوقف عن الإنفاق عليه.

وكان الأمير محمد علي إبراهيم شابًّا مستهترًا، اشتهر بتبذيره وإسرافه، حتى إنه استأجر مرَّة قطارًا خاصًّا لينقله من لندن إلى إحدى الموانئ البريطانية، لكي يصل إليها في وقت يسمح له أن يكون في شرف استقبال إحدى صديقاته بمجرد وصول الباخرة التي تستقلها. ولأن الفساد كان أهم المؤهلات التي يشترطها الملك فؤاد فيمن يتولى القوامة على الأمير سيف الدين، حتى لا يرفض القيِّم للملك طلبًا أو أمرًا، فإذا فعل كُشف المستور، وعُزل عن القوامة، فقد كان الأمير محمد علي إبراهيم هو الرجل الفاسد المناسب لتولي هذا المنصب، لأنه بسبب سفهه وتبذيره ومغامراته، لم يكن يستطيع أن يعصي للملك أمرًا. وخاصة بعد الأزمة التي أثارها ـ في عام ١٩٢٠ ـ نشر خبر نقلته وكالات الأنباء العالمية، يقول إنه يعتزم الزواج من ممثلة أمريكية. فغضب الملك فؤاد وطلب اتخاذ الإجراءات لتجريد الأمير من لقبه، فأسرع وكيل دائرته أمين علي منصور يبرق إليه بالأزمة التي فجرها نشر نبأ الزواج، وعندما وصله تكذيب من الأمير، أسرع يطلع الملك عليه، فأوقف ما كان ينوي اتخاذه من إجراءات ضده.

وكان أخطر ما اكتشفه محمد شوكت بك خلال قيامه بمهمته، أن هناك

خصمًا ثالثًا قويًّا غير الملك والقيِّم، هو دائرة سيف الدين، التي أصبحت مؤسسة تزدحم بأصحاب المصالح، وخبراء الدسائس، ممن لهم مصلحة في بقاء الوضع على ما هو عليه، لما يكفله لهم من نفوذ، وما يحققه من مكاسب. وكان على رأسهم آنذاك أمين علي منصور المحامي، ووكيل الأمير محمد علي إبراهيم، الذي كان يجمع بين إدارته لدائرة الأمير، وإدارته لدائرة عمه الأمير سيف الدين الموضوع تحت قوامته، وفيما بعد قال شوكت بك: «الدائرة كلها دسائس، لأن كل واحد ماسك اللية السمينة دي مش عاوز يسيبها، فيعمل عشرين ألف دسيسة ليعجز البرنس عن طلب استحقاقه كله».

لكن شوكت بك لم ييأس مع ذلك كله، إذ لم يكن هناك مفر من المواجهة، فرغم قوة وجبروت أعداء الأمير، فإن الأوضاع في مصر لم تعد كما كانت عليه قبل الثورة، فهناك الآن أمة هي - نظريًّا - مصدر للسلطات، فيها رجال شجعان تحدوا الملك في سنوات الثورة، وهتفوا بسقوطه، وطالبوا بعزله وإعلان الجمهورية، وما زالوا يتحدونه، ويكسبون يومًا ويخسرون يومًا. لكن المهم أن في استطاعتهم أن يتصدوا له أمام القضاء، وأن يضعوا خاتمة للمؤامرة التي أحاطت بالأمير على امتداد ثلاثين عامًا، وأصبحت كابوسًا لا يمكن احتماله أو السكوت عليه.

وأصبح لا مفر من العثور على هؤلاء الرجال الشجعان، بعد أن اكتشف محمد شوكت بك، أن الصراع لن يدور أمام القضاء العادي، ولكن المواجهة ستجري أمام محكمة ملكية خاصة هي مجلس البلاط، وهي إحدى المؤسسات التي أنشأها قانون تنظيم شؤون البيت المالك، الذي صدر في ١٠ يونيو ١٩٢٢، ومنحه حق النظر في الخلافات التي تقع بين أعضاء الأسرة المالكة، بما في ذلك الأمور الشرعية، وأحال إليه كل ما للمحاكم الشرعية والمجالس الحسبية من اختصاص وسلطة، وحصن أحكامه من الطعن عليه، ونص على أن يشكل من أمير من أمراء البيت المالك، من

أقرب أقرباء الملك، ورئيس مجلس الشيوخ، ووزير الحقانية، وشيخ الجامع الأزهر، ورئيس المحكمة الشرعية العليا، ومفتي الديار المصرية.

وهكذا، وبعد عام كامل من وصوله إلى مصر، تنقل خلاله بين القاهرة والإسكندرية وإستانبول، انتهى شوكت بك إلى أنه لا مفر من رفع قضية أمام مجلس البلاط، وبدأ يبحث عن الرجال الشجعان الذين يستطيعون تحمل مسؤوليتها. وقد قال فيما بعد: «أردت أن أنتخب أناسًا أصحاب علم غزير، يدافعون بقوة، ويملكون شجاعة لا توصف، وذمة لا يرقى إليها الشك. كان «إميل زولا» في فرنسا قد رفع صوته في وجه القوى العاتية صائحًا «إني أتهم» فبرئ الكابتن «دريفوس» الذي تآمرت عليه المقامات العليا في فرنسا. وكانت قضيتي مشابهة. قضية مهمة تتعلق بأمير من البيت المالك، حُكم عليه ظلمًا بأنه مجنون، وتحايلوا لسلب ثروته منه ووضعها في يد غير أمينة، وبينه وبين الجالس على العرش ضغائن وحساسيات، من الذي يملك الشجاعة ليقول كما قال «إميل زولا»: «إني أتهم»؟».

وجَّه شوكت بك هذا السؤال لمحامٍ مصري يعرفه، هو جعفر فخري بك، فقد كان شوكت بك عثمانيًّا من جزيرة رودس حيث كان جعفر فخري يحوز أملاكًا هناك، وبينهما صداقة، بل وصلات عائلية دفعت شوكت بك لاختياره ضمن هيئة الدفاع، إذ كان ـ فضلًا عن ذلك ـ يتقن التركية، وهي لغة عدد كبير من وثائق القضية. لكنه لم يكتفِ به، بل طلب إليه أن يرشح له محاميين آخرين، يتوليان الدفاع معه ويتصفان بالشجاعة والنظافة، فلا يخافان من تهديد، ولا يرهبهما وعيد، ولا يبيعان الأمير لخصومه الأشرار أو يتواطآن على مصالحه.

ويذكر له جعفر فخري قصة عن صديقه مصطفى النحاس، الذي كان محاميًا عن أحمد ماهر ومحمود فهمي النقراشي في قضية اغتيال السير «لي ستاك»، سردار الجيش المصري. فوقف في المحكمة ليقول بأعلى صوته: «إني أتهم علنًا، وفي مجلس القضاء، النيابة العمومية، بالاشتراك مع رجال

السلطات في التدبير لاغتيال ماهر والنقراشي. اكتبوا هذا عني وانشروه على الملأ». ولم تكن السلطات التي عناها مصطفى النحاس سوى القصر الملكي ودار المندوب السامي.

وذكر له قصة عن صديقه ويصا واصف، الذي كان يترافع في إحدى القضايا أمام المحكمة المختلطة، وصدر أمر بالقبض عليه من السلطة العسكرية البريطانية، وذهبوا ينفذون الأمر في قاعة المحكمة، فرفض ويصا واصف أن يغادر القاعة قبل أن يتم دفاعه عن المتهم، وأنهاه بالفعل، وخرج والقيود في يديه، ليواجه حكمًا بالإعدام.

لم يخطئ جعفر فخري في اختياره، ولم يكن شوكت بك خالي الذهن عما رواه، إذ كان قد تابع بنفسه ما دار في محاكمة ماهر والنقراشي، وكان على صلة بالأوضاع في مصر، مكنته من المعرفة الكافية بأقدار الرجلين اللذين رشحهما له صديقهم المشترك، إذ كان الانطباع العام السائد في كل الدوائر المصرية، يعترف للرجلين، بالنزاهة والشجاعة والأمانة، والتفوق المهني.

* * *

وفضلًا عن أن مصطفى النحاس باشا كان قاضيًا سابقًا، وواحدًا من ألمع المحامين المشهود لهم بالكفاءة والتمكن، فقد كان سكرتيرًا عامًّا لحزب الوفد المصري، ووكيلًا أول لمجلس النواب، وواحدًا من أبرز قادة الحركة الوطنية، الذين يفخرون بأن وزارة الخارجية تشارك القصر الملكي المصري عدم ارتياحه إليهم.

وهو واحد من ستة إخوة أنجبهم تاجر أخشاب متوسط الحال في مدينة سمنود التي وُلد بها وعاش طفولته، والذي كان مقررًا أن يعمل تلغرافيًّا بمكتب التلغراف بها، لولا أن استيعابه لإشارات «مورس» لفت نظر أحد أعيان المنطقة، فنصح أباه محمد أفندي النحاس بإلحاقه بالمدارس، فعمل بالنصيحة، وأثبت مصطفى النحاس أنه أهل للفرصة التي أتيحت له، فكان

الأول على الشهادة الابتدائية، ثم على الشهادة التوجيهية، ثم كان أول دفعته في مدرسة الحقوق التي تخرج منها عام ١٩٠٠، وهي السنة ذاتها التي نُقل فيها الأمير سيف الدين من سجن مصر إلى سجن مصحة تايسهرست.

ولم يعمل مصطفى النحاس بالمحاماة سوى أربع سنوات، بدأت في مكتب الزعيم محمد فريد قبل أن يستقل بمكتب خاص به بمدينة المنصورة. ويلفت تفوقه في مهنته نظر عبد الخالق ثروت باشا مدير إدارة المحاكم بوزارة العدل، فيرشحه للعمل بالقضاء، ليقضي خمسة عشر عامًا في سلكه، يلمع خلالها اسمه باعتباره قاضيًا نزيهًا، حسن السمعة، صلبًا في الحق، يدرس قضاياه بعناية، ويبدع في فهم القانون، ويتمسك برأيه، وبكرامته، حتى إن رئيس إحدى الدوائر القضائية، التي كان مصطفى النحاس عضوًا لليسار بها، فاجأه يومًا بإعلان الحكم في إحدى القضايا من فوق المنصة دون مداولة، رغم علمه من مناقشات سابقة أن لعضو اليسار رأيًا في تكييف القضية يختلف مع رأيه. ولم تشل المفاجأة قدرة القاضي مصطفى النحاس على المواجهة، فما كاد رئيس الدائرة يعلن الحكم، حتى فاجأه بقوله لكاتب الجلسة، أمام أطراف النزاع، وجمهور المحكمة: «اكتب في المحضر أنه لم يؤخذ برأي عضو الشمال في هذا الحكم».

وكانت الواقعة، هي سبب تعرف مصطفى النحاس بالزعيم سعد زغلول الذي كان آنذاك ـ ١٩٠٩ ـ وزيرًا للحقانية، فاستدعى النحاس ليناقشه في شكوى رئيس الدائرة، ومع أنه قد أقره على ما فعل، فقد أصدر قرارًا بنقله قاضيًا جزئيًّا ليحول دون الاحتكاك بينه وبين رئيس الدائرة.

وعرف عن القاضي مصطفى النحاس أنه من المتعاطفين مع الحزب الوطني، ومن المؤيدين لزعيميه مصطفى كامل ومحمد فريد، حتى إنه انتخب وكيلًا لنادي المدارس العليا، وكان ناديًا مستقلًّا عن الحزب رغم صلته الوثيقة به، لذلك لم يحُل عمل النحاس في القضاء دون انتخابه وكيلًا له. لكن ويصا واصف كان متحررًا من هذا القيد، لذلك انضم للحزب

الوطني وانتخب عضوًا في اللجنة الإدارية الأولى له، عند تأسيسه في عام ١٩٠٧.

* * *

وويصا واصف أحد أبناء الأسر القبطية المستورة، إذ كان والده يعمل بالتجارة بين مصر والسودان، وقد ترك مسقط رأسه في طهطا، ورحل إلى القاهرة، بعد أن أنهى ويصا دراسته الابتدائية، وأثناء دراسته الثانوية، لحقت كارثة مالية بأبيه، فأصبح عاجزًا عن دفع نفقات دراسته، لولا أن ذكاء الابن واجتهاده قد لفتا نظر مدرس فرنسي من أساتذته، فرشحه لبعثة حكومية إلى فرنسا، أكمل أثناءها دراسته الثانوية، وتخرج من مدرسة المعلمين العليا بباريس.

وعمل ويصا واصف بعد عودته من البعثة مدرسًا بمدرسة رأس التين الثانوية بالإسكندرية، وإبان عمله بها، حدث صدام بينه وبين المستر «دنلوب» المستشار الإنجليزي لوزارة المعارف المصرية، فكتب سلسلة مقالات ـ في «اللواء» جريدة مصطفى كامل ـ يهاجم سياسته التعليمية، وكانت تلك هي بداية علاقته بالحزب الوطني، التي فترت بعد وفاة مصطفى كامل. وكان قبطيًّا مستنيرًا بعيدًا عن التعصب، من المؤمنين برابطة الوطنية التي تجمع بين المصريين جميعًا بصرف النظر عن أديانهم، وقد عرَّضه هذا لهجوم المتعصبين من الطرفين، عندما نشبت الفتنة الطائفية في عامي ١٩١٠ و١٩١١.

وبسبب تدهور العلاقات بينه وبين المستر «دنلوب» الذي كان نفوذه في الوزارة طاغيًا، لم يستطِع مواصلة عمله بالتدريس، فأخذ يتنقل بين القاهرة وباريس، حتى أنهى دراسته للقانون، وحصل على ليسانسيه الحقوق في عام ١٩٠٢، وآنذاك ترك التدريس، واشتغل بالمحاماة أمام المحاكم الأهلية والمختلطة.

ولم يكن غريبًا أن يكون مصطفى النحاس وويصا واصف من طلائع النخبة

المصرية المثقفة التي تحركت عقب إعلان الهدنة في عام ١٩١٨ للبحث عن وسيلة تستطيع بها مصر أن تتخلص من أغلال الاحتلال البريطاني، وتسترد استقلالها الوطني، وتلغي الحماية التي فرضتها عليها بريطانيا عند إعلان الحرب. وكان النحاس أيامها رئيسًا لمحكمة طنطا الابتدائية، وكان ويصا واصف محاميًا مشهورًا، وقد اختارهما سعد زغلول بنفسه ليضمهما إلى الوفد عند تشكيله، فاختار النحاس ليكون أحد ممثلي الحزب الوطني، واختار ويصا واصف ليكون أحد ممثلي الأقباط. ولكن ويصا اعتذر، ورشح بدلًا منه واصف غالي باشا.

* * *

وبمجرد نشوب الثورة في مارس ١٩١٩ ألقى الاثنان بنفسيهما في تيارها الجارف، وشاركا في تنظيم حركة الاحتجاج الواسعة التي أعقبت نفي سعد زغلول وزملائه. وعندما أفرج عن المنفيين، وسمحت لهم الحكومة البريطانية بالسفر إلى باريس لعرض قضية مصر على مؤتمر الصلح، كان النحاس واحدًا من خمسة من أعضاء الوفد الذين سافروا من القاهرة لينضموا إلى المنفيين الأربعة، ويكونوا وفد مصر إلى المؤتمر. وكان ويصا واصف ضمن السكرتارية الفنية للوفد، وبعد أسابيع قليلة من وصوله إلى باريس وافق الوفد على ضمه إلى عضويته، حيث أصبح عضوًا بإحدى لجانه، وهي لجنة النشر. بينما اختير مصطفى النحاس سكرتيرًا للوفد، يدون جلساته، ويشرف على تنفيذ قراراته.

وبعد شهور قليلة، دبت الخلافات بين أعضاء الجبهة الواسعة التي تشكل منها الوفد في البداية، بين «المعتدلين» أنصار الحلول الوسط، الذين يفضلون مسالمة المحتلين، و«المتطرفين» ممن يقولون إن الوفد لا يستطيع الخروج عن نطاق التوكيل الذي أعطته له الأمة، الذي يكلفه بالسعي إلى الاستقلال «التام» وليس أقل من ذلك.

ولم يضل مصطفى النحاس أو ويصا واصف الطريق، ولم يحتارا في

الاختيار بين طرفي الخلاف، وانضما بتلقائية إلى سعد زغلول، وقربهما سعد إليه، واعتمد عليهما في كثير من المهام الحساسة. اختلف الوفد حول المقترحات التي عرضها عليه اللورد «ملنر»، فقال سعد زغلول: «إنها مقترحات ظاهرها الاستقلال وباطنها الحماية». وقالت أغلبية الوفد: «إنها خطوة لا يجوز رفضها». واتفق الطرفان على إرسال المقترحات إلى القاهرة، وعرضها على الأمة عرضًا محايدًا غير مصحوب برأي أي من طرفي الخلاف. وحرص سعد زغلول على ضم مصطفى النحاس وويصا واصف إلى اللجنة التي كلفت بإدارة الحوار، ولفت نظرهما إلى رأيه الحقيقي في المشروع، ولمح إليهما بأهمية تنبيه الأمة إلى مخاطره.

وقد كان، تحفظت الأمة على المشروع، وقيدت قبوله بشروط أقرب إلى الرفض.

وغضب المعتدلون، وانشقوا عن الوفد ليشكلوا فيما بعد حزب الأحرار الدستوريين.

كان الانشقاق فصدًا للدم الفاسد الذي تسلل إلى الوفد قبل أن تنفجر الثورة في مارس ١٩١٩.

وعاد سعد زغلول ليقود المقاومة في الداخل، واحتشد حوله الجيل الأكثر شبابًا والأوفر ثورية من قيادات الوفد، وبينهم النحاس وماهر والنقراشي وويصا واصف.

وعندما نفي سعد زغلول في ديسمبر ١٩٢١ إلى سيشل، كان النحاس واحدًا من الخمسة الذين نفوا معه، وظلوا بالمنفى هذه المرَّة ١٦ شهرًا، ولم يفرج عنهم إلا في مارس ١٩٢٣، بعد إعلان الدستور. وقضى ويصا واصف معظم هذه الفترة في معتقل ألماظة. وكانت السلطة العسكرية البريطانية قد قبضت عليه وعلى أعضاء الوفد الذين لم ينفوا بسبب بيان أصدروه في أعقاب اعتقال سعد طلبوا فيه من المصريين عدم التعاون مع الإنجليز ومقاطعة بضائعهم وبنوكهم وشركات تأمينهم ومتاجرهم. ومع أنها

أفرجت عنهم بعد يومين إلا إنهم لم يكفوا عن المشاغبة، فاعتقلتهم السلطة مرَّة أخرى، وسجنتهم بثكناتها في قصر النيل، وقدمتهم إلى محكمة عسكرية بريطانية، لم تستغرق في مهمتها سوى ثلاثة أيام، فقد قاطعها المتهمون، ورفضوا الاعتراف بها، فأصدرت حكمًا بإعدامهم في ١١ مارس ١٩٢٢، ثم خففته القيادة البريطانية إلى الحبس سبع سنوات لكل منهم. وظلوا رهن الاعتقال حتى أفرج عنهم في مايو ١٩٢٣ بعد ١٤ شهرًا، تمهيدًا لإجراء أول انتخابات نيابية في ظل الدستور.

ولما شكل سعد زغلول وزارته الأولى في يناير ١٩٢٤، اختار مصطفى النحاس وزيرًا للمواصلات في وزارته، وأصبح ابن سمنود الذي كان مرشحًا لكي يكون عامل تلغراف في مدينته الصغيرة، وزيرًا للوزارة التي تشرف على كل مكاتب التلغراف، ورئيسًا لمدير عام مصلحة التلغرافات! لكن الوزارة بمجملها لم تعِش سوى عشرة أشهر استقالت بعدها، لأنها رفضت تنفيذ معظم المطالب التي طلبها المحتلون تعويضًا عن مقتل السردار، وقالت إنها اعتداء على استقلال البلاد وحقوقها.

وهكذا استقر مصطفى النحاس وويصا واصف على خريطة السياسة المصرية باعتبارهما من أقرب أنصار سعد زغلول إليه، ومن أكثرهم تشربًا لأسلوبه ورؤاه ومبادئه، لذلك كرههما أعداء سعد وأعداء الأمة ولم يهتم الاثنان. بل إن مصطفى النحاس لم يتردد - وهو وزير للمواصلات في وزارة سعد زغلول - في استدعاء المستر «فرسكويل»، وكان مديرًا عامًّا لمصلحة السكك الحديدية المصرية، بعد أن نقلت وكالات الأنباء تصريحات أدلى بها لصحيفة بريطانية، هاجم فيها تولي المصريين لشؤونهم، وقال إن السكك الحديدية قد تدهورت بعد أن تولت الوزارة الدستورية الحكم. ومع أن الموظفين البريطانيين في الحكومة المصرية، كانوا أصحاب نفوذ يخشاه الجميع، إلا إن النحاس عنف «فرسكويل»، ولفت نظره إلى أنه يتقاضى مرتبه من الحكومة التي يهاجمها، وخيَّره بين أمرين: أن ينفي تلك التصريحات

ويعتذر عنها، أو أن يحيله إلى لجنة التأديب. واختار المدير الإنجليزي ـ الذي فوجئ بهذه المعاملة غير المسبوقة ـ أن ينفي وأن يعتذر.

ولم يغفر القصر لوزير المواصلات مصطفى النحاس أنه كان من أعلى الأصوات التي ساندت سعد زغلول، حين حدث الخلاف بينه وبين الملك فؤاد حول حق الملك في تعيين ثلثي مجلس الشيوخ، وكان من رأيه أن كل دور الملك، هو أن يعين هؤلاء الذين ترشحهم الحكومة، لأن الدستور صريح في أن الملك يملك ولا يحكم، وأن الأمة هي مصدر للسلطات، ولذلك فكل سلطات الملك يمارسها من خلال وزرائه، وتلك هي الأزمة التي حسمتها الجماهير، يوم احتشدت حول القصر هاتفة: «سعد أو الثورة».

وحين وقع الانقلاب الدستوري الأول الذي أعقب مقتل السردار، رفض ويصا واصف أن يشارك في وزارة الانقلاب، رغم إلحاح رئيسها أحمد زيور باشا عليه. أما مصطفى النحاس فقد ركز كل جهوده لصد المحاولة الشريرة، التي كانت تهدف إلى التشهير بالحكم الدستوري، وتلويث الذين يطالبون بأن تكون الأمة مصدر السلطات، وهي محاولة اشترك فيها القصر الملكي مع دار المندوب السامي البريطاني، استهدفت إدانة اثنين من أبرز قادة الوفد هما محمود فهمي النقراشي وأحمد ماهر بالمشاركة في قتل السردار، وفي قتل عدد من كبار الموظفين البريطانيين، لوصم الحكم الوطني بالفوضى والإرهاب، وتخويف الجاليات الأوروبية منه، ليسهل العصف به، فيستريح الإنجليز من «الاستقلال»، ويستريح الملك من «الديمقراطية». ولم يتردد النحاس الذي كان على رأس المحامين عن ماهر والنقراشي في فضح المؤامرة، واتهام السلطات بأنها اصطنعت أقوالًا على لسان أحد المتهمين، بعد أن ساومته على الاختيار بين الحكم بالإعدام وبين الإدلاء بأقوال تثبت التهمة على القطبين الوفديين، وقد أدلى بهذه الأقوال وعندما عدل عنها أخفت النيابة المحضر، إلى أن تم

إعدامه، حتى لا يناقشه الدفاع عمن أقحمهم في الاتهام، فينكشف المستور ويفتضح التلفيق والتآمر.

وحين صدر الحكم ببراءة أقطاب الوفد المتهمين في هذه القضية، كانت الحياة النيابية قد عادت، إذ اجتمع البرلمان من تلقاء نفسه، طبقًا للدستور، ولما حالت الحكومة بين النواب وبين الاجتماع في مبنى المجلس، عقدوه في فندق «الكونتننتال»، وكانت بداية انتهت بائتلاف الأحزاب، واتفاقها على أن تتعاون في الدفاع عن الدستور، وأجريت الانتخابات.

ومع أن الوفد قد حصل على أغلبية مقاعد البرلمان، إلا إن الإنجليز اعترضوا على تكليف سعد زغلول بتشكيل الوزارة، فتنازل عن تشكيلها لعدلي يكن، واكتفى برئاسة مجلس النواب، وتمسك بضرورة إدخال مصطفى النحاس ضمن الوزراء، لكن الإنجليز اعترضوا للسبب نفسه الذي اعترضوا به على سعد، وقال اللورد «لويد» المندوب السامي البريطاني، إن النحاس باشا كان قد لزم دائمًا خطة العداء الذي لا هوادة فيه نحو بريطانيا العظمى، وإنه لو انضم للوزارة، فسوف يعمل ضد التفاهم، لأنه لم يتعلم بعد أن العداء لبريطانيا لا يتفق مع تقدم مصر للأمام.

وكما أن مصطفى النحاس لم يتردد عن توجيه الاتهام علنًا للقصر بالاشتراك في محاولة قتل ماهر والنقراشي، فإن ويصا واصف لم يأبه بتهديدات القصر أو وعيده، بسبب توليه الدفاع في قضية تكاد تكون الطبعة الأولى من قضية البرنس سيف الدين مع فارق واحد، هو أن بطلتها كانت البرنسيسة صالحة هانم حلمي، وفيما عدا ذلك، فإن المسألتين تتماثلان في أن وراء كل منهما «مقامات عليا»، ذات نفوذ كبير لا يفوقه إلا شره تلك المقامات للمال، ورغبتها في نهب ما يمتلكه الآخرون، حتى لو كان هؤلاء الآخرون من أقربائهم وذوي رحمهم.

والأميرة صالحة إبراهيم حلمي هي أرملة الأمير محمد وحيد الدين إبراهيم ـ ابن شقيق الأمير أحمد سيف الدين، وشقيق القيِّم عليه الأمير

محمد علي إبراهيم. وبعد وفاة زوجها في عام ١٩٠٦ أقامت في باريس، حيث تعرفت بالدبلوماسي الروسي «فلاديمير يوركوفيتش» وتزوجت منه، في الكنيسة البروتستانتية بموسكو، ثم عادا ليعيشا معًا في العاصمة الفرنسية حيث كان يعمل الزوج.

وثار الخديو عباس حلمي الثاني على الأميرة صالحة ابنة عمه الأمير إبراهيم حلمي لزواجها من أجنبي، ولأنها قبلت وهي الأميرة المسلمة أن يحتفظ زوجها بديانته المسيحية، فحذف اسم الأميرة من قائمة أعضاء الأسرة المالكة، وطلب توقيع الحجر عليها، وعرض الأمر على مجلس حسبي مصر الذي أمر بالحجر على الأميرة، وعين أمها قيِّمة ووصية عليها، بينما عين الأمير عمر طوسون وصيًّا على أبنائها.

ومع أن هدف الخديو المعلن من طلب الحجر على الأميرة، هو رغبته في صيانة أموالها من طمع الطامعين، والاحتفاظ بهذه الأموال لأولادها القُصر من زوجها الراحل الأمير محمد وحيد الدين حلمي، إلا إن هدفه الخفي سرعان ما انفضح، إذ سعى لعزل الأم عن القوامة على الأميرة المحجور عليها، واستبدل بها أحد أتباعه، وبعد قليل بدأ القيِّم الجديد يتصرف في أموال الأميرة، فيبيع بعضها، ويقايض على بعضها الآخر، مقابل أثمانٍ بخسة وفي صفقات مريبة. وانفضح سر غضبة الخديو، والدافع وراء عزل الأم عن القوامة، وتعيين أحد الأتباع مكانها، إذ كان الخديو يحصل على عمولة ضخمة على كل صفقة تعقدها دائرة الأميرة صالحة، مقابل التساهل في قيمة ما يُباع وما يُستبدل مما تملكه.

وثار الأمير عمر طوسون الوصي على الأولاد، فقاضى القيِّم على الأميرة أمام المجلس الحسبي، مطالبًا بإلغاء إحدى الصفقات التي كان الخديو قد تقاضى مقابل تسهيل إبرامها عمولة ضخمة، لأنها تضر مصالح الأبناء الذين هم تحت وصايته، وسرعان ما اشتد النزاع القضائي حول الأميرة صالحة وتفرعت عنه قضايا متعددة، فطلب الأمير عمر طوسون من

المحكمة الابتدائية الحكم ببطلان زواج الأميرة، وإلغاء عقد زواجها، لأنها وهي المسلمة تزوجت مسيحيًّا. وانتقل الصراع إلى المحكمة المختلطة، وأقامت الأميرة صالحة وزوجها دعوى يطلبان فيها إلغاء قرار الحجر على الأميرة، ورد أموالها وأملاكها إليها، تتصرف فيها بإرادتها، وليس بإرادة غيرها، ولصالحها لا لصالحهم، وبالتالي إلغاء الصفقة التي أبرمها القيِّم، وقبض عمولتها الخديو. واستند طلب الإلغاء إلى أن الأميرة بزواجها من الدبلوماسي الروسي قد أصبحت روسية الجنسية، ولم تعد من الرعايا العثمانيين، فلا يجوز للمجلس الحسبي الحجر عليها، إذ لا ولاية له على غير العثمانيين.

وتشعب النزاع، وصمد ويصا واصف محامي الأميرة صالحة أمام المحكمة المختلطة في وجه ضغوط عنيفة، مارسها الخديو لكي يتخلى عن موكلته، لأن استمرار تداول النزاع في المحاكم حول الصفقة المختلف عليها وحول الحجر على الأميرة، سيفضح دوره ويكشف ستره.

في تلك السنة ـ ١٩٢٦ ـ كان ويصا واصف قد بلغ الثالثة والخمسين من عمره، وكان النحاس في التاسعة والأربعين، وكانا يجلسان فوق هرم من التميز في أداء الواجب الوطني والواجب المهني، لا يثقل شيء ضميرهما، وليس في تاريخهما إلا كل ما يدعو للفخر.

وذات يوم من أواخر هذه السنة دخل عليهما صديقهما جعفر فخري ليقدم إليهما محمد شوكت بك وكيل الأميرة نجوان هانم الذي جاء يطلب منهما أن ينقذا الأمير سيف الدين من شَرَه ـ وشرِّ ـ المقامات العليا، وبعد مناقشات طويلة وافقا ووقعا عقد الاتفاق.

فيما بعد وقف محمد نجيب الغرابلي باشا، متحدثًا باسم مصطفى النحاس وويصا واصف، مبررًا قبولهما الدفاع في هذه القضية الشائكة فقال: «رأينا عزيز قوم ذل، فرأينا من واجبنا أن نأخذ بيده، ونقيل عثرته، ورأينا الناس تتهيب الدفاع ضد القيم في قضية الأمير سيف الدين ولهم في ذلك أفكار

وتصورات، ولكننا نحن الذين لا نعتقد في مثل هذه التصورات، ولا في أن هناك تدخلًا من أحد في سير العدالة في هذه البلاد، ونعرف أن في مصر قضاة، وأنه لا سلطان لأحد على القضاء، رأينا من واجبنا ألا نتردد في أداء الواجب، وكنا في موقف المحامي الشريف، لأننا شعرنا بأن الموكل في مقام بؤس وشقاء، محروم من ماله، مدفون حيًّا، فقمنا بما كان الواجب الإنساني يحتم علينا القيام به».

ولأن الطريق إلى جهنم مفروش بالنيات الطيبة، فقد كانت تلك خطوتهما الأولى إلى عش الزنابير.

* * *

في ٢ فبراير ١٩٢٧ وقَّع شوكت بك ـ وكيلًا عن الأميرة نجوان ـ عقدًا مع المحامين الثلاثة يوكلهم فيه برفع الحجر عن الأمير، وإعادة أمواله إليه. ونص العقد على أن المحامين الثلاثة يتولون المدافعة والمرافعة عن حقوق الأمير أمام مجلس البلاط، أو أي جهة قضائية أو إدارية، للحصول على رفع الحجر عنه وتسليمه إدارة أمواله، وعلى سبيل الاحتياط ترتيب نفقة له. وعن الأتعاب نص العقد على أنه في حالة الحصول على قرار برفع الحجر عن الأمير تكون الأتعاب ١١٧ ألف جنيه. أما في حالة تقدير نفقة تصل إلى ٢٢ ألف جنيه تكون الأتعاب عشرة آلاف جنيه، فإذا قلت عن ذلك أو كثرت عنه، فإن الأتعاب تزيد وتنخفض حسب أهمية النفقة التي ترتبت. أما إذا صرف للأمير نفقة ـ أو متجمد نفقة ـ عن الفترة بين هروبه من المصحة وصدور الحكم في القضية، فإن الأتعاب تكون خمسة آلاف جنيه إذا كانت النفقة ٦٠ ألف جنيه وتزيد أو تقل في حدود هذه النسبة.

وقع العقد في مكتب ويصا واصف في الصباح، ولأن كتبة المكتب كانوا آنذاك ـ كما هي العادة في مكتب كل المحامين ـ يتابعون قضايا المكتب في المحاكم، فقد كتب كل منهم نسخة بخط يده، ثم وقعوا عليها، وتبادلوها.

ومع أن المفاوضات التي سبقت توقيع العقد، كانت قد انتهت بالاتفاق على أن يتقاضى المحامون الثلاثة خمسة عشر ألفًا من الجنيهات، كمقدم أتعاب، إلا إن شوكت بك اعتذر لهم بأن أحوال الأميرة المالية ليست على ما يرام، بعد الأموال الطائلة التي أنفقتها على مغامرة تهريب الأمير من تايسهرست، وما أنفقته بعد ذلك على علاجه، فقبل المحامون تخفيض مقدم الأتعاب إلى ألف وخمسمائة جنيه فقط، اقتسموها بواقع خمسمائة جنيه لكل منهم.

وبسبب إدراكهم لصعوبة القضية وشراسة القوى التي كان عليهم مواجهتها، فقد رسموا خطة الدفاع على أساس التدرج في المواجهة، حتى لا يستثيروا أعداءهم الأقوياء، فيباغتوهم بالهجوم. ولهذا قرروا التريث في إقامة دعوى إلغاء الحجر على الأمير، والبدء بإقامة دعوى لطلب نفقة دائمة له، ثم الاستفادة من حيثيات الحكم بالنفقة، لإقامة دعوى إلغاء الحجر بعد ذلك.

وسافر شوكت بك إلى الآستانة، حيث أخطر الأميرة بما تم الاتفاق عليه، وعاد بتقارير طبية، كان من أهمها تقرير وقعه الدكتور الجنرال عيسى باشا روحي الرئيس السابق لمصلحة الصحة بوزارة الحربية التركية، وهو الذي كان يتولى الإشراف على علاج الأمير من يوم وصوله إلى الآستانة، على رأس لجنة طبية تضم ستة من أطباء الأمراض العصبية والنفسية، وأساتذة الطب العقلي في المستشفيات وكليات الطب التركية. وقد أشار هذا التقرير إلى أن حالة الأمير قد تحسنت تحسنًا كبيرًا على إثر العلاج الذي سار عليه منذ أطلقت حريته، وقال بأنه «يحتاج إلى علاج منظم، وهو متمتع بكامل حريته، وعلى الأخص إذا ظهر استعداده لمثل هذا التحسن»، ومن وسائل العلاج، ذكر التقرير «الفسح الطويلة في الهواء الطلق، والسياحات في البحر، والأسفار والألعاب الخفيفة، مثل التنس، والغذاء المناسب لحالته، وأخيرًا العلاج بالطرق الحديثة».

وفي ٣٠ مارس ١٩٢٧، عقد مجلس البلاط - وكان يرأسه آنذاك حسين رشدي باشا رئيس مجلس الشيوخ - جلسته الأولى لنظر دعوى النفقة التي أقامها المحامون مصطفى النحاس وويصا واصف وجعفر فخري باعتبارهم وكلاء عن الأميرة نجوان ضد القيِّم، يطلبون فيها تقرير نفقة للأمير، الذي امتنع القيِّم عليه، عن الإنفاق عليه، طوال الشهور الثمانية عشر التي انقضت منذ هروبه، إلى انعقاد الجلسة.

ومنذ اللحظة الأولى، تكشفت ملامح الصراع القانوني الضاري، الذي سيدور بين الأمير سيف الدين ووالدته وهيئة الدفاع عنه، وبين خصومه، الذين يملكون سلاحًا بتارًا هو سلاح المال، إذ كانت دائرة سيف الدين تملك أموالًا متراكمة مكنتها من أن تحشد للدفاع عنها في قضية النفقة، أربعة من كبار المحامين المصريين، كان على رأسهم عبد العزيز فهمي باشا وتوفيق دوس باشا وهما وزيران سابقان، لم تكن صدفة أنهما من الأقطاب البارزين لحزب الأحرار الدستوريين، إذ كان أولهما رئيسًا له، وكان الثاني عضوًا بمجلس إدارته، وقد اشترك كلاهما في وزارة زيور التي خلفت وزارة سعد زغلول ممثلين للحزب. ومع أن الظروف السياسية كانت قد ابتعدت بهما عن العمل داخل منظمات الحزب، إلا إنها لم تقطع صلتهما به، ولم تقضِ على انتمائهما السياسي لرؤاه، ولم تشفِ قلبيهما من كراهية الوفد. وبهذا لم يكن صراعهما مع وكلاء والدة الأمير سيف الدين مجرد صراع قانوني، بل كان - في جانب منه - صراعًا بين خصوم سياسيين؛ فالمدافعون عن الأمير سيف الدين، عدو الملك، هم من أقطاب الوفد المصري الذي كان يتبادل العداء مع الملك بشكل شبه علني، والمدافعون عن القيِّم الحائز على ثقة الملك، هم من أقطاب الأحرار الدستوريين، شركاء الملك في العداء للوفد.

بدأ الدفاع عن القيِّم الأمير محمد علي إبراهيم بهجوم ساحق، فقدم دفعًا شكليًّا بعدم وجود صفة للأميرة نجوان هانم تجيز لها رفع دعوى النفقة، إذ

ليس لها ولاية على نفس الأمير المحجور عليه، لأن هذه الولاية معقودة لابن أخيه القيم، باعتباره وليًّا على نفسه. وقدم دفعًا شكليًّا آخر بعدم اختصاص مجلس البلاط بنظر القضية، وأقام دعوى مضادة للأم، لانتزاعها الأمير من تحت ولاية القيِّم، وتهريبها له ـ أو خطفها إياه ـ من المصحة العقلية، وإهدارها لما تتطلبه حالته الصحية من علاج، واتهمها بالطمع في أمواله والسعي لوضع يدها على ثروته. ولخص طلباته في تسليم الأمير إلى صاحب الولاية الشرعية عليه، وهو ابن شقيقه القيِّم «لأن خير ما يفعل مع الأمير، هو أن يُعاد إلى المصحة».

أدرك النحاس وواصف وجعفر فخري من تقديم الدفوع، أن توقعهم كان صحيحًا، وأن خصومهم في القضية سيستنفدون قواهم في كل الألاعيب والحيل القانونية، من دفوع إلى استشكالات، إلى قضايا مضادة، فقبلوا التحدي، وطلبوا التأجيل للرد على الدفوع، وانتقلوا من ذلك إلى هجوم مضاد على جبهة موضوع النفقة، فاتهموا القيِّم بإهمال شأن الأمير التعيس الذي ألقته الظروف تحت قوامته، فإذا به يقتر عليه، فلا ينفق عليه خلال السنوات العشر السابقة إلا ٤ آلاف جنيه في السنة، ارتفعت في عام ١٩٢٤ إلى ٥٥٨٣ جنيهًا، ليس لأن القيِّم كان في تلك السنة أسخى على الأمير، ولا أكثر حنانًا، بل إن هذه الزيادة، وقدرها ١٥٨٣ جنيهًا، اقتضاها انتداب أحد كبار المحامين إلى إنجلترا للبحث في إمكان وجود مصحة أخرى ينقل إليها الأمير، أما مخصصات الأمير نفسه فقد ظلت عند مستواها المعروف وهو ٣٥٠ جنيهًا شهريًّا. وحتى هذا المبلغ الضئيل، توقف القيِّم عن إرساله للأمير طوال الشهور الثمانية عشر التي تلت هروبه من المستشفى.

وفضح الدفاع عن الأميرة نجوان المنهج الذي يتعامل به القيِّم مع الأمير، فقال إنه منهج يفترض أن الأمير لا يحتاج إلا للنفقات التي تلزم لأكله وشربه وملبسه باعتباره شخصًا لا يفقه شيئًا في نعم الحياة وطيباتها،

فهو بالتالي لا يحتاج إلا إلى النفقات التي يحتاج إليها أي كائن حي، سواء كان حيوانًا أو إنسانًا، لإشباع غرائزه الأولية، ولكن تقارير الأطباء تؤكد أن الأمير يستشعر بمتاع الحياة، وأن الحياة الراقية من جميع الوجوه من شأنها أن تعود على صحته بأهم الفوائد. فهو الآن يحتاج إلى النفقات التي تساعد على ظهوره بالمظهر اللائق بمركزه، ومركز عائلته، والتي تمكنه من أن يغشى الأوساط الراقية، ويعيش كما يعيش أنداده، فهو من البيت المالك، الذي لا يصح أن تُقاس نفقاته بنفقات غيره من أغنياء الناس، ويجب أن يعيش عيشة الأمراء، وما كان كماليًّا عند غيرهم من الناس، يصح أن يكون ضروريًّا عندهم، إذ لا بد أن تكون لهم القصور الشامخة في المشتى والمصيف، والسيارات الفاخرة للنزهة، والخيول المطهمة للرياضة، واليخوت الجميلة للتسلية.

واستند الدفاع عن والدة الأمير، إلى اعتراف القيِّم بأن قيمة ممتلكات الأمير تصل إلى ١٠ ملايين جنيه، تدر دخلًا سنويًّا يصل إلى ١٢٠ ألفًا من الجنيهات، ليطالب بأن تكون النفقة التي تصرف له هي كل الدخل السنوي الذي تحققه الثروة، وبرر طلبه بأن الثروة تنمو، وأن الدائرة لديها ـ باعتراف القيِّم ـ إيرادات متراكمة من السنوات السابقة، تصل إلى ٧٥٠ ألف جنيه، يمكن إعادة استغلالها وتنميتها، فلا ضرر إذن من أن ينفق الأمير كل الريع المتجدد في ضرورياته أو كمالياته، إذ ستظل أصول الثروة، والمخزون المتجمد من إيراداته، قائمة يتمتع بها ما بقي من حياته، ثم أشار إلى الدافع الخفي وراء تقتير القيِّم في الإنفاق على الأمير، وإلى السبب الحقيقي لمقاومته لطلب النفقة، فقال إن الأمير سيف الدين ليست له زوجة أو ولد ليرثاه، وإن من حقه أن يستمتع بثروته في حياته، خاصة وأن «كل ما يملكه سيؤول إلى من يريد للأمير أن يكون شريدًا طريدًا، ولذلك رأيناهم يتفننون في محاولة حرمانه من النفقة، لكي تؤول هي أيضًا إليهم بالميراث». وهي إشارة واضحة إلى

أن للقيِّم ـ الأمير محمد علي إبراهيم ـ مصلحة في إبقاء ثروة الأمير كما هي، فلا تسلم إليه، ولا يُتاح له الإنفاق منها بسعة، لأن القيِّم، هو عم الأمير المحجور عليه، والذي لا ولد له ولا زوجة، وسيكون بذلك صاحب النصيب الأكبر من ميراثه بعد عمر طويل.

وعلى سبيل الاحتياط، طلب الدفاع أن تكون النفقة نصف الإيراد السنوي أي ٦٠ ألفًا من الجنيهات.

وعندما سأل رئيس المجلس حسين رشدي باشا هيئة الدفاع عن القيِّم، عن سبب توقف الأمير محمد علي إبراهيم عن الإنفاق على الأمير المحجور عليه، قال توفيق دوس باشا محامي الدائرة، إن القيِّم لا يعرف للأمير مكانًا يقيم فيه، بعد أن هرب من المصحة التي كان قد أودع فيها، وبالتالي فقد عجز عن إرسال نفقته إليه.

استفز الرد رئيس مجلس البلاط، فلم يملك نفسه من إبداء تقززه، عندما سمع بأن القيِّم لا يعرف مكان محجوره في حين أن الدنيا جميعها كانت تعرف هذا المكان، إذ إن هروب الأمير كان قد أثار ضجة، تناولته بسببها جميع الصحف المصرية والعالمية، فأنهى رشدي باشا الجلسة، وأجل القضية أربعة أسابيع، ليتاح للدفاع عن الأميرة الرد على الدفوع التي قدمها وكلاء القيِّم، وصرح لمصطفى النحاس باشا بالاطلاع على كل ما يهمه الاطلاع عليه، من أوراق الأمير المحفوظة بالمجلس.

بانتهاء جلسة مجلس البلاط الأولى، أدرك خصوم الأمير سيف الدين أنهم ضبطوا متلبسين، وأن وضعهم في القضية سيسوء إذا لم يقوموا بمبادرة تثبت حسن نيتهم، خاصة وأن التعليقات التي صدرت عن رئيس المجلس حسين رشدي باشا، وتأففه من زعم القيِّم أنه لا يعرف مكان المحجور عليه الموضوع تحت قوامته، كشفت عن أن ضمير المجلس ورئيسه لن يتحمل أكاذيب بهذا المستوى.

وخلال الأسابيع الأربعة التي فصلت بين جلسة مجلس البلاط الأولى

وجلسته الثانية، بدأ سباق عنيف بين طرفي الصراع لتحسين أوضاعهما في المباراة.

* * *

أسرع القيِّم الأمير محمد علي إبراهيم بإرسال بعثة كبيرة برئاسة النبيل عباس حليم وفي صحبته عدد من محامي الدائرة، وفسر إرسال هذه البعثة رسميًّا بأن الهدف منها هو «بحث حالة الأمير ووسائل رعاية شؤونه المالية، وتقديم تقرير عما تتطلبه حالة الأمير من وجوه الصرف، وما يلزم إعداده لراحته من المعدات من جهة المسكن ووسائل التريض». وبعد أسبوع من سفر البعثة، أرسل النبيل عباس حليم إلى القاهرة، يطلب صرف مبلغ يتراوح بين ٣٠ و٤٠ ألف جنيه، قيمة النفقات التي أنفقت على الأمير منذ غادر مصحة تايسهرست، إلى حين عودة البعثة، لتقدم تقريرها. وأسرع وكلاء القيِّم يقدمون طلبًا إلى مجلس البلاط، لصرف المبلغ، ويلفتون النظر إلى أن الأمير عباس حليم ينتظر في الآستانة، لحين إرسال المبلغ ليسدد ديون الأمير ثم يعود إلى القاهرة في أول باخرة. وعقد مجلس البلاط جلسة خاصة يوم ٢٣ أبريل ١٩٢٧، ونظر في الطلب ووافق عليه.

لم يتكشف الجانب الآخر من مهمة بعثة النبيل عباس حليم إلا عندما انعقدت جلسة مجلس البلاط في الموعد الذي كان محددًا لها من قبل ـ وهو ٢٧ أبريل ١٩٢٧ ـ ففي هذه الجلسة طلبت هيئة الدفاع عن القيِّم التأجيل، لحين عودة المندوب الذي سافر لتفقد أحوال الأمير، ووافق النحاس وويصا واصف وجعفر فخري على طلب التأجيل، إذ كانت الأميرة نجوان قد أرسلت إلى محمد بك شوكت تطلب إليه الحضور إلى الآستانة، ومعه أحد المحامين الذين يتولون الدفاع في القضية، لبحث شروط الصلح التي عرضتها عليها بعثة النبيل عباس حليم. وقرر المجلس تأجيل القضية لمدة ثلاثة أسابيع أخرى.

لم يجد جعفر فخري ـ الذي كان قد سافر مع وكيل الأميرة ـ بعثة القيِّم

بالآستانة، إذ كانت قد غادرتها إلى القاهرة، لكنه وجد مسودة الاتفاق المعروض ليكون أساسًا للصلح، وبعد بحثها أدرك أن العروض الشفهية التي قدمت للأميرة الوالدة، قد تقلصت إلى حدها الأدنى، ولفت نظره أن جوهر الاتفاق يقوم على أن تتنازل الأم عن حضانتها للأمير، مقابل بعض الترضيات المالية، فنبه الأميرة إلى أن مسألة الحضانة هي جوهر القضية، وأشار عليها برفض العرض، فرفضته.

في ذلك الوقت، كانت مسألة الحضانة موضوع بحث فقهي بدأ مصطفى النحاس باشا في إعداده عقب انتهاء جلسة مجلس البلاط مباشرة، استعدادًا للرد على الدفاع الذي تقدم به عبد العزيز فهمي باشا وتوفيق دوس باشا في تلك الجلسة بأنه لا صفة للأم في رفع الدعوى، بزعم أنها لا ولاية لها على نفس الأمير، وكان رأي النحاس المبدئي، هو أن المدافعين عن القيِّم قد عكسوا الآية، وصوروا الموضوع بشكل خاطئ، وأن البحث يجب ألا يدور حول مسألة «الولاية»، بل حول مسألة «الحضانة»، باعتبار أن المحجور عليه، هو في حكم الصغير الذي يحتاج إلى حضانة. فبدأ يدرس الموضوع. وعندما احتاج إلى مراجع شرعية لاستكمال البحث، كلف أحد أصدقائه من موظفي مجلس النواب ـ الذي كان آنذاك وكيلًا له ـ بأن يدبر له هذه المراجع، وحدد له النقاط التي يبحث فيها، وهي: معنى الحضانة شرعًا، ومن هو صاحب الحق الشرعي الأصلي في الحضانة، ومتى يضم الصغير أو من في حكمه إلى حاضن، وحكم الأم إذا كانت متزوجة بغير والد الصغير أو من في حكمه. ولما لم يستطع الأستاذ محمد الجديلي الذي كلفه النحاس بهذه المهمة تدبير المراجع، اكتفى بأن اقتطف منها مقتطفات تجيب على النقاط التي تشغل المحامي، لكن النحاس طلب منه المراجع ذاتها، ليرجع بنفسه إلى النصوص الأصلية، فيبحث الموضوع بشكل أكثر عمقًا. وعكف النحاس على إعداد المذكرة، لتكون جاهزة للتقديم عند انعقاد جلسة مجلس البلاط في ١٨ مايو ١٩٢٧.

لكن الجلسة لم تنعقد في هذا التاريخ، إذ كان جعفر فخري لا يزال في طريق العودة من الآستانة، فطلب زميلاه تأجيل الجلسة حتى يعود. وقد عاد بالفعل يوم ١٩ مايو، قبل يومين من الموعد الجديد الذي أجل إليه اجتماع المجلس. واجتمع المحامون الثلاثة لترتيب أوراقهم ومستندات دفاعهم، ولقراءة مسودة المذكرة الشرعية في موضوع الحضانة، وكان النحاس قد كتبها بخطه، وبالقلم الرصاص.

وفي ٢١ مايو ١٩٢٧، عقد مجلس البلاط جلسته الخامسة لنظر القضية، وهي جلسة العمل الثانية، إذ إن الجلسات التي فصلت بينها وبين الجلسة الأولى، كانت كلها جلسات إجرائية. وقبل بداية الجلسة بدا واضحًا أنها ستكون جلسة ساخنة، إذ دخل النحاس قاعة المحكمة، وهو يحمل عددًا من المجلدات الضخمة، هي مراجعه في المسألة الشرعية. وفي بداية الجلسة أعلن مصطفى النحاس باسم زميليه أنهم جاهزون للمرافعة، بعد أن اطلعوا على جميع أوراق الأمير المحفوظة في مجلس البلاط، وحصلوا على جميع المستندات التي يقتضيها الرد على مذكرة الطرف الآخر ودفوعه ومستنداته، بما في ذلك المسألة الشرعية، وأنهم ترجموا المستندات من لغاتها المختلفة إلى اللغة العربية. واعترض المحامون عن الدائرة لأن النحاس وزميليه لم يتبادلوا معهم المستندات، فاعتذر النحاس بأن ضيق الوقت لم يتح له فرصة لذلك، ووعد بتبادلها معهم قبل الجلسة التالية.

وفي هذه الجلسة فاجأ مصطفى النحاس المجلس بتقديم طلب جديد، هو تقرير نفقة «مؤقتة» للأمير لحين البت في الطلب الأصلي بتقرير نفقة دائمة له، وشرح مقتضيات طلبه مستشهدًا على ذلك بحالة الأمير التي دفعت مندوب القيِّم إلى أن يطلب بصفة عاجلة صرف ٤٠ ألف جنيه لسداد ما عليه من ديون. وبعد مبارزة قانونية عنيفة بين طرفي الخصومة، قدم خلالها الدفاع عن الدائرة تقارير طبية تؤكد أن حالة الأمير تتطلب إعادته إلى المصحة،

اقتنع المجلس بصواب الطلب، وقرر صرف نفقة مؤقتة للأمير، مقدارها ألف جنيه شهريًّا، اعتبارًا من أول مايو ١٩٢٧. كما قرر انتداب رئيسه حسين رشدي باشا لمعاينة حال الأمير على أن يستعين بمن يشاء من الأطباء، كما قرر تأجيل الجلسة إلى موعد لم يحدده، يتم إخطار أطراف النزاع به بعد إجازات الصيف.

وكان القرار الوحيد الذي نفذ من هذه القرارات جميعًا هو صرف النفقة المؤقتة، وما تجمد للأمير منها منذ مغادرته المصحة، وهو ٢٠ ألف جنيه.

ولم يسافر رئيس المجلس حسين باشا رشدي إلى الآستانة، ولم يستجب المجلس للتمديد له رئيسًا، إذ كان سبب عدم السفر هو أن «المقامات العليا» - أي الملك فؤاد - كانت تعارض في هذا السفر، وتشعر أن رشدي باشا يريد أن يحسم القضية بسرعة، وأنه يتعاطف مع الأمير.

ومن سوء الحظ كذلك، أن تلك الجلسة، كانت آخر الجلسات التي رأسها حسين رشدي باشا، إذ مات في ١٣ مارس ١٩٢٨، فخلا منصب رئيس مجلس البلاط وظل خاليًا حتى عُين محمد توفيق نسيم باشا رئيسًا له.

وهكذا امتد التأجيل إلى أكثر من عام، ولم يستأنف مجلس البلاط نظر القضية إلا في ١٦ يونيو ١٩٢٨.

وكانت مياه كثيرة قد جرت في كل الأنهار.

* * *

خلال شهور الصيف تفرق أطراف الصراع بين الشواطئ والعواصم الأوروبية، للراحة أو للعمل أو للاستشفاء أو الثلاثة معًا.

ففي ٢٤ يونيو ١٩٢٧، بدأ الملك فؤاد رحلة إلى أوروبا استغرقت أربعة أشهر تقريبًا، زار خلالها باريس ولندن وروما وبروكسل، ولحق به في لندن عبد الخالق ثروت باشا رئيس الوزارة الائتلافية التي كانت قائمة آنذاك، ليبدأ محادثات مع السير «أوستن تشمبرلن» رئيس الوزراء البريطاني، استمرت خمسة شهور وأسفرت عن مشروع معاهدة جديدة.

لكن كثيرين من الساسة الذين سافروا لقضاء الصيف في أوروبا قطعوا إجازاتهم وعادوا إلى مصر، عندما بلغهم نبأ وفاة سعد زغلول في ٢٣ أغسطس ١٩٢٧، وكان منهم مصطفى النحاس.

وكانت وفاة زعيم الثورة، مؤشرًا على أن الأوضاع في مصر، لن تظل على ما هي عليه، فقد مات الرجل الذي لم يحب المصريون على طول تاريخهم رجلًا كما أحبوه، والذي كان الخلاف معه أو التطاول عليه، يسقط اعتبار أي إنسان في نظرهم. ومع أنه كان قد اكتفى في العامين الأخيرين من حياته، برئاسة مجلس النواب ـ بعد اعتراض الإنجليز على رئاسته للوزارة ـ إلا إن ذلك لم يقلل من تأثيره على كل ما يجري في مصر، فقد ظل يمسك بكل الخيوط بين يديه، ويلقي بظله على كل شيء، وكل إنسان.

وخلال هاتين السنتين بنى سعد زغلول سياسته انطلاقًا من إدراكه بأن هدف البريطانيين هو تصفية ثورة ١٩١٩ وحرمان المصريين من الحصول على أي ثمرة أو مكسب نتيجة لها، باللعب على التناقض بين «اليعاقبة» و«الجيروند» أو بين «المتطرفين» و«المعتدلين»، ووضع هدفي الثورة ـ وهما الاستقلال الوطني والديمقراطية الليبرالية ـ في تناقض مفتعل، بحيث يدرك المصريون أن استمرار الدستور والحكم النيابي رهين بالتحالف مع بريطانيا، وليس الاستقلال التام عنها.

وكان اللورد «ملنر» وزير المستعمرات البريطاني، هو أول من لفت نظر حكومته إلى أن الجبهة الوطنية الواسعة التي قادت ثورة ١٩١٩، تضم جناحين أحدهما «معتدل» و«حكيم» و«عاقل» ومطالبه متواضعة، يضم كبار ملاك الأرض وأبناءهم من المثقفين الليبراليين، الذين أسسوا قبل ذلك حزب الأمة، وكان من رأيهم أن في مصر سلطتين: إحداهما «شرعية» وهي سلطة الخديو، والأخرى «فعلية» وهي سلطة الاحتلال البريطاني، وأن المعادلة السياسية المصرية لا تتوازن إلا إذا أضيفت إليهما وشاركتهما النفوذ سلطة ثالثة هي سلطة الأمة، لتعبر عن أصحاب المصالح الحقيقيين في البلاد ـ

وهم أبناء البيوتات، ووجهاء العائلات ـ حتى لا تجور السلطتان عليهم، أو تتجاهل مصالحهم.

وجاءت الثورة فإذا بالأمة تنتفض وتتمرد، وتحيل حياة المحتلين إلى جحيم، وإذا بالموازين المستقرة تنقلب، وإذا بالأمة تفرض نفسها بالقوة على السلطتين الشرعية والفعلية، ولكن بشكل مختلف تمامًا عما طالب به حزب الأمة. ذلك أن الذي ثار وتمرد وضحى واستشهد لم يكن أبناء البيوتات، ولكن أفندية المدن، وأسطوات العنابر، وفلاحو التفاتيش. والذين قادوهم كانوا محامين شبانًا، وقضاة، ومدرسين في الكتاتيب والمدارس، وتلاميذ بها، ومجاورين في الأزهر. وهؤلاء هم الذين التفوا حول سعد زغلول وصنعوا زعامته، وشدوا أزره ليشكلوا معه الجناح «اليعقوبي»، الأكثر تحررًا ثوريًّا وتطرفًا، والذي لا يطالب ـ كما يطالب المعتدلون ـ بمجرد استقلال ذاتي في إطار الحماية، أو مجرد نصيب متواضع على خريطة السلطة، لأنه لا يرضى عن الاستقلال التام بديلًا إلا الموت الزؤام، والذي لا يعترف بسلطة أخرى غير سلطة الأمة، ويريد أن يجعلها هي «السلطة الشرعية» و«السلطة الفعلية» معًا.

وهكذا تحدد الصراع السياسي بعد الثورة، بين «السلطة الفعلية» و«السلطة الشرعية» و«سلطة الأمة الزاحفة»، وأصبح على «المعتدلين» ـ الذين انسحبوا من الوفد المصري وأعادوا تشكيل حزبهم القديم باسم جديد هو الأحرار الدستوريين ـ أن يدخلوا الصراع للحصول على مكاسب الثورة التي لم يصنعوها، فأصبح الوفد هو عدوهم الرئيسي، وليس الاحتلال أو الملك، لأنه هو الذي ينازعهم ما يعتبرونه حقهم المشروع في تمثيل الأمة. فلم يستنكفوا من التحالف مع السلطتين «الشرعية» و«الفعلية» ضده.

وعندما أدرك اللورد «ملنر» بذكائه الاستعماري القارح، طبيعة قيادة الثورة، وحجم الصراع بين «اليعاقبة» و«الجيروند»، نصح بمحاولة التعامل مع المتطرفين، وتوقع أن الاعتراف بهم والتعامل معهم، سيعيدهم إلى

أصولهم المعتدلة. فقبلت إنجلترا مبدأ التفاوض مع الوفد المصري واعترفت بزعامة سعد زغلول، وفاوضه «ملنر» نفسه. لكن السياسة البريطانية سرعان ما أدركت أن هناك عاملًا جديدًا في الموقف، هو الثورة والشعب الذي صنعها، وزعامة سعد زغلول، التي لم تعد تستطيع أن تتنازل أو تتخلى عن الشعب أو تخرج عن البرنامج الذي ارتبطت به معه. وعندما تأكدت أن المتطرفين لن يسلموا البضاعة، ولن يوقعوا على اتفاق يمنح شرعية للحماية البريطانية على مصر، وما سبقها من احتلال، أهملتهم واتجهت إلى المعتدلين تحاول أن تتفاوض معهم على هذا التسليم، فإذا بـ«اليعاقبة» وعلى رأسهم سعد زغلول يشعلون الثورة مرَّة أخرى، فيحيطون المعتدلين بجو من التشدد، جعلهم يخافون تسليم البضاعة، فاضطرت إنجلترا إلى المبادرة بإلغاء الحماية من جانبها، واحتفظت لنفسها بالتحفظات الأربعة الشهيرة في تصريح فبراير ١٩٢٢.

وبإلغاء الحماية عاد الدستور، وأجريت الانتخابات، وكان طبيعيًّا أن تنتخب الأمة ممثليها الحقيقيين، الذين ألغوا بثورتهم وتشددهم الحماية، وأعادوا الدستور الذي كان قد ألغي بعد هزيمة الثورة العرابية. فعادت بريطانيا صاغرة للتفاوض من جديد مع زعيم «اليعاقبة» سعد زغلول رغم فشل المحاولة السابقة. لكن المفاوضات تفشل لأن إنجلترا لا تريد أن تعترف باستقلال مصر استقلالًا «تامًّا»، وسعد زغلول لا يستطيع أن يقبل بأقل من ذلك، ولا بأن يوقع على اتفاق يجعل الاحتلال البريطاني مشروعًا. وتنتهز السياسة البريطانية فرصة حادث مقتل السردار، فتنصح بتعطيل الدستور، وإقصاء «اليعاقبة» عن السلطة، وإعادة المعتدلين إليها ولو بانتخابات مزورة، لعلهم يسلمون البضاعة، فيربحون ويرتاحون، وهكذا كان الانقلاب الدستوري الأول الذي فشل بعد ١٥ شهرًا.

ويدرك سعد زغلول أن إنقاذ مكاسب الثورة من التبدد، رهين بألا يفرط في هدفي الثورة، وأن يشل يد المعتدلين الممدودة إلى السلطة الفعلية

والسلطة الشرعية بأعلام الانقلاب، وهو ما لا يمكن تحقيقه إلا إذا مد هو يده إليهم، ليكون لهم مكانهم في السلطة الدستورية، كحلفاء وشركاء صغار في برلمان ائتلافي وحكومة ائتلافية، يمثلون فيهما بحجمهم، ويعملون تحت قيادة الأغلبية، وبذلك يحول دون تآمرهم على الأمة، ويتيح لهم المشاركة التي كانوا يقبلون بها مع المحتلين والقصر، وبذلك يحرم المحتلين من الرهان على تسليم المعتدلين للبضاعة، ويحرم القصر من الاستفادة من شبقهم للانقلاب على الدستور، الذي وضعوه، فلما لم يسفر تطبيقه عن حصولهم على الأغلبية، هاجموه وقالوا إنه ثوب فضفاض.

وهكذا أدرك سعد زغلول أنه لا استقلال بلا ديمقراطية، لأن معنى غياب الديمقراطية، هو أن يحكم القصر أو يحكم المعتدلون، فيفرطون في الاستقلال. ولأن الديمقراطية في ظل بقاء الاحتلال تجعل الحياة الدستورية في مهب الريح، لذلك قبل أن يصافح أعداء الأمس، الذين تآمروا عليه وشهروا به.

ويوم مات سعد زغلول كان عمر برلمان الائتلاف وحكومته ١٥ شهرًا، وطوال حياته لم يجسر أحد على المساس بهما، واضطر المعتدلون إلى مجاراة الأغلبية «اليعقوبية» في الحفاظ على الائتلاف، وفي رؤاها السياسية، إذ لولا قبول هذه الأغلبية للتحالف معهم، ما منحهم أحد صوتًا، ولا نجح منهم نائب.

لكن وفاة سعد زغلول فجرت كل الرغبات الشريرة لدى كل الأعداء.

مات الرجل القوي الذي لا حد لحب الجماهير له، ولا حد لسيطرته عليها وقدرته على تفجير غضبها وسخطها، ولن يُتاح لخليفته ـ أيًّا كان ـ ما أتيح له من حب أحال شيخوخته صبا، وتردده صلابة، وجعله وهو في الستين من عمره، يقود ثورة، بدلًا من أن ينشئ مقبرة!

أما وقد مات سعد، واختفى حب الشعب الذي يورط الزعماء في التطرف، فقد آن أوان تسليم البضاعة، أو هكذا كانوا يظنون.

في ٢٢ سبتمبر ١٩٢٧، انتخب الوفد مصطفى النحاس باشا رئيسًا له، وبعد أربعة أيام انتخبته الهيئة البرلمانية الوفدية رئيسًا لها، فكان من الطبيعي أن يشغل مقعد سعد زغلول الشاغر كرئيس لمجلس النواب.

* * *

لم يسترح أحد من الأعداء لفوز مصطفى النحاس بخلافة سعد، فقد اعتبروه انتصارًا للعناصر الراديكالية في قيادة الوفد، لا بسبب تاريخه المعروف من أيام مصطفى كامل إلى أيام سعد زغلول فحسب، ولكن أيضًا لأن الذين وقفوا وراء فوزه بالرئاسة هم مهندسو الثورة، ومنظمو اللجان الوفدية، وعلى رأسهم أحمد ماهر ومحمود فهمي النقراشي، لذلك صرخ المندوب السامي البريطاني قائلًا: «إن العصابات التي اغتالت السردار في طريقها إلى العودة لممارسة السلطة من جديد».

ورغم تعاستهم لأن خليفة سعد ليس من النوع الذي يقبل تسليم البضاعة، فإنهم لم ييأسوا، وظل الأمل يناوشهم في أن يقود التشدد المعروف عن الرئيس الجديد مصطفى النحاس إلى خطأ يقضي عليه وعلى الوفد، ويتيح لهم فض كل شيء: الائتلاف والبرلمان والدستور، وكل ما يمت بصلة إلى الاستقلال التام، أو إلى «الادعاء» القائل بأن الأمة مصدر كل السلطات.

وكان ذلك يخيف حتى بعض الوفديين من أنصار النحاس والمتحمسين لانتخابه، إذ لم تكن فضائله خافية على أحد، وكان أبرز عيوبه هو فضيلة الصراحة الزائدة عن الحد، والتشدد في الحق، وهي أمور خشي بعض أنصاره أن تقوده إلى مآزق يصطدم فيها مع حكومة الائتلاف أو دار المندوب السامي البريطاني أو القصر، بما يهدم المعبد على رؤوس الجميع، حتى إن «روز اليوسف» ـ وهي مجلة وفدية ـ رصدت أن أبرز عيوب النحاس أنه متسرع جدًّا، وذكرت أن المصطلح الشائع لهذه القضية في الدوائر السياسية هو «مدب»، وتمنت ألا يستفيد الأعداء من هذه الفضيلة.

وسرعان ما قضى مصطفى النحاس على آمال الأعداء، وطمأن مخاوف الأصدقاء، وأثبت أنه سياسي محنك قادر على إدارة الصراع السياسي بذكاء ومهارة، دون أن يتنازل عن مبادئه، أو يفرط في حق من حقوق الوطن أو الشعب، فاضطر الأعداء بعد عشرة أشهر من الصراع أن يسفروا عن وجههم ويعلنوا نياتهم، ويتآمروا بأكثر الأسلحة فُجرًا، ويفتعلوا الأسباب للانقلاب على الائتلاف وعلى الدستور، ليبدأوا محاولة جديدة لتسلم البضاعة من المعتدلين.

دخل مصطفى النحاس مكتب سعد زغلول ليجد أن أول ما يجب عليه أن يفعله، هو أن يتابع ما انتهت إليه المفاوضات بين رئيس الوزراء عبد الخالق ثروت، وبين نظيره البريطاني السير «أوستن تشمبرلن». ومع أن المفاوضات حول المعاهدة، كانت قد انتهت منذ شهر نوفمبر ١٩٢٨، إلا إن ثروت ظل يتكتم نتائجها، رغم إلحاح النحاس بإطلاعه على هذه النتائج، لكن ثروت كان يأمل أن يحصل على نتائج أفضل مما توصل إليه. ولكنه لاحظ أن «تشمبرلن» بدأ يتشدد بعد وفاة سعد، إذ لم يجد مبررًا ـ وقد رحل زعيم «اليعاقبة» ـ لأن يتنازل لأحد، في انتظار عجم عود القوى السياسية المصرية بعد هذا الرحيل. فقطع المفاوضات وطلب من ثروت أن يعرض مشروع المعاهدة التي توصلا إليها على زملائه في الوزارة، وشركائه في الائتلاف، بل وطلب إليه أن يلفت نظرهم ـ وخاصة النحاس باشا بصفته رئيسًا للأغلبية البرلمانية وأغلبية مجلس الوزراء ـ إلى أن المعاهدة غير قابلة للتفاوض، وأن عليهم أن يقبلوها كما هي، وفي حالة الرفض فإن إنجلترا سوف تتشدد وتدقق في مراقبة مدى التزام الحكومة المصرية، بالتحفظات الأربعة، التي احتفظت بريطانيا لنفسها في تصريح ٢٨ فبراير بحق مباشرتها.

وكان معنى ذلك أن على النحاس أن يوافق على المعاهدة أو يتحمل مسؤولية ما يترتب على هذا الرفض، وهو أن تتدخل بريطانيا باسم تحفظات

فبراير، في الشؤون المصرية الداخلية، تدخلًا تحميه القوة المسلحة، وتفرضه. فإذا قبل المعاهدة فقد حقق لبريطانيا ما تريد، وإذا قبل التدخل فقد مكانته عند الجماهير.

وما إن اطلع النحاس على نص المعاهدة حتى أدرك على الفور أنها صيغت بشكل يحتم عليه رفضها، إذ كانت كل نصوصها ضد مواقف الوفد الثابتة والمعلنة، وأنها ـ كما قال فيما بعد ـ تقر شرعية الاحتلال، فهي تربط سياسة مصر الخارجية بسياسة بريطانيا، وتلزمها ألا تتخذ في علاقاتها الدولية مواقف تتعارض مع سياسة حليفتها، وأن تقدم لها في حالة الحرب أو خطر الحرب كل التسهيلات في أراضيها. وهي تربط سياسة مصر الداخلية بالتبعية الكاملة لبريطانيا، إذ تلزم الجيش المصري بأن يتبع في تدريبه الأسلوب المتبع في الجيش البريطاني، وأن يستخدم مدربين بريطانيين. وتعطي أفضلية للبريطانيين عند تعيين الأجانب في الحكومة المصرية، وتفرض على مصر إبقاء المستشارين البريطانيين في وزارات المالية والعدل، والاحتفاظ بالضباط البريطانيين في الشرطة. والغريب أن المعاهدة بعد هذا كله، نصت على إبقاء قوات جيش الاحتلال في أي مكان في مصر، ولزمن غير محدود.

لم يتردد النحاس في رفض المعاهدة، إذ أدرك أنها بالون اختبار يريد أن يقيس مدى تمسك مصر، وتمسكه هو شخصيًّا، بما كان سعد يعتبره مبادئ لا يمكن التنازل عنها. ولم يهتم بالإنذار البريطاني، وقال للمندوب السامي البريطاني اللورد «لويد»، إنه لن يقبل ببقاء جندي بريطاني واحد على التربة المصرية، سواء في السويس أو سيناء. وعاد اللورد «لويد» يهدده قائلًا:

ـ إنك تقود البلاد إلى مأزق خطير، فسوف نتشدد من الآن فيما تساهلنا فيه من قبل.

ورد النحاس:

- إنني أؤدي واجبي في التعبير عن شعور البلاد الحقيقي، وللقوة أن تفعل بنا ما تشاء.

واجتمع مجلس الوزراء في يوم ٤ مارس ١٩٢٧، ورفض المعاهدة، وكلف ثروت بإبلاغ القرار إلى رئيس الوزراء البريطاني. وكانت تلك آخر مهمة يقوم بها ثروت، إذ قدم استقالة وزارته في اليوم نفسه، وكلفه الملك بمواصلة العمل إلى حين تشكيل وزارة جديدة. وفي مساء اليوم نفسه أرسل إليه اللورد «لويد» إنذارًا كلفته حكومته بإبلاغه إليه، وكان الإنذار هو أول تعليق بريطاني على تجرؤ النحاس على رفض المعاهدة، وقد لفت نظر الحكومة المصرية إلى «أن قانون الاجتماعات الذي يوشك البرلمان أن ينتهي من إقراره، يبيح المظاهرات والمسيرات والاجتماعات العامة، ويضعف من سلطة رجال الشرطة في مواجهتها، فيُعرض بالتالي أمن الأجانب للخطر». وربط الإنذار بين تقديمه وبين رفض مصر للمعاهدة، فقال إن بريطانيا لم تعترض على القانون من قبل، لأن المفاوضات كانت دائرة لعقد معاهدة تحالف بين البلدين تنظم هذه الأمور، «أما وقد رفضت مصر المعاهدة، فإن بريطانيا تلفت نظر حكومتنا إلى أن قانون الاجتماعات يخالف التعهدات التي أخذتها بريطانيا على عاتقها بمقتضى تصريح ٢٨ فبراير، وأنها تحتفظ لنفسها بالحق في اتخاذ أي إجراء ترى أن الحالة تقتضيه». لم يرد ثروت على الإنذار، واعتذر بأن وزارته قد قدمت استقالتها، وكان يعلم أنه ليس المقصود به.

كان الإنذار موجهًا في الأساس إلى مصطفى النحاس، والهدف منه هو أن يلزمه موقف الدفاع، ويعجم عوده، ويجبره على التنازل عن تشدده، ويكشفه أمام شعبه، فالأغلبية في البرلمان وفدية، والمطلوب من هذه الأغلبية الآن أن ترفض مشروع قانون كانت قد وافقت على كل مواده، ومر من مجلس النواب ومن مجلس الشيوخ، ولم يبقَ سوى تعديل طفيف في صياغة إحدى المواد، فكيف يسحب البرلمان موافقته على قانون أصدره؟

ثم إنه قانون يتعلق بواحدة من الحريات العامة الأساسية التي يكفلها الدستور للمصريين، فكيف يتراجع البرلمان أمام ضغط أجنبي في موضوع يتعلق بحريات المصريين؟

كان الإنذار ـ باختصار ـ إعلانًا بريطانيًّا بأنه لا ديمقراطية بلا معاهدة.

فمن الذي يقبل تشكيل وزارة تحيطها كل تلك المحاذير؟

عرض الملك على النحاس تشكيلها، فأدهش الجميع حين قبل، وأذهلهم حين أصر على أن تبقى الوزارة ائتلافية!

وكانت فصول المؤامرة قد بدأت فعلًا خلال الأسبوع نفسه.

* * *

الخميس ٨ مارس ١٩٢٧

منزل جعفر بك فخري المحامي والنائب الوفدي، الإسكندرية

في صباح ذلك اليوم اكتشف حارس المنزل، أن واحدة من نوافذه مفتوحة على مصراعيها، فأزعجه ذلك، إذ لم يكن في المنزل أحد، بعد أن غادره صاحبه وأسرته إلى القاهرة، ليقيم في جناحه بفندق «الناسيونال»، كما تعوَّد أن يفعل كلما اضطرته قضاياه أو جلسات مجلس النواب للبقاء في القاهرة. أما هذه المرَّة، فقد كانت الأزمة الوزارية في ذروتها، بعد أن استقال ثروت وظلت مصر بلا وزارة أسبوعين، ولما كان جعفر بك ينوي أن يغيب فترة أطول من كل مرَّة، إلى أن تنتهي المشاورات بالتوصل إلى حل للأزمة، فقد أحكمت الأسرة غلق أبواب المنزل ونوافذه.

واتصل حارس المنزل بمكتب مخدومه، وأخطر العاملين به بما حدث، فانتقل إليه أحد المحامين بالمكتب، وهو ملاك أفندي كامل، ووكيل المكتب إبراهيم حسني، ودخلوه عن طريق النافذة المفتوحة فاكتشفوا أن النافذة كُسرت من داخل المنزل لا من خارجه، لكنهم وجدوا أن كل شيء على حاله، فأقفلوا النافذة. وفي المساء أبلغوا جعفر فخري بما حدث، فلم يجد مبررًا للعودة حين علم أن أثاث المنزل وفضياته سليمة.

وعندما عاد جعفر بك إلى الإسكندرية في يوم الخميس التالي ـ ١٥ مارس ـ اكتشف أن سرقة حدثت، وأن هدف السارق كان الحصول على وثيقتين فقط: أولاهما هي النسخة الخاصة بجعفر فخري من العقد الذي وقعه هو وزميلاه ويصا واصف ومصطفى النحاس مع محمد بك شوكت في قضية الأمير سيف الدين، المنظورة أمام مجلس البلاط. وكانت الوثيقة الثانية هي صورة كربونية من خطاب شخصي يتعلق بالقضية، أرسله جعفر بك إلى فريدون باشا زوج الأميرة نجوان هانم، وقد قُصَّت صفحات الخطاب الخمس من دفتر الكوبيا. ولأن نافذة المنزل وجدت مفتوحة من الداخل، فقد اتجهت شبهات جعفر فخري نحو طباخ منزله، الذي كانت لديه شكوك قوية في أنه شريك في الترتيب لسرقة الأوراق، فأبلغ الشرطة ضده، فقبضت عليه وبدأت النيابة التحقيق معه. ولم يكن الأمر في حاجة إلى ذكاء ليدرك كل إنسان، أن المستفيد الوحيد من سرقة هذه الوثائق هي دائرة سيف الدين، ومعنى ذلك أن الدائرة قررت أن تشن حربًا قذرة في الصراع بينها وبين الأمير والمدافعين عنه في القضية، التي كان طرفاها يتبادلان المذكرات في انتظار انعقاد مجلس البلاط ليستأنف نظرها.

ولذلك اهتم جعفر فخري بسرقة الأوراق اهتمامًا عظيمًا، ولم يقصر في أقواله أمام نيابة العطارين، في إبراز خطورة الموضوع بشكل عام، إذ لو تعرضت مستندات ووثائق أصحاب القضايا التي يودعونها لدى المحامين ويأتمنونهم عليها للسرقة، لكان معنى ذلك أن تضيع الحقوق التي تضمنها هذه الوثائق. ومع أنه في أقواله أمام النيابة لم يذكر موضوع تلك الأوراق، إلا إنه ذكرها إبان مناقشة له مع سوكة بك قاضي محكمة العطارين الجزئي، الذي أحال إليه وكيل النيابة التحقيق لاستصدار إذنه بحبس الطباخ احتياطيًّا.

ودهش جعفر فخري حين علم أن المحامي الذي وكل عن الطباخ المتهم هو نفسه الأستاذ مصطفى الطرابلسي، محامي دائرة سيف الدين

بالإسكندرية، فتوجه إلى قاضي محكمة العطارين سوكة بك في غرفة المداولة، حيث كان ينظر في الطعن، وتحدث معه طويلًا، لافتًا نظره إلى أن الأوراق التي سرقها الطباخ المتهم، تتعلق بقضية سيف الدين، وأن حضور محامي الدائرة للدفاع عنه دليل ضده، فضلًا عن القرائن الأخرى. ومع أن الأستاذ الطرابلسي كان قد ذكر في غرفة المحامين قبل الجلسة، أن الدائرة هي التي وكلته للدفاع عن الطباخ، إلا إنه نفى أمام القاضي ذلك، وقال إن أسرة المتهم هي التي وكلته، وإنه قبل الدفاع عنه تطوعًا بسبب فقره. وحاول جعفر فخري أن يقنع القاضي بأن هناك مبررات لحبس الطباخ احتياطيًّا إلا إنه لم يقتنع، وأمر بالإفراج عن المتهم. وفيما بعد برأت محكمة أخرى الطباخ لعدم كفاية الأدلة ضده.

وبعد أسابيع هدأ الموضوع، إذ كانت هناك هموم أخرى ومشاكل أعقد.

* * *

شكل النحاس وزارته الأولى في ١٧ مارس، من عشرة وزراء، بينهم ٧ وفديين، واثنان من الأحرار الدستوريين، ووزير واحد مستقل. ولم ينسَ في زحمة المشاكل التي تنتظر الوزارة، أن يرسل خطابًا إلى شوكت بك في ٢١ مارس يخطره فيه بأنه يتنحى عن المشاركة في الدفاع بسبب توليه رئاسة مجلس الوزراء، لأن الدستور يحظر على الوزراء ورئيسهم أن يقوموا بأي عمل آخر خلال تلك الفترة التي يتولون فيها مناصبهم. وقد رد عليه شوكت بك بخطاب شكر له فيه ما بذله من مجهود في القضية حتى ذلك الحين.

وبعد أسبوعين من تشكيل الوزارة، أرسل النحاس رد حكومته على مذكرة ٤ مارس إلى المندوب السامي البريطاني، معلنًا رفضه للإنذار، وللأساس الذي استند إليه، وهو تصريح ٢٨ فبراير ١٩٢٢، محتكمًا إلى القانون الدولي، باعتبار أن مصر دولة مستقلة ذات سيادة، لا يجوز أن تفرض دولة أخرى الرقابة عليها، مشيرًا إلى أن قبول الإنذار يعني القبول بالتدخل المستمر في

شؤون مصر الداخلية، مما يشل سلطة البرلمان في التشريع، وفي الرقابة على أعمال الإدارة، ويجعل مهمة الحكم مستحيلة على أي حكومة جديرة بهذا الاسم. مؤكدًا في الوقت نفسه أن الحكومة المصرية تضع حماية الأجانب موضعًا خاصًّا من رعايتها، وأنهم يتمتعون في مصر بمعاملة حسنة، لا تقل عما يلقونه في أي بلد آخر، بمن فيهم الرعايا البريطانيون.

قالت الصحف البريطانية إن رد النحاس وقح ومتبجح. وأعاد اللورد «لويد» تذكير النحاس في رد مضاد، بأن استقلال مصر الذي أعلنته بريطانيا، مشروط بحقها المطلق في تولي المسائل الأربع الواردة في إعلان الاستقلال، والمعروفة بالتحفظات الأربعة ـ ومنها حماية الأجانب ـ إلى أن تسوى هذه المسائل باتفاقات تعقد بين الحكومتين. وأضاف «لويد» قائلًا إن حكومته سعت لوضع تسوية لهذه التحفظات في مشروع المعاهدة التي رفضتها مصر، وعلى ذلك فإن استعمال الحكومة المصرية لسلطتها المستقلة في المسائل المرتبطة بهذه التحفظات مشروط برضاء الحكومة البريطانية.

في اليوم التالي لوصول الرد البريطاني ـ ٥ أبريل ١٩٢٧ ـ ألقى النحاس بيانًا أمام مجلس النواب، أشار فيه إلى رد اللورد «لويد» مؤكدًا أن الحكومة المصرية متمسكة بوجهة نظرها. وبعدها بنحو أسبوعين، ألقى خطبة أخرى في حفل أقامه المحامون لتكريمه، قدم خلالها تفسيرات لمشروع قانون الاجتماعات تثبت أن نصوصه لا تعرِّض الأمن أو النظام العام، أو أرواح الأجانب وممتلكاتهم، لأي أخطار. وفي مواجهة إصرار النحاس على عدم سحب القانون، عادت الحكومة البريطانية في ٢٩ أبريل تؤكد إنذارها، وتطلب أن يصلها خلال أربعة أيام، تأكيد كتابي بأن الحكومة المصرية ستتخذ الإجراءات اللازمة لمنع مشروع القانون المنظم للاجتماعات العامة والمظاهرات من أن يصبح قانونًا، وإلا فإن الحكومة البريطانية تعتبر نفسها حرة في أن تقوم بأي عمل ترى أن الحالة تستدعيه.

أدرك مصطفى النحاس أن هناك محاولات لتصعيد الأزمة، وأن السياسة البريطانية تسعى لمعاقبته على رفضه المعاهدة، وامتناعه عن تسليم البضاعة، وأنها بالتحالف مع أعدائه في الداخل، يراهنون على «تطرفه» أو على «انهياره»، لأن الأول يمكنهم من العصف به، والعودة إلى الانقلاب على الدستور، وحل البرلمان، وتسليم الحكم للمعتدلين، لكي يسلموا البضاعة، ولأن الثاني يحرقه جماهيريًّا، فلا يصبح هناك فارق بينه وبين المعتدلين، وآنذاك تسهل إزاحته، وتسليمهم الحكم، دون أن يغضب أحد.

وهكذا قرر النحاس أن يتراجع خطوة واحدة فقط، لا يستجيب بها للإنذار، ولا يقبل الحيثيات التي بُني عليها، ولكنها تؤجل الأزمة بمجملها إلى الوقت الذي تتوفر فيه ظروف تمكنه من مواجهتها بما لا يمس كرامة مصر. فقال في رد قوي ـ أرسله إلى اللورد «لويد» ـ إنه لا يسلم بأن لبريطانيا حقًّا في التدخل في التشريع المصري، استنادًا إلى تصريح فبراير ١٩٢٢، فهو تصريح من جانب واحد، لا يقيِّد مصر ولا يلزمها، وإن القانون المعترض عليه ينظم الحريات الدستورية، ويصون الأمن صيانة تامة. وأضاف رد النحاس أن حكومته لا تسلم بما جاء في الإنذار، لأن ذلك يعتبر عبثًا خطرًا بحق مصر الأزلي، ولكنها رغبة منها في التفاهم، قد طلبت من مجلس الشيوخ، في حدود حقها الدستوري، تأجيل المناقشات في مشروع القانون إلى دور الانعقاد المقبل.

وهكذا أعاد النحاس الكرة إلى ملعب الانقلابيين الذين كانوا يبحثون عن مبرر لتقويض الائتلاف، وطرد الوفد من الحلبة السياسية، بعد أن ثبت أن النحاس نسخة من سعد، وأصبحت الحاجة ملحة إلى تحطيمه قبل أن يقوى ويزداد نفوذه بين الجماهير فتلتف حوله، وتمنحه ما كانت تعطيه لسعد من حب ومساندة، فيصعب القضاء عليه أو تعليمه الحكمة والتعقل، أو إقناعه بتسليم البضاعة. ومع أن الحكومة البريطانية اعتبرت رد النحاس ردًّا مقبولًا، إلا إن مندوبها السامي في مصر اللورد «لويد» حاول أن يغريها

بمواصلة تصعيد الأزمة، فاقترح أن تطلب تعهدًا كتابيًّا من النحاس بأن القانون لن يُنظر في أي وقت ولكن حكومته رفضت الاقتراح.

ودار الخلاف بين «لويد» وحكومته حول شعبية النحاس، فالمندوب السامي البريطاني، يرى أن رئيس الوفد لم يتنازل عن شيء، وأنه كسب من الأزمة جماهيريًّا، بينما تراجعت شعبية الأحرار الدستوريين، ولذلك اقترح على حكومته أن تلزم النحاس بالرضوخ التام، وإلا فقدَ تدخلها تأثيره، أو أن تعطي ضوءًا أخضر للملك لطرد النحاس وحل البرلمان. بينما رأى رئيس الوزراء البريطاني «تشمبرلن» أن التصعيد قد ينعش شعبية النحاس على عكس ما يتوقع اللورد.

كان الإنجليز والملك يبحثون عن وسيلة تؤدب النحاس وتطوِّعه، وتجعله طبعة من المعتدلين. وكان المعتدلون يرون أن الأوان قد آن لكي يتولوا الحكم، فقد مات سعد ولن ينتظروا على النحاس حتى يصبح سعد آخر، فتضيع فرصتهم في الحكم إلى الأبد، وتختفي أمة أصحاب المصالح الحقيقية لتحل مكانها هذه الأمة، التي كان سعد زغلول يفخر بأنه زعيمها؛ أمة الرعاع.

وكانت الرغبة في تقويض الائتلاف والانقلاب على الدستور قد انتعشت في صدور الأحرار الدستوريين منذ رفض النحاس المعاهدة، فترددوا في دخول الوزارة الائتلافية، ولم يكف الدكتور محمد حسين هيكل - رئيس تحرير جريدتهم «السياسة» - عن غمز الائتلاف وإحراج الحكومة، ولما لم تُجدِ هذه الوسائل، بدأوا المزايدة على النحاس، فاستقال رئيسهم محمد محمود من منصبه كوزير للمالية في اليوم التالي لإرسال الرد المصري على الإنذار بدعوى أن الموقف الذي اتخذه النحاس ضعيف، وأنه كان عليه أن يواصل تحديه للبريطانيين، أو أن يستقيل. ومع أن النحاس أقنعه بسحب الاستقالة، إلا إن «السياسة» واصلت غمز الحكومة. ثم اشترك نواب حزب الأحرار مع نواب الحزب الوطني في الانسحاب من إحدى

جلسات مجلس النواب، بسبب الخلاف حول تعديل في اللائحة الداخلية للمجلس، لمواجهة إخلال النائب بنظام الجلسات، اقترحه رئيس الجلسة أحمد ماهر بعد أن حاول أحد نواب الحزب الوطني ضرب مكرم عبيد في إحدى الجلسات، ولم يكن الانسحاب أمرًا ينسجم مع الائتلاف، أو يدل على الحرص عليه. واشتعلت المعركة الصحفية بين صحيفة الأحرار الدستوريين وصحف الوفد. وبدا أن محاولة تصعيد الموقف على الجبهة البريطانية، قد انتقلت إلى جبهة الائتلاف. وخاطب الملك إسماعيل صدقي في تولي الوزارة خلفًا للنحاس، فوافق وعدل عن السفر إلى أوروبا، وبدأ وزراء الأحرار الدستوريين يلزمون دورهم، ثم بدأوا يستقيلون، فاستقال محمد محمود باشا في ١٧ مايو، واستقال جعفر ولي باشا وزير الحربية بعد يومين آخرين، وفي ٢١ يونيو استقال أحمد خشبة باشا وزير الحقانية، فأثارت استقالته ضجة، إذ كان إلى ذلك الحين وزيرًا وفديًّا. وفي نهاية الأسبوع، استقال الوزير المستقل إبراهيم فهمي كريم. ومع أن النحاس أدرك أن الهدف من الاستقالات هو إحراج حكومته ودفعها للاستقالة، أو تبرر إقالتها، إلا إنه لم يهتم بالأمر ولم يستقِل، فالأغلبية البرلمانية معه، وهو الذي تطوع وقبل أن يشكل الوزارة ائتلافية، لذلك شغل الحقائب الوزارية التي تخلى عنها الأحرار الدستوريون ومن تحالف معهم، بوزراء وفديين، وصرح في مجالسه الخاصة، بأنه لن يستقيل والشعب يؤيده، وأنه إذا كان صاحب الجلالة يريد إقالته، فليفعلها.

وكان لا بد من فضيحة مدوية تكنس النحاس والوفد ومبدأ «الأمة مصدر السلطات».

فضيحة تبرر إقالة النحاس، وإلغاء الدستور، وتسليم الحكم للمعتدلين، لكي يسلموا بدورهم البضاعة، وبذلك لا يكون هناك استقلال تام، ولا أمة هي مصدر كل السلطات. وكانت الفضيحة ـ فيما ظنوا ـ جاهزة.

* * *

الجمعة ٢٢ يونيو ١٩٢٨

في الساعة الواحدة من بعد ظهر هذا اليوم، موعد صدور صحف المساء، ظهرت الوثائق التي كانت قد سُرقت من منزل جعفر فخري بك بالإسكندرية، منذ ثلاثة شهور ونصف. لم تُضبط مع الطباخ الذي اتهمه جعفر فخري والذي كانت المحكمة قد برأته لعدم كفاية الأدلة، بل ظهرت على الصفحات الأولى لصحيفتي «الاتحاد» لسان حال حزب الاتحاد، و«الأخبار» لسان حال الحزب الوطني، أما جريدة «السياسة» لسان حال حزب الأحرار الدستوريين فقد نشرتها في صباح اليوم التالي.

تحت مانشيتات عريضة، قالت الصحف الثلاث:

«فضائح برلمانية خطيرة»

«رئيس الوزراء ورئيس مجلس النواب يستخدمان السلطتين التنفيذية والتشريعية لمصالحهما الذاتية»

«تشريع خاص من أجل أتعاب في قضية»

«نائب يصف المجلسين بالاستسلام والخنوع»

«يجب على النحاس النزيه وزميله أن يتخليا عن منصبهما ويطلبا رفع الحصانة البرلمانية والتقدم للتحقيق»

«واجب البرلمان المبادرة للنظر في الأمر حرصًا على سمعة البلاد»

«أتعاب قضية ضعف رأس مال بنك مصر»

وتحت هذه المانشيتات نشرت الصحف صورة للعقد الذي وقعه المحامون الثلاثة مع محمد شوكت بك، وادعت أنه محرر بخط ويصا واصف رئيس مجلس النواب، وعليه توقيعات مصطفى النحاس رئيس مجلس الوزراء، وجعفر فخري عضو المجلس، فضلًا عن توقيع من حرره.

خلاصة الفضيحة كما صورتها تلك الصحف، أن العقد الذي وقعه المحامون الثلاثة، يتضمن استغلالًا بشعًا، سواء في قيمة الأتعاب، أو في القواعد الرياضية التي تضمنها لحسابها بحيث تتناسب أجورهم طرديًّا

بنسبة ما يحكم به للأمير من نفقة، وهو ما لخصته جريدة الاتحاد بقولها: «إن المحامين الثلاثة قبلوا اتفاقًا تتعلق زيادة ونقص الأتعاب فيه، بنسبة ما يحكم لموكلهم، وهم يعلمون كمحامين أن عمل المحامي محدود لا يختلف باختلاف الحكم». وذكرت أنهم «استباحوا لأنفسهم أن ينتهزوا فرصة رغبة والدة المحجور عليه في أن تتولى القوامة عليه بنفسها، وطمعها في أن تتصرف في ثروته، فساوموها هذه المساومة المجرمة، وظفروا منها بهذا الاتفاق الذي تبلغ جملة أتعابهم فيه ضعف رأس مال بنك مصر».

ونشرت الصحف الثلاث أيضًا صورة زنكوغرافية للخطاب الذي كان جعفر فخري قد أرسله إلى فريدون باشا ـ وهو مؤرخ في ٢٢ سبتمبر ١٩٢٧ ـ وقد بدأه مرسله بالإشارة إلى نبأ كانت جريدة «المقطم» قد نشرته في ذلك الصباح بعنوان «جنسية الأمير سيف الدين». جاء فيه أن الأمير قد حصل على الجنسية التركية، وأنه بهذه الصفة سوف يقاضي الحكومة الإنجليزية بسبب الإجراءات التي اتبعت معه. وقد ذكر جعفر فخري في رسالته، أنه اتصل بزميليه تلفونيًّا، وقرروا أن يطلبوا منه تفصيلات حول هذا الخبر. ثم أخطر جعفر فخري الباشا بنبأ وفاة سعد زغلول وأضاف: «ولما كان ضروريًّا سد الفراغ العظيم الذي حدث بموته فلا يوجد من يملأه سوى زميلي الأستاذ مصطفى النحاس باشا، الذي انتخب بالإجماع رئيسًا للوفد، كما اتفق على ترشيحه لرئاسة مجلس النواب، ولا بد أنكم تذكرون الصفات العالية التي اتصف بها سعادته وحدثتكم عنها كثيرًا»!

وأضاف جعفر فخري يقول للباشا: «لقد كان للاقتراح المقدم أخيرًا إلى مجلس النواب، بإلغاء مجلس البلاط وإحالة الأحوال الشخصية بالأسرة المالكة إلى المجالس الحسبية، أسوأ وقع في نفوس خصومنا، وقد بعث اليأس إلى نفوسهم ما شاهدوه من مرور هذا الاقتراح بسرعة في جميع اللجان البرلمانية التي مر بها الاقتراح. وسوف يعرض في الدورة المقبلة على المجلس لإصدار قراره فيه. ولا أكون مبالغًا إذا أكدت لكم من الآن

فصاعدًا أن الموافقة عليه ستكون بالاجماع من المجلسين. ولا يخفى عليكم وقوفنا على حقيقة نفسية المجلسين وكيفية توجيه ميول أعضائهما، ولولا ذلك ما أقدمنا على الاضطلاع بمثل هذه القضية الصعبة الكبيرة».

وذكرت الصحف التي نشرت هاتين الوثيقتين، أن جعفر فخري قدم اقتراحًا لمجلس النواب بطلب تعديل المادتين ١٠، ١١ من قانون الجنسية الذي كان منظورًا أمام المجلس، تعديلًا يعطي كل مصري أقام بعيدًا عن مصر مدة عشر سنوات، حق التجنس بالجنسية التي يريدها من غير موافقة الحكومة المصرية، ونسبت إلى مجهولين قولهم إن المقصود بذلك التعديل هو تمكين الأمير سيف الدين من التجنس بالجنسية التركية، ليحولوا بين مجلس البلاط وبين الإشراف على شؤونه.

لم تقتصر الفضيحة ـ في رأي الذين نشروا الوثائق ـ على الاحتيال على امرأة ضعيفة، قادها الطمع إلى الوقوع بين براثنهم، بل تجاوزت ذلك إلى ما هو أخطر، وهو تسخير البرلمان، لإصدار قانون لصالح أحد أطراف النزاع في قضية منظورة أمام القضاء، واستدلت على ذلك بحرص جعفر فخري المريب على تنبيه فريدون باشا إلى تولي أحد المحامين في القضية، وهو مصطفى النحاس، لمناصب سعد زغلول ـ بما في ذلك رئاسته لمجلس النواب ـ وربطه بين ذلك، وبين تفاؤله، بل ثقته، في أن مشروع الاقتراح بقانون إلغاء مجلس البلاط سوف يمر بسهولة في مجلس النواب، وأن هذه الثقة كانت أحد أسباب قبولهم الاضطلاع بالقضية. وبهذا لم تعد الفضيحة دليلًا على فساد شخصي ومهني فحسب، بل وفساد سياسي كذلك.

وكان صاحب الفكرة في إلغاء مجلس البلاط هو الأمير محمد علي توفيق ابن شقيق الملك فؤاد، لأسباب تتعلق بشعور أمراء الأسرة المالكة بأن مجلسًا من هذا النوع، يتيح للجالس على العرش درجة من التحكم في أقضيتهم التي تعرض عليه، إذ قد تكون لديه دوافع للانحياز إلى أحد طرفي الخصومة. صحيح أن تشكيل المجلس يضم أعضاء بحكم

مناصبهم، ذات الصفة القضائية في الأغلب الأعم، مثل رئيس المحكمة الشرعية العليا، والمفتي ورئيس محكمة النقض، إلا إن المجلس ذاته، ليس هيئة قضائية بالمعنى الاصطلاحي. لذلك اهتم فريق من أمراء الأسرة المالكة، تزعمهم الأمير محمد علي توفيق، ببحث مدى دستورية القانون الذي أنشأ مجلس البلاط، خاصة وأنه من القوانين التي صدرت قبل إعلان الدستور، فطلبوا من ثلاثة من كبار القانونيين هم المحامون: محمد محمود خليل، وحافظ رمضان، ومحامٍ بلجيكي من كبار المحامين أمام المحاكم المختلطة هو المسيو «مزرباحً»، إعداد مذكرة حول الموضوع، انطلاقًا من أن القانون المنشئ لمجلس البلاط، يؤسس قضاء خاصًّا بفئة من المصريين، هم أمراء الأسرة المالكة، ويستثنيهم من الخضوع للقضاء العادي، وهو ما يتنافى مع النصوص الواردة في الدستور حول المساواة بين جميع المصريين.

وعندما استكمل المحامون الثلاثة بحث الموضوع، قدم أحدهم، وهو حافظ رمضان ـ وكان رئيسًا للحزب الوطني ومحاميًا للأمير محمد علي وعضوًا بمجلس النواب ـ اقتراحًا بقانون إلى مجلس النواب بإلغاء مجلس البلاط ونظر قضايا الأحوال الشخصية والمدنية للأسرة المالكة أمام القضاء المختص.

تقدم حافظ رمضان بالمشروع في ٣ يونيو ١٩٢٧، وطبقًا للائحة الداخلية للمجلس فقد عرض الاقتراح أولًا على لجنة الاقتراحات، فبقي بها ثلاثة أسابيع تقريبًا، ثم أحالته إلى لجنة الحقانية، وكان يرأسها وكيل مجلس النواب في ذلك الوقت مصطفى النحاس. وحين أذيعت «وثائق سيف الدين» كان المشروع لا يزال معروضًا على اللجنة، منذ أكثر من سنة، ترك خلالها النحاس وكالة المجلس ولجنة الاقتراحات، ليصبح رئيسًا له. ثم ترك رئاسة المجلس ليصبح رئيسًا لمجلس الوزراء، ومشروع القانون محفوظ في ثلاجة لجنة الاقتراحات.

لم تخفِ صحف الانقلابيين فيما نشرته في ذلك اليوم، والأيام التالية، الأغراض الحقيقية للذين سرقوا الوثائق وأثاروا الفضيحة، ولم تضع قناعًا على وجه الهدف الأساسي منها وهو العصف بالنظام الدستوري.

ركزت الحملة الضارية التي شنتها تلك الصحف على النحاس وويصا واصف ـ بحكم مكانتهما السياسية في حزب الوفد، وبالتالي في الوزارة وفي البرلمان ـ فلم تترك لفظًا حوشيًّا وتعبيرًا سوقيًّا أو لفظ سباب مقذع لم تزجه إليهما، ولم تستنكف من مطالبة النحاس ـ وكان لا يزال رئيسًا للوزراء ـ بالاستقالة قبل أن يُقال.

في اليوم التالي لنشر الوثائق ـ ٢٣ يونيو ١٩٢٧ ـ نشرت «الأخبار» جريدة الحزب الوطني وكان يرأس تحريرها أحمد وفيق، مقالًا عنوانه «لتلقِ الأمة دروس النزاهة والشرف والأمانة على النحاس وويصا واصف وجعفر فخري المرتشين والنصابين»، وقالت فيه «إن حرفتهم كانت سلب أموال الأمة، فأمعنوا في سلبها، وكانت مهمتهم الدستور فقتلوه، إذن هم عنوان الشرف، وعنوان الأمانة، كما هو العرف في دولة اللصوص وقطاع الطرق والقرصان الذين كانوا في غابر الأزمان»، ثم أضافت: «إنه لشرف النعال، وإنها لأمانة المحتال، وإنها لصيانة دستور الدجال، هذا ما يريد أن يثبته النحاس وويصا واصف وجعفر فخري»، ثم خاطبت النحاس قائلة: «ألا تخشى أن يتلطف معك صاحب الجلالة ويسألك أين استقالتك؟ فماذا تجيب أيها النتن القذر؟».

ووصفت «السياسة» لسان حال الأحرار الدستوريين ـ وكان يرأس تحريرها الدكتور محمد حسين هيكل ـ النحاسَ وحزبه بأنهم متآمرون! وهم «لا يأتمرون بالدستور وكفى، بل يأتمرون بالوطن وحقوقه، حرصًا منهم على البقاء في الحكم لينصبوا وليسرقوا وليرتشوا، وليفعلوا ذلك كله بوثائق موقعة بأسمائهم، وقعوها في غير خجل ولا حياء، دعك من أنهم لا يقدرون شيئًا اسمه الشرف ولا الكرامة، فليس يُطلب إلى الناس جميعًا

أن يكونوا ذوي شرف وكرامة، ما دام في الناس مجرمون بالفطرة يستحقون الرثاء والإشفاق عليهم»، وكان «لومبروزو»[1] «يرى ألا وسيلة لتربيتهم إلا أن يتخلص المجتمع منهم تخلصًا حاسمًا»، وأضافت: «إن المحامين الثلاثة قد انتهزوا فرصة ضعف الأمير وأمه، فسعوا كما يسعى أحط الأنذال لابتزاز أمواله، ولو أن هؤلاء الناس تجري فيهم دماء بني آدم، لفروا من أن يراهم بنو آدم فرارًا، ولفعلوا ما يفعل الأجرب المريض، حتى لا يتقزز الناس بمنظره، وحتى لا تثور أنفسهم لمنظر الجريمة المتحركة في الطرقات».

وقالت «الاتحاد» لسان حال حزب القصر بوضوح: «إن اكتشاف مثل هذه الجريمة في بلد دستوري كافٍ لطرد رئيس جمهورية لا رئيس وزارة، يجب أن يكون أمينًا على ما في يده من السلطة، حفيظًا على ما أعطت البلاد لنوابها من سلطة التشريع للأعمال العامة لا للمصالح الخاصة والمآرب الذاتية»، ونبهت بلا مواربة إلى أن «الفضائح الأخيرة تجعل تشريع المجلس محل الريبة والشك»، وأن الفضيحة «تضع المجلسين وعملهما موضع الشبهة، وتلقي على المتآمرين مسؤولية التلاعب بتشريع البلاد، وغش البرلمان بمحاولة استخدام سلطة التشريع وسيلة لتحقيق مآرب ذاتية ومناهج مادية»!

وانتهزت «الديلي كرونيكل» البريطانية، الفرصةَ لتعبر عن رأي الدوائر الاستعمارية في ضرورة العصف بالنظام الدستوري في مصر، فقالت: «إن التهمة المدهشة الموجهة إلى رئيس الوزارة ورئيس مجلس النواب في مصر، هي بمثابة حقائق تطيح بأولئك الذين يدعون أن مصر قادرة على القيام بأعباء المسؤوليات التي تلقى على عاتق دولة حديثة. وليس هناك حكومة ذات شعور أوروبي من الآداب السياسية تستطيع أن تعمل ومثل هذا الاتهام معلق فوق رأسها»، ثم ربطت بين الفضيحة، وأزمة قانون الاجتماعات وذكرت

---

(١) «تشيزري لومبروزو» (١٨٣٥-١٩٠٩) طبيب إيطالي وعالم جريمة شهير. (الناشر).

أن «هذه الفضيحة دلت على أن الوقت لم يحِن بعد للعدول عن حماية المصالح الأجنبية».

وفي ٢٤ يونيو، نشرت جريدة «الاتحاد» ـ وكانت المصدر الرئيسي لما ينشر حول الفضيحة بحكم قربها للقصر، ولدائرة سيف الدين ـ خبرًا أرادت به أن تؤكد الجانب السياسي من الاتهامات، وأن تبرهن عليه، فذكرت أن مصطفى النحاس كان ـ إلى يوم نشر الوثائق ـ يعمل ليل نهار في مكتبه برئاسة مجلس الوزراء في تحضير النقاط الشرعية التي أعدها له الشيخ محمد عز العرب بك، وهي الجزء الخاص به في الدفاع عن والدة الأمير سيف الدين في القضية، والذي ستقدم مذكرته إلى مجلس البلاط قريبًا، وأضافت أنه «كان يستخدم في ذلك العمل الذي هو محرم عليه باعتباره موظفًا ممنوعًا من المحاماة، موظفي مكتبه، ومنهم ناصف أفندي، الذي رقاه أخيرًا، يعاونه إبراهيم حسن أفندي ـ وكيل مكتب جعفر فخري بك للمحاماة ـ فحوَّل بذلك مكتب رئيس الوزارة إلى مكتب محامٍ، ليشتغل لحساب مصطفى النحاس وويصا واصف وجعفر فخري».

وقد لعب نشر هذا الخبر الذي أريد به «تصقيع» الاتهامات، دورًا مهمًّا في القضية فيما تلا ذلك من شهور.

في مساء اليوم نفسه أقال الملك فؤاد وزارة مصطفى النحاس بدعوى أن الائتلاف قد أصيب بصدع شديد. وكلف محمد محمود بتشكيل الوزارة الجديدة، فألفها من «الأحرار الدستوريين» وحزب «الاتحاد»، وبدأ فأجل اجتماعات مجلس النواب شهرًا، ثم حله في نهاية فترة التأجيل، وبدلًا من أن يدعو الناخبين لانتخاب مجلس جديد خلال شهرين من الحل ـ حسب نص الدستور ـ استصدر مرسومًا بتعليق الحياة الدستورية لمدة ثلاث سنوات، وتعطيل بعض مواد الدستور.

تمت المؤامرة فصولًا.

خلال الشهور التالية بدأت مصر معركة ضد دكتاتورية محمد محمود،

دكتاتورية اليد الحديدية والحكم بالبوليس والإدارة، وحرمان الشعب من حقوقه الديمقراطية مقابل وعد الحكومة بتجفيف البرك والمستنقعات. تظاهر الطلاب احتجاجًا، وسارع الوفد بتنشيط لجان الطلبة التابعة له. وحاولت صحف الحكومة أن تشكك في النضال الديمقراطي، فكتبت تتساءل: «ألجان طلبة أم لجان سوفييت؟!»، وبعد انتهاء الشهر المحدد لتأجيل البرلمان حاول النواب أن يجتمعوا في مجلسهم على أساس أن قرار الحكومة غير دستوري، لكن الحكومة منعتهم بالقوة، فاجتمعوا بدار آل الشريعي بشارع محمد علي، واحتجوا على تعطيل الدستور، وقرروا اعتبار الحكومة غير شرعية. واستمر محمد محمود يحكم باليد الحديدية، فأعاد قانون المطبوعات القديم الذي يجيز تعطيل الصحف وإلغاءها إداريًّا، وأهدر الحريات الفردية، ومنع اجتماعات المعارضة، وحرم على الموظفين والطلاب الاتصال بالصحف، ودافع عن سياسته دفاعًا مضحكًا، فذكر أن النظام البرلماني قد تحول إلى أوتوقراطية في ظل حكم الأغلبية، وأن هناك ضرورة لتعطيل الدستور حتى تعرف الجماهير مصالحها وتستطيع الحكم على الأحزاب!

لكن أحدًا في الشارع المصري لم يصدق قَطُّ هذه الأكذوبة، ولم يقتنع قَطُّ بأن انتزاع حريته منه، يمكن تعويضه ببناء مستشفى أو تجفيف بركة أو مستنقع!

في ٢٥ يونيو ١٩٢٨، وقبل ساعات من إقالة وزارته، وضع مصطفى النحاس خصومه في مأزق حرج، فألقى بالكرة في ملعبهم. وإذا كان المتآمرون عليه قد اختاروا إشعال حريق وثائق قضية سيف الدين ليتاح لهم ـ في حماية سحب الدخان المتصاعدة منه ـ الانقلاب على الدستور، والعصف بالحياة النيابية، فإنه لم يهتز أمام تشهيرهم، بل قبل التحدي، وقرر أن ينقل المعركة من ساحة التشهير الصحفي بالحياة الدستورية، وبالنواب، إلى ساحة التحقيق القانوني، مؤكدًا بذلك ثقته ببراءته ونزاهة سلوكه. وهكذا

قدم بلاغه إلى النائب العام، ضد الصحف التي اتهمته باستغلال نفوذه والعمل بالمحاماة أثناء توليه رئاسة مجلس الوزراء، وسبته وقذفت في حقه فوصفته بالنصاب والمحتال وبالنتن القذر.

كلف النائب العام، أحد رؤساء النيابة وهو السيد بك مصطفى بالتحقيق في البلاغ، فاستمع إلى أقوال المُبلغ. وفي اليوم التالي لبدء التحقيق ـ ٢٦ يونيو ـ توجه جعفر بك فخري إلى النيابة، وطلب إليها رسميًّا استئناف التحقيق في البلاغ الذي تقدم به في ١٥ مارس إلى نيابة العطارين، حول سرقة المستندات من منزله بالإسكندرية. وقال إن حفظ البلاغ لم يعد له مبرر، بعد أن ظهرت الوثائق المسروقة، ونشرت صور زنكوغرافية لها في الصحف. وفي نهاية بلاغه، ادعى بالحق المدني ضد صحف «السياسة» و«الأخبار» وكل الصحف التي يظهر فيما بعد اشتراكها في القذف في حقه.

* * *

ومنذ اللحظة الأولى لفتح التحقيق، بدا واضحًا أن المحقق يتعرض لضغوط سياسية عنيفة، تحد من حريته في إجرائه بحياد وموضوعية، تستهدف التوصل إلى الحقيقة، وهو ما لم يكن ممكنًا أن تسمح به المقامات العليا التي تقف وراء المؤامرة.

وكان من دلائل ذلك أن النيابة لم تفرد محضرًا مستقلًّا للتحقيق في سرقة الوثائق، بل اكتفت بمس الموضوع مسًّا شكليًّا، يستهدف إغلاقه وليس التحقيق فيه. فسألت رؤساء تحرير الصحف التي نشرت الوثائق، عمن زودهم بالصور الزنكوغرافية التي نشروها، وردًّا على هذا السؤال، قال أحمد وفيق رئيس تحرير «الأخبار»، إنه تسلم هذه الصور من شخص يثق به، واعتذر عن ذكر اسمه محتميًا بسر المهنة، وتعلل بالسبب نفسه ليعتذر عن تسليم الصور التي وصلته ونشرها. على أن رياض بك عفيفي مدير جريدة «الاتحاد»، ذكر أن الصورتين الزنكوغرافيتين للوثائق، وصلتا إلى الجريدة بالبريد من الإسكندرية.

قبلت النيابة اعتذار أحمد وفيق بسر المهنة فلم تكلف الشرطة بالتحري عن الشخص الذي سلم الصور إليه، ولم تكلفها بعرض الصورتين اللتين سلمهما إليها رياض عفيفي، على العدد المحدود من أصحاب محال التصوير الفوتوغرافي في القاهرة والإسكندرية، لتكتشف مكان تصويرهما وسؤال المصور عن اسم أو أوصاف الشخص الذي قدم له أصول المستندات للتصوير.

استراب جعفر فخري في سلوك النيابة، وأدرك أن الضغوط السياسية ما زالت تمارس عليها، وخاصة أن وزير الحقانية ـ وهو الوزير الذي تتبعه النيابة ـ في وزارة الانقلاب، كان هو ذاته محمد أحمد خشبة باشا، الذي كان يشغل المنصب ذاته في وزارة النحاس الائتلافية، واستقال منها رغم وفديته، ليساهم في تقويض الائتلاف، مبررًا استقالته بالاحتجاج على سلوك النحاس في قضية سيف الدين.

وفي مواجهة هذه المحاولات، لإغلاق ملف سرقة الوثائق، حاول جعفر فخري أن يحرك التحقيق في الموضوع، فقدم بلاغًا للنائب العام ـ بعد خمسة أيام من بدء التحقيق ـ يتهم فيه أحمد وفيق بإخفاء معلومات عن سلطات التحقيق، من شأن إخفائها التستر على المجرم الذي سرق المستندات وتمكينه من الإفلات من وجه العدالة.

ومع أن النيابة كانت تعرف أن القاعدة القانونية تقول إنه لا يجوز الاعتداد بسر المهنة إذا كان الأمر يتعلق بالتحقيق في جريمة، كما أن القوانين القائمة آنذاك لم تكن تعتبر الصحافة من الأعمال التي يجوز للمشتغلين بها الامتناع عن البوح بسر المهنة، إلا إنها تجاهلت بلاغ جعفر فخري الثاني، وسكتت عن اتخاذ أي إجراء، كما سكتت عن بلاغه الأول.

كان لا بد من ضغوط سياسية على النيابة، إذ لم يضع مخططو المؤامرة في اعتبارهم احتمال أن يطلب النحاس فتح تحقيق قضائي في التهم الموجهة إليه، وقد استهدفت هذه الضغوط، إجبار النيابة على أن توجه تحقيقها في

الاتجاه الذي يؤدي إلى إثبات التهم التي استندت إليها حملة التشهير ضد رئيس حزب الأغلبية، ورئيس مجلس النواب والحياة النيابية كلها، والبرهنة على أنهم استغلوا مناصبهم في الحكومة والبرلمان للنصب والاحتيال، واستبعاد أي محاولة للتفتيش وراء سارق الوثائق، لأن هذه المحاولة ستفضح المقامات العليا التي وقفت وراء السرقة، وتكشف عن أن وراء هذه الضجة كلها ضغائن سياسية، وأهدافًا مالية مشبوهة، فيخرج «المتهمون» من قفص الاتهام، ليدخله الذين اتهموهم.

وحتى لا تتجاهل النيابة أو تتغاضى عن المطلوب منها، فقد قلب رؤساء تحرير الصحف التحقيق معهم في تهمة القذف والسب، إلى بلاغات ضد زعيم الأغلبية وزميليه. بل إن أحمد وفيق رئيس تحرير «الأخبار»، رفض أن يجيب على أسئلة المحقق، وقال إنه لا يعرف لماذا استُدعي إلى النيابة، وإنه يرفض اعتباره متهمًا، بل يسجل بلاغًا ضد رئيس الوزراء ورئيس مجلس النواب، وأحد النواب، لأنهم استغلوا مناصبهم للإساءة للصفة التي يحملونها. وختم كلامه قائلًا: «وحيث إن هؤلاء نواب عن الأمة المصرية، وهم بحكم هذه النيابة وكلاء عني، وبتصرفهم هذا قد أساءوا إليَّ باعتباري وكلتهم في هذه النيابة، لهذا أرجو تحقيق ما نسب إليهم، وأدعي مدنيًّا الآن بقرش صاغ واحد».

وقال الدكتور محمد حسين هيكل مدللًا على صحة ما نسبه إلى النحاس وزميليه على صفحات «السياسة»: «يكفيني للدلالة أن جلالة الملك أقالهم من مناصبهم».

* * *

ولا بد أن النيابة كانت تفضل أن يعفيها المتآمرون من الحرج الذي وضعوها فيه، بمواصلتهم للضغط عليها لتوجه التحقيق بحيث ينتهي إلى إدانة النحاس باشا وزميليه، فتُقدم بذلك مبررًا قضائيًّا للعصف بالدستور، وتعطيل الحياة النيابية. ولم يكن في مقدور المتآمرين أن يكفوا عن الضغط،

إذ كانوا يدركون أن كل التخريجات التي استنطقوا «وثائق سيف الدين» لتقولها بالإكراه لن تصمد أمام أي تحقيق قضائي. لذلك كان اللجوء إلى القضاء، أو فتح باب التحقيق في الموضوع، هو آخر ما يتمنونه أو يفكرون فيه. أما وقد أسرع عدوهم اللدود بوضع الأمر بين يدي القضاء، فلم يكن أمامهم مفر من الضغط على النيابة، حتى لا يكسب النحاس الجولة، وينصف القضاء زعيم الأغلبية، ويطفئ الحريق الذي افتعلوه ليستتروا وراء سحب الدخان المتصاعدة منه، وهم ينقلبون على الدستور.

وكان المصدر الرئيسي لحرج النيابة، هو أن مواد القانون لم تكن تسعفها في الاستجابة لمطالب الضاغطين، فليس من حقها قانونًا أن تحقق في كل التخريجات التي حاولت أن تتخذ من نصوص عقد الاتفاق موضوعًا للاتهام ما دام الطرف الآخر في العقد ـ وهو الأميرة نجوان هانم ـ لم يشكُ من فداحة الأتعاب، أو يتهم المحامين الثلاثة بالنصب عليه، أو يقاضيهم طالبًا فسخ العقد أو إعادة تقدير الأتعاب. ثم إن بين المتهمين رئيسًا للوزراء، ورئيسًا لمجلس النواب، وفي وقائع الاتهام ما يتصل بأداء كل منهما لواجبات وظيفته، ولم يكن هناك قانون ينظم إجراءات التحقيق مع شاغلي هذه الوظائف في حالة ارتكابهم لجرائم تتعلق بأدائهم لواجباتهم.

وفي مواجهة هذا الحرج، حاولت النيابة في المرحلة الأولى من التحقيق ـ التي استغرقت ثلاثة أسابيع ـ أن تلتزم بالتحقيق في بلاغ النحاس ضد الصحف التي قذفت في حقه وسبته، وفي حماية هذه المظلة تناولت بالتحقيق معظم الوقائع التي ادعى بها كلٌّ من الطرفين مدنيًّا ضد الآخر.

وكان منطقيًّا أن يتهاوى الاتهام في نهاية الأسابيع الثلاثة التي استغرقها تحقيق السيد بك مصطفى، فقد جاء الموقف الذي وقفه محمد بك شوكت ـ وكيل الأميرة نجوان هانم ـ في التحقيق، ليكون المعول الأول في جدران الاتهام، إذ قال إنه هو الذي اختار المحامين الثلاثة، لمعرفته بعلمهم الغزير، وعفتهم، ولأنهم أصحاب جسارة مدنية، يقولون الحق ولا يخشون

في قوله لومة لائم، ويدافعون عن حقوق الغير، كأنها حقوقهم. وأضاف أنه لم يضع في اعتباره، وهو يتعاقد مع المحامين، أن بينهما اثنين يعملان وكيلين لمجلس النواب، وإن كانت التطورات التالية أقنعته بأن هذه المراكز كانت فألًا سيئًا على القضية، لأن أحدهما ترك القضية حين اختير لرئاسة الوزارة، بينما لم يستطع الثاني بعد أن أصبح رئيسًا لمجلس النواب أن يواصل مرافعته فيها.

ونفى شوكت بك القول بأن الأتعاب التي اتفق عليها مع المحامين الثلاثة باهظة، وقال إنه راضٍ بتلك الأتعاب، وأنه مستعد لأن يدفع أضعافها إذا ربح قضيته التي يعلم كم هي صعبة، وهو أكثر الناس معرفة بحجم المشاكل المعقدة المحيطة بها، وشهد بأن المحامين تصرفوا بشهامة، حين اعتذر لهم بأن موكلته لن تستطيع دفع مقدم الأتعاب المتفق عليه لسوء أحوالها المالية، فقبلوا ١٠٪ فقط من هذا المقدم، وبرهنوا بذلك على شفقتهم ورحمتهم وعدلهم وتنزههم عن استغلال الظروف.

وكشف التحقيق عن مفاجأة أخرى هدمت أدلة الاتهام، هي التلاعب في الترجمة العربية لخطاب جعفر فخري التي نشرتها الصحف بإضافة سطور إليها لم ترد في الأصل التركي، تهدف إلى تأكيد الاتهام بتسخير البرلمان، لأغراض خاصة، واستغواء النواب لإصدار قانون لمصلحة أحد طرفي الخصومة في قضية منظورة أمام القضاء.

وكانت الترجمة التي نشرتها الصحف الثلاث في الأساس نصًّا عربيًّا واحدًا وصل إليها مع الصورة الشمسية للخطاب باعتباره ترجمة عربية للأصل التركي، وقد عرضت جريدة «الاتحاد» هذا النص على أحد المترجمين العاملين بها، وهو أحمد أفندي ياور، فأقر بأن الترجمة سليمة، فاعتمدت الصحف على إقراره للنص العربي ونشرته. وحرصت على أن تختار منه فقرة بذاتها تصفها بحروف الطباعة الكبيرة، وتضع تحت عبارتين من عباراتها خطوطًا، لتلفت نظر القراء إلى أهميتهما، وتدعوهم

للتأمل في معانيهما. وهي الفقرة التي يشير فيها جعفر فخري إلى الإيقاع السريع لحركة الاقتراح بإلغاء مجلس البلاط، في لجان مجلس النواب، ثم يقول مخاطبًا فريدون باشا: «ولا يخفى عليكم وقوفنا على حقيقة نفسية المجلسين، وكيفية توجيه ميول أعضائهما، مما يجعلنا على تمام الثقة بقرار المجلسين في هذا الموضوع، ولولا ذلك ما أقدمنا على الاضطلاع بمثل هذه القضية الصعبة الكبيرة».

وجاءت الترجمة الرسمية التي طلبت النيابة إجراءها، لتكشف عن أن عبارة «وكيفية توجيه ميول أعضائهما»، وكذلك عبارة «ولولا ذلك ما أقدمنا على الاضطلاع بمثل هذه القضية الصعبة الكبيرة»، لا وجود لهما مطلقًا في الأصل التركي الذي كتبه جعفر فخري. وأن الترجمة الدقيقة للنص الوارد في هذا الأصل هي: «... فليس بخافٍ على فطنة معاليكم العالية أننا أمناء على حالة مجلس النواب والشيوخ الروحية». وعندما واجه المحقق أحمد أفندي ياور ـ مترجم «الاتحاد» الذي اعتمد الترجمة قبل النشر ـ بما كشفت عنه الترجمة الرسمية للخطاب، وسأله عن الأصل التركي للعبارتين اللتين نشرتهما الصحف، قال: «دي زيادة تعبير مش موجودة في الأصل التركي، وفي الترجمة (التي نشرتها الصحف) بعض حشو كلام، زيادة في الإيضاح».

وأضاف ياور أفندي قائلًا إن كاتب الخطاب لم يعد المرسل إليه بالقيام بأي عمل ليؤثر به على أعضاء مجلسي النواب والشيوخ لتمرير قانون إلغاء مجلس البلاط، ولكنه كتب إليه فقط يقول إنه واثق من أن موقف أعضاء المجلسين سيكون مع إلغاء هذا المجلس.

وكشف تحقيق السيد بك مصطفى كذلك، عن أن الادعاء باشتغال مصطفى النحاس باشا بإعداد المذكرة الشرعية أثناء رئاسته لمجلس الوزراء، وتحويل مكتبه في الرئاسة إلى مكتب للمحاماة، هو فرية لا أساس لها. إذ استمع المحقق إلى شهادة كل الذين وردت أسماؤهم في الخبر الذي

نشرته «الاتحاد» عن هذه الواقعة. فنفى الشيخ محمد عز العرب عضو الشيوخ الوفدي والمحامي الشرعي الكبير، أن النحاس طلب منه مذكرة بهذا المعنى. وقال إنه لو طلب منه إعدادها لفعل ذلك بكل ترحاب، بصفته محاميًا شرعيًّا مختصًّا ببحث المسائل الشرعية، فضلًا عن أن هذا نوع من تبادل الخبرة بين المحامين، تجيزه تقاليد المهنة، بل وتوصي به. وأضاف أنه لم يتردد على مبنى رئاسة مجلس الوزراء، طوال الشهور الثلاثة التي كان النحاس فيها رئيسًا للمجلس، إذ كان يلقاه في البرلمان، وفي المقر الرئيسي للوفد في بيت الأمة. ونفى ناصيف أفندي مفتاح أن النحاس قد أملاه شيئًا، وقال إنه موظف بسكرتارية مجلس النواب ولا علاقة له بمجلس الوزراء. وروى النحاس قصة المذكرة، مستشهدًا بمحاضر مجلس البلاط على أنه قد كتبها منذ أكثر من عام، ومستشهدًا بالأستاذ محمد عبد الرحمن الجديلي الموظف بمجلس النواب، على أنه طلب منه في هذا التاريخ تدبير بعض مراجع هذه المذكرة باعتباره من متخرجي مدرسة القضاء الشرعي، وقد أيد الجديلي هذه الوقائع. وقدم ويصا واصف إلى المحقق المذكرة الشرعية نفسها ليثبت أنها كلها مكتوبة بخط النحاس باشا، وأضاف أنه بعد تنازل النحاس عن الدفاع في القضية ـ على إثر توليه لرئاسة مجلس الوزراء ـ سلمه دوسيه القضية الخاص به، وأنه سلمه بدوره إلى زميله جعفر فخري، وهكذا انهارت التهمة.

ولم يجد السيد بك مصطفى مبررًا لسؤال شخص آخر ذكر خبر «الاتحاد» أن اسمه إبراهيم أفندي حسن، وأن وظيفته هي وكيل مكتب جعفر فخري، وادعى الخبر أنه كان ممن أملى عليهم النحاس باشا المذكرة الشرعية في مبنى مجلس الوزراء، إذ سأل المحقق جعفر فخري عما إذا كان من بين وكلاء المحامين الذين يعملون بمكتبه أحد باسم إبراهيم حسن، فنفى ذلك. ولما لم يكن لشهادة هذا الشخص ـ في نظر المحقق ـ قيمة، بعد أن نفى كل الشهود الآخرين الواقعة، فقد اعتبر أن التحقيق فيها قد

استوفى غايته، وأنها ليست في حاجة إلى أقوال جديدة، بعد أن انهارت تمامًا وفقدت مصداقيتها.

انزعج المتآمرون من سقوط الاتهامات واحدًا بعد آخر، فأسرعوا يحاولون إنقاذها من الانهيار الشامل، بالبحث عن وثائق جديدة، تؤكد ما نسبوه للمتهمين، بعد أن تبددت سحب الدخان، التي أطلقوها عقب نشر العقد والخطاب، ولم يسفر التحقيق، حتى ذلك الحين، عن وجود جناية أو شبهة جناية، ضد النحاس وزميليه.

وتقدمت دائرة سيف الدين لتعاون المتآمرين، وتقوم بما يتطلبه إثبات الاتهام في أي مؤامرة سياسية من ألعاب قذرة، إذ كان للدائرة مصلحة، في البرهنة على سفه الأميرة نجوان التي تبعثر أموال الأمير على الوسطاء النصابين، الذين أوهموها بأن في استطاعتهم تمكينها من وضع يدها على الثروة، لأن هدفها الوحيد هو أن تضع يدها عليها، وتحصل على حق التصرف فيها، فهي ليست أمينة على الأمير، ولا يمكن الاطمئنان إلى قوامتها عليه، أو الثقة في حضانتها له.

وانتهى تفكير خبراء الدسائس في دائرة سيف الدين إلى محاولة شق جبهة الأعداء، وفصم العلاقة بين الأميرة نجوان ووكيلها شوكت بك وصديقه جعفر فخري من ناحية، وبين النحاس وويصا واصف. ومساومة الأميرة ووكلائها على تحقيق بعض ما كانت تهدف إليه من رفع القضية، مقابل أن تساعد الدائرة في إثبات الاتهام ضد النحاس وويصا واصف.

وهكذا فوجئ جعفر فخري بك في مساء يوم ١٤ يوليو ١٩٢٨ بورقة تصله من مكتب الاستقبال في فندق «ناسيونال» ـ الذي يسكن به عادة حين يكون بالقاهرة ـ تقول:

أكون سعيدًا إذا تفضلتم بمقابلتي في مسألة خاصة.

زكريا نامق المحامي

ومع أن جعفر فخري دهش لأن أحد المحامين عن دائرة سيف الدين

يطلب لقاءه في وقت اشتدت فيه الحرب بين الطرفين، سواء في قضية نشر الوثائق، أو في قضية مجلس البلاط، إلا إن دهشته قد تصاعدت حين اكتشف أن الدائرة أرسلت المحامي ليرفع أغصان الزيتون، ويعرض استئناف مفاوضات الصلح في القضية المرفوعة أمام مجلس البلاط، بعد أن انقطعت في أعقاب العرض الذي قدمته نيابةً عن الدائرة بعثةُ النبيل عباس حليم، ونصح المحامون الأميرة نجوان برفضه لأنه يقوم على تنازلها عن حقها في حضانة ابنها. واستمع جعفر فخري إلى الخطوط العامة للعرض، ولم يناقشها معتذرًا بأن صاحب الحق الأصلي في قبول العرض، أو طلب تعديله أو رفضه، وهو محمد بك شوكت، يقيم في الإسكندرية، وأنه سيرسل في طلبه، لعقد جلسة ثلاثية لمناقشة العرض.

ووصل شوكت بك إلى القاهرة، حيث اجتمع إلى جعفر فخري، واستمع منه إلى شروط الصلح التي تعرضها الدائرة، ثم انتقل الاثنان إلى مكتب ويصا واصف وناقشوا معه الموضوع، وكان من رأيه أن يقبلا البحث في الصلح إذا كانوا واثقين من حسن نية الطرف الآخر.

وفي اللقاء الثلاثي، الذي جمع بين جعفر فخري ومحمد شوكت وزكريا نامق، في جناح الأول بفندق «ناسيونال» ـ في التاسعة والنصف من مساء يوم ١٦ يوليو ـ عرض محامي الدائرة شروطه للصلح، وخلاصتها أن الدائرة على استعداد لأن تخصص للأمير نفقة سنوية قدرها خمسون ألف جنيه تُسلم إلى والدته، وعلى استعداد أيضًا لأن تنفذ القرار الصادر من مجلس البلاط بصرف ٤٠ ألف جنيه لشراء العقارات الخاصة بسكن الأمير. وفي مقابل ذلك يبقى الحجر قائمًا، ويبقى القيِّم هو الأمير محمد علي إبراهيم، على أن تُعيَّن الأميرة الوالدة مشرفة على القيِّم.

ورأى شوكت بك أن الشروط المعروضة لا بأس بها، ولو أنها لا تحقق لهم كل ما يريدون، ولكنها أساس طيب للبحث. فطلب زيادة النفقة السنوية عشرة آلاف جنيه أخرى، لتصبح خمسة آلاف جنيه شهريًّا، فقال زكريا نامق

إنه لا يعتقد أن هذا مطلب عسير التحقيق، وأضاف: «لو أن أمين علي منصور (وكيل القيِّم) كان موجودًا الآن لانتهت المسألة».

وطلب منه شوكت بك أن يتصل به تلفونيًّا ليعرض عليه الأمر. ولما لم يجده، اتفق الطرفان على لقاء في صباح اليوم التالي يحضره وكيل الدائرة أمين علي منصور لإتمام الاتفاق، وتوقيعه.

* * *

انتهت جلسة المفاوضات، وخرج جعفر فخري من جناحه مع مضيفه ليودعه حتى السلم، وخرج خلفهما شوكت بك الذي لاحظ أنهما يتهامسان، فتوقف على مقربة من باب الجناح، بينما واصلا الهمس عدة دقائق، استدارا بعدها عائدين، ودخلا ثانية إلى الغرفة، وبدا وكأن هناك جانبًا من المفاوضات يحتاج إلى استكمال. وما إن دخل الثلاثة الغرفة حتى قال جعفر بك لزكريا نامق:

ـ أهو شوكت بك قدامك، كلمه في اللي إنت عاوزه.

وبعد مقدمة قصيرة، قال زكريا نامق:

ـ المسألة تحتاج لإنهائها أن تسهلوا لنا بعض الأمور.

ولما سأله شوكت بك عن نوع التسهيلات المطلوبة، قال:

ـ لازم تساعدونا في تسليم بعض أوراق تتعلق بمصطفى النحاس أو ويصا واصف، إنما تكون في العضم، مش زي جواب جعفر فخري ده اللي نُشر، وهو عبارة عن كلام واحد محامي بيفشر بيه على موكله. ما يخلاش الأمر أن تكون بينهم وبينكم مراسلات تكون مؤثرة، وتعزز الحاجات المنشورة دي.

وبينما كان شوكت بك يحاول استيعاب الطلب، أضاف زكريا بإغراء:

ـ الدائرة لديها ٧٥٠ ألف جنيه متجمدة، ومش عارفين نتصرف فيها. وإذا سهلت العمل ده، نكون مبسوطين كلنا.

توترت أعصاب شوكت بك، وقال بعصبية:

ـ هل هذا الطلب شرط لإتمام الصلح الذي تعرضونه؟

تراجع زكريا نامق، وقال:

ـ أنا فقط كنت أريد تسهيل الأمر، لأن هناك مقامات عليا يهمها الحصول على تلك الأوراق، لها كلمة نافذة في إتمام الصلح.

وانصرف زكريا نامق على أن يعود في صباح اليوم التالي، ومعه أمين علي منصور لاستكمال المفاوضات، لكنه لم يعد، ولم ينتظره شوكت بك، بل أسرع يتقدم بمذكرة إلى مجلس البلاط ضد الدائرة، وبشكوى للنيابة ضد زكريا نامق، الذي نفى التهمة، وأنكر الواقعة، وفسر طلبه لمقابلة جعفر فخري بسبب ظاهر الافتعال، فقال إن أحد محرري «الاتحاد» أخبره بأن هناك تفكيرًا في أن يدير أمين علي منصور، دائرة الأميرة نجوان هانم بالإضافة إلى دائرتي الأميرين سيف الدين ومحمد علي إبراهيم، فذهب إلى جعفر فخري ليستوثق من صحة الخبر. ولما ضيق عليه الخناق، سائلًا إياه عن مصلحة جعفر فخري وشوكت بك في الادعاء عليه بما لم يقله، برر ذلك بأنهما فهما خطأ سؤاله لهما أثناء المفاوضات عن مدى صحة الأنباء التي تقول إن كل واحد من المحامين الثلاثة، يحصل على مائة جنيه شهريًّا، من النفقة المؤقتة التي قررها مجلس البلاط للأمير. وأضاف أنه أشار على جعفر فخري بأن ينصح صديقه شوكت بك بتقديم الإيصالات التي تدل على استلام مصطفى النحاس وويصا واصف لهذه المبالغ إلى النيابة، لأن تقديمها سوف يوازن أوضاع المتهمين في القضية، فيتساوى ما هو منسوب إلى جعفر فخري بما قد ينسب إلى زميليه، إذ ليس من العدل أن يتحمل وحده وزر القضية.

وجاء التفسير الذي ساقه زكريا نامق ليبرر به تصرفه، مؤكدًا لما حاول أن ينفيه، وعندما تكشف له ذلك، ازداد توترًا وعصبية، إبان المواجهة التي أجراها المحقق بين أطراف اللقاء الثلاثي، فانفجر معلنًا أنه لم يشأ أن يبلغ النيابة بواقعة حصول المحامين الثلاثة على ثلث النفقة المؤقتة التي قررها

مجلس البلاط للأمير، وأنه صدق جعفر فخري وشوكت بك حين نفيا له الواقعة. وأضاف مهددًا: «سوف يتبين ما هو أدهى وأمر، وسأبلغ النيابة عنه قريبًا».

كان تهديد زكريا نامق هو آخر ورقة في ملف التحقيق الذي أجراه السيد بك مصطفى، وانتهى في ١٨ يوليو ١٩٢٨ إلى الحفظ، دون أن يسفر عن توجيه أي اتهامات لمصطفى النحاس وويصا واصف. وكان لا بد من البحث عن لعبة قذرة جديدة تتيح الاستمرار في التحقيق إلى أن ينتهي باتهام زعيم الأغلبية ورئيس مجلس النواب بتهم تقضي على مستقبلهما السياسي تمامًا.

* * *

وبعد أقل من أسبوع، انتدب النائب العام محققًا جديدًا، هو مصطفى بك حنفي ـ الأفوكاتو العمومي ـ لتكون أول ورقة في تحقيقه، هي ذلك «الأدهى والأمر» الذي هدد زكريا نامق بظهوره. فقد تلقى المحقق خطابًا من الأستاذ محمد سليم المحامي بدائرة سيف الدين، يخطره فيه بأن هناك شاهدًا مهمًا على واقعة اشتغال النحاس بإعداد المذكرة الشرعية أثناء رئاسته للوزراء، هو إبراهيم أفندي حسني، وكيل مكتب جعفر فخري الذي أخطأ خبر «الاتحاد» فذكره باسم إبراهيم حسن، وأضاف البلاغ أن جعفر فخري أمر وكيل مكتبه بالاختفاء إبان المرحلة الأولى من التحقيق، ولكنه استطاع أن يعرف محل إقامته، ويرجو من المحقق أن يستمع إلى أقواله.

واستجاب الأفوكاتو العمومي لطلب الاستماع إلى شهادة إبراهيم حسني، وبدأ تحقيقه في ٢٤ يوليو بأقواله، وعلى عكس ما كان متبعًا في جلسات التحقيق السابقة، لم يخطر المحامون عن مصطفى النحاس وويصا واصف بهذا التطور الجديد، ولم يبلغوا بموعد الجلسة ليتاح لهم حضورها ومناقشة الشاهد في أقواله.

وعندما علم أحدهم وهو ملاك أفندي كامل ـ المحامي عن جعفر فخري ـ

من الصحف بأن التحقيق يجري في نيابة الإسكندرية، توجه إليها، ففوجئ بأن الخبر صحيح، وبأن الأفوكاتو العمومي، أوشك على الانتهاء من الاستماع إلى أقوال إبراهيم حسني، ودهش لأن اثنين من محامي دائرة سيف الدين ـ هما محمد سليم وعلي منصور ـ جاءا خصوصًا من القاهرة لحضور التحقيق، بينما لم تهتم النيابة بإخطاره هو أو زملائه بموعده، أو تطلب إليهم حضوره، فقدم احتجاجًا على ذلك إلى الأفوكاتو العمومي.

وفيما بعد، تكشف السبب الذي من أجله لم يخطر الدفاع عن ويصا واصف ومصطفى النحاس بموعد تلك الجلسة، إذ كان إبراهيم حسني هو شاهد الملك الملقن، الذي أعد لإثبات الاتهام بعد أن فشلت كل الوسائل الأخرى، ومنذ اللحظة الأولى لإدلائه بأقواله، تكشفت ملامح الدور الذي جاء ليلعبه في القضية، وثبت أنه قد اطلع على كل ما قيل وما أثير في محضر التحقيق الأول، ودرب على إلقاء رواية، لا تتناقض مع ما شهد به الشهود في هذا المحضر، ولكنها تثبت التهمة ضد المتهمين بوقائع جديدة، لم يشهد أحد بكذبها، أو يقدم إليها تفسيرًا منطقيًّا.

وانطلاقًا من هذا التبرير الضعيف والسخيف، نقل إبراهيم حسني، عن لسان مخدومه، اعترافًا كاملًا بوقائع الاتهام، فقال إن جعفر فخري أبلغه بأن الهدف من ضم النحاس وويصا واصف إلى هيئة الدفاع في القضية هو الاستعانة بمركزيهما ـ كوكيلين لمجلس النواب ـ في التأثير لصالح الأمير سيف الدين، ولم يكتفِ بذلك، بل اعترف له كذلك بأن خطتهم تقوم على المطالبة بإلغاء مجلس البلاط، وأنهم أوعزوا إلى حافظ رمضان بك بأن يتقدم باقتراح بمشروع قانون إلغاء المجلس. ثم قال له فيما بعد، إن الذي طلب من حافظ رمضان تقديم الاقتراح، هو الأمير محمد علي، وإن في نيتهم استغلال هذا المشروع.

وهكذا تقمص إبراهيم حسني دورًا تكرر ظهوره ـ قبل ذلك وبعد ذلك ـ في القضايا السياسية، وهو دور الشاهد الذي يسهل الأمور على سلطة الاتهام،

ويعفيها من جهد البحث عن أدلة وقرائن لإثباته، ويتولى نيابة عنها توجيه التهم ضد الخصوم السياسيين. ولم يكلفه القيام بهذا الدور سوى مجهود يسير، غير التطوع بالشهادة. لقد كان مستعدًّا للشهادة بأي شيء وفي أي وقت، وكانت أقواله تُلقَّن له لترد على أقوال المتهمين في التحقيق.

ومع أن الواقعة الوحيدة التي استُدعي للشهادة عليها، هي واقعة إملائه المذكرة الشرعية، إلا إنه لم يكتفِ بالشهادة عليها، ولم يصبر حتى يسأله المحقق، ولم يُجِب على قدر السؤال، إذ كانت المحفوظات التي لُقنت له، تتحدى ذكاءه المحدود، فتندفع على لسانه بشكلٍ لفت نظر المحقق، الذي كان قد بدأ تحقيقه بسؤاله عما إذا كان يعرف أن مصطفى النحاس هو أحد المحامين الموكلين في القضية، وبدلًا من الإجابة بالنفي أو الإيجاب، اندفع إبراهيم حسني يقول دون مناسبة، متقمصًا دور المدعي العام في القضية، إن جعفر فخري قال له إنهم سيوكلون في قضية مهمة، ولما سأله عنها قال له إنها قضية الأمير سيف الدين، وإنه يفكر في أن يشرك معه في القضية أحدًا من أعضاء مجلسي الشيوخ والنواب، وأضاف أنه علم منه أنه قد سافر إلى القاهرة وأقنع ويصا واصف أولًا، ثم اشترك الاثنان في إقناع النحاس. ولما عبر الأفوكاتو العمومي عن دهشته لاندفاع جعفر فخري في رواية كل هذه الأسرار للشاهد، وهو مجرد وكيل لمكتبه، فسر إبراهيم حسني ذلك، بأن مخدومه يثق به، ويتخذه كاتمًا لأسراره، ولا يخفي عنه شيئًا.

مجهود التخلي عن الضمير، هو أن يؤيد كل التهم التي أراد المتآمرون نسبتها إلى النحاس وزميليه، بأقوال ينقلها عن جعفر فخري وينسبها إليه، زاعمًا أنه لم يكن يخفي عنه شيئًا، حتى إنه أخطره أن في نيته أن «يستغل» اقتراح إلغاء مجلس البلاط.

وفي إجاباته على أسئلة النيابة عن موضوع اشتغال النحاس بإملائه المذكرة الشرعية، حاول إبراهيم حسني أن يتوقى كل تناقض بين روايته وبين الوقائع التي سبق لغيره من الشهود أن أجمعوا على صحتها. فأدخل

تصحيحات مهمة على رواية «الاتحاد» لقصة المذكرة الشرعية، من بينها أن الإملاء لم يتم في مكتب النحاس في مجلس الوزراء، بل في غرفة الوزراء بمجلس النواب، إذ كان إبراهيم حسني يعرف الغرفة الأخيرة، بحكم تردده على المجلس لينسخ لمخدومه بعض محاضر الجلسات التي يحتاج إلى نسخها، فيستطيع أن يصف محتوياتها ويضفي بذلك مسحة من الصدق على أكاذيبه.

ولأن التحقيق الأول كان قد انتهى إلى أن المذكرة الشرعية، كُتبت بخط النحاس، وأنها أُعدت في الفترة بين انعقاد جلسة مجلس البلاط الأول في ٣٠ مارس، وانعقاد جلسته الثانية في ٢١ مايو من العام الماضي ١٩٢٧، فقد نصحه الذين لقنوه بأقواله بأن يتجاوز هذا القسم من الواقعة، وأن يكتفي للتدليل على جمع النحاس بين رئاسة مجلس الوزراء، وبين الاشتغال بالمحاماة، بواقعة واحدة خلاصتها أن النحاس أملاه الصفحتين الأخيرتين من المذكرة فقط، ابتداء من البند ١٦ منها، وهي بنود تتعلق بحجم ثروة الأمير سيف الدين وثروة والدته، وتتضمن بيانات وأرقامًا إحصائية.

ولأنه كان مشغولًا بإثبات قيام النحاس بإملائه المذكرة إبان رئاسته لمجلس الوزراء، فقد أجاب على سؤال المحقق عن تاريخ الإملاء، بقوله إن ذلك قد حدث بعد انعقاد جلسة مجلس البلاط الأخيرة في ١٦ يونيو ١٩٢٨ بنحو أربعة أو خمسة أيام، أي في يوم ٢٠ أو ٢١ يونيو.

وأدرك الملقنون من خبراء الدسائس في دائرة سيف الدين، أن إبراهيم حسني قد أخطأ في اختيار هذا التاريخ، إذ يسهل تكذيبه لعدم منطقيته، إذ لم تكن هناك ضرورة ملحة تجبر النحاس على المغامرة بإملاء المذكرة، في ذروة الأزمة الوزارية، وفي الأيام التي كانت تتوالى فيها استقالات الوزراء من حكومته، بينما أجلت اجتماعات مجلس البلاط ـ الذي كان مفروضًا أن تقدم إليه المذكرة ـ إلى ما بعد نهاية الصيف.

وفي اليوم التالي ـ ٢٥ يوليو ١٩٢٨ ـ أعاد المحقق فتح المحضر، ليسأل

إبراهيم حسني عدة أسئلة شكلية، قبل أن يسأله السؤال الذي أتاح له الفرصة لتصحيح تاريخ الإملاء، فإذا به يتذكر فجأة، أن الإملاء وقع قبل انعقاد جلسة مجلس البلاط بأربعة أو خمسة أيام، وليس بعدها بنفس المدة. وبذلك بدت الرواية أكثر منطقية.

على أن رواية إبراهيم حسني لم تصمد أمام طوفان الأسئلة الذي أمطرته به هيئة الدفاع عن النحاس وزميليه، إذ عجز عن وصف غرفة الوزراء بمجلس النواب، لم يتنبه إلى أن المنضدة التي ذكر أنه جلس إليها إبان استملائه، عليها تلفون.

واهتزت روايته حين انهالت عليه أسئلة المحامين تطلب إليه تحديد ظروف ذهابه إلى مجلس النواب يومها، والموعد الذي بدأ فيه الإملاء، والمدة التي استغرقتها، والأشخاص الذين دخلوا إلى الحجرة أثناءه، إذ ذكر أنه انتقل إلى المجلس يومها بصحبة جعفر فخري، في سيارة صديق مخدومه ـ كان يقيم معه في فندق «ناسيونال» ـ يُسمى الجيار بك، وأنه كان موجودًا بالمصادفة حين استدعاه النحاس ليملي عليه آخر صفحتين في المذكرة، وأن أحدًا لم يدخل الحجرة أثناء الإملاء ـ الذي بدأ أثناء انعقاد جلسة المجلس المسائية واستغرق ثلث ساعة ـ سوى جعفر فخري الذي كان كثير التردد عليهما، وويصا واصف الذي دخل مرَّة واحدة.

وككل كذوب، فإن التفاصيل الكثيرة التي استدرجته أسئلة الدفاع لذكرها، سرعان ما تناقضت مع المنطق، ومع غيرها من التفاصيل التي سبق له هو نفسه أن ذكرها، فأخذ يعدل فيها، وانتهت محاولاته لإحداث تواؤم بين أقواله، بتناقضات بين أقواله المعدلة، وبين أجزاء أخرى من أقواله السابقة، حتى أصبحت أقواله بمجملها مليئة بالثقوب والرتوق.

وفضلًا عن أن الاطلاع على قائمة نزلاء فندق «الناسيونال» في الفترة التي ذكرها، كشف عن عدم إقامة أحد اسمه الجيار به خلال تلك الفترة، فقد لاحظ المحامون عدم منطقية الادعاء بتردد ويصا واصف على غرفة

الإملاء مع القول بأن هذا الإملاء كان يجري إبان انعقاد جلسة مجلس النواب، إذ لم يكن معقولًا أن يترك رئيس مجلس النواب منصة الرئاسة، أثناء انعقاد الجلسة، ليفتش على الإملاء، وهي ملاحظة دفعت إبراهيم حسني إلى تعديل أكذوبته، قائلًا إن الإملاء قد وقع إبان رفع الجلسة للاستراحة، فوقع بذلك في مطب أسوأ، إذ لم يكن معقولًا أن يملي النحاس مذكرة في قضية، إبان الاستراحة التي تحتشد فيها غرفة الوزراء بمجلس النواب، بالوزراء وبالنواب الذين يلتفون حولهم لإنجاز مطالب أنصارهم والتوصية على مشروعات دوائرهم.

وأراد إبراهيم حسني أن يعطي شهادته ثقلًا جديدًا، فاندفع يشهد على وقائع لا صلة مباشرة بينها وبين وقائع التحقيق التي استدعي للشهادة عليها، ولكنها تخدم الهدف نفسه، وهو التشهير بالحياة النيابية، وافتعال فضائح تبرر السكوت على العصف بها. فزعم أن جعفر فخري كان يستغل نفوذه كعضو في مجلس النواب، ليحصل على مبالغ نقدية من أصحاب الحاجات مقابل التوسط لدى الجهات المسؤولة، لتحقيق مطالبهم. وشهد بأنه تقاضى من أحد موظفي وزارة الأوقاف ثلاثة جنيهات مقابل التوسط بنفوذه لنقله من الإسكندرية إلى دمنهور، وحصل من آخر على عشرين جنيهًا لتعيينه عمدة على إحدى القرى. واعترف بأنه كان يقوم بالتفاوض مع أصحاب الحاجات بتكليف من مخدومه، وأنه هو الذي كان يتقاضى النقود منهم ويسلمها إليه.

استمر تحقيق الأفوكاتو العمومي إلى ١٨ سبتمبر ١٩٢٨، إلى أن أوقف في ذلك التاريخ انتظارًا لعودة محمد حافظ رمضان بك من أوروبا، لسؤاله عن الظروف التي أحاطت بتقديم اقتراحه بمشروع قانون إلغاء مجلس البلاط. وعاد حافظ رمضان، واستمعت النيابة في ١٦ أكتوبر إلى أقواله، فجاءت مخيبة لآمالها، فقد نفى الرجل أي علاقة بين اقتراحه بإلغاء مجلس البلاط وبين قضية الأمير سيف الدين، وقال إنه لا يعرف محمد شوكت بك، وإن

أحدًا من المحامين الموكلين في القضية لم يحدثه في هذا الاقتراح قبل تقديمه، وإن الغرض من تقديم الاقتراح لم يكن يهدف إلى إخراج القضية من ولاية المجلس، وأضاف أن الخطوات التي مر بها اقتراحه في لجان مجلس النواب، كانت عادية الإيقاع، وربما أقل من العادية، وأنه لم يلحظ أن المشروع قد لقي عناية خاصة.

وأحبطت شهادة حافظ رمضان كل الرغبات الشريرة التي قادت المتآمرين منذ البداية، وجاءت قيمتها من أن صاحبها خصم سياسي للنحاس، ورئيس للحزب الوطني، الذي كانت جريدته «الأخبار» واحدة من الصحف التي شنت الحملة ضد زعيم الأغلبية، فضلًا عن أن شهادته قد مزقت واحدة من أهم وقائع الجانب السياسي من الاتهام، وهي تهمة السعي لاستصدار تشريع بإلغاء مجلس البلاط، لصالح أحد أطراف النزاع في قضية منظورة أمامه.

وانتهى التحقيق الثاني، إلى ما انتهى إليه التحقيق الأول، وظلت أوراقه ساكنة بلا حراك لمدة تزيد على شهرين. وكشف رد النائب العام على خبر نشرته صحيفة مصرية هي «المقطم»، وأخرى إنجليزية هي «الديلي تلجراف»، عن أن هناك أزمة سببها اختلاف في وجهات النظر حول طريقة التصرف في التحقيق، بين الأفوكاتو العمومي مصطفى بك حنفي وبين النائب العام. فقد ذكر الخبر الذي نشرته الصحيفتان أن الأفوكاتو العمومي قد رفع تقريرًا عن التحقيق يبرئ فيه النحاس وويصا واصف مما نسب إليهما، ويؤجل البت في التهم الخاصة بجعفر فخري، فأسرعت وزارة الحقانية تعلن في بلاغ رسمي أن القضية لا تزال بين يدي النائب العام، وأنه لم يبت فيها. ولم يكذب البلاغ واقعة التقرير الذي أرفقه الأفوكاتو العمومي بتحقيقاته، وهو تقرير لم يظهر بعد ذلك في القضية، وتهرب النائب العام من تقديمه بدعوى أنه مجرد مكاتبة إدارية بين المحقق ورئيسه الأعلى.

* * *

وطوال الشهور الستة التي استغرقها التحقيق بمرحلتيه لم تكف صحف الانقلابيين عن التعليق على الوقائع التي يجري بشأنها، واستباق أحكام القضاء، بافتراض صحة الوقائع، ثم التنديد بالمجرمين الذين ارتكبوها، إذ كانوا يتوهمون أن الإلحاح على تكرار الوقائع سينتهي باقتناع الرأي العام المصري والأوروبي بصحة الاتهامات، وبالتالي بصواب الخطوات السياسية التي اتخذت بحق حياة نيابية فاسدة، ودستور يتيح للنصابين والأفاقين، فرصة النيابة عن أمة جاهلة، غافلة، تحتاج إلى تربية سياسية، لتحسن اختيار من يمثلونها، قبل أن تكون مصدرًا للسلطات.

ولأن محمد محمود وأبطال الانقلاب كانوا يدركون أن هناك بديلًا لعدم اقتناع الرأي العام المصري بما كانت تردده صحفهم، هو الحكم باليد الحديدية. فقد اهتموا أكثر بتوضيح الأمر للرأي العام الأوروبي، الذي لم تهضم أقسام عريضة منه، داخل بريطانيا نفسها، فكرة إقالة النحاس وهو الذي يحوز ثقة مجلسي البرلمان، ولم تقتنع بأن صدع الائتلاف يمكن أن يكون مبررًا للإقالة، ما دام الذين انسحبوا من الائتلاف يمثلون أقلية في مجلس النواب. لذلك ربط محمد محمود - في تصريحات كثيرة له، أدلى بها للصحف الأوروبية - بين الإقالة وبين «فضيحة وثائق سيف الدين»، وبين «الفضيحة» و«الانقلاب». ولم يشِر إلى صدع الائتلاف كسبب للإقالة. وكان مما قاله لصحيفة ألمانية: «إن كل ذي كرامة، كان يجب عليه أن يستقيل بعد ظهور الوثائق الناطقة بفضيحة سيف الدين». ثم ربط بين الانقلاب الدستوري و«فضيحة الوثائق»، في حديث أدلى به لصحيفة «شيكاجو تريبيون» الأمريكية وقال فيه: «إن البرلمان عندما يصير مشوبًا بالفساد لا يعود دستوريًّا، وهذا هو البرلمان الذي عطلته، فقد كان زعماء البرلمان في الماضي يتاجرون بمناصبهم العالية، ولكن الجرائم التي ظهرت لا تستحق الذكر بالنسبة إلى الجرائم التي ارتكبتها جماعات كانت تلوح بأعلام الوطنية، لتملأ جيوبها بالمال. وأملي وطيد بأنني بعد ثلاث سنوات، أستطيع أن أعهد بالحكم

لبرلمان حقيقي نزيه. ولكن ليس لبرلمان يتجر أعضاؤه - كما جرى في البرلمان الماضي - بمراكزهم».

وإزاء الأهمية البالغة التي كان الانقلابيون يعلقونها على قرار النيابة بالتصرف في القضية، فقد واصلوا لهاثهم الملهوف للبحث عن دليل أو قرينة أو شهادة تثبت الاتهام بحق زعيم الأغلبية، فرغم الفشل الذريع الذي مُنيت به محاولة زكريا نامق لمساومة محمد شوكت بك على شراء وثائق تدين النحاس وويصا واصف مقابل عرض مغرٍ بالصلح في القضية، فقد واصلت الدائرة محاولاتها لشراء الوثائق من الأميرة نجوان هانم مباشرة. فأرسل إليها الأمير محمد علي إبراهيم رسولًا منه، اسمه توفيق حكيم، كرر عليها شروط الصلح نفسها التي عرضها زكريا نامق، وأضاف إليها رفع قيمة النفقة ستة آلاف جنيه، تحصل الأميرة الوالدة على ثلاثة منها، وتحصل الأميرة شويكار على ألف، بينما يحصل القيِّم على ألف، والأمير عمرو إبراهيم - شقيقه - على الألف السادس. وكان كل ما هو مطلوب من الأميرة مقابل كل ذلك، هو مطلب واحد: أن تكذب واقعة تنازل النحاس عن الدفاع في القضية، عند توليه رئاسة مجلس الوزراء، وأن تعزله عن مباشرتها، فتؤكد بذلك الاتهام بأنه كان يجمع بين رئاسة مجلس الوزراء وبين العمل بالمحاماة.

وعندما رفضت الأميرة العرض تدخل محمد محمود بنفسه، فأرسل ناصيف أفندي رزق الله سكرتير المفوضية المصرية في تركيا، إلى الأميرة، برسالة شفوية، يعرض عليها مائة وخمسين ألفًا من الجنيهات، مقابل أن تعطيه ما لديها من أوراق تثبت أن لكل من مصطفى النحاس وويصا واصف صلة بالتفكير في تقديم مشروع قانون إلغاء مجلس البلاط.

وفضلًا عن الأسباب العديدة التي دفعت المتآمرين لمحاولة إثبات هذه الصلة بين المتهمين ومشروع القانون، فقد كان هناك سبب يتعلق برغبتهم في التقرب من القصر الملكي، والاحتفاظ بمساندته، بالبرهنة

على أن النحاس وويصا واصف يساندان المتمردين ـ من أفراد الأسرة المالكة ـ على نفوذ وسلطة الملك، ويسعيان لتحدي إرادته التي اقتضت تشكيل مجلس البلاط، فضلًا عن قبولهما من البداية الدفاع في قضية يعرفان مدى الحساسية التي تمثلها لجلالته. بل إن «السياسة» ـ جريدة الانقلابيين ـ لم تتورع عن إقحام الخديو عباس حلمي الثاني في القضية، استثمارًا لمخاوف الملك فؤاد من محاولات ابن شقيقه الخديو المعزول استرداد عرشه، فذكرت أن وراء إثارة قضية سيف الدين، شخصًا ذا مقام كبير يقيم في الخارج، كان هو الذي اختار النحاس وويصا واصف للدفاع في القضية، ودفع لهما أتعابهما من أمواله، وأن هدفه من إثارة القضية، هو الانتقام لنفسه من الحظ الذي أفلت منه.

ولم تكن النيابة تستطيع أن تتجاهل كل هذه الظروف فتحفظ التحقيق دون قرار اتهام، وهو ما كان الرأي القانوني الفني يقضي به، لذلك اضطرت بعد تلكؤ شديد إلى إصدار قرارها بالتصرف في التحقيق في ٢٠ ديسمبر ١٩٢٨. وقد نص القرار الذي وقَّعه النائب العام، على حفظ الدعوى في بلاغ النحاس ضد الصحف الثلاث التي قذفت في حقه وحق زميليه استنادًا إلى مبرر غريب، هو أن الوقائع التي اتخذوها موضوعًا للهجوم والتنديد صحيحة، وأن شكوى النحاس وزميليه تنصب على التعليقات التي نشرتها الصحف، وطعنت بها عليهم، بوصف الأتعاب بأنها باهظة، وبأنه قد روعي في تقديرها المراكز السياسية التي يشغلها المتهمون، ولم تجد النيابة في تعليقات تلك الصحف ما يستحق المؤاخذة، إذ إن أحكام محكمة النقض، تنص على قبول الطعن في الخصوم السياسيين بشكل أوسع وأعم من قبول الطعن في موظف معين بالذات.

وكان حفظ البلاغ في قضية «القذف» ـ برغم أن الصحف وصفت النحاس وزميليه بأنهم مجرمون بالفطرة وأنذال، وقالت عن شرفهم بأنه شرف النعال

وكرامة الأوحال ـ مؤشرًا على حجم الضغوط التي تعرض لها المحققون، حتى تجاهلوا جرائم قذف ثابتة، وحفظوها بحيثيات بررت القسم الثاني من القرار، الذي أحال فيه النائب العام كلًّا من مصطفى النحاس ويصا واصف وجعفر فخري إلى مجلس تأديب المحامين في قضيتين منفصلتين، ضمت الأولى ثلاثتهم ووجهت إليهم فيها عشرة اتهامات، تتعلق سبعة منها بعقد الاتفاق ذاته باعتباره خروجًا عن آداب المهنة، وقد أجهد النائب العام نفسه في توليد الاتهامات السبعة من تهمة واحدة. بينما اقتصر الشق الثاني من هذه القضية على ثلاث تهم: مراعاة المراكز السياسية للمتهمين عند توقيع عقد الاتفاق، ومحاولة إيهام أصحاب الشأن في القضية بأن للاقتراح بإلغاء مجلس البلاط أثرًا في سير الدعوى، وأخيرًا عدم قطع النحاس لصلته بالقضية بعد توليه رئاسة الوزراء على وجه ينفي كل شبهة ويدرأ كل مظنة، ومواصلة ويصا واصف للمرافعة في القضية وحدها رغم تركه للاشتغال بالمحاماة عمومًا بعد انتخابه رئيسًا لمجلس النواب.

وانفرد جعفر فخري بالاتهام الحادي عشر والأخير في القضية الأولى، وهو يتعلق بمحاولته التأثير بنفوذه على وكيل نيابة العطارين وقاضي محكمتها، إبان التحقيق في البلاغ الذي كان قد تقدم به ضد طباخه متهمًا إياه بالمشاركة في سرقة الوثائق. وبما سماه «قرار الاتهام»، سلوكه مسلكًا معيبًا إبان التحقيق في القضية ذاتها، بإخفائه بعض ما لديه من معلومات، وتغييره لبعضها الآخر. كما انفرد جعفر فخري ـ كذلك ـ بالاتهام الوحيد في القضية الثانية، وهو حصوله على أموال من موظف بوزارة الأوقاف، وأحد المزارعين، مقابل استخدامه نفوذه في نقل الأول إلى بلدته وتعيين الثاني عمدة على قريته.

كان أول رد فعل لصدور قرار النائب العام بإحالة المحامين الثلاثة، إلى مجلس التأديب، هو قيامهم برد وزير الحقانية محمد أحمد خشبة باشا، والطعن في صلاحيته للاستمرار في عضوية مجلس البلاط، بعد أن دخل ـ

بموافقته على قرار الاتهام الذي أصدره النائب العام ـ في خصومة مع أحد أطراف القضية، وأبدى رأيًا في جانب من وقائعها. لكن هذا الرد لم يجد من ينظر فيه، إذ كان مناخ التحريض على المحامين الثلاثة، الذي بلغ ذروته، قد ألقى بظلاله على القضية الأصلية، فانتهز محامو الدائرة الفرصة ليجرحوا دفاع الأميرة أمام مجلس البلاط، الذي عقد جلسة طارئة يوم ٢ فبراير ١٩٢٩ ـ في الوقت الذي كان فيه مجلس تأديب المحامين ينظر الاتهامات الموجهة إلى النحاس وزميليه ـ فإذا به يرفض طلب رد وزير الحقانية، بل ويرفض كذلك طلب والدة الأمير سيف الدين بتقرير نفقة دائمة له.

وكانت المبارزة التي دارت أمام مجلس تأديب المحامين، واحدة من أكثر المعارك القانونية ضراوة في كل تاريخ القضاء المصري، إذ لم يكن المتهم في القضية هو شخص مصطفى النحاس أو ويصا واصف، بل كانت الحياة النيابية هي المقصودة بالاتهام. لذلك تولى الدفاع عن زعيم الأغلبية ورئيس مجلس النواب، هيئة تضم خمسة من ألمع محامي ذلك الزمان هم: نجيب الغرابلي، ومحمود بسيوني، وكامل صدقي، وحسين صبري، ومكرم عبيد. وقد تقاسموا التهم العشر الواردة في قرار الاتهام، وفندوها بقوة، سواء في الجانب المهني، أو في الادعاءات السياسية. وأثبتوا أن العقد ليس فيه ما يشين المحامين الثلاثة، أو ما يطعن في نزاهتهم، وأنه مشابه لأمثاله من العقود التي يوقعها كبار المحامين، وأن الأتعاب التي طلبوها ليس فيها مغالاة، بسبب صعوبة وتعقد الإجراءات التي تتطلبها القضية من جانب، ورضاء صاحبة الشأن وهي الأميرة نجوان هانم بتلك الأتعاب من الجانب الآخر. وهو ما يجعل حماس النيابة للبرهنة على مغالاة المحامين في أتعابهم التي رضي بها صاحب الشأن أمرًا وصفه مكرم عبيد في مرافعته بأنه بالغ الشذوذ «إذ لأول مرَّة نرى جناية من غير مجني عليه، واتهامًا يدافع فيه المجني عليه عن المتهمين»، واستطاع الدفاع أن يقلب تهمة الاستغلال السياسي عليهم، وأن يبرهن على أنهم هم الذين يصطنعون اتهامًا ليستغلوه

ضد خصومهم السياسيين ويستترون خلفه، وهم ينقلبون على الدستور. وربط بين الإعداد للتآمر على الحياة الدستورية، وبين التخطيط لتفجير ما سمي بـ«فضيحة الوثائق». واستعرض ما أحاط بالقضية من أساليب قذرة، لم تراعِ خلقًا أو ضميرًا، بدأت بسرقة الوثائق، ولم تستنكف عن شيء، من محاولة اصطناع الشهود إلى السعي لشراء الذمم، ومن التزوير إلى الضغط على النيابة.

وفي الوقائع ذاتها أكد الدفاع أن النحاس قد تنازل عن القضية بمجرد تعيينه رئيسًا للوزراء، فلم يحضر الجلسة التي عقدها مجلس البلاط في ١٦ يونيو ١٩٢٨. وثبت من تجربة أجراها الأفوكاتو العمومي، أن الرد الذي أرسله إليه شوكت بك بقبول تنحيته، قد كتب في تاريخ مواكب لتوليه رئاسة الوزراء.

ومع أن القانون لم يكن يحرم على رئيس مجلس النواب العمل بالمحاماة أو غيرها باعتباره نائبًا من النواب الذين يجيز لهم القانون الجمع بين النيابة عن الشعب، وبين العمل في أي مهنة خاصة، وأنه لا يتقاضى عن رئاسته تلك مكافأة تختلف عما يتقاضاه العضو، إلا إن ويصا واصف لم يتولَّ المرافعة في أي قضية بعد انتخابه رئيسًا لمجلس النواب، بما في ذلك قضية سيف الدين، إذ وجد من الملائم أن يتفرغ لمنصبه، فأناب عنه في متابعة قضاياه طوال تلك الفترة محامين آخرين، بل وحضر بعضهم نيابة عنه جلسة مجلس البلاط في ١٦ يونيو، وبذلك ينهار اتهامه بالمرافعة في القضية دون غيرها.

وفند الدفاع كل الوقائع الخاصة باستغلال النفوذ السياسي، مستندًا إلى تأكيد كل الشهود، بأنه لا علاقة للمتهمين بالاقتراح بقانون إلغاء مجلس البلاط، وبأنهم لم يقوموا بأي مجهود لكي يسير هذا الاقتراح بخطى أسرع من المعتاد. مع أن النحاس كان رئيسًا للجنة الاقتراحات وكان يستطيع تحريكه لو أراد. فضلًا عن أنهم لجأوا بالفعل إلى مجلس البلاط، ورفعوا

الدعوى أمامه، وأن الذين طعنوا أمام المجلس المذكور بعدم اختصاصه بنظر الدعوى، هم خصومهم في القضية.

وبالإضافة إلى كل الدلائل التي تكشفت عن اصطناع شهادة إبراهيم حسني، فقد برهن الدفاع على أن الصفحتين اللتين قدمهما وزعم أن النحاس قد أملاهما عليه، قد نقلتا نقل مسطرة عن المذكرة التي كتبها النحاس بخطه، ودلل على ذلك بوجود أخطاء في النص المكتوب بخط إبراهيم حسني لا يمكن أن يقع فيها لو أن النص أملي عليه، واستمع إليه بأذنه، فهي أخطاء «نظر» وليست أخطاء «سمع». ومعنى ذلك أنه نسخ الصفحتين، ولم يملِهما عليه النحاس.

وهكذا انهارت قوائم الاتهام، وبدت القضية عارية إلا من صفتها الأساسية كمؤامرة سياسية ضد زعيم الأغلبية، اختار الذين ألفوها وأخرجوها ومثلوها، توقيتًا محكمًا لعرضها، فهي ـ كما شبهها نجيب الغرابلي في مرافعته ـ أشبه بتلك الأقاصيص القذرة التي كان بعض الحكام القدامى يأمرون بتأليفها، ليتلهى الشعب بها عن الأمور الخطيرة التي تشغل باله. وهي «قضية ولدت ـ كما قال مكرم عبيد ـ في أحضان السرقة، وغذيت بأشلاء الدستور، وترعرعت في جو كله شتائم وسخائم وتلفيق وتزوير، لم يكن المقصود بها إلا تلويث الأغلبية في شخص زعيمها حتى يتسنى للأقلية إحداث الانقلاب الدستوري».

* * *

وفي ٦ فبراير ١٩٢٩، أصدر مجلس تأديب المحامين ـ برئاسة حسين درويش باشا وكيل محكمة الاستئناف، وحضور ثلاثة من مستشاريها هم: عبد الحكيم عسكر، ومحمد سامي، ومحمد بهي الدين بركات، وممثل لنقابة المحامين هو عبد الخالق عطية، ورئيس النيابة أحمد شرف الدين ـ حكمه في القضية ببراءة المتهمين الثلاثة من كل التهم الموجهة إليهم. وسجلت حيثيات الحكم لزعيم الأغلبية أوصاف «الشفقة والرفق والقيام بالواجب

والنزاهة، والصلابة في الحق»، ودمغت المتآمرين بصفات «السرقة والتزوير واستخدام الأشرار». وعلق اللورد «لويد» المندوب السامي البريطاني على الحكم قائلًا: «إن الاتهامات التي وجهت للنحاس كانت متهافتة لدرجة أن أقصى حكم كان يمكن صدوره ضدهم، هو الحكم بالتوبيخ، بينما جاء حكم البراءة انتصارًا للوفد، وضربة عنيفة لهيبة الحكومة وسمعتها، فقد جمعت القلوب حول النحاس باشا، وضمت شتات العطف نحوه».

وهكذا انتهت المؤامرة على زعيم الأغلبية إلى عكس ما كان يريده المتآمرون، فلم تحطم النحاس بل قوَّته، ولم تقضِ على شعبيته بل زادت من حب الناس له وتعاطفهم معه ومع كل ما يمثله. واستفز الحكم الحكومة، فأسرعت بعد أقل من ثلاثة أسابيع على صدوره، تدخل تعديلًا على قانون المحاماة لتجعل تأديب المحامين من اختصاص محكمة النقض والإبرام، وتسحب من نقابتهم حق التمثيل في عضوية المجلس. وكتب وزير الحقانية محمد أحمد خشبة باشا مذكرة تفسيرية للقانون، شهَّر فيها بالمحاماة، وعرض بالحكم الذي أصدره مجلس التأديب، فغضب المحامون وأضربوا عن العمل لمدة أسبوع على سبيل الاحتجاج على التعديل، وعلى تعريض الوزير بهم في مذكرته التفسيرية.

وبعد ثمانية أشهر من صدور الحكم، سقط الانقلاب الدستوري. وكان محمد محمود قد تفاوض طوال شهور الصيف مع المستر «آرثر هندرسن» وزير الخارجية في وزارة حزب العمال البريطاني، وانتهت المفاوضات إلى مشروع معاهدة أذاعه محمد محمود وتمسك الوفد بألا يبدي فيه رأيًا قبل إعادة الحياة الدستورية، حتى يُتاح للأمة أن تقول رأيها في المعاهدة من خلال البرلمان الذي يمثلها، إذ لا معنى لتقرير مصير الأمة، وهي مقهورة في الداخل، مهدرة حقوقها وحريتها.

وقبلت الحكومة البريطانية شروط الوفد، فسقطت وزارة محمد محمود، وتألفت وزارة عدلي يكن المحايدة، فأجرت الانتخابات التي انتهت بفوز

الوفد بالأغلبية، وتكليف مصطفى النحاس بتشكيل الوزارة في أول يناير ١٩٣٠، ليبدأ جولة أخرى من المفاوضات مع «هندرسن» تنتهي بمشروع معاهدة، يرفضه النحاس ـ كالعادة ـ لأنه لا يحقق «الاستقلال» فتكون النتيجة ـ كالعادة ـ انقلابًا آخر على الدستور.

وفي أبريل ١٩٣٠ يتنحى الأمير محمد علي إبراهيم عن القوامة على عمه الأمير سيف الدين ليتولاها علي ماهر باشا، ويستقيل منها عام ١٩٣٣ في أعقاب أزمة قضية «مصرع مأمور البداري»، فتضم الدائرة إلى وزارة الأوقاف، التي ظلت تديرها إلى أن تولى الأمير يوسف كمال القوامة على صاحبها، وفي عهده مات الأمير أحمد سيف الدين في عام ١٩٣٧، وقيل إنه مات منتحرًا، فانتهت قصة القوامة، وسقط بالموت قرار الحجر، وانتقلت ثروة الأمير سيف الدين إلى ورثته، وعلى رأسهم أمه وشقيقته شويكار.

وكان الملك فؤاد قد رحل عن الدنيا قبل رحيل عدوه الأمير سيف الدين بشهور قليلة، فعادت شويكار إلى مصر واستقرت بها.

وكانت حرب الاستقلال والديمقراطية لا تزال رحاها تدور بين الأمة التي تصر على أن تكون مصدر السلطات، والذين لا يريدون لها أن تكون كذلك، وهي حرب ما زالت رحاها تدور إلى الآن، رغم توالي العقود وتقلب العهود.

مصرع مأمور البداري

لقد فضح الحكم في قضية البداري، شيئًا قليلًا من أوزار هذا الزمان، ولو افتضحت كل أوزاره لعجب الناس ـ في غير هذه الأمة ـ كيف بقيت في نفوس المصريين سورة للعدل، ونخوة للغضب الشريف.

عباس محمود العقاد

«الجهاد» ـ ١٩ ديسمبر ١٩٣٢

لم يكن الشيخ جعيدي حسين عبد الحق يتخيل حين رزق بأصغر أبنائه أحمد ـ عام ١٩٠٨ ـ أن يومًا سوف يأتي، تشتبك فيه خيوط هذا الابن، بخيوط إسماعيل صدقي باشا رئيس الوزراء ووزير الداخلية ورئيس حزب «الشعب»، وتتداخل قصته البسيطة مع الرواية الضخمة التي كان الباشا الدكتاتور يمثلها على مسرح السياسة المصرية والعالمية.

أسباب كثيرة كانت تحول دون هذا الاشتباك بين الرجلين، ليس التفاوت الطبقي الشاسع سوى واحد منها، لكنه أساس معظمها، فقد سبق إسماعيل صدقي أحمد جعيدي في الوجود بأكثر من ثلاثين عامًا. وكان الأول قد وُلد عام ١٨٧٥ بالإسكندرية في شمال مصر، وهي مدينة كانت آنذاك، نصف أوروبية معمارًا وسكانًا وسلوكًا اجتماعيًّا. وولد الثاني في «البداري» إحدى المدن الصغيرة التابعة لمحافظة أسيوط، في منتصف الجنوب، حيث الحياة أكثر جهامة، وأصعب بما لا يقاس. فشتان بين الإسكندرية عروس

البحر الأبيض المتوسط، وتلك المدينة الصغيرة التي كانت قريتين كبيرتين، تتاخمت حدودهما فأصبحتا مشروع مدينة، تجمع بين نمطين في المباني وأسلوب الحياة، وحتى في نظم الإدارة، إذ كان لها ـ شأن المدن ـ «مأمور» يشرف على الشرطة، ويحكم المدينة، وعدد من القرى المحيطة بها، وكان لكل قسم من قسميها عمدة (مختار) شأن القرى.

كان محتمًا إذن على كل من الرجلين، بحكم المنشأ، أن يختط كل منهما طريقًا موازيًا لطريق الآخر في الحياة وألا يصطدم أحدهما بالآخر، فبعكس أسرة جعيدي، التي لم يسبق لأحد منها أن اقترب من السادة أو احتك بهم، كانت أسرة إسماعيل صدقي تحتفظ بذكريات عن علاقات الود التي جمعتها بعدد من ولاة الأسرة العلوية التي تتوارث عرش مصر. فقد كان والده أحمد شكري باشا من كبار رجال الحكومة في عهد الخديو إسماعيل وابنه الخديو توفيق، وكانت والدته فاطمة هانم، كريمة محمد سيد أحمد باشا رئيس ديوان الأمير محمد سعيد باشا، ابن محمد علي الكبير وثالث ولاة الأسرة العلوية. وحين أرسل الأمير أول بعثة تعليمية إلى فرنسا للتخصص في العلوم السياسية، كان طبيعيًّا أن تضم زوج ابنة رئيس ديوانه، الذي عاد من البعثة، ليتقلب في وظائف الحكومة، حتى شغل منصب وكيل وزارة الداخلية في السنوات العشر الأخيرة من عمره، قبل أن تدركه الوفاة في عام ١٨٩٥.

وحين رزق شكري باشا بابنه إسماعيل، كان إسماعيل صديق المفتش في أوج قوته وعظمته، إذ كان وزير مالية الخديو ومستشاره وصديقه، وأقوى الرجال بعد الخديو على خريطة السلطة المصرية، ولذلك أطلق شكري باشا اسمه على ابنه، تقربًا من الخديو ووزيره القوي، وتيمنًا بأن يصل إلى ما وصل إليه الوزير الخطير. ولكن الرياح جاءت بما لا تشتهي السفن، ففي العام التالي لولادة الابن ـ ١٨٧٦ ـ غضب الخديو على وزيره القوي وعزله عن منصبه، ونكل به، وقيل إنه قدم له فنجان قهوة مسمومًا

أودى بحياته، وخشي شكري باشا أن يستدل أحد من إطلاق اسمه على ابنه، أنه يحتفظ بولائه للوزير المنكوب، فغيره من إسماعيل صديق إلى إسماعيل صدقي.

وكان منطقيًّا أن يجد إسماعيل صدقي الفرصة ميسرة ليتعلم ويترقى، فالتحق بالمدارس الفرنسية في مصر، وانتقل منها وهو في سن مبكرة، للالتحاق بمدرسة الحقوق، معمل تفريخ الوزراء ورجال الإدارة في ذلك العهد. حيث زامل فيها بعض من أصبحوا ملء السمع والبصر فيما بعد. فقد كان من دفعة الزعيم مصطفى كامل، بل واشترك معه في تحرير مجلته «المدرسة»، وهي من بواكير النشاط العام للرجل الذي قُدِّر له فيما بعد أن يتزعم الحركة الوطنية. وكان أيضًا زميلًا لأحمد لطفي السيد، واشترك معه في تحرير مجلته «الشرائع»، وقد صدرت أيضًا في عهد الطلب.

وما إن أنهى إسماعيل صدقي دراسته العالية، حتى بدأ رحلة سريعة للصعود إلى المناصب العليا، كما ينبغي لرجل ينتمي إلى أسرة أرستقراطية عريقة، وقد بدأها وكيلًا للنائب العام، ثم عمل لمدة عشر سنوات متواصلة سكرتيرًا إداريًّا لمجلس بلدية الإسكندرية، ورئيسًا لقسم القضايا بها.

وفي العام الذي رزق فيه الشيخ جعيدي عبد الحق بابنه أحمد - ١٩٠٨ - كان إسماعيل صدقي في الثالثة والثلاثين من عمره، وكانت أقدامه قد رسخت في الطريق إلى القمة، فأصبح وهو لا يزال في مقتبل رجولته، سكرتيرًا عامًّا للوزارة التي ظل والده طوال السنوات العشر الأخيرة من عمره وكيلًا لها، وهي وزارة الداخلية؛ أهم الوزارات المصرية، فهي المسؤولة عن الضبط والربط، وعن مراقبة الأسواق، وتتبع المتمردين، ومطاردة المجرمين، ومصادرة الصحف، ومنح تراخيص العمل، والمشرفة على العُمد (المختارين) والخفراء، وما يتبع هذا كله من سلطة ومكانة. وهو منصب أنشأه مخصوصًا له، وزير الداخلية محمد سعيد باشا الصديق القديم لأسرته، ومنحه اختصاصات منصب وكيل الوزارة. وسرعان ما أصبح

إسماعيل صدقي وكيلًا للوزارة، بعد عامين، ليقفز في عام ١٩١٤ فيصبح وزيرًا للزراعة، ثم للأوقاف. وفي ٢٠ مايو عام ١٩١٥ يتخلى عن الحقائب الوزارية عقب فضيحة أخلاقية مع ابنة أحد زملائه الوزراء، كان لها دوي وأي دوي في ظلام الحرب الأولى!

وكان رجال الشرطة قد تلقوا بلاغات بأن العائمات التي بإزاء شاطئ النيل تتخذ بؤرًا للفساد، وأن عائمة إسماعيل صدقي وزير الأوقاف، من بين العائمات التي تنطبق عليها هذه الأوصاف، فهاجموا العائمة، ووجدوه في حالة مريبة مع سيدة شابة، فقادوها إلى قسم شرطة عابدين، ومع أن الشرطة قد أطلقت سراحها، إلا إنها انتحرت بأن تناولت السم. وغضب السلطان حسين كامل، واستدعى صدقي إليه وعنفه، فقدم استقالته من منصبه، وألمح فيها إلى أن سببها هو أنه لم يعد حائزًا للرعاية التي تعودها من عظمة السلطان، وأنه حاول نفي المزاعم الفاسدة التي وجهت إليه فلم يمكن من ذلك.

وانتهت الحرب، فظهر إسماعيل صدقي على خريطة «الوفد المصري» الذي شُكِّل آنذاك ليطالب باستقلال مصر، ثمنًا لما قدمته للحلفاء في الحرب من معونة وتأييد ـ وكانت البداية مذكرة عن ديون مصر، كلفه الوفد بكتابتها ـ كواحد من المشتغلين بشؤون المال والاقتصاد. ثم اقترح بعض أعضاء الوفد ضمه إلى عضويته، فعارض سعد زغلول وقال إن وضع إسماعيل صدقي في القيادة يعطي مثلًا سيئًا للناس، لأنه خرج من الوزارة بفضيحة أخلاقية مدوية، إذا لم تكن الصحف قد نشرتها في وقتها فقد نشرتها بعد ذلك، حين حُوكم محافظ القاهرة الذي هاجم العائمة لأسباب أخرى في عام ١٩١٧. وتداولت الألسنة واقعة العائمة، وتحدث عنها الشهود والمتهم والدفاع، ثم اضطر سعد زغلول للخضوع لرأي زملائه، فانضم صدقي إلى الوفد، وكان أحد الباشوات الأربعة الذين نُفوا إلى مالطة ـ بين ٨ مارس و٧ أبريل ١٩١٩ ـ ثم سافروا بعدها إلى باريس لعرض القضية المصرية على مؤتمر الصلح.

وهناك كشف عن نوعه، فهو ـ كما يقول في مذكراته ـ لا يميل إلى تحكيم العواطف، ولا يثق كثيرًا بما يُسمى «الشعب»، لذلك كان من أوائل الذين دعوا إلى التعامل مع الأمر الواقع. وبمجرد أن اعترف مؤتمر الصلح ـ في معاهدات «فرساي» ـ بالحماية البريطانية على مصر، طالب إسماعيل صدقي بأن يتجه الوفد للتفاهم مع إنجلترا، وأن يقبل التفاوض مع «لجنة ملنر»، وهي لجنة تحقيق كانت بريطانيا قد أعلنت عن تشكيلها للاستماع إلى أسباب شكاوى المصريين التي أدت إلى ثورتهم، ولوضع نظام للحكم الذاتي في إطار استمرار الحماية البريطانية على مصر. وحين علم أن الوفد بسبيله لنشر الصور والوثائق التي تثبت الأساليب الوحشية التي اتبعتها قوات الاحتلال البريطاني في قمع الثورة، وخاصة في بعض قرى محافظة الجيزة، عارض في ذلك معارضة عنيفة، وقال: «إن هذا النشر يوسع الهوة مع بريطانيا، ويثير أضغان الساسة الإنجليز، بعد أن انفردت إنجلترا بشؤون مصر، وأيد مؤتمر الصلح ذلك الانفراد».

ورفض الوفد آراءه، فنشر الوثائق، ودعا إلى مقاطعة «لجنة ملنر». وغضب إسماعيل صدقي، وبدأ يبذل جهده لعرقلة نشاط الوفد، واضطر سعد زغلول لأن يخفي عنه أكثر أعمال الوفد.

وفي ٢٤ يوليو ١٩١٩ فصله الوفد هو وزميله محمود أبو النصر، فعاد إلى مصر. وخفتت الأضواء التي لمعت حوله كواحد من قادة الحركة الوطنية، وانضم إلى جناح «المعتدلين» من ساسة ذلك الزمان.

وفي عام ١٩٢٢، نجح مع زميله عبد الخالق ثروت في استصدار تصريح ٢٨ فبراير، الذي ألغى الحماية البريطانية، ومنح مصر استقلالًا ذاتيًّا مقيدًا بعدم التصرف بعيدًا عن بريطانيا في أربع مسائل أساسية هي: السودان، والديون، والامتيازات الأجنبية، وحقوق الأقليات. واعتبر صدقي التصريح انتصارًا لخط الاعتدال، ولم يعترف بأن الذي دفع بريطانيا لإصداره هو المقاومة التي كان المصريون يواصلونها بقيادة سعد زغلول، فرشح نفسه في

أول انتخابات نيابية أجريت بعد الثورة وإعلان دستور ١٩٢٣ - وهي انتخابات ١٩٢٤ - وهو واثق من الفوز؛ فهو الذي حصل لمصر على الاستقلال الذاتي، ثم إنه قد رشح نفسه في دائرة هي مسقط رأسه، ومقر أسرته وعزوته وأنصاره وأصهاره. ومع ذلك فقد سقط أمام محامٍ صغير لا يحمل من الألقاب، سوى لقب «الأفندي»، وكل تاريخه هو أنه أحد قادة الثورة الصغار، وأنه مرشح سعد زغلول.

ومن يومها ازداد يقين إسماعيل صدقي بأن الشعب لا يحسن اختيار من يمثلونه، وأنه لا يستحق الديمقراطية، وأنه زحام من الكائنات الوقحة التي يجب أن تتعلم وتتربى.

وهكذا غرس إسماعيل صدقي نفسه على الخريطة السياسية المصرية، كواحد من المتساهلين الذين يرون التشدد في الوطنية ممالأة لتلك الحشود الكبيرة من «الغوغاء» التي لم يكُن - بحكم تربيته في وسط أرستقراطي شبه أجنبي - يكِنُّ لها كبير احترام، فهي تتحرك في رأيه بغرائزها لا بعقلها، وبعواطفها وليس بمنطقها، وعلى ذلك اختار فيما تلا ذلك من أدوار حياته السياسية أن يكون حيث لا تكون، وأن يقف في الضفة المقابلة لتلك التي يقف فيها الغوغاء.

وفي عام ١٩٢٥، أثبت إسماعيل صدقي أنه سياسي موهوب في بعض المهام، فهو قادر على البطش بخصومه، وعلى إسكاتهم. يملك جلدًا على المقاومة، ولا يستنكف في صراعه السياسي من شيء. فحين قضت الظروف السياسية التي أعقبت مقتل السير «لي ستاك» سردار الجيش المصري وحاكم السودان، بإقالة الوزارة الدستورية الأولى، التي كان يرأسها سعد زغلول، وحل مجلس النواب الأول وكانت أغلبيته وفدية؛ وتطلَّب الانقلاب الدستوري الذي تلا ذلك وزيرًا للداخلية يستطيع شل مقاومة الوفد، وسيطرته المطلقة على الشارع المصري، وقادرًا - وهو الأهم - على إجراء انتخابات مضمون سلفًا أنها لن تعيد سعد زغلول وأنصاره من الأفندية المتشددين

الغوغائيين إلى الحكم، حتى يستريح الإنجليز، ويستريح القصر من شغبه وتشدده، هنالك تقدم إسماعيل صدقي باشا ليبرز مواهبه الممتازة، فاستخدم كل الأسلحة المشروعة وغير المشروعة، ووضع كل الخطط التي استخدمت فيما بعد لتقنين عملية تزوير أي انتخابات، فتلاعب في القوانين، وأمر بتزوير كشوف الناخبين، ومحاولة شراء ضمائر أنصار سعد زغلول بالمال، ورسم خريطة لتوزيع قوات الأمن حول لجان الانتخابات التي تضم أنصارًا له، طبقًا لعدد هؤلاء الأنصار. كانت المعركة صراعًا بين مكر إسماعيل صدقي ودهائه السياسي، ومكر هذه الجموع من الدهماء والصعاليك الذين يسمون «الشعب». وانتهت المعركة بهزيمة صدقي هزيمة منكرة؛ تظاهر كثيرون من أنصار سعد زغلول أنهم يؤيدون الحكومة، فانضموا إلى حزبها، واستفادوا من إمكانياتها، وحين فازوا بمقاعد مجلس النواب، كشفوا عن وجههم الحقيقي، وانتخبوا سعد زغلول رئيسًا لمجلسهم، وأسقطوا مرشح الحكومة. وهكذا خدع الدهماء صدقي للمرَّة الثانية، فكشف عن وجهه الدكتاتوري بلا حياء. ورغم أن الدستور يحظر حل مجلس النواب للسبب نفسه مرَّتين، فقد استصدر قرارًا بحل المجلس الجديد، وشارك في الحكم بلا برلمان، سواء كان مزورًا أو غير مزور، واستبدل بالبرلمان مواكب من المؤيدين، كان يأمر حكام الأفندية ومديري الأمن بحشدهم في الشوارع، أو في الطرق العمومية، ليهتفوا للحكومة، ويعلنوا تأييدهم لها. وهي مواكب كانت تضم عادة فريقًا من المتشردين، والمسجونين، والخفراء، ومن أكرههم رجال الشرطة بالوعيد أو بالإغراء على الخروج والهتاف.

كان إسماعيل صدقي قد انتهى إلى أن الديمقراطية هي مجرد تمثيلية، وأن الشعب هو زحام من العقول الفارغة التي تتميز بالغباء، وأن يدًا باطشة كفيلة بأن تحركه إلى المدى الذي تريد، وأن توقفه عند الحد الذي تريد. وفي صيف ذلك العام، وضع إسماعيل صدقي بصمته الثانية على طابع السلطة في مصر، حين أعاد إحياء أحد أساليب الحكم التي كانت شائعة

في العصور الوسطى، والتي طبقها المحتلون في محاولتهم لإخماد الثورة، وهو «العقوبات الجماعية».

ففي قرية «إخطاب» ـ إحدى قرى وسط الدلتا ـ طبَّقَ الملازم أحمد فريد التهامي ـ ملاحظ نقطة الشرطة ـ التعليمات التي أصدرها وزير الداخلية صدقي باشا، فطلب من أهالي القرية أن يحتشدوا جميعًا لتحية فريق من وزراء العهد، كانوا سيمرون بظاهرها، في طريقهم إلى عاصمة الإقليم لافتتاح بعض المشروعات. ولما كانت إخطاب وما يجاورها من القرى، من مناطق نفوذ محمود الأتربي باشا أحد أنصار سعد زغلول، فقد كان إكراههم على الخروج لتحية وزراء الانقلاب، ورفع لافتات تحمل عبارة «تعيش وزارة جلالة الملك»، هو نوع من الإذلال المقصود تعمَّده ملاحظ النقطة، فأشرف بنفسه على التنبيه على أهالي القرية بالخروج لتحية الحكومة.

وخرج أهالي إخطاب إلى الطريق الزراعي بلافتاتهم وحميرهم، ووقفوا ينتظرون مرور موكب الوزراء. وقبل دقائق من مروره، علق الأهالي اللافتات على حميرهم، ثم بدأوا يتسربون بخفة إلى الحقول المحيطة بالطريق الزراعي. وعبر الموكب، ودهش الوزراء، حين لم يجدوا بشرًا يستقبلونهم، بل وجدوا صفًّا من الحمير يحمل كل منها لافتة تقول «تعيش حكومة جلالة الملك»، بينما كانت ضحكات مكتومة تتصاعد من أهالي إخطاب المختفين في الحقول.

واستشاط صدقي غضبًا، وأمر بتأديب القرية المشاغبة، وإلا تمرد الفلاحون ورفضوا الاشتراك في مواكب التأييد المرتبة. فقاد ملازم الشرطة أحمد فريد التهامي حملة تأديبية تتكون من ٢٠ جنديًّا مسلحًا، قامت بفرض حظر التجول على القرية، وضرب واعتقال كل من يغادر منزله. وتعرض ٣٠٠ من الفلاحين لضرب مبرح، أثبت الطب الشرعي فيما بعد آثاره على أجساد مائة منهم. وجمع ملاحظ الشرطة عشرات الرجال، وأمر جنوده بأن يقصوا شواربهم بمقصات الحمير على مشهد من نسائهم. وأجبر كلًّا منهم

تحت الضرب بالسياط على أن يختار لنفسه اسم امرأة، ثم يجيب النداء حين يُنادى بهذا الاسم على مسمع من الناس. وأكرههم على أن يمرغوا أنفسهم في الوحل. ومنع أذان الفجر حتى لا يكون دعوة لكسر قرار حظر التجول. وامتد العقاب الجماعي من إخطاب إلى قرى تجاورها من مناطق نفوذ محمود الأتربي باشا، كان منها «ميت فضالة» و«ميت مسعود» و«الغراقة» و«السنيطة» و«منشية عبد النبي».

وأثارت العودة إلى هذه الطريقة من طرق ممارسة السلطة ثائرة الجميع، فقد كانت مصر من الناحية الشكلية المحضة بلدًا دستوريًّا، ينص دستوره على أنه لا عقوبة دون قانون، وعلى أن العقوبة لا تطبق إلا بعد صدور القانون الصادر بها، ويحظر هذا الدستور النص في القوانين على أي عقوبات بأثر رجعي، والأهم من هذا وذاك، أنه كان يؤكد أن «العقوبة شخصية» لا تتعدى شخص من يرتكب الجريمة إلى أقربائه أو أهل قريته، أو حتى المنتمين إلى طائفته أو جماعته السياسية.

وهكذا فشل صدقي في أن يتكتم على الفضيحة، أو يحول دون محاكمة أحمد فريد التهامي، فعاقبته محكمة جنايات المنصورة بالسجن مع الأشغال الشاقة لمدة خمس سنوات، وقضت على آخرين من رجال الشرطة بعقوبات أخف. وقالت في حيثيات حكمها ـ الذي صدر في ١٥ يناير ١٩٣٠ أي بعد خمس سنوات من وقوع الحادث ـ إن صدقي قد استخدم السلطة التنفيذية آلة عذاب وانتقام وإكراه وتعذيب، واستعرض الحكم آثار ذلك على الوطن، فقال: «... ومتى انتهكت الحرمات على هذه الصورة، لم يقم للنظام في أمة قائمة... أليس في هذه الأعمال الشنعاء احتقار للشعب بتمامه، وإذلال لنفوس طائفة لم تألف الإذلال، وتعويد للناس على الاستخفاف بسلطة القانون، يسهل لكل فريق يود أن يتمادى في غيه إرضاء لشهوات حزبه، أو لتنفيذ مآرب له، فيها مساس بالحريات العامة»، وأضافت المحكمة: «إن هذه الأعمال، هي أفظع من الاعتداء على الحياة، لأن الأمة لا تكون أمة

حقًّا، إلا إذا تكاملت أخلاقها، وتمتعت بحريتها في حراسة القانون، ونمت فيها روح التعاون والتناصر، وصينت الحريات، وعرف كل فرد حقه، فطلبه من طريقه المشروع».

كانت حيثيات الحكم تقول لإسماعيل صدقي، إن الحكومات في البلدان الدستورية هيئات نظامية تخضع للقانون وليس لهوى الذين يحكمون، وإن تخلي الحكومة عن صفتها النظامية، وخروجها عن القانون في معاملة الذين تحكمهم، هو إذن لهؤلاء المحكومين بالخروج عن القانون، فيتحول المجتمع من هيئة نظامية إلى عصابات تتبادل أعمال العنف، ويتحول الوطن إلى غابة.

لكن إسماعيل صدقي لم يسمع هذا النذير الذي صدر في يناير ١٩٣٠ وقبل عدة أشهر من عودته إلى الحكم مرَّة أخرى كرئيس للوزراء!

* * *

وربما في السنة نفسها ـ التي فشل فيها صدقي في تزوير الانتخابات، وانتقل إلى الحكم بالتعذيب والعقوبات الجماعية ـ بدا للشيخ جعيدي حسين أن حياة ابنه أحمد الدراسية لا تعد بمستقبل مشرق، فلقد أثبت الفتى المولود في البداري تمرده على قيود الدراسة، وكشف عن أنه شغوف بالحياة لا بالكتب. وكان أبوه قد اختار له مدرسة الفنون والصنايع في أسيوط، ولم يكن هدفه الوحيد من ذلك أن يجد ابنه عملًا أرقى من الفلاحة، بل كان يطمح لأن يكون أحد أبنائه «أفنديًّا» من المتعلمين. وكان للتعليم آنذاك بريق يخطف عيون كثيرين من أعيان الريف، ويدعم مكانتهم، ويعلو بنفوذهم، ويضيف إلى جاههم. ومع أن الفنون والصنايع كانت مدرسة متوسطة تخرج عمالًا مهرة، إلا إن الفلاحين كانوا يمنحون خريجيها لقب «المهندس» على سبيل الجهل والكرم. أما والشيخ جعيدي ليس واسع الثراء، فقد اشتدت حاجته إلى ما يكفل له منزلة ويصنع له جاهًا.

لكن أكبر الأبناء خيب آماله، وبدأ يتعثر في دراسته، ثم ما لبث أن غادر

المدرسة دون أن يفوز بشهاداتها أو حتى علومها، ليجد نفسه يعيش في البداري كمن رقص على السلم، ذلك أنه لم يعُد طالبًا، ولم يصبح أفنديًا أو موظفًا، كما أنه لم يتعلم أن يكون فلاحًا.

ولم تكن البداري هي أكثر قرى المركز الذي تحمل اسمه أهلية لأن تشغل مكانة «البندر» أو العاصمة، إذ لم تكن أكثرها تقدمًا أو حضارة، أو اتصالًا بما يتبعها من قرى، ولم يكن مستواها يختلف كثيرًا عن مستوى القرى التابعة لها. فالبندر وقراه هو أحد مراكز محافظة أسيوط الواقعة شرق النيل، حيث يسود الفقر والجدب والتخلف، بعكس المراكز الواقعة غرب النيل، التي كانت في وضع اقتصادي واجتماعي أفضل نسبيًّا، حيث توجد الطرق والمزارع، ومزارع ومصانع قصب السكر، لذلك كانت البداري بندرًا بلا خدمات، ومدينة بلا مرافق، فلا منازل للسكنى بالإيجار، ولا مطاعم ولا فنادق. وكانت «ساحل سليم» هي القرية الوحيدة من قرى المركز المستثناة من هذه الحالة التعيسة، لذلك كانت وحدها المؤهلة لكي تكون بندرًا، فهي مقر سادة المنطقة ـ آل محمود سليمان باشا ـ أكبر إقطاعييها وأثراهم وأقواهم نفوذًا، ووالد محمد محمود باشا رئيس حزب الأحرار الدستوريين ورئيس الوزراء السابق. ولهذه الأسباب كانت القرية الوحيدة من قرى المركز التي رُصف الطريق الموصل إليها، والوحيدة التي تُضاء منازلها أو قصورها بالكهرباء. ومع ذلك، فقد رفض السادة الذين يحكمونها أن تكون عاصمة أو بندرًا للقرى المحيطة بها، إذ كان ذلك يحمل خطر وجود مؤسسات كالشرطة والنيابة والمحكمة قد تشاركهم النفوذ على أهلها، وتخل من قدرتهم على التصرف في الأرض التي يملكونها ومن عليها من البشر. هكذا خلع السادة صفة البندر على البداري، وأخذوا منها أفضل ما في هذه الصفة لمقرهم، وتركوها متخلفة كئيبة.

وكانت سنوات الدراسة في أسيوط قد كشفت أمام أحمد جعيدي عالمًا من المباهج المحرمة التي تعود عليها فأحبها. فبدت البداري، حين عاد

ليقيم فيها سجنًا لا يعد بتسلية ولا يرفه عن نفس، ولا يجد فيها صاحبًا يغري بالصداقة، بين هؤلاء الفلاحين الذين لم يعودوا أندادًا له. فاتخذ من زميل له في الدراسة - هو حسن عاشور - صاحبًا وصديقًا ورفيقًا في جولات التسكع، ومغامرات الليل، وعاشا في القرية نموذجًا لعاطلين ليسا في حاجة ملحة إلى العمل، يمارسان ألوانًا من «الشقاوة» لم تكن جميعها محظورة قانونًا أو عرفًا، لكنها يمكن أن توقعهما تحت طائلة القوانين العجيبة التي كانت ترسانة القوانين المصرية تضمها، ولعلها ما زالت.

واحد من هذه القوانين التي كان يمكن أن تطول شقاوة أحمد جعيدي، كان «قانون المشبوهين والمتشردين»، وهو قانون يجيز للسلطة الإدارية - أي الشرطة - أن تضع الذين لا عمل لهم ولا مورد رزق محدد تحت رقابتها، فيكون من حق الشرطة أن تأمرهم بالمبيت في دورها من مغرب الشمس إلى مشرقها، واحتجازهم كإجراء وقائي، وعرضهم على المجني عليهم في كل جريمة تقع في دائرة قسم الشرطة، دون أن تكون الشرطة في حاجة إلى استئذان النيابة، أو الحصول على حكم من القضاء.

وبالقطع، فإن أحمد جعيدي الذي كان قد هجر المدرسة ليمارس البطالة لم يهتم بهذا القانون حين صدر، ولم يهتم بقانون آخر أصدره بلدياته وسيد البداري وما يحيط بها محمد محمود باشا عام ١٩٢٩، هو «قانون حماية الموظفين»، الذي يمنع رفع دعاوى الجنح على الموظفين أو المستخدمين أو أحد رجال الضبط إلا عن طريق النيابة العمومية. وهو قانون صدر ليطمئن الذين يتجاوزون اختصاصاتهم القانونية من الموظفين، بأنهم لن يحاكموا دون إذن رؤسائهم، بعد أن سلب من المواطنين حق اللجوء إلى القضاء مباشرة لاختصام هؤلاء الموظفين.

ولم يكن للبداري اهتمام كبير بالسياسة وشؤونها وأحوالها، وكانت أوضاعها الخاصة قد اقتضت أن تتوزع السلطة المحلية فيها بين الحزبين الكبيرين اللذين كانا يتداولان السلطة آنذاك، فأصبح لها عمدتان: أحدهما

يمثل الأحرار الدستوريين وينتمي إلى عائلة همام، والآخر يمثل الوفديين وينتمي إلى عائلة نصار. ومع ذلك فقد كانت بعيدة إلى حد ما، عن الصراع الحزبي الذي كان مضطرمًا في تلك السنوات، بين حزب الوفد صاحب الأغلبية الشعبية، وبين عدد من أحزاب الأقليات السياسية على صلة وثيقة بدار المندوب السامي البريطاني، أو بالقصر الملكي، أو بالاثنين، وتبذل جهدها لإقصاء الوفد عن الساحة السياسية. كان الارتباط بين قضية الديمقراطية، أي حق الأمة أن تحكم نفسها بنفسها، وبين القضية الوطنية، أي تحرير إرادتها من كل تدخل أجنبي، قد وصل إلى مداه. وخلال السنوات العشر التي تلت إصدار دستور ١٩٢٣، أدرك المحتلون أن الانتخابات الحرة تأتي إلى الحكم بحكومات متشددة مع الاحتلال، ترفض تسليم البضاعة، وتصر على ما كانت تسميه «الاستقلال التام»، فقرروا مساندة كل انقلاب دستوري، يبعد هؤلاء المتطرفين عن مقاعد الوزراء والنواب!

ذلك صراع لم يكن فيه أحمد جعيدي منحازًا، ولم يكن مستقلًّا، فقد كان يجهله جملة وتفصيلًا. لكن إسماعيل صدقي كان يعرفه جيدًا، ومع أنه كان يقف موضوعيًّا حيث تقف أحزاب الأقلية المكروهة من الشعب، فقد اختار أن يظل مستقلًّا عن الأحزاب، ربما لأنه كان شديد الثقة بمواهبه، والاعتزاز بقوته والاغترار بذكائه، مما جعله لا يقبل أن يكون فردًا في جماعة. ولعله ـ وهذا هو الأرجح ـ رأى أن المعركة مستعرة، وأن احتمال الخسارة فيها وارد، فآثر أن يكون «ورقة اللعب» التي تصلح لكي تحل محل كل ورقة أخرى.

* * *

وهكذا جاءته الفرصة التي كان ينتظرها: ضاق الإنجليز بوزارة مصطفى النحاس الثالثة، لأنه رفض توقيع مشروع المعاهدة التي كان قد توصل إليها خلال مفاوضاته مع وزير خارجيتهم «هندرسن»، بسبب تشدده في

موضوع السودان. وتوقع الأحرار الدستوريون ـ كما يقول د. هيكل في مذكراته ـ أن ترحل الوزارة، شأنها شأن كل وزارة تتولى المفاوضة ولا تصل فيها إلى نتيجة. فبدأوا يدسون لها الدسائس، وبدأ رجال القصر يعطلون توقيع المراسيم التي ترفعها للتوقيع، وانتهى الأمر بأن أجبرت الوزارة على الاستقالة، لكن الثمرة لم تقع في يد الأحرار الدستوريين.

كان الذين يلعبون بخيوط السياسة المصرية، قد قرروا المراهنة هذه المرَّة، على «ورقة اللعب» التي لم تجرب بعد: المجازف الجسور، والقوي الفاجر، والراغب في، والقادر على، إدخال الغوغاء إلى الشقوق؛ إسماعيل صدقي!

لم يُكذب صدقي ما أشيع عن أن اختياره رئيسًا للوزراء، بعد تاريخه المجيد في تأييد الانقلابين الدستوريين اللذين وقعا في عامي ١٩٢٥ و١٩٢٨، دليل على أن في النية العصف بالدستور، فأعلن في خطاب قبوله للوزارة، أنه جاء «ليمحو الماضي تمامًا، بما له وما عليه، وينظم الحياة الدستورية والنيابية تنظيمًا جديدًا». وألمح في الخطاب إلى أن الوزارة ستسعى لبث الطمأنينة بالوسائل الطبيعية والأساليب النظامية. وأضاف في تعبير ذي دلالة أنها «قوية الرجاء في ألا تلجئها الظروف على كره منها إلى الأخذ بغير تلك الوسائل والأساليب».

وكان المعنى الحقيقي لهذه العبارات المزوَّقة، هو إلغاء دستور ١٩٢٣، لأن الشعب لا يستحقه، والدليل على ذلك أنه حين استخدم تلك الحقوق، أتى بالمتطرفين والمتشددين الذين يسعون للصدام مع المحتل. وهكذا فصَّل صدقي دستورًا أضيق من دستور ١٩٢٣، هدفه الأساسي ألا تصبح الأمة مصدرًا للسلطات، فمجلس النواب ممثل هذه الأمة لا يستطيع أن يقترع على الثقة بالوزارة إلا عبر إجراءات معقدة، تجعل القول بمسؤولية السلطة التنفيذية أمام البرلمان ادعاء يفتقر إلى الدليل، بل إنه منح الحكومة حقوقًا واسعة، منها: حق التشريع، وحق تقرير اعتمادات جديدة في الميزانية مدة سبعة أشهر في السنة هي الإجازة الإجبارية التي فرضها الدستور على هذا

البرلمان، وأعطاها حق نقل الاعتمادات بين أبواب الميزانية، ورفع عدد المعينين في مجلس الشيوخ ـ أحد مجلسي البرلمان ـ من الثلث إلى أكثر من النصف، ولم يجعل اعتماد الميزانية من البرلمان شرطًا لنفاذها، وحرم عليه حق اقتراح القوانين المالية، وأعطى الملك حق إهمال أي قانون يقره البرلمان بعدم التصديق عليه خلال شهرين. وأرفق صدقي الدستور بقانون جديد للانتخابات ألغى الانتخاب المباشر، وجعل الانتخاب على درجتين، وضيق حقوق الترشيح والانتخاب، وسهل للإدارة فرص التحكم في نتائج أي انتخابات.

ذلك هو الدستور الذي استفز مقاومة كل القوى، وأدى إلى فض التحالف بين صدقي والأحرار الدستوريين، الذين أيدوه في البداية ثم انتقلوا ليتحالفوا مع الوفد ضده. ولأن دستور ١٩٣٠ كان ينص على عدم جواز تعديله إلا بعد عشر سنوات من صدوره، فقد أدرك الجميع أن صدقي سوف يستبعدهم عقدًا كاملًا، وهكذا نشبت المعركة بين «الحكومة» و«المعارضة»، وأثبت صدقي أنه كان يعني ما ذكره في خطاب قبول الوزارة، من أنه سيلجأ لأساليب غير نظامية إذا اضطر لذلك، فأطلق يد الإدارة لتبطش بخصومه، فتخطت العنف الفردي إلى العقوبات الجماعية، ولم تقصر بطشها على الخصوم السياسيين، بل تعدتهم إلى المواطنين الذين لا علاقة لهم بالسياسة، ولا دور لهم في المعارضة. وأثبت البطش أنه يتكاثر ذاتيًّا كخلايا السرطان، وتحولت السلطة الإدارية إلى عنف مطبق، بعد أن انغمست إلى آذانها في التزوير ومخالفة القانون وانتهاك التقاليد!

* * *

حتى أول ديسمبر ١٩٣٢، كان إسماعيل صدقي باشا قد بلغ ذروة النجاح!

ثلاثون شهرًا توشك أن تنقضي على النظام الذي أنشأه فوق أنقاض دستور ١٩٢٣، وأسس به دستورًا جديدًا، واصطنع له حزبًا حصل بالتزوير على أغلبية في البرلمان، وصحيفة يومية تنطق باسمه، وتحمل أيضًا اسمه،

ومجلس وزراء يرأسه هو باعتباره زعيمًا لحزب الأغلبية البرلمانية؛ حزب «الشعب».

وليس مهمًّا ـ في موازين النجاح كما كان يراها إسماعيل صدقي ـ أن المصريين قد تدافعوا جميعًا يتصدون لنظامه منذ اللحظة الأولى، ويقاومونه بالتظاهرات الطلابية والعمالية، وبمشاغبات الفلاحين ومقالات الصحف وسخريات الشعراء وائتلاف الأحزاب المعارضة، وحتى بالقنابل والرصاص، فالرجل لم يكن ممن يعنيهم رضاء الناس عنهم، فإيمانه الثابت الذي لم تزعزعه الحوادث أن الشعب طفل قاصر جاهل، تجمعه زفة، وتفرقه عصا، فهو عنده ليس أكثر من زحام من الغوغاء يحركه مهيجون محترفون، إذا تصدى لهم بعصا السلطة الغليظة، وأرهبهم بسياطها اللاهبة وحشودها الغفيرة، قضى على رأس الأفعى فسكن جسدها، واستنامت لما يريده لها من صلاح الأحوال واستقامة الأمور.

أما وقد استطاع صدقي في خلال الشهور الثلاثين التي انقضت منذ أنشأ نظامه في ٢٠ يونيو ١٩٣٠، أن يسيطر على مصر، ويجهد الذين يقاومونه، فقد ظن أنه بلغ ذروة النجاح، وأن الدنيا قد دانت له، ومكنت لنظامه، فأصبح ـ فيما تخيل ـ عصيًّا على الإزاحة.

ولِمَ لا؟

ألم يُدخل الجميع الشقوق، ويقضي على أشرس مقاومة واجهتها حكومة منذ عرفت مصر الحديثة الحكومات؟

مقاومة لا تقل ـ في بعض فصولها ومشاهدها ـ ضراوة، عما كانت عليه المعارك التي نشبت بين المصريين والمحتلين الإنجليز خلال ثورة ١٩١٩.

ألا يحق له أن يشعر بالفخر والرضا، بعد أن نجح أخيرًا في البرهنة على صحة نظريته عن الشعب، فقد خمدت المقاومة أو كادت، دون أن تتطلب سوى بعض الإجراءات «العنيفة»، كان أهونها فرض الغرامات الباهظة على عُمد (مختاري) القرى، الذين استقالوا من مناصبهم جماعة إثر جماعة،

احتجاجًا على إلغاء دستور ١٩٢٣، وإصدار دستور جديد يعلي سلطة الحكومة على سلطة الأمة، حتى اضطر كثيرون منهم لرهن أو بيع ممتلكاتهم ليسددوا الغرامة، وكف الباقون عن الشغب وعن الاستقالات المسببة؟

أما الصحف المشاغبة التي أطلقت على دستور صدقي وصف «دستور الحكومة»، وتمسكت بوصف دستور ١٩٢٣، الذي ألغاه، بأنه «دستور الأمة»، وروجت للمصطلحين حتى أصبحا على كل لسان في مصر، فقد عطلها وسحب رخص إصدارها، وتعقب كل صحيفة أخرى تتخذها ستارًا للتحايل على قرار التعطيل، فسحب رخصها هي الأخرى!

ثلاثون شهرًا، لم يمر منها يوم دون صدام بين الحكومة والشعب؛ مظاهرة تنشب في هذا الشارع أو ذاك من شوارع العاصمة والمدن الكبرى وعواصم الأقاليم، تهتف بسقوط صدقي ونظامه ورجاله، تتصدى لها قوات الشرطة، وأحيانًا قوات الجيش، وتنتهي غالبًا بقتلى وجرحى من الطرفين.

وحين أجرى صدقي انتخاباته في يونيو ١٩٣١ انتقلت الصدامات الدموية إلى القرى، ونشبت المعارك بين الشرطة وجماهير المتظاهرين الداعين إلى مقاطعة الانتخابات لأنها تقوم على دستور رفضته الأمة، وتتم طبقًا لقانون انتخاب اصطنعه صدقي ليسهل له التلاعب في نتائجها، ولأن كل الأحزاب المصرية قد قاطعتها، ودخلها الحزب الذي اصطنعه صدقي، والحزب الذي اصطنعه الملك فؤاد وسماه حزب «الاتحاد»، وسقط في هذه الصدامات قتلى وجرحى، وبلغت من العنف حدًّا جعل رصاص الحكومة يتجه أحيانًا إلى صدور أنصارها، حتى لقد سقط عمدة (مختار) إحدى القرى في واحد من تلك الصدامات قتيلًا برصاص مدير الأمن في الإقليم الذي تتبعه القرية!

ثلاثون شهرًا ونظام صدقي باقٍ رغم المقاومة، مستمر رغم محاولات اغتيال صاحبه ومؤسسه؛ ببلطة حادة مرَّة، وبمسدس سريع الطلقات مرَّتين، وبقنابل وضعت مرَّة في فناء داره، واستهدفت نسف القطار الذي يستقله

مرَّة أخرى، فضلًا عن الرصاص الذي أطلق على محمد توفيق رفعت رئيس مجلس النواب، والقنابل التي ألقيت على كثير من دور الحكومة، والمقرات التابعة لدار المندوب السامي البريطاني، وعلى دار محمد علام باشا ـ وكيل مجلس النواب ـ ووكيل حزب الشعب الحاكم، والرجل الثاني في الحزب والحكومة بعد صدقي.

* * *

ثلاثون شهرًا وصدقي يرزح على قلب مصر، رغم مقاومة المقاومين، ودعاء الداعين، وأهاجي الشعراء والمتكلمين.

استقبل شاعر النيل حافظ إبراهيم ذلك العام ١٩٣٢، بميمية في هجاء صدقي، كانت من أواخر قصائده التي كان حريصًا على ألا يصل نصها إلى الدكتاتور الشرس، لذلك ضاعت، ولم يبقَ منها سوى أبيات قليلة منها:

قَد مَرَّ عامٌ يا سُعادُ وعامٌ ... وابنُ الكِنانةِ في حِماهُ يُضامُ
صَبُّوا البَلاءَ على العِبادِ فَنِصفُهُم ... يَجبي البِلادَ ونِصفُهُم حُكّامُ
أَشكو إلى قَصرِ الدُّوبارةِ ما جَنى ... صِدقي الوَزيرُ وما جَبى عَلّامُ

وبقي منها أيضًا، قوله مخاطبًا صدقي باشا:

ودَعا عَليكَ اللهَ في مِحرابِهِ ... الشَّيخُ والقِسِّيسُ والحاخامُ
لاهُمَّ أحيِ ضَميرَه لِيَذوقَها ... غُصَصًا وتَنسِفُ نَفسَه الآلامُ

وحين كان الناس يتبادلون سرًّا نسخ قصيدة حافظ إبراهيم، والشاعر الكبير يخشى أن يصل نبأ القصيدة إلى الطاغية، فيفصله من عمله في دار الكتب، لم يكن يتوقع أن ينهار صدقي قبل نهاية العام نفسه، ولم يُتَح له أن يعيش ليرى انهياره، فقد رحل الشاعر الكبير بعد دعائه على صدقي بشهور قليلة!

كيف ينهار نظام صدقي والقصر الملكي يؤيده، لا بشخص الجالس على العرش ومن حوله من رجال مؤسسة القصر فحسب، ولكن أيضًا بحزب

الاتحاد، وهو الحزب الذي أنشأه الملك ليمثله في موازنة السياسة الحزبية، حتى لا يضيع القصر بين الإنجليز والوفد، أو يضطر للاعتماد بالكامل على الأحرار الدستوريين؟

كيف ينهار نظام لا يسنده القصر الملكي فحسب، بل ويتغاضى المندوب السامي البريطاني في مصر السير «برسي لورين» عن التدخل في شأنه معلنًا أنه من أمور السياسة الداخلية المصرية، التي تحرص بريطانيا العظمى على عدم التدخل فيها، صونًا لاستقلال مصر، ما دامت لا تمس أحد التحفظات الأربعة التي وردت في تصريح ٢٨ فبراير من العام ١٩٢٢؟ ولأن المندوب السامي البريطاني ـ أيًّا كان اسمه ـ لم يتعفف يومًا عن التدخل في شؤون مصر الداخلية بصرف النظر عن استقلال تصريح فبراير، فإن هذا الحياد الظاهري المزيف كان مظهرًا لتأييد باطني ودعمًا غير منكور، تقدمه الحكومة البريطانية لانقلاب صدقي ودستوره ونظامه، آملة أن يصمد ويقوى، فيستتب النظام في مصر، ويبتعد شبح المتهورين من الوفديين، ويختفي في الشقوق مثيرو البغضاء ضد إنجلترا، ليتقدم الحكماء والعقلاء ـ بقيادة صدقي ـ ويصل البلدان إلى تسوية للمشاكل بينهما. وكان الرضاء البريطاني على صدقي قد صعد إلى ذروته في خريف عام ١٩٣٢، بعد أن التقى في جنيف مع وزير الخارجية البريطاني السير «جون سيمون» الذي أعرب لصدقي عن سروره بالتعرف عليه، وألمح إلى أن تقارير السير «برسي لورين»، تمدح في صفاته كرجل إداري هو صاحب الفضل في توطيد النظام في مصر. وأضاف: «إن بريطانيا تعرف الآن الرجل الذي تتعامل معه، ويسرها أن ترى إمضاءكم على اتفاقية تنهي المشاكل بين البلدين».

* * *

في تلك الشهور من صيف وخريف ١٩٣٢ كان صدقي قد وصل إلى ذروة المجد، وكان أحمد جعيدي عبد الحق يرتدي بدلة الإعدام الحمراء، ويعيش في زنزانة منفردة بسجن أسيوط في انتظار بت محكمة النقض في

الطعن الذي قدمه محاموه ضد الحكم، ولم يكن كبير الأمل في أن هذا الطعن سيغير من وضعه!

أما صدقي، فإن الظروف الحزبية كانت تتهيأ لمصلحته، فقد سرب المندوب السامي البريطاني خبرًا لأحزاب المعارضة، بأن حكومته مستعدة للتفاوض مع حكومة مصرية قومية تضم كل الأحزاب، على أن تتم المفاوضة على الأسس التي انتهت إليها مفاوضات «النحاس ـ هندرسن»، وأنها سوف تشير في هذه الحالة على الملك بأن يعيد دستور ١٩٢٣. ومع أن المشروع في البداية قد أزعج صدقي باشا، إلا إن الفكرة سرعان ما أثارت خلافًا بين المتحالفين على معارضته، فقبلها الأحرار الدستوريون، وثمانية من قادة الوفد، بينما رفضها النحاس، وانتهى الخلاف بفصل المعارضين الثمانية، وبانشقاق في صفوف الوفد، وفي جبهة المعارضة ضد صدقي!

كان صدقي قد وصل إلى قمة المجد.

وكان قضاؤه أحمد جعيدي عبد الحق يجد في إثره.

﴿أَيْنَمَا تَكُونُواْ يُدْرِككُّمُ ٱلْمَوْتُ وَلَوْ كُنتُمْ فِى بُرُوجٍ مُّشَيَّدَةٍ﴾.

* * *

كانت البداري قد أصبحت منفى لأسوأ الموظفين في الجهاز الحكومي، هؤلاء الذين يريد رؤساؤهم فصلهم أو نفيهم أو تأديبهم، فيصدرونهم إليها ليتحالفوا مع الفقر والجدب والظلام على تحويل حياة أهلها إلى جحيم، وينفسوا مشاعر الغيظ والقهر وعقد السلطة في أبدانهم النحيلة، المكشوفة دون دفاع!

ولم يكن البكباشي ـ أي العقيد ـ يوسف الشافعي، مأمور البداري، يختلف عن كثيرين من زملائه ضباط الشرطة الذين يتولون مثل منصبه، ويتوزعون على خريطة مصر في تلك السنوات. كان ـ كمعظمهم ـ يملك إحساسًا عاليًا بالتفوق والتعالي، وربما الازدراء، لهؤلاء الفلاحين الذين كان يحكمهم، ويتصرف دون حساب في القسم الأكبر من شؤون حياتهم. إنه

لم يكن ـ فحسب ـ ابنًا للزوجة الفرنسية لأحد أعيان الدقهلية، بل كان أيضًا ضابطًا كبيرًا في جهاز الشرطة، الذي يسود أفراده إحساس بأنهم السلطة الثابتة والدائمة في الوطن، فالوزراء يأتون ويذهبون، والأحزاب تحكم ثم تُقال حكوماتها أو تستقيل، والمحافظون ومن في حكمهم من المديرين في الأقاليم يغيرون ويتبدلون، أما الثابت الدائم، بعد ـ أو مع ـ صاحب الجلالة الملك، فهم تلك الشبكة من مأموري الشرطة وضباطها التي تنتشر كخيوط العنكبوت فوق خريطة الوطن.

كانت سلطة مأمور البداري تتجاوز نطاق «بندره» ـ أي مدينة البداري ـ لتشمل أيضًا نطاق مركز البداري، أي القرى التابعة له. ولم تكن هذه السلطة مقصورة على حفظ النظام والأمن، وصيانة الضبط والربط، وغيرها من الأعمال الشرطية المحضة، كمطاردة اللصوص والقتلة وتجار المخدرات، والتفتيش على السلاح غير المرخص، والبحث عن الغائبين والهاربين من تنفيذ الأحكام القضائية، بل كانت تمتد بلا انتهاء، لتجعل من مأمورية الشرطة، حكومة مستقلة أو شبه مستقلة، تنوب عن كل الوزارات في الإشراف على أداء مهامها في هذا المكان النائي من الصعيد، فتتولى الترخيص بإقامة موالد أولياء الله، وهي المسؤولة عن جمع الحُجاج، وإصدار رخص فتح الدكاكين، وتحصيل الضرائب العقارية، ومسح الأراضي الزراعية، وحراسة جسور النيل، وجمع وتقديم الذين فرزوا ليجندوا بالقوات المسلحة. وهي مكلفة بتنفيذ أحكام الطاعة على الزوجات الناشزات، والحضور عن الحكومة في القضايا المرفوعة منها ضد الأفراد، ومهام أخرى كثيرة تجعل من المأمور، بما يتبعه من ضباط وكونستبلات وعساكر وقوات هجانة، وما يشرف عليه من عمد ومشايخ وخفراء، مركز سلطة هائلة يستخدمها كما يشاء، لا يراجعه أحد فيما يرى أو يفعل، فهو بعيد عن الحكومة المركزية، بل وبعيد عن مركز الإقليم الذي يتبعه.

وكان العهد قد طبع الكل بطابعه، فأعطى ـ بالقياس ـ الإذن لحكام

الأقاليم في أن يكونوا مثله، طغاة بلا قلب ولا ضمير، لا يعتصمون بخلق، ولا يخافون من حساب، ولا يقيمون وزنًا لدستور أو قانون. ولمَ لا، وهم الأداة الباطشة التي استخدمتها حكومة صدقي في تزوير الانتخابات من أولها إلى آخرها، وكلفتها بمطاردة خصومها السياسيين في أرزاقهم وموارد معاشهم، وإجبارهم على الخضوع والاستكانة والكف عن المعارضة والاحتجاج، بل وكافأتهم على هذا العسف وذلك التنكيل، فطلبت لمن تميزوا في التزوير وتفوقوا في التلفيق ألقاب «الباشوية» و«البكوية». ثم إن هناك القانون الذي يحميهم من القضاء، ويسلب المواطنين حق رفع الدعاوى ضدهم، إلا عن طريق النيابة العمومية، وبعد استئذان رؤسائهم.

في هذا المناخ، لم يتوقع أهالي البداري حين سمعوا في بداية عهد صدقي بنقل يوسف الشافعي إلى مركزهم أنه سيكون خيرًا عمن سبقوه، وقد ترك الشافعي الأمور على ما كانت عليه، فالشؤون المدنية التي تتعلق بالأهالي من اختصاصات العمدتين محمد همام ومحمد نصار، اللذين كفَّا عن الملاحاة السياسية، إذ كان العهد انقلابًا على كل من الأحرار الدستوريين ـ الذين يمثلهم همام ـ والوفديين الذين يمثلهم نصار. ثم إن صدقي كان قد أخمد بقسوة حركة استقالات العمد، وهكذا استكان كلاهما لسلطة المأمور الذي اختص نفسه بكل ما يتعلق بالأمور الجنائية.

وكان يوسف الشافعي ـ كوزيره إسماعيل صدقي ـ حريصًا على أن يبدو أمام الجميع نموذجًا للحاكم المخيف الذي يرهبه الجميع، ويعملون له ألف حساب، ويعترفون بأنه السلطة الوحيدة في البندر والمركز. وكان من ذلك النوع الذي يؤمن بأن السلطة هيبة وسمعة وثقة بالنفس وجسارة لا تتردد ولا تهتم بعرف أو قانون، إذ المهم أن يخافك الناس، وبذلك لا تحتاج إلى عصاك لتأديبهم، وهكذا طارت شهرته إلى أنحاء محافظة أسيوط، باعتباره المثال المرتجى ـ في ذلك العهد ـ لرجل الشرطة المهيب الذي يملأ مركزه،

ويستحق مقعده، ويخضع رعاياه لمشيئته. لذلك لم يكف يومًا عن تأكيد هذه السمة الطيبة ـ في العرف السلطوي ـ حتى لا ينسى الرعايا، فتوسوس لهم نفوسهم الأمارة بالسوء، بالتمرد أو العصيان أو الخروج على نواميس عدم رفع الرؤوس.

كان يصدر أوامر كثيرة لا مبرر لها ولا فائدة من ورائها، إلا تعويد الناس الطاعة، وانتزاع حقه ـ كممثل للحكومة ـ في أن يفعل بهم ما يشاء دون أن يكون مطالبًا بتقديم تفسير. فيخرج فجأة إلى الطريق الزراعي ليأمر بعدم تحرك سيارات الأجرة التي تحمل أهل المدينة إلى غيرها من أنحاء الإقليم ليتسوقوا أو يتزاوروا أو يقضوا بقية شؤون حياتهم، ويشرف بنفسه على إعادة ركابها إلى منازلهم، وإذا مر في الطريق وضبط مخالفة لتعاليمه، أو شاهد شيئًا قرر أن يحظره في اللحظة نفسها، أمر جنوده بالقبض على المخالف الأثيم، فيقودونه إلى مبنى مركز الشرطة، ليؤدب باللكمات والعصي والشلاليت، وبالكرابيج ومؤخرات البنادق إذا كانت المخالفة جسيمة أو كان المأمور ثائرًا أكثر من المعتاد. وكان مما يثيره فيخرجه عن طوره أن يرى فلاحًا «شايف نفسه» ـ أي معتزًا بها ـ أو «معجبانيًّا» ـ أي يختال واثقًا من نفسه ـ إذ كان من رأيه أن من أصول الضبط والربط أن يظهر له الجميع أمارات الخضوع والتوقير. ويعتقد أن الاعتداد بالنفس، أو التخايل بها، قد يوحي بأن هناك من لا يخاف الشرطة، أو لا يحترم هيبة الحكومة.

ومن سوء حظ أحمد جعيدي أنه لم يكن يستطيع إلا أن يكون «معجبانيًّا»، فهو «أفندي» متعلم، قضى عامين بأسيوط، فاختلط بأهلها وطاف بمقاهيها ومباغيها، عرف أن الدنيا أوسع حدودًا وآفاقًا من البداري. إنه الأعور الذي لا بد أن يكون ملكًا في بلد من العميان، هم هؤلاء الفلاحون الذين لا يقرأون ولا يكتبون ولم يذهبوا إلى أسيوط. كان لا بد أن يكون معجبانيًّا، ليغطي فشله في الدراسة. وهكذا اندفع يجوب شوارع القرية ويتسكع في أنحائها، حريصًا على مظهره، يتنقل بين المقاهي والغرز، وتلتف حوله

شلة من أصدقاء الفراغ والشباب كان أقربهم إليه صديقه حسن عاشور أو «حسونة».

ولم يكن ممكنًا ألا يلفت سلوك أحمد جعيدي ذاك نظر الشافعي أفندي، فقد كانت شلة الأفندية العاطلين موضوع شبهاته وشبهات أهل القرية كلما وقعت سرقة. صحيح أنهم من أسر مستورة، ولكنهم شبان طائشون، ولا بد أن مواردهم تقصر عن إشباع أمزجتهم الفاسدة. وكان العمدة محمد همام هو الذي عقد الصلة بين الاثنين وأتاح لهما اللقاء، فما كاد يلي العمودية ـ في بداية عهد صدقي ـ حتى تذكر أن بين أسرته وأسرة عبد الحق نزاعًا قضائيًّا من ذلك النوع الشائع في قرى الريف حول الحدود بين الأراضي الزراعية أو العقارات أو مناوبات الري، سرعان ما تحول إلى شجار اتهم محمد همام بعده أحمد جعيدي بأنه كان يدبر لقتله، وقدم بذلك بلاغًا لنقطة الشرطة حُفظ في حينه. وعندما أصبح هو العمدة دس اسم أحمد جعيدي وصديقه حسن عاشور، بين الذين يرشحهم للخضوع لقانون المشبوهين والمتشردين باعتبارهما عاطلين وبلا عمل معروف.

استدعى المأمور الشابين، فوجدهما من النوع «المعجباني» الذي لا يعجبه، بل يستفز غضبه. فهما يطيلان شعر رأسيهما، ويترك كل منهما خصلة من شعره تتدلى على جبهته من تحت الطاقية، ثم إن طريقتهما في الوقوف أمامه، وأسلوبهما في الرد على أسئلته، قد برهنا له على أنهما في حاجة إلى مزيد من التأديب، يخضعهما لهيبة الحكومة، ويجعلهما يدوران في فلكها المغناطيسي، وهكذا أمر بضربهما، وقص شاربيهما بمقص الحمير، وإدراج اسميهما ضمن الذين تراقبهم الشرطة، باعتبارهما من مشبوهي البداري. وبذلك ارتفع عدد المشبوهين المقيدين في دائرة البندر إلى ٢٦ مشبوهًا.

كان وضع أحمد جعيدي وحسونة على قائمة المشبوهين يعني إخضاعهما لمراقبة الشرطة، فلا يغادر كلٌّ منهما داره بعد الغروب، ولا يغادر البلدة

دون إخطار وإذن المأمور وإلا جاز له القبض عليهما وتكليفهما بالمبيت في مقر الشرطة. ومن حق المأمور أن يقبض عليهما ويحتجزهما في حالة وقوع أي جريمة في المدينة دون أن يستأذن النيابة. ولما كان الهدف من وضع الاسمين ضمن قائمة المشبوهين هو إرهابهما دون أن يكون هناك خطر جدي من أحدهما على الأمن، فإن تلك الإجراءات لم تكن تطبق إلا عندما تتوتر العلاقات بين أسرتيهما وبين العمدة، أو بينهما وبين أحد المسؤولين في مركز الشرطة، وهكذا سِيقا أكثر من مرَّة إلى مبنى المركز، حيث انهال عليهما العساكر ضربًا بمؤخرات البنادق والسياط وحُبسا في إسطبل الخيول.

وعندما حل أوان تجديد قرار وضعه على قائمة المشبوهين في ٢ يناير ١٩٣٢، قدم أحمد جعيدي شكوى إلى وكيل نيابة البداري حسني زيان ـ وكان خطيب ابنة المأمور ـ يطلب رفع اسمه من القوائم، ويقول إنه يعامل معاملة مهينة وظالمة ومتعسفة. لكن النيابة لم تهتم بالشكوى، وأخذت بشهادة محمد نصار ـ أحد العمدتين ـ فاستبقت الاسم ضمن القوائم. وحين كانا يهربان من المراقبة، كانا يقادان إلى مبنى المركز، ليتولى الكونستابل أحمد خالد الهجرسي ـ تحت إشراف المأمور ـ عملية التأديب، فيضربان بالسياط ومؤخرات البنادق، ويجبر كلٌّ منهما على أن يقول: «أنا مَرَة»، ويختار المأمور لهما أسماء نسائية، فيطلق على حسونة اسم «حسنة»، ويجبر أحمد على أن يجيب إذا نُودي باسم «حمدية». ويربطان بالحبال إلى مرابط الخيل، ويوضع أمامهما التبن، فيؤمران بأكله ومضغه، ويمتطي الجنود ظهريهما كما لو كانا فرسين، ثم يضعون عصوين في دبريهما!

وكانت أشكال التعذيب التي يمارسها المأمور ومعاونوه، تنتمي إلى النوع نفسه الذي مارسته الإدارة من قبل ومن بعد؛ خلط الأنواع والأجناس، بتحويل الإنسان إلى حيوان، والذكر إلى أنثى، والهدف هو تحطيم اعتداد المتمردين بأنفسهم، وكسر شوكتهم، والانتقاص من كرامتهم أمام من قد

يفتنون بهذا الاعتداد، وخاصة في الصعيد الذي تسود فيه مفاهيم خاصة للرجولة، تجعل حتى الدموع أو الشكوى أو الأنين من علامات الأنوثة التي لا تليق بالرجل كامل الذكورة.

وقع مأمور البداري في المحظور، واستنفد احتمال الناس على الصبر، وآن أن يدفع الثمن؛ قرر أحمد جعيدي عبد الحق أن يثأر لكرامته المهدرة، ورجولته المهيضة، وأن يثبت للناس أنه لم يسكت على الإهانة، ولم يرضَ بالإذلال، فقرر إنهاء حياة المأمور. وفاتح صديقه حسونة في المشروع فوافقه عليه، وقضيا عدة أيام يراقبان «الهدف»، حتى عرفا أن المأمور تعود أن يخرج بعد غروب كل يوم للتنزه مع صديقه فهيم أفندي نصيف مهندس الري، وأنه لا يصطحب معه حراسة، بل ولا يحمل سلاحًا. كان ـ ككل الذين احترفوا امتهان إنسانية الآخرين ـ يتوهم أنه غرس هيبته في كل القلوب، وأن أحدًا لن يجسر على التعرض له، فالكل خائفون ومستذلون ومهانون!

* * *

السبت ١٩ مارس ١٩٣٢

مدينة البداري

غادر البكباشي (العقيد) يوسف الشافعي مأمور البداري، منزل صديقه المهندس فهيم نصيف بعد الغروب ليتنزها على الأقدام، وسارا يتجاذبان أطراف الحديث، إلى أن بلغا دار المدرسة الابتدائية بالبلدة، فأصبحا في مرمى نيران بندقيتين مشرعتين للثأر، تتستران وراء دغل من البوص. وانطلق وابل من الرصاص يشق ظلام ليل الصعيد الكثيف بوهجه، ويخدش صمته بأزيزه!

وبقلب بارد تمامًا خرج أحمد جعيدي وحسونة من مكمنهما بين عيدان البوص، إلى حيث سقطت الجثتان، فوجدا مهندس الري لا يزال على قيد الحياة، ولكن ذلك لم يعنهما، إذ لم يكن هو الهدف المطلوب، وعندما

اطمأنا إلى أن المأمور قد فارق الحياة، غادرا مكان الحادث مسرعين، وعاد كلٌّ منهما إلى بيته، وأبدل ملابسه، وجلس يتناول العشاء مع أسرته، وكأن شيئًا لم يكن!

وكانا لا يزالان حول طبلية العشاء حين اندلعت الزغاريد تشق أجواء الفضاء، من كل بيوت البداري، وحين خرجا يستطلعان الخبر، كان الناس يتبادلون التهاني وكلٌّ منهم يقول للآخر: «مبروك الشافعي أفندي قتل!».

وانقلبت الدنيا!

* * *

فهمت الدولة معنى الرصاصات التي أطلقت على مأمور البداري، والزغاريد التي انطلقت في شوارع المدينة عقب شيوع الخبر، فهمًا صحيحًا. فالرصاصات تتوجه إليها، والقتيل هو «النظام» وليس يوسف الشافعي، والزغاريد تلعلع تشفيًا فيها، وتحذيرًا لها. طال رصاص المستذلين المهانين صدر أعمدة النظام الحقيقية، وقطع إحدى أذرعه الضاربة، وأنذر الآخرين في أنحاء مصر بأن يلتزموا بالقانون، ويمارسوا سلطاتهم وفقًا له، وأن يكونوا هيئة نظامية تتبع حكومة نظامية، وإلا فالجزاء من جنس العمل. وأدرك «النظام» أن صمته على ما حدث في البداري هو دعوة لكي يقاوم الناس بالبارود محاولة صدقي لإدخالهم إلى الشقوق!

وقرر النظام أن يرد اللطمة!

بدأ التحقيق هادئًا؛ قبضت النيابة على عدد من شبان البداري، وعلى رأسهم ٢٦ منهم كانوا مقيدين في قائمة المشبوهين، وبينهم أحمد جعيدي وحسونة، واستُدعي بعض الأعيان، وأنكر الجميع أن لهم علاقة بالحادث، وحددوا أماكن وجودهم ساعة وقوعه، واستشهدوا على ذلك بآخرين أيدوا صحة ما قالوه. واعتصم الجميع بالمكر الريفي التقليدي، فتأسفوا لوقوع الجريمة، وذكروا أن «المرحوم» كان ماهرًا في اكتساب العداوات، ولا بد أن أحد «أولاد الحرام» من غير أهل البداري هو الذي أطلق الرصاص انتقامًا

منه. ولم يجد المحقق مبررًا قانونيًّا لاحتجازهم، فأطلق سراحهم، وأوشك أن يغلق الملف!

لكن هذه الأنباء لم تكد تصل إلى القاهرة، حتى ثار وزير الداخلية إسماعيل صدقي وأصدر تعليماته إلى حكمدار أسيوط ـ أعلى قيادة شرطية في المحافظة ـ بأن يتولى بنفسه العثور على القاتل والإشراف على جمع الأدلة ضده. وأصدر وزير العدل ـ علي ماهر باشا ـ تعليماته لرئيس نيابة أسيوط بالإشراف على التحقيق. وحتى يشعر الجميع بأن دماء المأمور عزيزة على النظام، بل إنها دماؤه هو ذاته، فقد عبر صدقي باشا بنفسه، في تصريح لجريدة «الأهرام»، عن أسفه لمقتل يوسف الشافعي، وقال إنه كان مثالًا للكفاءة والحزم، وأعلن أن الوزارة ستصرف للأسرة معونة عاجلة قدرها ألف جنيه، وأنها أعدت مذكرة لعرضها على مجلس الوزراء لتقرير معاش استثنائي لها.

أدرك صدقي، وأدرك حكمدار أسيوط، وأدرك كل من له خبرة بالعلاقة بين الحكومة والفلاحين، أن أهالي البداري يعرفون القاتل ويتهامسون باسمه، وأن هذا المكر الفلاحي، وتلك الشهادات المزورة التي جمعوها، وتلك الزغاريد التي استقبلوا بها خبر مصرع المأمور، لا معنى لها إلا إن أهالي البداري لا يرون فيما فعل القاتل جريمة، بل ينظرون إلى مقتل المأمور باعتباره حكمًا بالإعدام يعبر عن إرادتهم، لذلك تدافعوا يحمون الذي نفذه، ويسعون بمكر الفلاحين لكي تشيع التهمة بين كثيرين، فيضيع دم المأمور هدرًا، وتضيع معه هيبة الحكم!

بهذا الفهم غزا حكمدار أسيوط مدينة البداري الصغيرة، ليؤدب الشامتين في الحكومة، ويعثر على القاتل الذي يتواطأون ليفلتوه من العقاب. فوزع قواته إلى ثلاثة أقسام: حاصر الأول مداخل المدينة ليمنع الدخول إليها والخروج منها. وانتشر الثاني ـ وكان من جنود الهجانة الذين ينتمون إلى جنوب السودان ـ في شوارعها وطرقاتها، فطاحوا في الناس بسياطهم،

وأخلوا شوارع المدينة تنفيذًا لقرار بحظر التجول. أما القسم الثالث فكان مكلفًا بالتحقيق على الطريقة الصدقية: الضرب بالسياط، ومقابض البنادق، والإجبار على شرب بول الخيل وأكل التبن.

بحكم ما بينهما من مشاكل قديمة، وجه العمدة همام شبهات الحكمدار، وقادها لتتركز حول أحمد جعيدي وحسونة، فحاصرت قوات الهجانة منزليهما، وأعادت إلقاء القبض عليهما وعلى بقية المشبوهين، وربطتهم بالحبال إلى ذيول الخيول فسحلتهم على أرض الشوارع الواقعة بين منازلهم ومبنى المركز، وهم يضربون بالسياط، لإحاطة أهل البداري علمًا بالطريقة التي سيجري بها التحقيق القانوني!

ولأن أحمد جعيدي كان يدرك أن أحدًا لا يملك دليلًا ضده مهما قويت الشبهات، فقد أصر على الإنكار رغم التعذيب البشع الذي تعرض له، والذي تواصل ليل نهار، وسانده حسونة فأنكر هو الآخر. آنذاك لجأ الحكمدار إلى وسيلة كان يعلم أنها لن تخيب، بل سوف تحملهما على الاعتراف فورًا: أمر قوات الهجانة فحاصرت بيت آل جعيدي، وألقت القبض على كل من يعيش بين جدرانه؛ الجد الذي كان عمره أيامها قد ناهز المائة عام، والأب، والأم، وشقيقة أحمد الصغرى، والأعمام، والعمات، وساقوا الجميع في موكب علني، شق شوارع المدينة الصغيرة من بيتهم إلى مركز الشرطة، ليجدوا آل عاشور قد سبقوهم إلى المركز في موكب مشابه. بينما كان المنادي يصاحب الموكب ليعلن في الشوارع، أن نساء آل عبد الحق وعاشور سوف يخرجن من مركز الشرطة عاريات ملطخات الوجوه مربوطات بالحبال إلى ذيول الخيول كالسبايا!

واستدعى الحكمدار المتهمين وطالبهما لآخر مرَّة بأن يعترفا بما ارتكبا، ولما أصرَّا على الإنكار، أمر بعض الجنود فبدأوا في طلاء وجوه النساء باللون الأبيض، وأمر آخرين بنزع ملابسهن، وقبل أن تنزع الأيادي ملابس الأمهات والشقيقات، كان أحمد جعيدي يصرخ، معلنًا أنه سيتكلم، بشرط أن تغادر

النساء مبنى المركز، ويُسمح لهن بمغادرة المدينة كلها. ووافق الحكمدار، واعترف أحمد جعيدي بأنه الذي أطلق النار على المأمور، وقال إنه لم يكن يقصد قتله، ولكنه أراد فقط تخويفه ليكف عن تعذيب أهالي المدينة وإهانة كرامتهم. وهدأ الموقف، وخف توتر الحكمدار، فخفف من الإجراءات الصارمة التي كان قد طبقها على المدينة. وما إن اطمأن جعيدي إلى أن نساء الأسرة قد غادرن البداري وأصبحن في مأمن، حتى عدل عن اعترافه، وقال للمحقق ببساطة: «لقد عذبتموني، وكنت مستعدًّا أن أعترف بأنني الذي ارتكب كل جرائم القتل في مصر كلها لتتوقفوا عن تعذيبي!».

في هذه المرَّة انهال الجميع على أحمد جعيدي يركلونه بالأقدام، ويضربونه بالسياط، ويحشون فمه بالتبن، ويدفعون رأسه في آنية مليئة ببول الخيل، ويضعون العصي في دبره، ويجبرونه على أن يصيح: «أنا مَرَة»، وهو يواصل إنكاره للاعتراف، وحسونة يسانده في إنكاره. وارتفعت صرخات الشابين، حتى إنها ـ كما قال الشيخ جعيدي والد أحمد في رسالة أرسلها إلى الصحف فيما بعد ـ كانت تخترق الجدران من هول العذاب، فيسمعها الناس على مسافات بعيدة. واشتد التعذيب بعد أن تقدم أحد الأعيان، بإحدى البندقيتين اللتين ارتكب بهما الحادث، وذكر أن خادمة لديه شاهدت جعيدي وهو يخفيها في أحد أكوام القش ليلة الحادث. وهكذا انتهى التحقيق، واعترف القاتلان، وضبطت أداة الجريمة. فغادر الحكمدار المدينة، ونقل المتهمين معه إلى سجن أسيوط، لكنه ترك جانبًا من قواته في البداري ليواصل تطبيق الأحكام العرفية، واكتشف قبل أن يغادر مبنى المركز طفلة صغيرة تبكي في إحدى زواياه، تبين أنها أصغر شقيقات أحمد، كانت أمه قد نسيتها في السجن من فرط الهول الذي شاهدته!

* * *

في ١٠ أبريل ١٩٣٢ ـ أي بعد الحادث بثلاثة أسابيع فقط ـ قرر قاضي الإحالة، إحالة المتهمين إلى محكمة جنايات أسيوط لمحاكمتهما بتهمة

قتل المأمور عمدًا ومع سبق الإصرار والترصد، والشروع في قتل مهندس الري، وانضم والد القتيل وهو الشافعي حنفي أفندي إلى الدعوى، مطالبًا بتعويض مؤقت قدره جنيه واحد.

وفي ٢١ يونيو ١٩٣٢، أصدرت المحكمة برئاسة المستشار إتربي بك أبو العز، حكمًا بإعدام أحمد جعيدي عبد الحق، وبمعاقبة حسن أحمد أبو عاشور الشهير بـ«حسونة» بالأشغال الشاقة المؤبدة، وتعويض أسرة المأمور القتيل بجنيه واحد مع المصاريف وعشرة جنيهات أتعاب محاماة. وطعن دفاع المتهمين ـ مرقص فهمي أفندي وإبراهيم ممتاز أفندي ـ في الحكم بالنقض في يوم صدوره.

وفسرت محكمة جنايات أسيوط أسباب تغليظها للعقوبة، ورفضها لمعاملة المتهمين بالرأفة، بسببين: الأول، أن المأمور القتيل كان «يؤدي واجبه بمطاردة هذين الشقيين، اللذين عاثا في الأرض فسادًا، فإقدام هذا الآثم على قتله، مما يدعو المحكمة إلى أخذه بالشدة، ودون رحمة ولا شفقة». الثاني، أن جريمة القتل قد اقترنت بحالة «سبق الإصرار»، فهي لم تتم في فورة انفعال، أو نتيجة غضب مؤقت، بل سبقها تروٍّ وتبصر وتفكير مطمئن في ارتكابها، واقترن هذا الإصرار السابق بحالة «ترصد»، إذ كمن القاتلان للمأمور أكثر من مرَّة قبل أن يتاح لهما تنفيذ جريمتهما، وهاتان الحالتان، أي «سبق الإصرار» و«الترصد»، من مبررات التشدد وعدم الشفقة، لما تدلان عليه من نذالة الجاني وإمعانه في استخدام الوسائل التي يضمن بها تنفيذ جريمته، ولما تثيره من اضطراب في الأنفس التي يأتيها الهلاك من حيث لا تشعر.

واستدلت محكمة الجنايات على توفر هاتين الحالتين، بأن المتهمين كانا يمتلئان حفيظة على المأمور القتيل، لأنه ـ طبقًا لما ورد في شهادة محمد بك نصار أحد عمدتي البداري أمام المحكمة ـ كان يطلب نومهما في مركز الشرطة «وفي نومهما كانت تحصل لهما إهانات جامدة من العساكر لسيرهما

الرديئة، فتألما من هذه الإهانات، إذ كان المأمور يأمر بقص شواربهما، ويجيب لهما «رشمة ليف» ويعملها لهما زي لجام الجحش، وكان يكلفهما بأن يقولا: أنا مَرَة. وحصل أن دق العُصي في دبريهما». ولما سألته المحكمة عن المظاهر الأخرى التي تجعل المتهمين يمتلئان حفيظة على المأمور، فيقتلانه - بعد سبق إصرار وترصد - قال: «هوَّ فيه أكتر من دق العصا في... وقص شنبه وقُصته، وإلجامه؟!».

* * *

في شهور الصيف خضعت البداري لسلطة العمدتين، إذ كانت بلا مأمور، فواصلا - تنفيذًا لتعليمات الحكمدار - إذلال أهلها. وبعد شهر واحد من صدور الحكم بإعدام أحمد جعيدي، قدم العمدة همام بلاغًا إلى وكيل النيابة حسني زيان يتهم فيه محمد - الشقيق الأكبر له - بأنه قتل أحد الرجال الذين اختفوا من القرية. وقام البوليس بالبحث، فاكتشف ملابس ملوثة بالدماء مدفونة بجوار منزل آل جعيدي. ونفى محمد جعيدي التهمة، وأكد أن الملابس ليست ملابسه، وأن هناك من دسها بجوار منزله. وتواصلت الضغوط على زوجة الرجل الغائب، وكانت محبوسة هي الأخرى، لتتهمه مقابل الإفراج عنها. وأخيرًا وبعد ثلاثة أسابيع عاد الرجل الغائب، وتبين أنه كان في رحلة إلى أحد الأديرة القريبة.

ولم يكن أحد قد عرف شيئًا عما جرى في البداري منذ نشر خبر مصرع المأمور، إذ لم تنشر الصحف كلمة واحدة عما فعله حكمدار أسيوط بأهلها. كانت الخلافات المكتومة داخل أحزاب المعارضة، قد فتت في عضدها، وفرقت بين صفوفها، فخمد نشاطها أو كاد. وفي شهور الصيف سافر الزعماء والقادة إلى أوروبا ليستريحوا من الصراع. أما ملف قضية «مصرع مأمور البداري»، فكان بين يدي عبد العزيز باشا فهمي رئيس محكمة النقض.

وأيامها كانت «محكمة النقض والإبرام» هي أحدث مؤسسات القضاء المصري، وأعلى مراتبه، إذ لم يكن قد مضى على تشكيلها إلا أقل من

عام، وهي ليست درجة من درجات التقاضي، ولا محكمة للفصل في موضوع الخصومة، لأن مهمتها هي الحكم على عمل القاضي الذي فصل في الخصومة، أي أن وظيفتها هي «الحكم على الحكم». وقد أضفى على مكانتها مهابة، أن أول رئيس لها كان عبد العزيز فهمي باشا، أحد الثلاثة الذين قابلوا المندوب السامي البريطاني في ١٣ نوفمبر ١٩١٨، ليطلبوا إذنًا بالسفر لعرض القضية المصرية على مؤتمر الصلح، وقطب الوفد المصري، فوكيل حزب الأحرار الدستوريين، ثم رئيسه، ووزير الحقانية، ثم رئيس محكمة الاستئناف الذي غضب لكرامة منصبه، فاستقال منه لمجرد أن أحد النواب قدم سؤالًا لوزير العدل عن المرتب الذي يتقاضاه.

وانتهى الصيف، ولحقته شهور الخريف، وأتى الشتاء بلياليه الطويلة، فخفت قيود الأحكام العرفية المفروضة على البداري التعيسة. بينما ارتدى أحمد جعيدي، المودع بسجن أسيوط، بدلة الإعدام الحمراء، ولم يكن هناك أمل في أن محكمة النقض سوف تخفف الحكم.

* * *

وفي بداية ديسمبر ١٩٣٢، كان صدقي يستعد للاتصال بالمندوب السامي البريطاني ليدخل معه في محادثات تمهيدية، تنتهي بإسعاد بريطانيا برؤية توقيعه على معاهدة بينها وبين مصر كما قال له السير «جون سيمون». وفي اليوم الخامس منه، أصدرت محكمة النقض ـ برئاسة عبد العزيز فهمي باشا، وعضوية محمد لبيب عطية بك، وزكي برزي بك، ومحمد فهمي حسين بك، وأحمد أمين بك ـ حكمها في الطعن بالنقض على الحكم الصادر بإعدام أحمد جعيدي وسجن حسونة مدى الحياة، فإذا بها ترفض الطعن «على مضض»، وتعبر عن دهشتها لأن محكمة جنايات أسيوط قد اعتبرت أن ما كان يفعله المأمور بالمتهمين هو من قبيل أداء الواجب، وتستند إلى هذا في تشديد العقوبة عليهما، وهو ما وصفته محكمة النقض بأنه «تعليل فاسد يقوم على أساس مرتبك غير صحيح»، لأن محكمة الجنايات «اعتبرت

شذوذ المأمور القتيل الإجرامي من قبيل قيام الموظف بأداء واجبه، مع أن البداهة تقضي بأنه شذوذ يحفظ كل إنسان، ولو كان مجرمًا، ويدعو إلى معذرته والتخفيف من مسؤوليته، لهذا هو سلك سبيل الانتقام».

وانطلاقًا من هذا الفهم المختلف للموضوع، هدمت محكمة النقض الركن الثاني الذي دفع محكمة جنايات أسيوط لتغليظ العقوبة على المتهمين، وهو ركن «سبق الإصرار والترصد»، فلم تقتنع بأنهما ارتكبا الجريمة بإصرار سابق، رغم أن الظواهر توحي بأنهما قد خططا لها، ولم يرتكباها في لحظة استفزاز أو غضب مفاجئ. وقالت: «إن المعاملة التي كان المجني عليه يعامل بها المتهمين هي إجرام في إجرام، ومن وقائعها ما هو جناية هتك عرض يعاقب عليها القانون بالأشغال الشاقة، وكلها من أشد المخازي إثارة للنفس واهتياجًا لها، ودفعًا بها للانتقام». واستنتجت من ذلك أنهما كانا في حالة اهتياج دائم ينتفي معه القول بسبق الإصرار، ذلك «أن مثلهما الذي أوذي واهتيج ظلمًا وطغيانًا، والذي ينتظر أن يتجدد إيقاع هذا الأذى الفظيع به، لا شك أنه إذا اتجهت نفسه إلى قتل معذبه، فإنها تتجه إلى هذا الجرم موتورة مما كان، منزعجة مما سيكون، والنفس المنزعجة الموتورة، هي نفس هائجة أبدًا، لا يدع انزعاجها سبيلًا لها إلى التبصر والسكون حتى يحكم العقل هادئًا متزنًا، مترويًا فيما تتجه إليه الإرادة من الأغراض الإجرامية التي تتخيلها قاطعة لشقائها». وهكذا قطعت محكمة النقض بأنه «لا سبيل إلى القول بناء على هذا بوجود سبق إصرار، إذ إن توفر هذا الظرف يتطلب أن يكون لدى الجاني من الفرصة ما يسمح له بالتروي والتفكير المطمئن فيما هو مقدم عليه»!

أما لماذا لم تلغ محكمة النقض الإعدام، وتقبل الطعن، ولماذا رفضته «على مضض»، فلأن المحكمة التي أصدرت الحكم بالإعدام لم تخرج في تقدير العقوبة على النص القانوني، وإن كانت قد أخطأت في تبرير أسباب تغليظها لهذه العقوبة، والقانون صريح في أن المحكمة غير ملزمة ببيان

أسباب الرأفة بالمتهم أو الغلظة عليه، «إذ الرأفة شعور نفسي تثيره علل مختلفة لا يستطيع المرء غالبًا أن يحددها حتى يصورها بالقلم أو اللسان، ولهذا لم يكلف القانون القاضي ببيانها».

لم يكن تخفيف الحكم إذن من سلطة محكمة النقض، ولذلك لم تخففه، وإذا كانت من الوجهة القانونية قد احترمت الحكم، فقد أصرت على أن تنص في حيثيات حكمها على أنها «وجدت من الواجب عليها من جهة العدل وإراحة لضمائر أعضائها، أن تلفت نظر أولي الأمر إلى وجوب تلافي هذا الخطأ القضائي، الذي لا حيلة قانونية لها فيه، ولو كان الأمر بيدها، وكانت هي التي تقدر العقوبة، لما وسعها أن تعاقب المتهمين كليهما بمثل تلك الشدة، بل لعاملتهما بما توجبه ظروف الدعوى من الرأفة والتخفيف».

* * *

بعد أسبوعين من صدور حكم محكمة النقض، بدأت الأنباء تتسرب عن أن هناك خلافًا بين وزير العدل علي ماهر باشا ووزير الداخلية ورئيس الوزراء إسماعيل صدقي باشا، حول الطريقة التي تتعامل بها الحكومة مع الحكم، وكان من رأي وزير العدل أنه لا يستطيع أن يتجاهل حيثيات حكم صادر من محكمة رفيعة المستوى، ولا أن يصم آذانه عن المطالبة الصريحة التي وجهتها له بالسعي لتخفيف الحكم عن المتهمين، عن الطريق الوحيد المتاح، وهو أن يستصدر أمرًا ملكيًّا بتخفيف العقوبة. وقال رئيس الوزراء إن محكمة النقض لم تجد على الحكم مأخذًا من الناحية القانونية، وأن توصيتها بتخفيف العقوبة ليست ملزمة للحكومة.

وفي يوم ١٨ ديسمبر ١٩٣٢، عقد علي ماهر اجتماعًا بمكتبه في وزارة الحقانية، حضره عبد العزيز فهمي باشا رئيس محكمة النقض، وكبار المستشارين القانونيين للحكومة، والنائب العام، حيث تداولوا في حيثيات الحكم. وفي اليوم التالي خرجت جريدة «الجهاد» ـ كبرى صحف الوفد ـ وفي صدر صفحتها الأولى النص الكامل لحيثيات حكم محكمة النقض،

وقد أبرزت في عناوينه العبارات التي تصم الحكم بأنه يتبع أساليب هي إجرام في إجرام، بينما بدأ كاتب الوفد الجبار، عباس محمود العقاد، سلسلة مقالات عنيفة، عن دلالات حكم النقض، كان أولها بعنوان «فظائع القرون الوسطى: أين نحن؟ وأين أعداء الفوضى في الإدارة المصرية؟»، ختمه قائلًا: «لقد فضح الحكم في قضية البداري، شيئًا قليلًا من أوزار هذا الزمان، ولو افتضحت كل أوزاره لعجب الناس ـ في غير هذه الأمة ـ كيف بقيت في نفوس المصريين سورة للعدل، ونخوة للغضب الشريف».

وعلى امتداد الأسبوع التالي، كتب العقاد ثمانية من أعنف المقالات التي كتبها في حياته السياسية، حولت الحكم في قضية البداري إلى قضية قومية، تتحدث عنها الصحف والمنتديات، وتصدر بشأنها القرارات والبيانات، وتعقد من أجلها الاجتماعات والمؤتمرات، وتجري المفاوضات والمشاورات، وتتفجر خلال كل ذلك قضايا في الفكر السياسي والفقه الدستوري، وتكشف خيوط العلاقة بين الاستبداد الداخلي وبين القهر القومي!

تواصل هجوم العقاد العنيف على حكومة إسماعيل صدقي في الأيام التالية، وانتقل الهجوم إلى معظم كُتَّاب صحف المعارضة. وفي داخل الوزارة كان صدقي لا يزال يحاول إقناع علي ماهر بأن يغلق ملف البداري، ولا يعطي المعارضة فرصة لخلخلة موقف الحكومة، لكن علي ماهر أخذ الموضوع جدًّا، وبدأت خيوط الأزمة تتشابك وتتعقد.

ولا أحد يدري على وجه القطع السبب الذي من أجله تشدد علي ماهر كل هذا التشدد، وأصر على أن يدفع بالأمور إلى طريق الأزمة. صحيح أنه من رجال القضاء القدماء، وأنه كان عميدًا لكلية الحقوق، وعضوًا في اللجنة التي وضعت الدستور، إلا إنه كان كذلك من أبطال الانقلابات الدستورية، وكانت وزارة صدقي هي الانقلاب الثالث الذي يشارك فيه، ثم إنه كان وزيرًا معه عام ١٩٢٥ حين وقع «حادث إخطاب» فلم يحتج ولم يثِر أزمة! والأهم من هذا وذاك، أنه كان وكيلًا لحزب الاتحاد ـ الحزب الذي

أسسه القصر ـ وممثلًا له في الوزارة الائتلافية التي يرأسها صدقي... فهل كان حزب الاتحاد يخطط لنسف ائتلافه مع صدقي، أم كان يريد فحسب أن يظهر له مدى قدرته على تأزيم الأوضاع أمامه ليكتسب نفوذًا أكثر في وزارته، أم أن الأمر كله هو أن علي ماهر ـ وهو من ألغاز التاريخ السياسي المصري ـ شعر بأن السفينة توشك أن تغرق، فآثر أن يفر منها ليطرح اسمه كرئيس مقبول للوزارة القومية التي كان الجدل يدور حول تأليفها آنذاك على أنقاض نظام صدقي؟

ربما يكون دافعه أحد هذه الأسباب، وقد تكون كلها. أما المؤكد، فهو أن علي ماهر اتفق مع رئيس محكمة النقض على أن يرفع باسمه ـ كوزير للعدل ـ التماسًا إلى جلالة الملك بطلب إبدال عقوبة الإعدام على جعيدي، إلى الأشغال الشاقة. ووافق على أن يأمر بإجراء تحقيق عن كل ملابسات القضية، يشمل الذين تولوا تحقيقها، ومن كانت لهم صلة بوقائعها من رجال النيابة أو الإدارة، وأفراد عائلتي المتهمين، لتحديد المسؤولية الإدارية والجنائية، ومحاسبة الذين تثبت ضدهم تهمة التعذيب أو تهمة الإهمال في تحقيق شكاوى المتهمين.

وعلى الفور بدأ الأفوكاتو العمومي سيد بك مصطفى التحقيق، فاستمع إلى أقوال حسني زيان وكيل نيابة البداري، حول الشكاوى التي قدمها المتهمان وأهاليهما عن تعذيبهما بواسطة المأمور القتيل، واستمع إلى أقوال العمدة محمد نصار، والحكمدار، وطبيب المركز، والكونستابل أحمد خالد الهجرسي، وعدد كبير من أهالي القرية. وتشكك كثيرون في جدوى التحقيق وهدف الحكومة منه. ولاحظ عباس العقاد أن الموظفين الذين يجري التحقيق معهم لم يوقفوا عن العمل، وبذلك أصبح من الصعب «التوصل إلى أدلة تدينهم، وهم مسيطرون على مراكزهم، قادرون على إرهاب الشهود وتحوير الحقائق»، وأبدى دهشته لأن عبد اللطيف محمود رئيس نيابة أسيوط قد سُئل أمام اللجنة، ومن بين أعضائها شقيقه محمد محمود بك.

ولم يكن العقاد مبالغًا حين قال «إن وزير الداخلية يريد تحقيقًا يبرئه، ويبيح له أن يصبح بعد إعلانه بريئًا»، فقد جرى التحقيق وسط ضغوط مكثفة بذلها صدقي لكي يحتوي الأزمة، ولأن أطرافًا كثيرة من الإدارة المحلية في أسيوط كانت قد تواطأت على ما جرى، فقد أسرعت تخفي الأوراق وتستبدلها وتحشد الشهود. ولم يكن لدى أحد ثقة في أن التحقيق سيصل للحقيقة، حتى إن الشيخ جعيدي عبد الحق أرسل رسالة لجريدة «الجهاد»، خاطب فيها وزيري الداخلية والحقانية قائلًا:

> هل تريدان تحقيقًا جديًّا؟ هل تريدان الوصول إلى الحقيقة؟ هل تريدان أن تقفا على حوادث مزرية يعاقب عليها القانون؟ إذن أصدرا الأمر بوقف عمدتي البداري وحكمدار أسيوط، واتركا الحرية للناس، ثم اسمعا ما يقوله سكان البداري جميعًا، تجدا المسؤول الأول!

لكن أحدًا لم يكن يريد تحقيقًا، أو يجهل ما يقوله سكان البداري، أو يسعى حقًّا للبحث عن المسؤول الأول، فقد كانوا جميعًا يعرفون أن هذا المسؤول المجهول، هو ذاته النظام الذي يحكم.

وربما لأن النظام هو المتهم وهو المحقِّق، فإن إسماعيل صدقي كان واثقًا أن الأزمة ستمر، وأن المسرحية ستعرض كما أخرجها، لذلك دفع نائبًا من أنصاره ـ هو عبد الحليم البيلي ـ ليتقدم بسؤال لوزير الحقانية حول ما سوف يتخذه من إجراءات على ضوء ما ورد بحيثيات حكم محكمة النقض في قضية البداري، ليكون ذلك السؤال تمهيدًا لوقوف وزير الحقانية على منصة مجلس النواب، ليلقي بيانًا يعلن فيه أن التحقيقات القانونية والإدارية النزيهة قد أثبتت أن الإدارة بريئة من شبهة التعذيب، وأن الذي قام به «كونستابل» صغير دون علم رؤسائه!

وفجأة حدث ما لم يكن في الحسبان، فقد انهالت شكاوى الناس على مكتب وزير الحقانية من كل أنحاء البلاد، تروي وقائع عما تعرضوا له من

عسف وعنف الشرطة، وخروج الحكم عن الأساليب النظامية في التعامل مع رعاياه. وارتفع عدد الشكاوى إلى ٤٠٠ شكوى، فأحالها الوزير إلى النائب العام، وطلب التحقيق فيها. وأرسل النائب العام إلى وكلائه في جميع أنحاء البلاد يسألهم عن عدد الشكاوى المقدمة ضد جهاز الشرطة، فإذا بها ٢٥٤٣ شكوى من وقائع تعذيب مارستها الشرطة ضد المواطنين خلال مدة لا تصل إلى عام، وإذا بينها ٢٢٢٠ شكوى ضد صف ضباط وعساكر وخفراء، و٣٢٣ شكوى من أعمال عنف قام بها مأمورو شرطة وضباط شرطة ومعاونو إدارة!

وقلق إسماعيل صدقي من فتح ملف التعذيب، وعارض في إجراء أي تحقيق مع رجال الإدارة في أي حادثة إلا إذا كانت متصلة بموضوع البداري، وقال إن بدء التحقيق في الشكاوى سيؤدي إلى اتساع هذا الباب بصورة خطيرة.

وبرز على سطح طوفان الشكاوى التي قدمها المواطنون ثلاث حوادث، كانت ذات دلالة خاصة على الطريقة التي تحكم بها إدارة صدقي بعد أن اطمأن أفرادها إلى أنهم قد أصبحوا بعيدين عن رقابة النيابة والقضاء، وحتى مجلس النواب، فاستقر في يقينهم أن لديهم تصريحًا بأن يقروا النظام دون النظر إلى أي اعتبار آخر.

ففي قرية المطيعة ـ في محافظة أسيوط أيضًا ـ وقعت حادثة سرقة بالإكراه، فارتاب ضابط شرطة النقطة في بعض المشبوهين، فلما أنكروا ضربهم بالسياط، ومرغهم في أرض الإسطبل التي يغمرها البول، وأعمل فيهم العصي مرارًا قبل التمرغ وبعده، حتى تهرأت جلودهم وساءت حالتهم وظهرت الإصابات في أجسامهم. وخشي الضابط أن يحيلهم إلى النيابة وهم على تلك الحالة فتسجل ما بهم من إصابات، فزوَّر في محاضر الشرطة ليؤخر ذلك إلى أن تندمل جروحهم، ولكن أوان عرضهم على النيابة حل، وقد ساءت الحالة، فوقفوا أمامها وقد غشت الجروح أجسامهم في مواضع عدة،

وقد تقيح بعضها وتطرق إليه الفساد. وسألهم المحقق عن شهودهم على ما وقع عليهم من تعذيب، فاستشهدوا بمحبوسين كانوا معهم في نقطة شرطة المطيعة. فأرسل المحقق يستدعيهم، فإذا بضابط النقطة يرد بأنهم من غير معلومي محل الإقامة، مع أنهم كانوا آنذاك محبوسين في النقطة، وحين مثلوا أمام المحقق أنكروا كل شيء، وأكدوا أنهم لم يشاهدوا تعذيبًا، ولا يعرفون عنه شيئًا، وأخيرًا اكتشف المحقق أنهم عذبوا قبل أن يمثلوا أمامه، وكشف عن أجسامهم فإذا بآثار الضرب تغشاها في كل خلية منها.

وفي قرية بني حسين ـ المجاورة لها ـ وقع حادث مشابه، تعرض المتهمون خلاله إلى صنوف مبتكرة من التعذيب، إذ كان الضابط يلبسهم الطراطير ليعرضهم للسخرية والتحقير، ويرغم كلًّا منهم على أن يضع العصي في أدبار الآخرين. ولما ضبطت الطراطير في النقطة، سُئل الضابط عنها، فقال إنهم كانوا يعدونها لتسلية العساكر في أوقات الفراغ.

وفي الحالتين لم يقدم أحد الضابطين إلى المحاكمة، إذ حماه رؤساؤه فرفضوا تقديمه للمحاكمة، واكتفت وزارة الداخلية بنقل كلٍّ منهما من النقطة التي كان يعمل بها إلى مكان آخر.

وفي إحدى قرى مركز سنورس بمحافظة الفيوم بالصعيد اختفى شخص اسمه بدر مختار، وطفت جثة مجهولة قيل إنها جثته، واشتبهت الشرطة في أن صديقًا له اسمه فؤاد جمعة قد قتله، فقبضت عليه، وتولى ضابط النقطة ـ مع الخفراء وشيخهم ـ تعذيبه، حتى اضطر إلى أن يعترف بأنه قتل بدر مختار بمساعدة اثنين ذكر اسميهما. وألقت الشرطة القبض عليهما، فأيدا ما قاله فؤاد جمعة، وأكدا أنهما اشتركا معه في إلقاء الجثة في مصرف المياه الذي عثر عليها طافية فوق سطحه. وأمام النيابة شكا المتهمون بأنهم تعرضوا للضرب، ولكن طبيب المركز ـ كالعادة ـ سجل في تقريره أن ما بهما من إصابات لا يتطلب علاجًا، وبعد أسبوعين من اختفائه ظهر بدر مختار، واتضح أنه كان قد سافر إلى الواحات. وعلقت الصحف على الواقعة

قائلة: «لو أن اختفاء بدر مختار قد امتد إلى عدة أشهر لكانت النتيجة إحالة المتهمين الثلاثة إلى محكمة الجنايات، وربما حكمت بإعدامهم، خاصة وأنهم كانوا قد اعترفوا بأنهم القتلة»!

* * *

كان العقاد على حق حين قال إن سلوك مأمور البداري «هو السلوك الذي جرى عليه كثير من الموظفين في عهد صدقي باشا من يوم أن تولى وزارة الداخلية (١٩٢٥) إلى يوم أن تولى رئاسة الوزارة»، ولكنه مع ذلك استشعر هو وغيره من كُتَّاب المعارضة، أن هناك محاولة تقوم بها الدوائر الإنجليزية في مصر، للقول بأن المصريين عاجزون عن حكم أنفسهم، وأن الاستقلال الذي حققه تصريح فبراير ١٩٢٢، قد أعاد الحكم المصري إلى «الأساليب الشرقية» التي كانت سائدة في عهد الخديو إسماعيل، والتي يفخر المحتلون بأنهم قد أوقفوها فأنقذوا المصريين من الحكم بالسياط، والقتل بفناجين القهوة المسمومة والسخرة، وكل مظاهر الحكم غير النظامي. وهي فكرة تعاطفت معها الجاليات الأوروبية التي كانت تقيم في مصر وتتمتع بالامتيازات الأجنبية، فتحاكم بقوانين بلادها، وأمام محاكم مختلطة، لتوفير ضمانات المحاكمة أمامها. وقد ألمحت جريدة «الريفورم» ـ وكانت تصدر في مصر باللغة الفرنسية وتعبر عن رأي الجالية الفرنسية في مصر ـ في معرض تعليقها على قضية البداري، إلى الامتيازات الأجنبية، فقالت إن وقائع القضية تفرض التريث في الاستجابة لمطلب مصر بإلغاء الامتيازات الأجنبية، حتى تظل ضمانات المحاكمة العادلة للأجانب قائمة.

وقد وصف العقاد هذا الاستنتاج الفرنسي من وقائع القضية بأنه استخلاص «محزن ومضنٍ يفزع الضمائر ويحز القلوب»، وأنكر بحسم مسؤولية المصريين عن مثل هذه الحوادث، وقال إنهم «ضحاياها، والشاكون منها»، وفرق العقاد بين نوعين من الحكومات المصرية:

حكومة ديمقراطية تأتي بها انتخابات حرة نزيهة، فتستند إلى أغلبيتها الشعبية، ومثل هذا النوع من الحكومات تتهم عادة في صحف الاحتلال وعلى لسان المسؤولين في دار المندوب السامي بأنها حكومات تتسم بفوضى الإدارة واضطراب النظام، وقلة الكفاءة في رعاية القوانين، مع أنها حكومات، تعبر عن سلطة الأمة وتقوم بصيانة الحقوق وحراسة الحريات وإقرار الأمن، وهي لا تدفع رجال الإدارة لإكراه الناس على القبول بها، أو حشدهم لتأييدها بالمسيرات والعرائض، لأنها تحوز رضا الناس فعلًا.

وحكومة دكتاتورية جاءت بانقلاب دستوري أو بانتخابات مزورة أو بالاثنين معًا، فهي لا تعبر عن الناس، ولا تستند إلى ثقتهم، بل تعتمد على ثقة المندوب السامي البريطاني، وهذا النوع من الحكومات هو الذي يفسد الإدارة، لأنها تحكم الناس على غير ما يريدون، فهي في حاجة إلى موظفيها للترويج للدعاية السياسية، وإكراه الناس على تعديل آرائهم، والخروج على عقائدهم، فلا يتفرغ موظف الإدارة للعمل النافع، ولا يؤدي عمله بما يفرضه عليه القانون وتُحتِّمه عليه النزاهة والإنصاف.

وكشف العقاد عن العلاقة بين اختلال حبل الأمن العام، وهبوط مستوى أداء رجاله، وبين المثل السيئ الذي يضربه الموظف من هذا النوع، الذي ينزع من قلوب الناس احترام القوانين ويهون عليهم اقتراف الجريمة، فإذا وقعت فهو عاجز عن كشفها بالوسائل المألوفة، ولو أنه كان محبوبًا متضامنًا مع الناس لأعانوه على كشف الجرائم، ولأنه مكروه وممقوت، فهو يلجأ إلى الشذوذ والعنف ليبحث عن الذين يرتكبون الجرائم.

وحمَّل العقاد النفوذ الاستعماري مسؤولية هذه الإدارات الحكومية الفاسدة، إذ «إن الاستعمار صاحب مصلحة في تسليط الفساد والخلل على الإدارة المصرية، لأنه من جهة يسيء إلى سمعة مصر وسمعة حكوماتها الوطنية، ويتخذ من ذلك حجة في البقاء والإشراف على شؤون الحكومة الداخلية» و«لأنه من جهة أخرى يحسب أن هذه المساوئ تفرغ صبر

المصريين، فلا يلبثون أن يطيعوه ويمتثلوا لمطالبه، ويفرطوا في حقوق الوطن».

وسخر العقاد من الفكرة التي تقول إن الإنجليز لن يفاوضوا صدقي ونظامه موصوم بأحداث البداري، فقال إنه «لا حادثة البداري ولا ألف حادثة مثلها، يمكن أن تمنع الإنجليز من اغتنام الفرصة ووضع أيديهم على الفريسة». أما حديث الإنجليز عن الحضارة وتمدين الإدارة المصرية، فهو مجرد كلام لا معنى له «إنما تحبون من الوزارة أن تجيب مطالبكم، وتشبع نهمكم، ثم لها أن تسيء بعد ذلك ما شاءت الإساءة، وتختل في أعمالها ما طاب لها الاختلال، وهذه هي الحضارة التي شوهتم وجهها في أعيننا».

* * *

انتقلت الأزمة الوزارية المكتومة من بين جدران المكاتب الحكومية إلى المنتديات، ثم إلى صفحات الصحف، لتبلور جوهر الخلاف بين رئيس الوزراء ووزير الحقانية، في قضية دستورية مهمة، هي مدى مسؤولية الوزير، وحدود حقه في اتخاذ القرار. كان إسماعيل صدقي يعترض على فتح وزير الحقانية لملف التعذيب والتحقيق مع رجال الإدارة، ويعلن أن ذلك من مسائل السياسة العامة للحكومة، وأنه ليس من حق الوزير ـ دستوريًّا! ـ أن يتصرف فيها وحده لأنها من سلطة مجلس الوزراء. أما علي ماهر فقد تمسك بأنه المسؤول ـ مباشرة ـ عن أعمال وزارته، حسب نص الدستور، ومن حقه أن يكون مستقلًّا في إدارة أعمالها وتوجيهها، ومن بينها التحقيق في بلاغات المواطنين.

ولم يكن صدقي راغبًا في أن تحدِث قضية أحمد جعيدي عبد الحق شرخًا في جدار نظامه، ولم يكن يريد أن يمهد الأرض ليخرج الوزير بطلًا، مستقيلًا أو مُقالًا، ولم يكن سهلًا عليه أن يعترف رسميًّا ـ وعلى لسان بيان يلقيه أحد وزرائه ـ بأنه يشرف على إدارة حكومة فاسدة وظالمة، ولا تليق بحكومة متمدينة.

وهكذا ما كاد يقرأ مشروع البيان الذي أعده علي ماهر ليتلوه في مجلس النواب ردًّا على سؤال النائب عبد الحليم البيلي حتى أصر على تعديله معلنًا أن البيان يعبر عن رأي الحكومة، لا عن رأي الوزير، وأنه في جوهره بيان يتنصل به الوزير من مسؤوليته التضامنية مع الحكومة في سياستها العامة. وتطبيقًا لذلك لن يوافق على إعلان الوزير أنه سيتقدم بمشروع قانون لإلغاء قانون حماية الموظفين، ونقل تبعية رجال الشرطة الذين يحققون القضايا في مراحلها الابتدائية من وزارة الداخلية إلى النيابة العامة. واعترض على عبارات العطف على المتهمين التي تضمنها مشروع البيان، واعترض على الإشارة إلى تصرفات بعض رجال الإدارة، وعلى امتداح الوزير لحكم محكمة النقض، وعلى إعلانه بأنه سيستصدر عفوًا ملكيًّا عن المتهمين. وكان من رأي صدقي أن تقديم كل هذه الترضيات لشخص اسمه أحمد جعيدي تراجع كبير يهز هيبة الحكم.

وتوسط عدد من الوزراء ووكيل الديوان الملكي زكي الإبراشي، بين علي ماهر وإسماعيل صدقي. وقبل وزير الحقانية أن يعدل بيانه فيستبدل بما ورد به من المقترحات، إلغاء قوانين قائمة أو استحداث أخرى بعبارة عامة يقول فيها إن الحكومة تفكر في تشريعات لزيادة طمأنينة الناس. واشترط علي ماهر مقابل هذا التعديل، أن يكتب خطابًا إلى رئيس الوزراء يبلغه فيه ما وصل إليه التحقيق في بعض حوادث التعذيب في مديرية أسيوط، ويطلب منه محاكمة بعض كبار موظفيها الإداريين، وأن يتلقى من رئيس الوزراء ردًّا بموافقته على ذلك. ورفض صدقي شروط علي ماهر، وقابل الملك فؤاد وعرض عليه المشكلة، فلم يُبدِ حماسًا للتدخل، وإن كان قد وعده بأن يقابل علي ماهر. وقد استقبله بالفعل وحاول الملك إثناءه عن تشدده مع رئيس الوزراء، فقال له علي ماهر: «إنني لو كنت مكان أحمد جعيدي وفعل بي المأمور ما فعله فيه، لقتلته أنا أيضًا».

وأخيرًا نجحت الوساطة بين الرجلين، واقتنع علي ماهر بتعديل بيانه

لتفادي كل ما يعكر الجو في وقت تبدأ فيه المفاوضات بين رئيس الوزراء والمندوب السامي البريطاني، ولكنه تمسك بألا يلقي البيان في حالة تعديله، وأصر على إحالة التحقيقات التي تمت مع رجال الإدارة في حوادث التعذيب التي وقعت في البداري ـ غير الحادثة التي فجرت الأزمة ـ وكذلك تلك التي وقعت في المطيعة وبني حسين إلى القضاء، وطلب صدقي منه أن يؤجل ذلك بعض الوقت، فوعد علي ماهر بسؤال النائب العام لأن الأمر يتعلق به، كما أصر على تخفيف العقوبة عن أحمد جعيدي وحسن عاشور.

وخلال اليومين اللذين فصلا بين اجتماع مجلس الوزراء واجتماع مجلس النواب، تحركت الحوادث بسرعة شديدة؛ علم صدقي أن النيابة العامة شرعت فعلًا في اتخاذ الإجراءات التي طلب تأجيلها، وأعلنت قرار الاتهام في قضيتي تعذيب المتهمين في نقطتي شرطة المطيعة وبني حسين، وأنها سلمته إلى المختص بإعلان المتهمين به. وأزعج ذلك كبار رجال الإدارة في محافظة أسيوط فأبلغوا رئاستهم في وزارة الداخلية. واعتذر علي ماهر بأن سبب عدم تنفيذه لتعهداته مع رئيس الوزراء يعود إلى أن النائب العام لم يقبل بفكرة تأجيل قرارات إحالة المتهمين في هذه القضايا إلى المحاكم. وطلب صدقي من النائب العام إيقاف إعلان القرارات، فاعتذر بأنه يأخذ تعليماته من وزير الحقانية، فاتصل الوسطاء بعلي ماهر الذي قال إنه ما دامت النيابة قد تصرفت في القضية فهو لا يستطيع التدخل. وغضب صدقي لأن علي ماهر خرج عن الاتفاق، وأخل بهيبة الإدارة، وقدم للمحاكمة موظفين يعملون تحت رئاسته في وزارة الداخلية دون استئذانه أو إخطاره ورغم علمه باعتراضه، وازداد غضبه اشتعالًا حين عرف أن علي ماهر أصدر تعليماته لمعاونيه في الوزارة بإعداد مشروعات القوانين التي كان قد اقترحها في مسودة بيانه، وقبل رفعها منه، وهو ما يعني ـ في رأي

صدقي ـ أنه لم يكن مخلصًا في تنفيذ اتفاقية الصلح، وأنه يواصل إصراره على إحراج الوزارة.

* * *

في اللحظة التي كان صدقي أثناءها يدلف إلى قاعة مجلس النواب ـ في الثامنة من مساء يوم ٢ يناير ١٩٣٣ ـ كانت الأزمة قد بلغت ذروتها.

تركزت أعين الجميع على صف الوزراء الذين دخلوا خلف صدقي ليأخذوا مكانهم في قاعة الجلسة، وحين لم يجدوا من بينهم علي ماهر باشا تصاعدت الهمهمات، وغطت على هتافات نواب حزب الشعب بحياة الملك والحكومة ورئيسها.

وعندما تقدم محمد حلمي عيسى باشا وزير المعارف لإلقاء البيان نيابة عن وزير الحقانية، ثار النواب، وقالوا إن الأمر غير عادي وذو خطورة، وإن الجلسة تاريخية، ولذلك اقترحوا تأجيلها إلى أن يأتي علي ماهر. وكظم صدقي غيظه وهون من الأمر، مؤكدًا أن التقاليد البرلمانية تجيز أن ينوب وزير عن آخر، وأن الرد الذي سيلقيه وزير المعارف نيابة عن زميله وزير الحقانية، هو رد رضي به الأخير وأذن بإلقائه، وأضاف أن المهم هو الاستماع إلى الرد أيًا كان قائله، واعترض على اقتراح التأجيل مشيرًا إلى أن النواب يستعجلون معرفة الحقيقة.

وتقدم حلمي عيسى ليلقي البيان، الذي جاء نموذجًا لعدل الظالمين الذين يحترفون تزوير المستندات، وإخفاء الحقائق، فقد ثبت من التحقيق ـ كما جاء في بيان العدل الذي يرتدي الطرابيش ـ أن أحمد جعيدي وزميله حسن عاشور لم يسبق لهما، قبل قتل المأمور، أن تقدما بأي شكوى للنيابة، عن قسوة أو تعذيب، إلا مجرد عبارات عابرة في إحدى الشكاوى التي قدمها ثانيهما، وأنه ادعى بعد القبض عليه بتهمة قتل المأمور، أنه تعرض للتعذيب، ولكن الطبيب الشرعي لم يجد به سوى ثلاث إصابات لا تحتاج إلى علاج

وقد نشأت عن ضرب الجنود له بسبب انفعالاتهم الشديدة بعد رؤيتهم جثة رئيسهم مضرجة في دمائها.

وعوج البيان الطربوش على ناحية، قبل أن ينفي بلسان جسور أن يكون المأمور القتيل قد قام بتعذيب أي من المتهمين، وانتهى إلى أن كل ما هو منسوب للمأمور لا يخرج عن أنه أمر بقص شعر جعيدي المسترسل، وأن الذي قام بتعذيب حسونة ـ دون علم المأمور ـ هو الكونستابل أحمد خالد الهجرسي. وهكذا اتخذ البيان من الهجرسي كبش فداء للعسف الإداري، فحكم بأن المسؤولية في هذه القضية لم تثبت على أحد سواه، وقال: «إن ذلك كافٍ لالتماس العفو عن المتهمين بتخفيف العقوبة»، مع أنهما قتلا المأمور لا الكونستابل، وللخروج من هذا المأزق قال البيان إن حسن عاشور معذور حين يتشابه عليه الأمر فيحمل المأمور المسؤولية عما ارتكبه الكونستابل، وإن جعيدي معذور حين خاف أن يرتكب معه الكونستابل ما فعله مع عاشور، وعلى ذلك استند طلب تخفيف العقوبة عنهما!

واستكمالًا وختامًا للمسرحية، عقب النائب عبد الرحمن البيلي ـ مقدم السؤال، وهو من نواب حزب الشعب ـ فتمنى لو كان وزير الحقانية موجودًا، ليشهد مبلغ حرص النواب على واجبهم وتقديرهم لوظيفتهم النيابية، وأنهم يحاسبون السلطة التنفيذية! وقال إن الضجة التي حدثت حول ما سُمِّي «مأساة البداري» لا نصيب لها من الصحة، وأن المعارضة هي التي استغلتها فأضرت بمصر وسمعتها. وبرر مسلك المأمور القتيل بأنه كان يؤدي ـ بإخلاص وتجرد ـ واجبه في حفظ الأمن والنظام، وإقرار القانون، والدفاع عن العدل، وذكر مبلغ ما يتعرض له رجال الإدارة من خطر، وشكر الوزارة باسم ممثلي الشعب ونوابه، وباسم الأمة التي هي مصدر السلطات، على مجهوداتها في إقرار النظام، ونشر العدل. وانتقل المجلس بعد ذلك إلى النظر في أعماله العادية!

* * *

انفض سامر البداري في مجلس النواب، لكنه لم ينفض في أنحاء الوطن. ففي الليلة نفسها عدَّل صدقي وزارته ليخرج منها علي ماهر وعبد الفتاح يحيى - وزير الخارجية، الذي كان قد أيد علي ماهر في موقفه. وعند عرض مراسيم التشكيل الجديد على مجلس النواب تحدث صدقي فقال مخاطبًا الشامتين، ومهددًا الذين يتوهمون أن الأزمة قد غيرت من طريقته في الحكم: «إن وزارة اليوم، إن تكن غير وزارة الأمس، فإن سياسة اليوم هي سياسة الأمس بلا تغيير ولا تبديل. ففي الخارج عمل متواصل لإكمال استقلال بلادنا، وفي الداخل مثل لحسن الإدارة في مختلف الفروع، واستمرار في العمل على إبادة جراثيم الفوضى، وإقرار النظام والحكم الصالح».

وأقرت صحيفة «الجهاد» صدقي باشا على أن الرواية انتهت كما بدأت دون تغيير، فـ«سيظل قانون حماية الموظفين نيرًا على رؤوس المضطهدين، وقلعة يتحصن بها الظالمون من رجال الإدارة، وسيبقى قانون المشبوهين وسيلة للكيد لكثير من الأبرياء، وسيستمر المحققون من رجال الإدارة والبوليس بعيدًا عن رقابة النائب العام ووزير الحقانية، وسيبقى صدقي باشا ما شاءت له المقادير»!

لكن المقادير قد شاءت أن يذهب صدقي باشا!

فبعد الأزمة بأسابيع قليلة - فبراير ١٩٣٣ - وقع صدقي الجبار صريع شلل أصاب نصفه الأيمن، بسبب المجهود العنيف الذي بذله في تثبيت أركان نظامه - وخاصة خلال أزمة البداري - في مواجهة الأعاصير التي تحيط به من كل جانب، التي انتهت بتفجره من الداخل.

وسافر صدقي إلى الخارج للعلاج، فظل هناك سبعة أشهر، وما كاد يعود في أغسطس ١٩٣٣، وقد استرد صحته، حتى وجد زكي الإبراشي باشا ناظر الخاصة الملكية، يدير الوزارة من مكتبه بالقصر الملكي، فاستقال في ٢١ سبتمبر ١٩٣٣، وانهار النظام الجبار الذي أنشأه ليعيش عشر سنوات، فمات بعد ثلاثة!

وخُفِّف الحكم على أحمد جعيدي عبد الحق من الإعدام إلى الأشغال الشاقة المؤبدة، قضى منها، ثمانية عشر عامًا في «ليمان أبو زعبل» وغادره في عام ١٩٥٠.

وهي السنة نفسها التي غادر فيها إسماعيل صدقي الدنيا!

دنيا!

رفعت العلم يا عبد الحكم

وكان خريف...

سنوات طويلة مرت منذ أن انطفأ وهج الثورة.

جرت في النهر مياه كثيرة، فبهتت ذكرى الشهداء، وابتسمت شفاه أقسمت ألا تكف عيونها عن بكائهم، لكن الزمن ـ كالقلب ـ قُلَّبٌ.

ترهل ثوار ربيع ١٩١٩، شابوا في ستة عشر عامًا فقط، وتواضعت أحلام الثورة من المطالبة بالاستقلال التام إلى مجرد المطالبة بحرية الرأي وحق التعبير، ومات سعد زغلول تاركًا أقسى كلماته: «كانت غلطتنا عندما صدقنا أننا مستقلون».

نجح الطغاة والغزاة في أن يلزموا الشعب موقف الدفاع، كلما تقدم «بالدم» خطوة للأمام، أعادوه «بالقهر» خطوتين للوراء. لكنه برغم هذا كله، ملك ـ وفي أحلك اللحظات ـ القدرة على الربط بين مسألة الديمقراطية وقضية الاستقلال، فحرص على ألا يترك الطغاة ينفردون بالأمر، وحرمهم حلم حياتهم: أن يتكلموا باسمه، فيبيعوا البلد لأسيادهم وينفض المولد.

وكان خريف من سنة ١٩٣٥.

جاء مبكرًا، وبنسمات أكثر برودة من المعتاد، فأجبر الناس على ارتداء ملابسهم الثقيلة في المساء. سقطت الأمطار مبكرة، فغسلت أشجارًا

بلا خضرة، لكن الشمس عادت تشرق من جديد. أما الجو السياسي فكان ملبدًا بالغيوم، وأيامها لم يكن أحد في مصر كلها يعرف بالضبط ما سوف تجيء به الأيام.

في صباح يوم الجمعة ٢٥ أكتوبر من ذلك العام، لامست قدما محمد عبد الحكم الجراحي رصيف ميناء الإسكندرية. ووسط زحام المستقبلين، استطاع أن يلمح بصعوبة وجه ابن خالته وولي أمره وصديقه، اليوزباشي عباس حلمي زغلول، وهو يحتضنه مشوقًا. كانت عيناه تدوران في المكان، ها هو يعود مرَّة أخرى إلى مصر بعد عامين من الغربة، فماذا تغير فيك يا بلدنا؟

- لا شيء، غادرتَها وإسماعيل صدقي يحكمها بدستور مزيف، وها أنتَ تعود وتوفيق نسيم يحكمها بلا دستور على الإطلاق، لا مزيف ولا حقيقي، والإنجليز يستغلون الحرب الإيطالية الحبشية ليرجعوا بنا إلى أيام الحماية!

ضاعت ضحكة عباس التي ختم بها كلماته في ضجة القطار الذي استقلاه إلى القاهرة، وغابت عينا عبد الحكم في خضرة المزارع.

قال اليوزباشي:

- وافق الدكتور طه حسين على التحاقك بكلية الآداب، وجدته يتذكر لقاءكما في جرينوبل جيدًا، حتى إنه سألني عن أشعارك.

* * *

ما أسرع ما يعدو الزمن...

في مثل هذه الأيام من خريف ١٩٣٣ سافرتَ إلى فرنسا، وكان الظن أنكَ ستدرس الطب. تسعة شهور طويلة في ليون، بنسيون مدام «بروكيز»؛ العجوز الطيبة الشرسة. ما كان أجمل حديثها عن بطولات جنرالها الشهيد، لكن ما أسمج ما ورثته من تقاليده العسكرية الصارمة، كل شيء بميعاد: الإفطار، وشاي العصر، وساعة إشعال المدفأة. أما الذي لا موعد له فهو

ذكريات الجنرال العجوز، الذي أحبته وعشقته وتزوجته وبكته حين استشهد من أجل فرنسا، التي أحبها ربما أكثر منها. أكانت تفيض في الحديث عنه فخرًا به، أم غيرة عليه؟ والمشكلة هي كيف تحتمل روحها الشاعرة كل هذه القيود؟!

ـ مسيو عبد الحكم، إذا تأخرت عن العاشرة فلا تزعج نفسك بدق الباب.

وتنتهي السنة الدراسية دون أن تقبلك جامعة «ليون»، ضاعت الشهور في تعاطي الشعر والأدب، فلتُدِر ظهرك للطب، ولتشد الرحال إلى جرينوبل. وداعًا مدام «بروكيز»، وإلى بنسيون آخر في مدينة أخرى. ذلك قدر الغريب، كما كان قدره أن يجاوره في بنسيون «جرينوبل» ذلك العجوز العطوف دكتور «دريفيه»: تسعون عامًا طويلة، وأبوة دافقة احتضنت غربتك ويتمك، فما أقسى أن يكون الإنسان يتيمًا وغريبًا في اللحظة نفسها. ماتت الأم وأنت في الثالثة، وتبعها الأب في العام التالي، ضاعت من الذاكرة ملامح مغاني الطفولة بالحلمية الجديدة.

مضى العام الثاني أكثر هدوءًا. تجمُّع صغير من الطلبة المصريين يلتقي في مقاهي جرينوبل وحدائقها، ويتحلق أحيانًا حول العجوز «دريفيه» مستمعًا إلى ذكرياته، وصحف تأتي من القاهرة تحمل أنباء بعضها طيب، ومعظمها يملأ القلب أسى. عن هذا تحدث الدكتور طه حسين عندما التقى به عبد الحكم في الصيف، كان طه حسين قد جاء كعادته يمضي صيفه في المدينة التي درس فيها، فشد الطلاب المصريون رحالهم إليه، يناقشون الرجل الذي كان مثار إعجابهم، الذي هز فصله من الجامعة قبل سنوات قليلة أركان دكتاتورية إسماعيل صدقي. واستمع طه حسين بصبر، لما ألقاه عبد الحكم من أشعار، وناقشه فيما يقرأ، وفي نهاية المقابلة قال عبد الحكم:

ـ أود أن أستكمل دراستي في القاهرة، فهل تقبلني الكلية؟!

ورحَّب الرجل الطيب. وعندما عاد طه حسين إلى القاهرة ذكره عباس

بوعده، وكان وفيًّا، قام إلى الدكتور منصور فهمي عميد الكلية وعاد بعد لحظة فأمر بقبول الأوراق.

على رصيف القطار في جرينوبل ودعه الأصدقاء المصريون، ومعهم «دريفيه». عانقوه بقوة، بكى العجوز، شد عبد الحكم على يديه، وعده أن يكتب إليه. فهل تذكر هذا يا عبد الحكم، أم تنساه في زحام القاهرة الذي بدت بشائره في هذا الاختناق الرهيب في محطة باب الحديد؟!

فماذا تغير فيك يا بلدنا؟!

* * *

في اللحظة نفسها التي كان عبد الحكم يغادر فيها محطة القاهرة بصحبة ابن خالته، لم ينتبه لشاب نزل من القطار نفسه، ومر بجواره، وربما التقت نظراتهما فوق تمثال «نهضة مصر» المشرف على الميدان، أشار كل منهما لعربة حنطور، فمضى عبد الحكم وقريبه إلى شارع الصليبة بالقلعة، أما عبد المجيد مرسي فقد اتجه إلى شارع عبد المنعم بعابدين.

رحبت به «المدام»، وسألته عن أحوال الإسكندرية، ودلف عبد المجيد مرسي إلى حجرته الصغيرة بالبنسيون: سرير ودولاب ومكتب يختفي سطحه تحت أكوام من الكتب، مرآة في الواجهة وشماعة. فتح أبواب الشرفة، حملت نسمات الخريف رائحة الفل. ذهب الصيف وذهبت معه رائحة التمر حنة، وهذه المرَّة، تحدث الأب ـ أيضًا ـ عن الأزمة الاقتصادية الخانقة، التي جاءت مع دكتاتورية إسماعيل صدقي، وظلت قائمة حتى بعد أن غادر صدقي الحكم ليخلفه عبد الفتاح يحيى، ثم يغادره هو الآخر، ليحل محلهما توفيق نسيم، لكن الأزمة لا تغادر، ونصائح الوالد بالتوفير لا تتوقف.

والمهم الآن، هو أن يزور عمه، وأن يسلم الرسالة التي حملها من والده إلى عم علي الحمزاوي.

بعد العصر كان عبد المجيد مرسي في الروضة، جلس مع عمه قليلًا.

كانت مصادفة سعيدة، أن تأتي شقيقته إحسان لتزور ـ أيضًا ـ عمها، فتلقاه وهو في طريقه إلى الانصراف. عطوفة أنتِ يا إحسان كقلب الأم، وما أجملكِ حقًّا في هذه الملابس البيضاء، ولا بد أن الذي أطلق على الممرضات صفة «ملائكة الرحمة» كان يعلم أنكِ ستلتحقين يومًا بمدرسة حكيمات قصر العيني. أما الزحام في شارع الموسكي فما أخنقه، هل أجدك حقًّا يا عم علي؟ بالأحضان أخذك علي الحمزاوي، فما أعمق الصداقة التي تجمعه بالوالد، فكيف ومتى نشأت؟ والدكان لا يختلف عن غيره من دكاكين النحاسين في هذا الحي، وها هو النحاس الأصفر والأحمر يملأ رفوفه. قرأ الرجل الخطاب بإمعان، طلب له شايًا. طوى الخطاب عدة طيات، قبل أن يطلعه على واحدة منها، كأنه يخطره بما يخصه في الرسالة. وكان والده قد كتب يقول للحمزاوي:

> إذا احتاج عبد المجيد شيئًا خلال العام الدراسي فأعطه له يا حاج علي، وسلمه على الفور مبلغ عشرة جنيهات لشراء كتب العام الجديد، وإذا وجدت وقتًا فمر عليه بالبنسيون لتتأكد من أنه يذاكر ولا يلعب.

في زحام شارع الموسكي تحسس عبد المجيد الجنيهات العشرة خشية أن ينشلها من جيبه لص. لم تعد الدنيا أمانًا كأيام زمان، خربها صدقي باشا الله يلعنه. تحالف الوغد مع الأزمة الاقتصادية، وأذاقا البلد الأمرَّين، وجالد الوالد الزمن والأزمة، وكاد البيت الذي بناه بشقاء العمر يضيع هدرًا، فينزع الدائنون ملكيته لولا أن الله سلم. ولو كان صدقي ما زال حاكمًا ما وجدت لدى علي الحمزاوي عشرة مليمات، ولاعتذر الرجل الطيب بسوء الحال، الذي لم يتحسن إلا قليلًا، صحيح أن الأزمة قد تراجعت إلا إن حال الدنيا لم ينصلح بعد تمامًا. وأمس قرأت في الصحف أن مجلس الوزراء سيصدر قرارًا بتعيين حملة الشهادات العليا بمرتب شهري يصل إلى ثمانية جنيهات ونصف، وقد هنأت «الأهرام» بهذا الإنصاف. ولكن هل يكفي المبلغ

حقًّا؟ أهذه نهاية التعب؟ لعله أفضل من البطالة التي تخنق بحبالها خريجي المدارس العليا والجامعات، فلنحمد الله، وندعوه أن يصدر مجلس الوزراء القرار، وأن نكون من أصحاب الحظ الحسن الذين يجدون فرصة لوظيفة في «الميري».

في ذلك العام كان محمد عبد المجيد مرسي، قد أوشك أن يتم عامه الثاني والعشرين، فهو من مواليد الإسكندرية في ١٨ ديسمبر ١٩٢٣. عاش طفولته حتى السابعة يمرح في شوارع واحد من أشهر أحيائها الشعبية، هو حي كرموز. وكان والده تاجرًا للنحاس من مستوري الحال، وقد ورث عن أبيه مهنته والمنزل الذي ولد فيه ابنه، والذي باعه في عام ١٩٢٠، لتنتقل الأسرة بعدها إلى حي أقل ازدحامًا.

ومع بداية مرحلة الدراسة الثانوية، انتقل الابن إلى القاهرة ليحصل على شهادة البكالوريا من مدرسة المرقسية الثانوية، وعلى العكس مما كان والده يريد فإنه لم يلتحق بكلية الشرطة، التحق بكلية الزراعة بالجامعة المصرية، التي لم تكن تجذب الدارسين عادة، إذ كان تحويل الزراعة إلى دراسة جامعية في بلد توارث الخبرة الزراعية عبر سبعة آلاف سنة أمرًا جديدًا، خاصَّة أن الجامعة ذاتها كانت لا تزال مؤسسة جديدة في مصر.

ولم يكن الأب واسع الثراء، لكنه أيضًا لم يكن كثير الأعباء، إذ لم يرزق من الأبناء ـ غير ابنه محمد ـ إلا بأخت له، هي إحسان. والظاهر أنه كان رجلًا متفتح العقل، عمليًّا وواقعيًّا، وإلا ما سمح لابنه بأن يغادر الإسكندرية، ليلتحق بمدارس القاهرة الثانوية، فيقيم بعيدًا عنه، مع عمه أولًا، ثم وحده بعد ذلك في بنسيون متوسط الحال، بشارع عبد المنعم بعابدين. أما الدليل المؤكد على واقعيته، فهو أنه سمح لابنته، بأن تغادره هي الأخرى، لتقيم وتدرس بمدرسة حكيمات قصر العيني، على أن تمضي إجازاتها الأسبوعية في بيت عمها، وهو دليل كذلك على أن الرجل كان من المستورين الذين لا تستغني أسرهم عن عمل الأبناء، حتى الإناث منهم.

ويثير اختيار عبد المجيد مرسي لدراسة الزراعة الدهشة، فقد كان والده تاجرًا لا صاحب أطيان، كوالد زميله إبراهيم شكري الذي كان من طلائع أغنياء الفلاحين، الذين أدركوا أهمية الاستفادة بالعلم إلى جوار الخبرة في إدارة مزارعهم، فدفعوا بأبنائهم للدراسة في كلية الزراعة. والغريب أن عبد المجيد كان هو الذي اختار الالتحاق بكلية الزراعة على غير رغبة والده، الذي كان يحلم بأن يراه يختال في زي ضابط الشرطة، بعد دراسة لا تتعدى سنتين، ولا تتطلب إنفاقًا ينوء به كاهله.

أما والدافع الحقيقي لاختيار عبد المجيد دراسة الزراعة، هو هوايته لتربية الزهور وحبه لها، وحرصه على أن يزرعها وينسقها، فإن ذلك يكون منطقيًّا تمامًا مع شخصية يفتنها الجمال، فهو يرسم ويصور ويقرأ الشعر، ويسعى لكي يكون كل ما حوله جميلًا ومنسقًا، ولعل ذلك أحد آثار طفولته التي قضاها في مواطن الجمال التي كانت تحفل بها إسكندرية ذلك الزمان، وكانت مدينة نصف شرقية، نصف أوروبية، تختال على شاطئ البحر المتوسط. ومع أن ذلك كله، كان يجعله باسم الثغر دائمًا لتبدو سنته الذهبية، التي كان أصدقاؤه يعابثونه فيؤكدون أنها من الصفيح، إلا إن ما حوله لم يكن - في تلك الأيام - جميلًا كما يريد، فالحرب المشتعلة في أفريقيا توشك أن تجر مصر إليها، وحشود الجيوش والأساطيل، قد عادت تزحم الإسكندرية، فتذكره بأصداء بعيدة لسنوات الحرب العالمية الأولى، التي واكبت السنوات الأربع الأولى من عمره. والأخبار التي تحملها الصحف عن المرتب الموعود، لا تدعو للاطمئنان بالمستقبل.

* * *

انفلت علي طه عفيفي من زحام سكة الشيخ سلام، تاه في زحام غروب شوارع الموسكي. لا شيء يدعوه للخروج في هذا الوقت المتأخر، لكن لا بأس من الترويح عن النفس قليلًا. المسكن الضيق لعنة، وضجيج الحارة لا يحتمل، والسنة الدراسية لم تبدأ بعد بشكل جدي، فهل تقودك أقدامك

إلى درب الجماميز؟ أم تصلي العشاء بمسجد السيدة زينب؟ رحل الوالد قبل الأوان فألف رحمة عليه، ولم تخلع الوالدة من يومها ثياب الحداد، جاءت المصائب تباعًا، رزئت بفقد الأبناء وغاب الإخوة واحدًا بعد آخر في شارع الموت، تعلمت مبكرًا معنى الثكل، وملأت الدنيا نواحًا، لذلك لا يطربك إلى شجى الغناء، ستة عشر أخًا وأختًا ذهبوا جميعًا ولم يبقَ لها بعدك سوى أختك الكبرى، فكيف تخلع ثياب الحداد؟ بقيت سنة دراسية واحدة تنال بعدها الدبلوم من دار العلوم وتصبح مدرسًا، فإلى أين تلقي بك المقادير، الصعيد الجواني أم براري الوجه البحري؟ ها أنت تسبق الحوادث، وعليك أن تعود بسرعة، فهي تخاف عليك شر السكك، وتظل ساهرة تدعو الله ألا يحرمها منك وكفى القلب ما تحمل من أحزان الثكل. مجلس الوزراء يحدد مرتب خريجي المدارس العليا هذا الأسبوع، ستكون مفاجأة طيبة على أي حال، ثمانية جنيهات ونصف في الشهر نقلة كبيرة إلى الأمام، فهم يعينونهم - إذا عينوهم - بأربعة وإذا «بحبحوها» فبخمسة جنيهات؟

فهل ننتظر منكِ خيرًا يا وزارة نسيم باشا؟!

* * *

لم يكن توفيق نسيم بعيدًا عن ثلاثتهم، بل كان قصره في الحلمية الجديدة مركز الدائرة التي تجمعهم وإن لم يتعارفوا. على بُعد أمتار منه يقيم عبد الحكم الجراحي بشارع الصليبة، وعلى مسافة أبعد قليلًا كانت سكة الشيخ سلامة التي خرج منها علي طه عفيفي، وشارع عبد المنعم الذي عاد إليه عبد المجيد مرسي بعد لقائه بصديق والده علي الحمزاوي.

بيد أن أحدهم لم يكن ينتظر خيرًا حقيقيًّا على يد توفيق نسيم باشا.

أيامها كان توفيق نسيم في الخامسة والستين من عمره، نموذجًا للجيل ذي الأصول التركية من الساسة المصريين، فقد كان جده لأبيه أحد أعيان الأناضول، ومع أنه كان قد نشأ وتربى وتعلم في مصر، وتولى الحقائب الوزارية ثلاث مرَّات، وجمع بينها وبين رئاسة الوزارة ثلاث مرَّات أخرى،

إلا إنه ظل، في كل ما يتولاه من مناصب، يعالج الأمور المصرية بلا حماس وبدرجة من الشعور بالغربة تجاهها.

كان واحدًا من باشوات الطراز القديم، وصفه معاصروه فقالوا إنه «مدرسة في الوصولية والنفاق والصعود فوق كل القيم». بدأ حياته وهو وكيل للنيابة بالتحقيق مع الزعيم محمد فريد لأنه كتب مقدمة لديوان شعر يحمل اسم «وطنيتي»، جمع فيه صاحبه الشاعر علي الغاياتي ما كان يكتبه من أشعار تتغنى بالوطن وتدعو لاستقلاله وتهاجم محتليه. ولم يجد توفيق نسيم حرجًا في أن يقف في المحكمة فيترافع بحماس لمدة نصف ساعة، داعيًا المستر «دلبروجلي» رئيس المحكمة الإنجليزية لمعاقبة محمد فريد لأنه تجرأ، فحبذ قراءة ديوان يحرض الناس على حب أوطانهم ويستثيرهم للثورة على الحكومة بأوهام الوطنية. وتستجيب المحكمة له، فتسجن فريد ستة أشهر.

ويصعد نجم توفيق نسيم، فيلي الوزارة في مايو ١٩١٩، عندما كانت الأمة تغلي بالثورة، وتطلب صراحة من كل السياسيين أن يضربوا عن تولي الحكم في ظل الاحتلال، لكي تضطر السلطة الاستعمارية للتحدث مباشرة مع الممثل الوحيد للشعب المصري آنذاك: سعد زغلول، الذي كان قد غادر منفاه في جزيرة مالطة إلى باريس، ليعرض قضية مصر على مؤتمر الصلح.

لكن توفيق نسيم لم يكن من الرجال الذين يهتمون بالأمة، أو ينزعجون منها، أو يضعونها في حسابهم، حتى إنه كان يجاهر أثناء ثورة ١٩١٩ بمعارضته لها، لذلك قبِل الاشتراك في وزارة محمد سعيد باشا وزيرًا للأوقاف، ثم انتقل إلى وزارة الداخلية في وزارة يوسف وهبة باشا التي خلفتها وقبلت ما رفضته، فوافقت وسط احتجاج شعبي عارم على التفاوض مع لجنة «ملنر»، وخرقت قرار مقاطعتها الذي كان يهدف إلى إجبارها على التفاوض مع الوفد المصري، وهما وزارتان احتجت الأمة على تأليفهما

بالتظاهرات، والمنشورات، وتصاعد الاحتجاج في وزارة يوسف وهبة إلى حد تدبير أربع محاولات لاغتيال رئيسها وثلاثة من وزرائها، خلال عمرها القصير الذي لم يزد على سبعة شهور.

وخلال تلك الشهور، أصبح توفيق نسيم مقربًا من القصر السلطاني، السلطان فؤاد اختاره رئيسًا للوزارة التي خلفت وزارة يوسف وهبة، إذ عرض بصفته وزيرًا للداخلية، ترتيب زيارات لأفواج من أعيان البلاد ووجهائها، إلى القصر، لتهنئة السلطان باعتراف الحكومة البريطانية، بولي عهده الأمير فاروق، الذي وُلد آنذاك. وعندما تخوف يوسف وهبة باشا من أن يرفض أعيان البلاد المشاركة في تلك الوفود فيحرجون الوزارة والسلطان، أخذ توفيق نسيم الأمر على عهدته، ونجح في حشد وفود من العمد والأعيان والمديرين لتهنئة الملك، وأهله هذا النجاح لكي يكلف بتشكيل الوزارة، بدلًا من وهبة باشا الذي طلب إليه السلطان الاستقالة.

وعاشت وزارة توفيق نسيم الأولى عشرة أشهر تقريبًا، حتى طلب إليه السلطان كارهًا ـ في ١٥ مارس ١٩٢١ ـ أن يخلي مكانه في رئاسة الوزارة ليتولاها عدلي يكن باشا بعد أن تغيرت الظروف السياسية، وتطلبت تشكيل وزارة تحوز ثقة الوفد المصري، فتستكمل المفاوضات بين مصر وبريطانيا حول الاستقلال، وتعد مشروع الدستور الذي ستحكم به البلاد، وهي صفات كان توفيق نسيم آخر من يحوزها، أو يصلح لها.

ويختفي توفيق نسيم على امتداد الشهور العشرين التالية، التي توالت على الحكم خلالها وزارة عدلي يكن إلى أن اختلفت مع الوفد، لتمسك سعد زغلول بأن يترأس وفد المفاوضات، وأن تكون أغلبيته من الوفديين، فاستقالت لتخلفها وزارة عبد الخالق ثروت التي رفض رئيسها أن يقبل مطالب الإنجليز بإلغاء النصوص الخاصة بالسودان من مسودة الدستور، بدعوى أن السودان من المسائل الأربع المتحفظ عليها بمقتضى تصريح فبراير ١٩٢٢، فقدم ثروت استقالته، ليعود توفيق نسيم لتولي رئاسة الوزارة

فلا يغادرها هذه المرَّة قبل أن يعبث بمشروع الدستور، فيمسخه، ويستجيب لمطالب الإنجليز بشأن العبث بمواد السودان في الدستور ولمطالب الملك بشأن تعديل المواد التي تعلي سلطة الأمة على سلطة الملك.

كان رجلًا من رجال الملك فؤاد الذين يصطنع بهم الوزارات ليحكم سافرًا وبلا أقنعة. تولى رئاسة الوزارة ثلاث مرَّات، فلم يكتب في خطاب قبولها مرَّة - كما يلاحظ المؤرخ عبد الرحمن الرافعي - برنامجًا لوزارته يلتزم به أمام الشعب، لكنه ملأ تلك الخطابات بعبارات من مثل «لما كنت في سعة دائمة من فضل مولاي، تعطف فدعاني لتولي الحكم، وما أنا إلا عبد من رعاياه فرضت عليَّ طاعته».

حتى إنه عندما طلب منه القصر الملكي، أن يشطب من مشروع الدستور المادة التي تقول إن «جميع السلطات مصدرها الأمة» فعلها بلا معارضة، وزعم أنها تحصيل حاصل!

كان باختصار وصوليًّا ضعيفًا، يؤمن أن مقاومة الأقوياء خطل في الرأي، ونقص في العقل. وأن الإنجليز الذين يحكمون مصر، سينفذون إرادتهم فيما يريدون، وإذن فما الداعي لمقاومتهم؟ وكان الرجل محصنًا ضد الطيش والثورية لأنه كان يعتبر الوطنية مرضًا خبيثًا يصيب الناس. فقد حدث، أثناء التخطيط للإضراب الذي قام به الموظفون خلال ثورة ١٩١٩، أن فُوتح لكي يشارك فيه، فقال عبارة أصبحت أمثولة هي: «الحمد لله الذي عافاني منذ طفولتي من حُمى الوطنية».

أما كيف عاد الرجل الذي كان يحمد الله لأنه لم يُصب بداء الوطنية فتولى رئاسة الوزارة، بعد عشر سنوات من تركه للمناصب الوزارية، فإذا به، هو الصحيح من داء الوطنية مؤيدًا من الشعب ومن حزب الأغلبية، وهو الذي كانت المظاهرات تهتف ضده قائلة: «يسقط نسيم أبو مخ تخين»؟ فلأن الطلاب كانوا قد ألزموا الشعب موقف الدفاع، فجاء إسماعيل صدقي في سنة ١٩٣٠ ليحكم مصر بالحديد والنار والمعتقلات والسجون،

ويتحالف نظامه الدكتاتوري مع الأزمة الاقتصادية العالمية في تجويع الشعب وقهره. وتخوض القوى الوطنية حربًا ضارية لكي تسقط نظامه، وتلغي الدستور الذي بني عليه هذا النظام، لأنه لا يعطي للأمة سلطة، ويركز السلطات كلها في يد القصر الملكي والحكومة. وكانت القوى الوطنية تدرك أن انفراد القصر بالحكم، وإلغاء الدستور، واستبعاد حزب الأغلبية الشعبية، هو الخطوة الأولى في طريق سينتهي حتمًا، بإتمام تسوية مع البريطانيين، تقر الأمر الواقع، وتعترف بشرعية الاحتلال، وهو ما يدعم استمرار القصر الملكي يحكم منفردًا بواسطة رجال مثل صدقي، لذلك ساندت السراي ودار المندوب السامي البريطاني نظام صدقي بكل طاقتها. ورغم أن كل الأحزاب قد قاطعت الترشيح للانتخابات التي أجراها، واستجاب الناس لدعوتها بعدم التصويت فيها، فإن الإدارة لم تعدم وسيلة لتزوير إرادة الأمة. وهكذا ضمت كشوف الانتخابات الأموات والمساجين وأسماء وهمية، وأعلن صدقي حصول حزب «الشعب» الذي أنشأه، على الأغلبية بنسبة ٦٧٪.

وبعد تضحيات جسيمة نجحت القوى الوطنية في إسقاط صدقي، ثم إسقاط خليفته عبد الفتاح يحيى.

* * *

بعد أيام قليلة من تأليف وزارة عبد الفتاح يحيى، غادر محمد عبد الحكم الجراحي مصر - في أكتوبر ١٩٣٣ - إلى فرنسا، ليدرس الطب بجامعة «ليون».

لم يكن قد أكمل عامه التاسع عشر - فقد وُلد في ٣١ ديسمبر ١٩١٤ - أمضى منها عامًا واحدًا في مدرسة (كلية) التجارة العليا، قضاه في قرض الشعر، وقراءة كتب الأدب، ليكتشف قرب نهاية العام الدراسي أنه لا يحب العلوم التجارية، ولا يريد دراستها، ويقرر العودة إلى مشروعه الأول، وهو الرحيل إلى فرنسا لاستكمال دراسته الجامعية بها.

كانت ظروف حياته قد صنعت منه شابًّا بالغ الحساسية، كثير القلق، مشبوب العاطفة، وانعكس هذا على اختياره لنوع الدراسة التي يرغب فيها.

وكانت أمه سيدة حازمة، قوية الإرادة، تنتسب إلى أب تركي صارم، بينما كان والده مصريًّا من أصول عربية، يفخر بالانتساب إلى الصحابي الجليل أبو عبيدة بن الجراح، ويتميز بمزاج فني؛ يعشق الأدب، ويميل لقراءة الكتب، ويتذوق قراءة الشعر، ويغرم بالموسيقى، ويعزف على العود، ويحيي في منزله ليالي أنس وسرور. تزوج وهو على مشارف الخمسين، فأحب ولديه عبد الحكم، وعلي الذي وُلد في عام ١٩١٨، وأغرم بهما، لكنه وجد نفسه مضطرًّا إلى تسليمهما إلى خالتهما، لكي تتولى تربيتهما مع أولادها، إذ ماتت أمهما فجأة، بعد ميلاد الابن الأصغر بقليل، وكان عبد الحكم آنذاك في الثالثة من عمره.

ولم يكد يمر عام على وفاة الأم، حتى لحق بها الأب.

ولا بد أن يتمه المبكر، قد أثر على شخصيته التي جمعت بين مزاج الأب الفني، وصرامة الأم. والواقع أنه لم يعانِ في طفولته حرمانًا اقتصاديًّا يشغله عن الإحساس باليتم، فقد كان الأب موظفًا حكوميًّا مرموقًا، ورث عن أبيه أنصبة في عقارات ومنازل من وقف «السلطان المؤيد»، كانت تدر على الطفلين دخلًا لا يقل عن تسعين جنيهًا شهريًّا، فضلًا عن تاريخ وظيفي للأب الراحل كفل لوريثيه معاشًا لا بأس به، إذ تُوفِّي وهو رئيس لمخازن وزارة المعارف.

وكانت الأسرة نموذجًا للأسر المصرية، التي يشغفها الاهتمام بالشؤون العامة، ويحتل التعليم في نسق قيمها الاجتماعية مكانة مرتفعة. فكان الأب طالبًا بكلية الطب، حتى مات الجد، فترك الدراسة ليرعى ممتلكاته، ثم التحق بالكلية ذاتها موظفًا، وظل يترقى في جهازها الإداري، إلى أن أصبح «باشكاتبًا» لها، قبل أن ينقل رئيسًا لمخازن وزارة المعارف، وكان فضلًا عن هذا من أصدقاء الزعيم محمد فريد.

وبانتقال الطفلين للإقامة مع خالتهما، أصبحا تحت الرعاية المباشرة لابنها الأكبر عباس حلمي زغلول، وكان طالبًا بمدرسة الحقوق، ممن ساهموا في ثورة ١٩١٩، ونشطوا في تنظيم الحركة الطلابية النشطة التي واكبتها، حتى اختير عضوًا في اللجنة التنفيذية للطلاب. وقد رشح وهو طالب في الليسانس لبعثة أرسلت إلى إنجلترا، لدراسة الفنون الحربية، وعندما عاد بعد عامين ونصف استكمل دراسته للقانون، وعين مدرسًا بالمدرسة الحربية، غير أنه سرعان ما وجد نفسه محالًا للتحقيق، بسبب كتاب ألَّفه عن جغرافية مصر العسكرية، وكيفية الدفاع عنها، فسعى لترك العمل بالكلية، والانتقال إلى النيابة العامة، أو العمل بالمحاماة، لولا أنه اختير ليكون ضابطًا بالحرس الملكي، فانتقل للعمل به.

وكان عبد الحكم في الرابعة من عمره، حين فكر خاله محمد علي عثمان في اصطحابه معه إلى فرنسا حيث كان يستعد للحصول على الدكتوراه في الطب من جامعة «ليون»، ولكن خالته عارضت لصغر سنه. وفي عام ١٩٢١ ألحق بمدرسة الليسيه الفرنسية ليقضي بها عامين، انتقل بعدهما إلى إحدى المدارس الأميرية، فحصل منها على الشهادة الابتدائية سنة ١٩٢٧، ثم التحق بمدرسة فؤاد الأول الثانوية، حيث حصل على شهادة البكالوريا ـ القسم العلمي ـ سنة ١٩٣٢.

والظاهر أنه كان قد التحق بالقسم العلمي خضوعًا لاستهواء المناخ العام في الأسرة، لكن مزاجه الأدبي كان غلابًا، لذلك لم يكن طالبًا متفوقًا في دراسته الثانوية، لكنه لم يكن طالبًا فاشلًا. ومع أنه لم يرسب في أي سنة دراسية، وحصل على الكفاءة والبكالوريا وعمره لم يبلغ ثمانية عشر عامًا، إلا إن درجاته كانت تدور غالبًا حول المتوسط.

وإبان دراسته الثانوية، كشف عن اهتمام مبكر بالعمل العام، في مجالات كانت جديدة آنذاك، هي مجالات الإصلاح الاجتماعي، فقد اشترك في «جمعية منع المسكرات والمخدرات»، وكانت تقوم بدور بارز في هذا

المجال، و«جمعية المصري للمصري» التي قام بها المفكر المعروف سلامة موسى، لتنشط في مجال الدعوة للاستقلال الاقتصادي لمصر، وكان عضوًا ظاهرًا في لجانها، كما شغفته الدعوة لإلغاء البغاء، واستهواه التطوع في «جمعية الرواد» وهي جمعية للخدمات الاجتماعية، كانت تنشط في مجال تعليم الفقراء وتنمية الخدمات في الأحياء الفقيرة، فضلًا عن اهتمامه بالقراءة في الأدب، ومحاولاته لقرض الشعر.

ولعله لم يكتشف التناقض بين مزاجه الفني الرومانسي، وطبيعته المثالية التطهرية من جانب، واختياره القسم العلمي، إلا بعد أن ظهرت نتيجة امتحان الشهادة الثانوية (البكالوريا)، فعلى عكس ما كان متوقعًا سافر إلى الإسكندرية ليمضي إجازة الصيف، دون أن يهتم الاهتمام الواجب بتقديم أوراقه لمدرسة الهندسة الملكية، وكانت النتيجة أن فاته موعد التقديم، فاقترح على ابن خالته وولي أمره اليوزباشي عباس حلمي زغلول أن يسافر إلى «ليون» ليدرس الطب، في الكلية التي درس بها خاله، وفي الفرع الذي كان والده قد بدأ دراسته، لكن ولي الأمر أقنعه بأن يبقى في مصر، ويلتحق بمدرسة التجارة. وهكذا ضاع العام الدراسي دون أن يفتح كتابًا، فكان لا بد من العودة إلى مشروع دراسة الطب في «ليون». وكتب الخال رسالة إلى مدام «بروكيز»، التي قضى سنوات دراسته في البنسيون الذي كانت تديره، يطلب إليها تدبير أمر إقامته لديها. وغادر عبد الحكم مصر، في أكتوبر ١٩٣٣ إلى فرنسا.

في ليون اكتشف عبد الحكم ذاته بشكل أكثر وضوحًا عما قيل، فقد شعر بالاختناق، بسبب النظام الصارم الذي أرادت مدام «بروكيز» تطبيقه عليه، استجابة لطبيعتها المتزمتة من جانب، وتنفيذًا لوصايا خاله من جانب آخر، فاستأذن ولي أمره في ترك البنسيون والإقامة مع بعض زملائه، فأذن له. وشعر بالاختناق من دراسة السنة التمهيدية التي كانت ستؤهله لدخول كلية الطب، فأهملها ليسيح في البلاد الأوروبية المجاورة، يقرأ ويعرف

ويناقش. وحين لم يوفق في الامتحان ترك ليون إلى جرينوبل ليحاول دراسة الأدب، الذي اكتشف أنه يميل إليه، ولكن العام الدراسي انتهى دون أن يحقق رغبته، وكان كل ما فعله هو أن كتب ديوان شعره الأول والأخير «الروح المسحور».

وحسمت مقابلته للدكتور طه حسين ـ وكان آنذاك وكيلًا لكلية الآداب بالجامعة المصرية ـ كل تردده، خاصة بعد أن علم أن التحاقه بالكلية ليس صعبًا. وهكذا كتب لليوزباشي عباس حلمي رسالة يقول فيها:

> ساورني في المدة الأخيرة وسواس أقلق بالي، وهو أن قلبك لم يكن راضيًا عن سفري، وأن العقبات التي تقابلني تأتي من ذلك، إنني أحن إلى أن أعيش بينكم، وأتم دراستي في مصر، إذا كنت موافقًا على ذلك. ويا حبذا لو نظمت لي برنامجًا يطفئ ظمئي من الدراسة الأدبية التي تشغل بالي باستمرار.

وعندما أرسل له ابن خالته بموافقته، كتب لأخيه الأصغر رسالة قال له فيها:

> لم أخلق لأكون طبيبًا، ولكن لأكون من هؤلاء الذين يتملكهم الغرام بالأدب، وتصوير الحياة ونقدها، ووضع المثل العليا لها، والنفخ في روحها، والشدو للرقي الإنساني وللمشاعر البشرية العليا.

وهي رسالة، وصلت إلى القاهرة في أول نوفمبر ١٩٣٥، وبعد ثلاثة أيام من عودة عبد الحكم إليها.

* * *

عندما تولى توفيق نسيم رئاسة الوزراء في ١٥ نوفمبر ١٩٣٤، خلفًا لوزارة عبد الفتاح يحيى، كان الجميع قد تعبوا، وكانوا في حاجة ماسة إلى هدنة لالتقاط الأنفاس، فخمس سنوات من الصدام المستمر ضد طاغية مثل صدقي، تركت كثيرًا من الندوب في الأجسام والأرواح والإرادات، وخاصة في جسد وروح حزب الوطنية المصرية التقليدي، الوفد المصري، الذي نجح إسماعيل صدقي في إجهاد عناصره النشطة من أعيان الريف،

ومتوسطي التجار في المدن، عندها شن عليهم حربًا اقتصادية، استعان عليهم فيها بالأزمة الاقتصادية العالمية.

ولأن توفيق نسيم كان من الوصوليين الأذكياء، فقد احتفظ بصلة طيبة مع الوفد، لعلاقة صداقة كانت مرتبطة بزعيمه سعد زغلول منذ كانا يعملان بالقضاء، ولذلك التزم الصمت حين وقع الخلاف الشهير بين سعد وعدلي، وهو ما جعل سعد زغلول يختاره وزيرًا في الوزارة الشعبية الأولى، كما أنه توقى أن يؤيد نظام إسماعيل صدقي، بل إنه رفض أن يتولى رئاسة مجلس الشيوخ في ظل هذا النظام، وهو ما غلب جانب التفاؤل به، على جانب التشاؤم، فوجدت القوى والأحزاب الوطنية أنه من المفيد لها أن تنتظر وتترقب وتستعد.

وبدأت حكومة توفيق نسيم عهدها بخطوات تطمئن بها الجميع، فبعد أسبوعين فقط من توليها الحكم استصدرت مرسومًا ملكيًّا بإلغاء «دستور صدقي»، وبحل مجلس الشيوخ والنواب القائمين على أساسه، وكانت ترضية كبرى للشعب، توج بها نضاله ضد حكم الطاغية. لكن الفرحة لم تكن كاملة، لأن الأمر بإلغاء «دستور صدقي» لم يصحبه أمر بإعادة دستور ١٩٢٣ الملغي، بل صحبه أمر من الملك بأن يتولى هو السلطة التشريعية وكل السلطات الأخرى التي يختص بها البرلمان!

وفهم الناس أن هناك جهة ما تعارض في عودة دستور ١٩٢٣.

وكانت المؤامرة التي ذهبت بدستور الأمة شركة بين الملك فؤاد ودار المندوب السامي، وكانت الفكرة المحورية لها أن يصطنعا نظامًا دستوريًّا يكفل إقصاء حزب الوفد عن الحكم ليتخلصا بذلك من تشدده في المسألة الوطنية، فتضمن إنجلترا التوصل إلى معاهدة تنظم علاقتها بمصر، طبقًا لما فيه مصلحتها هي، وبرضاء من المصريين بوقف حالة عدم الاستقرار التي بدأت مع الثورة. وبانتهاء المسألة الوطنية يتحقق استقرار الحكم، على نحو يضمن للملك فؤاد الانفراد بالسلطة.

لكن المقاومة الجماهيرية الضارية لنظام صدقي أضعفت هيبته، وهو ما كان من نتائجه وقوع الاضطراب بين صفوف المتآمرين، فعندما مرض الملك فؤاد في خريف ١٩٣٤، وتردد أن حياته في خطر، تدخلت دار المندوب السامي بفظاظة ووقاحة، ولمحت إلى ضرورة تعيين قائمقام يتولى سلطات الملك نيابة عنه، بل وطالبت بالاطلاع على أسماء من اختارهم جلالته للوصاية على ولي العهد الأمير فاروق.

وشعر الملك أن حلفاءه «يمرمطون» به الأرض، وأنه مطالب بالتقرب إلى الشعب للضغط على هؤلاء الحلفاء، وتهديدهم به، وهكذا وافق الملك فؤاد على إلغاء دستور ١٩٣٠، لكنه لم يعد الدستور الملغى، ليظل التلويح بإعادته ورقة يضغط بها على حلفائه، لعلهم يعتدلون في سلوكهم معه، وعندئذ يمكن وضع دستور آخر شبيه بدستور ١٩٣٠، على يد أفراد غير مكروهين كصدقي.

وبرغم كل هذا، فإن أحزاب المعارضة لم تفقد الأمل في عودة دستور ١٩٢٣، وسارعت بتنظيم صفوفها، وكانت معظم العناصر النشطة من أنصار الأحزاب، قد تعرضت لأضرار بالغة خلال حكم صدقي؛ فصل العديد من الموظفين والعمد، وأضير كثيرون من الأعيان. وتعاون نسيم باشا مع الأحزاب في إزالة أنقاض هذا الحكم الفاسد، وأخذ الوفد ينظم نفسه، ويجبر صفوفه التي أصيبت إصابات قاتلة أثناء المقاومة، وعقد مؤتمره الأول في يناير ١٩٣٥، وقرر فيه أن يعمم لجان الوفد الأصلية والفرعية والانتخابية، وأن يحدد اختصاص كل منها، وينظم ماليتها واجتماعاتها، وأن ينظم لجانًا للطلبة والشباب والعمال، ويوسع نطاقها، وينشئ «نوادي سياسية» في المدن المختلفة، مع تنظيم محاضرات دورية، يكون الغرض منها إذكاء الروح الوطنية من نواحيها السياسية والدستورية والاقتصادية.

وفي سوق السياسة كانت فكرة دستور جديد تبرز بين الحين والآخر،

دستور ليس هو دستور صدقي، وليس هو دستور ١٩٢٣ الذي كان قد اصطلح على تسميته بـ«دستور الأمة»، تمييزًا له عن «دستور صدقي»، الذي وصف بـ«دستور الحكومة»! ولكنه وسط بينهما.

وقالت صحيفة «الديلي تلجراف» اللندنية، في إشارة ذات دلالة: «إن دستور ١٩٢٣ هو دستور أوروبي الطابع لا يصلح للبلاد المتأخرة سياسيًّا».

وكانت هناك محاولات ومؤامرات تبذل لتلغيم الجو أمام وزارة توفيق نسيم، بحيث لا تستنيم لضغط الوفد. وبذل زكي الإبراشي باشا رئيس الديوان الملكي، متحالفًا مع الشيخ الأحمدي الظواهري شيخ الجامع الأزهر، جهدهما في إحداث اضطرابات داخل الأزهر، واستغلَّا في ذلك بعض مطالب الأزهريين بحقهم في التوظف في وظائف مدرسي اللغة العربية بمدارس الحكومة، فدفعاهم للتمرد، في وقت كان شبح أزمة البطالة يخيم على الجميع، ويقلق طلاب الجامعات والمعاهد العليا، الذين فشت بينهم البطالة أكثر من غيرهم. ونجح تحالف الوفد مع نسيم في أن يبتعد به قليلًا عن أحضان القصر، وكان الملك فؤاد قد نقم عليه لأنه استقال من رئاسة الديوان، ولأنه رفض دستور صدقي، وهكذا أصر توفيق نسيم على إبعاد الإبراشي باشا من القصر والشيخ الظواهري من الأزهر، وتم له ما أراد.

وردًّا على مناورات القصر وحلفائه أراد نسيم أن يتنصل من مسؤولية التأخير في إعادة دستور ١٩٢٣، فرفع مذكرة إلى الملك، استعرض فيها ما أنجزته الوزارة طوال خمسة شهور، ثم فوض إليه في النهاية أمر إعادة دستور ١٩٢٣ منقحًا طبقًا لنص الدستور المذكور، أو تأليف جمعية وطنية ترضاها البلاد وتمثلها تمثيلًا صحيحًا لوضع دستور جديد.

وتلقف الملك الكرة بعد أن أدرك أن نسيم يريد أن يعلق الفأس في عنقه، ويحمله أمام الشعب مسؤولية عدم إعادة الدستور. صحيح أن الملك لم يكن يريد الدستور، إلا إنه كان يعرف أن نسيم ـ أيضًا ـ لم يكن يريده،

وكان الطرفان يعلمان، أن هناك عائقًا آخر، أقوى وأكثر نفوذًا، يحول دون عودة الدستور، هو الاحتلال البريطاني. ولما لم يكن أحدهما قادرًا على الكشف عن ذلك، فقد أخذا يتلاعبان كالقط والفأر. ولذلك رد الملك ردًّا يتواءم مع أصول لعبة الاستغماية التي كان يلعبها معه نسيم، فكتب إلى رئيس وزرائه يقول إنه «يؤثر عودة دستور ١٩٢٣، على أن يعدله ممثلو الأمة بما قد تدعو إليه الأحوال».

ورغم ذلك كله، فقد مرت الأشهر والدستور لم يعد.

وفي مايو ١٩٣٥ قابل المندوب السامي البريطاني السير «مايلز لامبسون» نسيم باشا، وأبلغه شفويًّا أن الحكومة البريطانية لا تعارض في أن تتمتع مصر بالحياة الدستورية، في «الوقت المناسب»، وهي ترى أن يوضع هذا الدستور بمعرفة «لجنة حكومية»، يكون أعضاؤها ممثلين للأحزاب السياسية المختلفة في مصر، بما فيها الوفد إن أراد.

برح الخفاء، فقد ظل الكلاب يتآمرون مع الاستعمار حتى أعطى نفسه حقوقًا كان قد تنازل عنها بمقتضى تصريح ٢٨ فبراير ١٩٢٢، الذي أصبحت أمور المصريين الداخلية بمقتضاه بأيديهم، وفي مقدمتها بالطبع قضية الدستور. ودعا نسيم زعيمَ الوفد مصطفى النحاس ومكرم عبيد سكرتيره العام واثنين من زملائهما إلى اجتماع عقده في حدائقه بالهرم، وأبلغهم رأي الحكومة البريطانية كما أخطره به المندوب السامي، وعرض عليهم أن تستقيل الوزارة قائلًا إن المندوب السامي السير «مايلز لامبسون» يقدر الموقف حق قدره، وإنه كبير الأمل في أن يتمكن خلال الصيف من إقناع حكومته بالعدول عن معارضتها في عودة الدستور. ورفض الوفد ما عرضته الحكومة البريطانية، وأبدى النحاس سخطه الشديد على تدخل الإنجليز في مسألة داخلية، وأعلن أنه لا يرضى بغير دستور ١٩٢٣، لكنه مع ذلك طلب من نسيم أن يبقى في منصبه، وأن يحتج على التدخل البريطاني.

وفسر النحاس موقفه فيما بعد، بأنه أراد أن يفسح الوفد لنسيم باشا في

الوقت، حتى لا يُقال إن الوفد أضاع الفرصة بتعجله. والحقيقة أن الوفد كان قد تورط في تأييد وزارة نسيم، لدرجة أن مصطفى النحاس أدلى بحديث لصحيفة «المقطم» قال فيه تعبيرًا شهيرًا ظل محل طعن وتشهير لفترة طويلة، إذ سأله المحرر عما يُقال عن عدم رضائه عن حكم نسيم، فقال: «اكتب يا سيدي: نحن مبسوطون من هذه الوزارة».

* * *

مضت بقية شهور الصيف بطيئة، وخلالها بدأت صفوف الوفد حركة معارضة خفية لتأييده المستمر لوزارة نسيم، سرعان ما تصاعدت فأصبحت معارضة علنية، وتزعمت جريدة «روز اليوسف اليومية» ـ وكانت من أشهر صحف الوفد ـ هذه الحركة، وظلت توالي نشر مقالات عنيفة في معارضة نسيم كان يكتبها عباس محمود العقاد، الذي كان آنذاك كاتب الوفد الأول، أخذت تتصاعد بمعارضتها لوزارة نسيم محاذرة المساس بالوفد، الذي لم يسترح لحملات الهجوم العنيفة التي كانت المجلة تشنها ضد الوزارة التي يؤيدها بحماس، ويلتمس لها الأعذار في عجزها عن إعادة الدستور، ويخشى أن تسقط فيعود حكم الانقلابيين، الذي كانت مقاومته قد أنهكت الوفد وفتت في عضده.

وهكذا أوعز مكرم عبيد سكرتير عام الوفد وأبرز المتحمسين لسياسة تأييد وزارة نسيم، إلى صحيفة أخرى هي «الجهاد»، بالرد على الانتقادات العنيفة التي كان عباس محمود العقاد وفريق كُتَّاب «روز اليوسف اليومية»، يوجهونها إلى وزارة نسيم، ولما وجد النحاس أن خط المعارضة، يكتسب أنصارًا في الرأي العام، استدعى السيدة فاطمة اليوسف صاحبة «روز اليوسف» للقائه في «بيت الأمة».

وما كادت تدخل عليه في مكتب سعد زغلول، حتى استقبلها صاخبًا، ملوحًا في يده بعدد اليوم نفسه من جريدتها، متسائلًا:

ـ إيه الزفت اللي إنتو بتنشروه ده؟!

ودهشت فاطمة اليوسف لهذه المفاجأة غير المتوقعة، ووقفت ذاهلة لحظة، ثم قالت:

- فيه إيه يا باشا؟!

فصاح:

- إنتِ بتعارضي وزارة توفيق نسيم ليه؟!

فأجابت:

- وزارة توفيق نسيم جابها الإنجليز والسراي، وهي التي تؤجل عودة الدستور، إزاي ما أهاجمهاش؟!

فقاطعها قائلًا:

- لأ يا ستي، أنا ما أحبش تناقشيني في السياسة، إنتِ يعني عايزة محمد محمود وصدقي يرجعوا؟ إحنا تعبنا!

وبهذه العبارة الموجزة، والمؤلمة، فسر النحاس موقف الوفد، وكشف عن أن جيل ثورة ١٩١٩ قد تعب، وأن سنوات المقاومة الضارية التي اشتبك خلالها مع الطغاة والغزاة، قد أصابته بالوهن، وأطفأت كثيرًا من حماسه.

* * *

حتى ذلك الحين، كانت قضية إعادة دستور ١٩٢٣، هي القضية الأساسية المطروحة. صحيح أن قضية الاستقلال، لم تكن غائبة، وخاصة عندما تناثر الحديث عن معارضة بريطانية في إعادة الدستور، لكنها لم تبرز على السطح، إلا في بداية الصيف، عندما التهب الموقف الدولي فجأة، وأعلن «موسوليني» زعيم إيطاليا الفاشية، عن نيته في الهجوم على الحبشة، وضمها إلى المستعمرات الإيطالية، وبدأ بالفعل يرسل حشدًا من قواته المسلحة إلى مستعمراته في شرق أفريقيا، فنقل أفرادًا وعتادًا إلى إريتريا، وأخذ في دعم قواته في ليبيا، وأصبح من الواضح أن الموقف العالمي قد ينفجر في أي لحظة، وأن الصراع الدولي من أجل إعادة توزيع المستعمرات، والاتفاق

على تسوية جديدة، تختلف عن التسوية التي انتهت إليها الحرب العالمية الأولى في هذا الشأن، قادم لا محالة.

ولوحت تصريحات المسؤولين الإنجليز بأنه إذا انفجرت الحرب العالمية من جديد، فإن مصر ستعود إلى ما كانت عليه إبان الحرب العالمية الأولى، وتوضع في «حماية» إنجلترا طوال مدة الحرب. وازدحم البحران الأبيض والأحمر بالأساطيل الإنجليزية والإيطالية، وبدأت قوات عسكرية بريطانية جديدة تتدفق بكثافة على مصر، وكان معنى اشتعال الحرب العالمية والوضع الداخلي في مصر على ما هو عليه، هو، على حد تعبير قاله مصطفى النحاس آنذاك، «أن يضع الإنجليز أيديهم باسم التعاون الودي على حصوننا وثكناتنا وموانينا ومطاراتنا ومواردنا، ويتولوا أمرنا، ويوجهوا سياستنا دون أن يكون لنا في ذلك شيء من حرية واختيار».

وفيما بعد قال مصطفى النحاس في الخطاب الذي أزاح فيه أسرار علاقة الوفد بالوزارة، إن التطورات في الوضع الدولي، جعلت قضية عودة دستور الأمة أكثر إلحاحًا، إذ تضاعفت حاجة البلاد لاستئناف حياتها الدستورية الصحيحة، كي يتولى نواب الأمة تسيير أمورها في هذا الجو العاصف المضطرب. والأهم من ذلك، أن تداعيات الأزمة الحبشية، وخاصة تدفق مزيد من القوات العسكرية البريطانية على مصر، حتمت، كما يقول النحاس، «تحديد مركز مصر تحديدًا دقيقًا، حتى إذا جد الجد، ووقعت الواقعة، كانت مصر على بينة من أمرها».

وهكذا لم يعد الأمر مقصورًا على المطالبة بعودة دستور الأمة، بل بات «يستلزم أيضًا تصفية الموقف كله على أساس الاتفاق مع مصر، اتفاقًا حرًّا شريفًا يحقق لها الاستقلال التام، ويصون مصالح الإنجليز التي لا تتعارض مع هذا الاستقلال».

وكان ذلك، هو ما طلب توفيق نسيم من السير «مايلز لامبسون» أن يسعى لإقناع المسؤولين البريطانيين به، خلال قضائه لإجازته الصيفية في لندن.

وعندما ملأت نذر الحرب الأفق، خطب النحاس، فأكد من جديد أن الضرورة تقضي، والبلاد مستهدفة لخطر حرب لاهبة، يجب «أن يكون للأمة بإزائها مطلب أسمى من عودة الدستور، وأجل خطرًا. ذلك هو واجب الاحتفاظ بكيان البلاد والذود عن استقلالها»، داعيًا إلى عقد معاهدة بين البلدين، حتى يكون التعاون مع الإنجليز على أساس اتفاق لا بالإكراه.

وفي اليوم التالي ـ ١٠ سبتمبر ١٩٣٥ ـ تلقى نسيم من نائب المندوب السامي البريطاني بلاغًا من حكومته، عبرت فيه عن إدراكها لمصالح مصر، وتقديرها لحالة القلق الذي يساورها في الوقت الحاضر، مؤكدة بأن حكومة حضرة صاحب الجلالة البريطانية، سوف تطلع الحكومة المصرية ـ إذا دعت الظروف ـ وتشاورها في جميع تطورات الموقف الدولي، التي قد تمس مصالح مصر من قريب.

وهكذا انتهت مجهودات السير «مايلز لامبسون» في لندن، إلى مجرد «وعد بالتشاور»، فلا دستور ولا معاهدة ولا استقلال ولا ديمقراطية.

توقع العليمون بالمناخ السياسي المصري في تلك الأيام، أن ينفجر الموقف الداخلي مع بداية العام الدراسي في مقتبل الخريف.

* * *

وكان طلاب المدارس الثانوية والمعاهد الأزهرية وكليات الجامعة قد لعبوا دورًا مميزًا في التحريض على الانتفاضات الجماهيرية خلال ثورتي ١٨٨٢ و١٩١٩ وفي أعقابهما، بحيث أصبح من المتوقع دائمًا أن يتولى الطلاب إشعال الشرارة الأولى في كل انتفاضة جماهيرية تتجمع ظروفها ويتهيأ مناخها السياسي.

ورغم الطابع الجماهيري الشامل لثورة ١٩١٩، فإن شرارتها الأولى قد أشعلها طلاب مدرسة الحقوق الذين تظاهروا احتجاجًا على نفي سعد زغلول وزملائه. وفيما بعد أصبحت لجان الوفد الطلابية المنتشرة في المدارس والمعاهد والجامعات، هي أكثر تنظيماته الجماهيرية ارتباطًا

به، وأسرعها تنفيذًا لقرارات قيادته، وقد أنيط بها دائمًا دور تفجير شرارة الاحتجاج بالخروج في مظاهرات، ما إن تظهر في الشوارع حتى تجتذب إليها على الفور كل ما يموج به من سخط، فتتحول من مظاهرات طلابية إلى حركة احتجاج شعبي عارمة.

وقد أثبتت لجان الوفد الطلابية كفاءتها في أداء هذا الدور، بشكل ساعد الوفد طوال السنوات التي أعقبت ثورة ١٩١٩ على إلزام خصومه موقف الدفاع في كثير من الأزمات السياسية، مما دفع محمد محمود أثناء وزارته المعروفة بوزارة «اليد الحديدية» عام ١٩٢٩، إلى استصدار مرسوم بقانون يحرم على الطلبة الاشتغال بالسياسة، ليحمي وزارته الانقلابية التي عطلت الدستور من تظاهراتهم التي تشعل السهل كله.

وكان صدقي ـ كما كان محمد محمود ـ يدرك أن قوة الوفد الحقيقية تكمن في صحفه ولجانه الطلابية، لذلك وجه كل همه نحو خلق القيود القانونية التي تكفل له تعطيل الصحف الوفدية، أو إجبارها على الكف عن تحريضها، ومقاومة وإخماد المظاهرات الطلابية التي تشعل شرارات التمرد، وبذلك يحاصر أكثر الخلايا الوفدية نشاطًا ومبادرة وفاعلية في مجتمع تغلب عليه العلاقات الزراعية، ولا تزال طبقته العاملة متأثرة بأصولها الزراعية، ويكاد الطلاب يكونون أكثر عناصره استفادة من تكتلهم في مكان واحد، وأكثرهم وعيًا بالقضايا الوطنية والاجتماعية المشتركة، وأسرعهم مبادرة للحركة.

على أن حائطًا من الزجاج الشفاف، كان قد بدأ ينشأ بين الوفد وجماهيره من الطلاب من ناحية، وبينهم وبين الأحزاب السياسية جميعها من الناحية الأخرى، فالأزمة الاقتصادية التي جاءت بها سنوات الكساد العالمي وصحبتها بطالة تفشت بين خريجي الجامعة والمدارس العليا، قد رفعت من درجة سخط الطلاب على الأوضاع العامة، بينما ركنت الأحزاب السياسية التقليدية إلى مهادنة وزارة توفيق نسيم، وأخذت تتسابق على

إصلاح ما أفسدته دكتاتورية إسماعيل صدقي من أمورها، وتعويض ما نال مصالح عناصرها القيادية المؤثرة، وخاصة في الريف. وقد خلخل ذلك من نفوذ الأحزاب بين جماهير الطلاب، خاصة بعد أن انتهى اختلافها حول مشروع الوزارة القومية عام ١٩٣٢، إلى تفتيت جبهة مقاومتها لدكتاتورية إسماعيل صدقي.

وأتاح هذا التخلخل فرصة للداعين إلى العمل القومي غير الحزبي، وكان في مقدمتهم آنذاك «جمعية مصر الفتاة»، التي كانت تطرح نفسها، لا باعتبارها حزبًا، ولكن بصفتها «خطة تفصيلية غايتها تعزيز الشباب بالخلق، وتحصينه بالإرادة، وملء قلبه بالشجاعة، وتطهيره من الخوف». وقد اجتذب أول مشروعاتها وهو «مشروع القرش» ـ عام ١٩٣٢ ـ اهتمامًا بالغًا، واستثار حماسًا قوميًّا عامًّا، لكي يتبرع كل مواطن بقرش واحد، لصالح إنشاء مصانع يملكها ويديرها المصريون، استهلت بإنشاء مصنع لإنتاج الطرابيش.

ومع أن جماهيرية مصر الفتاة، لم تكن تشكل منافسة حقيقية للوفد، إلا إن برنامجها الملتهب، وأسلوبها الناري، بدآ يؤثران في الطلاب، الذين مالوا بطبيعتهم التطهيرية إلى دعوتها لبعث أمجاد مصر الفرعونية، ومطالبتها للمصريين بألا يستهلكوا شيئًا إلا من إنتاج بلادهم، وتحريضها الصريح لشباب ١٩٣٥ بأن يثوروا كشباب عام ١٩١٩.

* * *

وكان عبد الحكم الجراحي أحد الذين شاركوا في مشروع القرش قبل سفره ـ عام ١٩٣٣ ـ إلى فرنسا، وقد ظل حريصًا على متابعة أنباء بلاده، طوال فترة سفره، ويبدو أنه تأثر بالجو العام الذي كان محيطًا به في فرنسا. وتدل آخر رسالة كتبها لشقيقه علي من جرينوبل قبل أسابيع قليلة من عودته، على أنه كان قد كوَّن رؤية سياسية لعلها كانت أرحب مدى من رؤى جيله. وقد عبر في الخطاب الذي كتبه في ذروة تداعيات

الحرب الإيطالية الحبشية، عن رثائه لحالة مصر، «فهي بلد غير مسلح، لا أسطول جويًّا لها أو بحريًّا، مضطر إلى حماية الإنجليز له من عدوان الطليان، إن طوعًا أو كرهًا».

وفسر «حالة الكرب» التي تعيشها مصر بأنها نتيجة لـ«خمول الروح الوطنية في قلوب الشبان، وإهمالهم السعي للاستقلال»، وفي إشارة ذات دلالة إلى أسلوب مواجهة ذلك قال: «ليس في وسعنا إلا أن ندعو الله أن يبعد الحرب عن مصر، وإلا فلنتولَّ نحن الدفاع عنها والتضحية في سبيلها بعقولنا وقلوبنا وأجسادنا وأرواحنا». ولا بد أن متابعته لأنباء مصر في الصحف الفرنسية الاشتراكية ـ كما ذكر في الخطاب ـ كانت وراء عبارته اللافتة للنظر، التي تشير إلى «الكفاح لنصر الفلاح الذليل في مصر، لأنه هو قوامها».

والغالب أن الجيل كان قد استقبل مراهقته المبكرة في مناخ أزمة مصرية شاملة داخل نطاق الأزمة الاقتصادية العالمية، التي هبطت بسعر قنطار القطن المصري إلى جنيهين. أما طفولته فقد شهدت صدمة أزمة سنوات الحرب التي شح فيها الخبز، كما شحت الحرية، وأذلت الكرامة. ثم تفتحت مداركه على حوادث الثورة التي أشعلت أشواقه للبطولة. وما كاد يصل إلى مرحلة التعبير عن الشوق، واكتشاف المثل الأعلى، ومطاردة الحلم المستحيل، حتى وجد كل حصاد الثورة في مهب الريح.

ولعلها ليست مصادفة تمامًا، أن طلاب الجامعة الثلاثة، الذين سيختارهم رصاص المحتلين وعملائهم، في هذا الخريف من عام ١٩٣٥ ليقيد أسماءهم في قائمة الشهداء، كانوا يحبون قراءة الشعر أو يحاولون قرضه، ويحلمون بإعادة المجد القديم. ومع أنهم كانوا عينة عشوائية اختارتهم الرصاصات بشكل عشوائي، إلا إنهم كانوا نموذجًا دالًّا على الجيل، وتعبيرًا عن حلم جيلهم، ووطنهم، بأن تكون الحياة أكثر سعادة، وأكثر كرامة.

وكان مقدرًا لهم أن يقصوا باستشهادهم ـ مصادفة ـ شريط الدم، وأن يغذوا بميتتهم الرمزية خيالات جيل قادم سيحين الوقت لينقلب على الجيل الذي قاد ثورة ١٩١٩، ويعتبره عدوه الرئيسي، ويتخذه هدفًا لرصاصه وقنابله.

عندما عاد عبد الحكم الجراحي إلى مصر، في نهاية أكتوبر ١٩٣٥، كانت الحرب الحبشية الإيطالية قد نشبت بالفعل في الثالث من الشهر نفسه، بعد أن شن الإيطاليون هجومًا عامًّا على الحبشة، إلا إن مخاطر الحرب المباشرة لم تكن قد حاقت بمصر، ذلك أن بريطانيا لم تتدخل فيها عسكريًّا، واقتصر دورها على قيامها بتطبيق قرارات عصبة الأمم بتوقيع العقوبات المالية والاقتصادية وفرض الحصار ضد إيطاليا. على أن ذلك لم يحُل بين بريطانيا وبين مواصلة حشد قواتها العسكرية في مصر، بشكل أعاد إلى الأذهان الحشد العسكري الذي سبق دخول بريطانيا في الحرب العالمية الأولى، وما أعقبه من إعلان الحماية البريطانية على مصر، فأثار مخاوف المصريين من أن تعود مصر لتصبح ميدانًا لحرب عالمية أخرى، يعانون من آثارها تدميرًا لمنشآتهم، ومصادرة لحرياتهم، وتضييقًا على أرزاقهم، وليست لهم فيها مصلحة.

وفضلًا عن ذلك كله، فقد استثار الحشد العسكري البريطاني الإحساس بأن بريطانيا تتصرف في مصر، كما لو كانت بلدًا موضوعًا تحت الحماية، وتحرك جيوشها داخل بحارها وأراضيها، وتستعرضهم في الميادين العامة لمدنها الكبرى، دون أن تهتم بمشاعر أهلها أو تستأذن حكومتها، التي لم تكتفِ بالصمت، بل كان رئيسها وأعضاؤها يتدافعون لحضور العروض العسكرية، كأنهم يعلنون إذعانهم لما تريده بريطانيا بالبلاد. ثم تطوعت الوزارة بعد ذلك كله، فأرسلت إلى عصبة الأمم تعلن أنها ستطبق العقوبات التي قررتها العصبة، على إيطاليا، مع أن مصر لم تكن عضوًا في العصبة، ولم تكن ملزمة بأن تطبق قراراتها، فساد اليقين بأن أيام الحماية البريطانية

التي كانت وزارة الخارجية البريطانية تتولى أثناءها تسيير السياسة الخارجية المصرية، قد عادت.

* * *

بمجرد أن وقعت الحرب وهاجمت القوات الإيطالية الحبشة زادت المخاوف في مصر من أن إنجلترا قد تدخل الحرب ضد إيطاليا في أي لحظة، وأسرعت وزارة توفيق نسيم في ١٨ أكتوبر ١٩٣٥ وبضغط من الوفد، فقدمت إلى الحكومة البريطانية مذكرة تطالب فيها بعودة الحكم الدستوري على أساس أن الأزمة العالمية الحالية تستوجب الرجوع إلى آراء نواب الأمة. وأكدت المذكرة أن حق مصر في الدفاع عن نفسها بنفسها مكفول لها، لا لغيرها، وطالبت بعقد معاهدة بين مصر وإنجلترا، مما يترتب عليه حل كل المشاكل المعلقة بين البلدين.

ومضت الأسابيع الأولى من العام الدراسي والجميع في انتظار الرد البريطاني الذي لم يصل، كما أن الدستور لم يكن قد عاد، والحالة السياسية والاقتصادية في البلاد تتدهور، وبعد أقل من شهر على استئناف العام الدراسي بدأت مظاهرات الطلاب. كانت أزمة بطالة خريجي الجامعات قد وصلت إلى ذروتها، وبرغم أن الحكومة كانت قد وعدت بتعيينهم بثمانية جنيهات، فإن هذا لم يتحقق، وبدأ بعض كبار موظفي مصلحة الصحة العمومية يستدعون خريجي مدرسة التجارة العالية، ويحثونهم على قبول ستة جنيهات مرتبًا شهريًّا «خدمة لبلادهم». وسخر أحمد الصاوي محمد على صفحات «الأهرام» من هذا، وسأل كبار الموظفين: «لماذا لا يتنازلون عن مرتباتهم الطائلة «خدمة لبلادهم»؟!».

وأضرب طلبة كلية التجارة احتجاجًا على المستقبل المظلم، ورفضوا طلب العميد بأن يلزموا الهدوء والسكينة، وخرجوا من الكلية متظاهرين، واتجهوا إلى وزارة المعارف، التي كانت قد حصنت نفسها، وبرغم ذلك اقتحموها، وخرج الوزير إليهم ووعدهم بالنظر في أمرهم بعد مخاطبة وزير المالية فهتفوا في وجهه ساخطين: «نريد عملًا وليس كلامًا».

وغادروا وزارة المعارف إلى الوزارة المجاورة لها ليناقشوا وزير المالية، ولما حاول التهرب من لقائهم، اقتحموا عليه مكتبه، وكسروا أبواب الوزارة. وتكرر الإضراب والتظاهر للسبب نفسه في «دار العلوم»، ثم انتقل منها إلى طلبة الفنون والصناعات بالقاهرة، احتجاجًا على تعيينهم في الدرجة الثامنة وليس السابعة، خاصة وقد سدت أمامهم أبواب الدخول إلى كليات الهندسة، وانضم زملاؤهم في الإسكندرية إليهم في الإضراب.

وخلال الأسبوع الأول من نوفمبر أجريت انتخابات اتحاد الطلاب بكليات الجامعة، وأسفرت عن لجنة عليا، ساهمت بدور مؤثر فيما تطورت إليه الأحوال فيما بعد.

وكانت العلاقات بين الأحزاب المصرية فاترة بعد الخلاف الذي فتت الجبهة المعارضة لدكتاتورية صدقي، بسبب قبول الأحرار الدستوريين وجناح من الوفد لفكرة الوزارة الائتلافية. ومع ذلك فإن الحزبين الكبيرين ـ الوفد والأحرار ـ كانا يتبعان سياسة واحدة، هي تأييد وزارة توفيق نسيم ودعم مساعيها لإعادة الدستور، وفتح باب المفاوضة لوضع معاهدة تنظم العلاقة بين مصر وبريطانيا. وكان أحد أهم أسباب لجوء حزب الأحرار لهذه السياسة، أمله في أن تزيل الوزارة ما أصاب الأعيان من أعضائه من أضرار، خلال مشاركتهم في مقاومة عهد إسماعيل صدقي.

على أن الأحرار ما لبثوا أن شعروا بأن الوزارة تميل إلى الوفد وتنحاز إليه سواء فيما ترده من مظالم عهد صدقي، أو فيما تتخذه من سياسات لم يكن خافيًا أن نسيم يستشير فيها قادة الوفد.

ومع تدهور الوضع السياسي الداخلي، أشيع أن هناك تفكيرًا في إقالة نسيم وتشكيل وزارة أخرى تخلفه، فأسرع الأحرار يفضون أيديهم من تأييد نسيم، ليضربوا ثلاثة عصافير بحجر واحد: فيزيدوا من اهتزاز موقف الوزارة مما يؤدي إلى إسقاطها، فيفسح ذلك الطريق أمام رئيسهم محمد محمود ليتولاها، ويحملوا الوفد أمام الرأي العام مسؤولية تأييد وزارة نسيم التي

كانت النقمة تحيط بها من كل جانب، فيحقروه ويسدوا أمامه باب منافستهم على خلافة نسيم.

وهكذا اختار الأحرار أن يحتفلوا بعيد الجهاد الوطني، قبل موعده بستة أيام. وقرروا الدعوة إلى مؤتمر شعبي، أقيم - يوم ٧ نوفمبر ١٩٣٥ - في سراي آل لطف الله بالجزيرة، وشهده طبقًا لتقدير «الأهرام» عشرة آلاف شخص، وخطب فيه محمد محمود خطبة عنيفة، أعلن في نهايتها أن الأحرار سحبوا تأييدهم لحكومة نسيم، ووصفها بأنها «وزارة تفريط»، فلا هي احتفظت بالحقوق المعترف بها في تصريح ٢٨ فبراير، ولا هي استفادت من الخطوات التي قطعتها مصر في مفاوضاتها المختلفة مع إنجلترا. وما فعلته أنها «ردت السلطة المصرية البحتة إلى أيدي الإنجليز، إذ جعلت إعادة الدستور والحكم النيابي في مصر رهنًا بمشيئتهم، مع أنها في الصميم من سيادة مصر، ولا يجوز أن يكون للدول الأجنبية سلطان في أمرها». ولخص ما انتهت إليه أحوال مصر في ظل الوزارة قائلًا: «إن مصر ليس لها الآن استقلال داخلي، ولا وجود دولي».

وختم محمد محمود خطبته بعبارة لفتت الأنظار، دعا فيها إلى وحدة الصفوف، مناشدًا الجميع بأن «يكونوا على قلب رجل واحد في العمل لكمال استقلال مصر وسيادتها»، وهي إشارة لم يفت معناها على الوفد، الذي اعتبرها عودة من جديد لطرح فكرة الوزارة الائتلافية، التي برزت قبل ثلاثة أعوام.

ولأن الحكومة البريطانية كانت تريد إبقاء الحالة في مصر على ما هي عليه، بحيث لا تجد صعوبة في فرض الأوضاع التي تريدها إذا ما نشبت الحرب العالمية فجأة! فقد رأت أن تواجه حركة المعارضة المصرية لسياستها تلك بما يخمدها في المهد، فانتهز وزير الخارجية البريطانية السير «صموئيل هور» أول فرصة سنحت له لإلقاء تصريح عن الموقف في مصر خلال المأدبة التي أقامها محافظ لندن «بيجلد هول» -

في ٩ نوفمبر ١٩٣٥ ـ فاستعرض الظروف التي نشأت عن الحرب الإيطالية الحبشية، ونفى الاتهامات التي وجهت لبريطانيا، من أنها تستغل الموقف الدولي لتقوية مركزها في مصر باتخاذ الإسكندرية مركزًا لقاعدة ثابتة لها في البحر المتوسط، وقال «هور»: «لقد بدا لمصر من تلقاء ذاتها أن تنتظم في سلك الدول الساعية للسلام العالمي، لكننا سمعنا من بعض المصادر نغمة مختلفة، فقد زعم البعض أن الحكومة البريطانية عامدة إلى استغلال الموقف الحاضر لمصلحتها على حساب مصلحة مصر، وهذا غير صحيح. إن الحكومة البريطانية بذلت جهودها لإنشاء علاقات مبنية على تعاون اختياري ودي بين البلدين لمصلحتهما المشتركة. ومن دواعي اغتباطنا أن لبت مصر عن طيب خاطر، داعي الواجب بروح التعاون الحر، وهذا العمل لا يمكن إلا أن يعود بالفائدة على حكومتينا عند حلول الموعد لوضع علاقتنا على أساس دائم مرضٍ للفريقين. كذلك لا صحة على الإطلاق لزعم الزاعمين، أننا نعارض في عودة النظام الدستوري إلى مصر بشكل يوافق احتياجاتها. فنحن، بحسب تقاليدنا، لا يمكن ولا نريد أن نقوم بمثل هذه المعارضة. أجل، إننا عندما استشارونا، أشرنا بعدم إعادة دستوري ١٩٢٣ و١٩٣٠ ما دام الأول قد ظهر أنه غير صالح، والثاني لا ينطبق مطلقًا على رغبات الأمة».

وأحدث التصريح صدى واسعًا، كان معناه أن إنجلترا تعارض صراحة في عودة دستور ١٩٢٣، وأن سياستها تقوم على وضع نظام دستوري يوافق ما سماه وزير الخارجية البريطانية بـ«احتياجات مصر»، وهو ما اعتبره المصريون رجوعًا عن تصريح ٢٨ فبراير ١٩٢٢، الذي ترك لمصر الحرية في وضع دستورها.

كشف «هور» بتصريحه المستور كله، وخاصة حين أومأ إلى أنهم قد «استشاروه» فأشار، وكان هذا الاعتراف هو مربط الفرس الذي أنهى فترة

الترقب والحيرة، وفرصة التقاط الأنفاس التي استمرت عامًا طويلًا، منذ تولي نسيم الوزارة في ١٥ نوفمبر ١٩٣٤.

* * *

قالت جريدة «الجهاد» ـ جريدة الوفد ـ إن ما قاله «هور» يهدم تصريح ٢٨ فبراير من أساسه، ويجعل دستور مصر رهنًا لإرادة الإنجليز.

وقال الدكتور محمود عزمي رئيس تحرير «روز اليوسف اليومية» إن «هور» قد فضح نسيم باشا.

أما الأستاذ العقاد فقد قال: «... كانوا ينتظرون بعد ذلك أن يعطي الإنجليز من لا يطلبون ومن لا يجسرون على الاحتجاج، كان الله في عون هذه الأمة من الغاصبين، وكان الله في عونها من القادة الحماة الذائدين».

انتظرت البلاد كلها موقف الوفد الذي كان لا يزال ـ رغم تململ قواعده وتمرد صحفه ـ يتبع سياسة مهادنة مع توفيق نسيم على أساس وعوده المتتالية بإعادة الدستور.

وتحرك الطلاب يضربون عن الدراسة، ويتظاهرون احتجاجًا على تصريحات «هور»، وتواصلت مظاهراتهم في الأيام التالية. ولا بد أن تلك المظاهرات كانت إحدى أوراق الضغط التي وجدتها «الهيئة الوفدية» على مائدة اجتماعها الطويل، الذي استغرق يومي ١١ و١٢ نوفمبر ١٩٣٥، حيث درست الموقف وأعلنت أنها اتخذت قرارات مهمة سيعلنها مصطفى النحاس في خطاب يلقيه عصر الأربعاء ١٣ نوفمبر بمناسبة «عيد الجهاد الوطني».

وكان الطلبة قد أخذوا المبادرة، ووضعوا الجميع بمظاهراتهم واحتجاجاتهم في موقف الدفاع، إذ اجتمعت اللجنة التنفيذية العليا، التي تمثل اتحاد طلاب الجامعة، في يوم الاثنين ١١ نوفمبر، مع بداية اجتماعات الوفد، وأصدرت بيانًا احتجت فيه على تصريحات «هور»، ودعت الطلاب

والأمة إلى الاحتفال بيوم الجهاد الوطني، احتفالًا يليق بجلال المناسبة، وأعلنت بدء الجهاد، وأكدت أن الطلاب ينطلقون من موقف قومي، لا هدف له إلا السعي للاستقلال التام لمصر والسودان.

كان الطلاب، كالعادة، يستعدون لإضرام الشرارة، التي ستشعل السهل كله.

* * *

الأربعاء ١٤ نوفمبر ١٩٣٥

القاهرة، في الصباح المبكر

في الصباح المبكر غادر عبد الحكم منزله في شارع الصليبة إلى كلية الآداب.

وتحدثت المدام قليلًا مع عبد المجيد، عن لمبة الصالة التي هربت منها الكهرباء، فوعدها أن يبحث أمرها بحثًا دقيقًا صباح يوم الجمعة، وقبل أن تحدثه عن شيء آخر، كان قد انفلت إلى ميدان عابدين.

ودَعَت أم علي طه اللهَ أن يكفيه شر السكك.

وكان الصباح باردًا لكن الشمس ظهرت بعد قليل، وتحدثت صحف الصباح عن الاستعدادات الضخمة التي اتخذها الوفد ليكون احتفاله بعيد الجهاد الوطني هذا العام مميزًا، فقالت إن سكرتاريته طبعت ٣٠ ألف بطاقة دعوة، نفدت كلها في يومين مع التحفظ في التوزيع، وإن الكراسي المطلوبة للسرادق قد جمعت من جميع محال الفراشة بالقاهرة، ورجحت ألا تكفي المقاعد حاجة المدعوين جميعًا، برغم أن السرادق قد وسع فضُم إليه جزء من شارع ناظر الجيش المجاور لبيت الأمة. لكن هذه الصحف لم تقل إن محل المعلم أحمد حسين هو الذي أقام السرادق، ولم تذكر أن بين عماله شقيقين كان أحدهما في الثانية والعشرين من عمره، هو إسماعيل محمد الخالع الذي أنيط به توزيع المياه على المحتشدين في السرادق.

كانت ليلة النصف من شعبان. تصاعد دعاء الليلة من المسجد فسمعه

عبد الحكم: «اللهم يا ذا المن ومن لا يمن عليه». ودعت أم علي عفيفي اللهَ ألا يميتها قبل أن تراه زوجًا وأبًا، أما اليوم فكانت ملامحه متجهمة. تجمع أعضاء الوفد و«الهيئة الوفدية»، ولجان الوفد، في النادي السعدي، وانتظروا أن يأتي مصطفى النحاس ليصحبهم إلى زيارة ضريح سعد زغلول كعادته كل عام، لكنه أرسل يعتذر، بسبب آثار إنفلونزا فضل معها أن يحتفظ بقوته كلها لخطاب العصر، فأناب عنه مكرم عبيد في زيارة الضريح.

في الجامعة تزاحم الطلبة في الكليات، اعتلوا المنابر وبدأوا يخطبون، ثم اندفعت جموعهم من الباب العمومي للجامعة، نحو الفضاء الواقع أمامها، وواصلوا هتافاتهم، يستقبلون بها مظاهرات الكليات والمدارس التي أخذت تنضم إليهم، وفي مقدمة كل منها علم مدرستها أو كليتها، وبعد قليل كان عددهم قد زاد ـ طبقًا لتقدير جريدة «الأهرام» ـ على سبعة آلاف طالب.

وعند مدخل كلية الحقوق، أقيم منبر للخطابة، اعتلاه خطباء الطلاب يحللون الموقف السياسي القائم في البلاد، ويعلقون على تصريحات وزير الخارجية البريطانية، ويدعون الطلبة لإشعال الثورة في البلاد.

وبعد العاشرة صباحًا بدأت المظاهرة تحركها نحو المدينة، لتطوف ببيت الأمة، قبل أن تتوجه لزيارة ضريح سعد زغلول باشا الذي كان يقع آنذاك في مقابر الإمام الشافعي، إذ لم يتم نقله إلى مقره الحالي إلا عام ١٩٣٦.

اتجهت الكتلة الرئيسية من المظاهرة بمحاذاة حديقة الأورمان في اتجاه كوبري الجلاء، فاجتازوه، ليجدوا على ضفته الأخرى مظاهرة أخرى من طلاب ومواطني المنطقة، انضمت إليهم، بحيث وصلت طلائع المظاهرة إلى كوبري الإسماعيلية ـ المعروف الآن بكوبري قصر النيل ـ بينما كان ذيلها لا يزال قريبًا من كوبري الجلاء.

وأثناء مرور طليعة المظاهرة على كوبري قصر النيل أشيع بين الطلاب أن

الجنود البريطانيين المعسكرين في قشلاق قصر النيل قد أطلقوا النار على مقدمة المظاهرة، ومع أن الإشاعة لم تكن دقيقة، فقد خلخلت الصفوف لبعض الوقت، قبل أن تتمكن العناصر النشطة من إجهاض آثارها، فأذاعت الحقيقة، وهي أن قوة من البوليس المصري قد تصدت لبداية المظاهرة بالهراوات، فهجم الطلبة عليهم، واختطفوا من بعضهم هراواتهم، وانهالوا بها عليهم يضربونهم ويلكمونهم، ثم ركزوا هجومهم على قائد الفرقة، فضربوه ضربًا مبرحًا، فطلب النجدة من جنوده، فاعتقلوا بعض المتظاهرين، لكنهم أكرهوا على تركهم.

وبوصول المظاهرة إلى ميدان الإسماعيلية ـ التحرير الآن ـ تفرعت عنها مظاهرتان صغيرتان: اتجهت أولاهما إلى حي قصر الدوبارة، حيث تقع دار المندوب السامي البريطاني السير «مايلز لامبسون»، الذي كان قد عاد من إجازته في منتصف سبتمبر بعد تحرج الحالة العسكرية، فهتفوا في مواجهتها بالإنجليزية بسقوط «هور»، وطالبوا بجلاء قوات الاحتلال. بينما اتجهت الثانية إلى شارع جامع جركس ـ صبري أبو علم الآن ـ حيث توقفت أمام القنصلية البريطانية، لتهتف أمامها ـ بالإنجليزية ـ بالشعارات ذاتها، ولما تصدى حراس القنصلية لطليعة المظاهرة، وقعت بين الطرفين مشادة، قذف المتظاهرون على إثرها المبنى بالحجارة فحطموا نوافذه.

وفي تلك الأثناء كانت الكتلة الرئيسية من مظاهرة الجامعة قد وصلت إلى ميدان عابدين، وتوقفت أمام الشرفة الرئيسية للقصر الملكي، لتواصل هتافاتها، التي كانت تتردد بين «مصر فوق الجميع»، و«نحن فداؤك يا مصر»، و«يسقط الاستعمار»، و«يسقط «هور» ابن الثور»، وهتافات أخرى تتضمن المطالبة بإعادة الدستور، وبإقالة وزارة توفيق نسيم. ولكن قوة ما كان يعرف آنذاك بـ«بلوك الخفر» ـ وكانت تقوم بالوظائف التي تقوم بها الآن قوات الأمن المركزي ـ بقيادة اليوزباشي عباس علي أفندي، حاولت تفريقهم، فلما عجزت عن ذلك، أصدر مفتش البوليس المستر «نوبل»، أمره لليوزباشي

بإطلاق الأعيرة النارية، فوقع اشتباك بين قوة بلوك الخفر، وبين المتظاهرين، امتد من الميدان إلى الشوارع المجاورة.

أثارت مظاهرات صباح ١٣ نوفمبر قلق المسؤولين في وزارة الداخلية، التي كان نفوذ ضباط البوليس الأجانب، والبريطانيين بالذات، قويًا فيها، وبدا أن الترتيبات التي اتخذتها، ستعجز عن مواجهة مظاهرات الطلاب، خاصة وأن المراهنة على ما بينهم من خلافات حزبية لم تنجح، فقد حدث أثناء مرور المظاهرة بميدان الإسماعيلية أن هتف الطلبة الوفديون بحياة النحاس، فاعترض طلاب الأحرار الدستوريين وطلاب مصر الفتاة، فاستجاب طلبة الوفد للاعتراض وكفوا عن الهتاف، ثم كرر هؤلاء اعتراضهم عندما حاول الوفديون أن يقودوا المظاهرات إلى بيت الأمة، وأخيرًا توصلوا إلى اتفاق بتوحيد الهتافات حول الشعارات الرئيسية: المطالبة بالدستور، والاحتجاج على الوزارة وعلى تصريح «هور».

ولم تقتصر مظاهرات اليوم، على المنطقة الواقعة بين مبنى الجامعة بالجيزة، ووسط مدينة القاهرة، فقد خرج طلاب كلية الطب ـ وكانت تقع بمستشفى قصر العيني ـ والتجارة ودار العلوم ـ وكانتا تقعان بحي المنيرة القريب ـ في مظاهرات ضخمة، انضم إليها طلاب المدارس الثانوية القريبة، واشتبكت المظاهرة مع رجال الشرطة، ونُقل المصابون فيها إلى مستشفى قصر العيني.

وفي شمال المدينة، خرجت مظاهرات ضخمة ضمت طلاب المدارس الثانوية والتجارية والفنية بالعباسية، لتشتبك مع قوات الشرطة في معارك دارت على امتداد شارع فاروق (الجيش الآن).

وسرعان ما توالت البلاغات عن مظاهرات انتشرت في عواصم الأقاليم، كان أكبرها، المظاهرات التي شهدتها مدينة طنطا، إذ خرج طلاب المعهد الأحمدي ـ أكبر المعاهد الدينية بعد الأزهر ـ في مظاهرة انضم إليها طلاب المدارس الثانوية في المدينة، وأسفرت عن معركة عنيفة مع قوات الشرطة،

التي أطلقت النار على المتظاهرين، فقُتل طالبان هما محمد عبد المقصود شبكة ومحمد محمود النقيب، وقدرت الأهرام عدد المصابين بما يزيد على ثمانين مصابًا.

وبعد ظهر ذلك اليوم، صدرت الأوامر إلى جنود الجيش المصري وضباطه بالاشتراك مع رجال البوليس في مواجهة المظاهرات والمحافظة على النظام، ورابط جنود الجيش في ميدان الإسماعيلية وشارع قصر العيني، ومعهم العصي الغليظة، والخوذات فوق رؤوسهم!

وانتهت مظاهرات الصباح.

وفي المساء تجمع قلب مصر كلها في بيت الأمة. كانت الحكومة قد اتخذت إجراءات أمن مشددة، فأوقفت على كل منفذ من منافذ الطرقات المؤدية إلى السرادق ١٢ جنديًّا، مسلحين بالبنادق والعصي، واضعين على رؤوسهم الخوذات الفولاذية، ومنعت المرور من كل الطرق المحيطة بمكان الاحتفال.

وبدأ الحفل في الرابعة والنصف بالقرآن الكريم، وعندما تلا القارئ قوله عز وجل: ﴿ يَـٰٓأَيُّهَا ٱلنَّبِيُّ حَرِّضِ ٱلْمُؤْمِنِينَ عَلَى ٱلْقِتَالِ ﴾، تعالى الهتاف والتصفيق، حتى احتج البعض، وطالبوا بالصمت احترامًا لكتاب الله. ووقف مصطفى النحاس فألقى خطابًا استغرق ساعتين، استعرض فيه علاقة الوفد بالوزارة، وتحدث عن حكم إسماعيل صدقي، فقال إنه «كان عهدًا مشؤومًا أليمًا، ليس فيه مظهر من مظاهر الحياة الديمقراطية، بعد أن ألغى دستور الأمة واستبدل به دستورًا أبتر تعلو فيه كلمة الوزارة وتهزل كلمة النواب. وطغوا في البلاد فأكثروا فيها الفساد: حريات مسلوبة، وكرامات مغصوبة، وشراك منصوبة، وأقلام مقيدة، وصحف مصفدة، وإجراءات مشددة... اجتماعات تُمنع، ومظاهرات تُقمع، وتشريعات استثنائية، وأحكام أشبه بالعرفية، ومظالم قاسية، ومفاسد فاشية، وضمائر فانية، وعيون تترصد للإيذاء، وتهم تُلفق للأبرياء».

وفي استعراضه لعلاقة الوفد بوزارة نسيم، حرص النحاس على أن يبرز أن الوفد لم يتنازل عن حق الأمة في دستورها، وأن الوزارة كانت تستشيره في كل خطوة تخطوها. قبل أن ينتقل إلى المشكلة الحبشية، التي فرضت أن تتناول الاتصالات مع الإنجليز، «الموقف كله»، فلا تقتصر على المطالبة بالدستور، بل والمطالبة بعقد معاهدة تحدد العلاقة بين الدولتين، قبل أن تنفجر الحرب العالمية فيتجدد الحديث عن مشكلة الدفاع عن مصر.

وفي هذا الصدد حمل النحاس الاحتلال البريطاني مسؤولية أن يكون الجيش المصري قاصر العدة والعدد في الدفاع عن حياض مصر، ومع ذلك فقد أكد بأن مصر تتمسك ـ إذا نشبت الحرب العالمية ـ بوضعها كدولة مستقلة ذات سيادة، تتولى بنفسها الذود عن ديارها. وبصراحة بالغة، قال النحاس إن مصر «لن تقبل اليوم أن يُساق أبناؤها إلى ميدان القتال، وتؤخذ أقواتها، وتصرف أموالها، وتستخدم ثكناتها وموانيها ومطاراتها، قهرًا وغلابًا وقوة واغتصابًا. ولكنها ترحب مخلصة بأن تذود عن كيانها بكل ما هو في مقدورها، متعاونة في الدفاع عن حليفتها برضاها واختيارها، وباعتبارها بلدًا حرًّا يتمتع بالسيادة الكاملة والاستقلال التام».

وبعبارة أكثر وضوحًا رفض النحاس أن يسلم لبريطانيا باستخدام مرافق البلاد إذا نشبت الحرب، إلا على أساس «تحالف شريف يقوم على المساواة التامة في السيادة والاستقلال بين البلدين المتحالفين»، مشيرًا إلى أن مصر ١٩٣٥ ليست هي مصر ١٩١٤.

ووصف النحاس خطاب «صموئيل هور» بأنه خطاب «محطم للآمال»، سواء في موقفه من قضية الدستور أو في رده على طلب المفاوضة، فهو يعترف بتدخل الحكومة البريطانية في أمر الدستور المصري. وتساءل متهكمًا: «مفهوم ألا تعارض الحكومة البريطانية في عودة النظام الدستوري لمصر، ولكن ما لها والدستور الملائم وغير الملائم، وهو أمر من شأن

الشعب المصري، بمقتضى تصريح ٢٨ فبراير الذي أصدروه من جانبهم وحدهم؟».

وردًا على اعتذار «صموئيل هور» بأن الوقت غير ملائم لإتمام اتفاق بين البلدين، قال النحاس إنه يعني استمرار الحالة الفعلية الراهنة، «فيضع الإنجليز أيديهم ـ باسم التعاون الودي ـ على حصوننا وثكناتنا وموانينا ومطاراتنا ومسالكنا ومواردنا، ويتولوا أمرنا، ويوجهوا سياستنا، دون أن يكون لنا في شيء من ذلك حرية أو اختيار». وعاد يتساءل: «أي تعاون ودي هذا؟ وكيف يكون إذن الاستعباد، وكيف يكون القهر والاستبداد؟».

ووصف النحاس الحكومة الإنجليزية بالنفاق، فقال إن وزير خارجيتها «صموئيل هور» ـ الذي يعطي نفسه حق الاعتراض على دستور مصر ـ قد وقف يعلن من منبر عصبة الأمم انتصار بريطانيا لحرية الحبشة، ويؤكد أن بلاده تؤمن بأن الأمم الصغيرة لها الحق في الحياة التي تختارها، ولها الحق في الدفاع عن حقوقها. وخاطبه النحاس متسائلًا: «هل تكيل بريطانيا بكيلين، وتزن بميزانين، أم أن حق الحياة، وتقرير المصير، مقصور على الحبشة وحدها؟».

وبعد أن كرر النحاس تأكيده بأن الوضع السياسي العالمي يعرض مصر لأفدح الأخطار التي لا تجيز لأي إنسان أن يحكم شعب مصر دون رغبته، ولذلك فإن الدستور يجب أن يعود، إذ ليس من حق إنجلترا أن تمنع عودته، ختم خطابه بإعلان قرارات الوفد، وهي توجيه الدعوة إلى الأمة كلها بجميع طبقاتها بعدم التعاون مع الإنجليز ما دام اعتداؤهم قائمًا على الدستور، ومطالبة الوزارة بالاستقالة نزولًا على خطة عدم التعاون، فإذا لم تفعل، فإن الوفد يسحب تأييده لها، وينسحب قرار عدم الثقة على كل وزارة تقبل الحكم في ظل الظروف نفسها. ولم يفت النحاس أن يرد على الرسالة التي أرسلها له محمد محمود في خطابه، مطالبًا إياه بالوحدة القومية، في مواجهة الظروف القائمة، فقال: «إننا لا نكره توحيد الجهود، لكننا مع التجارب

الماضية يستحيل علينا أن نقبل ائتلافًا يعود بالضرر، أو ميثاقًا تذروه الرياح. وإنما يكون توحيد الكلمة بنزول الجميع على مبادئ الأمة، وأن يعمل كل من ناحيته لها».

ودعا جميع الهيئات لكي تعلن «في غير مواربة، ولا إيهام، المطالبة بعودة دستور الأمة، ناجزًا غير مؤجل، وكف عدوان الإنجليز عنه، وعن استقلال البلاد، بهذا، وبهذا وحده تكون الوحدة».

ثم دعا النحاس في نهاية خطابه علانية للثورة، فقال للحاضرين: «لقد ظهر المستور وبرح الخفاء، وعرفتم ما يُراد بدستوركم، ويبيت لقضيتكم، فلا تستنيموا للعادين على حرمتكم، لأنكم إن استسلمتم أضعتم نهضتكم، وأهنتم وطنيتكم، وأغضبتم أرواح شهدائكم».

وكرر مكرم عبيد سكرتير الوفد، الدعوة للثورة في ختام كلمته، فخاطب الشباب قائلًا: «اغضبوا إذن ثم اغضبوا، إذا كنتم تحبون حقًّا، فما الغضب إلا الحب الفائر، وإذا أنت لم تغضب لما تحب، فإما أنك لا تحب، أو أن حبك من النوع الفاتر، اغضبوا أيها الشبان، فوالله لئن ما غضبتم ما شببتم».

***

انتهى الاحتفال ليفور الغضب، خرجت جموع الناس من سرادق الوفد، تهتف للدستور وللاستقلال وللحرية. ولم تكد المظاهرة تبلغ شارع قصر العيني، حتى حاصرها البوليس، وأصدر قائد القوة الأميرالاي «لوكاس بك» أمره إليها بتفريق المظاهرة بالرصاص، ففتح الجنود نيرانهم على المتظاهرين. واضطرب المتظاهرون في دوامة متقلبة، هرع بعضهم نحو الميدان، واختفى آخرون في الشوارع الجانبية، والكونستبلات الإنجليز فوق الجياد ينهبون الأرض وهم يطاردونهم. وعلا الهتاف واختلط بأصوات الغضب والصراخ، واشتد صوت لعلعة الرصاص، وطارد البوليس مجموعة أخرى من المتظاهرين، فعادت أدراجها إلى السرادق وهي تهتف، والرصاص

ينطلق. لحظتها كان إسماعيل محمد الخالع عامل الفراشة في السرادق يجمع المناضد والمقاعد، كان أمام منضدة الصحفيين، حين فوجئ بالرصاص يخترق ظهره، فخر صريعًا، قال: «الحقوني أنا مت، الحقني يا أخويا عبد السميع».

خف إليه شقيقه، العامل في السرادق نفسه، انحنى عليه ليفحص جروحه، لم يمهله الجنود، أشبعوه ضربًا بهراواتهم الغليظة، تكور بجوار أخيه، نقلهما البوليس إلى قسم السيدة، ومنه إلى مستشفى قصر العيني. وحصر بلاغ صادر عن وزارة الداخلية في ساعة متأخرة من الليل نتائج اشتباكات يوم ١٣ نوفمبر، فقال إنها أسفرت عن إصابة ١٩ من رجال الشرطة، و١٨ من الأهالي والطلبة في القاهرة، وفي طنطا بلغ عدد المصابين ٤٥ من رجال الشرطة، منهم ١٣ إصابتهم شديدة، وناشد بلاغ وزارة الداخلية الجمهور أن يخلد إلى السكينة.

* * *

الخميس ١٤ نوفمبر ١٩٣٥

القاهرة، في الصباح

خرج عبد المجيد مرسي في الصباح المبكر من شارع عبد المنعم بعابدين، ونسي أن يرتدي طربوشه، وفي طريقه إلى الجامعة تأكد له أن اليوم لن يمر بسلام، وكان كبار ضباط البوليس قد اجتمعوا في وزارة الداخلية حتى ساعة متأخرة من الليل، وتوقعوا أن يشهد اليوم التالي مظاهرات صاخبة، لذلك صدرت الأوامر بإحكام الحصار حول المدينة، بقوات الشرطة وبقوات الجيش، كما صدرت أوامر أخرى بالضرب في المليان.

لم تكد الساعة تصل إلى الثامنة صباحًا حتى تجمع طلبة كلية الحقوق في فناء الجامعة الداخلي أمام كليتهم، وأخذوا يهتفون بشعارات الثورة: «الاستقلال التام أو الموت الزؤام»، «يسقط «هور» ابن الثور». بعد لحظات انضم إليهم طلاب الآداب، كان بينهم عبد الحكم الجراحي الذي لم يكن قد

مضى على انتظامه في الدراسة سوى أيام قليلة. عقد الطلاب مؤتمرًا تبارى فيه خطباؤهم ينددون بسياسة التفريط التي تتبعها الحكومة، وبالأساليب الوحشية التي قمعت بها مظاهرات ١٣ نوفمبر. وانضمت إلى المؤتمر طالبات الآداب، وكنَّ عددًا قليلًا لا يتجاوز أصابع اليدين، هتفن وصفقن، ازدادت حماسة الطلاب، وقفت واحدة منهن، ألقت كلمة قصيرة وبصوت متزن وعبارة مستقيمة، أكدت فيها أن زميلاتها متضامنات مع الطلبة في كل شيء، وختمت خطبتها قائلة: «فنحن معكم وإلى جانبكم في كل عمل تقومون به من أجل مصر!».

خرج المجتمعون إلى شارع المدارس ـ الجامعة الآن ـ مروا بالكليات والمدارس الأخرى الواقعة فيه، انضم إليهم طلاب كلية الطب البيطري، وطلبة المدرسة السعيدية الثانوية، وطلبة كلية الزراعة، وكان من بينهم عبد المجيد مرسي وإبراهيم شكري.

عبرت مظاهرة طلبة الجامعة أمام كلية البنات، كانت الدراسة منتظمة في الفصول، تسللت الهتافات إلى أذن مُدرِّسة إنجليزية أدارت ظهرها للسبورة التي تكتب عليها، قالت للطالبات: «لا تتصرفن مثلهم، إنهم حيوانات غبية وحمقاء».

غضبت طالبات الفصل، أضربن عن الدراسة، انتشر الإضراب من فصلهن إلى بقية فصول الكلية.

تدفقت جموع الطلبة في طريقها إلى ميدان الجيزة، لأن قوات كثيفة من الشرطة كانت تسد الطريق المؤدي إلى جسر قصر النيل، اقتلع الطلاب في مسيرتهم كل ما يستطيعون استخدامه كوسيلة للدفاع ضد الهجوم الذي كانوا يتوقعون أن يكونوا هدفًا له. فنزعوا أغصان الأشجار ومزقوها فروعًا وتسلحوا بها، خلع آخرون أسياخ الحديد التي تحيط بالأشجار لتكون أسلحة أكثر ثقلًا، امتلأت الجيوب والحقائب بقطع الزلط والبازلت. خدمتهم الظروف فوجدوا على مدخل جسر عباس عمارة تُبنى، اختفى زلطها وطوبها في

دقائق. وشوهد ضمن المظاهرة طالب يسير إلى جوارها، ويدفع أمامه عربة يد صغيرة، يمتلئ صندوقها بكمية من الزلط والأحجار.

كان بوليس الجيزة حريصًا في المناسبات المماثلة على ألا يشتبك مع الطلبة، إذ لم تكن الجيزة ذاتها هدف المتظاهرين، الذين كانت جموعهم تتجه عادة إلى قلب القاهرة، لذلك ظل يصاحب المظاهرة، حتى وصلت إلى منتصف كوبري عباس ـ وهو الحد الفاصل بين المدينتين ـ ثم توقف عن مصاحبة المظاهرة تاركًا المسؤولية لبوليس القاهرة. وكانت تقديرات رجال الشرطة المكلفين بمتابعة المظاهرة، التي وصلت تلفونيًّا إلى وزارة الداخلية، تقول إن المظاهرة ضخمة، وإن بوليس الجيزة أفسح لها الطريق لكي لا تحدث مجزرة.

كان الحاكم الفعلي لوزارة الداخلية واحدًا من أشهر «برادع الإنجليز والسراي»، هو محمد توفيق رفعت، وكيلها الدائم، إذ كان نسيم يتولاها شكليًّا بجانب رئاسة الوزارة. وكان حكمدار القاهرة إنجليزيًّا، اللواء «رسل باشا»، بينما كان المستر «كين بويد» رئيس الإدارة الأوروبية بالوزارة صاحبَ نفوذ في رسم السياسات التي تتعلق بالأنشطة السياسية.

وقد تداولوا في الأمر.

ـ الضرب في المليان.

كان ذلك هو القرار الذي أسفرت عنه المداولات.

وتحايل البوليس أولًا، وقبل أن تصل مقدمة المظاهرة إلى كوبري عباس، أمر بفتح الكوبري، وفي دقائق كان قد فُتح، وفوجئ الطلبة المتظاهرون بأنفسهم محاصرين بين الكوبري المفتوح أمامهم، وشرطة الجيزة من خلفهم، وبوليس القاهرة على الضفة الأخرى. في اللحظة نفسها تلقت قوات الشرطة مددًا مؤثرًا يتألف من فرقة الكونستبلات الإنجليز يقودها البكباشي «ليز» والكونستابل «لوكنر». مرت دقائق، ارتبكت صفوف الطلبة، فجأة طرأت لطلاب كلية الهندسة فكرة، فتقدم بعضهم،

وتسللوا بهدوء تحت صينية الكوبري، وصلوا إلى غرفة الآلات، بدأت عجلات الكوبري تتحرك، انضمت فوهته المفتوحة، استقام الطريق أمام الغضب المصري اللاهب.

بمجرد أن حدث ذلك، تدفقت الجموع.

حين أغلق الكوبري، تدفقت الصفوف الأولى من المظاهرة، وكانت تضم طلاب كلية الزراعة، وبينهم كان عبد المجيد مرسي وصديقه إبراهيم شكري، افترقا في الزحام. «يسقط «هور» ابن الثور»، «الاستقلال التام أو الموت الزؤام»، «مصر فوق الجميع»، كانت مقدمة المظاهرة تتقدم نحو القاهرة عبر جسر عباس، مواصلة هتافاتها بالعربية، والإنجليزية. تلاقت وجوه كثيرين من الطلاب الذين اختلطت جموعهم، خرجت أخيرًا من عنق الكوبري، انداحت في الميدان الفسيح أمامه، تجاوب البر الشرقي بالهتاف.

* * *

فجأة انطلق الرصاص، استقرت أربع رصاصات في جسد عبد المجيد مرسي، تحرك عبد الحكم الجراحي الذي كان قريبًا منه وانحنى على جسده يتفحصه. كان الكونستابل الإنجليزي يواصل إطلاق الرصاص، شاهد أحدهم إبراهيم شكري، في يده سيخ حديد طويل، خبط به كف الضابط الإنجليزي الذي أطلق الرصاص، انطلقت رصاصة أخرى وتكوم إبراهيم، كان عبد الحكم الجراحي ساعتها مشتبكًا في مناقشة مع الضابط الذي أصاب زميله عبد المجيد، لخصها كتاب صدر بعدها بقليل وكتبه أحد طلاب الجامعة فقال إن عبد الحكم عز عليه أن يرى زميله صريعًا دون جريرة اجترمها، فتقدم إلى الأمام، وعلى وجهه أمارات الأسى والدهشة قائلًا: «كيف لا يكون لطلبة الجامعة حصانة أدبية تمنع اعتداء الجند عليهم ما داموا بمعزل عن الجريمة؟!».

نهره الضابط الإنجليزي، فما أذعن، وخاطبه بلهجة ملؤها الشعور

بالكرامة قائلًا: «أفي ذلك جرم؟ أتود أن تضربني؟ وهل هذا من الشجاعة؟ هاك صدري!». فأطلق «ليز» عليه في غطرسته، عدة طلقات، مزقت الغشاء البريتوني، ونفذت إلى أمعائه، وأحدثت بها ثلاثة عشر مزقًا!

زحف إبراهيم شكري بساقه المصابة إلى أن تكوم هو الآخر إلى جوارهما، أخذوا يصرخون طلبًا للنجدة، استوقف الطلبة سيارة خاصة كانت واقفة، نقلوا فيها جسد عبد الحكم المصاب، واستوقفوا عربة كارو وضعوا عليها جثة عبد المجيد وبجواره إبراهيم شكري.

كانت الهراوات ساعتها تعمل في الطلبة، وكان الضحايا يتساقطون، والدماء تتناثر في الشوارع.

استقبل طلبة كلية طب قصر العيني جسد عبد المجيد مرسي هاتفين: «يحيا الشهيد». وكانت المحفة التي تحمل جثمانه، قد وصلت إلى مشرحة الكلية، وبعد قليل سمعوا ولولة الممرضات داخل المستشفى. كانت إحسان شقيقة عبد المجيد تمارس عملها كالعادة في المستشفى، إلى أن فوجئت بجثة شقيقها وهي تُنقل في طريقها إلى المشرحة.

أخذوها ليعيدوها إلى منزل عمها، أصرت وهي في الطريق أن ترسل برقية بما حدث لوالدها في الإسكندرية.

تسلم الأب البرقية بعد الغروب، بكى طويلًا وفكر قليلًا، أرسل برقية إلى صديقه علي الحمزاوي بالنحاسين، طلب منه أن يقوم باللازم نحو تسلم الجثة، إلى أن يصل في قطار الحادية عشرة والنصف. توجه الحمزاوي إلى مستشفى قصر العيني، فوجئ بالبوليس وقد كفن الجثة، وجهز سيارة لنقلها خلسة إلى الإسكندرية بالطريق الزراعي، طلبوا منه مرافقة الجثة في الحال، بعد سعي طويل استطاع إقناعهم بالانتظار إلى حين وصول الأب والأم.

أدرك ضباط الشرطة المكلفون بمتابعة الحالة في كلية الطب، أن الطلاب لن يسلموا الجثة، ولن يسمحوا بخروجها من المشرحة، وعندما وصل الأب

انتحوا به ركنًا وطلبوا إليه ألا يكشف عن شخصيته، أو يحدث أحدًا من الطلبة. وكانت الفجيعة قد هدته فوقف إلى جوار الباب صامتًا.

ونجح محمد بلال زعيم الطلبة الوفديين في الكلية في سرقة مفتاح الثلاجة التي أودع فيها الجثمان، وأغلقها عليها، وغادر الطلبة المكان، وقد صمموا على أن يعودوا في الصباح، ليشيعوا الجثمان كما يليق بشهيد من شهداء الوطن. لكنهم لم يجدوا الجثة عندما عادوا في صباح اليوم التالي، كان رجال الشرطة قد لجأوا إلى وكيل مستشفى قصر العيني، فمكنهم من فتح باب الثلاجة، وسلموا الجثة إلى الأب، بعد أن أخذوا عليه تعهدًا بعدم تشييع الجنازة. وفي فجر الجمعة ١٥ نوفمبر ١٩٣٥، خرجت سيارة الموتى رقم ٢١٢٥ تحمل جثة عبد المجيد مرسي وإلى جوارها والدة ووالد الشهيد، ولما وصلت إلى الإسكندرية في السادسة صباحًا استقبلها البوليس في نقطة حجر النواتية، وطلب إلى الوالد الذهاب مباشرة إلى مدافن العمود، وبعد مفاوضات أخرى استطاع البقاء في النقطة إلى حين وصول بقية الأهل. وفي السابعة دُفن عبد المجيد!

وهكذا حالت الشرطة، للمرَّة الثانية، بين الطلبة وبين تشييع جنازات الشهداء، فهربت جثمان عبد المجيد مرسي بالطريقة نفسها التي هربت بها جثة إسماعيل الخالع في الليلة السابقة، بعد أن أخذ البوليس على أهله كذلك تعهدًا بعدم تشييع الجنازة.

وفي الصباح توجهت بعض قريبات عبد المجيد إلى البنسيون ليتسلمن ملابسه، وقال مندوب «الأهرام» الذي صاحبهن: «ومن غرائب المصادفات أن مندوبنا شاهد كراسة ورق بيضاء ملقاة على المكتب، يدل وضعها وحالتها على أن الفقيد كان يعبث في الصفحة الأولى منها بالقلم الرصاص قبل ذهابه إلى المدرسة، وقد رسم عدة رسومات مختلفة، وكتب بيده العبارة الآتية: «الاستقلال التام أو الموت الزؤام»».

كان صباح اليوم التالي ـ ١٥ نوفمبر ١٩٣٥ ـ مشحونًا بالتوتر، كان اليوم

يوم جمعة، حملت الصحف أنباء الفاجعة، عسكرت وحدتان من وحدات الجيش داخل قصر العيني وخارجه لمساعدة جنود بلوك الخفر في حراسة الطلبة المصابين الذين يعالجون في المستشفى، ووضع جنود آخرون في عنابر الجرحى من المتظاهرين ليكونوا تحت الحراسة ريثما يتم شفاؤهم ثم التحقيق معهم بعد ذلك.

فكرت الحكومة في إلغاء يوم الزيارة المعتاد في مستشفى قصر العيني، ولكنها عدلت عن ذلك في آخر لحظة. وقصدت أم المصريين صفية زغلول ـ أرملة سعد زغلول ـ ومعها عقيلة مكرم عبيد، وأعضاء لجنة السيدات السعدية، إلى المستشفى فزرن الجرحى.

وجاء البيان الرسمي عن استشهاد عبد المجيد مرسي، مليئًا بالتناقض، إذ ذكر أن المتظاهرين قد أصابوا البكباشي «ليز» بحجر في رأسه، كما أصيب الكونستابل «لوكيز» بإصابة خطيرة، ما اضطر «ليز» لإطلاق الرش ثم النيران، ما أدى إلى مقتل عبد المجيد وإصابة أربعة آخرين. وأصدر وزير المعارف بيانًا للمدارس، قال فيه: «إن كثيرين من أولياء أمور الطلبة يشكون من أن بعض المحرضين هم الذين يزجون بأبنائهم في هذه المواقف الضارة، ويطلبون وضع حد لهذه الحال حتى لا يتعرض أبناؤهم للأخطار».

وطلب البيان من المدارس أن تفرز هؤلاء المحرضين وتطردهم لحماية الطلبة الأبرياء، وأصدر مدير الجامعة قرارًا بتعطيل الدراسة لمدة أسبوع يبدأ من ١٦ نوفمبر ١٩٣٥ وينتهي في ٢٣ نوفمبر.

وكان تشييع جنازات الشهداء تقليدًا من تقاليد ثورة ١٩١٩، يحول هذه الجنازات من مناسبة لتكريم الشهداء إلى دعوة لاستمرار الثورة، لذلك حالت الحكومة بقوة بين الطلبة وبين تشييع جنازات الشهداء. وحتى عندما نما إلى علمها أن الطلبة ينوون القيام بجنازة صامتة تبدأ من أمام قصر العيني، شددت الرقابة على المستشفى وعلى الطريق المؤدي إليه، ونجحت في تفريق العديد من الجماعات التي كانت تحوم حوله، فتجمع الطلبة في

المساجد، وأخذوا يخطبون في المصلين من منابرها، ويستنهضون همة الشعب لمساندتهم في موقفهم.

وبرغم الحصار الذي كان يحيط بالمستشفى وبحركة الطلبة بعد إغلاق الجامعة، فقد استطاعوا الدخول إلى زملائهم المصابين في قصر العيني ضمن زوار المستشفى العاديين. طلب محمد عبد الحكم الجراحي ورقة وقلمًا، وكتب الرسالة التالية لزملائه، ونشرتها الصحف في صباح اليوم التالي:

> أشكر لكم شعوركم السامي بالنسبة لما أديته، وأعتبره أقل من الواجب في سبيل البلد الذي وهبنا الحياة، بل وهب الحضارة للعالم.

وفي المساء أصدرت الحكومة قرارًا تحرم فيه على الصحف نشر أنباء الإضرابات والمظاهرات، مما كان محل سخرية منها جميعًا.

كان يوم السبت ١٦ نوفمبر ١٩٣٥ ذروة الانتفاضة.

ووضح فيه أن هناك جهازًا منظمًا وراء حركة الطلبة، يغذيها بالمعلومات، ويضمن استمرار الاتصال بين فروعها المتناثرة. وكان إغلاق الجامعة هو الحل التقليدي السريع الذي توصلت إليه الحكومة لتتقي شر تجدد الاضطرابات من ناحية، ولكي تتفرغ إدارة الأمن العام في وزارة الداخلية لمواجهة مظاهرات طلبة المدارس الثانوية والأزهر.

وكانت صحف الصباح قد أعلنت أن الطلبة قرروا إعلان الحداد لمدة أسبوع يبدأ من ١٦ نوفمبر ١٩٣٥، وارتدى معظمهم بالفعل ملابس سوداء، وظهرت شارة رسمية للحداد، مكونة من وردة يتصل بها شريطان أحدهما أحمر والآخر أسود. وبدأت لجان الطلبة تنظم صفوف الثورة، وتقوم بما يمليه عليها الواجب تجاه شهدائها، فأرسلوا برقية إلى توفيق نسيم استنكروا فيها المعاملة التي عوملت بها أسرة الشهيد محمد عبد المجيد مرسي، والوسيلة التي اختطف بها جثمانه. وسافر ٢٢ طالبًا يمثلون مختلف الكليات إلى الإسكندرية لتعزية أسرة الشهيد.

وكان الطلبة قد احتاطوا لقرار إغلاق الجامعة، فاتفقوا على الاجتماع بمدرسة الفنون والصناعات بالعباسية.

وفي الصباح بدأت جحافل كبيرة من طلبة الجامعات والمدارس الأخرى تفد على المدرسة، وعلى مفترق الطرق وقف مندوبون من طلبة مدرسة الفنون والصناعات يدلون زملاءهم على أقرب الطرق إلى مكان الاجتماع. وتجمع طلاب مدارس منطقة الوايلي والظاهر والعباسية، وكل مدارس منطقة شمال القاهرة في مبنى المدرسة، وتم الاتفاق على مواصلة الإضراب العام، وانفض الاجتماع بعد أن أصدرت وزارة المعارف قرارًا بتعطيل الدراسة لمدة أسبوع، ولجأت إلى أسلوبها التقليدي في تفتيت الإضرابات، وهو التهديد بحرمان كل طالب متمتع بالمجانية منها، إذا استمر مضربًا، وفصل المضربين من سائر الطلاب.

وفي الأزهر استرابت إدارته في اتصالات كانت تجري بين طلاب كلياته، وتوالت التقارير على شيخ الأزهر من كل المعاهد الدينية بأن الطلاب يستعدون للإضراب ثم للتظاهر. وأقلقت الأنباء وزارة الداخلية، فقصد «كين بويد» مدير إدارة الأمن العام الأوروبية إلى الأزهر، وقابل الشيخ محمد الأحمدي الظواهري - شيخ الأزهر - لمدة ساعة، وبعدها صدر قرار بتعطيل الدراسة في الأزهر.

وفي كلية البنات، أعلنت الطالبات الإضراب حتى تعتذر المُدرِّسة الإنجليزية التي وصفت طلبة الجامعة بأنهم «حيوانات غبية وحمقاء»، وزارتهن المسز «كارتر» كبيرة المفتشات بمراقبة تعليم البنات، ومعها السيدة فاطمة فهمي المفتشة بالوزارة، وحاولتا إثناء الطالبات عن موقفهن، فرفضن، عرضت المسز «كارتر» أن تعتذر المُدرِّسة لطالبات الفصل الذي وجهت إليه الإهانة، فأصررن على الرفض، وطالبن بالاعتذار أمام المدرسة كلها. وقد كان.

وعقب هذا خرجت طالبات الكلية، وطالبات مدرسة الأميرة فوقية

الثانوية في مظاهرة احتلت عربات الترام، وذهبن إلى العاصمة، وهن يرددن الهتافات المختلفة، وأضربت طالبات مدرسة السنية الثانوية، فاستدعت الناظرة البوليس وحاصرهن داخل المدرسة، وبرغم هذا استمر الإضراب.

وتحول إضراب مدرسة الصناعات الميكانيكية ببولاق، إلى معركة ضارية مع البوليس، الذي حاصر المدرسة بعد بدء الإضراب ليمنع الطلاب من التظاهر، وبرغم ذلك استطاعوا خرق الحصار، فاستعان معاون قسم بولاق بقوات إضافية من الكونستبلات الإنجليز، وتمكن من حصار الطلبة وإعادتهم للمدرسة. ثارت ثائرتهم، بدأوا بتحطيم المقاعد وطاولات الرسم وقذفها على الجنود، ثم استعانوا بدلاء الحريق، ثم بكميات ضخمة من الحجارة وجدوها في فناء المدرسة، لاستخدامها في بناء فصول جديدة. أطلق البوليس النار على النوافذ، حصنها الطلاب بالدواليب الكبيرة أمامها، ثم استخدم الطلبة أخيرًا خراطيم المياه فسلطوها على الجنود، وتعطلت حركة المرور في حي بولاق، وانتهت المعركة باتفاق وقعه ناظر المدرسة مع القوات المحاصرة، ينص على أن تفك قوات الشرطة الحصار عن المدرسة، بوعد من الطلبة بالانصراف متفرقين.

ووصلت أصداء المعركة إلى المدارس المجاورة، فأضربت طالبات مدرسة الأميرة فوزية الثانوية، التي تقع أمام مدرسة الصناعات مباشرة، وهتفن للطلبة، وأخذن في السخرية من جنود البوليس، وهو ما فعلته طالبات معهد التربية للبنات.

كان ميدان المعركة قد اتسع إلى أن شمل مصر كلها.

وفي ذلك الوقت كان علي طه عفيفي في فناء كلية دار العلوم.

وإلى ذلك الحين، كانت دار العلوم لا تزال مدرسة عليا تابعة لوزارة المعارف، ولذلك لم يشملها قرار تعطيل الدراسة في الجامعات، بسبب مظاهرات ١٤ نوفمبر التي لم يشترك فيها طلاب دار العلوم، لأن مبنى كليتهم كان يقع في حي المنيرة البعيد عن مباني الجامعة.

وما كادوا يتجمعون في فناء كليتهم، في صباح يوم السبت ١٦ نوفمبر، حتى أخذوا يتناوبون الخطابة، ويندّدون بالاحتلال والمستسلمين له. كانت فكرة الإضراب منتهية، لكن فكرة التظاهر كانت محل مناقشة خافتة. وكانت المنطقة المحيطة بالكلية ملغمة بقوات الجيش والبوليس بسبب قربها من كلية الطب ومن مستشفى قصر العيني، ولكثرة ما يقع فيها من مدارس ثانوية. وفجأة سرت الكهرباء، وخرجت المظاهرة من باب الكلية تهتف:

إلى جنة الخلد يا عبد المجيد

يسقط السفاح

سارت المظاهرة في شارع المبتديان، فشل البوليس في تشتيتها، وزرع قواته بسرعة على عدد من الحارات التي تتفرع من شارع المبتديان، لكي تتمكن من النفاذ إلى قلب المظاهرة وتشتيتها بتقسيمها إلى مجموعات صغيرة. عند نهاية الشارع تقريبًا، خرج من الحارة التي تطل عليها جريدة «السياسة» ـ دار الهلال الآن ـ عدد من الجنود بهراوات ثقيلة، هجموا بشراسة، لم يتنبه أحد لشيء، أصيب علي طه عفيفي بضربة كسرت قاع الجمجمة، نقلوه لقصر العيني.

في المساء دعا مدير الأمن العام رؤساء تحرير الصحف إلى اجتماع عقد بوزارة الداخلية، فوجئ الصحفيون بتوفيق رفعت وكيل وزارة الداخلية، يطلب منهم أن يكفوا عن نشر أنباء المظاهرات، ويضيف، في نبرة ذات معنى، أنه مضطر إلى أن يلفت نظرهم إلى أن الحكومة تود ألا تضطر إلى تطبيق القانون الذي صدر أخيرًا بشأن نشر الأنباء والمقالات والصور المسيئة. احتج الصحفيون، سألوه عن ماهية الصور المسيئة، هل نشر صورة جريح في مظاهرة صورة مسيئة؟ ولمن؟ وقال مدير الأمن العام إنه مستعد في أي ساعة لإمداد الصحافة بالأنباء الصحيحة، التي

يراد التيقن منها وفي جميع المسائل. سجل الصحفيون احتجاجهم من جديد وانصرفوا.

واجتمع مجلس نقابة المحامين برئاسة مكرم عبيد، وقرر الإضراب عن العمل يوم الخميس ٢١ نوفمبر احتجاجًا على تصرفات الحكومة، وأيدت نقابة المحامين الشرعيين القرار، وقرر مجلس النقابة، ندب النقيب وأعضاء المجلس ومن ينضمون إليهم من المحامين، للدفاع عن الطلبة المتهمين بالتظاهر.

* * *

كان قد مضى على إصابة علي طه عفيفي ساعات قليلة عندما اشتد عليه الألم، كان رفاقه في العنبر رقم ١٩ بمستشفى قصر العيني يسألونه عن حاله فلا يجيب. أما عبد الحكم فكان يجيب بالابتسام وهو ما أشاع التفاؤل بأن حالته ستتحسن. وكان زملاؤهم يأتون لزيارتهم وتتعالى أصواتهم وهم يعلقون على الآراء التي نشرتها الصحف الأجنبية التي قالت: «إن ثورات الغوغاء مرض مستوطن في مصر، فليس هناك ما يدعو إلى النظر بعين الهلع إلى ما وقع من المظاهرات في هذا الأسبوع». وكانت الصحف الإنجليزية قد نسبت ثورة الطلبة في مصر إلى دسائس الإيطاليين، وهو ما استفز جريدة «الأهرام»، فنددت بتفاهة الصحف البريطانية، وابتذال أسلوبها، لأنها دأبت على «إنكار الوطنية الخالصة على المصريين، وعلى اتهام كل حركة يقوم بها الوطنيون للمطالبة بحقوقهم على أنها صادرة من الخارج».

وتواترت الأنباء عن مظاهرات تعدت القاهرة إلى طنطا وشبين الكوم والفيوم والزقازيق وكل أنحاء القطر، وزحف طلبة الإسكندرية إلى منطقة العمود لزيارة ضريح عبد المجيد مرسي فطاردهم البوليس مطاردة مثيرة.

ويخف الزحام، ويكتب عبد الحكم الجراحي في المساء خطابًا لرئيس وزراء إنجلترا، يظل طويلًا من الآثار المقدسة لثورة الطلاب ضد الاستعمار، يقول فيه:

كتاب مفتوح

إلى رئيس وزراء إنجلترا «روح الشر»

سيدي..

أحد رجالكم الأغبياء رماني برصاصة، وأنا الساعة أمشي إلى الموت رويدًا، ولكني سعيد للغاية بأن أترك روحي تنتزع مني، وأضحي بدمي، إن الموت أمر تافه، وآلامه عذبة المذاق، من أجل مصرنا نحن، فلتحيا مصر، مصر فوق الجميع. لتحيا التضحية، ليسقط الاستعمار، ولتسقط إنجلترا. وسيتولى الله عقابكم قريبًا أنتم وإنجلترا.. روح الشر.. فلتحيا التضحية.

أحد الشهداء المصريين

محمد عبد الحكم

وفي الليلة نفسها تشتد آلام علي طه، ويستدعي زملاؤه الطبيب المناوب فيعطيه منومًا، وفي السابعة من صباح الأحد ١٧ نوفمبر ١٩٣٥ يموت.

نقل المسؤولون جثة علي طه عفيفي إلى مشرحة خاصة بالطب الشرعي، لتُشرح ثم توضع في الثلاجة، وشاع النبأ بين طلاب كلية الطب وفي مختلف أقسام المستشفى.

وبمجرد شيوع النبأ، تجمع الطلاب أمام الثلاجة في مظاهرة ضخمة، تهتف بالموت من أجل مصر، وتسير المظاهرة في أبهاء المستشفى وطرقاته، ويهرب الطبيب الشرعي بمفتاح المشرحة، ويدرك الطلبة بسرعة أن الحكومة ستلعب اللعبة نفسها، ستأمر بدفن الجثة دون جنازة.

ويتزعم نور الدين طراف طبيب الامتياز الشاب حركة الطلبة، وعند الظهر يهجمون على المشرحة، ويكسرون أقفالها، ويحمل ثلاثة من الطلبة، هم: نور الدين طراف، ومحمد بلال، ومحمد عبد اللطيف جوهر، جثة علي طه عفيفي ملفوفة في بعض الفوط، ويخفونها أسفل مدرج علم التشريح، ويتركونها مغطاة بالصحف وأوراق المحاضرات، ثم ينصرفون من الكلية ليستعدوا لتشييع الشهيد في جنازة شعبية.

وفوجئ البوليس بما حدث، وأبلغ الحادث إلى كل الجهات المسؤولة، وحُوصرت كلية الطب بالبوليس والجيش، وقُبض على الممرض المعين بالمشرحة، وسُئل عن مصير الجثة، فذكر أنه لا يعرف شيئًا. هاجم البوليس عدة منازل بالمنيرة بحثًا عن الجثة فلم يوفق للعثور عليها، طلب البوليس من الدكتور علي إبراهيم عميد كلية الطب أن يتوسط لدى الطلبة، وانتهى الأمر بالاتفاق على السماح للطلبة بتشييع جثة شهيدهم، عندئذ فقط جاءوا بالجثة من المكان الذي كانوا قد أخفوها فيه.

وفي الخامسة والنصف وعلى مشارف الغروب بدأت جنازة علي طه عفيفي تحركها من مستشفى قصر العيني.

وقف الممرضون والممرضات، والمصابون في المظاهرات من زملاء الشهيد، يودعونه، تقدم العلم المصري موكب الجنازة، يليه النعش، وخلفه مباشرة سار أساتذة الجامعات بأروابهم السوداء الجليلة.

وفي لحظة علم كل الناس في شارع قصر العيني أن الجنازة جنازة شهيد.

لم يسألوا عن اسمه، بل انضموا إلى موكب الجنازة صامتين وحزانى.

خلت عربات الترام، وتوقفت عن السير. كفت المتاجر عن البيع، ووقف أصحابها على أبوابها يقرأون الفاتحة، أو يرسمون علامة الصليب على صدورهم.

ونزل الناس من البيوت، ليشتركوا في الجنازة. زغردت امرأة من شرفة منزل، فجاوبتها أخريات.

عرج الموكب إلى شارع المنيرة، وقف أمام مبنى مدرسة دار العلوم، أضاءت الكلية أنوارها ثلاثًا لشهيدها الذي قضى في سبيل مصر، ثم مضى الموكب إلى شارع المبتديان حيث النقطة التي أصيب فيها، ثم إلى مسجد السيدة زينب. صلوا عليه، كان الطلبة قد علموا، ازدحمت الجنازة بطالبات صغيرات وطلبة صغار.

عندما خرج النعش من مسجد السيدة زينب، أراد البوليس أن يضعه

على سيارة ليمضي به مسرعًا إلى المدافن، ويفض الجنازة، قبل أن تتحول إلى مظاهرة تنضم إليها المدينة كلها. رفض الطلبة ثم وافقوا على أن تسير ببطء لتستمر الجنازة. تعالت هتافات الطالبات بصوت مخنوق بالبكاء، فكان صوتهن يثير الحزن في نفوس المشيعين. عندما وصلوا إلى مقبرته بقرافة المجاورين، تقدم طالب من كل جامعة ومدرسة ونزلوا به إلى مقره الأخير.

* * *

وقبل أن تمر ليلتان أخريان ذهب عبد الحكم الجراحي.

كانت ليلة الثلاثاء ١٩ نوفمبر ١٩٣٥ ليلة مرعبة.

اشتدت عليه وطأة الألم.

لم يغمض له جفن ليلتها.

في الثامنة صباحًا أغمض عينيه، ظن المتحلقون حول سريره أنه نام، انسحبوا بهدوء لكي لا يقلقوه، قبل أن يصلوا إلى باب الغرفة سمعوا صوته يناديهم، عادوا فتحلقوا حوله مرَّة أخرى، فهموا من إشارة عابرة، أنه يرغب في أن ينهض، سالت دموع الأصدقاء وفشلوا في كظمها، ابتسم ابتسامة صغيرة، وقال: «حاموت...».

كان ابن خالته اليوزباشي عباس حلمي يمسك بيده، فجأة اعترته نوبة عصبية، تدفق الدم من فمه أسود قاتمًا، ظل ينزف وينزف...

ثم توقف كل شيء!

الآلام والأحزان والذكريات، ولا بد أن ذكرى من جرينوبل قد لمعت كالشهاب الخاطف، لعلها كلمة من «دريفيه» العجوز، أو ضحكة تحت المطر في شوارع الحلمية، ومات!

قالت «الأهرام» في اليوم التالي: «وما إن رأى الذين حوله أنه فارق الحياة، حتى أخذوا يقبلون جثمانه، ويهتفون للحرية وشهدائها، ثم أحدقت به الممرضات يبكين بالدمع الغزير، وهو مسجى فوق سريره، وذاع نعيه بين

الأطباء والطلبة والطالبات فمشى الحزن فيهم وعمهم الأسى، واستحال مستشفى قصر العيني إلى مأتم، ما لبث أن انقلب مشهدًا حماسيًّا تعالى فيه الهتاف للوطن وللائتلاف والحرية».

وكان مستحيلًا أن يحول أحد، مهما كانت قوته، بين الطلبة وبين تشييع جنازة عبد الحكم الجراحي.

كان بقاؤه حيًّا لمدة أربعة أيام بعد إصابته، قد أنعش الآمال في أن ينجو من منجل الموت الذي حصد عبد المجيد مرسي وعلي طه والخالع وعبد المقصود شبكة. وخلال تلك الأيام الأربعة، كانت الصحف تنشر بيانات عن تطور حالته الصحية، وتذيع على لسانه ما كان يدلي به من تصريحات، وطالع الناس وجهه الضحوك على صفحات الصحف، فتعلقت به قلوبهم.

وخلال الساعات القليلة التالية، زحفت القاهرة إلى فناء قصر العيني، وسدت الشوارع المحيطة به استعدادًا للاشتراك في الجنازة، وفي الثالثة تحرك موكبها، وفي المقدمة منه فرقة موسيقية تعزف نغمًا حزينًا، يتلوها النعش ملفوفًا بالعلم المصري، ثم قادة وزعماء الأحزاب وجموع الطالبات، ثم طلبة الكليات والمدارس، وفي مقدمة كل مجموعة منهم علم مدرستهم أو كليتهم، ثم رجال الجامعة والوزراء السابقون.

وقالت «الأهرام» تحت عنوان «أمة حول جثة»: «لقد حقق هذا الفتى المعجزة، التي أحبطت دونها جهود المفكرين، إذ اجتمع وراء نعشه جميع رؤساء الهيئات والأحزاب، ساروا صفًّا واحدًا، وقد نسوا كل شيء إلا الضحية الغالية التي تسير الهوينى على أعناق الرفاق، ملفوفة في علم البلاد».

* * *

على أن الأسابيع الثلاثة التالية لجنازة عبد الحكم قد جاءت بما يخالف نبوءة «الأهرام».

ظل قرار تعطيل الدراسة في الجامعة يتجدد كلما انتهت مدته خلال تلك

الفترة، ومع ذلك لم يكف الطلبة عن التظاهر، وبلغت موجة الاحتجاج ذروتها، بعد يومين من تشييع جنازة عبد الحكم الجراحي، حيث اتفق الجميع على اعتبار يوم الخميس ٢١ نوفمبر ١٩٣٥، يومًا للإضراب العام حدادًا على الشهداء واحتجاجًا على السياسة في مصر، فاحتجبت الصحف، وأضرب التجار والمحامون، واحتج أساتذة الجامعة والأطباء، ووصل الاحتجاج إلى ذروته حين اجتمع مستشارو محكمة الاستئناف وقدموا للقصر الملكي ولرئيس الوزراء، احتجاجًا وقعوا عليه، على تدخل الحكومة البريطانية في شؤون الدولة المصرية، ووقوفها حائلًا دون تمتع البلاد بالحياة الدستورية.

وتجددت الدعوة للائتلاف من جديد، وأخذ محمد محمود رئيس الأحرار الدستوريين المبادرة، ليكرر في ٢٤ نوفمبر الدعوة التي كان قد ضمنها خطابه في السابع من الشهر نفسه، بالوحدة الوطنية، لكن الدعوة الجديدة، كانت أكثر وضوحًا في الإعلان على أن هدف الوحدة هو تحقيق الاستقلال أولًا.

وأثارت الدعوة ريبة الوفد، الذي أصر على أن يعود الدستور أولًا.

ولم يكن الخلاف مجرد مناقشة بيزنطية، أو تعبير عن مصالح سياسية آنية، بل كان تعبيرًا عن خلاصة التجربة التي خاضتها القوى السياسية المصرية منذ نشبت الثورة، التي أثبتت الصلة الوثيقة بين الاستقلال والديمقراطية، فمنذ صدر تصريح فبراير ١٩٢٢، والحكومات تتفاوض مع إنجلترا لاستكمال الاستقلال، فإذا تشددت معها، ولم تقبل شروطها، حرضت بريطانيا الملك على إلغاء الحياة الدستورية، لعل ذلك يأتي بحكومة أقل تشددًا توقع معاهدة معقولة من وجهة نظر الإنجليز.

وقد نشبت المناظرة حول أيهما أفضل لمصر، الدستور أولًا، أم الاستقلال أولًا، استنادًا إلى تلك التجربة، إذ كان من رأي الوفديين أن عودة الدستور أولًا ثم إجراء الانتخابات استنادًا له، وتشكيل حكومة تمثل الأغلبية

وتتولى التفاوض مع البريطانيين، هو الموقف السياسي الصحيح، إذ قد تفشل المفاوضات ولكن الدستور يكون قد عاد، بعكس الحال لو بدأت المفاوضات، فسوف يؤدي فشلها إلى تراجع الإنجليز عن الوعد بإعادة الدستور.

أما الأحرار الدستوريين فكانوا يقولون إن عقد المعاهدة أولًا، يؤدي إلى تحقيق الاستقلال، الذي هو سياج الدستور، إذ لو لم يتم تحقيق الاستقلال، فلن يكون الدستور بعيدًا عن العواصف.

على أن المناظرة سرعان ما تحولت إلى مهاترة حزبية، غذاها عدم الثقة المتبادل بين الوفد والأحرار، ولم يكن الراغبون في استثمار الموقف لصالحهم بعيدين عن هذا التصعيد في الخلاف، فقد كان البدء بتشكيل حكومة ائتلافية تقوم بالمفاوضات، يدني الأحرار الدستوريين من هدف المشاركة في الحكم، وتهيئة الظروف التي قد تسمح بحصولهم على نسبة محترمة من الأصوات إذا ما أجريت الانتخابات وهم مشاركون في الحكم. بينما كان البدء بعودة الدستور، وإجراء الانتخابات، يحقق للوفد الذي كان واثقًا من شعبيته أمل العودة إلى الحكم الذي أقيل منه قبل خمس سنوات.

وكان أخطر آثار هذا التدهور في العلاقات بين الأحزاب هو انتقاله إلى صفوف الطلاب، الذين اشتبكت جموعهم في المناظرة فقادتهم إلى الخلاف، ثم الاشتباك علنًا على صفحات الصحف، بما كشف عن تخلخل صفوفهم، وتحطم وحدتهم. ثم أخذت مظاهراتهم تتسم بالطابع الحزبي، وتوجه بعضها إلى منزل رئيس الأحرار الدستوريين محاولة اقتحامه، وتوجهت أخرى إلى كلوب محمد علي هاتفة بسقوط الخونة.

ووصل الخلاف إلى ذروته الخطرة، عندما بدأ طرفا الخلاف يستعدان للمواجهة، إبان احتفال كان الطلبة قد دعوا لعقده يوم ٧ ديسمبر ١٩٣٥، لإقامة نصب تذكاري للشهداء الأربعة في قلب الجامعة.

وللمرَّة الثانية يشعل «صموئيل هور» النار ضد الاحتلال البريطاني في مصر، فيدلي بتصريح في مجلس العموم البريطاني إبان مناقشة كانت تجري بجلسة ٥ ديسمبر ١٩٣٥، يقول فيه إنه يستحيل على بريطانيا، وهي مشغولة بالحرب الإيطالية الحبشية، أن تدخل في الوقت نفسه في مفاوضات لتسوية مسألة بمثل أهمية العلاقات البريطانية المصرية، وأضاف أنه واثق أن الحكومة البريطانية لا تستطيع أن تحدد الآن، تاريخًا لبدء مفاوضات تدل التجارب على أنها مليئة بالتعقيدات.

وتواكب نشر التصريح الجديد ـ الذي لم يكن له معنى إلا أن بريطانيا كانت تسعى لتجميد الوضع في مصر، على صعيدي الاستقلال والدستور على ما هو عليه ـ مع مسعى كان يقوم به آنذاك اثنان من مدرسي وزارة المعارف ممن كانا إلى عهد قريب طالبين بكلية دار العلوم، هما: ضياء الدين الريس، وأحمد أحمد بدوي، لإزالة الخلاف بين كتل الطلاب. وساهمت تصريحات «هور» الجديدة في إنجاح هذا المسعى، وبسرعة غير معهودة عُقد اجتماع بين زعيم الطلبة الوفديين محمد فريد زغلول، وزعيم الطلاب غير الوفديين نور الدين طراف، بحضور الوسيطين، أسفر عن بيان يدعو «جميع الأحزاب والهيئات إلى توحيد جهودهم ضد العدو المشترك، وهو الإنجليز، وللسعي من أجل الاستقلال التام لمصر والسودان، استقلالًا تامًّا، وتحقيق المطالب الوطنية، ومن بينها دستور ١٩٢٣».

ونشر البيان في صباح اليوم المحدد للاحتفال بيوم الشهداء، وبدلًا من أن يتحول إلى يوم للمواجهة بين فرق الطلاب، تحول إلى يوم لاستئناف التظاهر، الذي تصاعد في اليوم التالي، مما اضطر مجلس الوزراء إلى إصدار قرار بتعطيل الدراسة للجامعة، بعد أقل من ٤٨ ساعة على استئنافها.

ولم يتوقف الطلبة عن الحركة أو يركنوا للسكون، بل واصلوا تشكيل وفود منهم أخذت تدور على مقار الأحزاب وتقابل أقطابها، وتعرض وجهة نظرها: لا تناقض بين الاستقلال والدستور، ولا مبرر للاختيار

بينهما، أو وضعهما في سلم للأولويات، لأن مصر تريد كليهما معًا، وللسبب نفسه.

واستجاب مصطفى النحاس رئيس حزب الوفد لمنطق الطلاب، فأعلن في خطبة ألقاها على وفد منهم مساء ٩ ديسمبر ١٩٣٥، أنه يدعو جميع الأحزاب لكي تشترك معًا في تقديم خطاب باسمها إلى الملك، تطلب إليه فيه إعادة دستور ١٩٢٣ فورًا ودون إبطاء، وفي تقديم خطاب آخر إلى السفير البريطاني تطلب فيه من حكومته الدخول في مفاوضة عاجلة مع مصر، لإبرام معاهدة على أساس المشروع الذي كانت قد انتهت إليه آخر مفاوضات أجراها النحاس نفسه عام ١٩٣٠ مع وزير الخارجية البريطانية يومذاك «هندرسن»، وكانت أقرب المشروعات إلى المطالب الوطنية المصرية.

وفي اليوم التالي وافقت الأحزاب على دعوة النحاس، واجتمع مندوبون عنها، اتفقوا على تشكيل «جبهة وطنية» تتولى التوقيع على الخطابين، وشكلوا بالفعل لجنة لصياغتها أنهت مهمتها، وتقرر أن يوقع أعضاء الجبهة عليهما، صباح الخميس ١٢ ديسمبر ١٩٣٥.

وقرر توفيق نسيم أن يقدم استقالته، في اللحظة التي يوقع فيها زعماء الجبهة على الطلبين. لكن السير «مايلز لامبسون» اتصل به في منتصف ليلة الخميس، وأبلغه أنه تلقى برقية عاجلة من حكومته، تبلغه فيها أنها لا تعارض في إعادة دستور ١٩٢٣.

وفي ظهر اليوم التالي، وبينما كان الزعماء يوقعون على العريضتين، كان نسيم يتوجه إلى القصر بطلب يلتمس فيه من الملك صدور أمر بإعادة الدستور، وما كاد الديوان الملكي يتسلم عريضة الزعماء حتى صدر الأمر الملكي بعودة الدستور.

وهكذا انتصرت الثورة برغم الأحزان، وربما بسببها، وحققت كل أهدافها، عاد الدستور في ١٢ ديسمبر ١٩٣٥، تألفت الجبهة الوطنية لتفاوض إنجلترا،

إلى أن تم توقيع المعاهدة في ٢٦ أغسطس (عام) ١٩٣٦ . لتكون خطوة في طريق الاستقلال، ويسقط حكم توفيق نسيم.

وتحقق الثورة فوق هذا كله ظاهرة من أهم ظواهر التاريخ المصري، إذ كانت بداية سفر الخروج الكبير للبرجوازية المصرية الصغيرة من تحت جناح الفصائل البرجوازية التي قادت ثورة ١٩١٩ . فحتى ذلك الوقت كانت البرجوازية المصرية الصغيرة جزءًا مندمجًا في حركة البرجوازية المصرية عمومًا، وبالذات في حركتها السياسية، ومنذ ثورة ١٩١٩ وهي أكثر العناصر فاعلية ضمن معسكر هذه الطبقة، وخاصة في أكثر أحزابها استنارة وتقدمًا ووطنية وديمقراطية وهو الوفد المصري، بل لعلها كانت اليد الضاربة لهذا الحزب الوطني الديمقراطي العتيق.

وكان ما حدث خلال حكم توفيق نسيم ظاهرة جديدة، لقد تحرك الطلبة دون انتظار لأمر الوفد، بل من الصحيح أن نقول إن حركتهم هي التي دفعت قيادة الوفد لتغيير موقفها من نسيم، وكان وراء هذا التغيير ذكاء مكرم عبيد السياسي، الذي دفعه لإدراك المسألة، فرأى أن يلتحم الوفد بالحركة، لأنها قد تتحول ضده.

* * *

وكان في هذا كله خير قليل وشر قليل!

كان من خيرها أن البرجوازية الصغيرة، قد مدت أبصارها ـ بعد هذا الخروج ـ إلى آفاق أرحب ثورية، سواء في القضية الاجتماعية أو الوطنية، فقد كان من بين الزحام الذي شارك في هذه الانتفاضة عديدون لعبوا بعد ذلك أدوارًا مهمة.

ففي يوم ١٥ نوفمبر نشرت جريدة «الجهاد» خبرًا في صدر صفحتها الأولى قالت فيه إن البوليس قد حاصر إحدى مظاهرات الطلاب، فأصاب عددًا منهم لجأوا إلى دار الجهاد يطلبون إسعافهم، وكان بينهم طالب بمدرسة النهضة الثانوية اسمه جمال عبد الناصر.

وكان من شرها أن سفر خروج البرجوازية المصرية الصغيرة، قد قادها بعيدًا عن الأفق الديمقراطي لحزب الوفد، الذي كان حزبًا علمانيًّا، شديد الإيمان بالحريات الليبرالية وأساليبها، فاختل إيمانهم بتلك القيم، في حمى الألم الذي حاق بهم، فدفعهم الإحساس بلا جدوى الطريق الديمقراطي الليبرالي، إلى البحث عن صيغ جديدة، لعل أقساها تمثل في العودة لانتظار خرافة المستبد المستنير.

وكانت الدنيا برغم هذا تسير.

مات عبد الحكم الجراحي، وعبد المجيد مرسي، وعلي طه عفيفي، وغيرهم، لكن فرقة الريحاني بدأت عرض مسرحية «حكم قراقوش»، وعرض كازينو رتيبة وأنصاف رشدي مسرحية «الشيطان شاطر»، وفي تياترو ماجستيك عرضت فرقة الكسار اسكتش «معرض الكوارع».

وغنت أسمهان أغنية حزينة ذاعت آنذاك، يقول مطلعها:

أهنا ساعة في غرامي
لما أبكي بين إيديكي
وأحكي عن حبي وآلامي
وإنتي شايفاني بعنيكي

وكان الجيل الطالع قد تعمد كله بالدم، وفهم فريق منه ميتة الجراحي بشكل مختلف، فاعتبرها برغم كل شجاعتها ورومانسيتها، ميتة فطيسًا، أي بلا مقابل، وربما كان مقابلها الوحيد أنها أقنعت ذلك الفريق أن سبب المأساة، هو خنوع قادة الموجة الثورية التي جاءت بها ثورة ١٩١٩، وتتالي الإذعانات التي أخذوا يقدمونها، فدفعته تلك القناعة إلى المشاركة في تأسيس المجموعات التي قررت أن تواجه الاستعمار وعملاءه، بعمليات اغتيال سياسي فردي سيلطخ وجه الوطن بالدم حتى بداية الخمسينيات.

يقول واحد من هؤلاء، هو وسيم خالد، إنه عندما قرأ خبر مقتل الجراحي لم يعجبه الأسلوب الإنشائي الذي روت به الصحف المأساة. ويضيف:

«لم أقبل حكاية الشباب الأعزل من كل شيء إلا الحق، لم أقبل فتح الصدر للرصاص، لم أقبل تعطف الزعماء بالزيارة، لم أقبل أن يكون منتهى ما يفعله الشباب من أجل الثأر لعبد الحكم هو أن يشيعوه في موكب رهيب. لم يعجبني أن يموت فطيسًا! وساعدني الوصف الباهت الذي قرأته عن ميتة الجراحي على أن أتجاسر وأحتقرها، وهو ما كان يلزمني لأخلص نفسي من هذا الحزن الممض المفترس لأقرر ألا أتركهم يقتلونني قبل أن أقتلهم، ولم أكن جرو ذئب، ولا وحشًا صغيرًا، بل كنت على العكس خياليًّا حالمًا، ولكني كنت واحدًا من هذا الجيل، الذي كان عليه أن يقفز إلى رجولته دون أن يعرف الطفولة، وكان هذا هو عذابنا الحقيقي».

وهكذا قرر الجيل أن يموت، ولكن بعد أن يميتهم، وأن يتعمد بدمه ودمهم في اللحظة نفسها، وكان ذلك أقسى قرارات الجيل، وهو قرار فتحت الطريق إليه تلك الشجاعة المثالية والنادرة، التي جعلت شبابًا في عمر الزهور يواجهون الرصاص بلحمهم الحي، ويستقبلون الموت هاتفين بحياة مصر، وهذا هو المعنى الحقيقي للشعار الذي حفر اسم الجراحي في تاريخ الوطن: «رفعت العلم، يا عبد الحكم».